EN CUISINE

DU MÊME AUTEUR

Sept mers et treize rivières, Belfond, 2004 ; 10/18, 2006

Café Paraíso, Belfond, 2007 ; 10/18, 2009

MONICA ALI

EN CUISINE

Traduit de l'anglais
par Isabelle Maillet

belfond
12, avenue d'Italie
75013 Paris

Titre original :
IN THE KITCHEN
publié par Doubleday, une marque de Transworld Publishers, Londres

Si vous souhaitez recevoir notre catalogue
et être tenu au courant de nos publications,
vous pouvez consulter notre site internet :
www.belfond.fr
ou envoyer vos nom et adresse, en citant ce livre,
aux Éditions Belfond,
12, avenue d'Italie, 75013 Paris.
Et, pour le Canada,
à Interforum Canada Inc.,
1055, bd René-Lévesque-Est,
Bureau 1100,
Montréal, Québec, H2L 4S5.

ISBN 978-2-7144-4611-4

À Kim

1

AVEC LE RECUL, il avait le sentiment que la mort de l'Ukrainien marquait le début de la débâcle. Il n'aurait pu affirmer qu'elle en était la cause, ni même que c'était une cause en soi, car les événements qui avaient suivi lui paraissaient à la fois inévitables et imprévisibles ; s'il parvenait aujourd'hui à les assembler pour former une trame susceptible de lui apporter du réconfort, il avait cependant suffisamment changé pour comprendre qu'il s'agissait juste d'une histoire à raconter, et que les histoires sont en général peu fiables. Tout n'en avait pas moins commencé, à son sens, avec la mort de l'Ukrainien puisque, dans la mesure où l'on peut dire d'une existence qu'elle prend parfois un tournant décisif, la sienne était partie en vrille dès le lendemain.

En cette matinée de la fin octobre, Gleeson, le directeur de la restauration, s'assit en face de Gabriel pour leur réunion habituelle. Il semblait avoir perdu son charme professionnel tout d'onctuosité.

« Vous êtes bien conscient que ça s'est produit sur votre secteur, dit-il. Vous en êtes conscient, n'est-ce pas ? »

C'était la première fois que Gabe voyait se lézarder la façade du personnage. Lui-même savait parfaitement que le plongeur ukrainien faisait partie de son « secteur ». Donc, qu'est-ce qui tracassait Gleeson ? Dans ce métier, tant qu'on ne connaît pas toutes les données, mieux vaut ne pas poser de questions. Gabe tapota le col du vase en cristal posé sur la table en déclarant : « Les fleurs en plastique, c'est bon pour les relais routiers et les funérariums. »

Gleeson se gratta le crâne avant de soumettre ses ongles à un bref examen. « Oui ou non, chef ? Oui ou non ? » Dans ses yeux bleu clair brillait une lueur de vivacité irrespectueuse. À l'inverse, ses cheveux soigneusement disciplinés et séparés par une raie nette sur le côté offraient une apparence irréprochable, comme si tout son honneur factice en dépendait.

Gabe contempla le restaurant vide, les nappes tirant sur le rose et les chaises à dossier de cuir, l'argenterie scintillant ici et là sous les lambeaux de soleil automnal, le lustre aussi laid qu'une douairière embijoutée, le comptoir de chêne ciré qui, en l'absence de coudes appuyés dessus, paraissait trop sombre, trop consumé par la solitude pour qu'on puisse le regarder longtemps. Compte tenu des circonstances, se dit-il, il avait tout intérêt à éluder les questions. « À la réunion d'organisation, il y a bien trois mois..., reprit-il. Vous étiez d'accord pour arrêter les fleurs en plastique.

— Elles sont en soie, répliqua Gleeson d'un ton vif. En soie, j'insiste. Je n'ai jamais admis le plastique dans mon restaurant.

— Maintenant que j'y pense, il y a d'autres choses qui...

— Chef... » Gleeson croisa les doigts. « En général, vous n'y allez pas par quatre chemins et moi non plus. Alors, inutile de tourner autour du pot. » Il inclina la tête et adoucit ses paroles d'un sourire. C'était ainsi qu'il accueillait les clients, avançant vers eux à pas feutrés, les mains jointes et la tête penchée. « On a un cadavre *ici même*, dans nos locaux... Il me semble que le moment est mal choisi pour parler des poivrières. » Il s'exprimait d'un ton à la fois mielleux et méprisant, réservé d'ordinaire aux mange-tôt, aux touristes et à tous ceux qui – aisément reconnaissables à la façon dont ils écarquillaient les yeux – avaient économisé pour se payer cette sortie.

« Mais enfin, Stanley ! Ils l'ont emmené.

— Non, c'est vrai ? Ils l'ont emmené ? Ah, parfait. Tout est réglé, alors. Je me demande bien pourquoi je vous fais perdre votre temps. » Gleeson se leva. « Laissez-moi vous dire une chose, chef... Écoutez... » Il regarda Gabe puis secoua la tête. « Et merde ! » Le temps de rajuster ses poignets de chemise, il s'éloigna à grands pas, pestant dans sa barbe et frémissant d'indignation tel un chat en colère.

Gabe retourna dans son bureau, où il sortit le dossier « Banquets et séminaires ». Il le feuilleta jusqu'à la page qu'il cherchait : « Lancement de la collection Sirovsky. » Sous le titre « Menu », Oona avait noté : « Canapés : rouleaux de printemps, saumon fumé, carrés de quiche, guacamole, vol-au-vent (crevettes), mini-mousses au choc. » Son écriture avait un côté enfantin exaspérant ; rien qu'à en voir le tracé, on l'imaginait suçant le bout de son stylo. Gabe barra la liste d'un épais trait noir puis vérifia le budget par personne, les besoins en extras et la section des commentaires. « On met le paquet sur ce coup-là », avait décrété M. Maddox. Il semblait particulièrement concerné. Mais qu'entendait-il par là, au juste ? Caviar et huile de truffe ? On passe tout en pertes et profits ? Gabe soupira. Quoi qu'il ait voulu dire, le directeur général ne pensait certainement pas à des carrés de quiche et à des vol-au-vent aux crevettes…

Le bureau de Gabe, aménagé dans un angle des cuisines, était un cagibi cloisonné de blanc, surchargé de gaines de climatisation et doté d'une fenêtre qui donnait sur le champ de bataille. Avec la table de travail et le fauteuil, l'armoire métallique et le petit meuble de l'imprimante, il y avait tout juste la place pour une chaise en plastique près de la porte. Parfois, s'il était occupé à remplir des bons de commande ou à établir des plannings, Gabe laissait son téléphone sonner jusqu'au moment où le répondeur prenait le relais : « Vous êtes bien au poste de Gabriel Lightfoot, chef de cuisine à l'hôtel Imperial de Londres. Veuillez indiquer votre nom et votre numéro, et je vous rappellerai dès que possible. » À l'entendre, on pouvait croire que le bureau était tout autre chose, et qu'il était lui-même quelqu'un d'autre – quelqu'un d'entièrement différent.

Levant les yeux, il vit Suleiman préparer méthodiquement sa mise en place : il émincait des échalotes puis, d'un mouvement net de son couteau à large lame, les faisait tomber dans une boîte en plastique. Victor émergea de la réserve en tenant une baguette. Il se posta derrière son collègue et, l'attrapant par les épaules, il lui pointa vers les fesses le pain qu'il avait coincé entre ses cuisses. Toutes les cuisines avaient leur clown. Forcément. Suleiman posa le couteau, saisit la baguette et fit mine de la lui fourrer dans la gorge.

La veille, même après que Benny, descendu dans les catacombes chercher de la mort-aux-rats, leur eut appris la nouvelle, même après que Gabe eut lui-même vu Yuri, que la police eut investi les lieux, que M. Maddox fut venu en personne leur annoncer la fermeture du restaurant et leur parler de leurs responsabilités pour la journée – même après toute cette agitation, il avait encore fallu que Victor fasse le pitre. Il s'était glissé près de Gabe, multipliant sourires et clins d'œil, l'excitation empourprant ses joues d'écolier comme si un décès n'était qu'une petite distraction bienvenue, au même titre que l'aperçu d'un décolleté ou la vision furtive de la bordure d'un bas. « Alors comme ça, notre vieux Yuri, il était à poil. » Il avait gloussé avant de se signer. « À mon avis, il attendait sa copine. Vous croyez pas, chef ? Hein ? Vous croyez pas ? »

Naturellement, Gabe avait aussitôt téléphoné à M. Maddox, le directeur général, mais l'appel avait été transféré à son adjoint, M. James. Ce dernier avait insisté pour voir lui-même de quoi il retournait et s'était présenté avec un bloc-notes plaqué sur sa poitrine tel un bouclier. Quand il avait disparu dans la cave, Gabe avait pensé : Ça peut durer encore longtemps comme ça. Combien de fois fallait-il signaler la présence d'un cadavre pour que celui-ci devienne une réalité tangible ? Personne ne prétendait qu'il s'agissait du monstre du loch Ness, en bas ! Il avait souri. L'instant d'après, il s'était senti submergé par une vague de panique. Et si Yuri n'était pas mort ? Benny lui avait affirmé d'un ton calme, empreint d'une certitude absolue, qu'il l'était. Mais si le plongeur ukrainien était encore en vie ? Une flaque de sang lui auréolait la tête, et il n'avait pas l'air vivant parce que ses jambes et sa poitrine avaient bleui, mais qui ne serait pas gelé, ainsi allongé tout nu et ensanglanté sur le sol glacial des catacombes ? Il aurait dû lui prendre le pouls, s'était dit Gabe, il aurait dû lui glisser quelque chose de mou sous la nuque, il aurait au moins dû appeler une ambulance. *J'aurais surtout dû t'envoyer un médecin, Yuri, et pas M. James avec son foutu Montblanc et son bloc-notes relié de cuir…*

L'adjoint avait pris son temps. Dans l'intervalle, Gabe était resté en cuisine avec ses chefs de partie. Les apprentis, rassemblés autour d'une poubelle ouverte débordant d'épluchures, se mordillaient la langue, se grattaient le nez ou tripotaient leurs boutons. Damian, le plus jeune, un adolescent dégingandé de dix-sept ans, avait laissé traîner sa main dans la poubelle comme s'il envisageait d'y piquer une tête et d'enfouir sa pitoyable carcasse sous le monceau de détritus en décomposition. *Redresse-toi,* avait songé Gabriel. Dans des circonstances différentes, il aurait peut-être formulé ces mots à voix haute. Il lui était soudain venu à l'esprit que Damian était le seul autre Anglais employé en cuisine. *Fais honneur à ton équipe, mon gars.* À peine avait-il conçu cette pensée qu'elle lui avait semblé complètement ridicule, tout à fait digne des sorties paternelles. Il avait regardé Damian jusqu'au moment où celui-ci avait été contraint de lever les yeux vers lui à son tour, puis il avait souri et hoché la tête comme pour encourager ce grand dadais caoutchouteux de dix-sept ans à avoir un peu plus de tenue. Le gamin avait agité la main à l'intérieur de la poubelle et le tic de sa paupière droite avait reparu. Oh, bon sang ! avait pensé Gabe, qui s'était dirigé vers le secteur sauces pour ne plus le voir.

Les chefs de partie, Benny, Suleiman et Victor, se tenaient alignés devant le plan de travail, immobiles et les bras croisés, comme s'ils venaient de déclencher une grève sauvage. Derrière eux, Ivan s'activait toujours, marquant la cuisson des souris d'agneau avant de les braiser. Il était grillardin. Son secteur, près du passe-plat, comprenait une immense salamandre, un gril à trois brûleurs, une plaque de cuisson à quatre feux et une double plaque chauffante. Il les maintenait en permanence à toute flamme. Il portait un bandana autour de la tête qui absorbait une partie – mais pas la totalité, loin s'en fallait – de sa sueur. Il s'enorgueillissait de la quantité de sang qu'il parvenait à transférer sur son tablier lorsqu'il s'y essuyait les doigts. Il travaillait en coupure, service du midi et du soir six jours par semaine, et, à l'exception de l'équipe qui arrivait à cinq heures du matin pour préparer les saucisses et les œufs destinés au buffet du petit déjeuner, personne n'avait le droit de s'aventurer dans son domaine. Gabriel aimait faire tourner les chefs de partie sur les différents postes – Benny aux entrées froides et aux desserts pendant un mois, remplacé par Suleiman le mois suivant –, sauf qu'Ivan ne voulait rien entendre. « Personne en sait autant que moi sur les steaks, chef, avait-il décrété. M'obligez pas à couper de l'herbe à lapins. » Il avait une oreille en chou-fleur, des pommettes anguleuses, à la slave, et un accent plus anguleux encore ; dans sa bouche, les consonnes tintaient comme des pièces de monnaie en vrac. Sur le moment, Gabe avait décidé de le changer de poste, mais il ne l'avait toujours pas fait.

Brusquement saisi d'impatience, il s'était avancé vers la porte de la cave. Puis il avait ralenti, pour finalement s'arrêter près de la tour réfrigérée contenant les sodas et les entremets. Si Yuri n'était pas mort, M. James allait sans aucun doute lui administrer les premiers secours et le questionner minutieusement – autant de tâches dont il aurait dû s'acquitter lui-même – avant d'aller rapporter à M. Maddox toutes les négligences du chef de cuisine. Gabe se sentait effaré par l'ampleur de sa défaillance managériale. Car s'il avait accepté ce poste, c'était avant tout pour faire ses preuves. « Montrez-nous de quoi vous êtes capable, avaient dit les investisseurs intéressés par son projet de restaurant. Débrouillez-vous pour gérer des cuisines de cette taille et on apportera les fonds ; restez-y pendant un an et redressez la barre. » Ils l'apprendraient, bien sûr ; tout le monde dans ce milieu pourri serait au courant. Que dirait-il alors à M. Maddox ? Comment se justifierait-il ? Signaler la disparition d'un filet de saumon présumé volé, pour finalement le découvrir entreposé dans la mauvaise réserve, ce serait déjà embarrassant, mais signaler la mort d'un employé et voir ce même employé reparaître bien vivant, sinon en grande forme, ce serait une bourde d'un tout autre ordre. Foutu Benny et ses stupides certitudes ! De quel droit se prenait-il pour un spécialiste de la mort, d'abord ? Gabe avait effleuré le sommet de son crâne, à l'endroit où une minuscule tonsure avait récemment fait son apparition. Et foutu Yuri aussi ! Il s'était appuyé contre la tour réfrigérée, grimaçant et se forçant à avaler sa salive comme si l'inquiétude était une émotion à refouler au plus profond de soi, quelque part dans l'intestin.

Lorsque le directeur adjoint avait de nouveau franchi la porte, Gabe l'avait examiné rapidement à la recherche de signes révélateurs. Les doigts de M. James avaient tremblé quand il avait pressé les touches de son téléphone mobile, et son visage était d'une pâleur anormale – à croire qu'il s'était lui aussi vidé de son sang sur ce sol en ciment. Merci mon Dieu, avait songé Gabriel en se préparant à prendre les choses en main. Il avait bien tenté d'éprouver du remords pour avoir maudit Yuri, mais il ne ressentait que du soulagement.

L'ambulance et les deux îlotiers étaient arrivés en même temps. Si les urgentistes avaient bien confirmé le décès du plongeur, la confusion la plus totale n'en avait pas moins régné pendant un moment. Les agents avaient prévenu par radio un sergent qui, à son tour, avait appelé la brigade criminelle. Lorsque M. Maddox était revenu de sa réunion, une bonne demi-douzaine de policiers avaient envahi les cuisines.

« C'est quoi, ce cirque ? avait-il lancé, comme s'il tenait Gabriel pour personnellement responsable de la situation.

— Faites verrouiller la porte du fond, avait ordonné le sergent. La sortie de secours aussi. Je viens de voir quelqu'un essayer de filer en douce. »

L'un des hommes en civil – à ce stade, Gabriel ne savait déjà plus qui était qui – tapotait un plan de travail avec une écumoire. « Tout le monde reste à sa place. On vous interrogera individuellement. Et je ne m'intéresse pas à vos papiers, je ne suis pas venu pour ça. »

M. James, qui faisait de son mieux pour se donner un air autoritaire, s'était redressé de toute sa hauteur. « Tous nos employés ont un numéro de Sécurité sociale. Je m'en porte personnellement garant. Vous pouvez me croire. »

Le policier l'avait ignoré. « Peu importe la façon dont vous avez atterri ici. On est là pour faire notre travail. S'il y en a parmi vous qui s'inquiètent pour leurs papiers, qu'ils se rassurent : notre souci, ce n'est pas vous. Compris ? Tout ce qu'on veut, c'est que vous nous disiez ce que vous savez. C'est clair ?

— Mais qu'est-ce qui se passe, bon Dieu ? » s'était écrié M. Maddox.

Il n'y avait plus de bavardages dans les cuisines, juste une rangée de visages attentifs. L'un des policiers avait émergé du sous-sol et demandé au directeur général et à Gabriel d'entrer dans le bureau de ce dernier. « Parks, s'était-il présenté. Je suis le responsable de l'enquête.

— Comment ça ? avait demandé M. Maddox. Quelle enquête ? »

Parks avait esquissé un sourire. « L'officier de permanence – c'est le sergent, là-bas – n'a pas trop aimé ce qu'il a vu. Or, il suffit que quelqu'un évoque un décès suspect pour qu'on se retrouve avec une scène de crime sur les bras et que tout le système se mette en branle.

— Il est tombé, ou on l'a poussé ? avait répliqué M. Maddox, qui fulminait. Soyez gentil, répondez-moi.

— En fait, je suis d'accord avec vous, avait répondu Parks. Les apparences laissent supposer que votre gars est tombé. En attendant, je vais vous dire ce qui a semé le doute : il y a des projections sur le sol et aussi une tache sur le mur.

— Et alors ? » s'était enquis Gabe.

Parks avait bâillé. « En plus du sang accumulé près de la tête, il y a des éclaboussures un peu partout – semblables à celles causées par un coup reçu à l'arrière du crâne, par exemple.

— Vous n'êtes tout de même pas en train d'insinuer..., avait commencé M. Maddox.

— Pas du tout. Le RSC a prélevé un échantillon – le responsable de la scène de crime, pour être précis. Chez nous, on aime bien les sigles.

— Et pour les éclaboussures ? avait repris Gabe.

— Il aimait picoler, non ? On a retrouvé quelques bouteilles vides, en bas. À mon avis, il a dû glisser, s'écorcher la tête, se relever, faire quelques pas et retomber. Je ne peux pas reprocher à l'officier de permanence d'avoir donné l'alerte, mais dès que j'aurai la possibilité d'envoyer sur place un spécialiste de l'ATS – d'ailleurs, il devrait déjà être en route... » Il consulta sa montre. « L'ATS, c'est l'analyse des traces de sang. Bref, quand mon expert sera là, je vous parie à cent contre un que c'est ce qu'il dira.

— Donc, tout ça n'est qu'une simple formalité, avait conclu le directeur général.

— On n'a relevé aucun signe de cambriolage ni rien. Apparemment, ses affaires n'ont pas été déplacées. Bien sûr, on devra tout vérifier. Une fois le processus enclenché, il faut aller jusqu'au bout.

— Est-ce qu'on pourra quand même ouvrir demain ? » avait demandé M. Maddox.

L'inspecteur avait fourré ses mains dans ses poches. En pantalon de toile marron et veste sport couleur flocons d'avoine, il renvoyait une image un peu décevante, avait estimé Gabriel. « Je ne vois aucune raison de vous en empêcher, avait-il répondu. On ne devrait plus tarder à emporter le corps. Le RSC doit lui ensacher la tête et les mains, après quoi il sera prêt pour l'autopsie. Pour le moment, le périmètre reste sécurisé.

— Et après l'autopsie, tout sera terminé ?

— Le légiste nous communiquera ses premières constatations – est-ce que les blessures correspondent à l'hypothèse d'une chute, ce genre de choses –, il ouvrira une enquête et l'ajournera en attendant le rapport final de la police.

— Et les résultats de l'autopsie, vous les aurez quand ?

— À moins que l'expert de l'ATS ne fasse une découverte étonnante tout à l'heure, le dossier ne sera pas traité en priorité. On peut les obtenir dans les quarante-huit heures quand il y a des raisons d'accélérer la procédure, mais sinon le délai est plutôt de cinq ou six jours. Ah, je crois que mon spécialiste du sang est arrivé... J'imagine que vous avez prévenu le service d'hygiène ?

— Oh oui, avait répondu Maddox d'un air lugubre. On a aussi prévenu le conseil municipal. Et l'inspection du Travail. On n'a pas encore prévenu la marine, mais tous les autres ont été avertis. »

Gabe vérifia l'heure. Presque dix heures et demie. Depuis plus de trente minutes qu'il était assis dans son bureau, il n'avait strictement rien fait. Il tenta de se rappeler la dernière fois où il avait parlé à l'Ukrainien. Une conversation qui remontait à environ un mois, à propos de la graisse accumulée sur les hottes. « Oui, chef, avait dû répondre Yuri. Je m'en occuperai, chef. » Quelque chose comme ça. Un chef de cuisine n'avait guère de raison de parler à un plongeur, à moins qu'il ne crée des problèmes ; or, jusqu'à la veille, Yuri n'en avait jamais créé.

Oona frappa à la porte et entra dans un même mouvement affairé. Puis elle écrasa son postérieur sur la chaise en plastique orange. « J'ai demandé au bon Dieu de les consoler, les pauv' », annonça-t-elle. Sa voix teintée d'un fort accent des îles rendait toujours un son étranglé, comme si elle parvenait tout juste à réprimer une envie de rire, de pleurer ou de crier. Elle posa ses coudes sur la table et cala son menton sur ses mains.

On n'est pas là pour prendre le thé et des putains de petits gâteaux, merde ! songea Gabe. Il y avait quelque chose en elle qui lui portait sur les nerfs. Ce n'était pas lié à ses trop fréquents retards ni à son inefficacité dans le travail, pas plus qu'à sa conception d'un dîner raffiné, qui se limitait à un ragoût accompagné de *dumplings*[1] « saupoudrés d'une pincée de persil », ou même à son incapacité de faire cuire ne serait-ce qu'un filet de poisson pané sans le saloper. Gabe avait collaboré avec des cuisiniers plus paresseux, plus bêtes, des cuisiniers prêts à servir un plat de dégueulis s'ils pensaient pouvoir s'en tirer à bon compte. Non, ce qui le heurtait chez Oona, c'était son côté bonne petite ménagère. Quand il la voyait ainsi débouler dans son bureau et se laisser choir sur un siège, il avait l'impression qu'elle venait tout juste de rentrer chez elle chargée de courses, impatiente de prendre un thé et de bavarder. Sa façon de s'exprimer, de

1. Boulettes de pâte. *(Toutes les notes sont de la traductrice.)*

marcher, de presser ses seins quand elle réfléchissait, tout chez elle évoquait irrémédiablement et inévitablement l'univers domestique. D'expérience, Gabe savait que c'étaient les femmes employées en cuisine – car il y en avait quelques-unes – qui trimaient le plus dur, juraient le plus fort et racontaient les blagues les plus salaces. Il ne s'agissait pas pour elles de faire comme les hommes – du moins, pas forcément ; il leur arrivait parfois de flirter à outrance –, mais plutôt de montrer qu'elles connaissaient les règles. La cuisine professionnelle n'avait rien de commun avec la cuisine familiale ; c'étaient deux mondes distincts. Seule Oona – qui, en demeurant sur place pour le meilleur et pour le pire durant deux décennies, avait réussi à se hisser au rang de sous-chef – ne semblait pas consciente de la différence.

Gabe fouilla le tiroir de son bureau à la recherche du planning du personnel, notant une fois de plus les fissures dans le plateau en formica et les entailles gravées dans le contreplaqué dessous – œuvre du précédent chef, disait-on, qui comptait ainsi les jours passés sobre au travail (neuf au total). Lorsqu'il reporta son attention sur Oona, il veilla à se tenir correctement, le dos bien droit, comme pour la dissuader de se répandre partout sur sa table.

« Il y a pas mal de religions différentes, ici, Oona. Vous devriez faire attention à ne pas froisser quelqu'un.

— Houlà ! répliqua Oona, révélant sa dent en or. Le bon Dieu, il s'en fiche bien, des mots ! Ce qui compte, c'est qu'il entende la pwiè'...

— Ce n'est pas à lui que je pensais, rétorqua Gabe en se demandant une fois de plus s'il devrait se débarrasser d'elle ou si ce serait se donner beaucoup de mal pour pas grand-chose.

— Ben justement, twéso', c'est bien le pwoblème. »

Sois fort, songea Gabe. « Bon, dit-il d'un ton brusque, la journée d'aujourd'hui s'annonce difficile. Vous pouvez appeler l'agence et demander qu'on nous envoie quelqu'un pour remplacer Yuri ? Et Benny aussi. Il est resté chez lui, pour se remettre de… du choc. » En réalité, Benny ne voulait pas prendre un jour de congé mais Gabe le lui avait ordonné, sachant que sinon les RH risquaient de tiquer.

« Le pauv', pauv' ga'çon », commenta Oona. Les mots s'échappaient de ses lèvres par petites explosions, de sorte qu'ils semblaient expulsés par une série de coups à la poitrine. Elle leva les yeux au ciel.

« Oui », murmura Gabe, même si la présence de Benny la veille dans les couloirs souterrains – surnommés « les catacombes » –, bien au-delà de l'économat et de la salle des congélateurs, bien au-delà des dernières réserves, demeurait un mystère. Il lui vint soudain à l'esprit que, sans cette incursion inexpliquée à la cave, Yuri n'aurait peut-être pas été découvert, ou du moins pas avant longtemps. Quelle connerie ! pensa-t-il, sans trop savoir ce qu'il entendait par là.

« Quand je pense que c'était mon jou' de congé ! reprit Oona. Évidemment, y a fallu que ça tombe pile le jou' où j'étais pas là… »

Gabe demeura songeur quelques instants. Si elle n'avait pas été en congé, semblait-elle insinuer, il n'y aurait jamais eu de problème. Ou peut-être regrettait-elle d'avoir manqué le spectacle, tout simplement. « Il faut qu'on reste concentrés sur nos tâches, déclara-t-il.

— Oui, chef. » Le sourire dont elle assortit sa réponse plissa ses yeux en amande. À voir son visage rond et lisse, égayé sur l'arête du nez par un semis de taches de son juvéniles, on lui aurait donné beaucoup moins que ses cinquante-cinq ans. Il n'y avait aucune touche de gris dans ses cheveux courts, qui dégageaient ses oreilles délicates. Elle avait l'habitude d'accrocher à sa veste de cuisine des barrettes brillantes qu'elle fixait vraisemblablement de chaque côté de sa tête avant de rentrer chez elle. Elle était grosse, mais d'une certaine façon son embonpoint ajoutait à l'impression de jeunesse qui émanait d'elle, comme si elle était appelée à perdre ses rondeurs en grandissant. « Ah, quand même, reprit-elle, quand je pense à ce pauv' Yu'i qui vivait en bas comme un petit wat galeux... À vot' avis, ça faisait longtemps qu'il était là ?

— Les policiers mènent leur enquête, Oona », l'informa Gabe pour tenter de la ramener sur un terrain plus professionnel.

Déjà, elle avait ôté une de ses chaussures et se penchait pour se masser la voûte plantaire. Ses pieds en revanche trahissaient son âge : ils étaient si larges qu'ils paraissaient presque carrés, et les mocassins noirs qu'elle portait pour travailler menaçaient de craquer aux coutures. « Ils vont m'intewoger dans l'apwès-midi, M. Maddox me l'a dit ce matin. Mais y a que le bon Dieu pou' savoi' ce qui s'est passé, ajouta-t-elle en se rechaussant laborieusement.

— C'est assez évident, en fait », répliqua Gabe. Malgré son allure de gratte-papier, Parks connaissait manifestement son métier : les spécialistes de la scène de crime avaient confirmé son hypothèse, il n'y avait donc aucune raison de précipiter l'autopsie. « Yuri logeait à la cave. Il avait installé un matelas et tout un tas d'affaires, là-bas, de l'autre côté des vide-ordures, dans ce qui était l'ancien local administratif. Il a pris une douche dans le vestiaire des serveurs, il avait probablement trop bu, il retournait dans sa chambre, il a glissé, il s'est cogné la tête et il est mort. Que ce soit tragique, c'est sûr. Mais mystérieux, non, pas du tout.

— Y a que le bon Dieu qui l'sait », s'entêta Oona.

Gabe saisit un stylo, pressa le poussoir pour faire sortir la pointe et le pressa de nouveau pour la faire rentrer, tout en se demandant ce que Gleeson ne voulait pas révéler au sujet de la victime. Car il avait la conviction que le directeur de la restauration cachait quelque chose. Sinon, pourquoi aurait-il eu l'air aussi à cran ? Avec le temps, tout finirait par éclater au grand jour. Gabe pressa encore et encore l'extrémité du stylo. *Clic, clic, clic, clic, clic.*

« Ça va aller, twéso', dit Oona en lui tapotant la main. C'est un choc pou' tout le monde…

— Bon, on s'y met ? On a pas mal de choses à voir.

— Oui, oui, d'acco'. » Elle remua les fesses pour tenter de trouver une position plus confortable – une manœuvre qui, coincée comme elle l'était entre la table et la porte, se révéla des plus malaisées. « Mais quand même, ce pauv' Yu'i, Dieu le bénisse, où est-ce qu'il avait la tête ? C'est pas un hôtel, en bas ! »

Aucun doute. Quand on flairait une mauvaise odeur quelque part, il suffisait d'en suivre la piste pour tomber sur Gleeson – Gleeson, capable de monter toutes les combines possibles et imaginables, et encore quelques-unes en prime.

« À mon avis, reprit Oona, ils vont leu' coller la justice au cul.

— Qui, Oona ? Qui pourrait intenter des poursuites contre l'Imperial ? Yuri n'était pas censé se trouver en bas, je vous signale. » Pendant un moment, Gabe s'était dit que Gleeson devait louer l'espace au plongeur ukrainien, qu'il allait peut-être même jusqu'à lui demander un supplément pour le matelas, mais à présent l'idée lui semblait ridicule. Toutes ces bouteilles vides de Rémy Martin… On n'achète pas du cognac trois étoiles avec un salaire de plongeur – pas au prix fort, en tout cas. Quoi qu'il en soit, ça ne le concernait pas, conclut-il. Il y aurait une enquête. Aux policiers de découvrir ce qu'il y avait à découvrir. Et à M. Maddox de découvrir le reste.

« Mmm, fit Oona, apparemment satisfaite. Ils en ont pas fini avec la justice…

— Possible, marmonna Gabriel. Le plus urgent dans l'immédiat, c'est de mettre à jour le planning du personnel.

— J'ai déjà demandé à Nikolaï de wemplacer Benny. Il connaît son affai', çui-là. »

Nikolaï, un des commis, occupait un rang moins élevé que Benny, mais elle avait raison, il était plus que compétent.

« J'ai appelé l'agence y a une bonne heu', ajouta-t-elle. Ils nous envoient deux nouveaux pou' la plonge.

— Pourquoi deux ? s'étonna Gabe. Quelqu'un d'autre manque à l'appel ?

— La fille. Comment elle s'appelle, déjà ? Vous savez, celle qui lave les cassewoles et tout. » Absorbée dans ses réflexions, Oona se frotta la poitrine. « Oh, elle est toute maigwichonne, cette gamine, on la voit à peine, elle pouwait passer sous les po'tes. On n'a qu'une envie, la fai' asseoi' devant un bon plat chaud et lui di' : "Bonté divine, ma petite, mange. Mange !"

— Elle a prévenu qu'elle était malade ? » Gabe consulta sa montre ; il était grand temps de mettre un terme à cette pause-café matinale.

« Ça y est, ça me wevient… Lena ! s'exclama Oona en riant. Houlà, c'est sû', elle est plus mince que moi !

— Elle a prévenu qu'elle était malade ? répéta Gabe, qui se souvenait vaguement de la maigrichonne en question.

— Non, mais pe'sonne l'a vue hie', à ce que j'ai compwis, et elle est pas venue aujourd'hui. Elle a dû s'affoler, avec tout ce qui se passe.

— Vous avez téléphoné chez elle ? »

Les lèvres pincées, Oona le considéra pendant quelques secondes, se demandant manifestement s'il était devenu fou ou s'il plaisantait. Pour finir, lui accordant le bénéfice du doute, elle laissa échapper un profond rire de gorge. « C'est ça, dit-elle. C'est ça... »

Gabe avait toujours eu l'impression qu'elle ne riait pas comme tout le monde. Les autres riaient poliment ou grossièrement, de manière sarcastique ou entendue, impuissante ou désespérée, teintée de tristesse ou de joie en fonction de la situation. Oona, elle, n'avait qu'un seul rire, qui semblait répondre à une énorme farce sans fin. « Elle n'a pas le téléphone, observa-t-il. Évidemment... » Ce n'était pas la peine d'essayer de soutirer un numéro de téléphone à un plongeur ; même s'il correspondait à une véritable adresse, on avait toutes les chances de tomber sur un correspondant qui ne parlait pas anglais ou qui, dans un anglais approximatif, soutenait que la personne en question n'avait jamais mis les pieds au Royaume-Uni, et encore moins chez lui. « Elle est en intérim ou en CDI ? »

Tandis qu'Oona s'absorbait dans ses pensées, Gabriel jeta un coup d'œil en direction des cuisines, où Victor vidait dans une friteuse un sac de frites surgelées. Normalement, elles étaient bannies, au même titre que tous les légumes surgelés depuis que Gabriel avait pris ses fonctions, cinq mois plus tôt. Mais voilà, il s'agissait de Victor, le petit malin, qui ne suivait que ses propres règles.

« Elle a été envoyée pa' l'agence, disait Oona. Oui, c'est bien ça, mmm... » La phrase s'acheva, mais elle-même continua de débiter une litanie de « mmm » et de « oui » – des petits sons apaisants formulés dans un souffle –, comme si elle avait deviné la colère grandissante de son interlocuteur et comptait l'étouffer sous ses marmottements.

« Si elle se présente, dites-lui d'aller voir ailleurs. Je ne peux pas tolérer un tel comportement.

— J'vais lui donner un ave'tissement, affirma Oona. Faut d'abo' lui en donner deux ou twois avant de...

— Inutile, l'interrompit Gabe. Ce n'est qu'une intérimaire. » Il haussa les épaules pour bien montrer que la situation ne l'amusait pas. « Désolé, Oona, mais elle est virée. »

À l'image du reste de l'Imperial, les cuisines étaient un pur produit de l'ère victorienne. Mais, si le hall et les salles de réception, les chambres et les salles de bains, les escaliers, les couloirs et les vestibules avaient été transformés en espaces du XXIe siècle à l'intérieur d'une coquille du XIXe siècle, la partie cuisine elle-même – malgré moult réaménagements et rénovations – conservait un aspect de foyer de l'Assistance publique, l'empreinte indélébile laissée par des générations d'indigents condamnés au labeur. C'était une vaste pièce basse de plafond, plus ou moins carrée, qui comportait deux annexes – la première occupée par la légumerie, l'autre par des lave-vaisselle industriels, dont un pour les couverts et les assiettes, un lave-verres et une plonge batterie. Derrière les machines et les éviers, un petit couloir menait à l'aire de livraison ; là, les camions se succédaient dès l'aube et jusque tard dans l'après-midi, et Ernie (un « indéboulonnable », même selon les critères d'Oona) courait tout le temps, surgissant encore et encore de la minuscule guérite en préfabriqué où il soupirait autant devant ses travaux de poésie que devant son ordinateur, dont il se méfiait comme de la peste. En rentrant à l'hôtel, juste avant d'atteindre les bureaux remplis de jeunes assistants marketing au sourire éclatant, on passait devant le laboratoire pâtisserie aménagé dans une aile du bâtiment. Contrairement à la cuisine principale, il y régnait une fraîcheur permanente, en théorie à cause de la nature du travail, mais chaque fois que Gabe y entrait ou le longeait, il ne pouvait s'empêcher d'en rendre responsable le chef Albert, dont le souffle glacé était capable de refroidir même le plus chaud des cœurs.

De l'endroit où il se tenait à présent, dos au passe-plat et les mains sur le rebord du chauffe-assiettes qui courait sur presque toute la longueur de la pièce, Gabe ne distinguait pas les confins de son domaine. Il voyait seulement le garde-manger et les parties sauces, poisson et viande, ainsi que le minuscule plan de travail où l'un des commis préparait d'innombrables hamburgers-frites destinés au room-service, se partageant entre la table en inox, le gril et les friteuses, tournoyant comme un chien prêt à se coucher. Et il voyait aussi comment des décennies de travaux entrepris sans conviction, d'angles mal ajustés et d'accumulation de matériaux hétéroclites avaient conféré aux lieux un aspect pitoyable, comme si la cuisine parvenait tout juste à tenir debout.

Même le sol n'en peut plus, songea-t-il. Si les solides dalles de pierre brun-rouge n'avaient sans doute été posées que quelques années plus tôt, elles n'allaient pas jusqu'aux plinthes ni dans les coins où subsistaient diverses couches archéologiques d'ardoise, de terre cuite et de lino. Quand les cuisines grouillaient d'activité, quand les couteaux virevoltaient et que les casseroles s'entrechoquaient, quand les brûleurs chuintaient et s'enflammaient, quand les assiettes blanches défilaient sur le passe-plat et que les chefs criaient ordres, insultes et blagues tout en exécutant les pirouettes et autres figures requises par la chorégraphie moderne de l'art culinaire, l'atmosphère devenait totalement différente.

Mais aujourd'hui le service de midi était calme. L'un des plongeurs, un Philippin en salopette vert foncé, poussait une serpillière sur le dallage avec une telle nonchalance que c'était la serpillière qui paraissait douée de vie et l'entraîner dans son mouvement. Sur le mur du fond, recouvert d'une peinture vert sauge passe-partout éclaboussée de taches de graisse, une affiche des services d'hygiène et une pin-up illustrant la page 3 du *Sun* frissonnaient, agitées par le courant d'air vicié provenant du ventilateur électrique. Rassemblés par groupes de deux ou trois sous les néons anémiants, les chefs échangeaient des ragots et planifiaient leurs pauses-cigarette. Drôle d'endroit, songea Gabe en portant son regard vers la porte verrouillée et la fenêtre munie de barreaux qui ne laissait filtrer aucune lumière. Drôle d'endroit, à la fois prison, asile de fous et salle des fêtes.

L'imprimante posée sur le passe-plat et connectée au restaurant se mit à bourdonner. Gabriel saisit le bon de commande. « Tout le monde à son poste ! lança-t-il. Un consommé royal, deux petites fritures, pour suivre un rouget, un chasseur, un osso buco. Ça marche ?

— Chef ? l'apostropha Suleiman en lui apportant un tupperware. J'ai fait des essais avec la garniture du consommé. Chiffonnade d'oseille et de cerfeuil. » Il montra le contenu de la boîte puis embrassa son pouce et son index réunis. « Ça donne du goût, beaucoup de goût même. Vous êtes d'accord ? »

D'origine indienne, Suleiman vivait depuis moins de trois ans en Angleterre, et pourtant son anglais était déjà meilleur que celui d'Oona. C'était aussi le seul en cuisine à manifester de l'intérêt pour son métier. Un consommé royal ne comportait pas d'herbes aromatiques, sinon c'était un consommé julienne, mais Gabe ne tenait pas à le décourager. « Oui, répondit-il. Bon travail, Suleiman. »

Celui-ci sourit. Il avait beau mettre dans son sourire la même application que dans tout le reste, étirant et retroussant largement les lèvres, inclinant la tête et plissant les yeux, le sérieux de son expression s'en trouvait à peine altéré. Même avec sa toque blanche, sa veste et son tablier d'où émergeaient des jambes courtes, légèrement arquées, revêtues d'un pantalon à carreaux bleus, même avec une poêle en main, Suleiman n'avait pas l'air d'un chef. Il avait l'air d'un expert en assurances déguisé.

Gabriel le gratifia d'une petite tape dans le dos avant de s'éloigner pour entamer sa tournée d'inspection.

Dans le garde-manger, Victor lambinait, se bornant à donner des coups de talon contre le réfrigérateur sous le comptoir. Il était de ces jeunes qui prennent pour du charisme leur nervosité débordante et leur frustration, ce qui le rendait impossible à aimer. À en juger par sa posture – déhanchement prononcé et menton en avant –, il devait se croire de retour en Moldavie, dans une ruelle quelconque, à attendre que les choses s'animent.

« Ça bosse dur ? lança Gabriel.

— Vous êtes pour quelle équipe ? demanda Victor.

— Hein ?

— L'équipe. L'équipe, chef. De foot. »

Victor se parfumait et s'épilait entre les sourcils. De toute évidence, il était amoureux de sa personne. « Les Rovers, répondit Gabriel. Les Blackburn Rovers. »

De la main, son interlocuteur fit un geste laissant supposer que les Rovers étaient, de son point de vue, une équipe moyenne. « Moi, c'est Arsenal. Et au pays, Agro.

— Logique, observa Gabriel. Pardon de vous poser la question, mais vous n'auriez pas quelque chose à faire, là ?

— Ben non, répondit Victor. Quoi ?

— Travailler. C'est pour ça qu'on est ici. Vous vous rappelez ? C'est pour ça qu'on nous paie.

— Eh, *be cool, man*, répondit le Moldave en prenant un accent américain ridicule. Regardez, tout est prêt », ajouta-t-il, paumes ouvertes.

Gabriel examina les bacs de salades ainsi que toutes les garnitures d'accompagnement. Il ouvrit les frigos et procéda à un rapide inventaire des entrées froides : roulés d'aubergine et de mozzarella, tranches de melon déployées en éventail autour d'une chiffonnade de jambon de Parme. « D'accord, dit-il. Bien. » Sur une impulsion, il enfonça une cuillère dans la *gremolata* puis la goûta. « Ah non, il y a un souci. Il manque quelque chose. » Il goûta de nouveau. « Et les filets d'anchois, alors ?

— Chef ? » Victor croisa les bras. « Y a pas de filets d'anchois. Si vous en voulez, pas de problème, j'en commande.

— Allez voir s'il en reste dans l'économat, en bas. »

Victor baissa les yeux.

« Je n'ai pas toute la journée, reprit Gabe. La gremolata, c'est pour l'osso buco.

— Chef... » Les paumes tournées vers le plafond, Victor se fendit d'un grand sourire, s'imaginant sans doute qu'il pouvait compter sur son charme pour se dépêtrer de toutes les situations.

« Allez-y maintenant », lui ordonna Gabriel sans hausser le ton. Il décida – question de stratégie – que, au cas où le Moldave continuerait de lui tenir tête, il ferait mine de s'énerver. S'il ne perdait jamais son sang-froid, il lui arrivait néanmoins de faire semblant.

« Pas question que je descende, décréta Victor. Ça me fout les jetons, *man*. Il se serait assommé sur une espèce de poignée, c'est ça ? Et elle s'est enfoncée dans sa tête ?

— Victor... »

Mais celui-ci était lancé. « Chierie ! » dit-il. Dans sa bouche, le mot sonnait comme « chérie ». « Faut respecter les morts, vous comprenez ? Le respect, *man*, vous savez ce que c'est ? » Il regardait tout le temps des films américains – très certainement des DVD piratés.

« Je vous ai donné un ordre ! aboya Gabriel. Faites ce qu'on vous dit. » Son visage se crispa. Son père démarrait au quart de tour autrefois, pour atteindre le plein régime en trois secondes chrono. S'il avait passé une mauvaise journée à la Rileys, il s'asseyait le soir dans le fauteuil près du radiateur à gaz et feuilletait le journal local avec impatience, faisant claquer les pages et tapant des pieds. « Le dîner sur la table à six heures, c'est trop demander ? » En général, maman arrondissait les angles, mais parfois elle rétorquait : « Oui ! » Alors il explosait, emplissant la maison de ses cris et tremblant littéralement de rage. Ses oreilles viraient à l'écarlate presque jusqu'au sommet, où elles semblaient chauffées à blanc. Gabriel, assis en haut de l'escalier avec Jenny, attendait la fin de l'orage. Il avait beau éprouver une drôle de sensation au creux de l'estomac, comme s'il allait avoir la diarrhée, une certitude s'imposait à lui : c'était son père qui était à plaindre, parce qu'il ne pouvait pas se maîtriser.

Une ombre voila le regard de Victor, qui grimaça. Il n'aurait pas eu l'air plus dégoûté s'il avait été aspergé de désinfectant. « Oui, chef. » Il cracha.

« Laissez tomber, répliqua Gabe, saisi d'un brusque ras-le-bol. Je vais y aller moi-même. »

Les murs des catacombes, en briques badigeonnées de blanc, étaient constellés de gouttelettes d'eau semblables à des larmes. Les ampoules nues suspendues au plafond du couloir projetaient sur les portes des ombres de Halloween. C'était tout à fait le genre d'endroit où l'on s'attendait à percevoir le claquement et l'écho de ses propres pas, mais les sabots en polyuréthane de Gabriel ne faisaient presque pas de bruit sur le ciment. Il passa devant l'entrée des vestiaires, un pour les hommes et un pour les femmes. Quelqu'un avait creusé un trou dans la cloison entre les deux, à la suite de quoi Gleeson avait renvoyé le serveur italien malgré l'absence de preuves – peut-être juste parce qu'il avait du sang latin dans les veines. Gabe jeta un coup d'œil à l'ancienne poissonnerie, dont la porte était recouverte d'une peinture tellement lépreuse qu'elle semblait elle-même dotée d'écailles. Aujourd'hui, la plupart des poissons arrivaient habillés, et seuls les filets congelés (autorisés seulement dans le *fisherman's pie*) faisaient le voyage jusqu'au sous-sol. L'air sentait toujours la marée basse, le sable et les algues brunies. L'odeur s'atténua à mesure que Gabe avançait, jusqu'au moment où elle fut remplacée par celle de la Javel. Quelque part au-dessus de lui résonna le roulement d'un chariot. Les multiples conduites, tuyauteries et entrelacs effrayants de câbles électriques qui dissimulaient le plafond répercutaient en permanence une sorte de plainte assourdie. Au détour du couloir, Gabe se demanda quelle serait la longueur totale des catacombes si on les mettait bout à bout. Il ne serait pas facile de les aligner, cela dit, tant elles étaient agencées de manière chaotique, en une succession de tours et de détours, de méandres et de culs-de-sac.

Les cuisines non plus ne bénéficiaient pas de la disposition idéale. Quand il aurait son propre restaurant, se dit Gabe, il insisterait pour tout refaire. Absolument tout, du sol au plafond.

Charlie voulait fonder une famille. « Je ne rajeunis pas », répétait-elle. Pourtant, elle n'avait que trente-huit ans. Quand elle s'examinait dans le miroir, son regard reflétait le scepticisme, comme si la sirène rousse aux yeux verts et au teint radieux en face d'elle n'abusait personne, et surtout pas elle. Son métier de chanteuse n'arrangeait rien ; elle était entourée de filles plus jeunes. « Toi et ton projet stupide, disait-elle en faisant tournoyer le martini dans son verre. Ne compte pas sur moi pour t'attendre indéfiniment... » Gabe songea qu'il lui poserait la question le jour où le contrat serait signé. « Tu veux qu'on s'installe ensemble ? » Oh, il connaissait déjà la réponse. Ils trouveraient un nouvel appartement, peut-être au bord du fleuve, d'où il pourrait contempler les rives limoneuses et le cours agité de la Tamise. Au bout d'un an, quand ils seraient sûrs de leur couple, ils pourraient essayer d'avoir un enfant.

Un enfant... Il effleura la petite tonsure sur son crâne en se demandant si elle s'élargissait. Au même moment il se rendit compte qu'il s'était arrêté près du ruban jaune et noir délimitant l'endroit où Yuri avait vécu et péri. Perplexe, il tenta de se rappeler pourquoi il était venu là. Il y avait une raison, forcément... Sans doute avait-il eu l'intention de rester quelques instants sur place, juste pour rendre hommage à la mémoire du plongeur.

« On pourrait filer à Tobago, avait suggéré Charlie en descendant de scène. Tu sers le *surf'n'turf*[1], je m'occupe des boissons. »

Il baissa les yeux vers la trappe en acier qui marquait l'emplacement d'une cave à charbon oubliée depuis longtemps, et dont la poignée aux angles dangereusement saillants était éclaboussée par le sang de Yuri. La porte de l'ancien local administratif était ouverte, la lumière allumée. Les policiers n'avaient laissé que le matelas et les sacs de couchage ; tout le reste avait été emporté – deux sacs-poubelle noirs contenant les effets personnels du défunt. Gabe se baissa pour passer sous le cordon de sécurité. À peine entré, il ramassa un papier de bonbon qui traînait par terre et le glissa dans sa poche. La pièce, grande comme une chambre double,

1. Plat qui associe les fruits de mer à la viande de bœuf.

comportait de part et d'autre une alcôve garnie de rayonnages. Les enquêteurs avaient trouvé un réchaud, quelques casseroles, des bocaux et des bouteilles d'alcool vides, de la mousse à raser et un rasoir, des vêtements de rechange, un pilulier avec une mèche de cheveux à l'intérieur, ainsi qu'une vieille photographie – celle d'une femme au menton creusé d'une fossette et de deux petites filles vêtues d'épais manteaux.

Après son dernier set, Charlie avait toujours mal au dos à cause de ses hauts talons. Ses yeux étaient irrités par la fumée du club. « Et une croisière, ça te tenterait ? Je chante, tu cuisines. Ou l'inverse, si tu préfères. »

Encore quelques mois et ils emménageraient ensemble. Elle voulait s'amarrer, pas mettre le cap sur le large.

Gabe regarda autour de lui. Il ne savait pas quoi faire. Il était venu rendre hommage à Yuri mais il lui avait à peine accordé une pensée. Il aurait dû envoyer quelqu'un acheter des fleurs. Oui, c'est ça, il déposerait un bouquet sur les lieux. Il y avait du salpêtre dans un angle, nota-t-il, et l'une des étagères était noircie – un accident avec le réchaud, peut-être. Dieu merci, Yuri n'avait pas fait d'autres victimes que lui-même.

La veille, Gabe s'était approché du corps, pour s'arrêter à deux ou trois pas. Puis, les mains dans les poches, l'esprit vide, il avait laissé s'écouler quelques secondes avant de s'éloigner. Yuri était étendu sur le dos, la tête cernée d'un épais sang noir évoquant une capuche déployée. De petites touffes de poils blancs à l'extrémité brunâtre, comme roussie, lui parsemaient le torse. Ses jambes orientées dans des directions différentes donnaient l'impression qu'il tentait de faire le grand écart, ou une sorte de danse cosaque. La serviette qu'il serrait au moment de sa mort s'était enroulée autour d'un de ses pieds. Il avait le visage d'un sage, ce bon vieux Yuri – du genre à passer facilement inaperçu quand il n'était qu'un homme en salopette verte nettoyant la graisse. Mais pour une raison inexplicable, il était difficile de ne pas le remarquer alors qu'il gisait ainsi sur le sol, nu et les membres écartés, d'autant que ses lèvres bleuies et bienveillantes s'étaient entrouvertes comme pour dispenser de bons conseils.

« Aucune idée », avait répliqué Ivan lorsque l'inspecteur lui avait demandé si Yuri avait de la famille.

« Que dalle », avait répondu Victor quand le même inspecteur lui avait demandé ce qu'il savait de Yuri lui-même.

« Je n'ai pas la moindre information », avait déclaré Suleiman.

« Je suis pas au courant », avait affirmé Benny.

Gabe n'avait guère fait mieux : il s'était borné à communiquer les coordonnées de l'agence qui leur avait envoyé Yuri.

Yuri, désormais allongé sur une table mortuaire quelque part, sans personne pour le veiller... C'était la solitude qui l'avait tué, assurément. L'espace d'un instant, Gabe se sentit accablé de désespoir. Il donna un coup de pied au matelas et frappa le mur comme s'il cherchait à repérer des zones de plâtre humide ou effrité – un problème nécessitant une intervention immédiate. Il laissa courir sa main le long d'une étagère, jusqu'au moment où il délogea une sorte de rouleau de tissu coincé entre le bois et le mur. Un collant noir roulé en boule.

Alors comme ça, notre vieux Yuri, il était à poil. À mon avis, il attendait sa copine. Vous croyez pas, chef ? Hein ? Vous croyez pas ?

Soudain, Gabriel décela une présence derrière lui, d'autres battements de cœur. Il fourra le collant dans la poche de son pantalon et se retourna pour découvrir la fille, Lena. Immobile sur le seuil dans l'enchevêtrement d'ombre et de lumière, elle se laissa dévisager tout en le fixant droit dans les yeux. Elle avait un visage étroit et figé, et ses mains crispées sur sa poitrine ressemblaient à des serres. Le matin même, se rappela Gabe, il avait dit à Oona de la renvoyer. Il se rendit compte avec stupeur qu'il ne l'avait encore jamais vraiment regardée. Il inspira plus profondément, conscient de respirer le même air qu'elle.

Il ouvrit la bouche sans savoir ce qu'il allait dire.

Lena sourit, ou peut-être se l'imagina-t-il, avant de s'enfuir dans le dédale de couloirs.

2

L'HÔTEL IMPERIAL, comme M. Maddox aimait à le souligner, avait une histoire. Construit en 1878 par sir Edward Beavis, un industriel aux favoris impressionnants, sur le site autrefois occupé par les Bains du Dr Culverwell, dans Yew Street, à Piccadilly, l'établissement avait endossé autant d'identités qu'il comptait d'arcs-boutants et de gargouilles sur sa façade néo-gothique. Après la respectabilité et le « luxe discret » de l'époque victorienne, quand fumoirs et salles de billard permettaient de tenir ces dames à l'écart de toute influence néfaste, l'Imperial s'était taillé dans les Années folles la réputation d'un lieu dédié à la danse, à la décadence et au détournement de mineurs. La visite de Charles Chaplin en 1921 (escorté au milieu de ses fans par au moins quarante policiers) avait fait de l'Imperial une halte obligée pour les stars et starlettes du cinéma muet britannique. En 1922, lors d'une affaire qui avait défrayé la chronique, Tyrone Banks (dont le film le plus connu était *Heave Ho !*) avait été surpris le pantalon sur les chevilles, en compagnie de trois très jeunes filles lovées sous les draps en soie changeante. Curieusement, l'anecdote ne figurait pas dans la plaquette de l'hôtel, mais

M. Maddox avait pris plaisir à la rapporter à Gabe lorsqu'il l'avait reçu en entretien.

Ensuite, le directeur général avait paru se désintéresser de la question, et il avait fait pivoter son fauteuil pour regarder par la fenêtre, de sorte que Gabe s'était retrouvé à contempler la ligne de fins cheveux semblables à de la limaille qui lui descendait dans la nuque. « Noël Coward a composé des chansons ici, avait déclaré M. Maddox. Et alors ? L'Agha Khan avait une suite réservée en permanence. Theodore Roosevelt a "donné son nom" à la salle de réception. Très généreux de sa part, non ? Qui d'autre ? Ah oui, Hailé Sélassié. C'est dans le dépliant. Il faut dire que j'ai réussi à réunir une bande de petits génies du marketing, en bas...

» Bon, j'ai besoin de vous pendant cinq ans », avait-il continué en quittant son fauteuil pour aller s'asseoir en face de Gabriel, sur un coin de la table en acajou. Stature impressionnante, costume hors de prix. Un homme qui maniait l'autorité avec insouciance, comme s'il en avait à revendre. « À ce moment-là, Gabriel, j'en aurai moi-même pas loin de soixante. Les années filent à une vitesse... On m'a promis que je passerais les cinq dernières de ma carrière dans un endroit plus accueillant – pour quelqu'un de mon âge, je veux dire. Les Bahamas, ça me plairait. Ou les îles Vierges britanniques. En me faisant aider d'un guignol – d'un adjoint, je veux dire – de mon choix. Histoire de souffler un peu, d'alléger la pression... » Il s'était étiré avant de croiser les mains derrière la nuque.

Gabe avait alors remarqué la décoloration de la peau à l'intérieur de son poignet, sans doute à l'endroit où un tatouage avait été effacé.

« Oh, ils n'attendent pas de miracles, avait poursuivi M. Maddox. On n'est pas en train de parler du Michelin ni de toutes ces conneries... Non, juste d'une cuisine correcte, qu'on peut avaler sans s'étouffer. Ils ont dû lâcher pas mal de fric pour avoir l'affaire, vous savez. »

« Ils », c'étaient les dirigeants du PanContinental Hotel Co., qui avaient racheté l'Imperial au groupe Halcyon Leisure deux ans plus tôt, marquant ainsi, espérait-on, la renaissance et le renouveau de l'établissement après un demi-siècle de déclin.

Pendant la guerre, l'Imperial avait été réquisitionné par le gouvernement, qui en avait fait une maison de repos pour les officiers convalescents et un lieu de transit pour les soldats en permission. Par la suite, il avait retrouvé sa fonction d'origine, mais au début des années cinquante les plongeurs étaient plus nombreux que les clients, et il avait dû fermer ses portes jusqu'au moment où quelqu'un avait vu la possibilité de le transformer en immeuble de bureaux. Un fabricant de cigarettes s'y était installé, puis un laboratoire pharmaceutique américain qui avait fait aménager sous les toits une piste cyclable réservée aux cadres supérieurs et, dans la salle de bal, un terrain de volley destiné au reste des étages et aux échelons inférieurs. Dans les années soixante-dix, il avait été question de redorer le blason de l'Imperial mais, au milieu des années quatre-vingt, il accueillait essentiellement des « séjours économiques » ainsi que des représentants de commerce qui arrivaient avec des valises bourrées d'échantillons et de tubes d'Alka-Seltzer, et remplissaient dûment les questionnaires de satisfaction.

« À l'époque où M. Jacques…, avait repris M. Maddox. Bref, vous connaissez l'histoire. » Le restaurant portait toujours son nom. « Peu de gens le savent, mais Escoffier a fait un bref séjour ici avant de filer au Savoy. Vous pensez pouvoir vous mesurer à lui ? » Il avait gratifié Gabe d'un clin d'œil et éclaté d'un rire sans joie. Il avait le front bas et lourd – un escarpement rocheux dominant les fondrières de ses yeux.

« Je vous donne cinq ans, et après ? » avait demandé Gabe. Dans sa tête, il avait ajouté dix mille livres au salaire de départ ; que son interlocuteur se fende encore d'une plaisanterie vaseuse, et il en mettrait cinq mille de plus dans la balance.

« Six chefs de cuisine en deux ans. » M. Maddox avait remué la tête tel un souverain dont la couronne risquait de glisser. « Tous des branleurs. Bon, je vais vous dire, Gabriel : vous me donnez cinq ans, je vous sers ma bite sur un plateau... Asseyez-vous, bon sang ! Relax. Un cigare ?

— Si on parlait plutôt du salaire ? » avait répliqué Gabe entre ses dents.

M. Maddox avait balayé la question d'un geste désinvolte. « Vous n'aurez qu'à régler ça avec mon adjoint. Je lui dirai de ne pas vous décevoir. » Brusquement, il avait abattu sa main sur la table, faisant s'envoler une pile de papiers. « La loyauté, avait-il aboyé. Vous connaissez le sens de ce mot ? D'où venez-vous, chef ? Hein ? C'est où, ça, bordel ? On n'a jamais entendu parler de loyauté, là-bas ? »

Gabriel franchit la porte à tambour et, immobile sur le trottoir, leva les yeux vers la façade en pierre sombre de l'hôtel. Il était minuit. Il avait travaillé seize heures d'affilée ce jour-là, et la seule fois où il avait tenté de prendre une pause, il avait été entraîné d'autorité dans une réunion avec un représentant du service d'hygiène qui, bien que n'ayant trouvé aucune raison de fermer les cuisines, avait multiplié les prétextes pour lui faire perdre son temps.

Il passa un moment à contempler les fenêtres à meneaux et les grotesques sculptés qui boudaient sous les parapets. La pierre semblait froide. La porte libéra un client en même temps qu'une bouffée d'air chaud chargée du parfum à la vanille qui imprégnait le hall. Gabe jeta un coup d'œil à l'intérieur, survolant du regard le comptoir de réception noir et lisse, les hauts tabourets en plexiglas disséminés parmi les fauteuils de cuir fatigués, la « sculpture » violet et chrome suspendue au plafond, les compositions de fleurs exotiques capables de crever un œil aux imprudents. Vu de l'extérieur, l'ensemble donnait l'impression de souffrir d'une sorte de dédoublement de personnalité. L'Imperial ne recouvrerait jamais vraiment sa splendeur d'antan. Le Jacques ne ferait jamais honneur à son nom. Les grands restaurants, comme les grands hôtels, sont censés offrir un design cohérent et un standing certain. Or, les fleurs de Gleeson – « En soie, j'insiste » – révélaient la faille. Si l'Imperial était une personne, songea Gabe, on dirait d'elle qu'elle a un sérieux problème d'identité.

Lorsqu'il atteignit Piccadilly Circus, une pluie fine tombait, éclairée par les phares des voitures qui se traînaient autour de la place, rendant l'air trouble et déposant un voile brillant sur les trottoirs. Sur les panneaux d'affichage électroniques défilaient les noms des grandes enseignes, Samsung, Sanyo, Nescafé, les arches dorées de McDonald's… Au-dessus de la fontaine, la statue d'Éros, éclipsée par les gigantesques écrans LED, paraissait morose. Des coups de klaxon résonnèrent ; deux jeunes femmes titubaient vers Haymarket, piaillant, caquetant et se soutenant l'une l'autre. Il y avait d'autres amis de la bouteille avachis sur les marches de la fontaine – des professionnels, ceux-là, qui avaient dédié leur vie à la cause. La camionnette d'un vendeur de hot-dogs libérait vapeur et relents d'oignons frits. Un homme d'affaires arborant une moustache et un pardessus strict voulait traverser et frappait de son parapluie massif les barrières qui lui bloquaient le passage. Une femme d'une cinquantaine d'années, un chihuahua fourré sous le bras, semblait hésiter sous le halo brumeux d'un réverbère, ne sachant peut-être pas s'il valait mieux demander son chemin ou demeurer un peu perdue. La pluie, les odeurs, les publicités, le grondement des moteurs – Gabe absorbait tout en même temps qu'il marchait, l'esprit cependant ailleurs.

Il avait vu M. Maddox en action à de nombreuses reprises. Avec les clients de l'hôtel les plus importants, le directeur général faisait assaut de charme : il mémorisait le prénom de leurs enfants, savait se montrer humble sans tomber dans la flagornerie et répondre à leurs attentes avant qu'elles soient formulées. Avec le personnel, il tenait à se présenter comme un employé parmi d'autres ; après tout, lui-même s'était hissé à la force du poignet des cuisines à l'étage directorial. Il arpentait vestibules et couloirs et adressait la parole à tout le monde, du directeur des relations publiques à la femme de chambre, n'hésitant pas à rudoyer le premier plutôt que la seconde, ce qui forçait l'admiration de Gabriel bien malgré lui. Si quelqu'un ne lui donnait pas satisfaction, il attaquait aussitôt le problème de front. « Ne demandez jamais à un autre de faire un travail que vous ne feriez pas vous-même. » Il lui arrivait d'attraper une femme de chambre par les épaules pour la pousser doucement sur le côté. « Regardez, je vais vous montrer. Il faut y mettre un peu d'huile de coude, d'accord ? Oui, vous avez compris. Vous avez compris, je n'en doute pas une seconde. » Il était enjoué, direct et veillait toujours à se répéter pour mieux faire passer le message. Il félicitait et punissait ouvertement, en honnête homme. Pour atteindre ses objectifs, il s'appuyait sur l'humour, tout un arsenal de bonus et une bonne connaissance de la psychologie. En somme, c'était un parfait tyran. Et il instillait chez ses subordonnés une peur qu'ils confondaient souvent avec le respect.

Gabe s'en était rendu compte dès leur premier entretien.

« Le service à la clientèle privée, c'est le top, avait affirmé M. Maddox. Je connais beaucoup de monde. Un mois sur un yacht au large de la Riviera, six semaines dans une propriété de Los Angeles, deux semaines à Aspen, un loft à Londres le temps d'une pause… il suffit de suivre le boss et sa poupée Barbie partout où ils vont. Vous cuisinez macrobiotique pour elle, un steak pour lui, un dîner de gala toutes les deux semaines, et le tour est joué. Franchement, ça vous paraît difficile ? Je vous parle de fric, là. D'un sacré paquet de fric.

— Vous le feriez, vous ? » avait demandé Gabe.

Le directeur général l'avait fixé de son regard implacable. « Alors, vous en êtes ou pas ? Je vous accueille au club ? »

Pendant quelques secondes, Gabe avait eu l'impression de se retrouver à Blantwistle : il avait dix ans, et il jouait avec le *shepherd's pie*[1] dans son assiette pendant que sa mère mettait le lave-vaisselle en route et que son père s'écartait de la table puis faisait craquer ses phalanges, comme toujours avant le début du sermon. *Ne t'attaque jamais à plus petit que toi.* Il passait ensuite la main sur le plateau d'un geste déterminé, comme pour lisser la nappe. Si sa silhouette évoquait celle d'un lévrier, il avait des mains larges et fortes. Agiles, aussi. À la filature, la légende disait que Ted Lightfoot était capable de nouer les fils plus vite que n'importe quelle machine. *Ne t'attaque jamais à une fille non plus.* Il avait dû y avoir une époque, dont Gabe ne gardait pas le souvenir – peut-être quand il avait six ou sept ans –, où il

1. Sorte de hachis parmentier.

admirait son père. Mais c'était tellement ridicule, cette façon qu'il avait de trôner ainsi après le dîner, pareil à Moïse énonçant les dix commandements… *Ne t'avise jamais d'échanger une poignée de main avec un homme et ensuite de revenir sur ta parole.*

Gabriel s'était levé pour serrer la main de son nouvel employeur. C'était un geste vide de sens et ils le savaient tous les deux. Mais c'était la règle du jeu.

Au Penguin Club, Charlie chantait *'Tain't Nobody's Bizness If I Do*. Elle portait sa robe à paillettes argentées et son ras-du-cou vert. Ses talons étaient plus pointus que des couteaux à désosser. Comme accablé par le poids du blues, le pianiste jouait le nez sur son clavier.

Charlie plaça une main sur sa hanche et fit rouler son épaule – sa façon de saluer Gabe.

Celui-ci commanda une bière et s'assit au bar pour regarder les hommes lorgner sa compagne. La salle était sombre, garnie de faux lambris et de banquettes rembourrées le long d'un mur. Les tables rondes au milieu s'ornaient de nappes en panne de velours et de petites lampes Art déco qui éclairaient le menton des clients. Certains étaient accompagnés de leur petite amie ou de leur maîtresse, qui tripotait colliers et boucles d'oreilles ; d'autres, installés par groupes de deux ou trois, entrechoquaient des verres et parfois des mots ; la plupart se contentaient de rester tranquillement assis, serrant entre leurs doigts des cigarettes dont ils tiraient des bouffées qui épaississaient l'air.

Charlie partageait avec le pianiste une minuscule estrade surélevée d'environ quinze centimètres seulement. La chanson ne convenait pas à sa voix, qui était trop légère, trop provocante. Elle baissa les yeux et pressa ses lèvres contre le micro comme s'il était l'objet de tous ses désirs. Un chauve à une table proche de la scène se redressa soudain et brandit son gobelet pour lui porter un toast. Il oscilla un moment puis se rassit.

« Elle vous plaît, pas vrai ? » Le client au bar arborait une grosse montre en or sur son poignet velu et épais.

« Oui, répondit Gabe. Je la trouve pas mal. »

L'inconnu vida son verre avant de se rapprocher de Gabe. Il était vêtu d'un costume élégant rehaussé d'une cravate en soie. « Écoutez, dit-il, je suis assez bon juge des caractères. Dans mon métier, quand on ne l'est pas, autant se couper la gorge tout de suite. Si ça vous intéresse… » Il tendit deux doigts dans la direction de Charlie et fit mine de tirer. « Je peux vous indiquer la mise de départ. »

Gabe éclata de rire. « D'accord, filez-moi le tuyau. Indiquez-moi la mise de départ. »

L'homme s'appuya contre le comptoir. Quand il éructa, les yeux plissés, Gabe se rendit compte à quel point il était ivre. « Trois Campari soda ou un martini sec. Pas besoin de plus. Elle vous aspirera la langue, ensuite elle vous baisera comme un lapin, et si vous avez du pot elle vous laissera vos putains de cartes de crédit quand elle videra votre portefeuille. »

S'il avait ricané, Gabe l'aurait frappé, mais son voisin s'était tu à présent et il avait l'air triste. Tous deux reportèrent leur attention sur Charlie. Elle chantait une chanson d'amour, un standard de Burt Bacharach dont elle chargeait les paroles d'ironie – du moins Gabe en avait-il l'impression.

Durant un moment, il se demanda si elle avait couché avec cet homme.

« Eh bien, bonne chance », reprit l'inconnu. Il voulut vider son verre, pour s'apercevoir que c'était déjà fait. « J'aurais bien tenté le coup moi-même mais, faut bien l'admettre, on ne joue pas dans la même catégorie, elle et moi, c'est sûr. »

Les cheveux de Charlie lui tombaient jusqu'aux épaules en vagues luxuriantes. Ils étaient d'un roux ardent, comme un setter irlandais, qui faisait ressortir la blancheur crémeuse de son teint. « Comment s'est passée ta journée ? demanda-t-elle. Et le boulot ? » Un bras appuyé sur le comptoir, elle prit la main de Gabriel.

« Bien, répondit-il. Ça s'est bien passé. Qu'est-ce que tu veux ? Du blanc ou du rouge ? »

Elle se jucha sur un tabouret et croisa les jambes. Sa robe moulante la forçait à se tenir droite. « Bien ? répéta-t-elle. Tu te fiches de moi ! »

Gabe songea à la fille, Lena, et aux ombres qui lui creusaient les joues. Il porta la bière à ses lèvres puis but lentement comme pour mieux enfouir l'image dans sa tête.

Charlie rassembla sa chevelure sur une épaule. Tout en le sondant de ses yeux verts limpides, elle esquissa son habituel petit sourire de guingois. « C'était juste une journée normale de plus, quoi. Rien à signaler.

— En fait, j'en sais rien. Hier, c'était… Bah, je t'en ai déjà parlé. Je m'attendais plus ou moins à ce que tout nous explose à la gueule aujourd'hui, mais non. Peut-être que ça n'arrivera pas. »

Charlie commanda au barman un grand verre de chablis. « On n'est jamais à l'abri d'un accident, pas vrai ? » Elle pressa l'un de ses talons aiguilles contre le tibia de Gabriel. « Un de ces jours, je risque de me rompre le cou, perchée sur ces trucs-là. »

Quand Lena reviendrait, il lui parlerait en privé pour savoir ce qu'elle était descendue faire au sous-sol cet après-midi. Elle avait les cheveux d'un blond presque blanc. Il n'avait jamais vraiment aimé les blondes.

« Allô ? J'appelle la planète Gabriel. Non… Aucun signe de vie intelligente.

— Désolé », répondit Gabe. Sauf que Lena ne reviendrait pas. Elle avait été renvoyée.

« Personnellement, j'ai passé une journée fantastique, merci de demander.

— Ah oui ? » Il hocha la tête. « Tant mieux. » À moins qu'elle n'ait pas eu l'occasion de voir Oona, auquel cas elle ignorait qu'elle avait perdu son travail. Alors, pourquoi s'était-elle enfuie ?

Charlie fit tournoyer le vin dans son verre. Elle portait une grosse bague d'ambre qu'elle avait achetée dans un souk à Marrakech au cours d'un week-end prolongé qu'ils s'étaient accordé tous les deux. « Je suis restée enfermée toute la matinée dans un soi-disant studio – une table de mixage dans une piaule, c'est un studio – pour enregistrer une chanson qui sortira peut-être, ou peut-être pas, sur une compilation au Japon. Et cet après-midi, je me suis présentée à une audition pour un engagement régulier dans un club privé à Mayfair. Le type était vraiment glauque et il m'a trouvée trop vieille, je l'ai bien vu, alors que j'ai vraiment le sentiment d'aller quelque part, maintenant, tu vois ? Que ma carrière vient de démarrer. »

Si elle paraissait réclamer des encouragements, ce n'était cependant pas le moment de lui en offrir ; Gabe le savait par expérience. « Tu n'as plus qu'à te présenter à une de ces émissions de télé censées découvrir de nouveaux talents, dit-il. C'est le seul moyen. » La police voulait interroger Lena. Il faudrait la retrouver.

« Merci du conseil, répliqua Charlie. Je le suivrai quand tu auras ta propre émission de cuisine. Comment se fait-il que tu ne l'aies pas encore, d'ailleurs ? Nana Higson se pose la question. »

Nana était la grand-mère maternelle de Gabriel. Aujourd'hui, elle vivait avec son gendre. Phyllis Henrietta Josephine Higson. Gabe la surnommait Nana. Ted Lightfoot l'appelait Phyllis – ou autrefois « la polymorphe », mais seulement derrière son dos. Les voisins l'appelaient toujours Mme Higson, même au bout de vingt ans. Seule Charlie l'appelait Nana Higson, alors qu'elle ne l'avait même pas rencontrée.

« Je ne te dirai plus rien », décréta Gabe. Il lui posa une main sur la clavicule, juste sous son collier, tout en songeant, comme souvent : Tout le monde ici peut voir que je suis avec elle.

« Je vais pas pouvoir rester pour le deuxième set, mon cœur », intervint un client. C'était un loser en pull à losanges, affligé d'une bedaine proéminente et de la pire des calvities – une crête de cheveux désolée entre deux régions en voie de désertification. Il se pencha entre Gabe et Charlie pour placer des verres sur le comptoir. « Si je reste, y me faudra encore trois tournées minimum, et j'ai tendance à souffrir de brûlures d'estomac, tu comprends. Alors, je file, mon cœur. » Il adressa un clin d'œil à Charlie. « Le prends pas pour toi, surtout. T'es canon, tu sais. »

Elle ne cilla pas. « C'est grâce aux fans que je tiens le coup. »

Gabe balaya du regard la salle, notant le verre fumé sur les piliers, le revêtement glissant des banquettes, les cendriers en forme de pingouins et la serveuse occupée à les vider, la vieille Maggie, dont la silhouette elle-même n'était pas sans évoquer un pingouin. Tout lui paraissait irréel – cette existence factice qu'il menait à l'heure où les gens normaux étaient au lit.

« Eh, reprit Charlie, quand est-ce que tu vas m'emmener dans le Nord ? »

Il repensa à Nana, la dernière fois où il l'avait vue, qui traversait le salon en chemise de nuit, appuyée sur le chariot à liqueurs dont elle préférait se servir plutôt que d'une canne ou d'un déambulateur. « Tu sais, j'ai vu ce chef à la télé, l'autre jour, il racontait n'importe quoi, lui avait-elle confié après une pause pour l'embrasser et reprendre son souffle. Alors, j'ai dit à ton père : "Notre Gabe, il faudrait qu'il se réveille ! Y a des gars plus jeunes aujourd'hui, et moins doués, qui n'hésitent pas à foncer et qui passent à la télé alors que lui il n'a même pas eu sa chance." » La joue de Nana contre la sienne lui avait semblé poudreuse, comme si elle risquait à tout moment de se désagréger et de tomber en poussière. « Ce n'est pas aussi simple, Nana, avait-il répondu. Il ne suffit pas d'attendre son tour. » Elle s'était assise dans la bergère puis avait posé ses chaussons fourrés sur le tabouret. « J'ai le cœur qui ne bat pas comme il devrait, Gabriel. Ton père ne t'en a pas parlé ? Non, bien sûr Le docteur soupçonne aussi une petite attaque de goutte. Mais j'ai encore toutes mes facultés, mon chéri Je te serais reconnaissante de t'en souvenir la prochaine fois que tu ouvriras la bouche. » Elle avait fermé les yeux, poussé une sorte de grognement, et Gabe avait mis un petit moment à s'apercevoir qu'elle s'était endormie.

« Tu plairais beaucoup à Nana, confia-t-il à Charlie Elle te dirait sûrement que tu devrais passer à la télé, toi aussi.

— C'est drôle, ça me paraît assez mal parti. J'ai plutôt l'impression que je lui plairais si elle me rencontrait. mais qu'elle n'en aura jamais l'occasion.

— Quoi ? »

Un soupir échappa à Charlie. « Qu'est-ce qui cloche chez moi, Gabriel ? Hein ?

— Rien, répondit-il machinalement. Tu es formidable.

— Je sais, je suis canon. » Elle se laissa glisser du tabouret et rajusta sa robe. Une paillette lui tomba dans la paume, qu'elle lança vers la poitrine de Gabe. Quand il lui posa une main sur la hanche, elle se dégagea. « Désolée, je ne peux pas faire attendre mes fans. »

Le pianiste avait repris sa place mais terminait sa cigarette.

« Chez toi ou chez moi, ce soir ? » demanda Gabe. Il bâilla et consulta sa montre.

« Je suis crevée aussi, mon chou. Ce soir, je veux retrouver mon lit et je veux dormir seule. »

Dans le frigo, il restait trois tomates, une tablette de chocolat (quatre-vingts pour cent de cacao), un yaourt bio périmé et un morceau de brie. Gabe mangea deux tomates avant d'emporter un carré de chocolat au salon.

Son appartement se situait dans Kennington Road, non loin de l'Imperial War Museum, au dernier étage d'une école reconvertie en habitation. Il était doté de longues fenêtres à battants d'où l'on dominait les bus et les conduits de cheminée. Il n'y avait que dix logements aménagés dans l'ancien bâtiment et, au début, lorsque Gabe avait pris possession des lieux, il lui arrivait de se demander combien d'écoliers s'étaient entassés dans l'espace dont il bénéficiait aujourd'hui pour lui tout seul.

Le salon se distinguait par son plancher de chêne flambant neuf et ses spots encastrés dans le plafond. L'agent immobilier qui organisait les visites avait parlé « d'un semi-meublé », mais Gabe l'avait trouvé suffisamment meublé à son goût et s'était décidé à louer sur-le-champ. Il y avait un large canapé ultramoderne et ultra-inconfortable, tendu d'un revêtement vert sur lequel étaient disséminés des coussins assortis aussi durs qu'ils en avaient l'air, et une table basse qui ressemblait à un morceau de sucre géant. Près des fenêtres, une chaise longue en chrome et cuir noir, style Le Corbusier, invitait au repos. Des rayonnages également noirs couraient sur un mur. Gabe avait ajouté des livres et un tapis. Quant aux tableaux qu'il avait eu l'intention d'accrocher, ils étaient toujours appuyés contre les étagères.

Il se laissa choir sur la banquette sans quitter des yeux la chaise longue – le seul endroit où l'on était bien installé. Le couple de tourtereaux qui occupait l'appartement d'en face arriva peu après. Invariablement, ils s'attardaient devant leur porte d'entrée et faisaient toute une histoire avec leurs clés. Ils étaient jeunes et rentraient souvent tard le soir. Elle partait tôt le matin, en lui lançant du couloir des « Au revoir ! » accompagnés d'instructions de dernière minute ; il écoutait Coldplay et Radiohead à fond et, quand il sortait, il claquait la porte avant de dévaler l'escalier. Ils ne manquaient jamais de saluer Gabe quand ils le croisaient, mais jusque-là aucun n'avait suggéré qu'ils s'appellent par leurs prénoms.

Gabe grignota son chocolat juste pour se donner l'énergie de se lever, de se brosser les dents et d'aller au lit.

Il comprenait que Charlie ait besoin de solitude. Il en avait besoin lui aussi. Cette fille, Lena, la plongeuse, n'arrêtait pas de s'immiscer dans ses pensées. Le sentiment qui l'avait assailli – une sorte de nausée – lorsqu'il avait vu sa silhouette fantomatique se matérialiser dans les catacombes s'était rapidement dissipé, mais à présent elle lui donnait la migraine. La police avait interrogé tous les autres employés. Ne restait plus que Lena, le chaînon manquant.

De quelle couleur étaient ses yeux ? se demanda-t-il. Il croyait se rappeler lui avoir parlé une fois, à propos de la nécessité d'essuyer les verres à vin avant de les ranger. Des mèches échappées de sous sa casquette verte s'étaient collées à la commissure de ses lèvres. Oui, il s'en souvenait, maintenant. Il se souvenait de son apparence. De son attitude envers lui. Elle hochait la tête sans quitter du regard une flaque d'eau savonneuse, et soudain elle avait levé les yeux. Ils étaient foncés, bleu foncé, immenses et insondables, et quand elle avait entrouvert la bouche il s'était penché vers elle pour l'embrasser. Il avait mis de la brutalité dans son baiser, une brutalité toujours plus grande parce qu'elle le voulait, il en était sûr, et plus il y mettait de brutalité, plus elle en voulait, il le sentait, jusqu'au moment où elle s'était écartée, lui révélant ce qu'il avait fait : elle avait le visage barbouillé de sang.

Le chocolat qu'il avait toujours sur la langue quand il s'était assoupi avait fondu et dégouliné le long de son menton. Il retourna à la cuisine chercher des serviettes en papier, se rinça la bouche et cracha. Puis, remarquant que le voyant de son répondeur clignotait, il pressa la touche de la messagerie.

« Gabe ? C'est Jenny. Écoute, je sais que tu es très occupé – comme tout le monde, remarque –, mais j'ai parlé à papa aujourd'hui et je n'arrive pas à croire que tu ne l'aies pas rappelé. Téléphone-lui, Gabe, d'accord ? » Une pause s'ensuivit, durant laquelle il l'entendit respirer. « D'accord, répéta-t-elle sans conviction. À la prochaine, alors... »

À quel moment sa petite sœur avait-elle commencé à employer des formules telles que « à la prochaine » ?

Papa avait laissé un message quelques jours plus tôt. « Bonjour, Gabriel, c'est ton père à l'appareil. On est dimanche après-midi, il doit être dans les trois heures. » Ses messages étaient rares, invariablement laborieux et sinistres, comme si l'ange de la mort était venu le voir pour prendre certaines dispositions. « J'aimerais te parler. Tu peux me rappeler à Blantwistle, s'il te plaît ? Merci. » Au téléphone, sa voix était à la fois plus claire et plus tendue qu'en direct. Quand on avait passé un certain âge, semblait-il, on ne pouvait plus s'exprimer normalement sur un répondeur. « Tu peux me rappeler à Blantwistle »… Comme s'il était joignable ailleurs.

Sur le moment, Gabe avait eu l'intention de lui passer un coup de fil, mais la semaine avait été plutôt mouvementée. Et de toute façon, ce soir, il était trop tard ; on ne dérangeait pas les gens à une heure pareille.

Il allait éteindre la lumière lorsque la sonnerie stridente du téléphone retentit, lui faisant l'effet d'une décharge électrique.

« Gabe ? lança Jenny. C'est toi ?

— Jen ? Ça va ?

— Oui, ça va. Il est deux heures du matin, je viens de faire le tour de la maison pour ramasser les chaussettes sales et vérifier qu'il n'y avait pas de poussière sur les cadres, et j'ai aussi vidé le lave-vaisselle, mais tu comprends, quand on ne peut pas dormir, la dernière chose qu'on a envie de faire, c'est de se coucher. Enfin, je veux dire, ce serait plutôt la première chose qu'on a envie de faire, mais il vaut mieux éviter parce que de toute façon ce n'est pas un bon sommeil – c'est quoi, le mot employé par mon docteur, déjà ? Ah oui, un sommeil réparateur, et lui et moi on essaie d'éviter le recours aux somnifères, sauf que des fois je me dis, bah ! au fond, pourquoi pas ? Et puis, là-dessus, je me dis, non, t'as pas intérêt à t'engager dans cette voie, ma fille, surtout s'il y en a d'autres, et c'est vrai, il y en a d'autres. Bref, je voulais t'appeler de toute façon, et comme je sais que t'es un oiseau de nuit, j'ai décroché et… je ne t'ai pas réveillé, au moins ? Je veux dire, j'ai téléphoné tout à l'heure et tu n'étais pas rentré, alors j'ai pensé que si j'attendais un peu, enfin pas trop longtemps, bien sûr, je…

— Je n'étais pas couché, Jenny. Tu as bien fait d'appeler. Comment vont les enfants ? »

Il l'entendit retenir sa respiration puis expirer. Elle aurait pu allumer une cigarette ou presser son inhalateur.

« Harley a une petite amie, une certaine Violet, qui travaille à la Rileys, dans la boutique de céramiques, et elle a un piercing dans le nez et un au nombril, et peut-être aussi d'autres trucs auxquels je préfère ne pas penser, et même si elle n'en a pas l'air, je crois qu'elle a une bonne influence sur notre Harley. Elle lui fait du bien, en tout cas, parce que, tu le connais, tu sais qu'il a eu son lot de problèmes, et d'ailleurs l'autre jour encore je lui disais : "Harley, j'ai l'impression que ta Violet te mène par le bout du nez", mais dans mon esprit c'était positif parce que, franchement, quand il était plus jeune... Violet, c'est un prénom démodé, tu ne trouves pas ? Elle a dix-neuf ans, un an de plus que Harley, et... »

Gabe éloigna le combiné. Deux ans plus tôt – ou était-ce trois ? –, quand Jenny était entrée dans la cuisine à Plodder Lane, il avait reçu un choc en découvrant à quel point elle avait vieilli, à quel point la maturité l'avait empâtée ; une épaisse couche de graisse lui enveloppait les bras, les jambes, le cou. Jenny, qui autrefois arborait toujours des minijupes en jean déchiré et dardait sur tous un regard du style « Je vous emmerde ». Qui n'avait qu'à lâcher un mot au pub pour que tout le monde se précipite dans l'espoir de le recueillir, de l'encadrer et de l'exhiber fièrement à la ronde. Aujourd'hui, les mots, elle les débitait à la chaîne, et plus personne n'y prêtait attention.

Il plaqua de nouveau le combiné contre son oreille.

« ... ça m'a fait plaisir, tu vois, et pourtant je ne peux pas m'empêcher de m'inquiéter. On s'inquiète pour tout quand on est parent, tu sais, même des broutilles – non, évidemment, tu ne peux pas savoir, pas encore, mais tu connais Bailey, elle a toujours été du genre forte tête, alors je lui ai dit : "Bailey, je me rends bien compte que je suis ta mère et que tu n'as pas envie d'entendre…"

— Jenny, il est un peu tard, même pour moi. Je te rappellerai…

— … demain. Je te rappellerai demain. C'est ce que tu dis toujours.

— Ah oui ?

— Oui, confirma Jenny, avant d'allumer une autre cigarette ou de presser une nouvelle fois son inhalateur. Sauf que tu ne le fais jamais.

— Comment ça ? Quand je dois rappeler, je rappelle, j'en suis sûr…

— Non, répliqua sa sœur. Jamais. »

Il y eut un silence.

« Bon…

— J'ai besoin de te parler, Gabe. »

Il s'approcha de l'évier sous la fenêtre de la cuisine. De l'autre côté de la rue, le vendeur de kebabs fermait boutique. Un employé traînait des sacs d'ordures jusque sur le trottoir, un autre baissait le rideau de fer, sous lequel filtrait une lumière jaune. Un plastique voltigeait audessus de la chaussée. « Moi aussi, répondit-il, s'apercevant à sa grande surprise qu'il était sincère.

— Désolée, je ne t'ai même pas demandé de tes nouvelles. Comment tu vas ? Réponds-moi franchement, hein ?

— Bien. » Le mot avait jailli dès qu'il avait ouvert la bouche. Il chercha quelque chose à ajouter.

Il n'y avait que des grésillements sur la ligne.

Gabe renouvela sa tentative. « J'ai un boulot dingue. J'envisage de monter…

— … ton affaire…

— … mon affaire. Et avec Charlie, on pense…

— … s'installer ensemble…

— … s'installer ensemble. Mais c'est difficile…

— … de trouver le temps…

— Exact. » Terminait-elle toujours les phrases des autres à leur place ? Qu'est-ce qui la poussait à intervenir de cette manière ? Les propos qu'il tenait étaient-ils à ce point prévisibles et assommants ?

« J'espère que tu nous la présenteras bientôt, Gabriel, il serait temps que tu fasses d'elle une honnête femme… Je parie qu'elle le pense aussi, d'ailleurs, sans oser l'avouer. Mais bon, on en discutera une autre fois, ce n'est pas pour ça que je t'appelais, pas à une heure pareille en tout cas, même si je me doutais bien que tu serais sans doute encore debout… »

Là-bas, à Blantwistle, est-ce que Jenny et ses copines – Bev, Yvette, Gail et toutes celles qui travaillaient au centre d'appels – avaient aussi pour habitude de terminer réciproquement leurs phrases ?

« … et je voulais te parler de papa… »

Peut-être, oui. Peut-être s'imaginaient-elles ainsi être comprises, chaque phrase complétée équivalant à un petit acte de loyauté, d'amour. Cette seule idée était éreintante. Gabe mourait d'envie d'aller se coucher.

« … ces bateaux qu'il fabriquait avec des allumettes, tu te souviens ? Il avait des tas de photos et de dessins du *Titanic*, il en avait réalisé une maquette et c'était… Oh, c'était tellement joli ! Et cette façon qu'il avait de passer une heure juste à regarder ce qu'il avait construit pour déterminer l'étape suivante… »

Un jour, Gabe avait emporté l'un des modèles réduits dans la baignoire sans demander la permission, et il l'avait cassé. La perspective de l'avouer à leur père l'avait terrifié, mais celui-ci s'était contenté de répondre : « Pourquoi on ne le réparerait pas ensemble ? » Comme si c'était une bonne idée.

« … et je sais bien que tu es très occupé – crois-moi, je ne suis pas en train de dire que tu n'as que ça à faire –, mais quand j'ai appris que tu ne l'avais pas rappelé et qu'il attendait depuis trois jours, j'ai pensé… »

Il n'y avait plus de lumière dans le kebab. La lune était presque pleine mais si pâle qu'elle n'éclairait pas grand-chose, se bornant à montrer sa face maussade au-dessus des conduits de cheminée. Les rares étoiles aussi étaient falotes ; leur lueur scintillait moins qu'elle ne vacillait, comme si elle risquait de s'éteindre à tout moment. Quand il était petit, songea Gabe, il y avait plus d'étoiles, qui brillaient d'un éclat plus vif – du moins lui semblait-il. La voix de sa sœur continuait de bourdonner inlassablement à son oreille ; ne s'arrêtait-elle donc jamais pour reprendre son souffle ? S'il avait pu, il aurait volontiers terminé sa phrase, à condition de savoir comment et quand elle devait s'achever.

« … papa voulait te l'annoncer lui-même, tu comprends, mais le temps que tu te décides à décrocher ton téléphone… »

Si Jenny avait quitté Blantwistle, si elle ne s'était pas retrouvée avec un bébé sur les bras… Mais quel intérêt de ressasser tout ça ? Aujourd'hui, elle se promenait en survêtement de velours violet ou vert, se faisait couper les cheveux chez le coiffeur du quartier, allait boire un verre au Spotty Dog ou au Turk's Head, et tous les jeudis, c'était soirée bingo. Paradoxalement, le fait de la connaître par cœur donnait l'impression à Gabe de ne pas la connaître du tout.

« … il semblerait qu'ils n'aient pas éliminé toutes les cellules malignes quand ils ont coupé une partie de son côlon, et maintenant le foie est touché. »

Jenny s'était enfin tue.

« Oh, dit Gabe. Je vois.

— Gabe… » Elle pleurait.

— Jen ? » Il l'avait entendue mais pas vraiment écoutée. « Le foie est touché. » Sauf que leur père n'était pas malade. « Jenny ? »

Elle se moucha. « Il ne m'avait pas parlé non plus de son cancer du côlon. Il n'est resté à l'hôpital que deux jours et je ne le savais même pas jusqu'à ce que Nana vende la mèche, et lui, il a juste mentionné "un petit problème à l'intestin", et moi je n'ai pas cherché plus loin parce que Bailey me cassait les pieds et que Harley avait été mêlé à une bagarre, et bon, une chose en entraînant une autre… » Sa voix se brisa.

« Personne ne m'a dit qu'il avait été hospitalisé, s'étonna Gabe. C'était quand ? »

Jenny renifla.

« Il doit y avoir dix-huit mois.

— Un an et demi ? Et personne ne me l'a dit ?

— "Personne ne me l'a dit, personne ne me l'a dit"… Tu n'as donc que ça à la bouche ? Bonté divine, Gabriel ! Je ne pensais pas avoir cette discussion un jour, mais tu m'étonnes, oh oui ! Je croyais qu'en matière d'égoïsme, plus rien ne pourrait me surprendre de ta part mais je dois bien reconnaître que là, tu as réussi. »

Gabe ouvrit le robinet, qu'il tourna à fond. L'eau frappa avec force l'évier en inox, éclaboussant la fenêtre, le mur, sa chemise. Il le ferma. « Je suis sûr qu'il va se remettre de ça aussi, affirma-t-il en s'efforçant de ne pas hausser le ton. Il a de bonnes chances de s'en sortir, forcément.

— Pas avec un cancer du foie, répliqua Jenny d'une voix étrangement guindée. Je me suis documentée. »

3

EN CETTE MATINÉE D'UNE PURETÉ CRISTALLINE, Gabriel, posté à l'entrée de l'aire de livraison, regardait approcher la camionnette du fromager. Un unique nuage blanc se détachait dans le ciel bleu cobalt. Au-delà de la cour, Londres fredonnait sa première chanson de la journée – une musique dont l'écho semblait se répercuter à l'infini, crescendo après crescendo. Un merle s'envola du mur pour venir picorer la mousse entre les pavés. De retour sur son perchoir, il se mit à siffler, émettant des sons flûtés qui noyèrent les derniers râles du moteur de la camionnette. Lorsque Gabe avança, l'oiseau lança son signal d'alerte en agitant les ailes et la queue. *Tchik, tchik, tchik.* Sur un ultime trille, il prit son essor.

Ernie s'approcha, les mains dans les poches, coiffé d'un bonnet à pompon. Il s'adressa à Gabe à sa manière habituelle, la tête rentrée dans les épaules, le regard fixé sur le vide à sept ou huit centimètres du visage de son interlocuteur. Ainsi, il avait l'air d'un attardé mental, ce que Gabe le soupçonnait parfois d'être.

Le merle est un petit futé
Au plumage noir et au bec doré.

Quand le vent souffle avec férocité,
Il est le premier à crier au danger…

« Ach, ça continue, après, sauf que je me rappelle plus comment. Il fait un truc, le même tous les matins, faut qu'il monte la garde et qu'il donne l'alerte… Non, il "sonne le tocsin", pour que ça aille avec "matin". C'était un de mes tout premiers poèmes, ça.

— Bonjour, Ernie, dit Gabe. Vous avez le bon de commande ?

— Oh, sûr ! » répondit l'intéressé, dont le menton touchait pratiquement la poitrine.

Gabe tendit la main.

« Sur mon bureau. » Ernie fit quelques pas de côté en direction de sa guérite. « J'sais bien qu'ils ont le bec plutôt, comment dire, orange, mais c'est difficile à faire rimer, ça. C'est comme "pourpre", ajouta-t-il. Y a pas de mots qui riment avec "pourpre".

— Exact.

— Remarquez, j'ai un peu laissé tomber les rimes. Aujourd'hui, je suis dans ma phase, comment dire, inspiration libre. Ach, y a eu un temps où je connaissais toute la liste des mots impossibles à faire rimer : "triomphe", "quatorze", "bulbe", "meurtre", "pauvre", "simple", "monstre"…

— Ernie ? Le bon de commande. »

Le manutentionnaire s'éloigna de sa démarche en crabe. Il revint dans un claquement de talons, brandissant une liste manuscrite. « Vous ne l'avez pas encore saisi sur informatique ? s'étonna Gabe.

— Och ! Oona est en train de le faire. »

Gabe s'approcha pour regarder par la vitre de la guérite. À l'intérieur, la sous-chef tapait d'un doigt sur le clavier de l'ordinateur tout en se massant la poitrine d'un air songeur.

« Ça fait combien de temps que vous êtes à la réception des marchandises, Ernie ? Vous n'aimeriez pas changer ?

— Changer… », répéta l'intéressé. Il enfonça sa tête dans son anorak. « Non, non, dit-il d'une voix légèrement étouffée. J'ai pas envie que quelqu'un vienne tout me chambouler alors que ça marche comme sur des roulettes. Och, non, chef.

— Combien de temps, Ernie ? »

La tête d'Ernie resurgit. « Depuis 1973. » La tête se rétracta de nouveau, donnant à Gabe l'impression de converser avec une tortue apeurée. « L'année où j'ai quitté Fife pour venir ici. »

Gabe vit le fromager transporter les premiers cartons jusqu'à un chariot élévateur. « On devrait vous donner une médaille.

— Bah, y a encore plus longtemps que j'écris des poèmes, et personne m'a jamais donné de médaille pour ça. » La voix du manutentionnaire trahissait un chagrin authentique.

« Un jour, peut-être…

— Peut-être, oui, répliqua Ernie en posant un regard brillant sur un point derrière l'oreille de Gabe. J'espère bien. Sinon, pourquoi je continuerais, hein ? »

Une fois la livraison standard déchargée, Gabe grimpa à l'arrière de la camionnette pour choisir les produits de qualité supérieure. D'abord un livarot à l'odeur forte et au parfum d'herbes aromatiques, aussi piquant que son papier d'emballage à rayures vertes. Afin de créer un subtil effet de contraste, il opta pour deux douzaines de crottins de Chavignol. Le fromager tenta ensuite de placer son bleu du Vercors. Gabe le goûta, avant de décliner l'offre. « Un grand classique du fromage français des montagnes, souligna l'homme de l'art, qui nomma trois chefs célèbres. Je vous assure, ils ne jurent que par lui, tous les trois. Le fromage crémeux typique. » Gabe se déplaçait dans le véhicule, coupant de petits morceaux de pâte qu'il goûtait, s'enivrant des fumets. Il avait déjà décidé de prendre un cantal de dix kilos dont la saveur de lait frais était rehaussée d'une pointe de noisette, mais il rechignait à quitter ce sanctuaire pour se replonger dans la ronde quotidienne des réunions et des feuilles de calcul. Il renifla les croûtes les unes après les autres, essayant de scinder les arômes en unités distinctes et identifiables. Au bout d'un moment, pourtant, il abandonna, résigné à l'inévitable : le tout représentait plus que la somme des parties ; les arômes mélangés étaient denses, intenses et impossibles à démêler. « Un petit cadeau, chef, lança le fromager. Pour manger à la maison. » Il lui offrit un bleu du Vercors. « Non, merci, dit Gabriel. Je n'y tiens pas. Mais merci quand même. »

Plus tard, il se rendit à la cantine du personnel pour aller jeter un coup d'œil à une friteuse qui posait problème. Encore un coup de fil à donner. Résultat, il arriva en retard à la réunion organisée dans le bureau de M. James, au cinquième, avec Gleeson, Pierre, le responsable du bar, et Branka, la gouvernante. M. Maddox fit une apparition imprévue mais demeura silencieux durant toute la durée de l'entretien.

« D'autres points à aborder ? » s'enquit enfin M. James en s'adressant à son supérieur hiérarchique. Il retourna sa main, paume vers le haut, comme un écolier penaud qui s'attend à recevoir un coup de règle.

M. Maddox fit mine de réfléchir. « Je crois me souvenir qu'il y avait quelque chose… non, ça ne me revient pas. Ah si, le linge de table… Il faut qu'on en parle.

— Tout à fait, enchaîna aussitôt M. James. J'ai dit qu'on devrait peut-être se renseigner sur la possibilité de le louer, vu que le coût de remplacement est…

— Nom de Dieu ! » l'interrompit le directeur général. Il se leva et pressa ses poings sur le bureau. « J'ai toujours les flics sur le dos. Au bout d'une semaine, vous vous rendez compte ? Ils n'ont vraiment rien d'autre à foutre ? Sans parler des avocats du PanContinental qui se branlent mutuellement, des journaleux déchaînés qui feraient n'importe quoi pour remplir leurs colonnes… Bordel de merde !

— Le plongeur ? s'étonna M. James. Mais je croyais que c'était…

— Ça l'est. Je l'espère, en tout cas. » M. Maddox s'appuyait toujours sur ses phalanges tel un gorille de cent cinquante kilos déterminé à affirmer sa domination. « Parks a appelé, aujourd'hui. Il a reçu les résultats de l'autopsie. Pas de surprise : les blessures confirment l'hypothèse de la chute. Il attend encore le rapport de toxicologie, qui révélera évidemment que le bonhomme était plein comme une outre – inutile d'être un génie pour tirer ce genre de conclusion, pas vrai ? Il a aussi ajouté qu'il passerait dans la journée, histoire de s'assurer qu'il a des réponses à toutes ses questions. Or je n'aime pas savoir les flics dans mon hôtel. Ça me donne de l'urticaire. » Il toisa Gleeson, qui se tourna aussitôt vers Gabe en plissant les yeux comme s'il tentait de lui renvoyer le regard noir du directeur général. « Et qu'est-ce que vous faites quand vous avez une crise d'urticaire, Stanley ? Tout juste, vous cherchez de quoi calmer la démangeaison. »

Le dos droit et l'air vertueux, le directeur de la restauration prit la parole : « Monsieur Maddox…

— C'est ce que je fais. Je cherche à calmer la crise. »

Gabriel, qui observait Gleeson, comprit qu'il s'en était fait un ennemi ; si le plongeur dépendait de son secteur, il n'en attirait pas moins une attention malvenue sur tous les autres. De fait, Pierre aussi semblait mal à l'aise.

Seule Branka offrait son image habituelle, l'incarnation même de l'efficacité glacée.

« Car ce qui compte avant tout, c'est de s'en sortir indemnes, poursuivit Maddox. Il s'agit d'un accident ô combien regrettable, et nous sommes très très tristes, mais il n'est pas question pour nous de présenter des excuses, d'abord parce que ce n'est pas notre faute, et ensuite parce que si on présente des excuses, ça nous coûtera un million au bas mot et ça figurera dans le journal. Mais ce ne sera pas le cas vu que toute cette histoire sera oubliée d'ici peu. Et qu'il n'y a aucun problème. À moins que… à moins que l'affaire ne se complique. C'est fréquent dans les hôtels, allez savoir pourquoi. Une vis tombe d'un encadrement de porte, alors vous vous dites, bah ! rien de bien méchant, ce sera réparé en deux temps trois mouvements, et pile au moment où vous donnez le dernier tour de tournevis, vous remarquez que la porte tout entière est pourrie, bouffée par les vers, et qu'elle s'effrite entre vos mains. Ce que je raconte a un sens pour vous, au moins ? Vous me recevez ? »

Alors que tout le monde hochait la tête, Gabriel consulta sa montre. « Oh, vous êtes pressé, chef ? lança le directeur général. Monsieur James ? Notre chef est pressé. On devrait peut-être le libérer, non ? »

L'adjoint, qui n'avait manifestement aucune idée de ce qu'il fallait répondre à cette question, pinça les lèvres à l'adresse de Gabriel, lui reprochant manifestement de l'avoir mis dans une position embarrassante.

« Vous pouvez y aller, déclara M. Maddox. Merci à tous d'avoir pris sur votre temps. Vous pouvez y aller. Et si l'un d'entre vous souhaite porter à ma connaissance un point particulier, surtout qu'il n'hésite pas, comme on dit entre gens civilisés. »

Gabe s'éloigna des autres, qui devaient tous se rendre à des réunions. Le vestibule près de l'ascenseur s'ornait de la touche décorative maison : une console de laque noire sur laquelle trônaient une coupe carrée remplie de petits cailloux multicolores recouverts d'eau et un vase d'où émergeait une bougie plantée dans le sable. Au-dessus était accroché le portrait de sir Edward Beavis, le fondateur de l'Imperial qui, œil noir et favoris florissants, surveillait l'étage de la direction.

Dans l'ascenseur, Gabe s'appuya sur la rambarde en songeant au collant qu'il avait sorti de sa machine à laver le matin même, tout entortillé à l'intérieur d'une poche. Troublé, il l'avait étiré pour essayer de lui redonner une forme. Puis, après avoir découvert un petit trou dans une jambe, il avait tendu doucement la maille sur sa paume en regardant la déchirure s'élargir. Le collant était resté sur le plan de travail, dans la cuisine, et à présent il regrettait de ne pas l'avoir caché. Mais bon, il n'avait aucune raison de s'inquiéter : Charlie avait accepté un contrat d'une semaine pour chanter dans un complexe hôtelier au bord de la mer Rouge, en remplacement d'une amie tombée malade ; elle ne risquait donc pas de surgir à l'improviste et de découvrir l'objet compromettant. Pourtant, Gabe ne pouvait se défaire d'un vague sentiment de malaise, comme s'il venait d'apprendre qu'il avait parlé dans son sommeil sans se souvenir de ce qu'il avait dit.

Au deuxième, les portes de la cabine s'ouvrirent, et trois clients entrèrent – deux hommes armés d'un téléphone portable accroché à la hanche, ainsi qu'une femme retenue en otage. Ils étaient en pleine conversation à propos de « la filiale de Birmingham » mais quelque chose, il n'aurait su dire quoi, lui fit penser que deux des membres du trio étaient amants. La femme, qui avait relevé ses cheveux en un chignon serré, portait des chaussures à talons compensés. Du rouge à lèvres lui maculait les dents. Quand elle parlait, elle baissait les yeux et tapait du pied. « … réorganisation rationnelle différée depuis trop longtemps… » *tap, tap* « … nécessité de créer plus de synergie… » *tap, tap,* tel un enfant récitant la table de multiplication par deux.

Lorsque la police avait appelé un peu plus tôt dans la semaine pour demander si Lena était revenue travailler ou si quelqu'un avait été en contact avec elle, Gabriel leur avait répondu que non. « Personne ne l'a revue. » Pourquoi n'avait-il pas dit la vérité ? Quel besoin avait-il eu de mentir ?

La cabine s'immobilisa au rez-de-chaussée avec une petite secousse. Le plus grand des deux hommes sortit le premier, suivi par la femme et enfin par l'autre inconnu, qui lui caressa la courbe des fesses du bout des doigts.

Oona s'éventait avec une chemise cartonnée. « Fait plus chaud ici qu'en enfe', twéso' ! Un de ces jou', je vais vous twouver tout fondu. Y auwa plus qu'une petite flaque su' le fauteuil, avec vot' toque au milieu. Houlà ! » Elle ponctua ces mots de son énorme rire.

Gabe baissa les yeux vers son planning du personnel. À une certaine époque – il en gardait à peine le souvenir –, il faisait vraiment la cuisine au lieu de rester assis le cul sur une chaise… Il parcourut le document jusqu'à la fin, où figurait la liste de tous les commis, Damian, Nikolaï et les autres – à la place qui leur revenait, au bas de la chaîne alimentaire. Victor, songea-t-il avec un soupir, avait été promu par son prédécesseur, qui l'avait nommé chef de partie – une décision assurément prise au cœur d'un brouillard éthylique, sinon pourquoi avoir confié au Moldave la responsabilité d'un secteur ? À moins, bien sûr, que le choix n'ait été dicté par une intention de mixité des plus louables, mais ne se soit porté sur le mauvais Européen de l'Est. Heureusement, Benny et Suleiman étaient à la hauteur.

Le caractère semi-autonome de la république présidée par Ivan, le grillardin, se reflétait dans le planning, où il figurait à part. Bon, il allait falloir y remédier. Albert aussi se détachait du groupe, mais c'était plutôt normal pour un chef pâtissier. Et ensuite, il y avait Oona, en haut de la page. Mon bras droit, songea Gabe avec une certaine amertume.

« On est prêts pour demain ? demanda-t-il. Vous avez fait le point avec les garçons ?

— Oh que oui, répondit Oona d'un ton laissant supposer qu'elle répondait à une question à double sens. Vous en faites donc pas.

— Je ne m'en fais pas, Oona, je... » Il allait dire « J'essaie de gérer la situation » mais il se ravisa ; cette réponse pouvait sonner comme un aveu de faiblesse.

« Parce qu'y a pas de quoi s'en fai' », reprit-elle, avant d'éclater de rire sans motif apparent.

Le cocktail organisé pour le lancement de la collection Sirovsky aurait lieu le lendemain soir. Ce jour-là, l'ensemble des chefs étaient sur le pont, préparant tout ce qui pouvait l'être à l'avance. « Oona ? Dites-moi seulement où on en est. »

Elle retira de la chemise cartonnée une feuille qu'elle étudia en parlant toute seule. « Cakes aux ha'icots noi'... salsa f'esca, vitello tonnato... oh, y avait pas un pwoblème avec le... ah non, c'est bon... stwudel aux champignons sauvages... y me semble avoi' entendu Victor di' que le pa'fait de foie de volaille était... oh, mais il... et pou' la sauce à la diable...

— C'était quoi, ça ? l'interrompit soudain Gabe en regardant tout autour de lui.

— Pa'don, twéso' ?

— J'ai entendu un grattement. S'il y a une souris...

— Mais non, c'est pas une souwis, affirma Oona. C'est juste mon talon qui me démange. Alo' je fwottais ma bonne vieille chaussu' su' le sol. »

Gabe posa les yeux sur les pieds d'Oona puis les détourna rapidement. « D'accord. Pas de questions, pas de problèmes, rien d'autre à commander ?

— En pwincipe, non », répondit Oona. Elle montra sa dent en or et l'effleura tel un talisman censé lui porter chance.

« Réfléchissez, Oona. Le temps presse.

— J'espè' que tout est OK.

— Vous espérez ? Mauvaise réponse, Oona. L'espoir n'est pas de mise ici. »

Le sourire qu'elle lui adressa mêlait pitié et indulgence, comme s'il faisait des histoires pour rien.

« Très bien, déclara-t-il en ravalant son agacement. Passons au service. Gleeson a calculé qu'il ne pouvait nous prêter que trois personnes, il faut donc qu'on appelle une agence pour recruter cinq ou six extras.

— Pas de souci, twéso', je sais exactement qui contacter. Oh, et j'y pense, Suleiman a demandé ce qu'il devait fai' pou' la mousse de poiv'on wouge : il la met dans les endives maintenant ou il attend demain matin ? Et pis, on n'a plus de ces champignons, là, comment ils s'appellent, déjà ? Les chanti-quelque chose, vous voyez ce que je veux di' ? Les machins chic.

— Les chanterelles. Bon, je vais aller voir Suleiman pour la mousse. Rien d'autre, Oona, maintenant que vous êtes d'humeur plus bavarde ? »

La sous-chef pinça les lèvres et leva les yeux vers le plafond, cherchant peut-être l'inspiration divine. Ses prunelles brillaient toujours, en dépit de la lumière d'un jaune éteint. Ses joues étaient aussi rondes que des figues noires bien mûres. Malgré tout, c'était une très belle femme. Durant un moment, Gabe l'imagina jeune, en robe blanche, agenouillée dans une église devant l'autel. Une vision magnifique.

Se rappelant à l'ordre, il ouvrit son bloc-notes avec l'intention d'organiser son travail de la journée. En cuisine, la brigade s'activait. Suleiman dérapa sur une flaque mais rétablit son équilibre de justesse, s'attirant une salve d'acclamations. Le stylo de Gabe restait figé au-dessus de la page. Ses idées s'embrouillaient ; impossible de former ne serait-ce qu'une pensée cohérente. Son poignet s'était comme bloqué, et il avait beau souhaiter de toutes ses forces écrire quelque chose, n'importe quoi, pour lancer le processus, il en était incapable.

À la perspective de la liste interminable des tâches à accomplir, il se sentait paralysé. Cela ferait-il une différence s'il restait assis derrière son bureau sans bouger, sans parler ni même réfléchir ? Le monde, entraîné dans sa course perpétuelle, continuerait bien de tourner sans lui. Gabe reporta son attention sur le bloc-notes, captivé par la beauté de la page vierge ; il aurait donné cher pour avoir l'esprit pareillement vide.

« Je cwois que j'ai 'ien oublié... » La voix d'Oona le ramena à la réalité. C'était comme d'entendre le son produit par un mince filet de vapeur quand on soulève le couvercle d'une casserole sur le feu. « Vous m'avez l'ai' un peu fatigué, twéso'. Je vais nous p'épawer une bonne tasse de thé. »

Brusquement ragaillardi, Gabriel jeta son stylo puis la regarda en crispant les mains sur ses genoux. La rage le saisit à la gorge et il dut lutter pour recouvrer son souffle, au point qu'il en vint à se demander s'il n'allait pas tomber raide mort de colère. Tout en agrippant les bords de la table comme s'il voulait la renverser, il fit un énorme effort pour se dominer. Une bonne tasse de thé ? Alors qu'il y avait encore tant de travail ? Et pourquoi ne pas s'installer confortablement, les pieds sur le bureau, pour la siroter ? Incroyable… Cette femme était complètement cinglée !

« Chef ? » reprit-elle.

Il y avait un monceau de choses à trier. Le regard de Gabe s'arrêta sur une pile de plaquettes fournisseurs posées par terre. Il les avait entassées là lorsqu'il avait pris son poste, bien déterminé à les passer en revue pour en éliminer le plus possible. Or, il n'en avait jamais eu le temps. Pourquoi remettre au lendemain ce qu'on peut faire aujourd'hui ? se dit-il en se levant d'un bond. Il fut immédiatement distrait par une publicité collée au mur : KONDIMENTS KING, DONNEZ DU PIQUANT À LA VIE ! Un homme-tomate grotesque, doté de bras et de jambes façon allumettes, souriait béatement tandis que du ketchup lui jaillissait de la tête. L'affichette, tout écornée, était maculée de taches et de traînées diverses. Pourquoi ne l'avait-il pas enlevée tout de suite ? Il l'arracha du mur et l'expédia sur le sol. Des fragments de plâtre écaillé se détachèrent de la cloison à l'emplacement de la feuille. Gabriel examina frénétiquement le local et éparpilla les plaquettes d'un coup de pied au moment où il se retournait. Il y avait une sorte de moisissure qui se développait dans la minuscule tache d'humidité au-dessus de la plinthe ; il entreprit de la faire disparaître en la frottant. Un fouillis d'objets hétéroclites encombrait le haut de l'armoire métallique, constata-t-il : une balle de tennis, un gant, une sonde à viande, un exemplaire du *Sun*… Qui pouvait bien semer une telle pagaille, bon sang ? D'un grand geste, il envoya tout valdinguer. La table de travail aussi croulait sous un bric-à-brac innommable. Il en débarrassa la surface, fourrant dans les tiroirs tout ce qui l'encombrait. Enfin, lorsqu'il se rassit derrière son bureau vide, il se sentait mieux ; désormais, plus rien ne l'empêchait de se concentrer.

Il avait à peine remarqué qu'Oona était partie quand elle revint avec deux tasses de thé. Elle contempla en silence le fatras par terre avant de se loger de nouveau sur la chaise.

De sa chaussure, Gabe repoussa divers objets jusqu'à ce qu'ils forment une sorte de congère contre le mur du fond. « Bien, dit-il. J'ai remis un peu d'ordre. » Il avala une gorgée de thé. Un tremblement agitait sa main lorsqu'il porta le mug à ses lèvres. OK, il avait juste besoin d'une bonne nuit de sommeil ; demain, il serait en pleine forme. « Ça se présente comment, pour le service de midi ?

— Oh, ça se pwésente bien, chef. Sauf que Suleiman, Dieu le bénisse, il a eu des pwoblèmes avec la cwème anglaise. Elle faisait plein de g'umeaux, voyez ? Du coup, il a dû tout vider dans l'évier. La suivante, c'était pas mieux, et Suleiman, vous le connaissez, il est consciencieux comme tout, alo' il a touillé et touillé, mais les g'umeaux ils continuaient à gwossir, jusqu'au moment où je lui ai dit : "C'est pas la peine d'insister, Suleiman. Des fois, les choses tou'nent pas comme on veut."

— C'est une question de température, décréta Gabe, plus ou moins calmé. De précision, si vous préférez. » Son père se mourait. Lui-même avait été confronté à un décès dans son équipe, ainsi qu'à l'intervention de la police. Son travail le mettait sous pression, sa petite amie était absente... Bien sûr qu'il avait les nerfs en pelote. Quoi de plus normal ? Mais la crise avait été brève, et maintenant c'était fini.

Oona leva les mains. « Des fois, on a beau tout fai' comme il faut, ça tou'ne pas comme on veut.

— C'est de la crème anglaise, souligna Gabe. Si on fait tout comme il faut, on ne peut pas la rater. »

L'air sceptique, elle émit un sifflement.

« Croyez-moi, je sais de quoi je parle, reprit-il. Ce sont les protéines des œufs qui lient la crème anglaise. À environ quarante degrés, elles commencent à gonfler, on dit qu'elles sont "dénaturées". Après, à mesure que la température augmente, elles s'agglutinent, se mélangent, et la préparation prend de la consistance. Il faut aller au-delà de soixante-dix degrés. Mais si vous dépassez les quatre-vingts, vous commencez à avoir des grumeaux. La température idéale est de soixante-quinze degrés. C'est de la chimie, Oona, rien d'autre.

— Moi, ça me dépasse », répliqua-t-elle. Elle secoua la tête. « Des fois, je me dis juste, ben, c'est que ça devait pas ma'cher.

— Chimie niveau BEPC. J'ai fait un exposé là-dessus, un jour. C'est moi qui avais choisi le sujet.

— Et des fois aussi, on se dit, c'est comme ça que ça doit êt'.

— Tout à l'heure, quand je rangeais, j'ai trouvé une sonde à viande, déclara Gabe en fourrageant dans la congère. Elle sera utile à Suleiman.

— C'est comme ma nièce, poursuivit Oona qui, en voulant se masser la poitrine, décrocha ses barrettes brillantes. La pauv' petite, elle pleuwait toutes les la'mes de son co' à cause de ce ga'çon, bouh-hou, elle s'awêtait plus. Mais qu'est-ce que ça change, hein, je vous le demande ? Alo' je lui ai dit : "Tu sais, Aleesha, c'est que ça devait pas ma'cher avec Ewol. C'est pas avec lui que t'es censée fai' ta vie."

— C'est un brave gars », observa Gabe, étrangement touché par le dévouement de Suleiman. Il renifla et se frotta le nez.

« Un bon à 'ien, oui ! La véwité, c'est qu'elle est mieux toute seule.

— Ça me ferait plaisir de la préparer moi-même, continua Gabe. De retrousser mes manches, quoi. Vous voyez ce que je veux dire ? »

La sous-chef fixa de nouveau les barrettes à sa veste. « Quoi ? Non, non, M. Bi'd[1] et sa poud' sont déjà venus à la wescousse. Détendez-vous donc... De la chimie, répéta-t-elle en riant. Je sais pas t'op comment ça se passe pour la cwème anglaise, mais pou' ce qui est des ga'çons et des filles, c'est de la chimie, c'est sûr ! »

Gabe passa l'heure suivante à joindre les fournisseurs, éprouvant une pointe de satisfaction chaque fois qu'il cochait un nom sur sa liste. D'après cette même liste, il devait ensuite appeler son père ; il composa les deux premiers chiffres du numéro puis raccrocha. Il se gratta la tête, laissant ses doigts s'attarder autour de la tonsure. À la seconde tentative, il alla jusqu'à cinq chiffres avant de couper la communication. Ils s'étaient déjà parlé une fois, et Gabe avait promis de le rappeler ce jour-là. « Pas trop mal », avait répondu son père quand il lui avait demandé comment il se sentait. « Jenny m'a expliqué, avait dit Gabe. Désolé de ne pas avoir téléphoné plus tôt. » Ce à quoi son père avait répliqué : « Bah, qu'est-ce que tu veux, on doit tous s'en aller un jour ou l'autre... »

Gabe aurait voulu ajouter quelque chose de significatif, sauf que rien ne lui était venu à l'esprit. « Dis à Nana que je l'embrasse. Je te rappellerai la semaine prochaine, papa. » Il n'avait pas trouvé mieux.

Il allait le rappeler, bien sûr, mais d'abord il voulait réfléchir aux propos qu'il lui tiendrait. *Fais marcher ta cervelle avant d'ouvrir la bouche.* Encore un bon conseil paternel. Papa n'était jamais à court de conseils, il fallait bien le reconnaître. Parfois, il les dispensait assis dans son fauteuil près de la cheminée, ses grosses mains croisées sur son gilet en tricot, l'ourlet de son pantalon révé-

1. Bird's Custard : préparation alimentaire à base de poudre, qui s'épaissit avec du lait pour former une crème.

lant quelques centimètres de tibia blanc au-dessus de la chaussette, et maman, qui s'était approchée par-derrière sur la pointe des pieds, se mettait alors à faire le clown : elle tendait l'index et le majeur pour imiter des oreilles de lapin, tirait la langue, grimaçait, louchait… Invariablement, Gabe poussait sa sœur du coude pour la dérider et lui attirer des ennuis. En retour, Jenny lui pinçait sournoisement le bras. « Oh, je sais ce que tu fabriques, Sally Anne, disait papa sans se retourner. Ces enfants grandiront bien avant leur mère… »

Elle avait grandi, pourtant, songea Gabe. Après que Nana était venue vivre avec eux. Par la suite, il ne l'avait plus jamais vue faire le clown – peut-être sous l'influence de sa propre mère, ou peut-être parce qu'elle vieillissait. Quoi qu'il en soit, il la préférait avant, quand elle n'écoutait qu'elle-même.

Il avait huit ans et, bourré d'énergie, il dévalait Astley Street en serrant la pelote à épingles. Il avait frappé à la porte de Mme Eversley, et aussi à celle du vieux M. Walmsley, sans même ralentir l'allure. Si Bobby ou Michael avaient le droit de sortir jouer après le dîner, ils se livreraient ensemble à une vraie partie de « Tu frappes aux portes et tu piques un sprint ». Il s'engouffra dans la maison puis traversa le salon comme une flèche. Elle n'était pas dans la cuisine. « M'man ? appela-t-il. T'es où ? » Avisant la boîte à biscuits sur la table, il envisagea un pillage en règle, mais il voulait d'abord montrer à sa mère ce qu'il avait fait : il avait passé une bonne partie du trimestre à réaliser cette pelote à épingles en forme de marguerite, avec un cœur jaune cousu au point de croix.

« M'man ? » cria-t-il de nouveau. Il attaqua l'escalier comme si c'était un mur d'escalade, en s'aidant des mains. « Viens voir ! »

Il s'élança vers la chambre maternelle, le cœur débordant de gratitude envers sa bonne étoile, car Jen était allée chez sa copine Bev après l'école. Ainsi, il avait leur mère pour lui tout seul. Il glissa jusqu'au pied du lit, se cogna le tibia et fit tomber la pelote. Il se pencha pour la ramasser, et, au moment où il se redressait, maman lui effleura les épaules avec une tringle à rideaux. « Relevez-vous, messire Gabriel. »

Il s'exécuta, le souffle coupé sous l'effet de la surprise.

Maman éclata de rire. « Ferme la bouche, Gabriel. Et donne-moi ton avis. »

Vêtue de culottes bouffantes, d'une jupe qui semblait faite de cercles métalliques reliés par une sorte de gaze et d'un corset qui lui comprimait les seins, elle s'examinait sous toutes les coutures devant la glace. Elle avait les joues rose barbe à papa et les cheveux bouclés comme la poupée en porcelaine de Jenny. Elle enroula une mèche autour d'un doigt en expliquant : « Des anglaises. Avant, Nana m'en faisait tous les dimanches pour aller à l'église. Et tu sais quoi ? ajouta-t-elle en se contorsionnant pour se voir de dos dans le miroir. À l'époque, je détestais ça.

— M'man ? T'as l'air…

— Stop ! Attends de voir le reste.

— C'est quoi, le reste ? demanda Gabriel, qui s'installa sur le lit.

— La robe, espèce d'idiot ! Je ne l'ai pas encore. » Avec un petit cri, elle se jeta sur lui et le chatouilla sous les bras.

— Ben moi, je te trouve drôlement jolie », affirma-t-il lorsqu'elle se décida enfin à le libérer.

Elle s'assit près de lui, ajusta son corset et lui prit le visage entre ses mains. Dans les yeux maternels, Gabe distingua le reflet de la fenêtre, devant laquelle les rideaux étaient à moitié tirés. De la poudre lui mouchetait le nez, remarqua-t-il, et ses narines palpitaient légèrement au rythme de sa respiration.

« Je te l'ai déjà dit, je ne suis pas née au bon moment, ni au bon endroit. » Elle ponctua ces mots d'un rire qui tintait comme une cascade de piécettes. Puis elle se releva d'un bond, fit une profonde révérence et tendit vers lui une main qu'il saisit. « Pas étonnant que je ne sois jamais à l'heure, ajouta-t-elle d'un air solennel. J'ai deux siècles de retard. »

Ils descendirent au rez-de-chaussée et dansèrent dans la cuisine au son de ce que diffusait la radio – Val Doonican, Perry Como, les Beatles, les Who –, adoptant des poses pleines de dignité qu'ils imaginaient typiques des courtisans, se laissant parfois aller à des démonstrations de rock endiablées. Jusqu'au moment où papa rentra, traînant dans son sillage Jenny et un gros nuage noir. « Il est six heures passées », gronda-t-il, les oreilles rougissantes.

Maman plaqua ses mains sur ses seins comme si elle avait peur qu'on ne les lui confisque. « Arrête ! hurla-t-elle. Tu ne peux pas faire de moi quelqu'un que je ne suis pas ! »

Elle carbonisa des saucisses et leur servit des frites huileuses à l'extérieur et crues au milieu. Leur père demeura debout près de Gabe et de Jen pour les inciter à finir leur assiette. « Allez-y, mangez. C'est votre maman qui a tout préparé. »

Il ne serait pas le seul à souffrir.

Leur mère avait enfilé son peignoir par-dessus son corset et sa crinoline ; ses anglaises avaient pris un aspect gras et humide. Elle resta immobile devant l'évier, à fumer, pendant que les autres se forçaient à avaler le dîner. Jenny se leva de table, sortit vomir dans le jardin, revint et termina ses frites. Gabe l'entendit lorsqu'elle fut de nouveau malade dans la nuit. Plus tard, le déguisement devait reparaître de temps en temps ; maman parlait toujours de la future couleur de la robe, du nombre de rubans et de nœuds dont elle l'ornerait… Puis papa obtint une promotion et ils quittèrent Astley Street pour aller s'installer à Plodder Lane, et maman démonta la crinoline, abandonnant les cerceaux à Jenny, qui s'en servit pour jouer au hula hoop. Gabriel avait retrouvé la pelote à épingles sous le lit avant le déménagement, au moment où la maison avait été vidée. « C'est moi qui l'ai faite », avait-il révélé en rougissant. « Oh, c'est vrai, mon chéri ? » avait dit maman. Il ne se souvenait pas de l'avoir revue par la suite.

Situé à la périphérie de Blantwistle, au nord-est, Plodder Lane dominait les rues comme Astley Street. Le numéro 22 faisait partie d'une rangée de pavillons neufs dotés de fenêtres encadrées d'aluminium, d'une allée pavée et d'un abri pour les voitures. Il y avait un vrai jardin derrière, pas une simple cour, au-delà duquel s'étendaient des champs où de grosses vaches frisonnes aux yeux larmoyants scrutaient l'horizon balayé par le vent. De la fenêtre de la salle à manger, à l'avant de la maison, Gabriel aimait regarder le paysage gris-vert de Rivington Moor prendre des nuances différentes au gré de la course des nuages. Quand ses yeux se posaient sur la vallée au milieu, il était toujours impressionné par la vue des usines – Rileys et Cardwells, Laycocks, Boorlands et les autres – qui rassemblaient autour d'elles les rues étroites bordées de maisons blotties les unes contre les autres. La présence de la campagne alentour ne laissait pas de l'étonner. Il savait déjà qu'elle existait, d'autant que son père l'emmenait parfois se promener sur la lande, mais quand ils habitaient Astley Street le monde se composait essentiellement de briques rouges, de dalles jaunes, de pavés gris et des billes en verre coloré qu'il aimait faire rouler le long des fissures.

Les Howarth avaient emménagé au numéro 17. « Au moins, ici, on a de l'air, dit un jour M. Howarth. J'ai rien contre eux mais, franchement, qui pourrait supporter l'odeur du curry de sept heures du matin à onze heures du soir ? »

Papa ouvrit deux cannettes de Watneys. « Tout à fait d'accord, Tom. » Il secoua la tête. « Nous, on n'a rien contre personne, c'est sûr. En attendant, à quoi ils pensent, au gouvernement ? Ils les font venir, OK, y a du boulot. Et après, hein ? Qu'est-ce qui va se passer dans trente ou quarante ans, quand ils auront envahi la ville ?

— Qui ? demanda Jenny en détachant son regard de la poupée qu'elle était en train d'habiller.

— Ils se reproduisent comme des lapins et tout, reprit M. Howarth, qui essuya la bière sur son menton.

— Je voudrais un lapin, intervint Jenny. Dis, papa, je peux avoir un lapin ? Je le laisserai pas faire caca dans la maison. »

Elle n'eut pas son lapin. Leur mère voulait bien mais leur père s'y opposa, évidemment. Alors maman déclara : « On n'a qu'à faire semblant d'être des lapins, puisqu'on ne peut pas en avoir un vrai. » Ils passèrent un après-midi entier à sautiller partout dans la maison, à se frotter le nez et à grignoter des carottes, jusqu'au moment où Jen s'assit sur les pieds de maman et refusa de la laisser gambader.

Leur mère adorait la nouvelle maison, en particulier les portes coulissantes qui séparaient le solarium du jardin. Un pied à l'intérieur, l'autre à l'extérieur, elle disait : « Ça devrait être ça, la vie. »

Pendant un moment, il n'y eut plus de disputes à propos du dîner. Maman se postait près de la porte d'entrée pour attendre que papa rentre, puis elle le conduisait dans la cuisine et le faisait s'asseoir en le gratifiant d'un baiser sur la joue. Elle acheta des tabliers blancs en dentelle pour les nouer autour de sa taille et, une cuillère en bois à la main, elle déambula dans la maison tout en parlant de préparer des gâteaux au chocolat. Gabriel la trouvait magnifique ainsi – encore plus qu'avec son drôle de costume en cerceaux métalliques. Elle alla chez Lorenzo où elle se fit faire une coupe courte avec une frange effilée qui tombait devant ses grands yeux bruns. Elle adopta le nouveau style en vogue : tailleurs-pantalons assortis de chemisiers au col de plus en plus large. Elle répétait toujours qu'elle avait des seins trop petits et qu'elle n'aimait pas son nez, mais pour Gabriel tout était parfait chez elle. « Désolée que tu aies hérité de mon nez, Jen, disait-elle. J'espère juste que tu seras un peu mieux lotie que moi côté poitrine. »

Après l'école, Gabe et Jenny se dépêchaient de rentrer dans l'espoir de la trouver d'humeur espiègle, auquel cas ils mettaient la maison sens dessus dessous en jouant aux chevaliers et aux dragons. Ou alors ils s'installaient à la table de la cuisine pour « lire » dans les feuilles de thé et parler de ce qu'ils voudraient être quand viendrait le moment de leur « renaissance ». « Je me réincarnerai en pur-sang arabe, disait maman. Ou peut-être en astronaute, j'aimerais bien aller dans l'espace. » Jenny voulait savoir si on revenait vraiment pour vivre une autre vie. « Les hindous en sont persuadés », affirma maman un jour. « Est-ce que M. Akbar est un hindou ? » demanda Jenny, faisant allusion à l'homme qui avait acheté leur ancienne maison. « Oui, je crois, ma chérie », répondit maman.

Un après-midi, en arrivant à la maison, Gabe et sa sœur eurent la surprise de voir le salon transformé en tente bédouine et leur mère assise en tailleur, fumant le narguilé au milieu des murs tendus de draps fleuris. Une autre fois, ils la découvrirent allongée sur une planche posée entre deux échelles, en train de peindre au plafond des nuages et des papillons, que bien sûr leur père s'empressa de faire disparaître sous une nouvelle couche de peinture. La semaine suivante, elle leur montra la pièce qu'elle avait écrite au dos du calendrier de l'année précédente – une scène par page ou mois – en leur demandant d'en être les vedettes. Jenny expédia son cartable à l'autre bout de la pièce. « Très bien, alors je vais jouer ton rôle, jeune dame », déclara maman en adoptant une pose théâtrale. Jenny se jeta dans ses jambes, s'assit sur ses pieds et lui agrippa les genoux. « Eh, attends un peu ! s'écria maman en essayant de la déloger. Qu'est-ce que tu voudrais que je fasse, hein ? La cuisine, le ménage, les courses, et encore la cuisine ? Je ne devrais avoir envie de rien d'autre, c'est ça ? Oh oui, attends un peu, ma petite demoiselle, ce sera bientôt ton tour. Tu me diras alors si ça te plaît. »

Dans les premiers temps, à Plodder Lane, il y avait souvent une nouvelle acquisition à admirer, exposée dans la cuisine ou au salon : une lampe en fibre de verre semblable à un hérisson, dont chaque piquant diffusait en son extrémité une lumière violette ; un service à fondue comprenant douze fourchettes à manche bleu ; un réveil en forme de vache, qui meuglait toutes les heures ; des figurines en porcelaine Lladró représentant des femmes élégantes abritées sous une ombrelle ou assises sur une balançoire. Au bout d'un moment, pourtant, ces achats disparaissaient. « Les enfants ? appelait maman en leur faisant signe du sommet de l'escalier. Ne dites rien à votre père, d'accord ? Regardez comme c'est joli... Tenez, pour le moment, je vais le ranger en haut de la penderie, derrière les couvertures. Si vous voulez le voir, vous me demandez et on ira y jeter un coup d'œil... », ajoutait-elle en emballant le diffuseur de parfum, l'aiguiseur électrique ou encore la boîte à cigarettes incrustée d'onyx et de jais.

Parfois, elle sortait marcher et perdait toute notion de l'heure. Lorsqu'elle se faufilait dans l'ouverture des portes coulissantes, le pantalon maculé de traînées boueuses, le visage affiné par ses cheveux ramenés en avant, elle lançait : « Eh bien, c'était rudement agréable. Vivifiant, même. Ne dites rien à votre père, d'accord ? »

Apparemment, lui seul avait le pouvoir de la déprimer. Il lui sapait sa joie de vivre. À croire que chaque tasse de thé qu'elle posait devant lui était remplie de son propre sang. Quand elle était triste, elle regardait la télévision – n'importe quoi, jusqu'à la mire qu'elle semblait affectionner – ou restait au lit en fumant à la chaîne des Virginia Slim. Il arrivait à Gabe de se pelotonner sous les couvertures à côté d'elle et de contempler fixement le plafond. Il y avait toujours de la cendre sur l'oreiller. Un jour que sa mère se redressait afin d'écraser sa cigarette dans le cendrier posé en équilibre sur son genou, Gabe remarqua pour la première fois qu'elle n'était guère plus grande que lui. « M'man ? Tu te rappelles quand tu m'as dit que t'aurais voulu naître il y a deux cents ans ? »

Elle alluma une autre cigarette et lui souffla la fumée en plein visage. « Je suis née trop tard. C'est ce que j'ai dit.

— Mais tu m'aurais pas eu, alors. Ni Jenny non plus. Parce qu'on est nés, ben, aujourd'hui, quoi. »

Elle ne répondit pas.

« Et nous, on est plutôt contents que tu sois notre maman.

— Je ne supporte plus cette chambre. Regarde-moi ce brun…

— Maman ? Tu crois que les hindous ont raison ? »

Elle s'allongea de nouveau, mêlant ses cheveux à la cendre, puis se tourna sur le côté. Le visage à quelques centimètres de celui de Gabe, elle arrangea les plis de sa chemise de nuit en linon blanc. « Tu sais quoi, Gabriel ? commença-t-elle en lui pressant une main sur la joue. Peut-être qu'en réalité, je suis née trop tôt. Quand je pense à tout ce que Jenny pourra faire… Tu te rends compte ? » La Virginia Slim se consumait dangereusement près de son oreille. « Mais on a la vie qu'on a, tu comprends, et il faut… parce que si on ne l'accepte pas, eh bien, tu vois le résultat ? Oh oui, tu as vu ce que ça donne. » Quand elle écarta la main, Gabriel eut juste le temps d'apercevoir la tour de cendre blanche avant qu'elle ne s'écroule sur le lit.

Gabe regarda le chef Albert soupirer devant un plateau de roses en pâte d'amandes. Sa moustache était parsemée d'une poudre blanche semblable à du sucre glace.

Prenant son courage à deux mains, Gabe lui demanda si tout allait bien.

Le chef pâtissier posa sur lui un regard mélancolique. « Non, répondit-il. Rien ne va. » Ses yeux soulignés de cercles sombres étaient deux puits de chagrin. Gabe craignait de le regarder en face, au risque de s'y noyer. « Comment ça pourrait aller, reprit le chef, quand je suis obligé de compter sur ce pantin pour m'aider ? » De la main, il indiqua l'assistant, qui gloussa et lâcha sa poche à douille.

« Mais tout sera prêt pour demain, n'est-ce pas ? » lança Gabe. Il força une note de gaieté dans sa voix, comme pour encourager un enfant.

Le chef Albert planta ses mains sur ses hanches larges et haussa exagérément les épaules. « Je ne crois pas, non. Il va falloir que je recommence les meringues, et là, je viens de m'apercevoir que ces petites fleurs sont… »

Gabriel frissonna et s'écarta légèrement, essayant de dissimuler son mouvement de recul par une petite toux discrète. Il respectait le perfectionnisme du chef pâtissier, qui, comme toutes les vertus destructrices, lui inspirait également de la méfiance. Quoi qu'il en soit, il faisait froid dans la pièce, particulièrement près d'Albert.

Tout en inclinant la tête pour indiquer qu'il écoutait toujours, Gabe balaya du regard le labo pâtisserie. Il restait quelques fragments de pâte fraîche collés aux rouleaux du laminoir Rondo, mais sinon la pièce était étincelante de propreté.

Tous les chefs pâtissiers qu'il avait connus étaient lugubres. Une caractéristique inhérente à la profession, en avait-il déduit. Il y avait cependant eu une exception, Terry Sharples, au Brighton Grand. Terry était toujours hilare, jusqu'à ce qu'il se jette du haut de Beachy Head, le soir du réveillon du nouvel an, en 1989.

Gabriel surprit son reflet dans la porte du frigo. Il pensait avoir un air méditatif, mais en réalité son expression se situait plutôt quelque part entre le dédain et l'épuisement. Il bâilla afin de détendre ses traits. À Blantwistle, les gens avaient beau affirmer qu'il était le portrait craché de son père, cela ne voulait rien dire ; il s'agissait juste d'une formule convenue. De fait, il existait effectivement une certaine ressemblance, sauf qu'il fallait bien la chercher, dans la mesure où le fils n'avait pas hérité des traits paternels burinés. Peut-être était-elle plus évidente sous la peau – Ted en tant que prototype, lui en tant que résultat final. Ils avaient néanmoins une chevelure semblable : brune, épaisse et bouclée sur le haut de la tête, ce qui leur donnait un petit côté précieux genre play-boy italien. Du doigt, Gabe explora la zone clairsemée au sommet de son crâne en se demandant à quel âge son père avait commencé à se dégarnir. Peut-être est-ce à ce moment-là seulement, songea-t-il, quand on perd ses cheveux, qu'on se sait appelé à mourir, comme tout le monde… Papa allait mourir. Une image explosa brusquement dans sa tête : l'atelier de la Rileys, le grondement de centaines de métiers à tisser, le vacarme digne d'un champ de bataille, et son père arpentant les lieux tel un colosse capable d'apprivoiser les machines avec ses grosses mains.

Il fallait qu'il vive assez longtemps pour voir son fils ouvrir son propre restaurant. C'était important, forcément, même s'il prétendait le contraire. Oui, il fallait qu'il voie ça. Allez, p'pa, songea Gabe, comme s'il suffisait que son père se secoue un peu pour que tout aille bien.

Il jeta de nouveau un coup d'œil à son reflet et se passa une main sur le visage.

« C'est mal parti », disait le chef Albert. Il écarta les bras. « Vous voyez bien que c'est la pagaille, non ? »

Gabe lui débita un petit discours d'encouragement avant de prendre la fuite. Gleeson et Ivan tenaient conciliabule dans le passage qui menait au restaurant. Pour quelle raison le directeur de la restauration s'entretenait-il en privé avec un grillardin ? se demanda-t-il. Gleeson sautillait sur place, manifestement prêt à détaler. Il avait la frousse, c'était évident ; depuis le « triste accident » de Yuri, ce n'était plus qu'une boule de nerfs hargneuse. Ivan tenait mieux le coup mais paraissait agité et ne cessait de tripoter son bandana rouge. L'air de rien, Gabriel s'attarda au détour du couloir en regrettant de ne pas pouvoir lire sur les lèvres. Leur langage corporel lui apprit cependant une chose : ils ne souhaitaient pas être entendus.

Soudain, Gleeson l'aperçut. « Hé, chef, vous vous êtes encore perdu ? Les cuisines sont par là, il me semble. Je viens juste de diriger votre ami l'inspecteur – Parks, c'est ça ? – vers votre antre. Essayez de le tenir à l'écart de la salle, d'accord ? Il ne faudrait pas effrayer les clients.

— Je ne suis pas sûr de pouvoir l'en empêcher, Stanley », répliqua Gabriel en se détournant. Il lui adressa un sourire par-dessus son épaule. « À mon avis, la police fait toujours ce qu'elle veut. »

Quand il entra dans son bureau, il trouva l'officier déjà assis. « Oh, vous êtes là ? lança ce dernier. Je me suis permis de prendre votre fauteuil.

— Je vous en prie, inspecteur. Que puis-je pour vous ?

— Ah, la paperasse..., dit Parks en indiquant les piles sur le sol et les dossiers qui débordaient des tiroirs bourrés à craquer. Quel fléau, pas vrai ?

— Oui.

— Notamment quand je suis obligé de plancher sur un dossier qui n'aurait jamais dû être ouvert pour commencer... Et je vous parle de petits détails à régler, aucun rapport avec le vrai travail d'enquête... » Il n'acheva pas sa phrase. « Non que je blâme le sergent, remarquez. C'est juste qu'un autre aurait sans doute réagi différemment.

— Vous souhaitiez me demander quelque chose ?

— En fait, on n'a pas pu avertir la famille. On a procédé aux vérifications de routine auprès des services de l'immigration mais il leur avait donné un faux nom, évidemment. Rien de nouveau sous le soleil. Vous ne sauriez pas, par hasard... Non, bien sûr que non. Sinon, je voulais juste m'assurer une dernière fois avant de boucler l'affaire que rien de particulier ne vous était revenu en mémoire, aucun élément inhabituel... » Il montra son calepin. « Il nous reste une employée à interroger – une autre plongeuse, je crois. »

Gabriel hocha la tête. « Elle n'est pas revenue. Si j'arrive à mettre la main sur mes dossiers, je vous préciserai quelle agence nous l'a envoyée.

— Il doit y avoir pas mal de roulement chez les plongeurs, hein ?

— Pas mal, oui.

— Alors, si vous n'y voyez pas d'objection... Je crois qu'on va en rester là.

— D'accord, dit Gabriel. Parfait. »

Parks glissa le calepin dans sa poche. « Ah si, encore une chose.

— Oui ? fit Gabriel, soudain tendu.

— Ma femme m'a dit qu'elle voudrait dîner dans un très bon restaurant italien pour notre vingtième anniversaire de mariage. On a passé notre lune de miel à Venise. Qu'est-ce que vous me conseilleriez ? »

Ce soir-là, pendant toute la durée du service, Gabriel demeura près du passe-plat pour vérifier les assiettes, ajoutant de la garniture d'accompagnement par-ci, essuyant une bordure par-là, réprimandant les serveurs, renvoyant d'un ton où perçait une pointe d'encouragement mélangée à une bonne dose de mépris tout ce qui était trop cuit, pas assez cuit ou mal présenté. Le tempo s'accélérait depuis dix-huit heures, et à vingt heures trente c'était le coup de feu. Le temps de redresser une fricassée de poulet, et Gabe se tourna vers son équipe.

Nikolaï, le commis russe, émincait des oignons avec une dextérité à couper le souffle. À voir Suleiman rôder près du cuiseur à vapeur en couvant son soufflé d'un regard angoissé, on aurait pu croire qu'il attendait la naissance de son premier fils. Victor multipliait les allées et venues entre la sauteuse basculante où il faisait blanchir des épinards et le four polycuiseur qu'il remplissait de röstis et de cubes de courge musquée. Quand un commis laissa tomber un cul-de-poule débordant d'épluchures, tout le monde applaudit. Benny se précipita pour l'aider avant de retourner aussitôt à son poste en s'essuyant les mains. Une goutte de graisse jaillie d'un wok crépita dans la flamme bleue d'un brûleur. Dans l'empire d'Ivan, la chaleur faisait palpiter l'air, de sorte que le grillardin lui-même semblait flou, comme s'il n'était qu'un mirage. Il marqua deux steaks sur le gril à charbon et en attendrit un troisième à la batte, tandis que la sueur assombrissait le dos de sa veste blanche.

Victor se dirigea vers les sauteuses, fit mine d'envoyer un coup de poing à l'un des commis, l'écarta et souleva un couvercle. Une colonne de vapeur s'échappa pour se disperser aussitôt dans l'air, telle une idée qui ne parvient pas à trouver ses mots. Les hottes rugirent brièvement puis reprirent leur vrombissement habituel.

« Hé ! lança Victor en inclinant la tête vers Damian qui, les pieds en dedans, versait des nouilles dans une passoire métallique. Hé, viens par ici, fais-moi voir. »

Damian feignit de n'avoir rien entendu. Il répandit des nouilles partout.

Victor agrippa l'adolescent et le força à lever la tête pour lui inspecter le cou. « Waouh ! s'écria-t-il. Qu'est-ce que c'est que ça ? Damian a une copine ! Regardez-moi ce gros machin moche, là… Un suçon ! »

Les cuisiniers tapèrent sur les plans de travail avec ce qui leur tombait sous la main. Quelques sifflets se mêlèrent aux acclamations, pour finalement se muer en grands éclats de rire.

« Je te présente toutes mes félicitations, dit Suleiman.

— Pourquoi, il va se marier ? lança Victor en arborant une mimique choquée. C'est qu'il nous avait rien dit, le bougre !

— Dans mon pays, intervint Benny, énigmatique, le prix d'une épouse ne peut pas dépasser celui d'une caisse de Heineken et d'une chèvre égorgée.

— Ben, c'est largement au-dessus des moyens d'un commis. » Victor gratifia Damian d'une bourrade entre les omoplates. « T'as l'air d'avoir un truc coincé dans la gorge, vieux. Bon, écoute, je vais te filer un tuyau : la prochaine fois que tu voudras faire des cochonneries avec ta nana, demande-lui d'abord d'enlever son dentier ! »

Des rires s'élevèrent de nouveau, stridents mais pas hostiles, et même Damian pouffa.

Gabriel donna un coup de main à Benny pour préparer les papillotes de bar et de Saint-Jacques. Elles partaient plus vite qu'il ne l'avait prévu, peut-être parce qu'il avait demandé aux serveurs de les ouvrir devant les clients – une petite mise en scène que d'autres convives souhaitaient voir recréée pour eux.

Benny travaillait vite et bien, essuyant son plan de travail pratiquement chaque fois qu'il achevait une tâche. S'il était petit, il donnait néanmoins l'impression d'avoir été grand puis compressé – peut-être à cause de ses fesses hautes, de ses épaules larges ou de sa tête légèrement trop grosse par rapport à son corps. Le blanc de ses yeux était jaune et ses dents éblouissantes. Une cicatrice irrégulière lui barrait la joue, de l'arête du nez presque jusqu'à l'oreille. Gabe songea à lui demander quel pays il avait laissé derrière lui.

« But ! cria Victor en envoyant une laitue romaine en l'air avant de l'expédier d'un coup de tête vers une étagère.

— Seigneur, donnez-moi la force », marmonna Gabriel. Il saisit une coquille Saint-Jacques dont il trancha le nerf.

« Je sais, chef, compatit Benny, mais il est comme ça. On n'est pas tous pareils, vous comprenez.

— Oh, c'est vrai ? répliqua Gabriel d'une voix neutre. Il n'y est pour rien, alors… » Tout comme Oona, avec son : « C'est que ça devait pas ma'cher. » Une excuse bien commode.

« Si ça ne vous dérange pas, chef, reprit Benny, je vais chanter un peu. Ça m'aide à travailler. » Il se mit à chanter tout bas dans sa langue natale, les mots crevant la surface de la mélodie telles les bulles d'air d'un épais ragoût épicé qui mijote sur le feu.

Gabriel passa mentalement en revue les préparatifs pour le cocktail Sirovsky du lendemain. Parmi les *dips* et les sauces, certains risquaient d'avoir perdu leur fraîcheur d'ici là ; il faudrait donc les stabiliser avec du jus de citron ou une pincée d'herbes aromatiques. Ensuite, il irait voir son père à Blantwistle. Son père et Nana. Après-demain, il serait moins occupé, il pourrait y réfléchir plus facilement, faire des projets… Il espérait que le chef Albert n'allait pas jeter les roses en pâte d'amandes. De toute façon, personne ne les mangerait, elles ne serviraient qu'à la décoration. Son père et Nana… Qui aurait pu imaginer une chose pareille ? Bon sang, la seule idée qu'ils aient pu finir ensemble, ces deux-là, lui donnait envie de rire.

Tout avait commencé après leur emménagement à Plodder Lane, supposait Gabriel, quand Nana avait augmenté la fréquence de ses visites. Elle ne trouvait rien à reprocher à la maison, contrairement à celle d'Astley Street, sinon qu'elle ne bénéficiait pas du double vitrage. Son ennemie de toujours, Mme Haddock, l'avait bien fait installer, elle, et dans la mesure où sa pension de veuve ne lui permettait pas de se l'offrir, il lui semblait que le moins que son gendre puisse faire, c'était d'en équiper le 22.

« Évidemment, il faut se remuer un peu, comparer les prix pour obtenir le meilleur tarif… Mais attention aux escrocs prêts à arnaquer le premier imprudent venu. »

Elle était assise toute droite au bord de son fauteuil, les genoux bien serrés. « Ou la première imprudente », avait-elle ajouté d'un air entendu.

Malgré sa promotion, Ted, leur père, demeurait plus bas qu'elle sur l'échelle sociale, avait-elle laissé entendre à Gabe et à Jenny. Et ce, grâce à feu son mari, autrefois employé de bureau à la Rileys, et qui s'y rendait le matin en costume-cravate et non en simple bleu de travail. Ted Lightfoot, lui, était chef d'atelier. On ne disait pas « contremaître » à Blantwistle, même les étrangers le savaient. Son métier lui inspirait de la fierté. « Les cols blancs sont incapables de faire la différence entre la chaîne et la trame », répétait-il souvent.

« Moi, je ne pourrais pas rester assise toute la soirée à ne rien faire quand il y a des chemises à repasser. » Nana aimait beaucoup mentionner les chemises.

« Un chef d'atelier gagne deux fois plus qu'un employé de bureau, disait toujours papa à Gabriel. C'est un fait. »

Gabriel le croyait, mais c'était compter sans la force des insinuations de Nana – le genre d'insinuations qu'il est particulièrement difficile de réfuter.

« Je n'ai jamais vu un tel gaspillage », dit Nana en arrivant pour la Guy Fawkes[1] Night avec une vieille boîte de Quality Street qui contenait un morceau de gâteau noir et collant. « Ils avaient l'air en parfait état, tous ces vêtements dont les petits Beesley se sont servis pour déguiser leur mannequin… Franchement, leur mère devrait avoir honte ! »

---

1. Catholique anglais qui tenta d'assassiner le roi protestant Jacques Ier le 5 novembre 1605 en faisant exploser la Chambre des lords. La « Conspiration des poudres » fut déjouée et, depuis lors, on fête à cette date l'événement en tirant des feux d'artifice.

Tout en arrosant de vinaigrette la salade de pois noirs, maman contemplait son reflet dans la vitre de la cuisine. « Les pantalons droits, ça ne se fait plus.

— Oh, j'en suis parfaitement consciente, Sally Anne », répliqua Nana en effleurant les boucles serrées de sa permanente.

À ses yeux, jeter l'argent par les fenêtres était vulgaire ; il n'y avait pas de plus grand péché. Ceux qui n'avaient pas d'argent étaient également vulgaires. À vrai dire, la vulgarité selon Nana prenait de nombreuses formes, et rares étaient ceux qui, à Blantwistle, échappaient à sa souillure.

Petit déjà, Gabe la savait snob. Mais pendant longtemps, il n'avait pas compris comment on pouvait être snob sans posséder un minimum de sophistication.

Quand elle emménagea à Plodder Lane, ce fut sur la suggestion de papa. « Elle me tuera, avait gémi maman. C'est ce que tu cherches ?

— Voilà, c'est exactement ce que je voulais dire, avait-il affirmé. Tu t'énerves pour un rien. Tu as toujours été plus calme quand elle était là.

— Mais tu la détestes, avait insisté maman d'un ton cajoleur.

— Ça, c'est bien possible. »

Nana s'installa dans la chambre de Gabriel, qui eut droit à un lit de camp dans le solarium à l'arrière de la maison. Il étudiait alors à l'école hôtelière en même temps qu'il effectuait un stage au Jarvis, à Manchester Piccadilly. Tout le monde le pensait sur le point de quitter le foyer familial.

Nana prétendait ne pas pouvoir dormir dans le vieux lit de son petit-fils, qu'elle n'arrêtait pas d'asperger de produits antipunaise. Quand Gabe rentrait à la maison, à une heure, deux heures ou trois heures du matin, il la trouvait en train de rôder en chemise de nuit, en collant de contention et chaussures Hush Puppies, ou de se préparer des tasses de thé qu'elle abandonnait à moitié vides partout dans la maison. Il s'était avéré qu'elle aimait bien prendre un verre de sherry, juste un petit, de temps en temps dans la journée. Épuisée par ses libations et ses errances nocturnes (qui lui avaient valu le surnom de « Polymorphe » de la part de papa), il lui arrivait souvent d'être encore au lit à midi. Quand elle avait besoin de quelque chose – le journal, ses lunettes à double foyer, ses médicaments, quelques berlingots –, elle donnait des coups faibles mais insistants sur le plancher de la chambre, faisant râler et rouspéter maman, qui se précipitait cependant dans l'escalier.

C'était soi-disant « pour raisons de santé » que Nana était venue vivre à Plodder Lane ; néanmoins, pour autant que Gabriel s'en souvienne, les problèmes n'avaient commencé à se manifester qu'au bout d'un certain temps. Comme de bien entendu, ses différentes affections se voulaient raffinées. Elle estimait la toux vulgaire, contrairement à la sensation d'oppression dont elle souffrait. Quand elle avait mal au dos, il s'agissait forcément d'une « sciatique » et non du « lumbago » dont le commun des travailleurs risquait de se plaindre. Elle avait de l'arthrite dans les genoux – un mal beaucoup plus honorable que les varices de Mme Haddock. Le Dr Leather était un visiteur assidu, quoique réticent, même s'il passait apparemment moins de temps dans la chambre avec Nana qu'à la cuisine avec maman.

« Elle me tuera », affirmait toujours cette dernière quand Gabe rentrait de Glasgow, de Scarborough ou de Lyon – de n'importe quel endroit où il séjournait à l'époque. Peut-être en était-elle morte, en effet, pensa-t-il. Crise cardiaque à cinquante-quatre ans. Qui sait si elle n'avait pas été causée par toute cette agitation pour répondre aux exigences de Nana ?

Nana qui, à quatre-vingt-sept ans, était toujours solide comme un roc.

Du coin de l'œil, Gabe aperçut Damian qui grimaçait, une main levée devant le visage. Un filet pourpre coulait vers sa manche.

« La trousse de secours, Damian. Dans mon bureau, tiroir du bas. »

Le jeune garçon se lécha le doigt, étalant du sang sur son nez.

« Doc ? appela Benny. Viens voir. Damian, montre ta main à Doc. »

C'était le surnom donné par l'équipe à Nikolaï.

Celui-ci brandit son couteau. « Impossible de sauver le doigt. Je vais devoir amputer. »

Damian éclata de rire en agitant l'index, mais ne s'en retrancha pas moins promptement dans le bureau du chef de cuisine.

Nikolaï reposa son couteau. « Je réclame une minute de silence », dit-il.

La brigade tout entière cessa de travailler pour se tourner vers lui. Gabriel aurait voulu formuler une objection, mais il était lui aussi curieux de la suite. Nikolaï avait beau n'être qu'un commis, il était plus vieux que les chefs de partie. Il ne disait pas grand-chose, et lorsque Gabriel avait voulu lui confier la responsabilité d'un secteur, il avait décliné l'offre. Sa tignasse carotte surmontait un visage aussi exsangue qu'une côte de veau – jusqu'à ses lèvres et ses cils qui étaient incolores. Lorsqu'il prenait la parole, sa voix exprimait toujours un mélange d'autorité et de mélancolie, comme s'il prononçait l'ultime discours d'un souverain destitué et condamné à la potence.

« Chers amis et collègues, commença-t-il, il y a maintenant une semaine que Yuri est mort. Je sais combien ce terrible accident nous rend tous tristes. Alors, si le chef le permet, j'aimerais que nous observions une minute de silence pour lui rendre hommage. »

Gabriel inclina la tête. Pourquoi maintenant ? se demanda-t-il. Pourquoi en plein milieu du service, quand chaque instant compte ?

Il égrena les secondes dans sa tête. « Bon, dit-il enfin. Au boulot, les gars. »

Le silence continuait de planer sur la pièce tel un brouillard épais, jusqu'au moment où Victor lâcha un vent.

« Puis-je te rappeler qu'on bosse dans un espace confiné ? » lança Suleiman en riant.

Le Moldave s'approcha de lui et éructa tout près de son oreille.

« En Moldavie, c'est bien une preuve d'amour, non ? » Suleiman recula de quelques pas sur ses petites jambes arquées. Le sérieux avec lequel il avait posé la question, comme s'il voulait inscrire la réponse sur un formulaire administratif, fit sourire Gabe.

« Ouais, t'as raison, *baby*, répliqua Victor en essayant de le saisir par les parties.

— Messieurs ? intervint Gabriel. Je vous signale qu'on n'est pas dans une putain de cour de récréation. Alors, on s'y remet !

— Oui, chef, répondit Suleiman. Et, chef ? On a un problème avec la hotte.

— Signalez-le à la maintenance demain matin. Pour l'instant, on n'y peut rien. Bon, qui a préparé cette truite ? OK, venez la chercher et refaites-la cuire. Vous voulez rire, mon gars ! Il suffirait de la flanquer dans l'évier pour la voir nager.

— D'accord, je ferai un rapport demain, déclara Suleiman. Quand Yuri était là, c'était toujours lui qui se chargeait des réparations, très vite.

— Vous savez quoi ? répliqua Gabriel. C'est ça, votre problème : vous n'avez pas à laisser les plongeurs se mêler de ce genre de choses.

— Oh, Yuri était aussi ingénieur. Diplômé et tout. Il comprenait très bien les machines. »

Deux assiettes furent retournées en cuisine – noisettes d'agneau et poulet florentine. D'après la serveuse, les clients s'étaient plaints.

« De quoi ? » demanda Gabriel.

La serveuse mastiquait un chewing-gum. « De la bouffe.

— De la bouffe. Ah oui, c'est nettement plus clair… » Gabe flanqua les assiettes devant lui. « Et veuillez jeter ce chewing-gum, s'il vous plaît. »

Il se brûla en voulant soulever le bain-marie dans lequel chauffait la béchamel et vit une cloque gonfler au bout de son doigt. Une commande arriva pour une table de douze alors que Gleeson ne l'avait pas averti de la réservation. Gabriel le maudit d'abord en silence et de nouveau à voix haute. « Où est le rouget ? cria-t-il. Allez, on se bouge ! Deux frites et une salade mixte. Ne m'obligez pas à me répéter. »

Ivan fit glisser sur le passe une brochette de porc et un filet de bœuf en imprimant aux assiettes un léger mouvement de rotation. Puis il essuya ses avant-bras épais sur son bandana et retourna à son poste. Il avait la mâchoire bleuie par une barbe naissante. Il saisit un hachoir et, d'un geste net, coupa un poulet en deux.

Victor, qui s'était aventuré dans le secteur, tentait de le consumer du regard.

Gabriel s'apprêtait à lui ordonner de dégager quand il se ravisa, curieux de voir comment Ivan allait réagir à cette incursion dans son domaine.

« Tu pues la cocotte, Victor. Tu cherches un micheton ou quoi ? »

Les traits de Victor se crispèrent. Un poil poussait sous la peau entre ses sourcils, formant un furoncle visible même dans l'air embrumé par la chaleur. « Va te faire foutre », rétorqua-t-il. Et de se détourner.

Gabriel se dirigea vers l'évier pour se servir de l'eau. Gleeson le rejoignit et s'immobilisa un peu trop près de lui, comme à son habitude.

« Je vous cherchais. Je ne vous dérange pas pendant une pause, au moins ?

— Je peux vous aider ? » Gabe croisa les bras.

Peu après son arrivée à l'Imperial, il était allé boire un verre avec Gleeson, et les deux hommes en avaient profité pour se jauger.

Le directeur de la restauration fit mine de réfléchir quelques instants. « Non, répondit-il, tout miel. Je ne crois pas. »

Des histoires circulaient sur son compte, évidemment : il s'envoyait Christine, la directrice des relations publiques, il s'envoyait une responsable clientèle, il était gay et s'envoyait les serveurs... Gabe n'y prêtait aucune attention ; selon toute probabilité, on devait aussi raconter que Gleeson et lui s'envoyaient en l'air. La sexualité de son collègue, tout comme sa personnalité, était difficile à cerner tant il semblait en permanence se composer un personnage.

« Et que voulait notre cher inspecteur Morse ? » demanda-t-il après que Gabe eut refusé de combler le silence. S'il affectait la désinvolture, Gabriel décela néanmoins en lui un frémissement de nervosité ; quelles que soient les magouilles dans lesquelles il trempait, la présence de la police le mettait mal à l'aise. Dans ces conditions, mieux valait ne pas trop l'asticoter. « Surtout me poser des questions sur vous. Je lui ai répondu que je ne savais rien.

— Vous feriez un remarquable acteur ! ironisa Gleeson. Justement, il y a des clients en salle qui réclament un peu d'animation. Ils aimeraient voir le chef.

— Je suis occupé. » Gabe fit une nouvelle fois couler de l'eau dans son verre. Personne n'ignorait que Gleeson conduisait une Alfa Romeo Spider et partait en vacances trois fois par an vers des destinations qu'il n'aurait pas dû avoir les moyens de s'offrir ; c'était « de notoriété publique ». Dans les hôtels, les commérages se présentaient toujours comme des vérités « de notoriété publique », même quand ils étaient criants de fausseté. Dans le cas du directeur de la restauration, pourtant, ce n'était pas trop difficile à croire.

« Excusez-moi, reprit-il, mais ils ont beaucoup insisté. Ce sont peut-être des amis à vous ?

— J'en doute.

— Pourquoi ? Vous n'avez pas d'amis ? » Gleeson sourit. C'était un bel homme, vêtu avec élégance et soigné de sa personne. La lueur dans ses yeux – dont Gabe se méfiait – était à la fois perçante et espiègle, et ils devaient être nombreux à avoir succombé à son charme.

« Non, affirma Gabriel d'une voix qui lui parut morose alors qu'il avait voulu faire une plaisanterie.

— Ils sont deux. L'un est assez corpulent, je dirais, et porte une chevalière et une chemise à motifs cachemire. L'autre, c'est un blond en costume à rayures, et j'ai l'impression de l'avoir déjà vu quelque part, je ne sais pas trop où. Ah, ça vous dit quelque chose, n'est-ce pas ? Ils sont prêts à venir en cuisine si vous n'y allez pas. Je les escorte ? »

Gabe avait tressailli en entendant la description de Rolly et Fairweather. Ce n'était pas la première fois que les deux hommes venaient sur place goûter les plats et s'assurer qu'ils avaient misé sur le bon cheval, mais il ne voulait pas d'eux dans les cuisines. C'était déjà suffisamment embarrassant comme ça qu'ils aient demandé à lui parler. « Je vais y aller dans deux minutes », répondit-il. Il espérait que Fairweather ne passerait pas en mode haut-parleur ; si l'un des serveurs l'entendait, dès le lendemain matin tout l'hôtel saurait que le nouveau chef de cuisine avait l'intention de partir.

« Ça leur fera tellement plaisir… », susurra Gleeson. Il ponctua ces mots d'un petit claquement de talons. « Ils tiennent à vous féliciter, j'en suis certain. »

Le jour où ils étaient allés prendre un verre, Gleeson lui avait confié qu'il avait grandi dans une ferme d'East Anglia, mais cette affirmation paraissait encore plus fantaisiste que toutes les histoires qui se racontaient derrière son dos. Avec ses boutons de manchette et ses chaussures cirées, son allure policée et sa raie impeccable, sa courtoisie dont il se servait à la fois comme d'une cuirasse et d'une épée, il n'avait pu naître qu'ici, ou dans un endroit comparable, qui offrait la possibilité de ne jamais se dévoiler véritablement.

« À propos, ajouta-t-il par-dessus son épaule, M. Maddox dîne avec nous, ce soir. Il a pris l'osso buco. Vous le verrez sûrement, il est installé tout près de vos amis. »

4

LE JACQUES OCCUPAIT TOUT LE REZ-DE-CHAUSSÉE de la tourelle semi-circulaire située du côté est, à l'angle de Yew Street et d'Eagle Place. Le style minimaliste moderne de l'hôtel n'avait pas été étendu au restaurant ; de fait, il y avait même eu une tentative pour préserver ou restaurer son charme d'antan. Le plafond haut s'ornait de caissons quadrangulaires d'inspiration baroque, décorés chacun de motifs complexes mêlant fleurs et armoiries inconnues. Les murs étaient couverts d'un papier peint à fleurs de lys d'une teinte subtile, entre le gris argent et le beige, assortie à celle de la moquette et du linge de table, qui tirait cependant plus vers le rose. D'immenses miroirs bordés de dorures rococo étaient accrochés à intervalles réguliers, et au milieu de la pièce se dressait une petite fontaine de pierre surmontée de deux hippocampes. Le lustre français, qui dissimulait sa laideur sous un flot de lumière, semblait ce soir-là faire assaut de coquetterie pour flirter avec la scène en dessous. Dans l'ensemble, l'effet n'était pas déplaisant, en dépit de son côté artificiel.

La salle était presque pleine. Gabriel s'immobilisa sur le seuil, près de l'entrée du vestiaire et du pupitre derrière lequel Gleeson ou son chef de rang accueillait les clients. Au-delà des tables déployées en éventail devant lui, le bar s'enfonçait tel un gosier vers le ventre de l'hôtel. Les convives semblaient installés sur de petits manèges éclairés aux chandelles, le vin coulait à flots, aussi fluide que les déplacements des serveurs. L'espace réussissait à donner l'illusion à la fois de l'intimité et de la convivialité.

Quand Gabriel avança, un groupe de femmes – teint lustré, abondance de boucles et de velours, mains tavelées – posèrent leurs fourchettes en s'extasiant. Le chef était dans la salle ! Elles auraient voulu se l'approprier (pourquoi se contenter d'un repas quand on pouvait vivre une véritable expérience dînatoire ?) mais Gabe passa près d'elles sans un mot. Il repéra M. Maddox en train d'essuyer de la sauce sur son menton puis chercha du regard ses associés. Oui, c'étaient bien eux, Rolly et Fairweather, installés deux tables plus loin.

Le bourdonnement d'une centaine de conversations résonnait au-dessus de sa tête, exerçant sur lui une pression légère mais insistante qui l'amena à rentrer les épaules et à marcher plus vite.

« Ce doit être grisant, non ? lança Fairweather. Comme un acteur qui vient saluer sur scène.

— Est-ce qu'on pourrait faire vite ? répliqua Gabriel en s'asseyant à leur table. On avait prévu de se voir la semaine prochaine, non ?

— Il n'a pas répondu à ma question, déclara Rolly, qui pointa un gressin vers Fairweather. C'est toujours pareil avec les politiques ; ils ne répondent jamais à toutes ces fichues questions. »

Rawlins et Fairweather formaient un duo incongru : l'homme d'affaires aux grosses mains roses, en chemise à motifs cachemire, et l'homme politique en costume de Savile Row.

« Gabriel était en train de nous dire combien il trouve grisant de traverser son restaurant, affirma Fairweather en gratifiant ses compagnons d'un sourire radieux.

— Ma femme…, commença Rolly, qui secoua la tête. Ma femme s'imagine que si je laisse traîner mes chaussettes par terre, c'est une insulte personnelle à son encontre. » Ses bajoues tressautèrent. John Rawlins ne possédait rien de la bonhomie habituelle des gros. Il avait de petits yeux à l'expression dure, frangés de cils clairsemés, et il papillotait souvent comme s'il était désarçonné par la stupidité du monde. « C'est génétique, ajouta-t-il. Purement génétique. Les femmes sont capables de faire plusieurs choses en même temps. Pas les hommes. Il existe des preuves scientifiques de ce que j'avance. Ce n'est pas la peine qu'elles essaient de nous changer. L'évolution prend des milliers d'années.

— J'adore les documentaires d'histoire naturelle, enchaîna Fairweather. Ceux de David Attenborough ou les autres. » Il fit tourner son alliance.

Gabe surveillait M. Maddox dans l'espoir de croiser son regard.

« Il serait temps que les féministes admettent qu'elles se sont trompées de voie, vous ne croyez pas ? » La question de Rolly fut ponctuée par un bruit mouillé. Il y avait toujours quelque chose de liquide dans sa diction : un souffle sibilant, une bouillie de « t » et de « d », une abondance de salive déglutie bruyamment.

« Il me semble qu'elles sont passées au postféminisme, aujourd'hui, risqua Gabriel.

— Ah oui, renchérit Rolly. Prêtes à se trimballer les seins à l'air, mais toujours aussi casse-couilles, pas vrai ? »

Ils s'étaient rencontrés quelques années plus tôt à l'occasion d'une partie de pêche au saumon dans les Highlands – un séjour organisé et offert par un fournisseur. La seule eau que Rolly avait approchée, c'était celle du siphon au bar de l'hôtel. Il y avait eu une bagarre. Prenez un bel assortiment de purs malts, un bar ouvert toute la nuit, deux ou trois chefs de cuisine, et assaisonnez le tout d'insultes à votre convenance. Rolly avait aspergé d'eau gazeuse les excités comme on sépare des chiens qui se battent. Plus tard, il s'était installé dans la salle de billard en compagnie de Gabriel. Au-dessus de la cheminée trônait une tête de cerf à la ramure immense, aussi impressionnante que majestueuse, qui s'était toutefois révélée totalement impuissante devant le fusil du chasseur. « J'envisage d'ouvrir un restaurant à Londres dès que j'aurai trouvé un chef capable de se maîtriser », lui avait confié Rolly. Gabe avait contemplé le trophée de chasse aux yeux de verre imperturbables, puis il avait hoché la tête.

« Je serais assez d'accord avec Gabe, déclara Fairweather. D'un côté, on pourrait dire qu'on est assujettis à notre nature, mais qu'en est-il du viol, du pillage et tutti quanti ? Il me paraît difficile de défendre l'idée qu'on a été créés pour ça. Même chose pour l'infidélité : on est censés être programmés pour répandre notre semence à tout va – dans une perspective évolutionniste, bien sûr –, sauf que je ne vois pas trop comment faire avaler la pilule à ma femme. Ou à la tienne, Rolly. Non, il faut savoir prendre de la hauteur, parfois. En attendant, je comprends ce que tu voulais dire : on est différents mais égaux, c'est bien ça ? »

Les paupières nues de Rolly exécutèrent un rapide battement. « C'est bien que je disais : jamais un oui ou un non franc. »

Fairweather éclata de rire. Il avait un visage large et avenant auquel un teint vermeil conférait un petit air timide des plus touchants. « J'aimerais bien présenter un documentaire sur la nature. Oui, vous m'avez donné une idée. » Il se plongea dans ses réflexions pendant quelques instants puis repoussa sa mèche blonde comme s'il se préparait à affronter la caméra. « Le pouvoir dans le règne animal et le pouvoir en politique... Qu'est-ce qu'ils nous révèlent l'un sur l'autre ? Oui, je devrais le noter quelque part. »

Gabriel se demanda s'il fallait aller saluer M. Maddox. Mais ce dernier était en pleine conversation et lui-même ne voyait aucune raison valable de l'interrompre. À cet instant, l'interlocuteur du directeur général se leva et s'excusa. Gabe se composa aussitôt une mine de circonstance ; lorsque M. Maddox jetterait un coup d'œil autour de lui, ce qui ne manquerait pas d'arriver, il constaterait que son chef de cuisine était détendu, qu'il n'avait rien à cacher. Quand le grand homme contempla la salle, il se contenta de le traverser du regard avant de détourner la tête. Allons bon, songea Gabe, à quel jeu joue-t-il ?

« Nous sommes désolés de débarquer ainsi à l'improviste, disait Fairweather. N'est-ce pas, Rolly ?

Le gros homme d'affaires haussa les épaules. « Pas vraiment, non.

— Ce qu'il entend par là, c'est qu'on se sentait obligés de venir. De vous parler le plus vite possible, en d'autres termes, et comme vous travaillez tout le temps... » D'un geste vague, Fairweather indiqua le restaurant. « La montagne a dû aller à Mohammed, quoi. Oh, à propos, c'était divinement bon. »

Rolly se pencha vers Gabriel. Un tressaillement agita ses lèvres et il aspira bruyamment sa salive à travers ses dents de devant pour la ramener dans sa bouche. « On a entendu dire qu'un de vos employés était mort. Vous avez oublié de nous le signaler, il me semble. Simple omission de votre part, je présume ?

— Il se trouve que je l'ai appris par le journal. » Fairweather baissa la tête et se mit à tripoter son alliance. « C'est bien triste. Une vraie tragédie.

— Et qu'est-ce qui en est ressorti ? intervint Rawlins. Vous êtes mouillé d'une manière ou d'une autre ?

— Pas du tout, je n'ai rien à voir là-dedans, affirma Gabriel. J'aurais peut-être dû vous mettre au courant, c'est vrai, mais cela n'affecte absolument pas nos projets.

— Si je peux faire quelque chose, proposa Fairweather, comme si Gabe avait perdu un proche. N'importe quoi… »

Une serveuse s'approcha pour leur resservir de l'eau. Plutôt mignonne, dans le genre passe-partout : traits réguliers, écartement suffisant entre les yeux, le nez et la bouche… Fairweather porta la main à ses cheveux. « Je parie que vous n'êtes pas vraiment serveuse. Laissez-moi deviner : vous êtes une actrice entre deux engagements.

— Non, répliqua-t-elle en réagençant les différents éléments de la ménagère. Je veux devenir infirmière. » Elle s'attarda un moment et Fairweather en profita pour flirter, la taquinant sur les vampires quand il découvrit qu'elle venait de Roumanie, lui demandant si elle avait déjà acheté sa blouse blanche. La fille affecta une indulgence de bon aloi, yeux plissés et sourire pincé, mais lorsqu'elle s'éloigna de leur table Gabriel décela chez elle une beauté nouvelle – une transformation dont il attribua tout le mérite à Fairweather. Ce dernier possédait une aisance chaleureuse qui, si elle pouvait paraître suspecte de loin, se révélait irrésistible de près.

Les deux hommes avaient beau former un duo improbable, leur association n'en était pas moins efficace. Leurs ego n'entraient pas en conflit, au grand soulagement de Gabriel, car ils s'étaient manifestement développés dans des directions différentes. Cinq ans plus tôt, quand il avait essayé de monter une affaire avec un trio de restaurateurs expérimentés, ceux-ci lui avaient fait l'effet de trois furoncles s'irritant les uns les autres jusqu'au moment où ils avaient crevé, ne laissant subsister derrière eux qu'une grosse plaie suppurante. Il avait ensuite décidé de poursuivre seul l'aventure, pour découvrir rapidement qu'aucune banque n'était prête à avancer la somme nécessaire. Et s'il n'avait pas trouvé une source de financement privée, il aurait été obligé de se rabattre sur un quelconque boui-boui au nord de Watford. En l'occurrence, les économies qu'il avait réussi à amasser – environ soixante mille livres – iraient s'ajouter à la contribution de Rolly et de Fairweather, et il aurait enfin son nom au-dessus de la porte d'un beau restaurant du centre de Londres. Quand il reporta son attention sur ses investisseurs, Gabriel sentit sa gorge se nouer. C'est la chance de ma vie, songea-t-il.

À quarante-deux ans, il avait besoin de faire une pause. Au fond, il n'aurait jamais cru devoir attendre aussi longtemps pour avoir son nom au-dessus d'une porte. Mais bon, il s'était mis cette idée en tête quand il avait quoi, quinze ou seize ans, et que savait-il alors de la vie ? Oh, il en savait sans doute plus que son père, cantonné à la Rileys aussi sûrement qu'une navette dans un métier à tisser. Oui, il avait quinze ans lorsqu'il avait planifié sa carrière, et n'avait-il pas fait un sacré bout de chemin depuis ? Bon sang, il en avait des frissons rien que de penser à certains établissements dans lesquels il avait travaillé : le sadique de cette brasserie lyonnaise qui avait voulu lui enfoncer la tête dans une marmite de moules brûlantes, le maintenant si près des coquillages fumants que la peau de ses joues avait cloqué ; l'hôtel à Scarborough où il avait passé neuf mois, l'endroit le plus désolé de la terre, où le personnel et même les clients étaient sujets à de soudaines crises de larmes et où il partageait une chambre avec un sourd-muet, apprenti comme lui, qui vouait une passion au pelmanisme et au porno hardcore. D'accord, il n'avait pas d'expérience des trois étoiles ; passé seize ans, il n'en avait plus éprouvé ni le besoin ni l'envie. Petit, il avait eu le béguin pour la pâtisserie, réalisant des cages en sucre filé de soixante centimètres de haut et participant à des compétitions dans lesquelles il terminait toujours classé. Dieu merci, il s'était ressaisi à temps, évitant ainsi une condamnation à perpétuité dans un univers de glaçages roses et de souris en chocolat, où sévissaient la dépression et les troubles obsessionnels compulsifs en tout genre.

« Vous vous sentez bien ? s'enquit Fairweather.

— Des problèmes de digestion, peut-être, suggéra Rolly. Les chefs se nourrissent affreusement mal.

— Ah bon ? reprit Fairweather. C'est étonnant que personne n'ait pensé à réaliser un documentaire sur le sujet.

— Pour le site de Pimlico, c'est une affaire qui roule », reprit Rolly. Il vida un verre d'eau puis en remplit un autre de vin rouge, qu'il poussa vers Gabe. « Messieurs ? On porte un toast ?

— Pas ici, dit Gabe en coulant un regard vers M. Maddox, qui choisit ce moment pour le fixer droit dans les yeux.

— Prudence est mère de sûreté, observa Fairweather.

— Mon patron est juste derrière vous », expliqua Gabe. Il changea de position sur son siège.

« Je ne vois qu'un seul hic avec le site de Pimlico », reprit Rolly. Il agita une grosse paluche rose en direction de Fairweather. « Ce voyou, là, envisage d'abandonner Westminster. Je veux dire, quel intérêt de s'établir à Pimlico s'il n'est plus là pour nous amener tous ses copains du Parlement ? »

Je vais me faire virer, pensa Gabriel. Le restaurant ne verra jamais le jour. Fairweather va se raviser. Ou Rawlins. Ils vont tous les deux changer d'avis. Quarante-deux ans, et bien parti pour aller nulle part… Il saisit le verre de vin rouge et le vida d'un trait.

Fairweather éclata d'un rire à la résonance nasale. « Oh, j'aurai encore des amis. Je ne suis peut-être qu'un tout petit sous-secrétaire d'État, mais je ne crois pas qu'on m'oubliera de sitôt. Et puis, il est tout à fait possible que je me fasse de nouvelles connaissances. Nous autres, les voyous, on se lie facilement. »

Prenant sur lui, Gabe s'extirpa de l'avenir, qui semblait lui échapper, pour revenir à un présent sur lequel, pour autant qu'il le sache, il exerçait encore un certain contrôle. « Vous allez démissionner ? Vous ne voulez plus siéger au Parlement ?

— Je ne me représenterai pas, répondit Fairweather. Pour moi, la seule façon honorable de quitter la politique entre deux élections, c'est les pieds devant. »

Gabe chercha du regard un serveur. À sa grande satisfaction, il en vit aussitôt trois s'avancer vers lui. Il commanda un pomerol château-moulinet 1962 en précisant que c'était un cadeau de la maison.

« Charmante attention, observa Fairweather.

— Ça ne vous plaît plus ? reprit Gabriel. D'être parlementaire, je veux dire. »

Fairweather soupira. « C'est un tel privilège pour moi que de servir mes concitoyens... Mes collègues se plaignent toujours du nombre de dossiers envoyés par les électeurs, mais entre nous, si je peux aider quelqu'un à résoudre ses problèmes, même triviaux – et je ne nie pas qu'ils peuvent être parfois très, très triviaux –, je me sens comblé. » Un sourire mélancolique aux lèvres, il répéta : « Comblé, oui. Sans aucune doute. »

Rolly ricana. « Voisins trop bruyants ? Fuites dans les toits ? Sûr, je parie que tu t'éclates !

— Alors pourquoi renoncer ? s'obstina Gabriel. Je vous garantis que le restaurant ne...

— Oh, bien sûr, l'interrompit Fairweather. Non, ce n'est pas ça. Je ne doute pas que vous – Rolly et vous – serez parfaitement en mesure de faire tourner la boutique. En attendant, je reçois une foule de propositions de la part des médias, et malheureusement je ne peux pas y répondre. J'en ai accepté une ou deux, comme vous le savez peut-être, et il semblerait que j'aie ce... ce don, dirais-je, que j'ai découvert tout à fait par hasard. C'est assez incroyable, non ? Bref, j'ai le sentiment que je devrais explorer cette voie.

— Bah, quand on a du talent, ce serait dommage de le gâcher, commenta Rolly. Ah, voilà le vin !

— Il adore me taquiner, souligna Fairweather.

— C'est vrai que si vous avez un don..., commença Gabe.

— Une certaine facilité pour la communication, plutôt, rectifia Fairweather. Ou peut-être un peu plus. Quoi qu'il en soit, on dit toujours au ministère que les travailleurs se doivent d'être multicompétents, de nos jours. Je ne suis même pas sûr que le terme existe mais nous, on l'emploie quand même. Alors je vais mettre en pratique ce que je prêche. »

Yuri, pensa soudain Gabriel. Apparemment, Yuri était « multicompétent ».

La voix de Fairweather continuait de résonner – une voix faite pour les ondes, à la fois râpeuse et veloutée, rappelant la sensation du sable sous les doigts. « Et puis, il y aura le restaurant. Pour moi, c'est une autre façon de servir mes concitoyens en leur permettant d'égayer un peu leur quotidien. Franchement, peut-on rêver mieux que d'apporter du bonheur à son prochain ? C'est mon idée de la restauration, en tout cas. »

Il est toujours dans le coup, songea Gabriel, qui se détendit un peu. Il servit le vin.

« Excusez-moi », intervint une cliente en s'approchant de la table. Elle se pencha, amenant son décolleté au niveau des yeux de Gabriel. « Je voulais juste vous dire que nous nous sommes régalés ce soir. Merci beaucoup. »

Gabe détacha son regard de la vallée crevassée entre ses seins pour le diriger vers la région lisse, comme soigneusement repassée et amidonnée, des paupières et du front. Il lui demanda ce qu'elle avait choisi, si elle était venue célébrer une occasion spéciale et ajouta qu'il espérait les revoir bientôt, son mari et elle.

« *Splendido !* s'exclama Fairweather lorsque la femme se fut éloignée, rougissante. *Bravissimo !* Il faut qu'on vous envoie en salle le plus souvent possible pour lancer des offensives de charme. Les clients sont toujours ravis d'échanger quelques mots avec le chef, n'est-ce pas ?

— Oh, c'est grâce à la télé, observa Gabriel. Mais ils vont avoir besoin de moi en cuisine, alors si vous permettez…

— Ce ne serait pas très malin d'investir dans un restaurant dont le chef risque de se retrouver inculpé d'homicide sur son lieu de travail, déclara Rolly. Vous êtes sûr qu'il n'y a rien contre vous ? »

Un rire bref s'échappa des lèvres de Gabriel, qui s'adossa à sa chaise. « Vous feriez mieux d'oublier cette histoire. Personnellement, je n'y pense plus. C'est un regrettable accident, sans aucun doute, mais Yuri l'avait cherché : il buvait. En attendant, sa disparition n'aura aucune conséquence sur ma vie. Je vous en donne ma parole.

— Moi, ça me suffit, décréta Fairweather. Et pour toi, Rolly ? C'est bon ? »

Son compagnon commença par effectuer un bon rinçage de bouche. Gabe trouvait toujours étonnant que quelqu'un comme lui, qui semblait produire des flots de salive, ne postillonne pas partout quand il prenait la parole. « Le Jacques tourne bien, Gabriel ? Comment se porte le chiffre d'affaires ?

— Au début, c'était chaotique. » Gabe haussa les épaules. Rolly ressemblait un peu à un clown. Quand il ne parlait pas finance, en général il racontait des conneries, mais dans ce domaine, ainsi qu'il l'avait prouvé à maintes reprises, c'était tout sauf un idiot. Avec lui, on en revenait toujours au chiffre d'affaires. « En gros, on atteint un taux d'occupation de soixante-dix pour cent. Avant, les milieux de semaine étaient mortels pour le restaurant, et maintenant, comme vous pouvez le constater... Quoi qu'il en soit, je vous propose d'analyser les chiffres quand on se réunira. J'ai d'autres prévisions à voir avec vous, mais là, je dois vraiment retourner en cuisine surveiller les opérations.

— Allez-y », lança Fairweather. L'alcool avait accentué la rougeur de ses joues, lui conférant une mine resplendissante de santé, comme s'il s'était accordé une promenade revigorante plutôt qu'une généreuse quantité de vin. « On ne voudrait surtout pas vous retarder, mais dites-nous juste une chose : verriez-vous un inconvénient à ce qu'on organise une semaine à thème au moment de l'ouverture ? Les parlementaires aiment bien. Je peux vous garantir qu'on fera salle comble. »

Gabriel plaça ses avant-bras sur la table comme pour assurer fermement sa position. « Cuisine française traditionnelle, des plats classiques exécutés avec précision, rehaussés d'une pointe de modernité pour les mettre au goût du jour. Croyez-moi, à Londres aujourd'hui, ça pourrait être un thème. Pour un plat exotique accompagné d'une sauce mexicaine, il suffit d'aller au coin de la rue. Pour un bon steak béarnaise, il faut aller à l'autre bout de la terre.

— Oh, je sais, reconnut Fairweather. On en a déjà longuement discuté. Voilà pourquoi on sera pleins à craquer tous les soirs. La précision n'existe plus nulle part aujourd'hui. Entre nous, c'est pareil en politique : beaucoup de baratin – de balivernes, comme disait mon père –, beaucoup d'à-peu-près.

— À propos, intervint Rolly, au cas où vous vous languiriez secrètement des étoiles Michelin, je vous le dis tout de suite, laissez tomber. Vous les décrochez, tant mieux, ce sera payant. Mais si elles vous passent sous le nez… Tout ça, c'est un jeu de dupes. Et c'est aussi un bon moyen de finir fauché.

— Ça ne m'intéresse pas, affirma Gabriel. Ça ne m'a jamais intéressé. » Il jeta un coup d'œil à la fenêtre à triple arcade de l'autre côté de la salle. Les rideaux ouverts – des flots de tissu argenté artistement drapés – encadraient la nuit au-delà. Les silhouettes indistinctes des passants défilaient derrière la vitre. Les lumières brouillaient les couleurs dans la rue mais n'éclairaient pratiquement rien.

« Parce que si vous l'êtes… », reprit Rolly.

Gabriel se concentra sur le murmure caressant de la fontaine et le cliquetis des couverts alentour. Il fallait empêcher Rolly de poursuivre dans cette voie, ce qui ne lui paraissait pas très difficile. « Pour finir comme Loiseau ?

— Qui ? demanda Fairweather. Ah oui, je me rappelle… Le chef étoilé qui s'est suicidé ? Il avait peur de perdre une étoile, il me semble.

— Et Besson a eu une crise cardiaque quand on lui en a enlevé une, ajouta Gabriel.

— Mince.

— Senderens, lui, l'a jouée fine : il les a rendues. Il veut renouer avec la cuisine, la vraie, remettre littéralement la main à la pâte. » Gabriel scruta les petits yeux ronds de Rolly. « Pourquoi confier à d'autres la responsabilité de son art – de sa vie – quand on peut l'assumer soi-même ? »

Fairweather se frotta les mains lorsque les desserts arrivèrent. « *Bravissimo !* Oh, juste un détail : vous devriez investir dans des fleurs fraîches. Le plastique, c'est un peu… vous voyez ce que je veux dire. »

Sur le trajet vers les cuisines, Gabe s'arrêta pour parler à M. Maddox, resté seul devant un espresso et des mignardises. « Tout s'est bien passé ? »

Le directeur général prit son temps pour répondre, lui offrant ainsi une petite démonstration de pouvoir. Il contempla ostensiblement Rolly et Fairweather puis balaya du regard la salle. « Il y a un homme et une femme assis derrière moi – non, ne vous retournez pas, ils logent à l'hôtel. À mon avis c'est son patron, et ce que sa légitime ignore ne peut pas lui faire de mal, vous me suivez ? La table d'à côté est occupée par un tandem de la City, et ces piailleuses là-bas sont venues de l'Essex pour une virée shopping en ville. » Gabe étudiait la physionomie de son interlocuteur à la recherche d'un indice révélateur. M. Maddox avait le front bas et lourd, comme chargé du poids de l'autorité. Bien qu'elles n'aient strictement rien de généreux, ses lèvres étaient étonnamment pleines et rouges. Quant à ses yeux, ils paraissaient presque caverneux sous la masse du front. Ces mêmes traits étaient susceptibles de s'agencer et de se réagencer à volonté afin d'offrir une certaine image à un client et une autre à un employé qui avait failli à sa tâche. Le processus de transformation demeurait cependant mystérieux, et Gabe eut beau se concentrer sur les mouvements de la bouche, il ne put rien deviner. « Les effigies de cire à six heures, disait M. Maddox. Je parie pour leur quarantième anniversaire de mariage. On sert le pouvoir d'achat gay, là-bas, près de la fontaine, Soho vient tout juste de se réveiller. Quoi d'autre ? Des dames qui dînent, des jeunes cadres dynamiques à l'eau minérale, dont beaucoup suivent le programme de désintox en douze étapes… Je pourrais continuer encore longtemps comme ça. Ce que je voulais dire, chef… » Il marqua une pause et se gratta l'intérieur du poignet à l'endroit où le tatouage avait été effacé. « Bref, ce que je voulais dire, c'est que dans un établissement de ce genre, il faut satisfaire tous les goûts, et manifestement vous y êtes parvenu. Bon, qu'est-ce que vous attendez ? Je ne vais pas vous tailler une pipe, mon vieux, pour ça vous n'avez qu'à retourner en cuisine ! »

Le remplaçant de Yuri était descendu dans les catacombes où il faisait fonctionner le compacteur de déchets. Tous les autres étaient rentrés chez eux. Gabe tapa son mot de passe pour accéder à ses dossiers personnels, cliqua afin d'ouvrir le tableur et pianota sur le bureau durant les quelques secondes nécessaires au démarrage du programme. Il détourna les yeux. Vues de son cagibi, les cuisines désertes avaient plus que jamais un aspect désolé, comme si elles avaient été abandonnées pour de bon. Même le gril d'Ivan, son cercle de feu désormais réduit à des surfaces ternes et des trous béants, semblait pitoyable, aussi inutile que les rangées de cuisinières et de frigos qu'on peut voir dans n'importe quelle déchetterie.

Gabriel se plongea dans ses analyses. Il modifia une des hypothèses, celle concernant les coûts de personnel, et vit le résultat apparaître presque instantanément sur la dernière ligne. Il diminua de dix pour cent les achats de crèmerie en se disant qu'il pourrait sans doute négocier un bon tarif avec les fournisseurs pour sa nouvelle affaire. Dans la foulée, il passa en revue tous les produits, réalisant d'éventuelles économies qui, à sa grande satisfaction, faisaient augmenter la marge brute. S'il majorait le chiffre d'affaires moyen par couvert – aucun doute, il s'était montré trop prudent sur ce point –, il aurait peut-être la possibilité de réaliser un profit net avant la fin de la première année. Penché sur sa chaise, il chercha de nouveaux angles d'attaque. L'ordinateur ronronna, les nombres capitulèrent, et Gabriel poursuivit l'offensive jusqu'au moment où il en arriva aux coûts fixes. Il ne s'arrêta pas pour autant ; il avait trop envie de continuer. Il réduisit le loyer mensuel, ainsi que les frais de gaz et d'électricité, juste pour le plaisir de voir les données réagir.

Enfin, il s'écarta du bureau en se frottant les yeux. Il était temps de partir. Il s'approcha de l'écran pour ramener les coûts fixes à leurs niveaux précédents. Puis il procéda à un nouvel ajustement concernant les prévisions de vente d'alcool. Rien qu'en les augmentant modestement de vingt unités par jour, l'effet était spectaculaire. C'était tellement grisant de jouer ainsi avec les divers facteurs ! Pour obtenir *x*, il suffisait de taper *y*. N'était-ce pas étonnant, cette facilité avec laquelle on pouvait perdre tout lien avec la réalité au cours d'une journée ordinaire ?

Bon, il ne ferait rien de plus ce soir, alors autant rentrer se coucher. Il gratta, ou plutôt caressa, sa minuscule tonsure. Se voyait-elle déjà ou ses cheveux étaient-ils suffisamment épais et indisciplinés pour la recouvrir ? Charlie ne l'avait jamais mentionnée, mais c'était typique de sa part. Quoique… Non, telle qu'il la connaissait, elle aurait vraisemblablement dit quelque chose si elle l'avait remarquée – pour le taquiner, ou pour en minimiser l'importance, ou juste pour… Il ne parvenait plus à penser, à envisager les éventuelles réactions de Charlie. Il était vraiment vanné, il fallait qu'il dorme.

Dès le lendemain, il devrait entre autres réfléchir au moyen de se débarrasser d'Oona. Au moins par égard pour le chef qui lui succéderait. Oh, il n'avait rien contre elle au niveau personnel, d'autant qu'elle ne rechignait jamais à exécuter ses ordres. Mais même lorsqu'elle se conformait exactement à ce qu'il lui demandait, il y avait toujours en elle quelque chose de terriblement... – quoi ?... – statique... Même quand elle s'affairait en cuisine, elle semblait toujours clouée sur place.

Il lui était arrivé à plusieurs reprises de remplacer un absent parmi les employés de la cantine, et elle ne paraissait jamais aussi heureuse qu'en ces moments où elle accommodait les restes en curry et servait d'énormes portions de riz aux haricots rouges. Sa maîtrise de la cuisine était rudimentaire, limitée, elle n'y mettait ni imagination ni ferveur.

Gabriel regarda ses mains. Calleuses, sillonnées de cicatrices, elles avaient tout des mains d'un chef de cuisine, et pourtant leur vue ne le rassura pas. Était-il si différent d'Oona, au fond ? Avait-il perdu l'amour de l'art ? C'était à cause de tous ces chiffres et de tous ces formulaires, des réunions, des procédures de sécurité sanitaire, des problèmes de personnel, des innombrables e-mails... Pas étonnant que le feu de la passion faiblisse de temps en temps ! Une érection en pleine tempête de grêle serait plus facile à conserver. Cuisine française traditionnelle, rehaussée d'une pointe de modernité, exécutée avec précision. Rien qu'une succession de formules creuses, éculées.

L'alternative ? Une poignée de ceci, une pincée de cela, selon l'humeur du moment, allons-y gaiement, et pourquoi pas ajouter quelques herbes, et aussi des piments, soyons fous, et voilà, le tour est joué... Oh, bien sûr, fondamentalement, il aimait toujours ça. Oui, il serait capable d'y apporter de la précision, d'offrir de la qualité. Il avait déjà la main des années plus tôt, à l'époque du Jarvis, et il ne l'avait pas perdue.

Bogie, Darren et les autres commis avaient l'habitude de sortir et de se cuiter sept jours par semaine quand lui-même restait tard en cuisine pour perfectionner ses soufflés ou s'entraîner à la cuisson des steaks. L'étendue de leurs lectures allait de *Penthouse* à *Hustler* alors qu'il peinait sur *Le Guide culinaire* et le *Grand Larousse de la gastromie*. Ils en savaient à peu près autant sur la science culinaire que sur les filles. Pour Gabe aussi les filles demeuraient (littéralement) impénétrables, mais il n'ignorait rien des polysaccharides, des protéines, du collagène, de l'amidon, ou de la gélatine.

Oh, il en avait appris des choses, même s'il en avait oublié plus que la majorité d'entre eux n'en sauraient jamais. Et s'il n'avait à déplorer aujourd'hui qu'un léger déclin de la passion alors, bon sang, il s'en tirait bien. La réalité quotidienne finissait par l'emporter, c'était inévitable ; après tout, on ne pouvait pas ciseler des feuilles de basilic toute la journée en roucoulant de plaisir. Il n'avait pas de dettes, ne buvait pas d'alcool, ne prenait pas de drogues, ne se gavait pas à longueur de journée de sandwichs au sucre arrosés de coca ; et il avait réussi à mener sa barque jusque-là sans faire l'expérience de la faillite, de l'infarctus, du divorce ou de la crise psychotique. Franchement, s'il regardait autour de lui (et comment résister à la tentation ?), il pouvait s'estimer satisfait de son sort.

Le temps d'éteindre son ordinateur, et il se prépara enfin à partir.

Il traversa l'aire de livraison pour prendre la sortie de service. La compétition pour les taxis serait moins rude de ce côté-là, ce qui n'était pas négligeable à une heure aussi tardive. Le froid lui cisailla les narines ; c'était toujours un choc après une journée passée dans une chaleur suffocante. Quand il toussa, sa gorge le brûla, et il se demanda s'il n'avait pas attrapé un rhume. Alors qu'il longeait la guérite d'Ernie, il vit une silhouette s'écarter du mur. Il ne s'en étonna pas. Au contraire, il lui parut presque naturel de l'avoir fait apparaître.

Lena avait les mains enfoncées dans les poches de son manteau, un fin trench bleu marine. Elle frissonna tout en posant sur Gabriel un regard indifférent, comme si elle s'apprêtait à poursuivre son chemin.

« Encore vous. » Gabe eut du mal à reconnaître le son de sa propre voix. La fille, baignée par l'éclairage au sodium d'un lampadaire, semblait flotter dans le cercle de lumière orange.

« Oui. » Le sac de sport qu'elle avait passé en bandoulière glissa de son épaule. Elle en remonta la bride.

« Je rentre chez moi, expliqua Gabe, la gorge de plus en plus douloureuse. Qu'est-ce que vous faites ici ? »

Elle redressa la tête sans répondre. L'ombre lui dissimulait les yeux.

« Il est très tard, ajouta-t-il bêtement. Est-ce que… est-ce que vous savez où aller ? » Il se doutait bien qu'elle était venue pour lui, même s'il n'osait encore y croire.

« Je vais porter votre sac », proposa-t-il. Il esquissa un pas dans sa direction. Constatant qu'elle ne bougeait pas, il avança encore. Il s'approcha d'elle petit à petit, comme s'il avait affaire à un animal sauvage. « Là, tout va bien. Pas de problème, vous pouvez loger chez moi. »

5

LENA FIT LE TOUR DU SALON comme si elle cherchait une issue. Elle laissa traîner sa main sur une étagère, renversa une bougie et la remit d'aplomb. Elle saisit ensuite une photo de Charlie à laquelle elle jeta un rapide coup d'œil avant de la reposer. Puis, immobile près de la grande fenêtre nue, se tordant les mains, elle fixa la porte d'un regard totalement vide.

« Thé, café, chocolat, vodka ? », proposa Gabriel.

Elle reporta son attention sur la vitre. Ses cheveux noués en queue-de-cheval étaient gras et ternes. Deux grosses créoles en or lui étiraient les lobes, et une rangée de petits clous perçaient le cartilage de son oreille gauche. Les tendons de son cou saillaient telles deux cordes épaisses.

Elle secoua la tête.

« Vous avez froid ? Je peux allumer le radiateur, si vous voulez... » Lui-même grelottait. Il dut se mordre la lèvre pour empêcher ses dents de claquer.

Lena se mit à arpenter la pièce. Elle portait des chaussures en cuir verni noir ornées d'une boucle dorée et dont les talons plats tapaient un message saccadé sur le plancher de chêne clair.

« On n'est pas obligés de parler, reprit Gabriel. Vous n'êtes pas tenue de me donner la moindre explication. » Après tout, si le collant lui appartenait, si elle avait réellement logé à la cave avec Yuri, si elle se retrouvait désormais privée de toit et de travail, elle ne savait probablement pas par où commencer.

« De toute façon, il est tard, ajouta-t-il. C'est l'heure d'aller se coucher. » Sa gorge lui faisait mal quand il avalait. Il couvait quelque chose. Avait-il trop chaud ou trop froid ? Durant quelques instants, il ferma les yeux.

Il se revit dans le taxi qui traversait le pont de Vauxhall, observant derrière la vitre l'Œil de Londres, Saint-Paul et tous les autres joyaux disséminés sur fond de ciel violet velouté, en même temps qu'il avait conscience de la main de Lena pas très loin de la sienne, de son odeur mouillée presque imperceptible, de sa propre incapacité à la regarder ne serait-ce qu'une fois.

« Vous voulez sexe, pas de problème », dit-elle soudain.

Gabriel ouvrit les yeux. « Non, répondit-il. Quoi ? Euh, non. » Il secoua la tête.

Lena haussa les épaules. Son décolleté révélait les os pointus de sa clavicule et à peine plus que l'esquisse d'une ébauche de seins. Elle s'arrêta devant le poste de télévision puis se tourna vers lui. « Pas de problème, répéta-t-elle. On le fait, d'accord, maintenant si vous avez envie. »

De nouveau, il secoua la tête, les yeux fixés sur la petite silhouette squelettique de la jeune femme. Il avait du mal à l'imaginer capable d'énoncer de tels propos, et il se sentait atterré. Oh oui, il avait désespérément envie de sexe. « Non, non, ce n'est pas pour ça que… » Il se frotta le visage. « Écoutez, vous ne me connaissez pas, mais si vous pensez que… ce n'est pas mon genre, je vous assure. Pas du tout.

— OK.

— Vous ne me croyez pas ? Je ne vous ai pas amenée ici pour... vous avez dit que n'aviez nulle part où aller.

— OK.

— Bon Dieu.

— OK. »

Gabriel se leva. Il avait incontestablement la gorge irritée et un bon mal de tête. Quelle folie de vouloir aider cette fille ! Elle n'avait qu'à passer la nuit sur le canapé, et ensuite elle partirait. « Je vais prendre de l'aspirine et vous chercher un édredon, déclara-t-il. Vous pouvez dormir ici. Bien. Vous avez besoin d'autre chose ? Vous avez froid ? Je peux vous prêter un pull, si vous voulez. »

Il se rendit directement à la cuisine, saisit le collant sur le plan de travail et le jeta à la poubelle. Dans la salle de bains, il avala deux comprimés d'aspirine, rangea le flacon, le ressortit et en avala deux autres. Dans la chambre, il ouvrit les tiroirs et les referma jusqu'au moment où il se rappela qu'il cherchait un pull pour Lena ; alors il attrapa le premier qui lui tombait sous la main.

La jeune femme regardait la télé dans le noir. Elle avait enlevé ses chaussures, posé ses pieds sur le canapé et ramené ses genoux contre elle. Gabe lui tendit le pull. Elle le prit sans un mot puis l'étala sur ses jambes.

Il aurait donné cher pour être déjà au lendemain, pour pouvoir la chasser de son appartement et de sa vie. Elle n'était pas du tout attirante. Elle se montrait hostile. Qu'est-ce qui n'allait pas chez cette fille ? Elle proposait d'emblée son corps mais ne se fendait même pas d'un merci.

Bon, il allait lui apporter un édredon et un oreiller, et il la laisserait se débrouiller. Il avait voulu se montrer charitable et elle n'avait fait que lui renvoyer ses efforts à la figure.

Il s'assit sur le canapé à côté d'elle en veillant à laisser un maximum de distance entre eux.

Sur l'écran, une chaîne câblée diffusait un film des années quarante ennuyeux au possible. *Mon Dieu, comment peux-tu me demander ça ?* La femme arborait une chemise de nuit vaporeuse couleur chair alors qu'apparemment l'action se déroulait en plein jour. L'homme était en smoking. Par la porte-fenêtre ouverte, on apercevait une piscine en forme d'organe interne ; la façon dont elle scintillait conférait un aspect factice à la scène tout entière.

Gabriel se concentra de nouveau sur Lena. Il allait la soumettre à un interrogatoire bref mais approfondi au sujet de Yuri. Après tout, c'était bien pour ça qu'il l'avait fait venir, non ? Il n'avait aucune responsabilité envers elle. Si elle se retrouvait sans travail, elle ne pouvait s'en prendre qu'à elle-même ; Oona n'avait pas pu la renvoyer, pour la bonne raison qu'elle ne l'avait pas revue.

La jeune femme regardait toujours la télé, le pull formant une sorte de tente sur ses genoux. Les lueurs de l'écran se reflétaient sur son visage, dont elles déformaient les angles. Elle avait un nez de félin, petit et court, de hauts sourcils fins et une bouche pareille à une cicatrice pâle. Gabe n'aurait su dire si elle était jolie ou non ; difficile de se prononcer. Quand elle tourna la tête vers lui, il distingua ses yeux, plus foncés que dans son souvenir, d'un bleu rendu lumineux par le flamboiement du poste.

« Lena ? » Le prénom échappé des lèvres de Gabe résonna tel un soupir. Il s'éclaircit la gorge. « D'où êtes-vous originaire ?

— Originaire », répéta-t-elle d'une voix neutre, comme si c'était sa réponse. À aucun moment elle n'avait détaché son regard de l'écran.

« De quel pays ? »

À la télé, l'homme éclata d'un rire paternel puis embrassa la femme dans le cou. Il était deux fois plus vieux qu'elle.

« Biélorussie », dit enfin Lena.

Ne sachant comment relancer la conversation, Gabe lui jeta un coup d'œil. « Ah. C'est comment ? »

Elle tordit ses lèvres en une expression de mépris pour le pays tout entier, ou peut-être juste pour Gabriel.

Il renouvela sa tentative. « De quelle ville ? »

Elle l'ignora, se bornant à ôter les peluches du pull, dont elle tira un fil ou deux.

« Vous êtes à Londres depuis combien de temps ? »

Cette fois, Lena posa son menton sur ses genoux. Même si elles étaient en or, ses boucles d'oreilles ne faisaient qu'accentuer l'impression de pauvreté émanant d'elle. Ses orteils étaient recroquevillés sur la bordure glissante du canapé, et Gabe la devinait tendue comme un arc pour pouvoir maintenir cette position qui se voulait nonchalante.

« Vous viviez à la cave avec Yuri, c'est ça ? »

Quand je pense à ce fichu sac d'embrouilles avec M. Hammond ! Si seulement il y avait un moyen de tout clarifier ! Tu comprends, lorsque j'ai surpris Celia ce jour-là, alors que Bobby était censé… Sur l'écran, la femme allait et venait dans un bruissement de tissu. Vas-y, continue, l'encouragea Gabe, désireux malgré lui de découvrir ce que Bobby était censé avoir fait.

Bon, ça suffit, décida-t-il. « J'ai dit, est-ce que vous…

— Mazyr. Ma ville. Mazyr. » La voix de Lena manquait singulièrement de cette force capable d'insuffler la vie aux mots. Ceux qui avaient glissé de ses lèvres étaient mort-nés.

Gabriel appuya sa tête contre le dossier du canapé et contempla le plafond en souhaitant qu'elle parle de nouveau. Comment pourrait-il l'y inciter ?

La femme de la télé n'en finissait plus babiller. Elle expliquait tout, démêlait le « fichu sac d'embrouilles ».

Au moment où Gabriel se redressait, l'homme en smoking traversa la pièce d'un pas déterminé pour rejoindre l'ottomane où la fille s'était jetée.

Lena gloussa, manifestement réjouie par le dénouement heureux.

« Mouais, fit Gabriel, on se demande bien ce qui peut pousser les gens à regarder des films aussi cons, pas vrai ? »

Elle changea de position, s'assit correctement et croisa les jambes. Le regard de biais qu'elle lui coula pouvait paraître espiègle, mais lorsqu'elle reprit la parole ce fut d'un ton irrité : « Moi, je trouve bien, ce film. J'aime.

— Comment...

— Vous dites vous posez pas des questions, l'interrompit-elle, accélérant son débit sous l'effet de la colère. Mais vous faites que ça : demander, demander, demander. » Elle avait les ongles dans un état déplorable, constata Gabriel, rongés jusqu'au sang. « Vous êtes flic ? Je vous pose des questions, moi ? Non. »

Elle n'était pas franchement en position d'en poser. Elle en avait cependant formulé une. « Allez-y, répliqua-t-il. Demandez-moi tout ce que vous voulez. »

Lena haussa les épaules en un mouvement qui s'apparentait à un tressaillement, comme si elle éprouvait une profonde répugnance à l'idée d'apprendre quoi que ce soit au sujet de son hôte. « C'est quoi, votre nom ?

— Gabriel.

— Comme l'ange ?

— Oui. » Ce serait plus simple, maintenant. Le dialogue pourrait s'instaurer. Jusque-là, pourquoi aurait-elle accepté de lui parler ? Elle ne connaissait même pas son nom.

« Vous originaire d'où ? reprit-elle en s'appliquant à prononcer le mot.

— Une petite ville dans le nord du pays. Blantwistle.

— Ah, c'est comment ? » Son intonation n'exprimait pas le moindre intérêt. Elle se contentait de lui retourner ses questions.

Je vais lui dire, pensa Gabriel. Je vais lui dire comment c'est.

Il attrapa la télécommande sur la table basse. « D'après mon père, c'est… bah, aucune importance. C'est petit. C'est, enfin, c'était une ville industrielle…

— Et lui, il est comment ?

— Papa ? Je ne sais pas. Normal, je dirais… Ordinaire, quoi. » Gabe éteignit le poste. Si la pièce lui avait paru sombre jusque-là, il se trompait : à présent, l'obscurité était presque totale, à peine atténuée par la lumière du couloir et le miroitement fantomatique des vitres. La table basse blanche aussi dégageait une faible luminescence ; les autres meubles épaississaient l'ombre par endroits, et Lena, enveloppée de noir, semblait désincarnée – juste une petite tache claire flottant dans la pièce.

« Mon père… », reprit-il. Il avait envie de se confier à elle. Mais pour lui dire quoi ? Pourquoi était-elle venue à lui, d'abord ? Et était-elle seulement venue à lui ? Ils avaient échangé un regard dans les catacombes, d'accord ; et alors ? Quelle importance accorder à cet échange ? Quelle signification lui attribuer ? L'avait-elle regardé comme il se l'imaginait ? Ils ne s'étaient vus qu'une seconde ou deux, et il avait inventé la suite, il venait de la fabriquer de toutes pièces, là, ce soir, parce qu'il se sentait… seul, peut-être ? Souffrait-il déjà de solitude avant de la rencontrer ou était-ce elle qui l'avait mis dans cet état ? Non, ça n'avait pas de sens. Il était fiévreux, il ne parvenait plus à raisonner. Il allait reprendre de l'aspirine. « Mon père, recommença-t-il, est un peu installé dans ses habitudes. Bon, à son âge, ce n'est guère étonnant. Sauf que lui, il a toujours été comme ça. Il sait ce qu'il aime et il aime ce qu'il sait. Comme beaucoup d'hommes, vous me direz, surtout à Blantwistle, ha, ha, peut-être dans votre ville aussi. Attachés aux mêmes endroits, aux mêmes rues, aux mêmes amis, au même boulot… » Il prêtait à peine attention aux propos qu'il tenait ; le plus important pour lui, c'était de continuer à aligner les mots. « Alors évidemment, il ne peut pas comprendre la vie qu'on mène, vous et moi, à toujours courir après… enfin, je… je ne voulais pas dire qu'on est pareils, remarquez, juste que si on veut s'en sortir aujourd'hui… Excusez-moi, je ne suis pas bien. » Il se pencha en avant, la tête dans les mains, et relâcha son souffle. Qu'est-ce qu'il lui prenait de divaguer comme ça ?

Lena se leva et alluma une lampe. Elle passa un doigt sur l'abat-jour. « Je reste ici deux, trois jours, je fais ménage pour vous. OK ?

— Vous n'avez pas à faire le ménage », répondit Gabriel. Il était secoué de spasmes comme s'il venait d'avoir une crise de larmes. Cette fille n'était qu'une immigrée employée à la plonge. Une immigrée clandestine, vraisemblablement, puisqu'elle ne voulait pas avoir affaire à la police. « Il faut que je vous parle de Yuri. »

Elle prit un air renfrogné.

« C'est moi ou la police, décréta-t-il.

— J'ai fait rien. C'est ma faute s'il boit ? » Le bout de son nez avait rougi.

L'embarras manifeste de Lena lui rendit des forces. « Racontez-moi ce qui s'est passé.

— Yuri, il devait prendre douche. Il a mis longtemps mais moi je pensais rien. J'ai dormi. Quand j'ai réveillé… » Elle se mordit la lèvre. « C'était un homme bon, Yuri. Si j'avais pu aider… sauf que c'était pas possible. » Elle se tordit les doigts si loin en arrière qu'il eut mal pour elle.

« Alors vous vous êtes enfuie ? Pourquoi ? »

Lena grimaça.

« Mais vous viviez bien au sous-sol avec lui ? » insista Gabe.

Le son échappé des lèvres de la jeune femme aurait pu être un « oui » aussi bien qu'un « non ».

« Pourquoi êtes-vous revenue ce jour-là ? »

Elle souleva ses épaules étroites jusqu'à ses oreilles puis les laissa retomber.

« Ce n'est pas une réponse, ça », déclara Gabe. Il se redressa. « Oh non, ce n'est pas une réponse. » Elle se recroquevilla comme si elle avait peur de lui. C'était cruel mais il s'en fichait. « Allez, crachez le morceau.

— L'argent. J'ai laissé l'argent. Un peu, que j'avais mis de côté.

— Et alors ? Vous l'avez récupéré ? demanda Gabriel sans trop savoir dans quelle direction orienter l'interrogatoire.

— Comment ? rétorqua Lena, les yeux lançant des éclairs dans son petit visage crispé. Comment ? Moi je vais là-bas, et vous y êtes ! »

D'où le regard qu'elle avait posé sur lui… Il était là, il s'interposait entre elle et son but. Sous le choc causé par cette révélation, Gabe éclata de rire. Elle paraissait au bord des larmes mais il ne pouvait plus s'arrêter ; il avait beau le déplorer, c'était plus fort que lui.

Il lui arrangea un lit sur le canapé. Elle s'était assise au bord de la chaise longue, sa silhouette filiforme pareille à une ombre qui se serait glissée sous la porte. Gabe fit gonfler l'oreiller. « Voilà, déclara-t-il. C'est prêt. » Il s'était exprimé d'un ton brusque mais la vue de la jeune femme le remplit de pitié. Elle avait l'air terriblement seule.

« Lena ? Dites-moi où vous avez caché l'argent. J'irai le chercher pour vous. »

Elle sursauta comme s'il avait suggéré de la dévaliser, puis tenta de sourire. « Le mur du fond, en bas, vous comptez briques à partir du coin, quatre à droite, sept en haut. Celle-là, elle bouge. » Elle s'approcha et lui posa une main sur le torse. « Vous êtes un homme bon. »

Enfin, songea Gabriel, elle commençait à comprendre. « Je vous amenée ici uniquement parce que je voulais vous aider. Je ne sais pas ce que vous imaginiez, mais je n'avais pas d'autre idée en tête. »

Elle lui tapota doucement la poitrine avant de scruter son visage et de sonder ses yeux. Sans doute trouva-t-elle ce qu'elle cherchait, car elle s'écarta brusquement.

Gabriel patienta dans la chambre jusqu'à ce que Lena eût tiré la chasse d'eau puis ouvert et refermé la porte de la salle de bains. Lorsqu'il passa devant le salon, elle se déshabillait près de la lampe, dos au couloir. Il la contempla quelques secondes, concentrant toute sa capacité de compassion sur la vision pathétique de sa colonne vertébrale saillante.

Une fois dans la salle de bains, il se campa devant le miroir en pied. Ses yeux étaient injectés de sang, ses cheveux hirsutes, ses joues et son menton ombrés par une barbe naissante. Il essaya de se voir à travers les yeux de Lena. Il avait beau s'être changé après le service, avoir remis son jean et son pull, quelque chose trahissait le cuisinier en lui, sans qu'il puisse définir quoi au juste. La glace lui renvoyait l'image d'un homme grand, large d'épaules, carré de mâchoire – un homme qui paraissait résolu à écarter de son chemin n'importe quel obstacle. Peut-être avait-il eu tort de brusquer ainsi Lena ; il aurait dû lui accorder plus de temps. Après tout, les explications qu'elle pourrait donner ne changeraient rien à la destinée de Yuri ; ce n'était qu'une formalité, et dans ces conditions il comprenait qu'elle veuille éviter un entretien avec la police.

Bon, il allait l'aider parce qu'il avait pitié d'elle, même si – Yuri mis à part – son histoire lui était familière et qu'il savait préférable de garder ses distances. Oh, il veillerait à ne pas s'impliquer… Il récupérerait l'argent qu'elle avait mentionné, donnerait peut-être quelques coups de fil, lui obtiendrait une place quelque part d'ici un jour ou deux, et ensuite elle vivrait sa vie. Mais si on apprenait qu'il s'en était mêlé alors que la police, officiellement, la recherchait toujours, quelles seraient les conséquences pour lui ? Il joignit les mains au-dessus de sa tête, appuya son front contre le miroir et regarda son souffle l'embuer.

Charlie saurait quoi faire, elle. Il allait l'appeler. Elle insisterait pour porter assistance à Lena. Si seulement elle était là ! Il aurait voulu s'enfouir en elle, lâcher prise, s'allonger à son côté et ne plus voir que le creux de sa gorge…

Il s'aspergea le visage d'eau, prit sa brosse à dents et se demanda si Lena s'en était servie. Lena, sa bonne action. Il se passa les doigts dans les cheveux, repoussant quelques mèches égarées devant ses yeux. D'où lui venait cette idée qu'il ressemblait à un chef de cuisine ? C'était bizarre. S'il avait fait toute sa carrière dans un bureau, aurait-il une allure différente aujourd'hui ?

Il n'arrivait pas à dormir et il était en nage. Il jeta un coup d'œil au radiateur bas en fonte logé sous la fenêtre de la chambre. Était-il toujours allumé ? Non, bien sûr que non. À l'école, au moment de la récréation, il s'asseyait souvent près de Michael Harrison sur un radiateur semblable. « Hé, viens voir, viens voir ! piaillait Michael quand une fille arrivait. Non, plus près, j'voudrais t'dire un truc. » Il attendait ensuite qu'elle se soit suffisamment approchée pour ajouter : « Gabe te filera une pièce si tu le laisses te passer une main. » À combien de filles avaient-ils fait le coup, hilares et les fesses bien au chaud ? À l'époque, ce qui était drôle une fois l'était encore plus les fois suivantes.

Il finit par attraper un des livres sur sa table de chevet. *L'Univers dans une coquille de noix,* de Stephen Hawking. Tous ces gens qui achetaient des livres scientifiques sans jamais les lire, c'était ridicule, non ? Lui-même suivait cette voie, semblait-il, mais seulement parce qu'il manquait de temps. Il jeta un coup d'œil à la couverture puis retourna l'ouvrage pour parcourir la quatrième qu'il connaissait presque par cœur à force de la regarder.

Il fallait qu'il ouvre son restaurant avant que son père ne soit trop affaibli par la maladie pour voyager. Il demanderait à Jenny si elle avait une idée du temps qu'il lui restait. Bien. Prendre les dispositions nécessaires pour que papa puisse venir à l'inauguration. Ce serait à inscrire sur sa liste de choses à faire. Pour lancer son restaurant, il travaillerait d'arrache-pied, sans compter les heures, Charlie comprendrait. Ils s'installeraient ensemble. Le restaurant marcherait bien. Ils vivraient ensemble. Ils auraient un enfant. C'est ça, oui, songea-t-il. Dors, maintenant.

Et d'éteindre la lumière.

Pour passer de nouveau en revue la liste des choses à faire : prendre les dispositions nécessaires pour que papa puisse venir à l'inauguration, emménager avec Charlie, avoir un enfant. Papa, restaurant, Charlie, enfant... Cocher les cases correspondantes, rayer les mentions inutiles. Une croix, un trait, une croix, un trait.

Il roula sur le côté puis s'allongea sur le ventre. Il retourna l'oreiller.

C'était sa mère qui aurait dû assister à l'inauguration. Pourquoi pensait-il que son père y attacherait la moindre importance ?

Merde, il était bien réveillé. Dans une minute, il se lèverait pour aller se préparer une tasse de thé.

Une minute plus tard, il dormait.

En rêve, il descend dans les catacombes où il commence à errer, baigné par une clarté phosphorescente, une luminescence semblable à celle émise par les méduses et qui l'entraîne de plus en plus loin sous terre. Craignant de toucher quelque chose, il garde les mains dans ses poches et laisse la lumière l'attirer, le séduire et l'attirer encore jusqu'à l'endroit qu'il connaît déjà. Le corps se trouve exactement où il l'a laissé. Il s'accroupit pour l'examiner, en commençant par les orteils. Ongles jaunis, oignon, corne sur les talons. Poils denses sur les mollets, presque inexistants sur les cuisses dont la peau ressemble à celle d'un poulet et, en remontant vers les parties génitales – surtout ne négliger aucun détail –, une plaque d'eczéma près du bas-ventre. Le scrotum paraît durci et tout ratatiné, contrairement au pénis – il faut qu'il regarde, c'est plus fort que lui –, mou et horriblement long. Cicatrice d'appendicite sur le ventre, lui-même prolongé par un torse légèrement concave. Il se sent aussi obligé de regarder le visage mais il ne peut s'y résoudre. Alors il ferme les yeux, et, secoué de haut-le-cœur, l'explore avec ses mains.

6

DANS LES CUISINES OÙ GABE AVAIT EFFECTUÉ un apprentissage aussi long que diversifié, la violence n'était ni inconnue ni rare. Il avait reçu des coups de poing dans les côtes, des coups de pied dans les tibias, et même, une fois, littéralement au cul. Le chef du Brighton Grand, un ancien chauffeur routier qui avait un faible pour les combats de chiens, s'était fait une spécialité de tirer les cheveux, tordre les oreilles ou attraper les couilles de ses cuisiniers, et Gabe espérait sincèrement qu'il avait fini derrière les barreaux. Il se rappelait également avoir esquivé pas mal d'assiettes, jusqu'au jour où il en avait pris une en pleine tête. Il y avait également eu cet incident avec la marmite de moules, sans parler d'autres scènes bien plus brutales. Mais aujourd'hui, on n'en était plus là. Non, aujourd'hui, il fallait tous les dorloter.

Victor, à son poste de travail, garnissait et roulait des paupiettes de truite. Sa veste blanche était à moitié déboutonnée, sa jambe droite tressautait et sa bouche s'activait comme s'il s'échauffait avant une passe rapide contre un mur.

« Enlève ça ! lança Benny en indiquant les oreilles du Moldave, mais celui-ci était trop absorbé par sa musique pour lui prêter attention.

— *Frittata* aux fruits de mer en plat du jour, déclara Gabe, qui poursuivait son inspection des frigos. On a autre chose à vendre ?

— Du civet de lapin, répondit Benny. Deux portions. Trois cailles. »

Après avoir raclé le fond de mousseline de saumon, Victor emporta la calotte vide vers les éviers.

« Attention ! » s'écria Gabriel alors que le Moldave tentait de le contourner. Il avança son pied. La brigade au grand complet était présente ce jour-là pour préparer le cocktail Sirovsky. Les sifflets s'élevèrent en même temps que Victor s'étalait. En s'approchant de lui pour l'aider à se redresser, Gabe lui écrasa malencontreusement la main. « Vous comprenez maintenant pourquoi c'est dangereux d'écouter son iPod en cuisine ? Vous ne m'avez pas entendu lorsque je vous ai dit de faire attention. »

Victor répondit d'un sourire aux rires de ses collègues mais, lorsqu'il leva les yeux vers Gabe, une méfiance nouvelle s'était inscrite sur son petit visage insolent. « Désolé, chef.

— Excuses acceptées. Reboutonnez votre veste », ordonna Gabe.

Ce jour-là, ils allaient tous devoir donner le meilleur d'eux-mêmes ; en aucun cas il ne prendrait une balle à la place d'un autre. Les cuisines étaient en alerte rouge, toutes les pièces d'artillerie chargées jusqu'à la gueule, et les munitions s'amoncelaient partout. Sauces et bouillons refroidissaient sur les rebords de fenêtre, le haut des frigos, le sol ; des plateaux de croquettes rissolées, de samosas et de cakes aux haricots noirs s'entassaient pour former des barricades ; et toutes les surfaces plates avaient été réquisitionnées, jusqu'aux couvercles des poubelles utilisés comme points de relais entre les commis et leurs chefs de partie.

Gabriel avait confié à ses meilleures recrues, parmi lesquelles Nikolaï et Suleiman, le soin de réaliser le menu de la réception. Il vit le premier ajouter des fines herbes à sa pâte à spätzles puis travailler le mélange de sa main d'une blancheur chirurgicale. Non, vraiment, songea-t-il, pour rien au monde il n'aurait voulu être ailleurs.

La soirée de la veille lui apparaissait comme un rêve encore plus irréel que celui qui l'avait visité dans son sommeil. À présent, il trouvait franchement amusante la façon dont la fièvre avait altéré ses perceptions, dont les répliques du mauvais mélo à la télé avaient influencé ses pensées. N'avait-il pas imaginé Lena en train de lui expliquer « ce fichu sac d'embrouilles » ?

Quand il avait quitté l'appartement ce matin-là, elle était installée sur le canapé pour regarder la télévision. Tout était rentré dans l'ordre, la fièvre avait disparu.

« Je vais certainement revenir tard, avait-il annoncé. Il y a plein de choses dans le freezer. N'hésitez à vous servir du micro-ondes, vous ne mourrez pas de faim. » Par la fenêtre, il avait observé le défilé des véhicules, dont trois bus rouges qui avançaient aussi lentement que des chars. Londres était une ville de fous. Il pourrait bien enfermer la jeune femme chez lui pendant un mois, personne ne s'en apercevrait.

Lena rongeait ses vestiges d'ongles. « Oubliez pas, hein ? » avait-elle lancé. Elle voulait parler de l'argent, bien sûr.

« Excusez-moi, chef, vous voulez bien goûter ? » Suleiman lui tendit un *dim sum* sur une écumoire. « J'en ai fait cuire quelques-uns, pour tester. Ça va ? »

Le petit morceau de porc d'un rose embryonnaire semblait palpiter à travers la fine pellicule translucide. En bouche, la pâte tendre céda en douceur, libérant un mélange chaud de sauce au soja et de gingembre piquant. « Oui, répondit Gabe. C'est parfait. »

L'air nerveux en diable, Suleiman hocha la tête. Il y avait toujours une intensité particulière dans sa façon de plisser les yeux, comme s'il était obligé de regarder par-dessus une paire de lunettes invisibles pour être sûr de ne pas laisser échapper le détail manquant. « Et la crème au gorgonzola ? Vous l'avez goûtée ?

— Je vais le faire tout de suite. » Toute la palette des saveurs n'aurait pas suffi à la décrire. Gabe plongea de nouveau sa cuillère dans le ramequin de Suleiman. Rien à voir avec du fromage fondu : c'était une véritable symphonie de tourbe, de mousse et de pommes de pin, une magnifique flambée par une journée glacée. « Affreux, commenta Gabe. Une horreur. » Il éclata de rire.

« Vous plaisantez, je présume, dit Suleiman en le gratifiant de son sourire le plus appliqué.

— Vous irez loin », affirma Gabriel. Jusqu'au nouveau restaurant, en tout cas. Il emmènerait Suleiman avec lui, c'était certain, et peut-être aussi quelques autres.

Alors qu'il passait ses troupes en revue, il arriva à la hauteur de Damian, occupé à détailler des carottes destinées à la mirepoix. Ainsi qu'à son habitude, le jeune garçon mâchonnait sa langue en travaillant ; un de ces jours, il allait finir par l'avaler… Malgré la relative propreté de sa veste, il émanait de lui une impression de crasse. Dix contre un qu'il faisait encore pipi au lit. Il avait besoin de s'endurcir.

« Ces carottes, vous en faites quoi ?

— Qui ? Moi ?

— Oui, vous. Qu'est-ce que vous en faites ? »

Le jeune garçon posa son couteau. « Ben, je les détaille, chef. Je détaille des carottes. » Il tressaillit comme si Gabe l'avait hissé sur un gibet – ce qui était le cas, en un sens.

« Je les détaille, chef, répéta Gabe, qui le laissa se contorsionner durant quelques secondes. En matignon, en julienne ou en jardinière ?

— Euh… en jardinière », risqua Damian, le souffle court.

Dire qu'il n'était même pas fichu de maîtriser sa respiration ! Décidément, il n'y avait rien à en tirer. « Mauvaise réponse », énonça Gabe lentement. Il lui passa un bras autour des épaules. « Je vais vous dire ce que vous en faites : de la merde, ni plus ni moins. Alors vous allez les flanquer à la poubelle et tout recommencer. »

« J'ai été trop dur avec lui ? demanda-t-il à Benny alors qu'il retournait vers son bureau.

— Pour être franc, répondit Benny, non. » C'était un conciliateur dans l'âme. Son talent aurait probablement été bien utile au Rwanda ou quel que soit son pays d'origine. « Chez nous, on a un dicton : "Le sac vide ne tient pas debout tout seul." » Il essuya son plan de travail et regarnit sa pile de torchons. « Je ne vous ai jamais vu juger sévèrement sans raison. Vous êtes juste. Pour moi, vous tenez debout. »

Gabe fit un détour par le labo pâtisserie, auquel une lumière crue digne d'une salle d'opération donnait des allures de clinique. Il pouvait presque entendre le soupir de la pâte en train de lever sous les torchons d'un blanc hospitalier qui la recouvraient soigneusement. Le chef Albert était occupé à déplacer un bâtonnet dans un glaçage rose, œuvrant avec la précision et la vitesse d'un laser. Il inscrivait « Sirovsky » sur tous les biscuits disposés dans le plateau devant lui.

« Regardez, dit-il avant d'interrompre sa tâche pour tendre la main vers Gabriel. Pas de tremblements. Non, rien. » Quand il tapota sa poche de poitrine, Gabe entendit des comprimés remuer dans un flacon. « Ah, les bêtabloquants... Quel miracle ! C'est magnifique. Je souffre de stress, je suis stressé – ce pantin, là, il s'agite dans tous les sens –, et pourtant je reste calme, très, très calme.

— C'est du beau boulot », approuva Gabe. Il n'avait qu'une envie : s'éloigner de l'odeur de levure et du visage luisant d'Albert, qui semblait lui-même recouvert d'un glaçage au sucre.

« Oh oui. Très beau. Mais vous savez ce qui attend mes petites œuvres d'art ? Elles vont entrer par la bouche, et, quelques heures plus tard, ressortir par le derrière.

— Bah, c'est la vie. Bon, si vous avez besoin de moi, je serai dans mon bureau. » Ce fut presque en courant que Gabe rejoignit son cagibi, où il découvrit dans son casier une nouvelle liasse de documents parsemés des post-it collés par les ressources humaines.

« Tout ça, c'est que de la so'cellewie et de la magie, décréta Oona en s'engouffrant à son tour dans le réduit pour venir caqueter par-dessus l'épaule de Gabe. C'est qu'une histoi' de fo'mules.

— Je croyais que F17, c'était la référence des indemnités maladie, justement... Bon sang, c'est la seconde fois que je dois remplir ces foutus papiers !

— Vous voulez que je le fasse à vot' place, twéso' ? » proposa la sous-chef, qui se logea sur la chaise.

Voilà sans doute pourquoi il l'avait gardée, se dit-il, et sans doute pourquoi aucun des chefs avant lui ne s'en était débarrassé : elle possédait une connaissance encyclopédique des procédures et du règlement intérieur de l'Imperial. Il se servait d'elle comme d'un rempart contre l'invasion de la paperasse.

« Faut que je vous demande quelque chose, twéso'... Ça vous ennuie pas si je p'ends mon apwès-midi de demain ? Je vais me débwouiller pou' échanger une demi-jou'née avec Benny, il est pas censé veni' demain mais il peut veni' quand même. Ah non, pas Benny, je voulais pa'ler de Suleiman, qui va échanger une demi-jou'née avec… hum… bon, même si je m'emmêle un peu les cwayons, ça va fini' pa' se mett' en place.

— Non », décréta Gabe. Il lui tendit la liasse de documents.

— Je vous demandewais pas si…, protesta-t-elle, une de ses mains disparaissant dans son giron.

— C'est non. »

Une lueur pétilla dans les yeux d'Oona ; de toute évidence, elle croyait qu'il la faisait marcher.

« Je ne plaisante pas, insista-t-il. Le planning des congés est déjà établi. Et, non, ça ne se met pas en place tout seul. C'est moi qui m'en charge, point final.

— Oh, laissa échapper Oona en s'affaissant. Ben… » Elle enleva ses chaussures puis se frotta les pieds telle une mante religieuse. « Et pou' la wéunion de M. Maddox dans le salon Roosevelt ? Vous voulez que j'appo'te des bonnes petites choses ? »

Merde. Il avait complètement oublié. Il lui faudrait débaucher Suleiman pendant deux ou trois heures.

« Merci de me l'avoir rappelé, dit-il. Pour l'heure, considérez que vous avez fait votre boulot.

— Oh, c'est mignon ! » s'écria-t-elle. Elle se pencha en avant, laissant supposer pendant quelques secondes terrifiantes qu'elle se préparait à le serrer dans ses bras. « Je vais quand même pwépa'er des bouchées à gwignoter, j'en ai pas pou' longtemps.

— Oona ? Sans vouloir vous offenser, je préfère ne pas prendre le risque. »

Il faillit entrer en collision avec Ernie qui, derrière un transpalette sur lequel s'empilaient des cartons de lait et de crème, n'avait aucune visibilité.

« Vous êtes en pilotage automatique, aujourd'hui ? » lança Gabe.

Le manutentionnaire immobilisa son chargement puis se gratta la tête. « Y a pas de moteur là-dessus, voyez. Alors faut que je pousse. » Pour un poète, il était parfois étrangement terre à terre.

« Comment se portent les livraisons ? »

Ernie se plongea dans ses réflexions. « Pas mal. Pas mal du tout, en fait. Les marchandises arrivent et moi j'les range. C'est comme ça que ça marche, vous savez. J'ai pas à m'plaindre.

— Je comprends.

— Chef ? » Ernie retira un classeur plastifié logé entre des cartons de lait entier bio. « Ça vous dirait de m'acheter un p'tit poème pour la Saint-Valentin ? C'est un nouveau marché. Trois livres pour deux vers, six pour quatre. » Il tendit puis rétracta son cou décharné.

— La Saint-Valentin ? Mais on n'est qu'en novembre, Ernie. »

Celui-ci se rengorgea en lui adressant un clin d'œil. « Sûr. Je m'y prends à l'avance. »

Son pantalon trop court révélait ses chaussettes en accordéon. Il était coiffé comme le pensionnaire d'un asile, et il y avait quelque chose d'anormal dans la façon dont sa pomme d'Adam tressautait dans sa gorge. Conscient de l'heure qui tournait, Gabe feuilleta rapidement le classeur. Dans ce métier, qu'on le veuille ou non, il faut parfois jouer les assistantes sociales.

« Çui-ci d'vrait vous plaire, déclara Ernie. Vous avez vu, là ? Ça s'appelle un a-cros-ti-che. Tenez, regardez, avec les premières lettres, ça fait VALENTIN sur le côté de la page. Je compte en vendre une dizaine par jour en décembre, et après j'en ajouterai d'autres : fête des Mères, fête des Pères… Y a au moins une occasion par mois à fêter.

— Excellente idée. Désolé, Ernie, il faut que j'y aille. »

Le téléphone sonnait dans son bureau. Gabe décrocha.

Il venait de reposer le combiné quand M. Maddox apparut dans l'encadrement de la porte. « Bonne nouvelle, annonça Gabe. C'était l'inspecteur. »

Le directeur général bloquait toujours la porte, de sorte que son adjoint n'avait d'autre solution que de rester docilement derrière lui.

« Il y a tout juste la place pour nous trois », dit Gabe en se levant pour proposer son fauteuil aux visiteurs.

M. Maddox accepta l'offre et son adjoint s'empressa d'entrer à son tour. « Oh, vous êtes là, Gareth ? lança le directeur général. Je croyais pourtant avoir réussi à vous semer… Il n'arrête pas de me suivre partout comme un petit chien, je me demande bien pourquoi. » Il ponctua ces mots de son rire dénué humour.

Il prend plaisir à jouer les tyrans pour mieux dissimuler qu'il en est réellement un, songea Gabriel.

« En fait, Parks voulait me dire qu'il était en train de boucler le dossier, expliqua-t-il.

— En fait, répéta M. Maddox, je suis déjà au courant. Il m'a appelé avant vous. »

Un silence s'ensuivit, que Gabriel se retint de combler.

« Gareth ? reprit M. Maddox. Notre chef de cuisine se demande bien ce qui nous amène. Est-ce qu'on le sait nous-mêmes ? Remarquez, avec un peu de chance, ce sera marqué sur votre bloc-notes… À moins que vous ne vous en serviez juste pour inscrire votre liste de courses ? »

M. James tripota nerveusement sa cravate. « Voilà : le compte rendu des réunions qui se tiennent à l'Imperial n'est pas suffisamment précis Nous sommes convenus d'y remédier. » S'il n'avait pas manifesté autant d'empressement, Gabriel l'aurait sans doute pris en pitié. « Pour le déjeuner des administrateurs…

— Vous avez déjà tout prévu, j'imagine, chef, lança M. Maddox.

— Oui, confirma Gabriel. Bien sûr.

— Ah, rien ne vaut une tête bien pleine, hein ? Bon, laissez-moi vous expliquer une chose. » Le directeur général s'empara de l'agrafeuse posée sur la table et l'actionna à plusieurs reprises, projetant quelques agrafes par terre. « Cette histoire de plongeur a été éclaircie, tout est bien qui finit bien. D'après ce que j'ai compris, ce n'est désormais plus qu'une formalité. Et c'est tant mieux, parce que si les choses avaient tourné différemment… Inutile de vous faire un dessin, n'est-ce pas ? » Il abandonna l'agrafeuse, ouvrit et repoussa le tiroir du haut, tira celui du bas et le referma d'un coup de pied. « Ne vous occupez pas de moi, je réfléchis. » Il se caressa un sourcil. « Bon, voici ce que je pense : vous êtes chez nous depuis combien de temps, chef ? Cinq, six mois ? Suffisamment longtemps, je dirais, pour être en mesure de flairer un mauvais coup. S'il n'y a finalement rien de louche dans la mort de ce plongeur, alors c'est merveilleux, Gareth et moi on est heureux comme des rois – d'ailleurs vous pouvez voir combien il est content rien qu'à la façon dont il serre les fesses. Chez lui, c'est toujours un signe d'intense jubilation. »

De fait, M. James souriait. Il avait beau ne rien avoir inscrit sur son bloc, Gabe le soupçonnait de prendre mentalement des notes sur la technique d'essorage que M. Maddox appliquait à ses subordonnés, consistant à les tordre dans deux directions différentes pour obtenir le meilleur d'eux. Après tout, c'était une méthode appelée à lui servir lorsqu'il deviendrait lui-même directeur général.

« Mais il n'y a que deux certitudes dans le monde de l'hôtellerie, continua M. Maddox. Un : pour réaliser vos marges, vous pressez vos employés comme des citrons, jusqu'à la dernière goutte. Deux : ils ne pensent qu'à vous baiser. » Il s'interrompit pour fixer son regard dur sur Gabriel. « Donc, on sait qu'il y a de la magouille dans l'air, parce qu'il y en a toujours. Ce que j'attends de vous, chef, c'est que vous découvriez qui, quand et comment. Vous me suivez ? Parfait. Sur ce... » Il se leva, signifiant la fin de l'entretien. « Gareth ! rugit-il. Ne me dites pas que vous êtes en train de faire un putain de compte rendu, merde ! »

Qui, quand et comment, songea Gabriel. Je pourrais déjà lui préciser qui. Le directeur général voulait remuer la boue. Si vous n'êtes pas avec nous, vous êtes contre nous ; c'est ce qu'il avait dit, ou plutôt ce qu'il n'avait pas dit.

Il arriva plus d'une demi-heure en retard à sa réunion hebdomadaire avec Stanley Gleeson.

« C'est gentil à vous d'être venu, ironisa le directeur de la restauration. Bien, on passe en revue les plats du jour ou on commence par le cocktail de ce soir ? » Sa toute nouvelle froideur avait au moins un mérite : elle rappelait à Gabe, s'il en était besoin, qu'il ne fallait pas se fier à lui. En même temps qu'il discutait des plats du jour, il dressa mentalement l'inventaire des diverses combines que tout hôtel londonien avait en stock, au même titre que les produits de base. Gleeson avait sûrement un arrangement avec Pierre, le responsable du bar. Celui-ci ajoutait de l'eau pour refaire le niveau des bouteilles de vodka, servait des doses simples au lieu de doubles, et tous deux partageaient les bénéfices. Ou alors, Pierre, manifestement accro aux substances illicites, vendait de la poudre à ses habitués et lui reversait une partie des gains. Il devait lui arriver aussi de précipiter en cuisine une commande notée à la main, et dont le montant sautait vraisemblablement l'étape de la caisse pour finir dans sa poche. Et puis, il y avait les cadeaux offerts par les fournisseurs d'alcool, dont les deux hommes conservaient probablement une partie. Et si Gleeson ne régalait pas ses amis à l'œil, Gabriel voulait bien être pendu.

« Ah..., soupira le directeur de la restauration quand la serveuse débarrassa les tasses de café. Sans les lois sur le harcèlement, cet endroit serait le paradis sur terre. »

En d'autres termes, il n'avait rien à signaler, conclut Gabe. Pour autant qu'il le sache, il ne se passait rien de spécial, rien que M. Maddox ne puisse deviner tout seul. Pourtant, Gleeson s'était trémoussé comme un homard sur le gril au moment de la mort de Yuri. Ça cachait quelque chose, forcément.

Mais quoi ? Toutes sortes de raisons pouvaient expliquer sa réticence à voir les flics traîner dans l'hôtel, et elles n'étaient pas nécessairement liées au plongeur. Peut-être avait-il un secret à protéger, quelque chose de plus compromettant qu'une bouteille de vodka ou de cognac subtilisée de temps à autre – un larcin dont il aurait été trop content de se vanter. Gabriel tenta en vain de faire fonctionner son imagination, d'inventer une histoire glauque avec Gleeson dans le rôle de celui qui tirait les ficelles. C'était un exercice d'autant plus futile que la réalité dépassait parfois la fiction ; pour preuve, ce qu'il avait découvert ce jour-là au Dartington, quand la police et l'hygiène avaient arrêté le sous-chef ghanéen. Ils avaient suivi jusqu'à l'hôtel chic de Knightsbridge la piste de la viande de brousse vendue sur le marché de Hackney, et Gabriel se tenait derrière eux quand ils avaient fait sauter le cadenas du congélateur de réserve, où étaient entreposés des steaks de gorille, des aulacodes et des carcasses grillées difficilement identifiables.

« Je vais vous laisser filer, disait Gleeson. Je sens bien que votre esprit galope déjà vers des pâturages plus verdoyants.

— Oh, vous savez ce que c'est… », rétorqua Gabe, imitant malgré lui l'accent traînant de son interlocuteur. Stanley Gleeson n'était qu'un mystificateur, un imposteur. Il copiait les manières de la haute comme un majordome convaincu d'appartenir à la société qu'il se contente de servir.

Pour le service de midi, Gabriel renvoya Nikolaï dans l'équipe en le chargeant de faire cuire des pâtes fraîches et de préparer des *frittate* destinées aux clients suffisamment dociles pour prendre le plat du jour – ces mêmes clients qui dévoraient tous les gressins et réclamaient une carafe d'eau du robinet.

« Yuri adorait mes omelettes », dit Nikolaï. Il interrompit sa tâche un moment, abandonnant le batteur dans le cul-de-poule.

Gabe souleva l'appareil dégoulinant de jaune.

« Rien de plus simple, expliqua le commis. Tomates, persil, sel, poivre, et bien sûr des œufs. »

Gabe remua brièvement le mélange.

« Je vous assure, c'était son plat préféré », insista Nikolaï d'un ton à la fois modeste et patient, comme s'il rechignait à influencer l'opinion d'autrui mais se sentait contraint par l'honneur à énoncer les faits.

Était-il descendu lui aussi dans les catacombes pour cuisiner sur le réchaud à gaz ? se demanda Gabriel. Avait-il pillé les réserves ou rapporté de la nourriture chez lui ? De toute façon, ça n'avait aucune importance, il ne voulait même pas y penser.

« Un peu de caviar et de crème aigre pour aller avec, c'est ce qu'il nous aurait fallu, bien sûr, sauf que Yuri était trop bien élevé pour le dire », ajouta Nikolaï.

Gabriel replongea le batteur dans le mélange. Le bruit familier des fouets contre les parois du récipient métallique résonnait agréablement à ses oreilles. Il lui vint à l'esprit que Benny aussi devait connaître la planque de Yuri, qu'il avait dû vouloir lui rendre une petite visite le jour où il l'avait trouvé étendu sur le sol.

Nikolaï ne parlait pas beaucoup en cuisine. Il savait se taire, une qualité que Gabriel appréciait chez lui mais qui, à la réflexion, le mettait aussi mal à l'aise ; il avait l'impression que le commis l'observait et le jugeait en attendant l'occasion de le dénoncer.

Le dénoncer à propos de quoi, et à qui ? Gabe battit plus fort les œufs, trop fort, faisant entrer trop d'air. Pour lui, le problème Yuri était réglé, il n'avait pas l'intention d'y revenir.

« Ses filles, reprit Nikolaï. Elles étaient… »

Gabriel s'obliger à arrêter le batteur. Il s'essuya les mains, croisa les bras et attendit la suite.

Son interlocuteur secoua la tête.

Vas-y, continue, songea Gabe. Il y avait décidément quelque chose d'étrange chez Nikolaï, dans ce refus obstiné de monter en grade. De toute évidence, il était intelligent. Il lui faisait penser à un étudiant trop âgé, ou plutôt à une sorte de leader révolutionnaire clandestin œuvrant en silence, guettant le moment d'entrer en action.

« Quoi, ses filles ? lança Gabriel d'un ton brusque, parce qu'il en avait assez de ce mutisme obstiné.

— Rien, chef. »

D'un sourire, Gabriel lui indiqua qu'il n'y avait pas de problème entre eux, puis il retourna vers le passe-plat et, d'un autre sourire, envoya balader Oona.

Le service de midi fut animé sans jamais tourner à la catastrophe ; à aucun moment les cuisiniers ne se laissèrent déborder. Ce soir – autant regarder les choses en face –, ce serait peut-être un carnage, mais pour le moment ils n'étaient pas encore trop bousculés. À l'occasion d'une accalmie, Gabe s'adossa au chauffe-assiettes, les mains derrière lui, se délectant secrètement de l'endurance de son équipe. Il inspira plus profondément et se sentit ragaillardi, presque euphorique. Il savait cependant que ça ne durerait pas. Il était pareil à un général qui, ayant reçu une blessure superficielle au cours d'une brève inspection du front, a l'impression de ne faire qu'un avec ses hommes. Quand il regardait ses cuisines, il se sentait transporté par une émotion qu'il n'aurait sans doute pas appelée de l'amour mais qui lui gonflait néanmoins le cœur – une émotion inspirée par la vue de sa brigade, aussi concentrée sur sa tâche qu'un groupe de travail aux Nations unies.

Presque toutes les nationalités étaient représentées dans la pièce : hispanique, indienne, africaine, balte… Oona avait engagé un nouveau plongeur originaire de Somalie, peut-être, ou d'un pays voisin. L'autre venait de Mongolie et le troisième de… Où, déjà ? Les Philippines ? Gabe avait travaillé dans des établissements où les plongeurs se faisaient embaucher à plusieurs, le premier arrivant avec un cousin qui recommandait un beau-frère qui amenait aussi un ami ; en moins de temps qu'il n'en fallait pour le dire, ils étaient toute une bande et les emmerdes se profilaient à l'horizon. Le préposé au room service débarquait tout juste du Chili, et Gabe doutait que sa connaissance de l'anglais aille au-delà de « frites », « steaks hachés » et autres plats inscrits au menu. Il s'était pourtant parfaitement intégré. C'était franchement touchant de voir un tel mélange de cultures, de croyances, de couleurs de peau…

À l'époque où il vivait à Blantwistle, il n'y avait que des Indo-Pakistanais – des « Pakis », comme on les appelait alors, et peut-être encore aujourd'hui. Ils assuraient le travail de nuit à la filature, d'où ils sortaient quand l'équipe du matin y entrait. Du moins en allait-il ainsi au début. Gabriel se rappelait encore le trajet du 72, qui descendait des hauteurs de Plodder Lane jusqu'à la place du marché au pied de la colline, puis traversait l'entrelacs de ruelles étroites, aussi usées et abîmées que les os d'un vieillard. La famille de Michael Harrison vivait là, « échouée » parmi les Indo-Pakistanais, comme disait Ted Lightfoot, et lorsque le bus ralentissait à l'approche de l'arrêt, le chauffeur criait « Khyber Pass ! » en agitant sa cloche. Des tas d'histoires circulaient : les Indo-Pakistanais ne balayaient jamais devant leur porte, faisaient des currys avec de la pâtée pour chiens, les enfants pissaient sur les dalles d'ardoise... À l'époque, Gabriel s'amusait avec Michael à les suivre en poussant des cris de singe ; il se croyait malin.

Lorsque la brigade se fut dispersée pour l'après-midi – direction les bureaux de paris, le pub ou n'importe quel petit coin permettant de faire une sieste –, Gabriel descendit dans les catacombes chercher l'argent de Lena. Il passa devant l'économat et l'ancienne poissonnerie, puis tourna à droite et longea les vide-ordures en respirant par la bouche pour ne pas se laisser submerger par l'odeur. Il avait eu une petite amie autrefois qui respirait par la bouche ; c'était pratiquement le seul souvenir qu'il gardait d'elle : sinus bloqués, haleine tiède, et cette façon de respirer qu'à la fin il ne pouvait plus supporter.

Après, il y avait eu Catherine. Cette fois, il avait vraiment voulu donner une chance à leur histoire, allant jusqu'à emménager dans le cottage qu'elle possédait à Putney, décoré d'un papier peint rétro à motifs floraux et meublé de pin clair. Que s'était-il passé au juste ? Ils attendaient tellement l'un de l'autre que chaque jour ils avaient l'impression de se faire dévorer vivants. Aspirer l'énergie vitale d'un conjoint... Jamais ses propres parents, leurs amis et tous ceux de leur génération n'avaient conçu ainsi les relations de couple. Pour eux, vivre à deux signifiait se côtoyer après la lune de miel, se souder lentement l'un à l'autre comme les deux parties d'un os brisé tout en assumant les corvées quotidiennes, l'éducation des enfants ou le désherbage du jardin. Et si en fin de compte ils s'apercevaient qu'ils se détestaient, eh bien, au moins c'était un sentiment partagé, piégés comme ils l'étaient dans une vie dont ils ne voulaient pas.

Avec Catherine, ils s'étaient étouffés mutuellement – trop de désirs trop mal définis. Charlie était différente, indépendante, vive. Au fond, il n'y aurait que des avantages pour eux à se marier tard, à un moment de leur existence où chacun savait exactement ce qu'il voulait.

Bien sûr qu'il allait l'épouser, songea Gabe. Il le savait depuis longtemps sans l'avoir jamais formulé.

Il n'avait pas tourné au bon endroit. Il allait devoir revenir sur ses pas. Le couloir dans cette zone était si étroit que ses bras effleuraient les murs. Une imagination plus fertile n'aurait sans doute pas manqué de visualiser des squelettes derrière ces portes aux verrous rouillés…

Lors d'un de ses premiers rendez-vous avec Charlie, celle-ci l'avait emmené voir un manager potentiel – un homme tout à fait banal en pull sans manches sur un pantalon style chauffeur de bus, qui s'exprimait d'une voix douce et respectueuse et leur avait payé toutes leurs tournées au bar.

« Qu'est-ce que tu penses de lui ? » avait demandé Charlie plus tard en même temps qu'elle se déshabillait avec sa langueur habituelle, digne d'une effeuilleuse.

« Pas grand-chose.

— Comment ça ?

— Tout dépend de toi. Mais si tu veux mon avis, c'est une ordure. » Il n'avait aucune raison de le juger ainsi ; de fait, il ne le pensait même pas. Mais en cet instant où il éprouvait pour elle un désir aussi intense qu'inexprimable, il n'avait eu d'autre solution que de bannir sur-le-champ cet inconnu qui semblait s'immiscer entre eux.

Il s'était avéré que le manager en question était un salaud, qu'il avait escroqué l'ami d'un ami. « T'as eu le nez creux, avait observé Charlie. Moi, je lui aurais donné le bon Dieu sans confession.

— En attendant, mon nez est bien moins joli que le tien », avait répliqué Gabriel en laissant sa main se perdre dans les flots de sa chevelure.

Elle répétait souvent qu'il savait juger les autres. « Tu les vois tels qu'ils sont. » À cet égard, il devait bien admettre que jusque-là rien n'était venu la détromper. Et elle aimait qu'il observe une certaine réserve, qu'il ne se lance pas dans des discours interminables, comme son précédent petit ami. Quand ils vivraient ensemble, elle en arriverait probablement à détester cet aspect de lui qu'elle appréciait pour le moment. Pourquoi tu ne me parles pas ? Alors il la taquinerait et elle secouerait la tête, mais pour finir elle éclaterait de rire et ils seraient bien ensemble, tous les deux – tous les trois, même. Oui, ils seraient bien.

Il arriva devant l'ancien local administratif. L'intérieur était toujours éclairé et l'ampoule nue pendait au bout de son fil tel un suicidé, créant une atmosphère lugubre, effrayante. Gabriel se dirigea vers le mur du fond, devant lequel il s'agenouilla. Il compta, quatre à droite et sept vers le haut. La brique était branlante. Il se retourna un ongle en voulant la retirer et suça son doigt pour atténuer la douleur. Enfin, il explora la cavité avec précaution.

Rien. Il avait sans doute inversé les indications. Sept à droite et quatre depuis le sol. De son autre main, il gratta le ciment. Peut-être avait-elle dit gauche, et non droite… Il vérifia puis se redressa et regarda son ongle qui commençait à noircir.

Qui avait pu prendre l'argent ? S'il avait existé un jour, évidemment. Au fond, pourquoi devrait-il croire un mot de ce que lui avait raconté Lena ? se demanda Gabriel. Qui sait si Yuri lui-même n'avait pas volé l'argent, à la suite de quoi elle s'était précipitée vers lui pour essayer de le lui prendre, l'avait poussé et fait tomber – auquel cas, c'était un homicide involontaire, non ? Et s'il y avait quelqu'un d'autre, quelqu'un qui descendait parfois ici ? Quant à Lena, est-ce qu'elle couchait avec Yuri ? Bon, ça ne le regardait pas. Elle s'était peut-être offerte aussi au plongeur… Le sexe en échange d'un lit pour la nuit, était-ce toujours le marché qu'elle proposait ? Pourquoi pas ? Après tout, elle était libre de disposer de son corps à sa guise.

Il termina les restes d'une corbeille de pain puis grignota deux barres énergétiques trouvées dans le tiroir de son bureau. Il n'avait pas vraiment faim, il lui semblait avoir grignoté toute la journée. Quand il ouvrirait son restaurant, il instituerait un « repas de famille » destiné à l'ensemble de la brigade et du personnel de salle, qui auraient ainsi l'occasion de manger des plats corrects et faits maison – rien à voir avec les mixtures innommables et les steaks décongelés qu'on proposait sur la base d'un budget d'une livre par personne à la cantine de l'Imperial. Ils auraient droit à du ragoût de poulet ou à des boulettes de viande, et Charlie serait là. Il l'imaginait déjà en train de retoucher son maquillage dans son miroir de poche, soucieuse de présenter une bonne image à la clientèle. Elle aurait un enfant sur les genoux – leur fils, le premier. Gabe le prendrait avec lui en cuisine, bien sûr, mais il faudrait attendre qu'il soit un peu plus vieux. Vers quel âge pourrait-il commencer à l'initier ? Et quelle serait la première leçon ?

Lui-même ne devait pas avoir plus de huit ou neuf ans quand son père l'avait emmené pour la première fois à la Rileys, de l'autre côté des grandes grilles en fer forgé puis dans la cour aux dalles usées et le long des entrepôts, lui indiquant les pierres d'angle et les couronnements qui se détachaient sur la brique d'un rouge terne, faisant un détour jusqu'à la salle des moteurs pour voir la chaudière d'origine, une Yates & Thom alimentée au charbon, l'entraînant – ou plutôt le poussant – vers l'un des ateliers de tissage, une main appuyée fermement dans son dos pour l'empêcher de chanceler tant le vacarme était assourdissant.

Tout intimidé, Gabriel avait admiré la charpente des métiers, faite de colonnes de fonte et de poutrelles d'acier laminé qui lui avaient paru encore plus belles que des piliers d'église. Papa lui avait pressé l'épaule avant de le guider entre les machines impressionnantes jusqu'à la salle des chefs d'atelier.

« À force, on s'habitue au boucan. Le premier jour, quand tu sors, t'entends plus rien. Mais au bout d'un moment, tu le remarques même plus, à moins qu'une des machines fasse un bruit bizarre. »

M. Howarth était là, plongé dans les pages des courses hippiques. « Je me sens d'humeur à parier, aujourd'hui. »

L'une des tisseuses était entrée en ôtant les bourres tombées dans ses cheveux. « Tom ? avait-elle dit. La neuf est arrêtée. Une idiote est partie en laissant ses ciseaux à l'arrière. »

Plus tard, Gabriel avait voulu l'imiter en étirant sa bouche le plus largement possible. Sa mère avait pris un fou rire, elle était dans un de ses bons moments. « Oh, mon petit cœur... Tu ne t'étais pas encore aperçu qu'elles font toutes ça, à la filature ? Pour pouvoir cancaner d'un métier à l'autre, elles n'ont pas le choix : il faut qu'elles apprennent à lire sur les lèvres ! »

« Ah, Rita..., avait répliqué M. Howarth en la regardant de la tête aux pieds. De quelle idiote vous voulez parler ? Ce ne serait pas vous, par hasard ?

— Pas du tout, avait répliqué la dénommée Rita, qui regonflait ses boucles. Quoi qu'il en soit, elle est en panne, cette machine. Je l'ai écrit sur le tableau. »

Ils l'avaient suivie des yeux tandis qu'elle s'éloignait, puis papa avait lancé : « Gabe ? Est-ce que je t'ai déjà dit qu'autrefois, les tisseuses avaient l'habitude d'embrasser leur navette tous les matins ? Pour se porter chance. C'est une vieille tradition du Lancashire, quelque chose qui se faisait dans le temps. »

M. Howarth avait soupiré et replié ostensiblement son journal. « Sûr, cette Rita, elle peut embrasser ma navette quand elle veut. »

La première leçon avait eu pour thème la fibre. Pendant un moment, Gabe était resté seul sur le banc, à balancer les jambes dans le vide et à triturer ses croûtes. Quand son père était revenu de sa tournée, il rapportait un objet.

« Ça, tu vois, c'est ce qu'on appelle une bobine. Tu peux me dire ce qu'il y a dessus ?

— Du fil, p'pa.

— Tu parlerais de fil si cette bobine était dans le panier à couture de ta mère. Ici, on dit… »

Gabe avait levé la main en s'écriant : « Du coton ! »

Ted avait éclaté de rire. « De la fibre. Répète, Gabe : de la fibre. » Il y avait une tache d'huile fraîche sur la jambe de son bleu de chauffe, des tournevis dans sa poche de poitrine, et il émanait du dessin volontaire de son nez une virilité qui rendait Gabriel légèrement honteux de la façon dont il avait répondu : « Du coton. »

« Bon, à partir des balles de coton, il y a tout un processus, d'accord ? D'abord, il faut démêler les fibres et les peigner pour les mettre toutes dans le même sens, c'est ce qu'on appelle le cardage. T'obtiens des espèces de rubans d'un peu plus de deux centimètres de largeur, tout légers et pelucheux, et que tu pourrais jamais tisser en l'état. L'étape suivante, c'est la filature. Je te montrerai un atelier de filature, un de ces jours, pour que tu puisses te rendre compte par toi-même ; en gros, il s'agit d'étirer ces rubans et de les tordre fortement pour les enrouler sur une bobine. »

Gabriel avait regardé les mains paternelles qui s'activaient comme pour façonner les mots. Ses phalanges étaient poilues, zébrées de cicatrices, et il lui manquait l'extrémité de l'auriculaire gauche. Quel bonheur de faire l'école buissonnière ! avait-il songé.

Son père avait déroulé une longueur de fibre pour la lui tendre. Gabriel s'était composé une mine attentive. « Pour faciliter la manœuvre, on l'enduit de paraffine… »

Gabe s'était rendu compte qu'il avait la bouche ouverte ; ça lui arrivait parfois quand il essayait de se concentrer. Il avait soudain eu une conscience aiguë de la salive accumulée dans sa bouche, de l'odeur de vestiaire qui imprégnait le banc, des grains de poussière qui tournoyaient dans un rayon de soleil comme une tornade féerique, et il s'était rapproché insensiblement de son père.

« J'essaie de te donner une vue d'ensemble, avait poursuivi ce dernier. T'es pas trop petit, hein ? Non, c'est bien, t'es un brave gars. T'aimerais sûrement qu'on passe tout de suite au tissage, mais y a des tas de choses à savoir avant. Hé, ferme la bouche, mon garçon, tu vas gober les mouches ! » Du pouce, il lui avait effleuré le menton. « Ah, flûte ! Il est l'heure, je crois. Je tiens pas à ce qu'on se fasse attraper par ta mère.

— P'pa ? Tu peux me réexpliquer cette partie ?

— Quelle partie ? »

Gabriel avait haussé les épaules. « Ben, celle sur… Euh, tout.

— Ah, sûr. Ça fait beaucoup de choses à assimiler. » Son père s'était levé puis étiré. Il avait les bras tellement longs qu'il aurait pu atteindre le haut des métiers à tisser, s'était dit Gabe.

« Allez, dépêche-toi, t'avais rendez-vous chez le dentiste. C'est pour ça que ta mère a dit que tu pouvais manquer l'école. »

Gabriel n'y avait pas repensé depuis longtemps. Il n'avait pas l'impression de se remémorer une autre époque et un autre lieu, mais plutôt un autre univers. « Tu peux me réexpliquer, p'pa ? » Il n'aurait pas dû s'inquiéter : son père l'avait traîné à la Rileys encore et encore, jusqu'à ce qu'il ne puisse plus supporter la vue de la filature.

Il se connecta à sa messagerie pour la première fois de la journée. Il avait reçu trente-six messages depuis la veille – essentiellement des spams. Il ouvrit celui de Gareth James, car il s'accompagnait d'un petit drapeau rouge signalant une priorité. Il y aurait une réunion pour les « managers » au sujet du « capital humain » et du « leadership à partir des positions intermédiaires ». Pour avoir assisté à des réunions de ce genre un nombre incalculable de fois, Gabe n'avait en l'occurrence qu'un objectif – comme tous les autres participants, du reste : sortir de là sans avoir accepté quoi que ce soit tout en ayant donné l'impression d'être « à bord » et de « faire partie de l'équipe ».

Il jeta un coup d'œil en cuisine. Victor avait rejoint Ivan, et tous deux se défiaient du regard, les bras croisés, comme s'ils se retenaient de formuler ce qu'ils avaient sur le cœur. Ivan ajusta son bandana, posa une main sur son entrejambe et déplaça ses testicules comme s'il s'agissait de poids en plomb. En dépit de son oreille en chou-fleur et de sa stature imposante, on ne le regardait pas en se disant « c'est sûrement un ex-boxeur ou joueur de rugby ». Sa corpulence n'évoquait pas le monde du sport mais plutôt celui des prisons, et on l'imaginait volontiers en détenu ou en maton. Mais peut-être était-ce simplement une question de posture s'il semblait bâti pour donner et recevoir des coups. En attendant, c'était un sacré bosseur, un vrai forçat. Un jour, Gabriel l'avait vu se faire une grave blessure au bras – une brûlure dont le seul souvenir lui arracha une grimace –, du genre à être arrêté au moins pour une semaine. Trois heures plus tard, il était sorti des urgences et s'activait d'une seule main devant son gril.

Gabe écuma ses e-mails, mettant de côté ceux qu'il devait lire et envoyant les autres à la corbeille. Si les cuisines généraient autant de déchets que les messageries électroniques, il serait environné en permanence par des monceaux de détritus nauséabonds.

Victor et Ivan parlaient, à présent, le premier tournant autour du second, se déplaçant nerveusement tel un terrier teigneux devant un carlin imperturbable. Il cherchait la bagarre, c'était évident à la façon dont il tentait de provoquer le grillardin.

Eh bien, qu'ils règlent ça entre eux, décida Gabe. Il fallait bien une hiérarchie dans le groupe, et les cuisiniers comme les chiens avaient besoin de montrer les crocs de temps en temps pour évaluer leur position dans la meute. Gabe reporta son attention sur l'écran.

Ils hurlaient tellement, à présent, qu'on devait les entendre jusqu'au dernier étage. Bon, il allait devoir intervenir. Gabe repoussa son fauteuil d'un coup de pied, quitta son réduit et déboucha en cuisine juste à temps pour voir Ivan saisir une bouteille. Durant un moment qui parut s'éterniser, il donna l'impression de vouloir la fracasser sur le crâne du Moldave. Au lieu de quoi, il finit par en vider le contenu sur les brûleurs derrière son adversaire, faisant jaillir un mur de flammes rouges, dorées et bleues qui s'élevèrent avec une telle force vers le plafond qu'elles aspirèrent tout l'oxygène de la pièce. Poussant un cri de frayeur, Victor s'écarta d'un bond.

7

SES TALONS AIDANT, elle devait bien mesurer un mètre quatre-vingt-cinq, et son corps semblait recouvert de peinture dorée. Plusieurs copies d'elle évoluaient au milieu de la salle de réception – comme si un jeu de miroirs élaboré la démultipliait –, tenant des plateaux remplis des mignardises du chef Albert. Les mannequins avaient été recrutés par le service des relations publiques de Sirovsky et apparemment choisis pour la résistance de leurs lobes, auxquels pendait une tonne de cristal argenté Sirovsky, et pour la longueur de leurs fémurs, propre à exciter la curiosité de n'importe quel paléontologue.

Gabriel déclina l'offre d'une meringue miniature tout en révisant son jugement sur la peinture dorée : il s'agissait d'une combinaison moulante, comprit-il en découvrant la ligne de la fermeture éclair dans le dos de la jeune femme qui s'éloignait. La pièce avait été décorée tout spécialement pour l'occasion, avec une débauche de peaux de bête, de candélabres posés à même le sol et de flots de soie au plafond. Dans les alcôves, de petites divinités en cristal se prélassaient sur des lits de velours sombre. C'étaient les produits de lancement, avait appris

Gabe : des sculptures de seize centimètres représentant des rennes, des chiots, des lions, un oiseau à la fontaine, vendus « plus de deux mille livres pièce ». Au milieu de la salle se dressait un cerisier Sirovsky taille réelle, avec fleurs de verre et tapis d'herbe artificielle. Et, alignés derrière une table en plexiglas éclairée de l'intérieur, grande comme une allée de bowling, des extras servaient des verres de vodka aromatisée tandis qu'au centre du plateau lui-même un cygne de glace scintillait de tous ses feux et, à cette heure tardive, commençait à goutter.

Il avait assuré les préparatifs pour trois cents personnes et apparemment elles étaient toutes venues. Gabriel observa la foule. Parmi les femmes, on notait la prédominance de hanches pointues et de coiffures élaborées, sans doute hors de prix. Les plus jeunes travaillaient leur moue ou leur sourire et semblaient fières de la marque de leur sac à main, alors que leurs aînées avaient certainement découvert le tennis, intégré un club de lecture ou collecté des fonds pour une bonne cause, ce qui leur fournissait suffisamment de sujets de conversation pour ne pas avoir à s'interrompre pour réfléchir. Aux yeux de Gabe, les hommes ne se distinguaient guère plus que les femmes. Il y avait quelques jolis garçons dont on se disait qu'on avait déjà dû les voir quelque part, qui étaient ou avaient été des célébrités, ou encore attendaient avec confiance les quinze minutes de gloire auxquelles leur naissance leur donnait droit. Les plus âgés, chevelure grisonnante, calvitie galopante et empâtement plus ou moins marqué, étaient comme auréolés par la réussite professionnelle et l'assurance avec laquelle ils occupaient plus d'espace qu'il n'était nécessaire. Pris dans leur ensemble, les invités avaient au moins une caractéristique commune, que Gabe décelait dans la façon dont les regards glissaient sur les épaules, dont les pieds tapaient et pointaient : une impression générale de mobilité qui faisait naître dans son esprit l'image d'antennes frémissantes orientées tour à tour dans telle ou telle direction.

Il échangea un coup d'œil avec une femme aux cheveux tressés qui arborait un diamant gros comme un artichaut, puis regarda autour de lui. Inévitablement, le champagne vint à sa rencontre et il en but une coupe. La femme l'observait toujours lorsqu'il reporta son attention sur elle. Machinalement, il effleura la tonsure à l'arrière de son crâne.

Ce n'était pas si désagréable de travailler ici, au fond. Durant un instant, il envisagea de rester à l'Imperial et d'envoyer paître Rolly et Fairweather, mais il savait bien que ce serait de la folie de se laisser détourner de sa voie par un bref moment de satisfaction. En attendant, force lui était de reconnaître qu'il appréciait ce genre de réception, cette ambiance. Il n'était pas dupe des apparences, loin s'en fallait, mais il n'en trouvait pas moins agréable cette atmosphère de fête. Il devait sortir des cuisines, parfois, pour réellement prendre la mesure de ce qu'il faisait.

Il saisit un autre verre et porta un toast silencieux à la ronde. Oui, parfois, il avait besoin de ça, de se sentir inclus dans un tout, de s'extraire du chaudron en dessous. Victor et Ivan, obéissant peut-être à la loi du silence chez les criminels slaves, n'avaient pas donné d'explication sur leur querelle.

« Rien de bien méchant, chef, s'était contenté de dire Ivan. Tout ça, c'est du chiqué.

— Ouais, *man*, du chiqué, avait confirmé Victor. Sûr. »

Gabriel soupçonnait que le Moldave avait été tenu à l'écart d'une combine quelconque et voulait une part du gâteau. Une combine entre Ivan et Gleeson, peut-être ? Mais laquelle ? Laquelle, bon sang ?

Victor avait piaillé comme une poule sur le moment, mais n'ayant manifestement à déplorer qu'une blessure d'orgueil, il continuait de se pavaner.

« Vous avez vu combien ces connards demandent pour un vulgaire presse-papier ? » lança M. Maddox derrière lui. C'était sur sa suggestion que Gabe avait quitté les cuisines.

« C'est ce qu'on appelle un programme d'aide communautaire, répondit-il en se retournant. Destiné à soulager ceux qui souffrent d'un excès de cash. »

M. Maddox ricana. De la main, il arrêta un serveur qui avait commis l'erreur de vouloir se glisser entre eux. « Regardez cette fille, là-bas, celle qui caresse le cygne. Vous avez vu ce petit côté pétasse ? Impossible de savoir si c'est une pute ou une Russe pleine aux as. Même moi, je suis incapable de faire la différence.

— Je n'ai jamais fréquenté ni les unes ni les autres.

— Oh, c'est vrai ? Dans ce cas, mon cher, vous n'avez manifestement aucune expérience de l'hôtellerie. Je devrais vous virer sur-le-champ. » M. Maddox partit de son rire défaillant. « Rien ne vaut une petite blague de temps en temps, hein ? Bon, je vous ai fait monter avant que tous ces gens-là fichent le camp. C'est eux qu'on vise, chef, alors on veut qu'ils soient contents, on veut qu'ils reviennent et qu'ils ramènent leurs copains. Qu'est-ce qu'ils ont pensé de ce qu'on leur a servi ? Vous leur avez posé la question ? Non ? Moi non plus, remarquez, ce n'était pas la peine, parce que vous savez quoi ? Ils se sont jetés dessus, il y a plus de bouffe dans leurs bides que dans la poubelle, c'est ce qu'on appelle un petit miracle, et certaines de ces filles doivent se torturer à cause des calories, à mon avis quelques-unes se feront vomir ce soir… »

En un geste aussi affectueux que sa nature l'y autorisait, il donna une bourrade dans le bras de Gabriel avant de s'éloigner. L'espace d'un instant, ce dernier l'imagina avec Mme Maddox, en train d'échanger de tendres coups de poing.

Resté seul une fois de plus, Gabe s'avança au milieu de la foule, recueillant ici et là des bribes de conversation, des petites choses clinquantes et creuses qui correspondaient exactement à ce qu'il avait envie d'entendre. Quand il aperçut Rolly et Fairweather, il regretta de ne pas pouvoir disparaître aussitôt, mais Fairweather le gratifia d'un sourire tellement débordant d'enthousiasme qu'il se surprit à lui dire : « Ravi de vous voir », pour découvrir aussitôt qu'il le pensait sincèrement ; après tout, c'étaient ses associés et certainement aussi des amis.

« Ma femme collectionne tous ces machins, déclara Fairweather en repoussant sa mèche. Ne vous en faites pas, nous ne sommes pas venus vous espionner.

— Moi si, affirma Rolly. Parle pour toi ! Il y a une salle de réception sur le site de Pimlico, il va falloir la rentabiliser. » Ce soir-là, il portait un costume d'un bleu assez agressif et une cravate ornée d'un motif de marguerites qu'il avait desserrée, laissant pendre le nœud à l'endroit de son torse où sa bedaine prenait naissance.

« C'est fabuleux, reprit Fairweather en englobant d'un geste toute la pièce. Magnifique. Nos femmes sont là-bas, elles font connaissance. Je suis sûre qu'elles s'entendront à merveille. Lucinda s'entend bien avec tout le monde, forcément ; pour elle, c'est un peu comme si elle avait épousé un pasteur…

— Vous voulez savoir quel est le principal talent de Geraldine ? intervint Rolly. Dépenser. Quand je l'ai connue, elle pratiquait en amateur, mais aujourd'hui c'est une vrai pro. *Il me le faut absolument*. Ça veut dire quoi, hein ? Qu'elle va disparaître dans un nuage de fumée si elle ne peut pas l'avoir ?

— Ah, les femmes… » Fairweather s'ébouriffa les cheveux en un geste affectueux – une manière pour lui de souligner ce caractère incorrigible de sa nature auquel personne, et lui encore moins que les autres, ne pouvait résister.

« Je vous ai envoyé le business plan réactualisé, annonça Gabriel. Ça se présente bien. »

Rolly cligna des yeux. « Oh, on en arrive aux choses sérieuses.

— Que de filles ravissantes ! s'exclama Fairweather en acceptant le fruit confit proposé par un des spécimens Sirovsky dorés. Où les dénichez-vous, bon sang ?

— Dans le tiroir de mon bureau, répondit Gabriel. Et j'en garde toujours une ou deux en réserve dans mon vestiaire.

— Qu'est-ce que vous penseriez de…, commença Fairweather. Si on se faisait une petite virée ensemble, juste deux ou trois jours ? On pourrait aller en France jeter un coup d'œil à ces fours haut de gamme dont on m'a parlé, et en profiter pour resserrer nos liens ?

— Quels fours ? demanda Rolly.

— Vous n'étiez pas en train de dire que vous aimeriez bien vous reposer un peu, Gabriel ? Vous refaire une santé ? »

Celui-ci se surprit à hocher la tête, alors qu'il était certain de ne rien avoir dit de tel. Mais c'était sûrement vrai, supposait-il, et gentil de la part de Fairweather de l'avoir noté.

« Le Mancini est placé en règlement judiciaire, annonça Rolly. Le restaurant de poisson dans Tooley Street est sur le point de fermer. Chez nous ne devrait pas tarder à suivre, à ce qu'on m'a rapporté.

— Affreux, commenta Fairweather. Les pauvres.

— Oui. Ça me fend le cœur. Mais que voulez-vous, l'univers de la restauration est impitoyable… Et quand j'aurai fini de pleurer sur leur sort, je filerai sur place voir si je peux négocier un marché.

— N'est-il pas formidable ? lança Fairweather. C'est le meilleur, je vous dis. Ding-dong. Deuxième round.

— Quoi qu'il en soit… », reprit Rolly. Il se servit de sa cravate pour essuyer quelques gouttes de sueur sur son front. Il avait l'air d'un amuseur pour enfants qui se retrouverait dans une mauvaise passe après une fausse accusation, songea Gabriel. Se voulait-il excentrique ? Était-ce Geraldine qui l'habillait comme ça ? « Quoi qu'il en soit, si Gabriel est déprimé, alors malheureusement c'est une croix qu'il va devoir porter. C'est à cause du gène 5-HTT, je l'ai lu dans le journal aujourd'hui.

— Je ne suis pas déprimé, affirma Gabe.

— Aha, on en revient toujours là, déclara Fairweather. Pourquoi ne pas parler d'une prédisposition plutôt que de dire : "C'est écrit dans les étoiles" ?

— Ce n'est pas dans son horoscope, répliqua Rolly. Je ne crois pas à ces machins-là.

— Bien sûr que non. Tu as tout à fait raison. » Fairweather rayonnait. Il avait une capacité remarquable à approuver et contredire simultanément son interlocuteur. « Après tout, c'est à chacun de s'occuper de soi. Et s'il est nécessaire de procéder à une petite mise au point de temps en temps, où est le problème ?

— D'après ce que j'ai compris, il faut avoir la version courte du gène, le transporteur de la sérotonine. Ah non, attendez, c'est le contraire. Ce qu'il nous faut, c'est le 5-HTT long.

— Je ne suis pas déprimé, s'obstina Gabe.

— Bon, moi, j'ai besoin de mon sommeil réparateur. Je dois prononcer un discours à la Chambre demain. On se donne rendez-vous la semaine prochaine ? »

Une femme effleura le bras de Fairweather. « Excusez-moi, j'espère que vous ne m'en voudrez pas de vous aborder ainsi, mais... vous ne seriez pas quelqu'un de connu ? »

Gabriel y pensait toujours lorsqu'il sortit prendre l'air sur le balcon. Les invités commençaient à se disperser, récupéraient leur pochette de cadeaux et s'effleuraient la joue en un simulacre de baiser. *Vous ne seriez pas quelqu'un de connu ?* Fairweather avait réussi à rougir en bafouillant qu'il n'était qu'un *simple* sous-secrétaire d'État. Il exultait, bien sûr. Oui, il était quelqu'un de connu. Quelqu'un. Quelle était l'autre option ? Un anonyme, un être insignifiant. Si on était plus que soi-même, on devenait « quelqu'un » ; dans le cas contraire, on n'était rien du tout.

« Bonsoir, Roméo, ce n'est pas moi qui devrais me trouver à votre place ? » Elle était un peu plus âgée qu'il ne l'avait cru au premier abord, il y avait quelques fils gris dans sa belle natte. Séduisante, pourtant, et même très belle, avec une bouche large, attirante.

« Comment ça ?

— Vous savez bien, la fille se tient sur le balcon, regarde en bas et...

— Et moi, je grimpe, une rose entre les dents. »

Elle éclata de rire. « Bon, si on allait à l'essentiel ?

— Oh, vous voulez que j'aille quelque part avec vous ?

— Très drôle ! En attendant, j'aimerais bien, oui.

— Encore faudrait-il que je sois libre... »

Elle frissonna et garda le silence un moment. Peut-être réfléchissait-elle au meilleur moyen de battre en retraite, à moins qu'elle ne veuille lui donner le temps de changer d'avis ? « Eh bien, Roméo, on a la liberté qu'on mérite. Si vous tenez à vous enterrer vivant... » Et d'ajouter : « Bonsoir. »

Gabe baissa les yeux vers la rue puis les leva vers le ciel. Alors comme ça, il s'enterrait vivant ? Charmant ! Il secoua la tête et s'esclaffa.

En aucun cas il n'avait l'impression de s'enterrer avec Charlie. Ils avaient fait ce voyage à Marrakech, un cadeau qu'il avait organisé d'avance, une petite surprise. Peut-être leur fallait-il une autre initiative du même genre, quelque chose de spontané. Il allait devoir organiser ça.

À minuit passé, Gabe était à son bureau. Quand il rentrerait chez lui, Lena serait là. Ou peut-être pas. Au fond, peu importait. Mais bien sûr qu'elle serait là, à attendre l'argent qu'il n'avait pas trouvé. Et ensuite ? Il avait tout prévu. Ce n'était pas compliqué, c'était même très simple, il lui suffirait de...

Et merde, il avait perdu assez de temps comme ça avec cette histoire.

Il n'y avait plus que Benny en cuisine. Gabe sortit voir ce qu'il faisait.

« Quatre litres et demi de court-bouillon, annonça Benny en soulevant un couvercle. Deux litres de demi-glace, c'est presque prêt.

— Parfait. » Gabe le regarda écumer la sauce. « Il va falloir qu'on mette en place le room service en continu, ajouta-t-il. Pour une histoire de conformité avec le nombre d'étoiles : maintenant que les travaux de rénovation sont terminés, on est obligés d'assurer le service entre minuit et six heures.

— Oui, chef. Ça fait long sans manger. »

Benny remua le court-bouillon. La cicatrice en travers de sa joue semblait légèrement argentée. C'était une large balafre inesthétique mais curieusement elle ne l'enlaidissait pas. En un sens, elle lui allait bien, si tant est qu'une telle blessure puisse être seyante.

« Sauf que c'est impossible à rentabiliser, c'est tout le problème. Voilà pourquoi je ne m'en étais pas encore occupé. M. Maddox veut que chaque nouvelle initiative permette de dégager des marges. Il a beaucoup insisté là-dessus. » Gabriel se jucha sur le plan de travail. « Mais avec les coûts supplémentaires en personnel – sans oublier les serveurs –, on ne peut pas s'en sortir.

— Alors, qu'est-ce que vous allez faire, chef ?

— Vous ne seriez pas du genre oiseau de nuit, Benny ? Ça vous dirait, le service funèbre ? Soupes, salades, steaks-frites... Vous n'auriez pas vraiment l'occasion de cuisiner, mais j'ai besoin d'un homme de confiance.

— Et les profits ? Qu'est-ce que va dire M. Maddox ? »

Gabe haussa les épaules. « Je trafiquerai les chiffres pour que ça passe.

— D'accord, chef.

— Tenez, je vais vous expliquer : je m'arrange pour soumettre à M. Maddox les prévisions qu'il attend. Comme ça, il peut donner son accord, il est couvert. Après, si les commandes n'arrivent pas en nombre suffisant, ce ne sera la faute de personne, et quoi qu'il en soit on gardera l'étoile supplémentaire. On inclura les pertes et profits de la nuit dans le bilan global du room service, ce qui aurait été le cas de toute façon. Et voilà, le tour est joué. »

Benny garda le silence. Il donnait pourtant l'impression d'avoir une foule de questions à poser.

« Quoi ? le pressa Gabriel. Quoi ?

— Rien, chef. Je me demandais juste : ce ne serait pas plus facile d'opter pour la vérité ? »

Souviens-toi, Gabriel, le mensonge est aussi lamentable que le menteur.

C'était bien beau, mais aujourd'hui, la vérité et le mensonge n'entraient pas dans l'équation du monde du travail. Il y avait d'autres facteurs plus importants à prendre en compte : ce que le patron voulait entendre ou pas, et le moyen de se faire soi-même entendre.

« La vérité, Benny, c'est que tout va marcher comme sur des roulettes. Je me contente d'éliminer les risques pour M. Maddox. »

Benny sourit de nouveau, révélant ses dents d'une blancheur de sel. « Laissez-moi faire le service continu, chef. Je peux dormir le matin, venir l'après-midi et bosser de nuit jusqu'à six heures. »

Gabe hocha la tête. « Je me charge de débarrasser le court-bouillon, d'accord ? On le mettra tout de suite au frigo. Il y en a un qui est vide. Non, je m'en occupe, vous n'avez qu'à réserver la demi-glace. Après, on rentre chez nous. »

Ils s'activèrent puis rangèrent en silence. À peine arrivé, le plongeur se dirigea vers les collecteurs de graisse. Les trois hommes échangèrent un signe de tête.

« Voilà, on a fini », déclara Gabe. Il s'essuya les mains en faisant de grands gestes superflus puis les tapa plusieurs fois l'une contre l'autre. « Allez, à la maison », ajouta-t-il, avant de répéter d'une voix plus faible : « À la maison.

— Il faut encore que je descende chercher mes affaires dans le vestiaire, chef.

— Ah oui, bien sûr. D'accord. » Gabriel froissa son torchon et l'expédia dans la corbeille à linge. « OK. »

Benny s'éloignait déjà.

« Attendez ! appela Gabriel. Attendez. Ça vous dirait d'aller prendre un verre ? Vous devez vraiment rentrer tout de suite ? Je ne suis pas pressé – je veux dire, il n'est pas si tard que ça et… Allez, venez, je connais un petit bar sympa. »

Le Ruby in the Dust, surnommé le Dusty, dans Heddon Street, était un bouge en sous-sol grouillant de cuisiniers. Son propriétaire éponyme était un Geordie[1] dont le CV légendaire incluait une expérience des plateformes pétrolières en Arabie Saoudite, la contrebande de whisky, également en Arabie Saoudite, le trafic d'armes dans certains États d'Afrique subtropicale non spécifiés, la gestion d'un parc d'attractions à Mexico servant de façade à quelque activité dont le caractère illégal était clairement sous-entendu, et « la garde du corps de plusieurs célébrités », pour reprendre son expression. « Ouais, c'étaient tous des connards, répétait-il à l'envi, mais pas plus que les autres. Pas plus que vous, bande de connards. Quand j'y pense, j'ai fait le tour du monde et c'est partout pareil : quand on en arrive au fond du fond des choses, ben, tout le monde est plus ou moins un connard. »

Les cuisiniers ne lui créaient pas de problèmes : ils allaient régler leurs comptes dehors. Le bar était comme une bouche sombre et chaude qui les contenait pendant qu'ils arrosaient leurs soucis et leurs joies, ou éclusaient leur ennui en compagnie de Jack Daniel's et de Bruce Springsteen.

Ce soir-là, Dusty n'était nulle part en vue. Une fille en T-shirt noir déchiré, affublée d'un anneau dans la lèvre assorti d'un bouton de fièvre, montait la garde au bar en affichant une mine belliqueuse qui avait dû nécessiter des mois d'entraînement. Elle leva le menton d'à peine un millimètre – une façon laconique de demander : « Alors, qu'est-ce que je vous sers ? »

« Une Kronenbourg, déclara Gabriel. Et vous, Benny, vous prenez quoi ?

— Bonsoir, dit l'intéressé à la fille, qui se borna à relâcher les muscles de ses mâchoires pour lui signifier sa façon de penser. Vous avez du curaçao bleu ? »

1. Surnom donné aux habitants de la région de Tyneside, dans le nord de l'Angleterre.

Du bout de la langue, elle effleura l'anneau de sa lèvre, puis elle disparut derrière le comptoir avant de se redresser comme si elle sortait de la tombe en brandissant la bouteille d'alcool bleu vif.

Les deux hommes prirent leur boisson et s'assirent près du Spunker's Corner[1] où l'on disait que Dave Hill, alors garde-manger au Connaught, s'était fait jouir dans le pantalon en racontant un film porno. Quand on venait régulièrement boire un verre au Dusty, on finissait par apprendre une anecdote sur presque tous les acteurs du métier.

« Putain, où t'étais passé ? » Nathan Tyler, qui sortait des toilettes en remontant sa braguette, avait posé la question comme si Gabriel lui avait fait faux bond. Et en un sens, c'était le cas, songea celui-ci. Depuis qu'il était avec Charlie, il allait au Penguin après le travail ou rentrait chez lui.

« Je dois filer, vieux, ajouta Nathan d'un ton laissant supposer que Gabriel l'avait supplié de rester. Tu m'appelles, d'accord ? Hein, mon salaud, tu m'appelles ?

— On a bossé ensemble au Dorchester », confia Gabe à Benny. Perdu dans ses souvenirs, il sourit. Dix heures par jour à « tourner » des patates pour leur donner une rondeur que la nature n'avait pas jugé bon de leur attribuer. Ce genre de corvée merdique, ça forge des liens, forcément, un peu comme de vivre dans une tranchée. Oui, il téléphonerait à Nathan.

« Santé », dit Benny. Il leva son verre, dont le contenu semblait radioactif, et le porta à ses lèvres, le petit doigt en l'air.

« C'est agréable de… vous savez, de décompresser après le boulot. De boire un coup.

1. Littéralement, « Coin à foutre ».

— Oui, chef », approuva Benny. Il avait troqué sa tenue de cuisine contre un jean délavé au pli net et un blouson de cuir noir avec un tigre brodé dans le dos. Ses sabots de travail avaient été remplacés par des mocassins gris tellement brillants qu'ils auraient pu servir à espionner les dessous de jupes.

« Avant, je venais de temps en temps, reprit Gabe en regardant autour de lui.

— Oui, chef. »

Aucun d'eux, apparemment, ne parvenait à décompresser. « Vous n'êtes pas obligé de m'appeler chef, vous savez. Gabe suffira.

— OK, Gabe.

— Vous étiez là le soir où on est tous allés au Penguin ? Le club où il y avait la chanteuse de jazz, ma copine ? Le soir où Damian était tellement bourré qu'il s'est vomi dessus ? » Les détails étaient superflus ; il n'y avait pas eu d'autre soirée de ce genre.

« Non, chef. J'y étais pas. »

Peu après son arrivée à l'Imperial, Gabriel avait organisé une sortie collective – sa première et jusque-là sa seule initiative visant à renforcer l'esprit d'équipe.

« On remettra ça bientôt », lui assura Gabe sans y croire. Il aurait voulu connaître la nationalité de Benny. Son anglais était excellent mais teinté d'un fort accent, et la moindre syllabe qu'il prononçait semblait lui coûter de gros efforts, comme s'il devait la hisser du fond de la gorge avant de l'énoncer – une libération qui s'accompagnait chaque fois d'un soupir audible. Gabe, qui travaillait avec lui depuis près de six mois, estimait embarrassant de lui demander seulement maintenant d'où il venait. Il décida d'aborder la question de manière indirecte. « Salim, commença-t-il, nommant un des plongeurs. Il est bien somalien, non ? Vous connaissez ? La Somalie, je veux dire.

— Un peu », répondit Benny, un sourire énigmatique aux lèvres. Il leva son verre. « Cette liqueur-là est fabriquée avec des oranges. Comment se fait-il qu'elle soit bleue ? »

Gabe n'avait jamais vu qu'une personne boire du curaçao bleu, et c'était Nana. Elle aimait bien aussi la liqueur verte, la crème de menthe, à laquelle pour sa part il trouvait un goût de médicament. « Aucune idée. Il a l'air triste, Salim. Je me demande ce qu'il a vécu. »

Benny haussa les épaules. « Il vient de Somalie. Pour moi, ça en dit long.

— Et vous, Benny ?

— Hein, chef ?

— Eh bien, je ne sais pas… C'est juste pour bavarder. Vous avez une famille ? Quelqu'un vous attend, chez vous ?

— Ça dépend de ce que vous entendez par "chez vous". Votre amie, elle vous attend ? »

Lena l'attendait. Gabriel frissonna. Cette pensée lui inspirait à la fois de la fascination et de la répulsion, comme l'image d'une atrocité dont il ne pourrait détourner les yeux malgré son caractère insupportable. « Pas ce soir, répondit-il. Elle a un contrat de quelques jours à l'étranger. Mais vous, qu'est-ce que vous entendez par "chez vous" ? Dites-moi.

— Ah… » Benny secoua sa large tête en le dévisageant de ses yeux au blanc jaunâtre. Le crâne mis à part, il était compact, presque trop petit, et pourtant il n'avait rien de chétif. En sa présence, Gabriel avait l'impression que ses quelques centimètres de plus étaient superflus – un excès de sang, d'os et de tissus dont il aurait pu se défaire sans rien perdre de vital.

« J'essayais juste d'engager la conversation, dit Gabriel. On peut parler d'autre chose, si vous voulez.

— Un de mes amis est somalien, comme Salim. Il habitait Mogadiscio, où il avait un emploi de chauffeur. Si vous saviez ce qui lui est arrivé... hé, hé, hé. » Il ponctua ces mots d'un rire guttural dont la signification échappa à Gabe.

— Continuez. Qu'est-ce qui lui est arrivé ?

— Trop de choses. Dites, chef, vous vouliez discuter avec moi d'un problème de boulot ? »

Gabe avait envisagé de l'interroger à propos de Victor et d'Ivan, au cas où il aurait pu l'éclairer sur les raisons de leur querelle en cuisine, mais Benny avait un don pour l'esquive digne d'un diplomate, sans compter qu'il maîtrisait comme personne l'art d'arrondir les angles. Même s'il acceptait de lui parler, il ne lui apprendrait rien, Gabe en était convaincu. « On n'est plus en service, Benny. Si on oubliait un peu le boulot ? Je préférerais entendre l'histoire de votre ami.

— Vous saviez qu'en plus d'un numéro de Sécurité sociale, d'un passeport ou de papiers d'identité, on peut acheter aussi une histoire ? Si vous pensez que la vôtre n'est pas suffisamment solide, si vous avez peur que vos souffrances ne suffisent pas à vous garantir l'autorisation de rester dans ce pays, eh bien, vous pouvez acheter une histoire et la présenter au bureau du gouvernement à Croydon. Les histoires somaliennes peuvent atteindre des prix très élevés.

— Tout se vend, j'imagine.

— Parce que si vous racontez votre propre histoire, peut-être qu'on ne vous croira pas. "Manque de crédibilité". C'est la formule officielle. Je connais quelqu'un à qui c'est arrivé. »

Gabe bâilla d'aise. Il se doutait déjà de ce qui allait suivre, mais ça ne le dérangeait pas. « D'où était-il ?

— République démocratique du Congo. Il était professeur d'économie à l'université de Kinshasa, c'était quelqu'un de très intelligent. » Benny gloussa comme pour dire : « C'est bien le problème, justement. »

« Et ? On l'a envoyé en prison ? » Il voyait bien que Benny hésitait, se demandait jusqu'où il pouvait aller. Quand on prenait un verre entre hommes après le boulot, c'était en général pour râler, blaguer ou cancaner, pas pour évoquer ses malheurs.

« Il était dans l'opposition. La première fois qu'on l'a arrêté, il a eu presque toutes les dents arrachées. » Benny s'interrompit pour le consulter du regard, et Gabe hocha la tête comme pour lui signifier qu'il s'attendait à ce genre de détail. « La fois suivante, reprit-il en accélérant la cadence, il n'a pas été torturé mais, une fois libéré, il est rentré chez lui pour découvrir sa femme et ses enfants assassinés. Avec l'aide d'un collègue, il a réussi à passer en Zambie et de là il est arrivé au Royaume-Uni. À votre avis, ça s'est bien terminé ?

— J'imagine que non », répondit Gabe. Benny, qui manifestement possédait des manières d'un autre âge, avait débité son récit le plus vite possible pour ne pas lasser son interlocuteur.

Il leva son verre, accompagnant le mouvement de son étrange salut du petit doigt. « Non, confirma-t-il, avant d'avaler une gorgée d'alcool. Manque de crédibilité. On lui a posé toutes sortes de questions. On lui a demandé combien d'enfants il avait et combien avaient été tués. Onze, il a répondu. Alors on lui a demandé, encore et encore, combien d'entre eux étaient morts. Onze, il a répété. Il aurait dû répondre deux ou trois. C'était une erreur. "On ne vous croit pas, ont dit les services du gouvernement. Ça manque de cré-di-bi-li-té." » Dans sa bouche, le mot parut s'étirer à l'infini, comme s'il énumérait une liste interminable de chefs d'inculpation, une litanie de crimes.

« Après tout ce qu'il avait subi, ils l'ont éconduit ? s'étonna Gabe.

— Ils avaient raison. Et tort aussi. Son histoire n'était pas crédible mais elle était vraie. Qu'est-ce que vous voulez y faire ? »

Gabriel paya d'autres tournées. Il s'approcha du juke-box, dont il parcourut les titres. Rien n'avait changé : Dylan, les Stones, Springsteen, Neil Young, Deep Purple, Meat Loaf, les Pogues... On disait de Dusty qu'il n'avait pas hésité à chasser les clients ayant eu l'audace de réclamer des nouveautés. « Quel intérêt d'avoir ma propre affaire si le premier connard venu se mêle de me dire ce que je dois faire ? » répétait-il. Le juke-box en question était un modèle de collection, un Wurlitzer 73 que son design soigné situait quelque part entre le vaisseau spatial et la lampe Tiffany. Gabriel composa le numéro correspondant à « Southern Man » puis gratifia la machine d'une tape sur le flanc comme si c'était un cheval de mine en route pour l'abattoir.

« J'ai trop parlé », s'excusa Benny en le voyant se rasseoir. Il entreprit de remettre de l'ordre sur la table, réorganisant l'agencement des serviettes en papier, de la coupelle remplie de cacahouètes, des sous-bocks en carton et des verres. Ses doigts s'activaient à toute vitesse, survolant les objets et les déplaçant comme par magnétisme ou magie, déployant toute l'agilité d'un cuisinier compétent.

« Non, répliqua Gabe. Pas du tout.

— Si j'avais une femme, je ne l'amènerais pas ici. » Assis au comptoir, un couple s'embrassait à pleine bouche. « C'est tout juste bon à tuer le romantisme. Le romantisme, c'est mieux que le sexe.

— L'idéal, c'est d'avoir les deux », observa Gabe en songeant à l'offre de Lena. Bientôt, il se retrouverait en face d'elle. « Vous aussi, vous êtes originaire du Congo, c'est ça ?

— Du Liberia, rectifia-t-il. Petit pays, gros problèmes. » Il secoua la tête.

« Je vois, dit Gabriel distraitement. Vous avez bien fait de partir.

— Il y a eu des émeutes. Je me suis enfui. » Benny haussa les épaules.

« Et vous êtes venu directement à Londres ? » Gabriel lui était reconnaissant d'avoir opté pour une version abrégée de son histoire personnelle. D'un côté, il avait envie d'en savoir plus sur le passé de Benny mais, de l'autre, il ne voulait pas s'encombrer de confidences. S'il devait un jour le sermonner pour un motif quelconque, voire le virer, il préférait ignorer toutes les choses terribles qu'il avait peut-être endurées. En vérité, il ne le faisait parler que pour différer l'inévitable : rentrer.

« Je me suis rendu au Caire avec d'autres parce que j'avais entendu dire qu'ils aidaient les Libériens, là-bas. Après deux ans d'attente, j'ai été interrogé par les représentants des Nations unies, et encore un an plus tard on m'a proposé de m'établir ici. J'ai profité de toutes ces années pour améliorer mon anglais.

— Votre anglais est excellent.

— Merci. L'anglais est la langue officielle de mon pays mais si je parle l'anglais du Liberia, ajouta-t-il en prenant un accent plus marqué, z'allez pas y piger grand-chose. »

Comment est-ce que j'ai pu me fourrer dans un tel pétrin avec Lena ? se demanda Gabriel. En même temps, il ne l'avait pas cherché ; ça lui était tombé dessus. Après tout, il ne lui avait pas demandé d'apparaître dans la cour. « Si je comprends bien, reprit-il, il ne fait pas bon vivre au Liberia.

— Je peux vous raconter une autre histoire, si vous voulez. Peut-être plus intéressante que la mienne.

— Allez-y, je vous écoute.

— J'ai un ami, Kono, libérien lui aussi. On a à peu près le même âge et on est très proches. Il vient du comté de Nimba, c'est un Gio. » Benny marqua une pause. Il semblait sur le point de se raviser. « Il commence à se faire tard, non ?

— On n'a pas terminé nos verres », observa Gabriel. Lena, pensa-t-il. Oh, Seigneur.

« D'accord. Quand Charles Taylor a envoyé ses hommes dans la région, en 1989, le village de Kono a été épargné parce que les Gios le soutenaient. Mais l'année d'après, des troubles ont éclaté. Les hommes de Taylor – c'était le leader des rebelles, qui est devenu président – ont eu un différend avec le chef du village. C'était le père de Kono. Deux jours plus tard, ces soldats rebelles sont revenus.

» Ils ont traîné la mère et le père de Kono, ainsi que ses quatre frères et sœurs, hors de la maison. Les parents ont été abattus et les enfants matraqués à coups de crosses. Ça permet d'économiser les balles, vous comprenez… Kono a survécu parce que c'était l'aîné et que les rebelles voulaient le recruter. Il avait douze ans.

— Nom de Dieu », murmura Gabriel. Il savait parfaitement ce qui allait se passer avec Lena. Voilà pourquoi il essayait de retarder l'inévitable en restant assis là, à écouter toutes ces horreurs que, pour être honnête, personne n'avait envie d'entendre.

« Je sais, admit Benny en riant. Je sais. Les rebelles ont emmené Kono et l'ont obligé à travailler. Au début, il allait chercher de l'eau et nettoyait les latrines. Au bout d'un moment, il a été forcé de participer à un raid, et on lui a ordonné d'abattre un des prisonniers, une femme enceinte. Les rebelles l'ont frappé mais il ne voulait pas… Vous êtes vraiment sûr que je dois continuer ? Un peu plus tard, pendant un autre raid, on lui a dit : "Il est temps que tu sois initié." Comme Kono se montrait réticent, le chef de l'unité a sorti un poignard et commencé à le taillader. Mon ami n'a pas eu besoin d'autres encouragements.

— Alors il est lui-même devenu un soldat rebelle ? » demanda Gabriel. Il savait ce qui allait se passer avec Lena, d'accord. Pour autant, avait-il le couteau sous la gorge ? Non, il était toujours libre de choisir.

« Un enfant soldat, répondit Benny. C'est ce qui a rendu mon pays célèbre. Ils l'ont affecté à un poste de contrôle, une autre spécialité du Liberia. Celui-là était décoré de crânes humains et on l'appelait "le point de non-retour" parce que... ben, c'est assez facile à deviner, hé, hé, hé. Pendant presque trois ans, Kono a participé à des raids et assuré la surveillance de ce poste de contrôle. C'était toute sa vie. » Une fois lancé, Benny se révélait être un conteur intarissable. « Tous les enfants soldats avaient des surnoms : Le Guerrier de la Mort, L'Arme Fatale, Le Pitbull... Kono n'était pas très grand pour son âge, et il était surnommé Le Général qui Tire sur la Pointe des Pieds – pour des raisons évidentes, je pense.

— Je vois », dit Gabe. Force lui était d'admettre qu'il existait certains endroits, certaines circonstances aussi, où l'on n'était pas maître de sa destinée.

« Il a fait ce que font tous les enfants soldats, il portait de petites nattes ornées de cauris, et chaque jour il se défonçait. »

Gabriel n'avait pas d'excuses semblables. S'il voulait coucher avec Lena, pourquoi tenter de se réfugier derrière une formule du genre « ça devait arriver » ? Comme s'il était victime de l'Histoire, de la guerre, du destin.

« Un jour, poursuivit Benny, Kono et sa bande ont organisé un raid et ils ont commis les actes habituels :

viol, pillage, meurtre… Une fois le boulot terminé, ils se sont accordé un moment de détente dans ce village. Quand certains des enfants soldats ont commencé à jouer au football, Kono a voulu se joindre à eux. Et il a vu qu'ils se servaient d'une tête de femme en guise de ballon. Il a joué quand même… »

Gabriel leva les yeux.

« Oh, je me doute de ce que vous pensez, dit Benny. Hé, hé, vous vous demandez comment un homme peut en arriver là, pas vrai ? Moi aussi, je me pose la question. Qu'est-ce qui fait de nous des humains ? Est-ce qu'on ne serait pas tous des animaux, au fond ?

— Et c'est votre ami ? » s'étonna Gabe. Lena, songea-t-il, le cœur brusquement étreint par une douleur sourde, devait arpenter l'appartement en attendant son retour. Mais comment pouvait-il penser à elle précisément maintenant, à cette seconde ? Qu'est-ce qui n'allait pas chez lui ?

« On est très proches, répondit Benny. Ce jour-là, il a compris qu'il devait partir, qu'il préférerait encore mourir plutôt que de rester. Alors, quand on l'a envoyé chercher des provisions au marché – les prendre, hein, pas les acheter –, il en a profité pour s'enfuir. Pendant un temps il a vécu dans la rue à Monrovia, persuadé que chaque jour serait le dernier. Et puis, il a rencontré un ami de son père, un homme d'affaires libyen, qui l'a aidé à se rendre au Caire. C'est là que je l'ai connu, l'ex-Général qui Tire sur la Pointe des Pieds, Kono, mon ami… » Benny s'esclaffa. Il tapa dans ses mains, les frotta brièvement l'une contre l'autre puis enfila son blouson. Gabe eut soudain une révélation fugitive. L'espace d'un instant, il comprit clairement pourquoi Benny riait, il le sut au plus profond de lui, à un niveau instinctif, juste avant que la perception ne s'évanouisse.

« Aujourd'hui, conclut Benny en se levant, tout ce qu'il lui reste de cette époque, ce sont des cauchemars. Mais comme il le dit lui-même, les cauchemars, ça n'a jamais tué personne. »

Lorsqu'ils quittèrent le bar, Benny se dirigea vers Oxford Street pour attendre le bus de nuit. Gabriel le suivit du regard quand il s'en alla, le tigre dansant dans son dos tandis qu'il traversait les ombres et emportait ses histoires bien emballées et rangées à l'intérieur de lui – un Noir anonyme ayant terminé son service ou sur le point de le prendre, qui s'éloignait les yeux baissés jusqu'à ce que la ville l'engloutisse et que Gabe se détourne pour appeler un taxi.

8

IL LA REGARDAIT DORMIR SANS LA TOUCHER, une main au-dessus de sa gorge comme s'il pouvait, par une sorte de force magnétique, la guérir grâce à la pulsation qu'il percevait à la base de son pouce. Baignée par les lueurs marbrées de la lune, Lena était une beauté sculptée, un cygne à l'agonie. Ses lèvres étaient lustrées à la perfection, ses joues sans défaut se paraient d'une nuance nacrée, et la splendeur mystérieuse de ses paupières closes avait de quoi ensorceler n'importe quel homme. Elle était là, devant lui, sa source d'irritation, sa douleur, sa petite maigrichonne aux cheveux incolores répandus sur l'oreille, son salut, sa ruine, ou peut-être ni l'un ni l'autre – juste sa délivrance.

Lena remua avant d'ouvrir les yeux. À genoux près d'elle, Gabriel recula avec une hâte coupable, tel un cambrioleur surpris en flagrant délit. Il vit la bouche de la jeune femme former un « O » silencieux et se refermer. Alors qu'il prenait conscience du bourdonnement dans ses oreilles, le temps parut se figer et ils se dévisagèrent un long moment. Enfin elle leva un bras, lui posa une main sur la poitrine et la glissa à l'intérieur de sa chemise. Lorsqu'il vint sur elle, ce fut avec une grâce et une aisance qu'il ne s'imaginait pas posséder. Il sentit les petits doigts durs de Lena s'immiscer dans ses cheveux. Est-ce bien moi qui suis en train de faire ça ? se demanda-t-il. Suis-je vraiment ce genre d'homme ? Puis ses questions s'effacèrent, balayées par le mouvement, la chaleur, la sueur, le frottement des peaux, le glissement, les frissons le long de son dos, et il se désintégra peu à peu jusqu'au moment où il n'y eut plus de *je*, plus de *moi*, plus de *qui* – seulement leurs corps mêlés.

Après, ils s'écartèrent l'un de l'autre. Il s'assit sur le canapé et elle baissa sa jupe tout en restant allongée, la tête calée par l'accoudoir. Gabriel reprit ses esprits. Oh merde ! pensa-t-il, mais sa réaction s'apparentait à un simple réflexe ; les remords auxquels il s'attendait ne s'étaient pas encore manifestés. Il lui caressa le genou et ensuite la cuisse en attendant que sa propre respiration recouvre un rythme normal. Elle contemplait fixement le plafond, les lèvres serrées, les bras croisés sur sa poitrine, semblable à un gisant dans un cimetière.

« Lena ? murmura Gabe en pinçant tendrement la peau fine et douce de la jeune femme. J'ai cherché l'argent. »

Elle relâcha lentement son souffle. « Je sais ce que toi tu vas dire.

— Je suis descendu à la cave. J'ai compté les briques, quatre à droite et…

— Je sais ce que toi tu vas dire. »

Il ôta la main qu'il avait posée sur sa jambe. Lena l'accusait, c'était évident, mais de quoi ? Il alluma la lampe. « Ah oui ? Et qu'est-ce que je vais dire ? »

Elle se redressa d'un coup, comme électrocutée par un courant interne. « Tu vas dire, tu l'as pas trouvé. J'ai raison ? »

Insinuait-elle qu'il ne s'était même pas donné la peine de chercher ou qu'il avait gardé l'argent pour lui ? Il sonda le regard de la jeune femme pour tenter de mesurer l'intensité de sa colère, mais en vain : il ne pouvait pas plus lire dans son cœur que voir son foie ou ses intestins. « Oui, tu as raison, admit-il. Je ne l'ai pas trouvé.

— Non. » Elle releva les genoux pour former une barrière entre eux. « Non. » Elle tira sur les anneaux à ses oreilles, étirant les lobes.

Il y avait une autre possibilité : l'argent n'avait jamais existé et elle avait échafaudé un plan pour lui en soutirer. « Désolé, dit-il.

— Pourquoi toi désolé ? Hein, pourquoi ? » Elle tira plus fort sur ses boucles. « Moi je suis tellement idiote, comment j'ai pu laisser l'argent comme ça ? »

Gabe lui saisit les poignets. « Arrête, tu vas te faire saigner. » Avec douceur, il l'obligea à baisser les bras, puis il lui tint les mains, ou plutôt les poings. « J'ai des économies », révéla-t-il. Et si c'était exactement ce qu'elle avait en tête ? Tant pis, il s'en fichait. « Je vais t'en donner une partie, on dira que c'est un prêt, tu me rembourseras quand tu pourras. D'accord ? Lena ? D'accord ? »

Elle tourna vers lui son visage anguleux. Sa beauté était de nature fragile ; elle risquait de se briser à tout instant. « Si toi tu penses... », commença-t-elle. Elle desserra les poings sans essayer de se libérer.

« Je pense que ce serait la meilleure solution, affirma-t-il. Tu as besoin de combien ? Il y avait combien ? »

Comme Lena semblait hésiter, il l'imagina en train de procéder à de rapides calculs dans sa tête. Combien demander ? Comment savoir si c'était trop ou pas assez ? « Deux mille, répondit-elle enfin. Mais... c'est toi, tu décides.

— Deux mille ? » Gabe émit un sifflement. « OK.

— J'accepte l'offre de toi », déclara Lena, manifestement désireuse de donner une réalité à leur accord, une valeur d'engagement, de marché conclu.

Gabriel l'attira contre sa poitrine et ils demeurèrent ainsi un bon moment, sans parler. Il percevait l'odeur des cheveux de Lena, mélange de crasse et d'anxiété, tellement différente de celle de Charlie, d'une saine fraîcheur citronnée, aussi riche que celle de Lena était insignifiante.

« Quand ? s'enquit Lena dans un souffle. Quand toi tu me prêtes l'argent ?

— Il faut que... eh bien, que je fasse un retrait. Pour ça, je suis obligé d'aller à la banque, je ne peux pas retirer une telle somme au distributeur. »

Lena s'écarta. « Oui. Je comprends, oui. » Elle sourit. Il devinait sa tension à la façon dont les tendons saillaient sur son cou. « Quand tu vas à la banque ?

— Le plus tôt possible », répondit Gabriel. Ils marchaient tous les deux sur un fil au-dessus du gouffre de leurs désirs conflictuels. « Je vais avoir du mal à me libérer dans les deux jours à venir, j'ai un boulot dingue. » Il avait envie qu'elle parte, bien sûr, autant qu'elle en avait envie elle-même ; pourtant, il ne voulait pas qu'elle s'en aille – pas tout de suite, du moins.

« Deux jours, c'est rien, affirma-t-elle. J'attends. »

Allongé sur le lit pendant que Lena occupait la salle de bains, Gabriel examina le décor de la chambre – coffre en pin, chaise de jardin en PVC, commode en kit – en songeant à tout mettre dans un garde-meuble. Pourquoi ne pas acheter ses propres meubles, des choses qui lui correspondraient plus ? Sauf qu'il n'était pas certain de ses goûts en matière de mobilier, alors mieux vaudrait demander conseil à Charlie. En l'état, la pièce était tellement anonyme ! Mais, au fond, peut-être lui plaisait-elle ainsi. À Plodder Lane autrefois, chaque objet, chaque chaise même, avait une histoire, de sorte que rien n'était aussi simple qu'il y paraissait.

Lena revint, en chemisier et culotte. Elle ne s'était pas coiffée. Elle s'assit sous la reproduction de nénuphars dans son cadre pastel, moitié éclairée par le halo de la lampe, le dos rond, les mains sur les cuisses.

Gabriel scruta son petit visage sérieux. « Tu connais celle du chef et du plongeur ? Le chef dit : "Vous voyez ces casseroles, là..."

— Toi, tu veux te moquer, hein ? C'est égal à moi, l'interrompit Lena, dont l'accent devenait plus prononcé. J'en suis rien à foutre. »

Il tapota l'oreiller à côté de lui. « Viens. Je ne voulais pas me moquer de toi, Lena. J'essayais juste de... de détendre l'atmosphère, tu comprends ? »

Elle gardait les yeux rivés sur ses genoux.

« Tu ne peux pas passer la nuit là. Allez, viens vite... » Il souleva la couette. Elle resta assise sans bouger, raide et malheureuse, résistant de toutes ses forces à l'appel, et il décida de se montrer plus ferme afin de la délivrer de cette torture auto-infligée. « Viens te coucher, Lena. Tout de suite. Arrête de déconner. »

Lorsqu'elle se fut glissée dans le lit, Gabe la recouvrit de la couette. En appui sur un coude, il suivit du doigt la ligne de ses fins sourcils.

« Lena ? Quand t'étais petite, tu voulais devenir quoi ?

— Je sais pas. » Elle le regarda. Ses prunelles avaient beau être d'un bleu limpide, il n'en déchiffrait pas plus l'expression que si elles avaient été voilées par la cataracte.

« Danseuse ? suggéra-t-il. Princesse, acrobate, Eskimo ? »

Une exclamation de mépris lui échappa : « Pfff ! »

Bon, s'il réussissait à la dérider, il se sentirait dégagé de toute responsabilité, décida-t-il. C'était elle qui avait initié le rapprochement, qui l'avait touché la première, et pourtant elle se comportait comme s'il lui avait volé quelque chose.

« Astronaute, actrice, dompteuse de cirque, mystique ? Directrice de banque, comptable, fleuriste, croquemort ? Je chauffe, au moins ? Ah, zut ! » Il s'étendit sur le dos. « Ça y est, j'ai trouvé, affirma-t-il en donnant un coup de poing dans la tête de lit. Employée à la plonge au célèbre hôtel Imperial. Ton rêve s'est réalisé.

— Méchant homme », répliqua-t-elle, mais elle n'en ponctua pas moins ces mots d'un petit rire sec avant de se déplacer dans le lit pour venir se lover sous son bras.

Un bruit de pas résonna dans la cour. Des gens y entraient parfois en pleine nuit pour fumer. La rumeur ininterrompue de la circulation leur parvenait, créant une sorte de doux matelas sonore propice au sommeil. Lorsque Lena reprit la parole, Gabe se rendit compte qu'il commençait à s'assoupir.

« L'Italie, dit-elle. Avant je voulais aller en Italie.

— L'Italie. Pourquoi pas ? C'est magnifique.

— Pour travailler dans maison de retraite, m'occuper des personnes vieilles. C'est pas rêve. Pas rêve de petite fille… Je sais pas, pas ça. Mais aujourd'hui, même ça, ça ressemble à rêve.

— Bah, Londres a aussi ses bons côtés, observa Gabe. On va te remettre sur les rails, tu verras. » Les policiers ne la recherchaient pas. De toute façon, même s'ils l'interrogeaient, ils ne lui causeraient pas d'ennuis. Elle n'avait pas besoin de se cacher. Il envisagea de lui en parler, mais il était tard et il n'avait aucune envie d'y penser maintenant. C'était un autre petit secret à mettre au coffre, une monnaie d'échange dont il pourrait disposer à sa guise. « Que penses-tu de cette chambre ? Elle manque de caractère, tu ne crois pas ? »

Lena se redressa. Son regard se porta vers un point au milieu de la pièce, mais de toute évidence ce n'étaient ni le coffre en pin ni la chaise de jardin qu'elle voyait – plutôt quelque chose dans sa tête qui l'amena à se pincer les bras. « Chez moi, à Mazyr, il y a cette Gitane. Elle a son grand nez de Gitane, un œil vert et l'autre bleu. Cette Gitane, elle a dit la bonne fortune à moi. Tu sais quoi c'est, la bonne fortune ? Le futur, oui. Elle se sert des feuilles de thé. Elle a dit à moi : "Tu vas rencontrer un homme, un homme très beau, grand et brun, oui, comme dans les contes, et cet homme très beau il a marque dans le cou, juste là, marque de naissance, oui, et il fera découvrir la vie à toi." » Elle se balançait lentement d'avant en arrière. « Il fera découvrir la vie à toi. »

Gabriel fit courir sa main le long de sa colonne. Elle se figea.

« Tu as le temps, Lena. Ta vie commence seulement. Quel âge as-tu ? Vingt-cinq ans ? Vingt-quatre ?

— Mon père disait, avant, du temps des Soviétiques, c'est facile de reconnaître le mensonge. Tout est mensonge. Aujourd'hui, il dit, c'est plus difficile. Où est la vérité ? Où est le mensonge ? Comment savoir ? » Elle remonta les épaules jusqu'à ses oreilles puis les laissa retomber. « Mais il fait erreur. La vérité existe pas. C'est juste une autre sorte de mensonge.

— Mon père est en train de mourir », révéla soudain Gabriel sans l'avoir prémédité.

Elle s'allongea de nouveau, sur le flanc cette fois, pas suffisamment près pour le toucher. « Lui est vieux ?

— Soixante-quinze ans.

— Lui est vieux, alors. »

Gabriel scruta ses yeux bleus glacés.

« Mais c'est triste », ajouta-t-elle sans la moindre émotion.

Gabriel lui prit la main et la porta à ses lèvres. Il embrassa les ongles rongés, puis la paume. Lena était dure et froide, et ce constat le soulageait ; au moins, ils négociaient sur un pied d'égalité. Chacun d'eux attendait quelque chose de l'autre, ils disposaient librement de ce qui leur appartenait, ils n'avaient pas besoin de s'abuser.

Il descend de nouveau dans la clarté d'aquarium des catacombes. Il se laisse porter par la lumière, sauf que la lumière n'en est pas vraiment une, elle est sombre comme la mer, une mer nocturne mais éclairée de l'intérieur, un courant de lumière sombre qui l'aspire vers le fond, l'aspire en son sein, le rapproche de sa destination alors même qu'il s'en détournerait s'il en avait la possibilité. Il s'accroupit près du corps dont il commence par examiner les pieds – ongles jaunis, oignon, corne sur les talons. Lorsqu'il veut passer aux jambes, il ne peut pas, alors il est obligé d'étudier une nouvelle fois les pieds. Poils sur les pouces, petit orteil gauche tordu, cou-de-pied blanc et violet à la texture rappelant une coquille d'œuf, un petit bout de mouchoir en papier logé sous l'ongle du pouce droit afin de l'empêcher de s'incarner. Pourquoi faut-il qu'il regarde ? Ce ne sont que des pieds, et il en a déjà vu. Sans compter qu'il a faim. Bon sang, ce qu'il peut avoir faim ! Il crie pour réclamer à manger. Y a-t-il quelqu'un pour me nourrir ? Moi qui ai nourri tant de monde, je meurs de faim... Apportez-moi à manger ! Que la nourriture soit ! Des huîtres sur un plateau d'argent. Il porte les coquilles à ses lèvres pour boire le jus. Brochettes de porc caramélisées, nappées de sauce aux arachides. Il les déchire à coups de dents. Bricks à la feta et aux épinards. Il les rompt avec ses mains. Sa prière a été entendue. Autour de lui, c'est un véritable festin. On l'aime. On l'aime ! Il verse des larmes de gratitude.

« Je t'y prends ! s'exclama Charlie. Avoue. »

Il avait le combiné plaqué contre l'oreille. Il avait dû décrocher dans son sommeil. Il se leva sans faire de bruit, se rendit dans la cuisine et appuya un avant-bras sur la surface de granite noir et froid. « Pas question, répondit-il. Qu'est-ce que je devrais avouer ?

— Tu dormais encore. Il est quelle heure, d'après toi ?

— Tu me manques, ma puce. Quelle heure est-il ?

— Dix heures et demie. Je t'ai appelé au travail. » Charlie éclata de rire. « Oona a voulu te sauver la mise en m'expliquant que t'avais dû partir directement en réunion, mais seulement après avoir m'avoir dit que tu n'étais pas encore arrivé.

— Oona, répéta Gabriel en glissant une main dans son caleçon pour soupeser, remettre en place, libérer – bref, procéder aux habituels ajustements de début de journée. Oublie Oona. Alors, comment c'était ? Raconte-moi tout. Tu m'as manqué, ma puce.

— Je sais, tu viens de me le dire. Redis-le-moi.

— Tu me manques. Tu m'as manqué. J'ai envie de te voir. Pourquoi tu n'es pas là avec moi ? » C'était vrai, il pensait sincèrement chacune de ses paroles. Sauf peut-être celles qui concernaient la présence de Charlie en ce moment même, parce que ce serait difficile avec Lena toujours dans son lit.

« Vol charter, expliqua-t-elle. Avec escale en pleine nuit dans ce trou perdu de Luton. Écoute, bébé, si tu ne travailles pas, je...

— Si seulement. Oh, si seulement... » Il avait toujours la main dans son caleçon. Son pénis, remarqua-t-il, réagissait en accord avec son désir exprimé. Il le gratifia d'une petite caresse de consolation. « Je n'ai pas entendu le réveil, c'est tout, il est tard et je vais avoir une journée d'enfer.

— D'accord. Je sens quand je ne suis pas désirée.

— Oh, tu es désirée, crois-moi. » Il était en pleine érection, à présent, et il se tourna face aux placards pour que Lena, si elle entrait, ne le surprenne pas dans cet état. Il savait bien qu'elle n'aurait aucune influence sur son désir, ni sur rien de ce qu'il éprouvait pour Charlie – raison pour laquelle il s'était autorisé cet écart de conduite. Personne ne pouvait altérer sa relation avec Charlie – et Lena encore moins que quiconque. « Bon, et Charm el-Cheikh, tu me racontes ?

— Je t'ai eu au téléphone presque tous les jours… » Elle étouffa un bâillement. « Je me suis levée trop tôt, je crois. Je ferais peut-être mieux de retourner me coucher… Je t'ai parlé des buggys ? L'hôtel est immense, tu vois, avec des bungalows un peu partout, alors tu te promènes sur les allées de marbre dans ces petites voitures. J'ai bu du jus de grenade, ça m'a permis d'éliminer des toxines, j'ai dû perdre au moins cinq kilos.

— J'espère bien que non !

— Un des agents de sécurité appartenait au Mossad, les services secrets israéliens. Apparemment, les hôtels égyptiens en sont pleins. C'est ce que tout le monde dit, en tout cas, sauf que personne n'en est sûr. Tu sais comment ça se passe dans les hôtels…

— Mmm…

— Tu m'écoutes, Gabe ? Oh, à propos, comment va ton père ? »

La main de Gabriel s'immobilisa. Il la retira de son caleçon. « Bah, pas de changement notable.

— Tu lui as parlé ?

— Oui, bien sûr.

— Mais le téléphone, ce n'est pas l'idéal, hein ? On pourra en discuter… Je ne bosse pas ce soir.

— Ah, merde ! Ce soir, c'est pas possible. On a un cocktail de lancement, une grosse réception, du genre à se terminer hyper-tard. Et demain, c'est… hum… le PanCont. Réunion du conseil d'administration, banquet et tout le bazar, je suis obligé de me montrer.

— Si je ne te connaissais pas…

— Hé, mon cœur… » Ils éclatèrent de rire, elle imita le bruit d'un baiser, ils convinrent d'un rendez-vous et Gabe raccrocha. Quand il se retourna, il vit un fantôme sur le seuil – Lena, qui lui avait emprunté sa chemise blanche. « C'est quoi, son nom ? demanda-t-elle en tordant ses doigts maigres. La copine à toi, elle s'appelle comment ? »

Quand il entra dans son bureau, Oona y avait déjà pris place. « Louange à Toi ! s'exclama-t-elle. On va enfin nous liv'er le wiz sauvage et le sawasin. »

Gabriel soupira. « Louange à qui ? »

Elle s'extirpa de la chaise et étala une fesse sur le bureau. « Ben, me'ci au bon Dieu, quoi. Allez-y, twéso', asseyez-vous.

— Vous ne remerciez pas plutôt la société JD Organics ?

— Nan, c'est not' Seigneu' qui veille. » Elle répartit son poids de manière différente, cherchant une position plus confortable, prenant ses aises.

« Autre chose, Oona ?

— Oh, on fait au mieux », répondit-elle gaiement. Elle se rengorgeait comme un pigeon posé au milieu de la paperasse, poitrine en avant et yeux mi-clos, prête à roucouler.

Gabriel allait la remercier d'avoir gardé le fort pendant qu'il dormait. Au lieu de quoi, il demanda : « Vous avez déjà pensé à partir à la retraite, Oona ? Vous pourriez, vous savez, au bout de tant d'années. »

Elle le dévisagea comme s'il lui avait suggéré de réfléchir aux dispositions à prendre pour ses funérailles. Puis elle sourit, et sa dent en or accrocha la lumière – un petit éclat de soleil aussi éblouissant qu'un faux espoir. « La wet'aite ? Houh ! Pas moi, twéso', je compte bien wester ici jusqu'à ce que je tombe waide ! »

Le temps d'attraper un bloc-notes, et Gabe emprunta l'escalier de service pour se rendre à la réunion avec le secteur communication. Réunion qui, une fois de plus, ne serait qu'une farce travestie en pièce de théâtre sérieuse sur le thème du « monde du travail ». Le bruit circulait qu'il allait falloir réécrire les menus dans le style maison de PanCont, en indiquant cinq ingrédients par plat au maximum et trois au minimum. Encore une « initiative » – de celles avant tout conçues pour rappeler aux employés qu'ils avaient tout intérêt à n'en prendre aucune. Après, il passerait un coup de fil à Lena, elle devait s'ennuyer à mourir. Elle avait un portable, avait-il découvert quand il lui avait demandé de ne pas décrocher le téléphone de l'appartement. Elle avait boudé toute la matinée et ils avaient fini par se disputer. « J'en suis rien à foutre, j'ai téléphone à moi, avait-elle dit. J'ai pas besoin rien venant de toi. » Il lui avait juste demandé de ne pas répondre, au cas où ce serait Charlie, Jenny ou papa. Il l'avait laissée exprimer sa colère. Par égard pour elle. Cette colère, elle en avait besoin.

Il y avait repensé sur le trajet jusqu'à l'hôtel. Était-il rare qu'un plongeur ait un portable ? Ou les autres préféraient-ils cacher qu'ils en avaient un, afin de rester injoignables ?

Assis dans le bus qui remontait Bridge Street, Gabriel avait regardé le ciel bleu délavé au-dessus des chambres du Parlement tandis que Big Ben sonnait midi, aussi lugubre qu'un tocsin. Sur les sièges devant lui, des adolescents grignotaient des chips en guise d'en-cas. Des touristes en anoraks et lunettes de soleil encombraient le trottoir. Lorsqu'il avait appuyé sa tête contre la vitre, celle-ci avait grincé. Soudain, il l'avait aperçue, la carriole du chiffonnier, et il s'était presque démis le cou pour regarder, ouvrant de grands yeux jusqu'au moment où le bus avait tourné dans Parliament Square. Vous avez vu ?

avait-il envie de crier. Vous avez vu l'homme, le cheval, les œillères, les fanons tremblants ? Vous avez vu la pile de vieux vêtements, le téléviseur, le grille-pain, les casiers à légumes ? L'homme portait un pantalon troué au genou, il était coiffé d'une casquette en tissu marron, et vous avez remarqué la légèreté avec laquelle son fouet effleurait l'encolure du cheval ? L'impériale était presque pleine. Gabe regarda les visages autour de lui, chacun enfermé dans sa sphère personnelle.

Il y avait bien trente-cinq ans qu'il n'avait pas croisé la route du chiffonnier ni entendu son appel – un cri guttural, intemporel, presque animal, bien différent de « par ici la vieille ferraille » –, mais il l'entendait bel et bien à présent, par-delà les décennies, accompagné du claquement des sabots sur les pavés. De même, il avait l'impression de revoir les roues de la carriole et les jolis cercles des rayons, de sentir la chaleur du cheval arrêté près de lui, son odeur puissante et âcre. Une seule chose lui échappait : une autre image, un autre souvenir surgi sans raison apparente. L'esprit joue parfois de ces tours ! La scène était d'une netteté saisissante même s'il la visualisait de biais, par-dessus la croupe fumante de l'animal : il y avait sur le banc à l'arrière une femme au regard fou et aux cheveux emmêlés – sa mère, sa propre mère, assise à côté du chiffonnier aux allures de Gitan et à l'air canaille, qui se fendait d'un clin d'œil et d'un grand sourire en la soutenant par le coude alors qu'elle se levait puis se détournait pour descendre, raide comme un piquet.

Il était plus en retard qu'il ne l'avait cru, constata-t-il en consultant sa montre. Alors qu'il sortait de la cage d'escalier pour se diriger vers les ascenseurs, il aperçut Ivan et Gleeson à l'autre bout du couloir. Ils venaient vers lui d'un bon pas, hanche contre hanche, tête baissée, la brute et le dandy policé – un accouplement répugnant, contre nature. Gabriel se réfugia dans une alcôve et se plaqua contre le mur, pour le regretter aussitôt. Ils allaient le remarquer, forcément... Il avait réagi comme un gosse qui s'imaginait invisible s'il fermait les yeux, ni plus ni moins. Il pressa son dos et ses bras contre la cloison en prenant une profonde inspiration. C'était ridicule. L'alcôve n'était pas profonde, pas suffisamment en tout cas pour dissimuler son torse, et les deux hommes allaient le découvrir lorsqu'ils parviendraient à sa hauteur. Ils étaient tout près, à présent. Devrait-il sortir de sa cachette et continuer à marcher l'air de rien, comme s'il avait l'habitude de s'arrêter dans les alcôves, ou plutôt jaillir devant eux en poussant un cri, comme s'il avait voulu leur faire une farce ? Son cœur s'emballait, cognait à grands coups dans sa poitrine. C'était ridicule. Il était ridicule. Il retint son souffle.

Les deux hommes passèrent devant lui en parlant à voix basse et s'arrêtèrent devant la porte suivante. Gleeson tâtonna avec la carte magnétique pendant qu'Ivan scrutait le couloir en frottant l'ongle de son pouce sur le chaume de son menton, mais, manifestement aveuglé par sa propre intelligence, ne voyait rien.

Le cliquetis satisfait de la serrure libéra les poumons de Gabriel. Il porta une main à sa poitrine qui se soulevait. Qu'allaient-ils faire dans cette chambre ? Comment s'étaient-ils procuré la clé ? Ça sentait mauvais, sans aucun doute, sauf que ce n'était pas une odeur connue. Il s'écarta du mur, songeur. Ces chambres se trouvaient juste au-dessus des cuisines et il y avait eu des plaintes : l'activité commençait trop tôt le matin, les clients étaient réveillés par les bruits provenant des Enfers. Le problème avait été évoqué lors de la réunion des managers : ces chambres-là resteraient inoccupées en attendant d'être reconverties en bureaux, sauna ou salle de conférences. Gabriel s'approcha à pas de loup de la porte et tendit l'oreille, mais il ne perçut que le silence du couloir moquetté et l'écho assourdi des petits bruits du bâtiment – une sorte de fond sonore commun à tous les hôtels.

Nikolaï se tenait au milieu de l'aire de livraison, dans le mince rai de soleil qui avait percé les nuages. Ce trait de lumière faisait apparaître des rayures sur le mur de brique derrière lui – brun, rouge, brun –, illuminait ses cheveux roux et caressait la fumée de sa cigarette, qui s'enroulait sur elle-même et s'élevait en volutes lascives. Gabriel observait son commis. Aujourd'hui, les fumeurs avaient tendance à tirer de petites bouffées furtives. Mais pas Nikolaï. Il ménageait de l'espace à sa cigarette, qui lui en ménageait aussi. C'était une ponctuation élégante, une pause dans la phrase indispensable au rythme, au sens.

Il traversa la cour. Nikolaï le gratifia d'un signe de tête.

« Vous prenez l'air ?

— Oui, répondit Nikolaï. Ça fait du bien. »

Il lui proposa une cigarette. Gabe, qui n'en avait pas touché une depuis au moins huit ou neuf ans, accepta néanmoins l'offre, et Nikolaï lui tendit son briquet avant de s'en allumer une autre.

Étourdi par la première bouffée, Gabriel aspira moins fort la deuxième fois et tout rentra dans l'ordre. Les deux hommes fumèrent ensemble. Gabe songea à quel point il appréciait de partager quelque chose avec un collègue, d'homme à homme, ne serait-ce que le temps d'en griller une.

Nikolaï plissa les yeux. Il aurait pu être albinos tant il était pâle – les cheveux mis à part, bien sûr. Il était russe, comme Lena. Biélorusse, avait-elle dit.

« Un homme se croit toujours essentiel, déclara-t-il. Il sait bien qu'il n'est qu'un rouage du système. Même pas – juste une goutte d'huile dans la machine. Mais sa vie lui est si réelle qu'il ne peut pas imaginer une seconde le monde sans lui. Quelle perte ce serait ! » Il tira longuement sur sa cigarette. Il ne se pressait pas. « Et puis, il disparaît. L'eau se referme au-dessus de sa tête. Reste-t-il quelque chose pour signaler son passage ? Une petite ride à la surface ? Non. »

Il parlait de Yuri. Gabriel tapota sa cigarette pour en faire tomber la cendre.

« Il avait deux filles, reprit Nikolaï. Une qui suit des cours d'économie et l'autre qui est en deuxième année de médecine.

— Ça arrive, hélas. Tout le temps.

— On est peu de chose, hein ? »

Tous deux écrasèrent leurs mégots contre le mur. « Au fait, commença Gabriel, je voulais vous parler de… » Il arracha une mauvaise herbe qui poussait au milieu des briques puis la frotta entre son pouce et son index. « Ivan et Stanley. Stanley Gleeson. Ils manigancent quelque chose ? Si c'est le cas, il faut me le dire.

— Quelque chose », répéta Nikolaï. Il semblait réfléchir à un problème d'ordre philosophique, sans aucun lien avec des événements extérieurs, dont la réponse était à chercher dans la méditation.

« Quelque chose qu'ils ne devraient pas faire, ajouta Gabe, conscient d'apporter une précision superflue. Mais quoi ? »

Nikolaï hocha la tête pour lui signifier qu'il comprenait.

« J'ignorais que vous fumiez, chef.

— Je ne fume pas.

— C'est mauvais de fumer. C'est comme vivre : une sale habitude, mais est-ce qu'on a vraiment le choix ? »

On ne ferme jamais la porte derrière soi quand on entre dans une chambre froide. En passant devant, quelqu'un risque de remonter le levier pour la verrouiller et d'enfermer ainsi l'imprudent dans un frigo plus ou moins insonorisé. Victor soulevait une côte de bœuf d'une bonne quinzaine de kilos quand Gabriel entra et referma la porte.

« Hé ! s'écria-t-il en lâchant son chargement avant de se retourner.

— On est bien, ici, non ? Au calme. C'est l'endroit parfait pour bavarder.

— Hé, la porte !

— On ne peut pas nous entendre. Personne n'écoute. »

Victor ricana. « Vous allez me pendre à un crochet à viande, chef ?

— Possible. Si vous y tenez. »

Le ricanement de Victor se fit plus aigu, plus nerveux, comme s'il essayait de trouver une prise sur la façade impénétrable de Gabriel. Celui-ci attendit sans broncher.

« Je suis pas un mouchard », dit Victor. Il poussa une selle d'agneau suspendue près de lui, à hauteur de son épaule, la rattrapa quand elle revint et enfonça son pouce dans la graisse jaune.

« Vous pouvez me parler, Victor. Je ne suis pas votre ennemi.

— Je fais mon boulot, chef. J'ai rien à me reprocher, je suis *clean*.

— Et Ivan ?

— Pourquoi c'est à moi que vous le demandez ? » Il rejeta la tête en arrière et tapa du pied tel un taureau sur le point d'entrer dans l'arène. Gabe était censé réagir à la testostérone, pas à l'afflux d'adrénaline provoqué par la peur. « C'est à lui qu'il faut poser la question, pas à moi. »

Ils s'affrontèrent en silence. Sans réfléchir, Gabe avait adopté la même position que le Moldave, qu'il défiait comme s'il avait affaire à un adversaire sérieux plutôt qu'à un employé en mal de coups de pied au cul.

« Laissez-moi jeter un coup d'œil à ces pièces de viande, dit Gabriel, l'obligeant ainsi à s'écarter. Et les entrecôtes, elles sont arrivées ? »

Dans l'atmosphère confinée de la chambre froide, l'odeur se faisait presque tangible, pareille à une troisième présence. Les deux hommes étaient contraints à une proximité inconfortable. Gabriel laissa courir sa main sur une carcasse. « Belle pièce.

— C'est de la bonne barbaque », approuva Victor. Il frissonna. « Tenez, *man*, écoutez ça. En Moldavie, ça remonte maintenant à quelques années, y avait cette femme. Elle faisait le ménage à l'hôpital et elle a fauché des morceaux de corps. Vous me suivez ? Des morceaux de corps qui auraient dû être brûlés. Elle les a découpés, mouais, et vendus en ville. Deux dollars le kilo, la moitié du prix du marché. Elle a touché le jackpot, *man*, le jackpot ! Tout le monde lui achetait sa bidoche, tout le monde la mangeait, tout le monde la trouvait super. Ils en redemandaient tous.

— Elle s'est fait prendre ?

— Quelqu'un a eu des soupçons.

— Bon sang, manger de la chair humaine…

— "L'homme est un loup pour l'homme", observa Victor. Vous, les Anglais, vous croyez… » Il secoua la tête.

« C'est de votre pays qu'on parle. »

Victor lâcha une exclamation de mépris puis tapa du pied. « On parle de chair à vendre.

— Évitez de vous compromettre avec Ivan. Je vous offre une porte de sortie. Je vous tends la main.

— Encore une fois, je suis *clean*.

— Si vous me parlez… il n'y aura pas de conséquences pour vous.

— Deux dollars le kilo, répéta Victor. Pour ce prix-là, vous voulez pas savoir ce que vous bouffez. Vous voulez même pas y penser.

— "L'homme est un loup pour l'homme."

— Je déconne pas, *man.* » Il poussa la porte, qui s'ouvrit. Il y appuya la hanche pour l'empêcher de se refermer. « Ce que je voulais dire, c'est que des fois vaut mieux rien savoir. Et pas poser de questions. »

9

EN SORTANT DU CINÉMA À MARBLE ARCH, ils se frottèrent les bras et s'étirèrent la nuque pour tenter de briser la gangue de somnolence qui les avait emprisonnés pendant le film. Puis, main dans la main, ils prirent Edgware Road en direction du nord. Le jour se mourait et partout des enseignes au néon s'éclairaient : Beirut, Al-Ahram, Al-Dar, Café du Liban… Les employés de bureau rentraient chez eux. L'après-midi s'achevait et la soirée n'avait pas encore commencé.

« Ça ne te paraît pas contradictoire de parler de thriller intelligent ? lança Charlie.

— Pourquoi, tu n'as pas été tenue en haleine ? Du suspense, il y en avait, reconnais-le.

— Oui, mais ce n'est pas pour autant que c'est bien… Trop d'action, pas d'histoire. Rien ne s'enchaîne, tout est forcé.

— N'empêche, tu étais agrippée à ton siège.

— Tu plaisantes, je m'endormais à moitié !

— Tu te cachais les yeux.

— Comment il a pu accéder au rang de star, celui-là ? Il en fait des tonnes dans le genre "Vous avez vu comme je suis bon ?" On est censés oublier qu'il joue la comédie, mais lui, il agite un putain de drapeau rouge !

— Il a quelque chose, forcément. Six millions par film.

— Tu veux que je te dise ce qu'il a ? Le cul bordé de nouilles, voilà ! C'était six millions par film ou bosser dans un snack au fin fond du Kansas. C'était un coup de pile ou face, je te le dis, moi. »

Gabriel lui passa un bras autour des épaules. « Il te plaît, c'est évident.

— Le regard qui porte à gauche, c'est le signe de la réflexion. Non, franchement... »

Il éclata de rire. « D'accord, il a eu du pot. De toute façon, c'est toi qui as choisi le film, je te rappelle. Ce n'était pas si mal. »

Sur le trajet jusqu'à l'appartement de Charlie, ils passèrent devant des magasins qui vendaient des copies de meubles français – du Louis XIV aussi bien que du clinquant estampillé XXIe siècle –, des galeries de machines à sous, des bijouteries, des officines de prêteurs sur gages, des agences immobilières, des restaurants... Sur toutes les enseignes, les inscriptions figuraient en anglais et en arabe. Derrière la vitre d'un café, un vieil homme leva un journal devant ses yeux, dissimulant sa barbe neigeuse, ne laissant apparaître que le turban blanc et rouge dont il était coiffé. Deux femmes en burqa qui tenaient un jeune enfant par les bras furent doublées par une adolescente en survêtement rose dont le pantalon s'ornait de l'inscription SEXY brodée sur les fesses.

« Regarde, dit Charlie. C'est bizarre de voir un drapeau anglais flotter ici, non ?

— C'est le Victory Services Club. Réservé aux vieux croûtons de l'armée, ceux qui ont combattu pour le roi et le pays. Ils ont bien le droit d'avoir un drapeau, non ?

— Je sais, mais...

— Il faut qu'on fasse des courses. C'est moi qui cuisine, ce soir, tu te rappelles ? » Il ôta le bras qu'il lui avait passé autour des épaules et ils s'écartèrent l'un de l'autre avant d'entrer dans le magasin.

Chargés d'un sac chacun, ils louvoyèrent parmi le flot de piétons qui les obligeait parfois à se séparer. Quand le trottoir se dégagea, ils marchèrent côte à côte. Shazia Food Hall, Al-Mustafa, Bureau de change, Meshwar, Al-Arez… Gabriel avisa un pub de l'autre côté de la rue.

« T'as vu ça ? demanda-t-il en inclinant la tête.

— Hein ?

— On devrait brûler le drapeau et fermer le pub, peut-être ?

— Espèce d'idiot !

— L'Old English Gentleman[1]. Ça fait drôle, non ? Peut-être qu'ils devraient au moins changer de nom… »

Charlie le menaça de son sac de courses. « D'accord, j'ai compris. »

Ils s'arrêtèrent prendre un café dans leur repaire habituel. Fazal, occupé à remplir un narguilé, leur indiqua une table libre. Si toutes les chaises, surchargées de coussins en velours, étaient dépareillées, les tables en revanche étaient identiques : cadre en bois octogonal incrusté d'un plateau en cuivre. Sur le mur du fond, un écran de télévision muet diffusait les images d'une chaîne arabe tandis que d'un haut-parleur s'échappait la plainte continue d'une mélodie moyen-orientale. Il n'y avait que des hommes dans la salle, chacun flanqué d'un houka logé à ses pieds tel un chien fidèle. Les œuvres d'art ajoutaient une touche d'exotisme à l'ensemble : un cottage anglais au pastel, un collage de

1. Littéralement, « Au vieux gentleman anglais ».

cartes postales représentant la Tour de Londres, le prince William et la reine.

Fazal traversa la pièce à tire-d'aile, croassant d'impatience, les bras largement écartés pour annoncer son arrivée. « Ah, mes amis ! Alors, qu'est-ce que je peux vous offrir ?

— Comment allez-vous ? demanda Charlie. Toujours débordé ? »

Gabriel prit une inspiration théâtrale. « Que proposez-vous, aujourd'hui ? Je reconnais le parfum de la cannelle. Quoi d'autre ?

— Le monsieur là-bas a choisi la pomme, celui d'en face la menthe. On a aussi de la fraise derrière vous…

— J'ai envie d'essayer. Je vais en fumer une.

— Parfait ! s'exclama Fazal en sautillant sur place comme si on lui avait rogné les ailes. Je vous l'apporte tout de suite. » Il ne bougea pas d'un pouce. Brusquement, son visage s'assombrit. « Vous ne pourrez plus en profiter longtemps, vous savez. À la municipalité de Westminster, ils veulent notre mort. Ils vont finir par nous tuer avec leurs histoires d'environnement sans tabac. Vingt mille livres de taxes par an, soixante à soixante-dix mille de loyer. Comment voulez-vous que je tienne le coup ?

— Vous avez peut-être droit à une autorisation spéciale, suggéra Charlie. Après tout, ça fait partie de votre culture, vous pourriez le mettre en avant.

— Lettres, réunions, manifestations… » Fazal secoua la tête. Ses cheveux, qu'il portait longs, évoquaient un plumage de jais. Une petite touffe de poils poussait de chaque côté de son nez. « Ceux qui n'aiment pas ça n'ont qu'à aller ailleurs. Personne n'est obligé de venir ici.

— Très juste », approuva Gabriel. Il avait passé deux autres nuits avec Lena. La veille, elle avait eu un orgasme – du moins, il le pensait.

« On nous dit que si les gens tombent malades à cause du tabac, ça coûtera de l'argent à l'État, ajouta Fazal en déployant de nouveau ses ailes. Et la malbouffe, alors ? Et l'alcool ? C'est encore pire, non ? Pourquoi ne pas les interdire aussi ? »

Gabriel tira sur le bec en regardant les bulles remonter dans l'eau tandis que les nuages de fumée se rassemblaient tel un orage miniature au-dessus du réservoir argenté. Charlie sirotait son café.

« Tu fumes, maintenant ? s'étonna-t-elle. C'est tout ? Pas d'autres nouveautés à signaler pendant mon absence ? » Elle déboutonna son manteau. Gabriel pressa un genou contre le sien. Il lui parla de son travail, puis d'Ivan et Gleeson, et elle plissa le nez, confirmant que quelque chose clochait. Elle lui posa des questions sur Yuri mais il n'avait pas grand-chose de plus à dire. Le service d'hygiène était passé. Il y avait un panneau à la cave, tout de suite après l'économat, qui avertissait : PERSONNEL AUTORISÉ SEULEMENT. Yuri ne faisait pas partie du personnel autorisé, évidemment... « Quelle tristesse, dit Charlie, quel gâchis. » Là-dessus, il dut lui mentir au sujet du cocktail de lancement, affirmant qu'il s'était tenu le lendemain de son retour d'Égypte. Puis, oubliant aussitôt son mensonge, il faillit se couper quand elle l'interrogea sur le banquet de la veille, mais il parvint à se ressaisir à temps et s'étonna lui-même de l'aisance avec laquelle il évoquait un événement qui ne s'était jamais produit, comme s'il le rapportait au lieu de l'inventer au fur et à mesure. Lorsqu'il eut terminé, le souvenir semblait gravé pour de bon dans son esprit.

Charlie savait écouter. Son expression attentive, la lueur d'intelligence dans ses yeux verts – tout chez elle contribuait à donner du sens et de la profondeur à ce qu'il disait. Il avait de la chance de l'avoir rencontrée. Il n'en doutait pas un seul instant.

Cette histoire avec Lena… Il tira une bouffée et toussa.

« Franchement, ça te plaît ? » demanda Charlie.

Il s'était accordé deux jours pour remettre de l'ordre dans sa vie, persuadé que Lena serait partie d'ici là. Mais les cuisines avaient bien failli être débordées par un nombre important de réservations, la brigade avait dû s'accrocher pour maintenir le cap, et il n'avait pas trouvé le temps de faire un saut à la banque.

Charlie lui parla de la plongée libre en mer Rouge, des couleurs électriques étonnantes des poissons.

Cette histoire avec Lena… Une chose était sûre : cela ne faisait que renforcer ce qui existait entre Charlie et lui – l'union parfaite.

Une cafetière à la main, Fazal fondit sur eux. « Que les fumeurs fument entre eux, dit-il en remplissant leurs tasses. Où est le problème ? S'ils doivent fumer chez eux, devant les femmes et les enfants, est-ce que c'est mieux ? Autant laisser les choses comme elles sont. »

Gabriel hocha la tête sans trop savoir s'il était d'accord. Au fond, peut-être avait-il besoin de ça – de mettre à l'épreuve sa relation avec Charlie, d'en vérifier la solidité.

« Les gens sont libres de leurs choix, poursuivit Fazal. Ici, on est censés décider par soi-même de ce qu'on veut. C'est un pays libre, oui ou non ? »

Ou alors – c'était sans doute plus probable –, il était à cran et elle lui avait offert le moyen de décompresser. Quand on vous tend une assiette, vous la prenez machinalement, avant même de vous rendre compte que votre main a bougé.

Non, il devait y avoir une meilleure explication. Après tout, Lena n'avait rien d'une femme fatale. Elle était trop maigre. Grossière, qui plus est, et dotée d'un sale caractère. La veille, ils étaient restés assis devant la télévision sur le canapé pendant trois heures et elle lui avait à peine adressé la parole. Ils ne faisaient que se servir l'un de l'autre, d'accord. Mais de quelle utilité lui était-elle ?

« Tout est réglé, pour le site de Pimlico ? demanda Charlie.

— On n'est pas d'accord sur le loyer », répondit Gabriel. Il n'avait rien d'un monstre. Il éprouvait des sentiments pour Lena. Plus qu'elle n'en éprouvait pour lui.

À son retour, la veille, il l'avait découverte dans la chambre. Elle ne l'avait pas entendu arriver. Elle était agenouillée par terre, sous le halo ambré de la lampe, à côté d'un tiroir dont elle avait renversé le contenu. La bouche sèche, il s'était dissimulé derrière l'encadrement pour l'observer. Concentrée sur sa tâche, elle avait saisi un caleçon, l'avait déplié et replié d'un même mouvement fluide puis l'avait replacé dans le tiroir. Elle avait ensuite fourragé parmi les affaires qui s'y trouvaient, cherchant manifestement quelque chose – argent, bijoux, documents, un objet à monnayer. Elle avait sélectionné deux chaussettes, en avait laissé retomber une avant d'en choisir une autre, qu'elle avait comparée avec la première ; elles formaient bien une paire. La fouille avait repris. Après avoir tout rangé dans le tiroir, Lena en avait tiré un second et en avait fait tomber tous les gilets, T-shirts et autres sweat-shirts entassés n'importe comment à l'intérieur. Elle les avait rapidement triés, en prenant soin de les lisser et de les plier avant de les ranger. Si elle ne voulait pas éveiller les soupçons, pourquoi ne pas les remettait-elle pas tels qu'ils étaient avant ?

Sous ses yeux, elle avait examiné un sweat-shirt bleu. Elle l'avait pressé contre sa poitrine pour ramener les manches sur le devant et, les rassemblant dans une main, elle avait tiré de plus en plus fort dessus comme si elle voulait les déchirer. Au bout de quelques secondes, elle s'était de nouveau affaissée, la tête de côté. Après, assise sur ses talons, elle avait jeté un coup d'œil dans le miroir de l'autre côté de la pièce. Bien qu'il ne soit pas orienté dans sa direction, Gabriel avait encore reculé. Brusquement, elle s'était relevée et, tel un spectre, elle avait commencé à errer, donnant l'impression de se désintégrer à mesure qu'elle avançait, jusqu'au moment où sa mince silhouette noire avait de nouveau formé un tout devant la glace. Elle s'était figée, alors, le regard fixe, captivée en apparence par ce reflet dans lequel elle semblait se dissoudre, puis elle avait brusquement redressé les épaules, bombé le torse et craché. Un filet de salive dégoulinait de ses lèvres.

Il était retourné sur la pointe des pieds à la cuisine, où il avait attendu plusieurs minutes avant de faire du bruit. Quand elle l'avait rejoint, c'était en bâillant et en s'étirant comme si elle venait de se réveiller après une sieste.

« On devrait y aller, dit Charlie.

— J'aimerais que tu réfléchisses à ma proposition : il va me falloir quelqu'un à l'accueil.

— Moi ? Tu penses à moi, c'est ça ? Tu voudrais que j'abandonne une carrière aussi prometteuse ? »

Quand Gabe s'approcha du comptoir pour régler l'addition, Fazal lui signifia à grand renfort de protestations et de claquements de langue qu'il aurait mieux fait de se détendre sur sa chaise. Les autres clients bavardaient tranquillement ou se contentaient de rester assis comme s'ils ne devaient jamais plus se relever. Il n'avait jamais beaucoup de temps pour se détendre, songea Gabe, pas dans cette vie-là, pas encore. Il avait appris un jour sur un site Web qu'on pouvait se créer un avatar et mener une existence virtuelle, où il était possible de choisir qui on voulait être, d'obtenir tout ce qu'on désirait – physique avantageux, richesse, filles, bolides... Bah, autant rester ici à fumer des chimères. Lorsqu'on veut vraiment changer de vie, il faut arrêter de rêver et faire des projets concrets.

La résidence – quatre étages de prétention victorienne à la façade inexplicablement recouverte d'une peinture rouge style maison de l'horreur – se situait près d'Edgware Road. L'appartement de Charlie, aménagé sous les combles, se distinguait par des plafonds mansardés, des lucarnes rondes et une décoration qui témoignait d'une élégance décontractée, à l'image de son occupante. Des affiches de films des années cinquante étaient accrochées au-dessus de poufs marocains en cuir, une applique en verre de Murano éclairait une chaise récupérée à la décharge, et pourtant, par quelque mystérieuse alchimie, tout ce bric-à-brac réussissait à former un ensemble cohérent.

Charlie se débarrassa de ses chaussures, entra dans le salon et mit de la musique. Au bout de quelques mesures seulement, elle remplaça le CD puis se tourna vers Gabriel en faisant la grimace. « Non, pas ça non plus. » Elle choisit une autre piste avant de changer encore une fois de CD.

Pour finir, elle éteignit la chaîne.

« Tu parles d'une musicienne ! Et d'une chanteuse… Je n'arrive même pas à savoir ce que j'ai envie d'écouter.

— Je vais te dire ce que t'es… » Il l'attira à lui. « Une fille sacrément bandante, voilà ce que t'es. »

Elle l'embrassa sur les lèvres et se dégagea. « Une fille bandante qui boirait bien un verre de sauvignon blanc. »

Ils s'installèrent dans la cuisine, où Gabe lui massa un pied à travers sa chaussette tandis qu'elle remuait les orteils.

« J'ai vu un chiffonnier, déclara-t-il. À Parliament Square, il y a deux ou trois jours.

— Ah bon ? Il y avait un défilé ?

— Non, répondit-il d'un ton sec, contrarié par sa question.

— OK, dit-elle, désireuse de lui ménager du temps.

— C'est tout. Le bus l'a dépassé.

— Et ça t'a fait penser à... ?

— Je ne sais pas. Rien de particulier. Je l'ai vu, c'est tout. J'ignorais qu'il y en avait encore. »

Elle lui tendit son autre pied.

« Des fois, je rêve de silence, lui confia-t-elle. J'ai envie que la musique s'arrête. Et puis aussitôt après, je me dis, ah non, ça ne va pas du tout, je suis censée ne vivre que pour la musique.

— Je n'ai pas envie de manger sans arrêt, tu sais. Ni de faire la cuisine tout le temps.

— Tu m'as raconté que ta mère détestait cuisiner. C'est ce qui t'a motivé ? Tu voulais l'aider ?

— Chez nous, je ne cuisinais presque jamais. Je n'avais pas le droit.

— Alors c'est quoi, le point de départ ? insista-t-elle. Un repas fabuleux dans un restaurant, pendant les vacances ?

— Quand je suis entré à l'école hôtelière, je n'avais même jamais goûté d'herbes aromatiques. Pour moi, une tranche d'ananas sur du jambon, c'était le summum de la gastronomie.

— Ah. Et ça ne l'est pas ? » Elle appuya le pied sur son bas-ventre.

« J'espère bien que tu vas finir ce que tu viens de commencer... » Il se pencha en arrière, les mains croisées derrière la nuque.

« Oh, tu peux toujours espérer ! » répliqua-t-elle en riant. Elle se leva, se dirigea vers le réfrigérateur et revint avec un bol d'olives. « Il y a bien quelque chose qui t'a poussé à emprunter cette voie, à devenir chef.

— Le glamour, l'argent facile, les serveuses dociles...

— Non, sérieux.

— Sérieux ? Je n'en sais trop rien. À l'époque, il n'y avait pas tous ces chefs célèbres. Ça ne semblait pas un bon choix de carrière, pas vraiment, pas du tout, même. Pourtant, il y a quelque chose qui m'a toujours plu dans le fait de prendre un morceau d'animal mort, des herbes aromatiques, d'autres végétaux ou extraits, et de les modifier. De les transformer. C'est le processus qui m'intéresse. J'aime le processus, l'approche scientifique. Et puis, je ne te parle pas de l'aspect séduction, bien sûr. Un bon cuisinier est presque sûr de baiser.

— Très drôle. T'es amusant, toi.

— Oh, tu crois que je blague ?

— C'est vrai que tout ça, c'est venu plus tard : les grands chefs dans les pages people des magazines, les programmes et même les chaînes de télé consacrées à la cuisine, les concours, les reportages photo…

— En même temps, on prenait le temps de cuisiner. Aujourd'hui, c'est le règne du micro-ondes, des plats tout préparés et des repas livrés à domicile. On ne cuisine plus.

— Non, les gens préfèrent regarder les émissions, acheter les livres et les revues. Il y en a de plus en plus, alors ils ont de plus en plus l'occasion de se rincer l'œil, de prendre leur pied…

— Le porno de la bouffe, observa Gabriel. Mouais. Et ces gens-là ne tiendraient pas un jour en cuisine. Dans une vraie cuisine, je veux dire. Pas cinq minutes.

— Comment t'expliques ça ? Et qui fait la cuisine, dans un restaurant ? Les étrangers ? Ou est-ce qu'ils sont cantonnés à la plonge ?

— Tu me parlais des magazines ? Eh bien, ils te montrent aussi des belles tenues, non ? Et t'as vu comment sont habillés les passants dans la rue ?

— Qui travaille en cuisine, alors ? insista-t-elle.

— On a déjà fini la bouteille ? » Gabe en vida le fond dans son propre verre. « Les inadaptés, les psychopathes, les immigrés, les artistes des fourneaux et les autres, ceux qui ont juste besoin d'un travail.

— Ah. Et toi, tu te places dans quelle catégorie ?

— Papa pensait que j'étais dingue, bien sûr. Ou complètement idiot.

— Mais aujourd'hui, il est fier de toi, non ?

— Mon père… Tu veux savoir sur quoi il m'interrogeait, quand j'étais petit ? »

Charlie rapprocha sa chaise en le dévisageant avec intensité. Peut-être n'était-ce qu'un effet de son pull, mais ses yeux semblaient plus verts que jamais.

« Quand il rentrait de la filature, il lui arrivait de rapporter un carré de tissu.

— Vas-y, continue. »

Son père rapportait un échantillon défectueux, chassait d'un revers de main les miettes sur la toile cirée, et le plaçait sur la table. Gabriel devait essayer de deviner. « Il y a un problème avec le fil, hasardait-il, à genoux sur sa chaise. Ou alors, c'est une trame double ? »

Quand Ted arrivait le soir et qu'il n'avait pas encore pris son bain, il dégageait l'odeur typique de la filature – une senteur de métal chaud, comme s'il venait de sortir d'une presse. « Non, si c'était une trame double, ce serait plus épais. Regarde, là, y a un fil qui est parti de travers. Tu vois ? » Il pointait sur le défaut un doigt noirci de cambouis, et Gabe disait : « Oui, papa, merci », puis s'empressait de gravir l'escalier pour aller ranger soigneusement l'échantillon dans la boîte qu'il conservait sous son lit.

Ce devait être la deuxième ou troisième fois qu'il accompagnait son père à la Rileys. Celui-ci lui avait fait traverser la salle des Sulzer jusqu'au domaine de Maureen.

« Maureen est chargée de repérer les défauts du tissu, avait expliqué Ted en le juchant sur un tabouret pour lui permettre de voir ce qu'elle avait placé sur la table à visiter.

— Y a eu un temps où des défauts, j'en avais pas beaucoup moi-même, avait lancé Maureen en adressant un clin d'œil à Gabriel.

— Je fais faire la visite au gamin, avait dit Ted.

— Sûr. Pourquoi pas ? » Elle avait indiqué un tableau recouvert de feutrine sur lequel une bonne dizaine de bouts de tissu avaient été cloués. « Voilà ce que je cherche. Tiens, ça, c'est une trame double, et ici, le fil est lâche, il forme une boucle. C'est facile à repérer, hein ? Mais t'en as assez, peut-être… Non ? Là, le fil a cassé, il est tout usé, éraillé, on dit qu'il est "écorché"… Vas-y, maintenant, tâche de deviner où est le problème avec celui-là. T'as droit à trois essais. »

Gabriel avait levé les yeux vers la poulie qui soulevait les rouleaux de tissu, les sangles en caoutchouc et les gros crochets métalliques. Il pensait connaître la réponse mais en même temps elle lui paraissait trop facile. Jamais papa ne lui avait dit qu'il y aurait un test. Enfin, rassemblant tout son courage, il s'était lancé : « C'est sale. »

Les deux adultes avaient éclaté de rire et son père lui avait posé une main sur la nuque. « Tout juste, fils. Y avait de la graisse sur la chaîne.

— Faut que tu mettes ton nom sur la liste pour la prochaine sortie, Ted, oublie pas », avait dit Maureen. Quand elle ne parlait pas, sa lèvre inférieure recouvrait l'autre, lui donnant des airs de bouledogue. Peut-être parce qu'elle passait ses journées debout devant son métier, à veiller au grain…

« Je me suis déjà inscrit aux illuminations, dit Ted. On est combien à y aller, cette année ?

— Non, je te parlais du spectacle pour les p'tiots. Vous allez venir, ce coup-ci, Gabe ? Toi et la p'tiote Jen ? »

Charlie était adossée au plan de travail, les mains dans les poches de son jean. Son pull couleur cristemarine mettait en valeur ses courbes. Un jour, Gabe lui avait dit qu'elle aurait pu figurer sur la carlingue d'un avion, qu'elle aurait été parfaite en mascotte pour tous les braves gars envoyés « libérer » Dieu savait quel pays oublié de tous. « Tu insinues que j'ai des hanches façon pin-up de la Seconde Guerre mondiale ? » avait-elle répliqué. Depuis le temps, il avait déjà compris qu'elle faisait ce genre de réflexion pour parodier le manque d'assurance des femmes en général et le sien en particulier. Il s'était abstenu de répondre, car qu'il confirme ou infirme, elle ne manquerait pas d'y voir de la condescendance de sa part.

« Il aurait voulu que tu perpétues la tradition des Lightfoot ? demanda-t-elle. Il pensait que tu irais travailler à la filature ?

— Non, c'était sans avenir, il le disait lui-même à l'époque. Il me voyait plutôt faire des études d'ingénieur.

— Il savait que tu aimais bien les matières scientifiques, à l'école.

— J'avais plutôt de bonnes notes, c'est vrai.

— Gabe ? » Elle enroula une mèche autour de son doigt. « J'ai réfléchi. Je ne vais nulle part. J'ai trente-huit ans. Il va peut-être falloir que je change de voie.

— Je te le répète, je vais avoir besoin de quelqu'un. Tu pourrais t'occuper de la gestion, une fois l'affaire sur les rails.

— La gestion de l'entreprise familiale, c'est ça ? » Elle parut embarrassée, comme si elle avait émis une remarque déplacée et redoutait qu'il ne parte en claquant la porte.

Il aurait déjà dû lui demander sa main. Au moins, ce serait fait. C'était un des objectifs qu'il s'était fixés. En même temps, comment pourrait-il parler mariage maintenant, alors même que Lena avait envahi son canapé, et aussi son lit ? « Charlie, je…

— Je pensais peut-être me reconvertir dans l'enseignement, l'interrompit-elle un peu trop vite, d'un ton un peu trop léger. Chercher une place d'auxiliaire, quelque chose comme ça, pour voir si ça me plaît.

— Personnellement, je ne t'imagine pas trop dans ce rôle, mais si tu en as envie…

— Je me débrouille bien avec les gosses », dit-elle. Et d'ajouter d'un trait, craignant peut-être d'avoir accumulé les erreurs : « Tu sais, il y a certains moments dans la vie qui te font réfléchir. Tiens, hier, j'étais assise dans le métro, je n'avais que trois stations jusque chez le dentiste. Je me sentais bien, je regardais cette femme qui lisait un bouquin en mangeant des chips, elle avait des miettes partout sur la poitrine et j'attendais qu'elle les enlève, j'étais sûre qu'elle allait s'en débarrasser d'un instant à l'autre, mais non. Et puis, tout d'un coup, je me suis dit, et s'il y avait une bombe ? Tu vois, le genre d'idée qui te vient comme ça, sans raison, et que t'oublies aussitôt après – sauf que cette fois ça ne s'est pas arrêté. Et j'étais là, dans cette rame, à ne plus pouvoir penser qu'à cette bombe…

» Trois stations, tu te rends compte ? Je me suis demandé, mais pourquoi je n'y suis pas allée à pied, bon sang ? Ce n'était tout de même pas la mer à boire ! Je m'en voulais, tu comprends. Et après, ça ne s'est pas arrangé : j'ai commencé à regarder autour de moi pour voir s'il n'y avait pas un passager qui ressemblerait à un poseur de bombe : peau basanée, grande barbe, manteau large… J'avais beau me mépriser, c'était plus fort que moi, inutile de nier.

» Je veux dire, c'est ridicule, non ? Quels sont les risques ? La probabilité que ça nous tombe dessus ? Pourtant, ça nous envahit. On s'est laissé envahir – pas par quelqu'un, non, par un cauchemar.

— Et c'est à ce moment-là que t'as envisagé l'enseignement ? lança Gabriel. Ben dis donc, t'as dû avoir une sacrée frousse ! »

Elle fit semblant de rire, laissa échapper un son espiègle, un peu idiot. « Oui. Je le mentionnerai pendant mon entretien. Non, en fait, c'est venu un peu plus tard. Sur le moment, j'avais une foule de pensées en tête, un mélange bizarre de réflexions existentielles et de considérations triviales. Du genre, si je dois mourir maintenant, est-ce que je suis sûre d'avoir pris les bonnes décisions ? D'avoir suffisamment profité de la vie ? Et si jamais je m'en sors, est-ce que je n'aurais pas intérêt à rectifier le tir tout de suite, à faire de meilleurs choix, à me montrer plus avisée, à réfléchir à ce que je veux vraiment… Alors tu sais ce que j'ai décidé ? Assise là, terrifiée par cette bombe imaginaire ? Eh bien, j'ai décidé de changer de compléments alimentaires, de prendre la marque la plus chère, les oméga 3 de luxe. Au cas où je descendrais de ce métro en seul morceau, je foncerais chez le pharmacien. Tu comprends, je me dis toujours que je vais le faire et je ne le fais jamais, et là, tout d'un coup, ça a pris des proportions incroyables, c'est devenu crucial, une vraie raison de vivre… (Elle riait de bon cœur, à présent, envoyant voltiger ses cheveux dans sa figure.) J'ai eu une révélation, une illumination, j'ai été éblouie par la lumière. Certaines personnes voient Dieu dans leurs moments de crise, mais pas moi, pas les gens comme moi – les purs produits de la société de consommation. »

Gabe tendit les jambes et remua son verre vide comme pour en faire tournoyer le contenu. « Hé, déconne pas !

De là à ce que tu finisses bonne sœur… T'as pas dit que t'avais une autre bouteille ?

— Oui, attends, je vais l'ouvrir. » Charlie n'ôta cependant pas les mains de ses poches. « On vit en permanence avec l'impression d'avoir une épée de Damoclès au-dessus de la tête, tu ne trouves pas ? C'est l'influence des médias, j'imagine. On n'y échappe pas. Et c'est tellement pesant – toute cette pauvreté, le terrorisme, le changement climatique…

— Possible. Mais c'est pareil pour toutes les générations, non ? Il y a toujours quelque chose à craindre, une grande menace. Au moins, on n'a pas connu la guerre, même s'il y a eu la guerre froide.

— Je ne sais pas. En un sens, je crois que j'aurais préféré. Au moins, ça touchait tout le monde, c'était de l'ordre du collectif, alors qu'aujourd'hui tout ce qui se passe nous amène à nous replier sur nous-mêmes.

— L'ennemi intérieur, c'est ça ? » Il allait lui acheter une bague, oui, c'était une bonne idée ; évidemment, entre l'argent pour le restaurant et l'argent pour Lena, il serait obligé de calculer au plus juste.

« C'est ça, répondit Charlie. Sauf que je ne voulais pas parler des cellules islamistes à Birmingham, non, mais plutôt de cet ennemi qu'on n'a pas vraiment identifié, et qui est peut-être en nous.

— Ce n'est pas moi, en tout cas. Promis. » Toute cette anxiété… Ça ne ressemblait pas à la femme qu'il connaissait. Manifestement, ce n'était pas la peur d'une bombe qui lui avait inspiré cette angoisse de « la célibataire qui ne va nulle part ». C'était plutôt l'inverse. Quand il l'aurait demandée en mariage, elle cesserait de se torturer à ce sujet.

« On a tous en nous ce doute insidieux, terrible – l'idée qu'on est peut-être soi-même son pire ennemi. Quelle pensée horrible !

— Le combat contre la terreur ne ferait qu'augmenter le nombre de terroristes ? »

Charlie soupira. « Possible. On peut toujours accuser les autres de tous les maux, du réchauffement de la planète au travail forcé dans les pays du tiers-monde, mais… » Elle n'acheva pas sa phrase. Au lieu de quoi, elle alla chercher la bouteille et le tire-bouchon. « Tout est tellement embrouillé, flou, mal défini… Au moins, quand il y avait une vraie guerre, ou même pendant la guerre froide, on savait précisément contre qui on se battait et comment on voulait que ça se termine, tout avait un sens, comme dans une histoire avec un début, un milieu et une fin. Aujourd'hui, l'histoire n'est pas assez solide, l'action part en couille.

— Et alors, ce n'est pas si grave ! Tu disais tout à l'heure que le film ne tenait pas la route parce qu'il y avait trop d'action, justement.

— C'est vrai. Mais j'avais probablement tort. Bref, j'ai eu une petite crise et ça m'est passé, ajouta-t-elle en s'approchant, la bouteille à la main, la démarche nonchalante. Retour à la normale.

— Et ce projet d'enseigner, c'est sérieux ?

— Moi, chéri ? » Elle avait de nouveau adopté sa voix voilée de chanteuse de jazz. « Qui, moi ? Tu m'imagines enchaînée à une salle de classe toute la journée ? Oh non, je tiens trop à ma liberté. J'aime pouvoir accepter ou refuser de monter sur scène. »

Il lui fit couler un bain auquel il ajouta un cube de sels parfumés qu'il avait gardé dans la poche de son manteau toute la journée. En se dissolvant, celui-ci libéra des boutons de rose séchés qui flottèrent à la surface. Gabe précisa qu'il viendrait lui frotter le dos lorsque les préparatifs en cuisine seraient bien avancés. « Il va falloir que je parte plus souvent, si j'ai droit à ce genre de traitement quand je reviens », répliqua Charlie.

À mesure qu'il vidait les sacs de courses, Gabriel alignait les ingrédients dont il avait besoin : couscous, ail, gingembre, coriandre, un pot de harissa, une boîte de pois chiches, des côtelettes d'agneau… Papa détesterait ça, pensa-t-il. Lui, il ferait griller les côtelettes, qu'il accompagnerait de pommes de terre à l'eau. Avec un soupir, Gabriel éplucha la tête d'ail. Évidemment, ce serait plus simple…

Tous les vendredis, à Blantwistle, c'était déjeuner – qu'on appellait dîner, alors – chez Mag, le petit plaisir hebdomadaire de Ted Lightfoot. Une fois, il y avait emmené Gabe, et ils avaient pris de la tourte au poulet avec des frites et des haricots blancs, et en dessert une part de pudding à la confiture accompagnée de crème anglaise. Un vrai festin. Ils sortaient de la Rileys, et Gabriel devait déjà en avoir par-dessus la tête à cette époque. Ou peut-être pas, se dit-il, peut-être que le ras-le-bol était arrivé plus tard. Quoi qu'il en soit, il avait fini par ne plus vouloir y retourner.

Il ouvrait encore de grands yeux ce jour-là… Oui, ça lui revenait, maintenant, ils avaient visité la salle d'ourdissage et il en avait eu le souffle coupé. La pièce, deux à trois fois plus grande que le préau de l'école, était tout en longueur, avec un plafond bas comportant trois voûtes et des fenêtres exposées au nord, comme dans les ateliers de tissage. Il avait lentement longé le cantre, dans un sens puis dans l'autre, admirant toutes les nuances de la multitude de bobines ; il n'aurait pas été plus ébloui s'il avait vu pour la première fois les joyaux de la Couronne. Une sorte de toile d'araignée géante frissonnait sur la machine tandis que le fil s'enroulait autour du tambour.

« C'est joli, hein ?

— Papa, c'est trop cool !

— Tiens, viens voir. C'est le dernier modèle de chez Hattersley - ce qui se fait de mieux.

— Comment ça marche, papa ? À quoi ça sert ?

— Attends, attends, on va commencer par le début. Cette merveille, là, c'est une machine d'ourdissage. Un modèle très perfectionné. Y a pas beaucoup d'ateliers dans cette ville qui savent que ça existe.

— La Rileys, c'est la meilleure, alors ?

— Y en a qui le disent, oui.

— Donc le fil arrive par là, avait dit Gabriel en levant une main, et après... »

Ted l'avait tiré en arrière. « Attention ! Ce serait pas la première fois qu'un doigt disparaît ici. Y a même un homme qui s'est fait scalper par cette machine.

— C'est dangereux ?

— Parfois. Du temps de mon père, ton grand-père, les ourdisseurs portaient encore des cravates et, un jour, il a entendu un grand cri et il s'est précipité... » Ted s'était penché pour approcher son visage de celui de son fils, et il lui avait fait les gros yeux. « Et y avait cet ourdisseur, sa cravate s'était coincée, alors il tournait à toute vitesse autour du tambour, encore et encore... »

Ils s'étaient ensuite rendus dans la salle des chefs d'atelier pour prendre un thé, et M. Howarth était là, occupé à examiner le tableau des performances des chevaux. « Donne-moi un chiffre, gamin, n'importe lequel, de un à trente.

— Douze ? » avait hasardé Gabriel. Il espérait que c'était la bonne réponse, mais il ne savait pas de quoi il s'agissait et trouvait la question injuste.

M. Howarth avait laissé courir son doigt sur la page du journal. « Piper Marie, cent contre un... C'est une vraie rosse que tu m'as choisie... » Il avait haussé le ton pour appeler : « Bill ? Bill, donne-moi un chiffre, vite ! Et tâche de pas te planter. »

Quand une pile de vêtements avait remué dans un coin, Gabe s'était aperçu qu'elle enveloppait un vieillard dont le menton reposait sur la poitrine. « Hein ? Quoi ? Tu peux répéter ?

— Un chiffre, Bill. Pour les canassons. Vas-y, porte-moi chance. »

L'homme avait levé la tête, révélant à Gabriel un visage au relief étonnant, tout en crêtes, crevasses et fondrières. « Fiche-moi la paix ! avait répliqué l'ancien. Je suis en pause.

— Papa ? avait chuchoté Gabriel en poussant son père du coude. Quand est-ce qu'il va prendre sa retraite ?

— Bah, ça fait bien un siècle qu'il l'a prise, notre bon vieux Belthorne Bill, avait répliqué M. Howarth.

— Pourquoi il est encore là, alors ? s'était étonné Gabe.

— Et sourd comme un pot, avec ça… Bill ! T'es sourd ou quoi ?

— Ouais, j'en veux bien une tasse, avait répondu l'intéressé.

— Cet homme-là, il a bossé ici pendant plus de cinquante ans, avait poursuivi M. Howarth en repliant son journal. Alors, sûr que ce serait pas gentil de le déloger de son coin… D'accord, d'accord, je vais faire du thé. Regarde-le bien, fiston, c'est une légende vivante que t'as devant les yeux. »

Bill, avait-il appris, habitait de l'autre côté de la colline, à Belthorne – une caractéristique singulière à Blantwistle en ce temps-là, où les immigrés venus de contrées aussi lointaines étaient rarissimes. Deux fois par jour, il parcourait à pied les onze kilomètres le séparant de la filature, et sa ponctualité rigoureuse était citée en exemple, de même que son refus de prendre le moindre congé maladie. Un matin d'hiver, alors qu'un épais manteau de neige tombé durant la nuit avait entraîné la fermeture de toutes les routes et que la moitié des filatures avaient sombré dans une léthargie hypothermique, Belthorne Bill s'était muni d'une pelle pour dégager un chemin à flanc de colline, mètre glacé après mètre glacé, et au moment de pointer, les doigts couverts de gelures, il s'était excusé d'arriver en retard.

« Je vais te dire une chose, avait ajouté M. Howarth. Ton papa et Bill, ils se ressemblent beaucoup, c'est les deux mêmes. »

Gabe avait regardé son père puis le vieillard croulant.

« Tu vois pas de quoi je parle ? La fierté de l'Angleterre, ces deux-là. »

Charlie, qui s'était approchée par-derrière, se plaqua contre lui et le prit par la taille. Il tenait toujours la tête d'ail.

« Je croyais que tu me rejoindrais, dit-elle. L'eau a refroidi. »

Gabe se retourna et lui déposa un baiser sur le crâne. « Désolé. Regarde-moi ça, c'est nul. Je n'ai strictement rien fichu.

— On se fait livrer le dîner ?

— Ça ne t'embête pas ?

— J'ai le numéro de cinq restaus qui livrent à domicile. Alors non, ça ne m'embête pas.

— Des tas de souvenirs me reviennent – des souvenirs de la filature, la Rileys. Aujourd'hui, c'est un centre commercial. Je n'y avais pas repensé depuis des années.

— C'est parce que tu te tourmentes pour ton père, alors forcément, tu… maintenant qu'il… enfin, tu vois.

— Dieu ce que tu sens bon ! »

Elle rejeta la tête en arrière. « Tu vas bien, Gabriel ? Je veux dire, c'est terrible ce qui arrive à ton père. »

Charlie portait un kimono rouge dont la soie lui faisait l'effet d'un baume apaisant. « Oui, oui, ça va. » Gabe avait répondu machinalement, et pourtant, au moment même où il prononçait ces mots, il se rendit compte que c'était vrai. « Même si je suis inquiet pour papa, ça va.

— Tu sais à quel point j'aimerais le rencontrer. Si tu n'as pas honte de me présenter, évidemment...

— Je sais, oui, mais il me semble préférable d'aller le voir d'abord tout seul. Tu l'as dit toi-même, on ne peut pas vraiment se parler au téléphone. Et je me suis déjà organisé : je prends le train demain. »

10

LE TRAIN AVAIT BEAU ÊTRE BONDÉ, Gabriel réussit à changer trois fois de siège entre Euston et Watford. Il avait d'abord voulu s'éloigner d'un sale gosse porté sur les coups de pied et accompagné par une mère indifférente, puis il y avait eu les maniaques du mobile, et juste au moment où il se croyait en sécurité dans la voiture dite « silence », l'odeur des barquettes de nourriture ouvertes l'avait forcé à battre de nouveau en retraite. Il pensait avoir découvert un havre de paix à l'autre bout de la rame quand une femme monta à Watford et se mit aussitôt en devoir de coloniser son espace. Elle arborait un tailleur de tweed, de solides chaussures de marche et un visage à l'avenant, éclatant de robustesse. Quand elle lui adressa la parole d'une voix aux inflexions distinguées évoquant le tintement de la porcelaine fine, Gabriel se dit qu'on n'en voyait plus beaucoup comme elle. C'était une représentante de la race des bâtisseurs d'empire, sans aucun doute, anglaise jusqu'au bout des ongles – le genre à faire des confitures et à aller à la messe, à jouer au golf, au gin rummy et au croquet. Et elle parlait, et parlait encore, jusqu'au moment où Gabriel fomenta une sédition : il se leva pour attraper son sac en expliquant qu'il descendrait à la gare suivante. « Mais vous en avez encore pour une heure ! » s'étonna son interlocutrice. Gabe hocha la tête et s'éloigna en titubant, déséquilibré par le roulis sous ses pieds.

Il s'accroupit à l'extrémité de la voiture suivante, le dos au porte-bagages, et ferma les yeux. Il n'entendait plus que le grondement des rails, ne voyait plus que le noir derrière ses paupières.

Lorsqu'il était retourné à Kennington dans la matinée, Lena se tenait devant la grande fenêtre du salon, appuyée contre la vitre comme si elle voulait la traverser.

« Il faut que je rentre chez moi, avait-il annoncé. Juste deux ou trois jours. Mon père… tu sais, je t'en ai déjà parlé. Désolé, je n'ai pas le choix. »

Elle ne s'était pas retournée. Le seul signe de vie qui émanait d'elle, c'était son souffle embuant le carreau.

« J'ai un deuxième trousseau de clés. Regarde, je le laisse là. Mais il vaudrait peut-être mieux que tu ne sortes pas. » Il n'avait aucune idée de ce qui avait pu le pousser à dire une chose pareille. Pourquoi ne pourrait-elle pas sortir ?

Lena ne réagissait toujours pas.

« Désolé, avait-il répété. On réglera tout à mon retour. Tu seras encore là quand je reviendrai, hein ? Tu seras encore là ? »

Elle avait pivoté et se retrouvait le dos à la vitre. Gabriel avait été saisi d'un léger vertige. Il aurait voulu qu'elle s'écarte.

« Depuis deux, trois mois je me cache, avait-elle dit. Cave ou appartement… ça change quoi pour moi ?

— Tu te cachais à la cave avec Yuri, c'est ça ? Pourquoi ? »

Elle l'avait gratifié d'un haussement d'épaules désynchronisé, désinvolte. « Ça change quoi ?

— Tu ne voulais pas qu'on te découvre dans ce sous-sol ? Tu t'y étais réfugiée pour échapper à quelqu'un ? Mais à qui ? Ou à quoi ? »

Elle s'était plaquée contre la fenêtre comme pour s'y fondre, les paupières presque closes en une attitude insolente.

Il l'avait rejointe en deux enjambées et l'avait attrapée par le bras, enfonçant ses doigts dans la chair. « Tu vas me répondre, oui ? Réponds-moi, Lena ! Ou fous le camp. »

Elle s'était dressée devant lui, toute raide de fureur, les veines de son cou saillant fièrement. « De mac, avait-elle craché. Je cachais à cause de mac. »

Il lui pressait toujours le bras. Il avait l'impression d'être pétrifié, incapable de desserrer sa prise.

« OK ? T'es content maintenant ? »

Quand il parvint enfin à ouvrir les doigts, elle s'écarta.

« Je croyais… », commença-t-elle. Elle se frotta le bras en regardant tout autour d'elle. Une tache rouge s'épanouissait sur son nez, bien visible au milieu de son visage livide et pincé. « Je croyais… je connaissais cet homme. Je croyais… mais lui n'était pas… »

Il avait voulu se rapprocher d'elle mais ses jambes s'étaient dérobées. « Qu'est-ce qu'il t'a fait ? »

Du dos de la main, Lena s'était frotté le nez. Elle avait reniflé. « Il a pris passeport à moi. Il a cogné. » Elle l'avait puni d'un sourire. « C'est tout. »

Dire que lui-même lui avait serré le bras. Qu'il lui avait fait mal. Merde.

« Alors j'ai enfui, avait ajouté Lena. Je cache.

— Désolé.

— Yuri a aidé. » Elle avait avancé le menton comme pour mieux le défier. « Juste parce qu'il avait le cœur bon.

— Je vois. Quand tu t'es enfuie, il t'a aidée. » Il s'avançait lentement vers elle, prêt à s'arrêter à tout moment.

« Plus tard, des mois plus tard. » Elle s'était posée sur l'accoudoir du canapé tel un petit nuage noir.

« Comment l'as-tu rencontré ?

— Maintenant tu sais tout, avait-elle déclaré, ignorant la question. Je suis dégoûtante, tu penses. Je fous le camp, tu dis.

— Non. Non... » Il avait placé une main sur son épaule et attendu pour voir si elle allait le repousser. Pour finir, il s'était agenouillé devant elle, lui avait enserré les pieds et avait suivi la ligne de chaque orteil à travers le collant noir. Il lui avait palpé les chevilles puis les mollets en remontant vers les genoux, pétrissant et façonnant sa chair comme s'il travaillait de l'argile. Quand il avait atteint les cuisses, il y avait appuyé son front et elle s'était mise à lui caresser les cheveux. Alors il lui avait pris les mains pour les masser du bout des doigts à la paume. Des poignets, il avait ensuite tracé de légers cercles jusqu'en haut de ses bras avant de se redresser pour la renverser doucement sur le canapé et de poser ses lèvres sur les siennes.

Il l'avait possédée avec un sentiment d'urgence inédit. Il n'éprouvait pourtant guère de désir. Cet accouplement ferait d'eux des êtres neufs ; ils y puiseraient leur force. Il en avait besoin – de tout effacer, d'imprimer une marque indélébile. La sueur coulait de son front, lui tombait dans les yeux, les irritait. Il s'enfouissait. Il en avait besoin. De graver son empreinte si profondément qu'elle gommerait celle des autres.

Il avait dû prendre un train plus tard que prévu car pendant deux bonnes heures il l'avait encouragée à parler, s'efforçant de réunir ses phrases inachevées, ses paroles sans suite et ses pensées décousues pour essayer de donner un sens à ce qui n'en avait pas, de créer une cohérence absente de son récit.

L'appartement où elle avait été séquestrée se trouvait à Kilburn, au onzième étage d'une tour qui lui rappelait sa ville natale. Il y avait des barreaux aux fenêtres, lui avait-elle raconté. « On ne peut pas sauter du onzième », avait-il dit. « Pfff ! Bien sûr on peut. » Au bout de deux ou trois semaines, Boris avait amené une autre fille qui avait la marque d'un fer à repasser sur le bras. Il les avait forcées à travailler d'abord dans un sauna à Golders Green, et après dans un bordel en haut d'un immeuble sans ascenseur à Soho. Dans l'ensemble, les hommes étaient corrects, avait-elle dit. Ils ne la frappaient pas. Ça, c'était le boulot de Boris. « Non, avait répliqué Gabe, ces hommes (il aurait voulu employer un autre mot, qui ne l'incluait pas) ne sont pas corrects. » Maris, pères, fils. Des hommes. Il y en avait un qui était différent, très méchant, mais elle ne voulait pas en parler. Elle était montée avec lui le jour où elle s'était enfuie du bordel de Soho. Boris avait oublié de fermer la porte à clé, il devenait négligent parce qu'il la croyait brisée, incapable de s'échapper.

Pendant quelque temps, elle avait dormi dehors. Elle ne savait pas exactement où, juste que c'était près du fleuve. Là-dessus, elle avait rencontré une fille, une Ukrainienne, qui l'avait emmenée chez elle et lui avait trouvé une place dans un café. « Rester debout toute la journée, c'est dur quand avant tu travailles couchée. »

Un jour, elle avait vu Boris passer devant le café. Alors, sans même prendre le temps d'aller chercher son manteau, elle avait filé par la porte de service pour ne plus jamais remettre les pieds dans l'établissement. L'Ukrainienne connaissait Yuri, qui lui avait proposé la cachette idéale. Vivre sous terre n'était pas trop pénible, il fallait juste s'y habituer, mais une fois elle s'était réveillée à côté d'un rat endormi sur l'oreiller et elle avait hurlé à s'en faire éclater les poumons.

« Va voir les flics, Lena. Ils flanqueront ce Boris dans une cellule et jetteront la clé », avait-il dit. Ce à quoi elle avait répondu : « Peut-être qu'ils feront ça, oui. Mais moi je serai morte. D'abord, Boris m'aura tuée. »

Gabriel explora les profondeurs de la poche de son manteau à la recherche de son portable. S'il appelait Jenny, elle viendrait le chercher à la gare. Il avait besoin de parler à quelqu'un, même si ce n'était que sa sœur. Elle au moins ne le jugerait pas. Mais peut-être se trompait-il ; après tout, il ne savait plus trop qui elle était.

Papa les avait bel et bien avait inscrits à cette sortie, finalement ; Gabe y était allé avec Jenny, et maman était venue aussi pour aider à surveiller les petits. Ils devaient aller voir *Aladin* au Manchester Apollo, mais Gabe ne se souvenait que du trajet en car. Le groupe s'était fait prendre en photo avant le départ, puis il y avait eu une bousculade générale au moment de monter dans le véhicule parce que tout le monde voulait s'asseoir à l'arrière. Gabe avait réussi à trouver une place au fond, près de Michael Harrison, et il en avait réservé une pour Jenny. Ce jour-là, elle portait sa toque de fourrure blanche avec des liens à pompons qu'elle avait noués sur le haut de sa tête – on aurait dit des oreilles de lapin. Elle l'avait gardée pendant tout le voyage. Ils avaient chacun un biscuit Wagon Wheels et une cannette de Vimto. Maman avait même pensé à emporter un en-cas supplémentaire pour Michael, dont la propre mère aurait oublié, elle le savait. Les autres femmes s'étaient entassées à l'avant tandis que maman, particulièrement en forme, arpentait l'allée centrale, distribuant des bonbons à la ronde et incitant les enfants à chanter. Elle arborait des bottes marron à semelles compensées et un manteau blanc dont les pans s'ouvraient ou se refermaient sur sa jupe. À la façon dont les autres mères la regardaient, Gabe voyait bien qu'elles étaient jalouses, et maman avait dû le sentir aussi parce que au bout d'un moment elle était allée s'asseoir près du chauffeur avec qui elle avait bavardé, se mettant ainsi à l'écart.

Il y avait un petit Pakistanais parmi eux. En général, les Pakistanais ne participaient pas aux divertissements organisés comme les matchs de foot ou les fêtes de Noël ; ils venaient juste aux matchs de cricket, où ils apportaient leurs propres provisions. Celui-là était un gringalet, ses cheveux partaient dans tous les sens comme les fanes d'un navet et son short trop grand lui glissait des fesses, mais on le tolérait parce qu'il était prêt à relever n'importe quel défi. À l'arrière du car, la nouvelle s'était répandue en moins de temps qu'il n'en fallait pour dire « impétigo » : le Paki allait faire quelque chose, personne ne devait manquer ça. Entraînant Jenny dans son sillage, Gabe avait joué des coudes pour avancer puis, le visage pressé contre le revêtement rugueux des fauteuils, tous deux avaient ouvert de grands yeux quand le môme s'était mis à genoux sur son siège, avait baissé son pantalon et, sans l'ombre d'une hésitation, s'était enfilé un crayon dans le zizi. « Bordel de merde ! » avait lancé Michael. Chez lui, jurer s'apparentait à une religion. « Rien à foutre du spectacle ! Je parie qu'Aladin serait pas cap de faire un truc pareil. »

Le trajet en car, c'était toujours le meilleur moment de la journée. Les vitres ne s'ouvraient pas, la sueur coulait sous les manteaux, les batailles de crottes de nez allaient bon train, chacun grignotait son en-cas. Une fois essuyées sur les sièges, les mains sentaient le chien mouillé. Et alors ? Les gosses de la Rileys étaient de sortie, on les emmenait quelque part… L'oxygène se raréfiait à mesure que l'excitation montait, pour retomber dès que les petits voyageurs s'engageaient sur le marchepied. Le père de Michael s'était fait virer de la filature et travaillait à la fonderie quand il était suffisamment sobre pour tenir debout, et les autres parents avaient dû payer la part du fils – le pauvre chou, il est toujours des nôtres, il fait toujours partie de la tribu.

Elles n'étaient jamais à la hauteur de ce qu'elles promettaient, ces excursions, car elles commençaient trop bien ; la suite ne pouvait que décevoir. Il y avait eu une dispute à la maison ce soir-là, une grosse, et Gabe et Jenny s'étaient réfugiés dans l'escalier, où ils s'étaient blottis l'un contre l'autre. « Pourquoi ils crient ? » avait demandé Jenny. « Tu peux pas comprendre, t'es trop petite », avait répondu Gabriel, qui n'en savait rien non plus. Jenny avait écrasé le bout de son nez en ouvrant grand les narines. « Porcinet, Porcinet, Porcinet… » Quand ils avaient cru entendre des pas, ils s'étaient dépêchés de remonter dans leur chambre et de se mettre au lit. Gabe avait décidé qu'il redescendrait plus tard sans Jenny, qui faisait toujours trop de bruit et trahissait leur présence. Mais il avait été obligé d'attendre qu'elle s'endorme, et pour finir il s'était assoupi lui aussi. C'était la voix de sa mère, assise près de lui, qui l'avait tiré du sommeil. « Je ne t'ai pas réveillé, au moins ?

— Non, avait-il prétendu. Il est quelle heure ?

— Je voudrais te montrer quelque chose. Tiens, enfile ta robe de chambre. »

Ils étaient sortis dans le jardin où l'herbe gelée crissait sous leurs pieds, puis ils avaient escaladé la barrière les séparant du champ voisin. Ils étaient sur une autre planète. Quelques lumières brillaient faiblement dans la vallée et des formes sombres se déplaçaient devant eux.

« Tu n'as pas peur, j'espère, avait dit maman. Ce ne sont que des vaches.

— Je sais », avait affirmé Gabriel en grelottant. Maman était en jupe et chemisier mais ne semblait pas souffrir du froid.

« J'étais là, tout à l'heure, quand j'ai vu une étoile filante », avait-elle expliqué. Elle se tenait derrière lui, les mains sur ses épaules. « Il va y en avoir une autre bientôt, j'en suis sûre. J'ai pensé que mon petit Gabe serait trop content d'en voir une, que ce serait la première fois. »

Il sentait le froid lui mordre les pieds. Ses pantoufles le protégeaient à peine. « Où on doit regarder, maman ? De quel côté elle va arriver ?

— Là-haut. Tu n'as qu'à lever la tête. Celle de tout à l'heure était si jolie ! Tu peux faire un vœu quand une étoile filante traverse le ciel. » Elle l'avait relâché avant de s'enfoncer dans le champ. Il l'entendait fredonner : « Attrape une étoile qui tombe.

« M'man ? M'man ?

— Imagine-toi glisser une étoile dans ta poche ! » lui avait-elle crié.

Il ne la voyait presque plus. « M'man…

— N'est-ce pas merveilleux ? Magnifique ? Oh, Gabe, regarde ! Lève la tête. Plus haut, encore plus haut ! »

Gabriel avait renversé la tête au maximum. « Quoi ? Où ? Où ?

— Vite, tu vas la manquer. »

Il avait l'impression que sa nuque allait se briser. De la vapeur s'échappait de sa bouche ouverte. Il avait étiré son cou vers la gauche puis vers la droite.

« Là, Gabe ! Juste là ! »

Toutes les étoiles lui semblaient aussi éblouissantes que la lumière des flashs, il en avait les larmes aux yeux, mais aucune ne bougeait. Laquelle était-ce ? Le ciel entier brillait tellement, désormais, alors qu'un peu plus tôt les étoiles n'étaient que de minuscules points dans le noir... Gabe s'était retourné, il avait reculé, s'était retourné encore et il avait dérapé sur le sol glissant pour atterrir sur les fesses.

Maman avait trépigné dans ses bottes à semelles compensées. « Oh, Gabe... » Son rire la faisait trembler. « Regarde-moi ça, assis en plein dans une bouse de vache ! Ah, tu t'es bien arrangé ! »

Elle avait préparé deux tasses de chocolat chaud quand il l'avait rejointe, lavé et vêtu d'un pyjama propre. « Finalement, avait-elle dit, je me demande si ce n'était pas juste un avion.

— Et toi, m'man, tu vas pas au lit ? » Elle avait posé leurs tasses dans l'évier et lui avait dit de monter se coucher. L'horloge de la cuisine indiquait quatre heures et demie.

Adossée au plan de travail, les chevilles croisées, une cigarette à la main, elle avait tout d'une photo de magazine. « Je n'ai pas sommeil, Gabe. J'ai encore plein de choses à faire, et c'est beaucoup plus facile quand vous n'êtes pas dans mes jambes. »

Il prit la correspondance à Manchester sans avoir appelé sa sœur et demeura assis à contempler fixement le plancher. À peine était-il descendu sur le quai, sous le dais de verre et de poutrelles vertes, qu'il se mit à pleuvoir. Aussitôt, un poids énorme lui tomba sur les épaules, l'amenant à se voûter. À Blantwistle, lui semblait-il, il vivait toujours plongé dans une sorte de coma artificiel, oscillant constamment entre une tension insupportable et une léthargie paralysante. La familiarité de son environnement, la prévisibilité de son foyer, c'était pour lui une souffrance de tous les instants.

Son téléphone sonna au fond de sa poche. Il s'y raccrocha comme à une bouée de sauvetage.

C'était Lena. « T'entends ? demanda-t-il. C'est te dire à quel point il pleut, ici !

— Je voulais demander... Toi tu peux faire quelque chose pour moi ?

— Il faut que j'aille voir mon père. C'est peut-être la dernière fois.

— Une chose. S'il te plaît. »

Il aurait voulu lui dire : « Ne t'inquiète pas, je vais m'occuper de toi. » Mais en avait-il le droit quand il n'était même pas sûr de sa propre sincérité ? Et quel sens donnerait Lena à ces paroles ? La communication était mauvaise, la voix de la jeune femme faiblissait, il dut coller le combiné contre son oreille. Ce n'était pas de la pluie qui tombait – plutôt une sorte de neige fondue cinglant la verrière. Une annonce diffusée par haut-parleur, la voix entrecoupée de Lena, un gamin pressé qui le bousculait, oh, pardon, m'sieur... Il se trouvait à l'entrée de la gare et bientôt il allait devoir se faire mouiller. Il lui assura qu'il l'aiderait. Elle ne l'entendait pas. Il répéta sa phrase. Le signal était faible. « Dis-le encore, le pressa-t-elle.

— Oui ! s'écria Gabriel. Je le ferai. Bien sûr, je le ferai pour toi. »

11

SUR LE PERRON, les pantoufles détrempées par la neige fondue, Nana s'accrochait à la porte en verre dépoli telle une naufragée.

« Tu ne devineras jamais ! » lança-t-elle en direction de l'allée du jardin. « Allez ! » le pressa-t-elle. Elle descendit la marche d'un pas hésitant puis agrippa le rebord de la fenêtre. « Essaie quand même. Tu ne devineras jamais ce qui s'est passé. »

Gabriel l'embrassa et la prit par le bras. « Bonjour, Nana. Si on allait d'abord se mettre au sec ?

— Gladys est morte ! claironna sa grand-mère, incapable de se contenir plus longtemps. C'est Gladys. Je suis solide comme un roc, qu'elle disait. C'était bien elle, ça. Toujours à se vanter.

— Je vais enlever mes chaussures, je les laisserai devant la maison. Tu ne vas pas tomber, hein ? Accroche-toi à la poignée de la porte.

— C'est arrivé la semaine dernière. À moins que ce ne soit le mois dernier ? Pauvre Gladys… » Les épaules de Nana s'affaissèrent. Sa lèvre supérieure, surmontée d'une remarquable moustache, se mit à trembler.

« Gladys, répéta Gabe. Je ne suis pas certain de…

— Mais si, voyons ! Bien sûr que tu la connais ! Gladys…

— Ah oui, dit-il pour la calmer. Bon, tiens-toi à moi, je vais tâcher d'atteindre l'entrée… » Il pénétra avec elle dans le vestibule.

Ted, fermement campé sur le seuil de la cuisine, salua son fils d'un hochement de tête. « J'ai mis la bouilloire à chauffer », annonça-t-il.

Ils s'installèrent dans le salon baigné par l'étrange et fugace luminosité d'après l'orage – cette clarté irréelle qui semble émaner d'un ovni. Profondément enfouie dans la bergère, les pieds posés sur un tabouret, Nana suçotait les yeux clos un petit gâteau Hobnob trempé dans du thé. Ted fit craquer ses jointures puis croisa ses doigts sur ses genoux. La belle théière bleue était posée sur la table basse à côté du pot à lait et de la boîte à biscuits. La pendulette sur le manteau de la cheminée égrenait son tic-tac, la dame en costume d'époque victorienne sur la reproduction encadrée les regardait de sous son ombrelle. Un voile de poussière recouvrait les feuilles du caoutchouc en pot.

« Y a eu un bel hommage, déclara Ted. Pour Gladys, je veux dire. Mme Haddock. Tu te souviens d'elle, Gabe ? »

Mme Haddock. Bien sûr qu'il s'en souvenait. L'alter ego de Nana, sa meilleure amie et sa pire ennemie.

« Elle n'a plus jamais été la même après qu'ils l'ont mise dans cette maison, reprit son père. Mais quand même, ils ont veillé sur elle jusqu'à la fin. La petite fête était bien, pas vrai, Nana ? Et le buffet aussi, hein ? »

Nana avala son biscuit puis s'essuya le coin de l'œil avec une feuille de papier absorbant. « Entre Gladys et moi, c'était à la vie à la mort. Il n'y en a pas beaucoup, des amis qui peuvent dire ça. Viens donc plus près, Gabriel, mes yeux ne sont plus ce qu'ils étaient. Elle est partie et elle m'a laissée. Tu me diras, je ne devrais pas tarder à la suivre. »

Gabe lui tapota la main et son père leva les yeux au ciel. « Allez, Nana, reprends plutôt un gâteau.

— Oh, minauda-t-elle, cédant à un brusque accès de coquetterie, c'est vrai qu'il n'y a plus personne pour se préoccuper de mon poids... » En dix ans, elle avait développé une poitrine impressionnante sur laquelle son menton pouvait se loger confortablement le temps d'une sieste. Gabriel lui tendit la boîte de biscuits.

La pendulette indiquait seize heures quinze. Peut-être s'était-elle arrêtée ? Il avait du mal à croire que vingt minutes seulement se soient écoulées depuis son arrivée.

« De l'acajou massif, dit soudain Nana. Avec des poignées en cuivre. Tu te rends compte ?

— Allons, Nana, ça suffit, intervint Ted.

— Le modèle le plus luxueux. Quel gâchis ! »

Gabriel regarda son père, qui haussa les épaules. « Le cercueil », expliqua-t-il. Il se redressa pour allumer les lampes. Gabe fut frappé par la façon dont il flottait dans son pantalon, qui bâillait au niveau des fesses.

« Ton émission va bientôt commencer, Nana. Je vais tirer les rideaux. »

Environnés par la chaleur du radiateur à gaz et le bourdonnement du téléviseur dont le son était baissé, ils attendirent le début du programme. Nana ferma de nouveau les yeux tandis que Gabe luttait pour garder les siens ouverts. Le chuintement du radiateur, le murmure des voix, l'air enveloppant comme une couverture... La maison n'était jamais telle que dans son souvenir. Les plafonds étaient trop bas. De l'ensemble se dégageait une impression de décor en carton-pâte. Quand ils avaient emménagé, elle avait pour eux des allures de palais ; aujourd'hui, elle lui faisait plutôt penser à une maison de poupée surdimensionnée. Les couleurs avaient fané, le revêtement du canapé, autrefois marron, était désormais d'un brun poussiéreux, et le jaune soleil des murs avait viré au beige déprimant. Il régnait partout un ordre poignant, comme s'il ne se passait jamais grand-chose – ce qui était probablement le cas.

Gabriel essaya de formuler une question à l'intention de son père. Il aurait voulu trouver les mots pour le faire parler, mais « Comment vas-tu ? » fut tout ce qui lui vint à l'esprit.

« Bah, je peux pas me plaindre. » S'il avait maigri – beaucoup, même –, Ted restait solide et droit. La peau était peut-être un peu plus tirée sur l'arête volontaire de son nez et aux coins de sa bouche toujours sérieuse, mais l'empreinte de son caractère demeurait toujours bien visible.

S'efforçant de maîtriser son agacement, Gabriel renouvela sa tentative. « T'as perdu du poids, non ?

— Sûr, reconnut Ted. C'est dans l'ordre des choses. » Il portait une chemise au col élimé et il y avait une tache sur la manche de son pull.

« P'pa… »

Celui-ci fit glisser ses pieds sur le sol. « Je m'en sors pas trop mal. Je suis un peu fatigué, c'est tout. Ça devient surtout pénible à la fin.

— Qu'est-ce que le docteur…

— Nana réagit mal. Dans les moments où elle a toute sa tête, je veux dire.

— Pourquoi ? Elle perd la mémoire ? » Gabriel jeta un coup d'œil à la vieille dame affalée dans le fauteuil. Un filet de bave s'attardait sur sa lèvre, la feuille de papier absorbant émergeait de l'encolure de son chemisier, et ses courtes boucles grises se dressaient en touffes de chaque côté de sa tête, comme si elle avait été choquée ou légèrement électrocutée.

« Ça va, ça vient, répondit Ted. Bah, faut toujours qu'elle trouve de nouvelles façons de me rendre dingue. Et le boulot, ça marche ?

— Je vais bientôt démissionner », expliqua Gabriel. Il se pencha en avant. « Je monte ma propre affaire. »

Son père renifla. « Tu vas démissionner ? Alors que tu viens juste de commencer ?

— J'y suis depuis cinq mois. Non, six. Je n'ai jamais eu l'intention de rester. » Gabriel soupira. Inutile d'en débattre maintenant.

« Ta propre affaire, tu dis. Eh bien, tant mieux pour toi. C'est formidable.

— Je l'ai manquée ? demanda Nana en se réveillant. Monte le son, Ted. Oh, tu t'es servi un sherry ? Tiens, j'en prendrais bien un petit, moi aussi. » Elle ôta ses pieds du tabouret avant de se redresser un peu.

« T'as raison, Phyllis, répliqua Ted en adressant un clin d'œil à son fils. J'ai encore puisé dans ton sherry. »

Gabe se leva et disposa le service à thé sur le plateau. « Je m'en occupe, Nana. Papa ? Tu n'aurais pas des bières au frigo, par hasard ? »

Lorsqu'il revint, ils étaient tous les deux devant la télévision, qui diffusait un de ces débats style grand déballage où le présentateur parlait de « réconciliation » en espérant qu'un des invités finirait par balancer un coup de poing dans la figure d'un autre.

« "J'm'en sors pas", marmonna Ted. C'est tout ce qu'ils savent dire dans cette émission. Il s'en sort pas, elle s'en sort pas...

— Chut, le tança Nana. Six gosses, qu'elle a eus, celle-là... Ça fait quoi, sept pères différents ? Tu ne trouves pas ça choquant, Gabe ? »

Celui-ci éclata de rire en lui servant son sherry. « J'exige qu'on refasse le calcul. »

Son père lissa les accoudoirs de son fauteuil – une vieille habitude. « De mon temps, on n'était pas comme ça. Fallait bien qu'on s'en sorte. De toute façon, on n'avait pas le choix. »

À son troisième sherry, Nana recouvra assez d'énergie pour se redresser dans son fauteuil. La peau douce et lâche de son visage tremblotait sous la poussée des mots qui cherchaient à s'échapper tandis que sa bouche se préparait lentement à l'action, pratiquant quelques exercices d'échauffement sous forme d'étirements des lèvres. Gabe la dévisagea en essayant de se rappeler à quoi elle ressemblait lorsqu'il était petit. Les années l'avaient dépouillée de sa singularité, semblait-il, fondant ses traits en une représentation générale de la vieillesse. Il avait beau la regarder, ce n'était pas vraiment elle qu'il voyait, juste des lignes, des plis et des rides – une seconde coiffe de nouveau-né au soir de sa vie.

« Écoute ça, Gabriel, dit-elle enfin. C'est Edith qui m'en a parlé, alors c'est forcément vrai. C'est arrivé à un de ses voisins. Bon, elle habite près de la plage, tu vois, elle y habite depuis... bah, ça fait longtemps. » Nana hésita, perdant manifestement pied, puis se décida à plonger : « Bref, ce gars était bien tranquillement au lit un soir, sans embêter personne, quand il a entendu un bruit. Un bruit qui venait d'en haut, ajouta-t-elle en pointant vers le plafond un doigt rendu crochu par l'arthrite et un sentiment d'indignation naissante. Alors il s'est dit, c'est drôle, il doit y avoir un rat dans le grenier. Un gros.

— Nana..., commença Gabriel, qui pensait deviner où le récit allait les mener.

— C'était dans Prince Street, déclara-t-elle en s'essuyant l'œil gauche, qui paraissait affligé d'un léger suintement continu. Près de la plage. Tu te souviens, Gabe ?

— Oui, bien sûr. C'est là que j'ai appris à faire du vélo, Nana, rappelle-toi. D'Astley Street, c'était juste de l'autre côté de la rue principale. Mais on parle d'un temps qui remonte bien à trente et quelques années, hein, Nana ? On ne parle pas d'aujourd'hui. » La « plage » désignait une simple étendue de béton entre les rangées de pavillons mitoyens de la vieille ville, à l'endroit où une bombe allemande avait laissé un vide ; on n'y trouvait qu'un banc et une fontaine délabrée. Enfant, à cette époque où il était encore possible de décrire la circonférence de la Terre à l'aide d'un marron attaché à une ficelle, Gabe avait passé de nombreuses heures là-bas, à peaufiner l'art de traînasser.

Nana se pencha tellement en avant qu'il craignit de la voir tomber du fauteuil. « C'est drôle, qu'il pense, le gars. » Ses traits s'étaient peut-être effacés au fil des ans, mais sa voix demeurait bien distincte ; elle monta d'une octave tandis que Nana prenait soin d'articuler encore plus nettement pour mieux exprimer son dégoût. « Alors il est allé chercher une échelle pour jeter un coup d'œil dans le grenier. Il a ouvert la trappe, et il avait apporté une lampe électrique, bien sûr… »

Sachant déjà ce qu'elle allait dire, Gabriel se prit à souhaiter qu'elle se taise. Il regarda son père assis dans le fauteuil, les mains posées sur les accoudoirs, son auriculaire gauche auquel il manquait la dernière phalange s'enfonçant dans le tissu.

« Et tu ne devineras jamais ce qu'il a vu, ajouta Nana avant de pincer les lèvres.

— Oh si, je crois, répliqua Gabe.

— Tout le grenier grouillait de Pakistanais, révéla Nana, stupéfaite d'indignation.

— Non, Nana, s'il te plaît…

— Si, oh si, je t'assure ! Ils avaient monté leurs matelas et je ne sais quoi encore, ils dormaient tous alignés en attendant que d'autres prennent leur place quand ceux-là partiraient à la filature. Le gars, il a avancé, et tu sais comme tous les greniers communiquent dans ces maisons mitoyennes, eh bien, figure-toi qu'il y avait des Pakistanais à perte de vue, jusqu'au bout de la rue. C'était à Bartlett Street, je me rappelle. C'est June qui me l'a raconté, parce que ce gars est un voisin, et elle m'a dit : "Ah, Phyllis, où on va comme ça ?" Et moi, je lui ai dit : "Je ne sais plus, June. Vraiment, je n'en ai pas la moindre idée." »

Elle se redressa et s'essuya l'œil.

Gabe devait avoir neuf ou dix ans quand il avait entendu cette histoire pour la première fois. « Nana ? Tu connais l'expression "légende urbaine" ?

— N'insiste pas, Gabe, intervint son père. L'horloge est cassée, si tu vois ce que je veux dire. De temps en temps, elle perd un peu les pédales.

— Qui perd les pédales ? s'écria Nana. Je ne suis pas sourde, je te signale ! »

Ted sourit. « Toujours la vivacité même, c'est vrai. Comment disait Albert, déjà ? Si notre Phyllis avait l'esprit plus affûté, elle risquerait de se couper. Pas vrai ? »

Les lèvres de Nana se tordirent et tressaillirent. « Bah…, lâcha-t-elle dans un long soupir sifflant. Je ne peux pas me plaindre, la vie m'a gâtée. Quand j'ai épousé Bert, je n'avais que dix-sept ans, et lui vingt et un, et entre nous il n'y a jamais eu un mot plus haut que l'autre. » Sa voix et son visage tremblaient d'émotion. « Pas une seule fois durant toutes ces années.

— Jamais un mot plus haut que l'autre, répéta Ted. Bien sûr, Phyllis, bien sûr. »

Gabriel épluchait des pommes de terre dans la cuisine. Nana voulait des œufs et des frites pour son dîner.

Située à l'arrière de la maison, la cuisine qui avait autrefois vue sur un champ donnait maintenant sur un lotissement où toutes les maisons étaient « individuelles » (ce qui permettait d'augmenter leur prix de vente) mais pratiquement identiques, et dont l'architecture – mélange de styles Tudor et élisabéthain où la pierre apparente côtoyait le faux bardeau – plaisait tout particulièrement à une catégorie de la population en pleine ascension sociale.

Il tira les rideaux. L'économe était émoussé. Gabe le posa et sortit d'un tiroir un couteau de cuisine. Émoussé lui aussi. Il fit courir sa main le long de l'étagère à épices fixée au mur, une petite chose branlante emprisonnant des flacons étroits remplis de cumin, de paprika et de piment hors d'âge. Sa mère l'avait achetée des années plus tôt et Gabe doutait qu'elle s'en soit jamais servie. Il aurait fallu refaire les joints entre les carreaux autour de l'évier, toutes les poignées des portes de placard menaçaient de tomber et seuls deux des spots fonctionnaient, projetant chacun un rai de lumière impitoyable sur le décor miteux. La pièce n'en était pas moins reluisante de propreté. Pourquoi les murs s'étaient-ils resserrés aussi vite ? Comment l'endroit avait-il pu rapetisser à ce point ?

Gabe plaça la friteuse sur la cuisinière et alluma le brûleur. Il coupa les pommes de terre, les sécha sur du papier absorbant et les mit dans le panier. Si Charlie était là, elle n'aurait qu'à rejeter ses cheveux en arrière pour conjurer cette impression générale de délabrement. Son parfum masquerait l'odeur de la mort. Il avait besoin d'elle ; il l'avait déjà pensé et il en était désormais convaincu. La frite qu'il avait jetée dans l'huile pour en vérifier la température se mit à grésiller et à tressauter. Gabriel abaissa le panier. Il fallait qu'il lui parle de Lena. Sans lui dire qu'il avait couché avec elle, bien sûr, mais en lui racontant tout le reste. Maintenant qu'il savait, il ne serait plus question de sexe entre Lena et lui. Il devait la protéger.

En attendant, ce ne serait pas évident d'en parler à Charlie. *J'ai recueilli cette fille chez moi*... Mais bon, il n'aurait qu'à esquiver les questions et demeurer vague sur les dates ; de toute façon, quand Charlie serait au courant de ce que Lena avait enduré, elle ne penserait plus qu'à la soutenir.

« J'ai frère à Londres, avait dit Lena. Je t'en prie, tu m'aides à trouver lui.

— Bien sûr que je t'aiderai. » Pourquoi lui avoir fait une telle promesse ? Par où commencerait-il ?

Ce matin-là, elle lui avait emprunté sa chemise avant de l'abandonner sur le canapé pour aller se blottir dans la chaise longue. Elle lui avait raconté ce qui s'était passé sans le regarder, en fixant de ses yeux aveugles un point au milieu de la pièce. La Gitane de Mazyr, d'abord. La garce. Peut-être qu'elle faisait toujours son numéro, qu'elle aille brûler en enfer. Boris était bien le bel homme grand et brun avec la marque, là, dans le cou. C'était lui, et il était venu la chercher, comme l'avaient dit les feuilles de thé. Elle était censée partir avec lui en Italie pour s'occuper de personnes âgées – c'était du moins ce qu'il lui avait expliqué –, mais il l'avait emmenée ailleurs. C'était une nouvelle vie, d'accord, la garce de Gitane ne lui avait pas menti sur ce point.

Il l'avait regardée croiser ses doigts. Elle avait remonté ses genoux contre sa poitrine. Étrangement, elle ne paraissait jamais aussi réelle que lorsqu'il se la représentait en pensée. Quand elle se trouvait devant lui, elle semblait se dissoudre. Son extrême pâleur remettait en cause son existence même, comme si elle était une simple illusion d'optique, comme s'il suffisait de tendre la main pour la faire disparaître.

Lena, songea Gabriel, et le prénom le traversa tel un frisson.

« Tu t'en sors ? » Son père se tenait derrière lui, près de son épaule.

« J'allais les retirer du feu. Je les replongerai pour qu'elles soient bien croustillantes.

— D'accord, je mets la table », déclara Ted en ouvrant le tiroir à couverts. Il portait ce jour-là un pantalon marron foncé et un pull beige à encolure en V sur une chemise à carreaux – une tenue qui, du plus loin que Gabriel s'en souvienne, avait toujours été son uniforme de loisirs, un acte de résistance contre le changement.

Gabe trouva une poêle à frire. Il sortit les œufs du frigo. Il aurait voulu pouvoir être lui-même, parler naturellement à son père, bavarder avec lui de tout et de rien. En dépit du passé, et même s'ils n'avaient jamais été proches, même si leur terrain d'entente était aussi restreint qu'aride, il désirait s'entretenir avec lui tant qu'il en avait encore la possibilité. Et il aurait voulu aussi ignorer l'irritation qui le gagnait si facilement en présence de Ted, mais elle semblait logée dans une partie de lui impossible à atteindre, comme une démangeaison dans un membre fantôme.

« C'est vrai que Nana et grand-père ne se sont jamais disputés ? commença-t-il.

— Bien sûr. Et moi, je suis la reine de Saba ! Ils étaient plutôt bien assortis, mais ils ont eu leur lot de problèmes, comme n'importe quel couple.

— Tu penses que Nana est en train de devenir un peu, enfin…

— Un peu, oui. Elle clame partout qu'Albert était comptable. D'accord, c'est vrai, il faisait un peu de comptabilité et il portait une cravate pour aller au boulot. » Ted éclata d'un rire qui se mua rapidement en quinte de toux. Il chercha son souffle pendant quelques secondes et Gabriel remarqua qu'il devait s'appuyer sur le dossier d'une chaise. « Tu me diras, elle le racontait déjà avant. Aujourd'hui, elle y croit dur comme fer.

— Quand j'étais gosse, elle me paraissait distinguée. Elle m'a roulé dans la farine.

— Elle s'y est roulée elle-même », dit Ted. Il s'approcha de l'évier pour remplir d'eau un pichet. Il le posa. « Pendant longtemps, ça m'a tapé sur les nerfs. Mais aujourd'hui, je me dis… bah, je ne sais plus trop. Qu'est-ce qui est vrai, au fond ? Nana affirme qu'elle ne s'est jamais disputée avec Albert. Elle en est persuadée et ça la rend heureuse. Tu me suis ? Alors ce qui s'est réellement passé entre eux, ça n'a pas trop d'importance – pour elle, en tout cas. Le souvenir qu'elle en garde, c'est ça qui compte. Tu vois ? Tu vois ce que je veux dire, Gabriel ?

— Oui. Plus ou moins. » Son père le regardait droit dans les yeux. C'était le moment, lui sembla-t-il. Par le biais de ce monologue – avec ses hésitations, ses incertitudes, son fil conducteur pour le moins vague, voire vaseux, et cet appel final à la compréhension –, Ted lui avait tendu une perche. Il ne tenait pas ce genre de discours, d'habitude. Le spot faisait briller son crâne chauve à la peau rose et tendue. Il lui restait une petite bande de cheveux blancs au-dessus des oreilles. Quand il était jeune – Gabe avait vu les photos –, il les portait suffisamment longs sur le dessus pour qu'ils bouclent, mais il les avait déjà disciplinés à la naissance de son fils.

« Les frites, Gabe, tu les remets ?

— J'essayais de me rappeler comment tu t'étais coupé le doigt. Je sais que c'était à la filature…

— Avant que tu viennes au monde, précisa Ted. Un petit accident dans l'atelier de tissage. »

Gabriel contempla ses propres mains, les brûlures et les cicatrices déjà anciennes, les cals, l'ongle noirci, la bosse sur l'index droit, la membrane entre le pouce et l'index gauche, dont la peau fendillée par une brûlure au troisième degré avait cicatrisé de manière anarchique. Quand il était petit, il regardait souvent les mains de son père ; elles représentaient alors à ses yeux tout un univers de travail, de virilité, et aujourd'hui il aurait aimé lui montrer les siennes parce que Ted ne s'était jamais rendu compte que son fils avait des mains de travailleur.

« Combien d'œufs ? lança-t-il. Deux chacun ?

— Je n'ai pas très faim, pour tout te dire.

— Il faut que tu manges, p'pa. » Il n'avait pas su saisir la perche, il en avait conscience, et une fois de plus ils étaient condamnés à patauger.

« Tiens, je vais m'asseoir un peu avant d'aller chercher Nana.

— P'pa ? Comment tu vas faire ?

— Je me sens bien, fiston. Je me repose juste une petite minute.

— Non, je veux dire, Nana et toi, comment… qu'est-ce que…

— Y en a pas un pour rattraper l'autre, je sais. » De la main, Ted balaya quelques miettes imaginaires sur la table. « On a une aide-ménagère qui vient tous les matins. Jenny fait ce qu'elle peut. Nana est sous traitement depuis que le diagnostic a été établi. Et je reçois aussi la visite de l'infirmière envoyée par le… comment ça s'appelle, déjà ?

— L'hôpital.

— L'hospice.

— D'accord. » Gabe aurait voulu enfiler son manteau et sortir. Toute cette organisation autour de la mort, ce n'était pas son affaire. Les choses n'avaient qu'à continuer sans lui. « Et qu'est-ce qu'on lui a diagnostiqué ?

— Démence. Avant, on disait qu'untel était devenu sénile, maintenant on dit qu'il souffre de démence.

— Ça se soigne ? Il y a quelque chose à faire ? »

Son père secoua la tête. « Pas vraiment. Elle prend des cachets, ça ralentira peut-être un peu la dégradation. Bah, y a les jours avec et les jours sans. Aujourd'hui, t'es tombé sur un jour avec.

— Cette histoire qu'elle a racontée sur les Pakistanais dans le grenier… C'est drôle comme on peut perdre ses souvenirs mais pas ses préjugés.

— Elle a la nostalgie du bon vieux temps, c'est tout. »

Gabe vida les frites dans un plat qu'il avait tapissé de papier absorbant. Il n'avait pas l'intention de se disputer avec son père, mais il ne pouvait pas laisser passer ça non plus. « Le bon vieux temps, tu dis ? Celui où les blagues commençaient par : "Un Anglais, un Irlandais et un Paki vont au pub…", c'est ça ?

— Dis pas n'importe quoi, fils.

— La belle époque du National Front et des croix gammées peintes sur tous les ponts de chemin de fer et les passages souterrains ? insista Gabe.

— Ça n'a rien à voir. Je te parle de ce qui existait avant, quand les gens s'intéressaient les uns aux autres, quand tout le monde se connaissait dans le quartier. Tu ne peux pas comprendre, évidemment.

— Tu changes de sujet.

— Au contraire, on est en plein cœur du sujet, sauf que tu veux pas l'entendre. Pour toi, tout ça n'a pas de sens. Mais que tu le veuilles ou non, il y avait un esprit de communauté, ici – c'est ça, prends tes grands airs –, et on l'a perdu.

— T'es complètement hors sujet, s'obstina Gabe en flanquant la poêle sur le feu.

— Non, Gabriel, parce que cette ville se meurt. Et y a pas de remède.

— De quoi elle est malade, papa ? Des étrangers ? Du progrès ? Hein, de quoi ? » Gabriel avait dû se retenir de crier. Il ouvrit de nouveau les rideaux. « Tiens, regarde là-bas, le nouveau lotissement. » Lui-même regarda, pour ne distinguer dans l'obscurité que son reflet dardant sur lui un œil menaçant. « Je n'ai pas l'impression que ce soit un danger mortel…

— Tu comprends rien à rien, fils. » Ted leva une main comme pour chasser les paroles de Gabe. « Les maisons, c'est que des maisons. Celles-là, elles pourraient être n'importe où, même sur cette foutue planète Mars. Mais cette ville, on lui a arraché le cœur, ni plus ni moins.

— Bonté divine ! » Gabriel cassa les œufs dans la poêle. « Beaucoup de personnes âgées sont racistes, je n'accusais pas Nana de… »

Il fut interrompu par les couinements et cliquetis familiers du chariot à liqueurs annonçant l'arrivée de sa grand-mère. Cela faisait bien longtemps que la petite table roulante lui servait de déambulateur et ne contenait plus d'alcools, mais ce jour-là Nana y avait posé sa précieuse bouteille d'amontillado Harvey's, qui s'inclina dangereusement lorsqu'elle s'arrêta près de la table. Gabe plongea pour la rattraper et atterrit rudement sur son épaule tandis que le verre couleur émeraude volait en éclats et qu'une flaque de liquide ambré se formait sur le lino près de son oreille.

Le dessous des blancs d'œuf avait brûlé. Gabriel posa couteau et fourchette, prit une frite avec ses doigts et la plongea dans le ketchup.

« Rien ne vaut un bon plat anglais, n'est-ce pas ? dit Nana.

— Attention ! l'avertit Ted. Continue comme ça et notre Gabe va bientôt t'accuser de racisme. »

Nana eut beau lui sourire, Gabriel sentit ses traits se crisper. Il était furieux contre son père, furieux aussi à l'idée d'abriter en lui une telle colère, et surtout furieux de voir que Ted n'était plus le géant fulminant de son enfance, mais ce vieil homme décharné et malade sur qui il paraissait inconcevable de déverser sa rage.

« Je n'ai jamais été raciste », affirma Nana en agitant sa fourchette dangereusement près de la joue de Gabe.

Il garda le silence.

« Ce que je n'arrive pas à comprendre, poursuivit-elle, c'est pourquoi ils font autant d'histoires. Les Pakistanais, les Indiens et le reste, ils en ont toujours après quelque chose, ils sont toujours à se plaindre de ceci ou de cela. Tiens, Gabriel, l'autre jour encore, ils parlaient dans le journal de cette fille qui veut porter le voile à l'école. Enfin, quoi ! On est en Angleterre, non ? S'ils veulent vivre comme dans leur fichu pays, ils ont qu'à y retourner ! De toute façon, pourquoi ils voudraient tout faire comme chez eux, puisque ça ne leur plaisait pas et que c'est pour ça qu'ils sont venus ?

— Ils sont venus chercher du travail, Nana, précisa Ted.

— D'accord, admit-elle. Je vais te dire ce que je ne supporte pas : quand les gens affirment que c'est une question de couleur de peau, eh bien c'est ridicule. Moi, je n'ai rien contre la couleur de peau. Noire, blanche ou brune, quelle importance ? C'est ce qu'on fait qui compte. Je les respecte, ils me respectent, c'est ce qu'il faut, non ? »

Gabriel débarrassa et empila les assiettes. Son père et sa grand-mère étaient comme ils étaient. Qu'attendait-il d'eux ? « Content qu'on soit d'accord, Nana », déclara-t-il.

Elle leva vers lui un visage radieux. « Je suis tellement heureuse de te voir, Gabriel. Tu nous as fait un beau cadeau. »

Après le dîner, ils s'attardèrent à table. M. Howarth leur rendit visite et s'installa avec eux.

« Gabe va ouvrir un restaurant, annonça Ted.

— Oh, c'est vrai ? dit M. Howarth en soufflant sur son mug d'Ovaltine. Un établissement chic dans le Sud, c'est ça ?

— Bon, il faut que j'aille me changer, maintenant, sinon je vais être en retard, les interrompit Nana. Je dois aller à... Oh, où est-ce qu'on m'attend, déjà ?

— C'est demain soir, Nana, rectifia Ted. Rassieds-toi.

— Il dit ça tous les jours, protesta-t-elle. Des fois, je me demande s'il ne me prend pas pour une idiote.

— Quel genre de restaurant ce sera ? s'enquit Ted. Tu lui as déjà trouvé un nom ?

— Je l'appellerais bien le Lightfoot, répondit Gabe. Qu'est-ce que tu en penses ?

— Ça ne me paraît pas une mauvaise idée.

— Ce que je ne comprends pas, poursuivit Nana, c'est pourquoi ils font toujours autant d'histoires.

— Qui ? lança M. Howarth. Les chefs de cuisine ?

— Les Pakistanais, les... comment on dit, aujourd'hui ? Les musulmans, c'est ça ?

— J'ai laissé tomber les courses de chevaux, déclara M. Howarth. Je prends des paris sur ta grand-mère maintenant, Gabe. On ne sait jamais dans quelle direction elle va aller.

— Ils ont parlé de cette fille dans le journal, l'autre jour, elle veut porter le voile à l'école. Non, tout de même ! Elle a oublié dans quel pays elle vit.

— Bah, pour moi, c'est pas leur faute, répliqua M. Howarth. Après tout, on peut pas leur reprocher de réclamer. C'est dans la nature de l'homme de réclamer ce qui lui manque. Moi, je dis que tout ça, c'est la faute du conseil municipal. Une belle bande d'abrutis, ceux-là, et encore, je surveille mon langage parce qu'on est en compagnie d'une dame ! Ils se gargarisent tellement de... du... – c'est quoi, le mot, déjà ?... – ah oui, de leur "multiculturalisme" qu'ils ont perdu le sens des réalités.

» Tenez, je vais vous donner un exemple. Hier, j'étais au Tesco, et vous connaissez Sally Whittaker, elle est à la caisse, c'est un beau brin de fille et… Bref, je lui demande comment va sa mère et elle me répond : "Oh, maman va bien, monsieur Howarth, mais elle est un peu contrariée en ce moment parce qu'ils vont arrêter la tournée du bibliobus et qu'elle peut pas beaucoup sortir, vous comprenez, vu son état." Alors moi, je dis : "C'est à cause des restrictions budgétaires, Sally." Et elle m'explique : "Vous savez comment ils dépensent leur argent, monsieur Howarth ? Je suis passée voir la bibliothécaire et elle est pas contente du tout. Chaque fois qu'ils veulent imprimer une brochure, faut la faire traduire en quatorze langues différentes. Ça représente des sacrées sommes ! Et ils achètent tous ces livres écrits par des chefs religieux musulmans dont certains sont en prison, qui racontent qu'il faut prendre les armes contre l'infidèle, c'est-à-dire vous et moi, et ils en garnissent tout un rayon. D'accord, on est une société multiculturelle, et moi j'ai rien contre. Mais ma maman, qu'est-ce qu'elle devient dans tout ça ? Elle a payé ses impôts toute sa vie et aujourd'hui elle peut même plus lire ses romans d'amour qui font de mal à personne. Qui va la défendre ?" »

Ce qu'il y a de bien à Londres, songea Gabe, c'est que chacun est avant tout un Londonien. La ville unissait ses habitants ou au contraire maintenait entre eux une distance égale. Ou peut-être pas, mais quoi qu'il en soit tout le monde était trop occupé pour avoir le temps d'y réfléchir. « Ça paraît assez injuste », commenta-t-il.

Nana hochait la tête comme un pantin dont un ressort aurait cassé. « Oui, oh oui, disait-elle, j'ai eu une vie merveilleuse. Absolument merveilleuse. » Ses deux yeux larmoyaient, désormais, et elle semblait avoir du mal à respirer.

Ted recula sa chaise, alla se placer derrière elle et lui tapota les épaules. « Tu as raison, Phyllis. Tout va bien. Une bonne nuit de sommeil et tu seras en pleine forme. »

Il l'aida à se lever puis la guida vers le chariot à liqueurs, entamant avec elle une petite danse à pas glissés sur le carrelage de la cuisine.

La scène dégageait une telle impression d'intimité que Gabe dut détourner les yeux. Il contempla la table. Le pin clair semblait doux comme de la sciure, mais il s'était révélé suffisamment résistant au cours des années pour supporter le poids de cette famille dont il avait peu à peu absorbé dans son grain l'activité et l'histoire. C'était à la cuisine qu'ils prenaient toujours leurs repas, la salle à manger n'étant qu'un mausolée de porcelaine, de verrerie et de bougeoirs. Ils confectionnaient des scones sur cette table, maman y étalait les patrons de ses robes, ils en dégageaient un coin pour faire leurs devoirs, y laissaient des taches de colle, de soda ou de feutre, se disputaient pour savoir qui devait débarrasser le couvert… Lui-même avait donné des coups de pied dans les tibias de sa sœur sous cette même table, trop large pour que Jen puisse lui pincer le bras en retour. Ce meuble avait entendu toutes les discussions, assisté à toutes les querelles, rendu de bons et loyaux services, ce qui ne l'empêcherait pas, dans un futur relativement proche, de finir à la décharge.

La porte de derrière s'ouvrit soudain, livrant passage à une grosse blonde rayonnante qui leva haut les bras comme si elle arrivait au sommet du grand huit. « Regardez qui est là ! s'écria-t-elle.

— Jenny ? fit Gabriel.

— Ah, Jen, dit M. Howarth. C'est une bonne chose que tu sois passée. J'ai l'impression que ton frère en a par-dessus la tête des vieilles chouettes comme nous. »

Elle s'assit. « Alors, qu'est-ce que t'en penses, Gabe ? demanda-t-elle en portant la main à ses cheveux.

— Très, euh… joli », prétendit-il. Il avait tout d'abord cru qu'elle portait une perruque – un carré blond platine qui lui encadrait le visage.

« J'ai aussi perdu quelques kilos… D'accord, d'accord, pas assez pour que ça se voie…

— J'étais justement en train de me dire que t'avais maigri.

— C'est ça, oui ! lança-t-elle d'un ton enjoué. Bon, le temps d'aller jeter un coup d'œil à Nana, et je t'emmène boire un verre. »

Le ciel nocturne au-dessus de la lande avait la couleur d'une vieille ecchymose. Autour d'eux, les étendues teintées par la clarté laiteuse de la lune allaient se perdre au loin dans des replis d'obscurité. Jenny repassa en codes quand ils croisèrent une voiture. Dans le temps, il leur arrivait de faire le trajet à pied jusqu'au Last Drop Inn – ce qui représentait tout de même près d'une heure de marche –, quand ils étaient assez éméchés pour avoir envie de prendre l'air, mais pas suffisamment pour vouloir en rester là.

« Je suis désolée pour Harley et Bailey, déclara Jenny. Je leur ai dit je ne sais pas combien de fois que tu arrivais aujourd'hui, mais tu crois qu'ils m'écoutent ? »

Elle avait modernisé sa tenue et laissé tomber les survêtements en velours. Gabe jeta un coup d'œil aux mollets de sa sœur, cisaillés par la bordure de ses bottines, puis aux gros genoux ronds qui émergeaient de l'ourlet de sa jupe. « Pardon. Tu disais ?

— Ils passeront te voir demain. Après tout, ils n'ont qu'un oncle, et toi, tu n'as qu'un neveu et une nièce, et en parlant de ta nièce, Bailey est un sacré numéro, elle… Mais d'abord j'ai besoin d'un verre, et après je te raconterai tout. Un verre, une clope et une bonne séance de tchatche, pour moi y a rien de mieux. Remarque, on en est tous là, j'imagine… »

La voiture sentait le tabac et le désodorisant Magic Tree accroché au rétroviseur. Gabe entrouvrit la vitre.

« Bon, si tu aères, je vais m'en griller une vite fait », dit Jenny en tendant la main vers le paquet de Silk Cut posé sur le tableau de bord. Elle tira ensuite sur la cigarette avec une telle intensité qu'elle en fut métamorphosée, comme si c'en était fini des bavardages nerveux.

Il la reconnaissait de moins en moins à chaque visite. Les années n'ajoutaient rien, elles ne faisaient que soustraire. Il la regarda souffler par la vitre des flots de fumée qui devaient former des nuages dans leur sillage. Sa coiffure était décidément extraordinaire ; Gabe lui trouvait un côté agressif, sans qu'il puisse déterminer si cette violence était dirigée contre elle-même ou contre le reste du monde.

Jenny surprit son regard. « J'avais envie d'essayer depuis des lustres mais Den répétait sans arrêt qu'il détestait les blondes décolorées. Alors, maintenant que j'ai retrouvé ma liberté… » Elle effleura ses cheveux. « … Une fois de plus ! »

Gabriel se demanda s'il avait rencontré le dénommé Den. Jenny semblait toujours avoir un nouveau partenaire.

« Oh, je sais que tu l'appréciais, Gabe, d'accord, et lui aussi était un de tes fans, mais bon, ça devait arriver. Franchement, on n'était pas faits l'un pour l'autre, des fois il se comportait en vrai con, et pourtant il n'était pas méchant, je veux dire, on a quand même eu des bons moments, et puis faut bien admettre que c'est agréable d'avoir de la compagnie à la fin de la journée… »

Jenny parlait encore lorsqu'elle se gara. Gabriel n'avait toujours pas compris ce qu'elle essayait de dire au juste à propos de ce Den, et au fond il la soupçonnait de ne pas en avoir la moindre idée non plus.

Le pub n'avait pratiquement pas changé au fil des ans, aussi lui manquait-il cette atmosphère « traditionnelle » recréée dans les établissements de ce genre à grand renfort de vieilles chaises d'église et d'objets empruntés au monde rural. Au Last Drop Inn, le revêtement des banquettes était un faux cuir craquelé et fendillé depuis des lustres, responsable de moult collants filés et même de quelques doigts écorchés. Le sol était recouvert de moquette et une machine à sous se dressait devant la cheminée.

« Ils vont tout refaire l'année prochaine, annonça Jenny. Il serait temps, hein ? C'est pas du luxe. »

Alors qu'ils se dirigeaient vers l'arrière-salle (une petite pièce carrelée, ouverte aux courants d'air, où ils s'étaient toujours installés), ils saluèrent quelques personnes. « Tu te souviens de Gabe ? Oui, bien sûr ! » gazouillait Jenny à chaque halte. « Ah oui, disaient-ils, Gabe, ah oui... », quelques mots qui englobaient tout : les questions et les réponses, les formules de bienvenue, le constat plus général selon lequel les choses étaient comme elles devaient l'être. Bev était là avec son mari. Elle poussa son manteau et son sac afin de leur libérer de la place, mais Jenny décréta : « Non, je le garde pour moi toute seule », avant de prendre son frère par le bras pour l'entraîner à l'écart.

« Si tu veux t'asseoir avec Bev, ça ne me dérange pas », déclara Gabe.

Jenny remua sa vodka tonic. « Je la vois tous les jours. Tu sais, dans le poulailler.

— Où ?

— Au centre d'appels. Une bonne vieille grange remplie de poules caquetantes. » Elle éclata de rire. « Il a pas dû se passer une seule journée sans que je la voie depuis que j'ai six ans ! C'est à cette époque qu'on s'est déclarées officiellement inséparables.

— Je me rappelle une fois où tu pleurais parce qu'elle était devenue copine avec…

— Mandy Palmer. Je sais, mais elle est revenue en rampant.

— Les garçons n'ont pas vraiment de meilleur copain attitré », observa Gabe. Ce devait être agréable de pouvoir compter sur quelqu'un qui vous connaissait si bien, pensa-t-il. Cela dit, Charlie le connaissait mieux que quiconque, il en était sûr.

— C'est vrai », approuva Jenny. Elle le regarda avec attention.

« Papa, lui, a Tom Howarth, fit-il remarquer.

— Exact.

— Et ce n'est pas comme si je n'avais pas…

— … d'amis.

— … d'amis. Tu sais ce qu'est devenu Michael Harrison ?

— Michael Harrison ? Non, aucune idée. Je le revois encore, ce pauvre gamin, avec ses pulls sales et ses croûtes plein la tête… Tu l'avais pris sous ton aile. »

Gabriel avala une gorgée de bière. Il se sentait malheureux sans trop savoir pourquoi. Peut-être parce que Jen pouvait compter sur Bev et leur père sur Tom. Bev n'était pas seulement une amie, c'était le témoin de toute une vie. Or lui-même avait beau raconter beaucoup de choses à Charlie, il y avait des pans entiers de sa propre existence qu'elle ne connaîtrait jamais. Des pans entiers de son existence – des séjours dans des hôtels qu'il avait à moitié oubliés, dans des chambres qu'il aurait été bien en peine de décrire, avec des personnes dont il ne gardait plus aucun souvenir – qu'il avait lui-même l'impression de ne pas connaître. Ils n'avaient de réalité que dans son esprit, et encore.

« Je ne sais pas trop, dit-il. Je ne pourrais pas te dire pourquoi on a arrêté d'être copains. »

Jenny aspira une bouffée de son inhalateur puis alluma une cigarette et repoussa ses cheveux derrière ses oreilles. « Il s'est attiré des emmerdes, les flics s'en sont mêlés et tout… » Gabriel tendit deux doigts vers elle, et elle lui passa la cigarette. « Ça fait un moment que je ne l'ai pas revu. Il a dû déménager. Non, garde-la, je vais en allumer une autre, j'aime bien, la première taffe est toujours la meilleure. »

Elle plissa les paupières quand la flamme du briquet jaillit. Elle avait de beaux yeux, un long nez fin hérité de leur mère, et le dessin de sa lèvre supérieure évoquait une ravissante arche sculptée. L'ovale qui contenait ses traits, épargné par la graisse des joues et du menton, ressemblait à un masque. Ses kilos en trop ne lui allaient pas. Ils ne paraissaient pas naturels, comme si elle était engoncée dans un déguisement dont elle allait jaillir d'un instant à l'autre.

« Alors, comment vont les enfants ? » demanda-t-il. Ils parlèrent de Harley et de Bailey, puis Jen lui posa des questions sur Charlie et ils parlèrent d'elle aussi. Gabriel aurait voulu mentionner Lena, mais les mots restèrent bloqués dans sa gorge. Ils évoquèrent ensuite leur père et Nana, et Jenny expliqua l'alternance des rendez-vous chez le généraliste, le spécialiste et l'infirmière ; elle lui donna des détails sur les différents médicaments, leur dosage, leurs effets et l'horaire des prises, ajoutant que de toute façon ils n'auraient plus d'efficacité sur la fin ; elle décrivit l'organisation des courses et des repas (elle préparait un *shepherd's pie* en plus le lundi, Mary Mahoney, qui habitait au 82, apportait un ragoût le jeudi) ; et elle dressa la liste des visites – officielles et officieuses –

au domicile des deux malades, réparties selon un planning soigneusement établi de manière que quelqu'un aille les voir au moins deux fois par jour. Peu à peu, Gabe mesurait l'énormité de l'entreprise. Ce qu'il avait pris pour la routine bancale de deux petits vieux mal en point se révélait en fait un quotidien savamment orchestré. Il ne s'en doutait pas plus qu'un client attablé au restaurant n'imagine le travail des cuisines quand on lui présente une assiette magnifiquement dressée.

Enfin, Jenny se tut. Elle semblait épuisée, comme si elle aussi venait de découvrir l'ampleur des tâches concernées. « Ça me navre, mais on n'a pas le choix, Gabe, reprit-elle en secouant doucement la tête. Il va falloir qu'elle aille en maison.

— Pourquoi ? Le système que t'as mis au point fonctionne bien, non ?

— Pour le moment. Et encore, y a des fois où… Oh, bon sang, réfléchis ! Ça va devenir de plus en plus difficile. L'état de papa va empirer, celui de Nana aussi, je ne peux pas me permettre de démissionner et toi non plus, j'imagine… » La lueur farouche d'autrefois faisait briller son regard.

« Excuse-moi. Tu sais sûrement mieux que moi quelle est la meilleure solution. »

Jenny aspira une bouffée de son inhalateur. « J'ai des allergies. Bon, et toi, alors ? Parle-moi de ton nouveau restaurant.

— Oh, ça n'aura rien de très extraordinaire. Le concept, c'est plutôt cuisine française façon vieille école, exécutée à la perfection. Attention, pas le genre bistrot avec nappes à carreaux rouges et bougies plantées dans des bouteilles, où on te sert un steak-frites. Non, ce sera un peu plus haut de gamme. Avec un menu composé de plats traditionnels : blanquette de veau, truite meunière… ce genre de choses. »

Jenny éclata de rire. « Ah, oui, rien de très extraordinaire ! Eh bien, je suppose que si tu veux des étoiles, des étoiles Michelin, tu dois effectivement proposer des trucs recherchés, sinon les critiques ne se déplaceront même pas.

— Crois-moi, Jenny, je veux m'en tenir à la cuisine française traditionnelle. Et ce n'est pas le bœuf aux carottes ou la pêche melba qui vont me rapporter des étoiles Michelin. »

Sa sœur ne paraissait pas convaincue. « J'adore quand tu donnes le nom des plats en français, c'est tellement plus chic... Et arrête de te dévaloriser. Tu finiras un jour par les décrocher, tes étoiles. C'est ce que tu as toujours voulu, et à mon avis, au bout de tant d'années, tu les mérites amplement.

— Je n'en ai jamais rêvé, tu sais. Pour moi, ça n'a jamais été un but, et aujourd'hui pour rien au monde je ne m'engagerais dans cette compétition-là. Je t'assure, c'est un univers totalement différent.

— Bah, si tu le dis... N'empêche, tu les voulais, ces étoiles, tu les voulais *grave*. Pendant un temps, t'avais que ça à la bouche. Je me rappelle encore cette fois où t'es rentré de France après avoir bossé dans un deux étoiles, tu faisais tes débuts à l'époque et t'étais excité comme une puce, tu parlais de tout ce que t'avais vu, de tout ce que t'avais goûté, de la façon dont ils s'y prenaient là-bas... Tu nous as même raconté qu'il t'arrivait de dormir sur la pile de linge sale parce que t'étais debout seize heures par jour ! Bon sang, t'étais sacrément motivé à l'époque ! Je n'avais jamais vu et je n'ai jamais revu depuis quelqu'un d'aussi enthousiaste. C'était touchant. Vraiment touchant.

— Pourtant, je n'avais pas cet objectif en tête, s'obstina Gabe. Tout ce que je voulais, c'était en apprendre le plus possible. »

Jenny lui effleura le bras. « On avait tous des rêves, pas vrai ? Et regarde où on en est. » La pression de ses doigts sur l'avant-bras de Gabe se fit complice. « Regarde où on en est », répéta-t-elle.

Jenny était partie commander une nouvelle tournée quand le mobile de Gabe sonna.

« Vous êtes où, nom de Dieu ?

— Ravi de vous entendre, Rolly, répondit Gabriel.

— Quatorze heures aujourd'hui, sur le site, les cuisinistes… ça vous dit quelque chose ?

— Merde. Désolé.

— Il va falloir vous ressaisir, vous savez.

— Désolé, répéta Gabe. J'ai dû me rendre dans le Nord pour voir mon père.

— Oh, alors il n'y a aucun problème ! Moi qui pensais que vous aviez posé un lapin à vos associés sans raison valable…

— Rolly ? Allez vous faire foutre ! » Gabe raccrocha.

« Tout va bien ? demanda Jenny, un paquet de cacahouètes coincé entre les dents.

— Oui, oui… En fait, non. » Lorsqu'il frotta sa tonsure, quelques cheveux lui restèrent dans la main. « Tout baigne. Je reviens, je vais pisser. »

Il rappela Rolly des toilettes, pour tomber sur la boîte vocale. Il laissa un message contrit disant que son père était au plus mal. À peine eut-il raccroché qu'il regretta de ne pas pouvoir l'effacer.

Le paquet de cacahouètes grillées était vide lorsqu'il regagna leur table, et Jenny essuyait les miettes.

« Je pourrais me gaver de ces trucs-là à longueur de journée. Et toi, Gabe, c'est quoi ton plat préféré ?

— J'aime toutes les cuisines : française, italienne, japonaise…

— Moi, c'est le *toad in the hole*[1], l'interrompit Jenny. J'en suis dingue. Avec une sauce à l'oignon. Et toi ?

— Je ne sais pas... Pour en revenir à cette histoire d'étoiles, c'est un jeu de dupes. Ça n'a jamais été dans mes projets.

— Tu te souviens des boulettes de viande que préparait maman ? J'en ai même pris une un jour pour faire un presse-papier.

— Et cette manie qu'avait papa de nous surveiller tant qu'on n'avait pas fini nos assiettes... » Où était passée sa sœur ? Il aurait voulu partir la chercher à l'intérieur de cette femme trop grosse. Mais même s'il parvenait à l'atteindre sous la graisse, il se retrouverait toujours devant une inconnue en chemisier de polyester à manches courtes. Il lui faudrait alors attaquer à coups de burin le rempart de paroles ininterrompues, puis une gangue faite de préoccupations – Harley et Bailey, Nana, papa... Resterait ensuite à éliminer une couche d'habitudes et de raisonnements provinciaux pour pouvoir aller plus loin, au plus profond, comme s'il ouvrait une poupée russe, et révéler enfin la vraie Jenny – celle qui disait, à plat ventre sur son lit en minijupe de jean toute déchirée : « Si à dix-huit ans je me suis toujours pas tirée d'ici, achève-moi. Je t'en prie, achève-moi. »

« J'avais tellement de peine pour papa..., reprit-elle. Le pauvre.

— Le pauvre ? Ce n'est pas lui qui était à plaindre, mais plutôt toi, moi, maman... Elle n'a jamais eu le droit d'être... Je ne sais pas. Et toi ? Il ne t'arrive jamais de vouloir... redevenir toi-même ? »

Elle le regarda à travers ses paupières mi-closes. « Je suis moi-même. Y a pas tromperie sur la marchandise,

---

1. Plat traditionnel composé de saucisses cuites au four dans une pâte.

Gabriel. Et si ça ne te plaît pas, c'est pareil ; ton avis, tu peux te le coller où je pense.

— Je ne voulais pas...

— Quoi, Gabe ? Hein, quoi ? Non, laisse tomber, OK ? Laisse tomber, je m'en fous. Et pour ce qui est de maman, c'est pas la peine de prendre tes grands airs, parce que papa a fait de son mieux et que toi t'as jamais eu à t'occuper d'un proche, pas dans ces conditions-là en tout cas – quand tu dois vivre avec quelqu'un de malade pendant des années et des années, et que personne comprend vraiment ce qui se passe et que t'es obligé de te battre tout seul... Pourquoi t'essaierais pas de te mettre à sa place, pour changer, hein ? Tu verrais peut-être les choses différemment. » Elle fuma sa cigarette jusqu'au mégot, comme leur mère autrefois, en la tenant près de son visage.

« Nana n'était pas malade, pas vraiment, objecta Gabe. Elle était hypocondriaque et c'était maman qui s'occupait d'elle, de toute façon, pas papa.

— Je ne parlais pas de Nana, répliqua Jenny d'une voix sifflante. Mais de maman. » Elle avait le plus grand mal à reprendre son souffle.

« Où est ton inhalateur, Jen ?

— Tu as toujours été tellement... centré sur toi-même. »

Gabriel ouvrit le sac à main de sa sœur. « Ne me dis pas que t'arrives à retrouver quelque chose dans ce fourbi ! »

Jenny lui arracha le sac des mains et l'agita doucement pour séparer les différents objets à l'intérieur, comme si elle passait du sable au tamis à la recherche de pépites d'or. « Elle m'effrayait, parfois. Surtout quand elle faisait une fugue. Je croyais qu'elle ne reviendrait plus.

— Une fugue ? Qu'est-ce que tu racontes, Jen ?

— Ses "petites vacances". C'est comme ça qu'on les appelait à l'époque. Quand elle filait avec un type rencontré à l'arrêt de bus ou à la laverie du coin, et même une fois avec Daniel Parsons, qui l'a ramenée au bout d'un jour en disant : "Désolé, je crois que j'ai eu les yeux plus gros que le ventre…" Et c'était horrible, parce que papa le voyait tous les jours au boulot, mais il y a eu pire : lorsqu'elle est partie avec le laitier et qu'elle faisait les tournées avec lui – oh, bien sûr, il a nié qu'il y avait quelque chose entre eux, il disait qu'elle pouvait monter dans son camion si elle en avait envie, qu'il n'allait pas l'en empêcher si son propre mari la laissait faire… Et tous les voisins remontaient leurs putains de réveils pour pouvoir être à la fenêtre quand ce connard de laitier arriverait… »

Gabriel ne quittait pas sa sœur des yeux. Il revoyait le chiffonnier au sourire lubrique et maman qui descendait de la carriole en même temps que de petits nuages de vapeur s'élevaient des flancs du cheval. « Tu parles de maman, là. De notre mère.

— Elle était malade, martela Jenny. Elle a dû faire quatre ou cinq fugues, et il y avait aussi les achats, tous ces trucs qu'elle commandait sur catalogue et qu'avec papa on devait remballer et renvoyer. Elle avait des crises, des épisodes maniaques, et après elle déprimait. Aujourd'hui, on les qualifierait de troubles bipolaires. »

Gabe secoua la tête. Ouvrit la bouche, la referma. Recommença à secouer la tête.

« Mais je ne me doutais pas que c'était aussi grave, reprit Jenny. Je ne l'ai découvert que plus tard. Elle a été internée, une fois, papa me l'a caché pendant des années. C'était une telle honte ! La folle est embarquée à l'asile, faut surtout pas que les enfants le sachent. Sauf qu'ils le savaient, bien sûr – les autres, ceux de l'école. Dieu, ce que les gosses peuvent être méchants, parfois…

— T'as pas le droit de parler d'elle comme ça, d'insinuer que... que... Tu te rends compte de ce que tu dis, au moins ? De ce que tu lui reproches ?

— Oh, je t'en prie, grandis un peu ! Quand est-ce que tu vas devenir adulte, Gabe ? »

Un des employés du pub circulait de table en table, vidant les cendriers dans un seau, passant un coup de chiffon sur les plateaux. Gabe avait un goût amer dans la bouche, mélange de cigarette et de bière, et il avala sa salive encore et encore jusqu'à sentir la bile lui monter dans la gorge.

« Je ne reproche rien à personne, reprit Jenny pour combler le silence. Elle n'y pouvait rien, elle était malade. Et elle n'avait probablement pas de liaison avec le laitier, c'est juste qu'elle ne voyait pas quel mal il pouvait y avoir à l'accompagner dans sa tournée. Elle était comme ça dans ses moments de crise.

— Mais les autres étaient au courant ?

— Bah, j'ignore jusqu'où exactement, et aujourd'hui ça n'a plus d'importance mais, oui, je suis presque sûre que certains... au moins un ou deux. »

Il secoua la tête. « Non, je l'aurais su. Si toi tu le savais, j'aurais dû le savoir aussi. Je suis l'aîné.

— Tu ne voulais pas le savoir, Gabriel. J'ai essayé de t'en parler plusieurs fois quand on était gamins.

— Maman prenait du valium à l'époque où Nana est venue vivre avec nous », dit-il Le verre de bière était collant sous ses doigts. « Comme beaucoup de femmes à l'époque. Ça les calmait, j'imagine. C'était un moyen de les maintenir à leur place. »

Jenny soupira si soudainement et si longtemps que Gabe s'attendit presque à la voir se dégonfler comme une baudruche. « Le valium, c'était rien... Elle avalait des machins beaucoup plus forts, du style camisole chimique. Nana est venue vivre avec nous pour pouvoir garder un œil sur elle ; toi, t'avais déjà commencé ton apprentissage, t'étais pratiquement jamais là et maman disait toujours : "Faut pas embêter Gabe, il a de l'avenir ce garçon, on n'a pas le droit de l'ennuyer avec nos petits soucis." Et elle s'asseyait à côté du téléphone parce que t'avais dit que t'appellerais tel ou tel soir, et elle restait là, près de la petite table, sur la chaise qu'elle avait apportée dans le vestibule – je me demande bien pourquoi tout le monde met le téléphone dans l'entrée –, mais t'appelais pas, bien sûr, alors à la fin elle allait se coucher, et t'aurais cru que l'escalier était une montagne tellement elle peinait pour monter.

— J'étais un petit con, c'est ça ?

— Plutôt son petit prodige. Et elle était ta reine de conte de fées – jusqu'à ton départ, en tout cas. Des fois, j'en arrivais à me dire que ce n'étaient pas les médicaments qui lui sapaient son énergie…

— Vas-y, va jusqu'au bout.

— C'était comme si on lui avait brisé le cœur.

— T'as attendu toutes ces années, tu ne m'en as jamais parlé, jamais, et aujourd'hui tu me balances à la figure des tas de trucs qui… qui… Et moi, je suis censé rester là, à écouter tes reproches ?

— Tu t'es entendu, Gabe ? Toi, toi, toi, il n'y en a toujours que pour toi ! Bien sûr que j'ai essayé de te parler. Mais fallait te protéger, t'épargner. Et puis, t'étais jamais là de toute façon. Comment j'aurais dû réagir, hein ? Il aurait fallu que je chante hosanna chaque fois que tu te décidais à revenir ?

— Elle représentait une source d'embarras pour toi, répliqua-t-il, les yeux irrités par la fumée de la cigarette. Pour papa aussi. Vous ne supportiez pas ce qu'elle était.

— Merde, je voulais pas avoir cette conversation. Et c'est pas pour toi que je le fais, oh non. C'est uniquement pour papa, parce qu'il est en train de mourir et que tu as besoin de comprendre certaines choses. » Elle se mit à pleurer.

« Jenny... Jen...

— Non, ça va. » Elle sanglota de plus belle.

« Tu te rappelles quand elle a transformé le salon en tente bédouine ?

— Et elle portait un torchon à vaisselle sur la tête en guise de turban... » Jenny éclata de rire puis poussa un gémissement étouffé. « Et voilà, ça recommence... Chaque fois, on finit par faire d'elle une fée.

— Elle n'était pas parfaite, d'accord. Mais elle était drôle, non ? »

Jenny le regarda d'un air solennel. « Qu'est-ce qui s'est passé entre papa et toi ? Je me suis toujours posé la question. Tout allait bien, c'était ton héros, et puis du jour au lendemain, tu devais avoir onze ou douze ans, tu l'as pris en grippe, comme si tu t'étais réveillé un matin en le détestant. J'aimerais bien savoir pourquoi.

— Je me demande si tu ne serais pas en train de réécrire l'histoire... » Gabriel lui pressa la main. « Papa et moi, on s'est toujours plus ou moins tapé sur le système – et non, avant que tu t'en prennes encore à moi, je n'ai rien de particulier à lui reprocher, sinon son obstination à me traîner à la filature.

— Tu adorais l'accompagner, jusqu'au jour où tu n'as plus voulu y remettre les pieds. Il a dû y avoir un problème, non ? À partir de là, quoi qu'il fasse, ça n'allait jamais. »

Brusquement, Gabriel se sentit submergé par l'ampleur des tâches qu'il avait laissées en suspens. Il avait oublié une réunion importante. Il aurait dû dire à Oona de terminer l'inventaire du stock. M. Maddox n'avait toujours pas de réponse à ses questions ; il n'avait aucune idée de ce que manigançait Gleeson. Charlie espérait – elle méritait – plus qu'il ne lui donnait. Quant à Lena... Bonté divine,

Lena ! Comment avait-il pu se fourrer dans un pétrin pareil ? Saisi d'un vertige, il dut se cramponner à la bordure de son siège. « Papa et moi, on ne s'est jamais entendus, marmonna-t-il. En fait, je croyais… Je prenais toujours le parti de maman, mais si tout ce que tu racontes est vrai, je ne sais pas, peut-être que je n'ai pas compris.

— On va rentrer, Gabe, d'accord ? T'as l'air sur le point de t'écrouler. En attendant, tu ne crois pas que le moment est venu de faire la paix avec papa ? Qu'il est temps de passer l'éponge ? »

12

DANS SON SOMMEIL, LE VERTIGE LE SAISIT DE NOUVEAU et le cloue sur une haute saillie rocheuse. Ensuite il tombe – toujours ce vieux rêve d'un puits sans fond. Il plonge dans le néant, se laisse aller, lâche prise. L'interminable chute en apesanteur dans le noir. Puis la lumière s'insinue petit à petit et il se retrouve sous terre, dans les couloirs interminables. Il s'accroupit près du corps et commence son examen, referme ses mains sur les pieds du mort, palpe délicatement chaque orteil, suit le tracé de la cambrure. Agenouillé, il presse les chevilles en scrutant les mollets, soulève légèrement une jambe et recueille dans sa paume la chair flasque.

Peu à peu, il prend conscience de la nourriture. Elle s'accumule autour de lui, autour du corps ; aussi loin que son regard se porte il en voit des monceaux luisants et lustrés, et enfin – enfin ! – il va pouvoir se régaler, car c'est son plat préféré. Il arrache la cuisse d'un poulet et mord dans la peau grillée, gonflée. Ça lui donne envie de pleurer. Il détache avec ses doigts un petit morceau de viande, se traîne par terre et l'insère doucement entre les lèvres noircies de Yuri.

Gabriel se réveilla avec l'impression d'avoir un poids écrasant sur la poitrine. Il essaya en vain de se redresser. Il repoussa les couvertures et demeura allongé, attendant que la douleur reflue. Alors il s'assit, alluma la lampe et vérifia l'heure. Cinq heures et demie ; autrement dit, il ne se rendormirait pas. Il regretta de ne pas avoir de cigarettes. En aucun cas il ne recommencerait à fumer, mais en cet instant il aurait vraiment aimé pouvoir en griller une.

À peine cette pensée lui eut-elle traversé l'esprit qu'elle lui donna un haut-le-cœur. Il se sentait nauséeux, aucun doute. Peut-être couvait-il quelque chose ? Il s'étendit de nouveau, pour être aussitôt assailli par les images de son rêve. Il se recroquevilla en essayant de refouler son malaise, son dégoût. Il n'était pas responsable de ses rêves.

Impossible de dormir correctement dans ce petit lit à une place. Ses genoux touchaient le mur. Il se tourna de l'autre côté. Dans un coin, sous la fenêtre, se trouvait la chaise en osier qu'il coinçait jadis sous la poignée de la porte quand il avait besoin d'intimité, dans ces moments où il s'enfermait avec une boîte de mouchoirs en papier et un catalogue de lingerie. Chaque fois qu'il était malade, terrassé par une grippe, une angine ou un bon mal de ventre, maman s'asseyait sur cette chaise pour le veiller, et la fraîcheur de la main qu'elle posait sur son front lui procurait un sentiment de sécurité.

Elle-même ne tombait jamais malade, à l'époque. Pour autant qu'il le sache, en tout cas. Elle était ou rayonnante ou triste, mais pour lui c'était sa façon d'être. Avec le temps, il l'avait perdue, elle s'était éloignée petit à petit, par effacement progressif – une sorte de lent fondu-enchaîné où les gris succédaient aux gris ; elle s'était dissoute si discrètement qu'il n'avait rien remarqué. À sa mort, il s'était rendu compte qu'elle avait déjà disparu depuis des années, et il ne l'avait pas beaucoup pleurée parce qu'il ne restait pas grand-chose à pleurer.

Sur la fin, elle ne se déplaçait plus qu'à petits pas. Ses pieds ne quittaient plus jamais le sol. Lorsqu'il rentrait à la maison, elle l'accueillait d'un : « Toi au moins, tu as encore toute la vie devant toi », comme si c'en était fini pour elle. Ou alors, elle lui glissait à l'oreille : « Ne te sens pas obligé de rester » dès qu'il franchissait la porte.

S'il avait su… Si Jenny lui en avait parlé… Ils ne lui avaient rien dit, ni elle, ni papa, ni Nana. Il avait vingt-huit ans quand elle avait eu sa crise cardiaque. Il était adulte. Il aurait dû être mis au courant depuis longtemps. Gabriel enfouit son visage dans l'oreiller pour essuyer ses larmes. Il resta encore un moment sur le ventre, laissant libre cours à son chagrin. Il étouffait ses gémissements dans la taie, son souffle lui faisait chaud au visage. Il enfonça ses hanches dans le drap. Lorsqu'il geignait, le son se propageait le long de son corps, amenant ses pieds à se cambrer. Son bassin se balançait doucement. Il n'avait pas pleuré depuis des années. Ses lèvres pressaient l'oreiller tandis que le sang bourdonnait dans sa tête, et sa langue pointait entre ses dents. Les yeux hermétiquement clos, il la vit soudain, surgie de nulle part – son enfant abandonnée, son chien perdu sans collier : Lena, allongée sur le canapé, toute d'os saillants et de peau translucide.

Au moment où il levait la tête, un son horrible monta de sa gorge, moitié glapissement, moitié grognement. Quel genre d'homme était-il ? Même dans la peine, même au plus fort du chagrin, il se laissait envahir par le désir – et pour une fille dont il ne voulait pas ! Il roula sur le dos, s'assit, baissa son caleçon et scruta la région traîtresse. Son pénis le contempla en retour tel un impitoyable adversaire borgne, sans manifester le moindre signe de remords. Gabriel l'enferma dans son poing puis se laissa retomber sur le matelas, sa main s'activant furieusement comme pour dire : « Tu l'as bien cherché et, crois-moi, tu ne vas pas t'en tirer comme ça. »

Après le petit déjeuner, il téléphona à Charlie. « Je regarde ma jambe, dit-elle. Je suis au lit devant les infos, il y a encore eu un attentat à Bagdad, dix-sept morts, mais je suis plus préoccupée par ces petits creux que je vois apparaître sur ma cuisse.

— Il n'y en a qu'une de concernée ? Dans ce cas, c'est facile, il suffit de te faire amputer. Après le lifting intégral du corps, c'est la seconde opération de chirurgie esthétique la plus courante à Los Angeles.

— Non, c'est les deux cuisses. Sans parler de toutes ces pensées horriblement triviales… Tu crois qu'on pourrait aussi m'opérer le cerveau pour les enlever ?

— Tu es trop dure avec toi-même.

— Non, pas du tout. Je n'ai dit ça que pour m'absoudre et t'obliger à m'absoudre – ce qui n'arrange rien, bien au contraire. »

Il décida de ne pas s'engager plus avant sur ce terrain miné. « Je regrette de ne pas t'avoir emmenée. Je n'arrive pas à parler à papa, Nana est presque sénile… Quant à Jenny, elle s'est fait teindre en blond platine et elle piaille tellement qu'on la dirait en permanence sur le point de dégringoler dans le vide.

— Waouh, ça fait envie ! N'empêche, je trouve dommage que tu ne m'aies jamais invitée.

— Je ne sais pas quoi lui dire – à mon propre père, tu te rends compte ?

— Idiot. Ce qui compte, ce n'est pas ce que tu lui dis, c'est que tu lui parles. De ton travail, de n'importe quoi…

— Charlie… » Ce n'était pas ainsi qu'il avait prévu de formuler sa demande, mais il se sentait brusquement étreint par un sentiment d'urgence irrépressible, la certitude qu'il avait la possibilité de régler au moins cette question-là maintenant, tout de suite. En même temps, il se sentait légèrement étourdi ; cela paraissait si simple de faire le grand saut, presque grisant. « Charlie ? Tu veux bien m'épouser ? »

À l'autre bout de la ligne, le silence se prolongea quelques secondes.

« J'espère au moins que tu as mis un genou à terre ! plaisanta-t-elle. J'en ai rêvé si souvent…

— Tu sais quoi, ma douce ? » Il repoussa sa chaise et s'agenouilla sur le sol de la chambre. « Je suis à tes pieds. »

Son père était dans le salon, penché vers le *Mary Rose* qu'il avait placé sur la table protégée par un journal, à côté d'un tube de colle, d'une boîte d'allumettes, d'un bol d'eau et de plusieurs cotons-tiges. La maquette se trouvait autrefois sur le manteau de la cheminée, mais la chaleur avait commencé à faire fondre la glu, et des morceaux du plat-bord s'étaient détachés. « Ce bateau a connu des jours meilleurs, observa-t-il.

— Mais il est toujours magnifique, le rassura Gabe. En fait, je le préfère presque comme ça. Après tout, c'était une épave, pas vrai ? »

Ted imbiba d'eau un coton-tige et entreprit de dépoussiérer la poupe. « J'en ai déjà retapé deux, l'*Endeavour* et le *Titanic*. Et il y en a deux ou trois autres que j'aimerais remettre en état – si j'ai le temps, évidemment. Quand t'apprends qu'il te reste six mois à vivre, qu'est-ce que tu fais ? C'est bien une discussion de comptoir, tiens ! En général, on répond qu'on aimerait partir en croisière autour du monde, ou aller voir de plus près la petite rouquine de Fleetwood… Un truc dans ce goût-là, quoi.

— C'est vrai que la restauration de maquettes en allumettes ne figure pas en tête de liste », répliqua Gabriel avec un sourire. Il prit à son tour un coton-tige et entreprit de nettoyer le mât d'artimon.

« Pas plus que de passer ces fichus six derniers mois en compagnie d'une infirmière, avec une aiguille dans le bras et un seau près de ton lit… Ça, personne en rêve ! » Ted éclata de rire.

« Je reviendrai dans les prochaines semaines, p'pa. Je ne laisserai pas s'écouler autant de temps. Je vous ferai une autre visite avant Noël, au moins une. » Gabe aimait son père, mais son amour avait un caractère fuyant ; il lui fallait toujours se lancer à sa poursuite.

Ted tenta de dérouler une voile en papier qui s'était entortillée sur elle-même. Elle s'effrita entre ses doigts. « Gabe ? Emmène donc Nana faire une promenade tant qu'y a encore du soleil. Ça lui permettra de prendre un peu l'air. J'ai plus la force de pousser son fauteuil.

— Tu sais, ce serait bien que tu viennes pour l'ouverture de mon restaurant. Avec Jenny et Nana. On s'organisera. » Gabe eut beau scruter le visage de son père, il ne décela aucune réaction. Enfant, il lui arrivait souvent de chercher sur les traits paternels des signes avant-coureurs de l'orage. Tel un météorologue amateur, il essayait de voir les nuages se former. Quand elle survenait, pourtant, et même quand il l'avait prévue – surtout quand il l'avait prévue, d'ailleurs –, la tempête le prenait toujours au dépourvu.

Ted continuait de s'occuper tendrement du *Mary Rose*, tenant d'une main la proue tandis que de l'autre il continuait à nettoyer la poupe. « Fais pas attention à ce que je t'ai dit hier soir, fils. Tu sais, pour ton travail. Je te le reprocherais pas si tu décidais de quitter le pays, alors qu'est-ce qu'on en a à faire d'un fichu boulot ? C'est sûr que, vu la situation, vaut mieux s'en aller quand on en a la possibilité.

— On a trouvé l'emplacement idéal.

— La Grande-Bretagne..., poursuivit Ted sans lever les yeux. Bah, personne l'appelle plus comme ça, aujourd'hui. Le Royaume-Uni... Tu parles qu'il l'est, uni ! Le pays est foutu. Foutu.

— Une occasion pareille, ça faisait longtemps que je l'attendais.

— La Grande-Bretagne n'a plus rien de "grand". Et tu sais ce qui a disparu aussi ? Le caractère britannique. Les gens arrêtent pas d'en parler, c'est le signe qu'on l'a perdu. »

Gabriel balaya du regard le salon, s'attardant sur les chaises disposées le long du mur dans l'attente de visiteurs qui ne viendraient jamais, puis sur la porcelaine fine toujours enfermée dans une vitrine, condamnée à ne jamais servir sous prétexte qu'il ne fallait pas l'abîmer. « Papa ? Les choses changent. Ça n'avance à rien de vouloir que tout reste en l'état. Sans compter que "différent" ne veut pas dire "moins bien". »

Ted posa son coton-tige et fit craquer ses doigts. « Un test de citoyenneté britannique, franchement... Tu peux me dire quel est le petit malin qui a imaginé ça ? Hein ? »

« Parle-lui », avait dit Charlie. Elle ignorait combien c'était difficile. D'autant que Gabe n'avait pas l'impression d'avoir affaire à son père mais à un imposteur, quelqu'un qui n'avait pas assez d'envergure pour le rôle. C'était absurde. Maintenant qu'il se sentait de taille à lui tenir tête, Ted avait commodément disparu. « Ce n'est pas vraiment un test, p'pa, plutôt une formalité pour ceux qui demandent la naturalisation.

— Avant, être britannique, tout le monde savait ce que c'était. On n'avait pas besoin d'en discuter, parce que ça allait de soi. Aujourd'hui, c'est presque une insulte.

— Oh, je ne sais pas, reprit Gabriel, bien résolu à combattre la sinistrose. Tolérance, équité, fair-play... Ces qualités-là font incontestablement partie de notre identité, je crois qu'on est tous les deux d'accord là-dessus.

— Des mots, fils, rien que des mots privés de sens. »

Gabriel éclata de rire. « Allez, ce n'est tout de même pas si terrible ! C'est bien dans le caractère britannique, ça, cette tendance à toujours se rabaisser.

— Dès que tu les touches, les voiles tombent en poussière... » Ted secoua la tête. « Le caractère britannique, ça n'existe pas. Plus maintenant. Quand ils en parlent, tous ces politiciens, c'est comme un spectacle de Punch and Judy[1]. Y a rien derrière. À une certaine époque, d'accord, on pouvait parler de décence. Ça voulait encore dire quelque chose dans ce pays.

— Tu devrais voir mes cuisines, papa. Toutes les nationalités sont représentées et tout le monde s'entend bien.

— Le plaisir sans les responsabilités, voilà le plus important aujourd'hui. Le caractère, ça ne veut plus rien dire, ça ne compte plus. Quand on perdait son bon caractère, de mon temps, c'était terrible. Mais aujourd'hui t'avales un cachet, tu vas en parler à la télé, tu rejettes la faute sur les autres...

— Il y a des Somaliens, des Polonais, des Serbes, des Russes...

— Le caractère britannique ! cracha Ted. C'est aussi dépassé que les danses du 1er Mai. »

Constatant qu'il éprouvait seulement une légère pointe d'irritation, Gabriel eut l'impression d'avoir remporté une petite victoire, sinon sur son père, du moins

1. Spectacle de marionnettes très populaire au Royaume-Uni, mettant en scène Punch, un bossu, et sa femme Judy.

sur lui-même. « Tu n'exagères pas un peu, quand même ? Et je crois que tu confonds deux choses. Quand j'ai mentionné le "caractère britannique", je voulais parler de l'identité nationale, comme disent les politiques. Toi, ce que tu décris, ça concerne les individus, la personnalité. Ce n'est pas pareil.

— Bah, je sais pas, peut-être. T'as toujours été un gars intelligent. » Au même moment, le soleil hivernal bas perça les nuages et traversa les plis des voilages, illuminant les différentes couches de poussière en suspension, donnant l'impression que l'air lui-même était plissé. « Pour moi, ça revient au même.

— Tu peux préciser ? demanda Gabriel d'un ton patient. Bon, on va prendre un café, et ensuite j'emmènerai Nana se promener.

— Y a plus rien derrière, voilà ce que je voulais dire. Plus rien à quoi se raccrocher.

— Sauf qu'avoir "bon caractère", ça signifie juste se conformer à ce qu'on attend de toi. C'est presque l'opposé d'avoir "du caractère", sa propre personnalité. Aujourd'hui, on doit apprendre à se connaître, découvrir qui on est vraiment. »

Ted hocha la tête. « Ah bon ? Ben, franchement, j'aimerais pas commencer ma vie maintenant... » Il souleva le *Mary Rose* pour en inspecter la coque. « Tu vois, Gabe, avant on construisait des bateaux dans ce pays. Ça faisait partie de nous. On fournissait des navires marchands au monde entier. J'imagine que quand tu construisais un bateau, t'avais le sentiment d'accomplir quelque chose. Y a plus de chantier naval à Teesside, tu le savais ? Aujourd'hui, c'est un centre de démolition. Les bâtiments arrivent de tous les coins du monde, ils sont pleins d'amiante, de pétrole et de Dieu sait quoi encore, et il faut les démanteler.

— Bah, ce genre d'activité... » Estimant que ce n'était pas la peine de terminer sa phrase, Gabriel se leva et tapota l'épaule de son père. « Bon, je vais nous le préparer, ce café. »

Nana portait un manteau de fourrure dans des tons de moutarde et de brun qui, même si Gabe n'en avait gardé aucun souvenir, devait avoir connu des jours meilleurs. Mangé aux mites, pelé par endroits, il semblait fait d'un assemblage de peaux de chats galeux. De fait, il puait autant qu'un chat crevé.

« Joli manteau, Nana, prétendit Gabriel en poussant le fauteuil dans Plodder Lane. C'est de la vraie fourrure ?

— Bien sûr ! Bien sûr que c'est de la vraie fourrure ! » s'écria sa grand-mère. Elle regarda autour d'elle, prête à diffuser l'information au plus grand nombre, mais il n'y avait personne à portée de voix.

« Quelle magnifique journée, tu ne trouves pas ? » reprit Gabe. Et de songer qu'il commençait à parler comme elle. « On a eu de la chance, finalement. » Malgré la présence d'un pâle soleil glacé, la journée n'avait rien de magnifique : un vent vif et humide soufflait, et de l'autre côté de la vallée une chape de brume pesait sur la lande.

« Magnifique, répéta Nana, le menton dans le col de son manteau, les mains dans les poches, les bottes écartées de façon indécente sur les repose-pieds du fauteuil. Oh oui, magnifique, magnifique, magnifique... »

Gabriel s'arrêta un moment pour contempler la ville en contrebas, les maisons, les cheminées des filatures et les clochers blottis au fond de la vallée comme pour se réchauffer, les rues qui serpentaient à flanc de colline, les longs bâtiments de la zone industrielle où Jenny répondait au téléphone, les voitures de couleur vive disséminées comme des éclaboussures de peinture métallique sur la toile de fond grise et brune.

« "C'est une mignonne du Lancashire, chantonna Nana, des trémolos dans la voix. Avec son jupon à volants et son peigne dans les cheveux..." »

Gabriel la poussa de nouveau, accélérant l'allure.

« "Ooooh, continua sa grand-mère en levant vers lui un œil larmoyant. Si ces lèvres..." » Sa bouche remuait toujours, mais il s'écoula quelques secondes avant que le son ne revienne. « "Si ces lèvres pouvaient parler, lalala, lalère."

— On va descendre par ici, d'accord ? En longeant le côté du parc, tu veux bien ?

— Gabriel ! Gabriel ! J'ai oublié mon chapeau. Je ne peux pas aller à l'église sans chapeau... »

Sans s'arrêter, il se pencha vers elle. « Ne t'inquiète pas, on ne va pas à l'église. Tu m'as dit que tu voulais passer au marché jeter un coup d'œil. »

Elle renifla bruyamment. « Je le sais, qu'est-ce que tu crois ! »

Dans Park Street, la plupart des anciennes demeures victoriennes ornées de portiques et d'immenses oriels avaient été reconverties en centres de soins, bureaux de la Sécurité sociale ou agences de travail temporaire – quand elles n'avaient pas été léguées à des œuvres caritatives. Seules quelques-unes étaient encore habitées par des particuliers – non pas de riches propriétaires d'usine mais de riches Pakistanais qui possédaient la salle de bingo locale, une chaîne d'épiceries, une usine de pickles et tous les restaurants indiens de chaque côté des East Lancashire Pennines. À mesure que Gabe et sa grand-mère se rapprochaient du centre de Blantwistle, les rues devenaient plus étroites et la déclivité plus prononcée. Il ralentit l'allure, craignant un dérapage qui enverrait Nana rouler dans la pente. Ils étaient tout près d'Astley Street, à présent, et longeaient les vieilles maisons mitoyennes donnant directement sur la rue, dont les fenêtres en façade révélaient des salons encombrés, avec canapé en similicuir et téléviseur géant. Certaines, dans un état de délabrement avancé, étaient vides. Dans d'autres, tout aussi dégradées, les vitres étaient couvertes de buée et les portes claquaient.

« Le samedi soir, quand maman avait fini de cuisiner, on s'asseyait tous devant la cheminée, dit soudain Nana. Il y avait du pain et des gâteaux tout le long des plinthes. Oh, cette odeur, c'était divin… Normalement, on n'avait pas le droit d'y toucher, parce que ça fait mal au ventre de les manger encore chauds. Mais des fois, quand maman ne regardait pas, on chipait un petit pain rond et on le cachait sous notre gilet pour l'emporter au lit. »

Au coin de la rue, quelques jeunes Indo-Pakistanais, dont certains étaient coiffés d'une calotte et d'autres d'une capuche, avaient entrepris de démolir à coups de pied un téléviseur portatif. Cette tâche ne leur procurait aucun plaisir, apparemment ; ils se contentaient de taper d'un air morne laissant supposer que s'ils avaient eu le choix, jamais ils ne se seraient chargés d'une telle corvée.

Enfin, Gabriel engagea le fauteuil dans Astley Street, le long des pavillons familiers – deux pièces en bas, deux en haut – où il avait fait ses premiers pas. Quelques instants plus tard, ils passaient devant leur ancienne maison. Les mots « Joyeux Aïd » se détachaient sur une guirlande tendue en travers de la fenêtre du rez-de-chaussée. Un vieil homme occupait une chaise devant la porte, un enfant sur les genoux.

Gabriel s'attendait à une remarque de sa grand-mère – c'était à cause des étrangers si les prix de l'immobilier avaient chuté, ils ne nettoyaient jamais le pas de leur porte, ils égorgeaient des moutons dans le jardin –, mais elle semblait perdue dans ses souvenirs et inconsciente de l'endroit où ils se trouvaient.

« C'est plus d'une fois que ma mère m'a giflée parce que je lui avais répondu, reprit-elle. Elle avait des principes, et elle me les a inculqués à la manière forte. Pour ça, je la remercie. On respectait nos aînés, à l'époque. On allait chercher ce qu'on nous demandait, et pas question d'inventer une excuse pour échapper aux corvées. J'essayais bien, de temps en temps, mais ma mère ne laissait jamais rien passer. "C'est que des histoires à dormir debout", qu'elle disait. » Nana mit dans sa bouche un autre bonbon à la menthe qui claqua contre son dentier.

« On était tout le temps fourrés chez les voisins, poursuivit-elle. C'était une autre manière de vivre. Les portes n'étaient jamais fermées à clé. Et on s'entraidait, on se réunissait... Tiens, pour rien au monde on n'aurait manqué un enterrement ! Il y avait une collecte, et aussi une veillée, le corps était exposé dans le salon – ça se passait comme ça dans le temps. Oh, je me rappelle encore certains services religieux... C'était vraiment quelque chose ! Et tous les adultes chantaient, surtout quand ils avaient un petit coup dans le nez. »

Gabriel contempla le crâne de sa grand-mère, d'une délicate nuance coquille d'œuf, visible à travers ses cheveux. « Quand on rentrera, tu me montreras des photos, Nana, d'accord ? On sortira les albums.

— On doit retrouver Sally Anne ? demanda-t-elle. C'est ici qu'on a rendez-vous ? »

Ils venaient de pénétrer dans le marché couvert. L'endroit dégageait une odeur caractéristique de végétation en décomposition rappelant celle de l'humus. Gabe, surpris par la mention du nom de sa mère, tarda à répondre.

L'air agité, soudain, Nana se tourna vers lui. Elle semblait à la fois apeurée, gênée et complètement perdue. « Sally Anne, Sally Anne…

— On la verra plus tard, l'interrompit Gabriel. Quand on aura fait les courses. »

Ils avançaient lentement sur les dalles de pierre, entre les étals qui proposaient de la viande halal, des tourtes au porc, du matériel électronique bradé et des sous-vêtements dans des tailles stupéfiantes. Des guirlandes lumineuses étaient tendues entre les poutrelles de la charpente, mais elles n'étaient pas éclairées, ajoutant encore à l'impression de frugalité et de parcimonie. Parmi la clientèle, on remarquait surtout des personnes âgées et de jeunes couples indo-pakistanais poussant des landaus – le reste de la population, plus mobile, ayant fui depuis longtemps. Gabe et Nana furent doublés par un fauteuil roulant motorisé dont l'occupante était énorme et vieille. « Hé, vous pouvez pas regarder où vous allez ? lui cria Nana. Espèce de grosse vache, ajouta-t-elle à voix basse. Tiens, Gabe, arrête-toi là, on va acheter de la charcuterie pour midi. »

Gabe parcourut du regard les différents produits exposés sur des plateaux métalliques. Il y avait du boudin noir, du veau en gelée, du corned-beef, des terrines, du jambon blanc, des rillettes et du cœur de bœuf, tous légèrement grisâtres. Nana voulait de la langue et de la poitrine de bœuf en gelée, et Gabriel approuva en espérant qu'elle n'y penserait plus quand arriverait l'heure du déjeuner.

Ils s'installèrent au Granny Bun pour boire une tasse de thé. « C'est tellement agréable de sortir un peu, dit Nana en remontant les épaules comme chaque fois qu'elle gratifiait son entourage d'un sourire éblouissant.

— Qu'est-ce que tu aimerais pour Noël, tu as une idée ?

— Avant, on suspendait nos chaussettes, et le matin on découvrait à l'intérieur une mandarine ou des noix, parfois aussi un caramel, une balle, ou encore une petite poupée en bois, des rubans pour les cheveux et... Oh, on était si heureux ! Quand je pense à tout ce que les gosses reçoivent aujourd'hui...

— Je devrais pouvoir t'offrir une poupée en bois », dit Gabe. Il appellerait Lena en rentrant, juste pour s'assurer que tout allait bien.

« Mais on ne recevait pas de nouveaux habits pour Noël. On nous les donnait pour la Pentecôte, tu comprends, et on les gardait pour les grandes occasions. Je me rappelle les processions de la Pentecôte... » Sa voix mourut, et elle ferma les yeux tandis que son menton descendait vers sa poitrine. Gabe se demandait s'il valait mieux la réveiller ou la ramener toujours endormie lorsqu'elle releva brusquement la tête. « C'était en mai, et tout le monde se mettait sur son trente et un – toute la ville était endimanchée. Après, en juin, il y avait encore d'autres processions. Dans ma vie, j'en ai suivi beaucoup, quand j'étais petite et aussi plus tard, on y allait avec tous ceux de notre église – et des églises, il y en avait à tous les coins de rue en ce temps-là. Les catholiques avaient la leur aussi, ils défilaient le premier dimanche de mai en l'honneur de la Sainte Vierge. Au fait, tu savais que le Sacré-Cœur a été démoli... ? En attendant, c'était merveilleux pour les familles, toutes ces marches. Je ne sais pas combien de fois j'ai défilé en robe de mariée sous une banderole de la Mother's Union[1], et j'en étais fière. Oh oui, on était toutes fières.

— Tu y allais avec ta mère ? Elle aussi portait sa robe de mariée ? » Le passé lointain, semblait-il, brillait d'un

1. « Union des mères », organisation créée au XIXe siècle au sein de l'Église anglicane pour aider les femmes dans leur expérience de la maternité.

éclat de plus en plus vif à mesure que le passé récent s'obscurcissait. C'était devenu un refuge sûr.

« Elle était tisseuse sur un métier à navette tout simple, qui ne produisait que du tissu uni, répondit Nana. Elle a arrêté quand elle a eu ses enfants, papa disait que c'était le travail le plus important qu'une femme puisse faire. »

Je vais bientôt avoir une femme, songea Gabriel. Il avait encore du mal à y croire, aussi déclara-t-il tout de go : « Je vais me marier, Nana. Tu es la première à le savoir. »

Mais sa grand-mère ne l'entendit pas. La tête inclinée de côté, elle semblait à l'écoute d'échos venus de très loin, dans le temps comme dans l'espace. « On partait en vacances à New Brighton. Parfois aussi à Blackpool, mais maman préférait New Brighton parce que les habitants de Blackpool pouvaient se montrer un peu rudes. Pour la semaine des veillées, tu vois… » Ces seuls mots avaient suffi à la mettre en transe, apparemment. « Toute la ville s'arrêtait, toutes les usines fermaient, pour nous c'était une semaine entière de fête, et crois-moi on ne s'ennuyait pas. » Elle sourit, regarda Gabriel puis se tourna de tous côtés, l'air de plus en plus perplexe et inquiet. « Gabe ? siffla-t-elle entre ses dents. Gabe ! À quelle heure est mon rendez-vous ? On est là, en train de bavarder à la cantine, et…

— Quel rendez-vous ? » demanda-t-il sans réfléchir. Il aurait dû se méfier, pourtant.

« C'est toi qui m'as amenée à l'hôpital, je te signale, répliqua-t-elle de sa voix la plus sophistiquée, la plus guindée. Tu sais bien, pour mon check-up avec le Dr Patel. »

Au crépuscule, un soleil rouge sombra derrière la Rileys et une lune pâle se leva au-dessus de la Harwoods, la redoutable concurrente d'autrefois, où les quelques éclats de verre qui subsistaient encore aux fenêtres scintillaient comme des larmes. Une nuée d'étourneaux tournoyait au loin et descendait parfois en piqué, tel un kaléidoscope noir se réorganisant en permanence sur fond de ciel sanguinolent. Il était un peu plus de seize heures et, faute de mieux, Gabe et Ted descendaient à la filature.

Un vieil homme gravissait la colline dans leur direction, vêtu d'un manteau provenant manifestement d'un surplus de l'armée – une relique de la guerre de Crimée, peut-être –, son dos courbé formant un angle remarquable avec la pente tandis qu'il peinait pour avancer. Compte tenu des sacs de provisions dont il était chargé, de la posture qu'il était obligé d'adopter et de ses chaussures qui ne semblaient pas lui tenir aux pieds, l'ascension constituait un véritable défi.

Lorsqu'ils se croisèrent, Ted s'arrêta et, à la grande surprise de Gabe, l'inconnu se redressa aussitôt. Des salutations furent échangées. « Vous vous souvenez de mon fils, commença Ted. Tu te souviens de M. Nazir, n'est-ce pas, Gabriel ?

— Ah…, répondit celui-ci, qui ne le reconnaissait pas. Ravi de vous revoir.

— Un beau garçon, déclara le vieil homme. Et fort comme un bœuf, avec ça. » Il posa ses sacs en étouffant un petit rire.

« La Rileys, précisa Ted, devinant le désarroi de Gabe. Au moins vingt ans de carrière, sinon plus. »

M. Nazir pouffa de nouveau. S'il avait fermé les yeux, songea Gabe, il aurait eu l'impression d'entendre une jeune femme plutôt que ce vieillard barbu. « Oui, oui, vingt-deux, confirma-t-il.

— Le vent se lève, observa Ted, les mains dans le dos.

— Ça se rafraîchit, oui, dit M. Nazir. Et votre petit-fils, il va bien ? Votre petite-fille aussi ?

— Oui, Bailey va bien, elle travaille à la Rileys le samedi. Elle s'installe dans la vie, quoi. Harley, eh bien… Harley est au chômage… oh, c'est un brave garçon, mais des fois je…

— Il a beau avoir un bon fond, quelque chose cloche dans sa tête, c'est ça ? commenta M. Nazir en caressant sa barbe.

— Tout juste, approuva Ted d'un air grave.

— Bah, ils ne veulent pas écouter les vieux comme nous. Ils s'imaginent qu'ils ne vieilliront jamais.

— Et vos petits-fils, ils vont bien ? s'enquit Ted.

— Oh, avec Asif, c'est difficile. Très difficile. Il est toujours en train de me dire ce qui est écrit dans le Coran. Le Coran dit ceci, le Coran dit cela… Moi, je lui réponds : "Asif, tu n'es pas le gardien de la lumière, c'est aussi ma religion." » Il secoua la tête. « Ah, ces jeunes ! Ils croient tout savoir. Ils ne connaissent ni l'humilité ni le respect, c'est tout le problème. Ils n'en ont que pour les valeurs du monde occidental, ils veulent n'en faire qu'à leur tête.

— Sûrement, oui. Vous n'avez pas tort.

— Mais à quoi bon se plaindre ? reprit M. Nazir. C'est moi qui ai décidé de venir ici. Il y a un prix à tout.

— Et Amir ?

— Lui, il était dans le journal, l'autre jour. Son affaire est passée en jugement. Il est accusé de vandalisme : peinture sur les murs, fenêtres cassées, une voiture saccagée… Même dans le crime, il manque d'ambition. Sa pauvre maman a le cœur brisé.

— L'oisiveté est mère de tous les vices, pas vrai ? Ce qu'il lui faudrait, c'est un travail. »

M. Nazir enfouit ses doigts dans sa barbe. « Bien sûr qu'il lui faudrait un travail, mais où s'adresser ? Je l'ai emmené moi-même au centre de distribution et à l'entrepôt - partout -, mais du travail il n'y en a pas pour lui. Il n'y en a que pour les Polonais.

— Ce n'est pas la première fois que j'entends ça, admit Ted.

— On dit qu'ils sont durs à la tâche, qu'ils sont prêts à accepter n'importe quoi pour un salaire de misère et à dormir à quinze ou vingt dans une maison.

— Bah, c'est comme ça.

— C'est comme ça, oui.

— Bon, vous allez prendre froid à rester là sans bouger.

— Faudrait pas attraper la mort... » M. Nazir gloussa, saisit la main de Gabriel et la serra avec une vigueur étonnante. « Mais demain sera une belle journée, pas vrai ? Ciel rouge dans la soirée, bonheur du berger. » Il relâcha la main de Gabriel puis récupéra ses sacs avant de poursuivre son ascension, le dos penché vers la pente.

« C'est quelqu'un de bien, conclut Ted en relevant son col. Oui, quelqu'un de bien. »

Gabriel fit semblant de s'intéresser à une vitrine pour donner le temps à son père de recouvrer son souffle. Les deux hommes s'attardèrent un moment devant les objets exposés. Un peu plus loin, devant une bijouterie, Gabe annonça : « P'pa ? Je suis fiancé. »

Ted éclata de rire. « Prends pas cet air affolé, fils !

— Pour tout te dire, je crois que j'ai la trouille.

— C'est formidable. Tu vas peut-être te décider à nous la présenter, maintenant. Vous avez déjà fixé une date ?

— Je n'ai même pas encore acheté la bague. Mais c'est pour bientôt, oui.

— Tu t'arraches déjà les cheveux ?

— Hein ? »

Ted esquissa un geste vague.

Gabriel baissa le bras. Il ne s'était même pas rendu compte qu'il se grattait. « Le problème...

— On continue à marcher ? suggéra Ted.

— Il y a une autre fille, tu vois. J'ai couché avec elle. Plus d'une fois. »

Son père allongea sa foulée comme pour s'éloigner au plus vite de cette information.

« Bref, c'est terminé. Avec cette Lena, je veux dire. Je ne la verrai plus. »

Ted garda le silence.

« Je ne sais pas pourquoi je t'ai raconté ça... », s'excusa Gabe. Rien ne l'obligeait à parler de Lena ; s'il l'avait fait, c'était uniquement pour éprouver ce frisson de plaisir coupable à la seule mention de son prénom.

« Je me rappelle encore le jour où j'ai décidé d'épouser ta mère, déclara Ted. C'était à Blackpool. Elle était venue avec ses parents et moi avec les miens. Je l'avais déjà vue en ville, bien sûr, mais je la connaissais pas. Bref, je me promenais sur la jetée quand je l'ai rencontrée ; elle faisait faire son portrait – tu sais, ces portraits à un penny que tu peux acheter sur le front de mer. Je lui ai dit : "Bonjour, Sally Anne", et elle, elle m'a pas répondu. Non, pas un mot. Un peu plus tard, ce devait être à l'heure du thé, j'étais sur la plage quand j'ai reçu un truc sur la tête. Alors j'ai levé les yeux et je l'ai aperçue là-haut, sur la promenade, qui jetait des frites. J'ai crié : "Hé, Sally Anne !", je l'ai appelée, elle m'a souri et elle est partie en courant. Et là, j'ai compris. J'ai su que c'était elle, la fille que j'allais épouser. Je le voyais aussi clairement que le dos de ma main.

— Elle devait être rudement jolie... »

Ted se moucha. « J'ai dû m'accrocher, Gabe. À partir de ce jour, je me suis cramponné à elle, de toutes mes forces parfois.

— J'ignorais que… Je me rendais bien compte qu'elle avait des hauts et des bas, mais… j'ai discuté avec Jen hier soir et elle m'a raconté…

— Bah, même si ça paraît difficile à croire, on n'en parlait pas à l'époque. Et puis, ta mère ne voulait pas. Elle avait trop peur de t'embêter avec ses histoires, tu comprends.

— Il y a eu quelques drames, hein ? » Gabe trouvait moins compliqué de dialoguer ainsi, sans se regarder, en marchant côte à côte.

« On avait tous les deux un fichu caractère, répondit Ted. Vous avez dû en souffrir, Jen et toi.

— Non, ça allait.

— Je savais qu'elle était faite pour moi, poursuivit Ted à voix basse, comme pour lui-même. Et elle le savait aussi, parce que je la ramenais toujours à la maison. Pour tout te dire, c'est comme ça que j'en ai eu la certitude.

— Tes sentiments n'ont jamais changé durant toutes ces années ? » demanda Gabe. Le mariage de ses parents, qui lui était toujours apparu au mieux comme une servitude partagée, commençait à ressembler à une prouesse.

« Mes sentiments ? » répéta son père. Dans sa bouche, le mot semblait emprunté à une langue étrangère. « Le plus souvent, j'éprouvais de la colère. Aujourd'hui, les gens font que parler de ce qu'ils ressentent. Ben, je vais te dire une chose que j'ai apprise en vieillissant : tu comprends pas toujours ce qui passe en toi, pas sur le moment en tout cas. Et c'est facile de se tromper, de confondre la colère et la peur. Au fond, le plus important, c'est peut-être pas ce que tu ressens, mais ce que tu fais. »

La pancarte à l'entrée du « Village de la Rileys » promettait aux visiteurs « UNE EXPÉRIENCE INOUBLIABLE ». Il avait vu le jour après que les derniers métiers unis et jacquard eurent été expédiés en Égypte, d'abord sous la forme d'un petit commerce de détail qui vendait les chutes de tissu et autres coupons découverts au moment où l'entrepôt avait été vidé. Au fil des années, il s'était développé jusqu'à devenir un véritable centre commercial incluant un café et un restaurant, des jardins paysagers, une aire de jeux intérieure pour les enfants et un parking gratuit pour les cars remplis de touristes venus faire leurs emplettes dans l'univers de la Rileys.

Guidés par les panneaux, Ted et Gabe se dirigèrent vers le café baptisé Au Tisseur affamé. En dépit de la chaleur ambiante, les chalands – pour la plupart des quinquagénaires ou des personnes âgées – n'avaient pas enlevé leurs manteaux ou anoraks pour circuler entre les différents stands. La « Galerie victorienne » proposait des vêtements pour « dames », des objets en céramique et en terre cuite, des sacs à main et autres accessoires, des vases de cristal et des mugs « personnalisés ». Gabe vit des pancartes marquées « Pays des bougies », « Pays des gnomes », « Pays des bulles » ; un peu plus loin, d'autres montraient le chemin à suivre pour arriver au « Monde merveilleux des fleurs », au « Monde merveilleux des chats et des chiens » et au « Monde merveilleux des gadgets ». Dans la « Cour des tisserands », les deux hommes passèrent près de la fausse fenêtre en encorbellement (dont le carreau imitait le verre à l'ancienne jusque dans la reproduction des bulles d'air à l'intérieur) servant de vitrine à la Boutique du calicot et assistèrent à la fabrication artisanale d'un toffee.

Arrêtées devant un stand qui vendait des essuie-mains, trois vieilles dames visiblement passées chez le coiffeur en prévision de l'excursion avaient entrepris de faire leur choix parmi les articles présentés ; elles n'auraient pas paru plus concentrées si elles avaient constitué leur trousseau.

« Regarde, p'pa », dit Gabe. Il déplia un torchon pris sur le rayon des « Nouveautés » et lut à voix haute : « "Règlement à l'usage des employés de la filature." Il y a même la date : 1878.

— Oui, je sais, j'avais déjà vu ça.

— Écoute un peu : "Pour un fil mal passé, une trame manquante ou toute autre négligence du tisseur, deux blâmes. Pour toute bobine trouvée par terre, un blâme. Pour tout juron ou tout langage insolent, trois blâmes la première fois, et un renvoi en cas de récidive. Les tisseurs doivent nettoyer leur métier au moins huit fois par jour."

— Bah, les temps étaient durs », observa Ted. Il étouffa un petit rire. « Mais au moins, les gens étaient payés pour venir ici. Aujourd'hui, c'est l'inverse. »

Ils s'installèrent au café où, alors qu'il n'était pas encore dix-sept heures et qu'on n'était même pas en décembre, un groupe de touristes fêtaient Noël. À en croire la musique enregistrée, ils partageaient un merveilleux moment. Autour d'eux, les murs disparaissaient sous les branches de sapin et de houx en plastique ornées de rubans rouges scintillants et autres babioles décoratives.

Père et fils sirotèrent leur thé dans un silence agréable. Gabe s'absorba dans la contemplation du pilier sur sa droite, couvert d'un siècle de rayures et de griffures diverses, parmi lesquelles se trouvaient peut-être les lettres qu'il avait gravées autrefois en tout petit. Il avait dû batailler dur avec son canif pour laisser une marque… Oui, elles étaient bien là, un *G* et un *L* soulignés d'un trait tremblotant. Il avait travaillé vite, fébrilement, en profitant d'un moment où Ted était parti s'occuper d'un problème sur une des machines.

C'étaient les grandes vacances et son père l'avait emmené à la Rileys pour la journée, mais comme la filature était en sous-effectif, il n'arrêtait pas de le laisser tout seul. En le voyant revenir, Gabe avait glissé le canif dans sa manche.

« Bien, avait dit Ted. Je vais commencer par le début. Là, c'est la machine de nouage de chaîne. Tout le monde l'appelle la Topmatic, c'est comme ça qu'on en parle entre nous.

— Je peux essayer le machin, là, pour envoyer de l'air ? Dis, p'pa, je peux ?

— Hé, doucement, fils, t'emballe pas. Tu vois, la Topmatic se place ici, sur le chariot. Tu sais de quoi on parle ? De quel genre de tâche il s'agit ?

— Facile, avait répondu Gabriel. Je sais. Le métier n'a plus de chaîne, il faut en remettre une nouvelle. Dis, p'pa, je peux avoir un nouveau vélo ? »

Son père avait fait démarrer la machine. Aux yeux de Gabe, elle ressemblait à une construction qu'il aurait pu réaliser avec un Meccano. Ted la manœuvrait avec des gestes précis, presque tendres, en respirant bruyamment par le nez. Il avait commencé par vérifier tous les nœuds un par un avant d'accélérer le rythme. La Topmatic progressait régulièrement le long des rails.

Ted parlait toujours, et Gabe devait le regarder attentivement pour ne rien perdre de ses explications au milieu du vacarme ambiant. « Tiens, prends-le. » Papa lui avait tendu le souffleur d'air, une simple pompe en caoutchouc munie d'un embout. « C'est ça, tu enlèves les bourres pour éviter que les nœuds se coincent dans l'œil de la lisse et que le fil casse. Tu sais ce que c'est qu'une lisse ? » Gabe avait indiqué les fines lames métalliques pourvues d'anneaux au milieu pour y faire passer le fil. « Bravo, fiston, t'es un champion. »

Après, Ted avait passé une petite brosse sur les nœuds pour s'assurer qu'ils étaient bien serrés et ne présentaient aucune irrégularité.

« P'pa ? Quand est-ce que t'as décidé que tu voulais travailler à la Rileys ? T'avais quel âge ? »

Son père avait émis un léger reniflement. « J'ai rien décidé du tout. En fait, la question se posait même pas. Tu sais ce qu'on disait, à l'époque ? "Mets-lui un miroir sous le nez. S'il respire, il est bon pour la Rileys." »

Au moment où il fourrait les mains dans ses poches, Gabe avait senti le canif sous ses doigts. En l'ouvrant, il avait réussi à s'écorcher l'index sur la lame. La réponse de son père le troublait, elle semblait laisser entendre que n'importe quel idiot pouvait faire ce travail. « Mais t'aurais pu devenir, je sais pas, moi, conducteur de train ? Hein, p'pa, si t'avais voulu ?

— Bah, peut-être bien. » Ted avait de nouveau enroulé la chaîne pour lui montrer comment les fils passaient à travers les mailles puis à travers le peigne. « À ce stade, le noueur doit appeler le chef d'atelier. Mais, avait-il ajouté aussitôt, devine quoi ?

— Je sais ! s'était exclamé Gabe, brûlant d'impatience. C'est toi, le chef d'atelier !

— Le chef d'atelier resserre ce qu'on appelle dans cette ville, et partout ailleurs, les templets. Regarde, là, tous ces anneaux hérissés de pointes qui maintiennent le tissu en place... C'est une responsabilité importante, fiston. C'est pas tout le monde qui peut faire ce travail.

» Alors je tends la chaîne et... tiens, viens voir derrière avec moi. Maintenant qu'on est prêts à tisser quelques centimètres, je place une fiche ici pour dire que l'intervention a été faite. Le noueur s'assure qu'y a pas de défauts dans le tissu, et si tout va bien le tisseur met le métier en marche.

— P'pa ? » Gabe avait une conscience aiguë du liquide tiède qui coulait de son doigt. Il était même surpris qu'il n'y ait pas encore de flaque par terre. S'il sortait la main de sa poche, il se ferait gronder ; s'il ne réagissait pas, il allait se vider de son sang. Il ne parvenait pas à décider laquelle de ces deux options était préférable.

Il hésitait toujours quand son regard avait été attiré par une folle qui accourait vers eux en gesticulant.

« Doucement, Rita, avait dit Ted. Prenez le temps de respirer ou vous allez exploser.

— C'est Jimmy… Jimmy. Une poutre lui est tombée dessus.

— Va voir Maureen, Gabe, avait ordonné Ted. Et reste avec elle. Tu sais où elle travaille. Allez, file.

— Mais, p'pa… » Celui-ci s'éloignait déjà. « P'pa… »

Gabe s'était élancé à travers les ateliers en levant haut son doigt ensanglanté. Son père se moquait bien de ce qu'il pouvait lui arriver. Il avait eu beau l'appeler, Ted était parti sans même se retourner. Gabe avait fini sa course droit dans le giron moelleux de Maureen, qui l'avait accueilli d'un « Tiens, te voilà, toi », comme si elle l'attendait.

Sur le chemin du retour, Ted n'avait pas desserré les lèvres. « P'pa ? avait dit Gabe au bout d'un moment. Jimmy va bien ?

— Quand je pense qu'on a pris une pinte ensemble après le boulot, hier soir…

— Il est allé à l'hôpital, c'est ça ? Est-ce qu'une ambulance l'a emmené ? Tu l'as accompagné, p'pa ? »

Quand Ted avait mis le clignotant pour tourner à droite, le tic-tac avait résonné dans l'habitacle silencieux comme celui d'une bombe à retardement, et Gabe avait senti son estomac se contracter. Pourquoi avait-il fallu qu'il interroge son père ?

Quelques instants plus tard, alors que la voiture était arrêtée à un feu, Ted avait dit : « Bien sûr, à l'époque, il fallait faire tous les nœuds à la main. Aujourd'hui, y en a plus beaucoup qui en sont capables. Moi, je sais.

Jimmy aussi savait. Sûr, on doit plus être qu'un ou deux. Je me souviens encore de ce vieux bonhomme, quand j'étais en apprentissage, qui essayait de m'apprendre la technique. Mais ses doigts allaient trop vite, je voyais pas comment il s'y prenait, et lui, il arrivait pas à ralentir la cadence. C'était devenu comme un réflexe pour lui. »

C'était maman qui lui avait expliqué pour Jimmy, le matin de l'enterrement.

Tirant la langue sous l'effort, une serveuse apporta à la longue table un énorme pudding de Noël. Quand elle le flamba, des « Oh ! » et des « Ah ! » fusèrent dans le groupe de touristes.

« T'as déjà donné ta démission ? demanda Ted. Ils savent que tu vas partir ?

— J'attends le bon moment.

— M. Riley le sentait quand un de ses ouvriers voulait partir. C'était perturbant, on aurait dit qu'il avait un sixième sens. Il semblait toujours tout savoir, même qui avait pointé en retard tel ou tel jour. Il avait beaucoup à faire, pourtant, mais il ignorait rien de ce qui se passait à la filature. Et ton patron, il est comment ? C'est quelqu'un de bien ? »

Gabriel haussa les épaules. « Difficile à dire. En fait, l'hôtel ne lui appartient pas. Ce n'est qu'un employé, comme moi.

— Oh. Je vois. Il appartient à qui, alors, cet hôtel ?

— Des actionnaires. » Le PanCont, qui possédait des hôtels partout dans le monde, était coté en Bourse aux États-Unis. « Américains, je crois.

— Et tes collègues ? Tu leur as annoncé ?

— Pas encore, papa. Quoi qu'il en soit, ils s'en fichent. Dans la restauration, le turnover est important, les gens bougent tout le temps.

— Ah, ça, c'est pas quelque chose que j'ai beaucoup fait moi-même », observa Ted. Il sourit pour bien montrer qu'il était conscient de l'euphémisme. « Non, c'est sûr, j'ai jamais trop bougé. Peut-être que j'aurais dû, mais bon, il est un peu tard pour y penser. La loyauté, ajouta-t-il, ça ne veut plus dire grand-chose aujourd'hui. Ça sert juste à te rapporter des points sur ta carte de fidélité au supermarché. T'achètes cinq boîtes de thé, t'as la sixième gratuite.

— On est une nation de commerçants, papa. »

Son père se moucha et s'accorda quelques secondes pour récupérer ses forces. « N'empêche, quand je regarde en arrière, j'ai pas de regrets. Sauf pour des petits trucs, peut-être. Tiens, l'autre jour, j'étais près de la fenêtre, j'attendais Jen – c'était la semaine dernière, je crois –, et y avait un merle sur la pelouse. Je l'observais, il essayait de tirer ce ver de terre, et pour peu que tu commences à t'y intéresser, tu trouves ça fascinant. C'est vrai, on fait jamais attention à ce qui nous entoure. Mais quand tu prends le temps, tu distingues tous les reflets sur les plumes – tu sais, comme ceux d'une nappe de pétrole sur l'eau –, tu découvres la beauté des choses.

— Tu veux que je te dise ? répliqua Gabe. Quand on parlait de ce que signifie être britannique aujourd'hui… Eh bien, c'est ça, la réponse, la spécificité de notre pays : le commerce. On est une nation marchande. S'il y a bien une caractéristique qui définit notre identité nationale, c'est celle-là. »

Ted posa les mains sur la table puis lissa la nappe en papier. « Dans le temps, oui, peut-être. Mais plus maintenant. Tu connais l'état de la balance commerciale ? Bah, je t'apprends rien, je suppose. À une certaine époque, on était la manufacture du monde, on vendait notre production partout et on avait un excédent conséquent, preuve d'une bonne santé. Aujourd'hui, on se retrouve avec un déficit colossal parce qu'on ne sait plus faire qu'une chose : acheter. On n'est pas une nation marchande, comme tu dis, mais une nation de consommateurs, c'est tout.

— D'où vient l'argent, alors ? Pour le dépenser, les gens doivent d'abord le gagner, non ? Et s'ils veulent l'utiliser pour s'acheter des biens de consommation, c'est leur choix.

— Bien sûr. C'est pas à moi de leur dire ce qu'ils doivent faire. » Son père croisa les bras d'un air résolu comme pour indiquer qu'il refuserait de diriger la nation aujourd'hui même si on le suppliait à genoux. « En attendant, va bien falloir qu'ils se réveillent. Ils vivent dans un monde de rêves. Combien de temps ça peut encore durer ?

— Quoi ? Qu'est-ce qui ne peut pas durer ? lança Gabriel en s'efforçant d'étouffer l'irritation dans sa voix.

— Y a plus d'industries chez nous. On ne produit plus rien. On peut pas construire une pyramide à l'envers, elle s'écroulerait… Le plus important, c'est les fondations.

— Tu veux dire qu'on ne produit plus de bateaux ? De voitures ? De vêtements ? Et alors, p'pa ? *Et alors ?* Il y a plus de gens employés dans les restaurants indiens que dans toutes ces vieilles industries réunies. Où est le problème ?

— Le problème ? On n'est même plus capables de fabriquer ne serait-ce qu'une boîte d'allumettes dans ce pays. Et je te parle même pas de bateaux ! Prends les téléviseurs, les machines à laver, n'importe quel appareil électrique : tous les composants viennent de l'étranger, on a juste quelques usines de montage sur le territoire – et encore, pour la plupart, elles ne nous appartiennent pas. »

Les coudes posés sur la table, les poings serrés l'un contre l'autre, Gabe se mordillait les phalanges. « On a progressé, p'pa. On a évolué. Les gens ont du pouvoir d'achat. Essaie un peu de réserver une table dans l'un des meilleurs restaurants de Londres, tiens ! Et je te parle d'endroits où tu ne manges pas à moins de cent livres par personne… Tout ça, p'pa, tous ces services, c'est une économie invisible : la banque, la finance, la publicité…

— Invisible, hein ? répéta Ted comme s'il s'agissait d'un mot inadéquat. L'empereur est nu. Le pays tout entier vit à crédit.

— Quelle importance, puisque l'économie est florissante ? Où est le mal ? »

Son père soupira. « Bah, tu comprends le système mieux que moi, j'imagine. Pour un vieil homme comme moi, c'est qu'un château de cartes. Y a plus rien de solide, c'est tout ce que je dis, mais t'es pas obligé de tenir compte de mon avis. »

Gabe n'appréciait guère la nouvelle stratégie mise en œuvre par son père, consistant à le flatter par des remarques telles que « t'es intelligent, toi » ou « tu comprends » puis à prendre systématiquement le contre-pied de ce qu'il disait. « Tu sais, p'pa, tu n'es pas obligé de maîtriser tous les rouages de l'économie pour bien gagner ta vie. Tu n'as qu'à te laisser porter par le courant, sans te faire de souci. Moi, je m'en fais déjà assez comme ça.

— Ah, c'est vrai, il y a le mariage… »

Gabriel ravala la réplique qui lui montait aux lèvres. Il ne s'inquiétait pas pour le mariage, il voulait parler du restaurant. C'était tellement typique de son père de tout interpréter de travers…

En début de soirée, il tenta de joindre Lena sur son mobile, tomba sur sa boîte vocale et laissa un message.

Il renouvela sa tentative plus tard, et de nouveau avant d'aller se coucher. Assis dans son lit, il composa encore une fois le numéro, compta les sept sonneries qui précédaient le déclenchement de la messagerie puis raccrocha. Il éteignit la lampe de chevet et s'allongea, le portable à côté de lui sur l'oreiller. Pourquoi ne l'avait-elle pas rappelé ? Où pouvait-elle être, et pourquoi n'avait-elle pas pris son téléphone ? Il récupéra le combiné pour faire défiler la liste des contacts jusqu'au nom qu'il cherchait – Lena, juste quelques lettres inscrites sur le minuscule écran lumineux. Mais c'était tout ce qu'il avait d'elle et c'était mieux que rien, alors il demeura immobile dans le noir, à contempler son prénom en se disant qu'il ne la reverrait plus.

13

OONA SUÇAIT L'EXTRÉMITÉ DE SON CRAYON tout en additionnant les chiffres de la soirée précédente. Elle en inscrivit quelques-uns, s'humecta le doigt et tourna la page du livre des réservations. « Oh, v'là que je sais plus où j'en suis, moi », dit-elle. Elle revint à la page précédente.

Gabe appuya son pied sur le bord de la corbeille à papier, qu'il fit aller d'avant en arrière.

« Dix-neuf tables de quat', ça fait… soixante-seize. » Oona se mit à fredonner en se penchant sur le livre, comme si elle voulait endormir les chiffres pour mieux les soumettre à sa volonté. « Et dix-sept de deux… twente-deux. Ah non, twente-quat'.

— Oona ? Il y a une calculatrice, là. » Un boule de papier roula sur le sol. Gabriel redressa la corbeille mais son pied continua d'en taquiner la bordure.

« Oh ! La calculette… » Elle partit de son énorme rire.

« Donnez-moi le livre », ordonna Gabe. Et de pointer son stylo sur la calculatrice.

« Le ce'veau, il a besoin de fai' de la gymnastique, décréta Oona. C'est bon pou' lui. »

Le matin même, se rappela Gabe, Rolly lui avait laissé un message concernant un problème avec l'assurance du nouveau site. À en juger par le ton de sa voix, il n'était pas de bonne humeur. « Allez, Oona, dépêchez-vous, la pressa-t-il. Donnez-le-moi.

— C'est pwesque fini, il me weste plus que les passages. Bon, j'en étais où, déjà ? Soixante-sept et twente-deux ?

— Soixante-seize et trente-quatre », rectifia Gabe. Pour réussir, un restaurateur ne devait pas seulement maîtriser la cuisine. Il lui fallait aussi tout savoir sur les normes d'hygiène, de sécurité et de construction, la fiscalité, la législation du travail, les licences. Sans parler des questions d'assurance. Et du marketing, de la promotion, de la publicité… La liste était interminable.

« Soixante-sept et twente-quat'…, marmonna Oona en faisant traîner indéfiniment les mots.

— Soixante-seize, insista Gabe. SOIXANTE-SEIZE ! » La poubelle se renversa et chuta avec fracas lorsqu'il se leva d'un bond. Il arracha le livre des mains de sa sous-chef. « Nom d'un chien ! lâcha-t-il en se rasseyant. Je regrette, Oona, mais on n'a pas toute la journée. »

Elle ôta les barrettes fixées à sa veste et les recueillit au creux de sa paume, caressant peut-être l'idée de rendre son tablier.

« OK, laissez tomber », déclara Gabe. Il avait besoin d'une bonne dose de caféine, après une nouvelle nuit de sommeil interrompu. « Dites à Damian de m'apporter un double espresso et de rassembler les gars dans dix minutes. Je dois voir certaines choses avec eux. D'accord ?

— Mmm, fit Oona, les paupières alourdies par l'indifférence. D'acco'. » Elle fixa de nouveau les barrettes à sa veste. Comme elle s'attardait, Gabriel dut résister à l'envie de se ruer sur elle et de la pousser de sa chaise.

Ce matin-là, la brigade ressemblait moins à une assemblées des Nations unies qu'à une bande de pirates. Ivan portait son bandana rouge, Benny avait retroussé ses bas de pantalon et Damian empestait l'alcool. Près de l'entrée, le chef Albert, armé d'un crochet à pétrir, pourfendait un ennemi invisible. Quant à Victor, il avait fiché entre ses lèvres une cigarette non allumée. Devant le regard insistant de Gabriel, il finit par l'ôter de sa bouche pour la loger derrière son oreille. Gabe faisait le point sur les différents plats du jour quand Damian éructa bruyamment en s'appuyant sur le plan de travail. Il allait falloir le prendre en main avant que son problème de boisson ne devienne incontrôlable.

« On a un souci en pâtisserie », annonça Gabe. Oona avait tout compris de travers, une fois de plus. Et maintenant, il allait devoir subir les jérémiades et récriminations du chef Albert. « Le groupe de ce soir – ils n'ont pas demandé un seul gros gâteau, ils veulent des portions individuelles, avec une bougie sur chaque. »

Albert suspendit le crochet à sa ceinture. « Quatre-vingt-quinze personnes, c'est ça ? Autrement dit, quatre-vingt-quinze gâteaux d'anniversaire pour ce soir ?

— C'est ça », confirma Gabe. Oona n'avait pas lu correctement le bon de réservation. Tout y était consigné. Sa négligence allait entraîner un surcroît de travail pour le labo pâtisserie ainsi qu'une augmentation non négligeable du ratio de marchandises.

Les mains sur les hanches, le chef Albert fit la moue et haussa les épaules. « Bah, je suis pâtissier.

— De toute façon, ça ne sert à rien de se lamenter, déclara Gabe. Il faudra faire plus attention la prochaine fois. » Il gratifia Oona d'un hochement de tête appuyé en espérant qu'elle saisirait le message, mais en la voyant lui rendre la pareille, un sourire satisfait aux lèvres, il comprit que c'était peine perdue.

« Se lamenter ? répéta le chef Albert en regardant autour de lui. Vous avez entendez quelqu'un se lamenter, vous ? Un pâtissier n'est-il pas trop heureux de faire des gâteaux ?

— Vous vous sentez bien ? » s'enquit Gabriel. Il lui paraissait inconcevable qu'Albert n'ait pas encore sauté sur cette occasion de se plaindre ; dans son cas, renoncer à râler revenait à baisser les bras. Il ne serait pas le premier pâtissier dont Gabe avait croisé la route à avoir décidé d'abandonner tout espoir.

Le chef Albert ouvrit grand ses yeux à l'expression mélancolique. « Oh ouuuui, répondit-il en allongeant la syllabe pour mieux traduire son étonnement. Je suis en pleine forme. Au top, comme disent les jeunes ! » Il plongea la main dans sa poche de poitrine et en retira un flacon de comprimés. « Mon docteur, il m'a rendu plus que la santé : il m'a rendu à moi-même !

— Tant mieux, répliqua Gabriel, désireux de passer au point suivant sur sa liste avant que le Français ne se lance dans l'une de ses tirades grandiloquentes. Alors...

— Oh, comme je regrette de ne pas avoir rencontré cet homme il y a dix ou vingt ans ! l'interrompit le chef pâtissier. Toute cette tristesse, toute cette souffrance, je croyais que c'était lié à mon tempérament, à ma sensibilité, à la fibre artistique en moi... Mais non ! » Il était particulièrement exubérant ce jour-là, au point de donner l'impression d'avoir perdu son aura glacée – à moins que sa veste ne soit juste un peu moins amidonnée que d'ordinaire. « Non ! Il n'y a pas de signification à chercher dans cette souffrance, c'est juste un déséquilibre chimique ! Alors, alléluia, un autre miracle ! Ma première naissance, je la dois à ma mère, Dieu ait son âme, et la seconde aux cachets.

— J'en suis heureux pour vous, conclut Gabriel. Bon, venons-en aux vacances. Noël sera bientôt là, ce sera de la folie jusqu'au nouvel an. Alors si vous voulez prendre des congés pendant les fêtes, apportez-moi votre demande avant la fin de la journée et je verrai ce que je peux faire. Attention, si vous me l'apportez demain, il sera trop tard. C'est clair ? » Il contempla sa bande de brigands mal assortis. Damian avait l'œil vitreux ; seul le tressaillement de sa paupière indiquait qu'il était encore en vie. Qu'est-ce qui n'allait pas chez lui ? Où était son ambition ? D'accord, le travail en cuisine poussait bon nombre d'hommes à boire, mais à dix-sept ou dix-huit ans Damian n'avait pas encore vraiment eu le temps de souffrir d'un dessèchement du gosier.

« Quand j'ai commencé dans le métier, je considérais mon premier patron comme un salaud, reprit-il en essayant de soutenir le regard chancelant de Damian. Il était toujours à aboyer des ordres, faites ci, faites ça, et lorsqu'il voulait vous passer un savon il vous plaquait contre le mur, le bras en travers de votre gorge. On ne lui adressait pas de demande de congés : il punaisait une liste sur le tableau d'affichage et on prenait ce qu'il nous donnait. Le bon vieux temps de mes deux, oui ! Mais vous savez quoi ? » Il posa ses mains sur le plan de travail et en caressa la bordure. « Au bout d'un moment, je me suis rendu compte que je gaspillais trop d'énergie à le haïr, que j'aurais tout intérêt à l'employer à quelque chose d'utile, de constructif. Alors cette énergie je l'ai investie dans un projet : en apprendre le plus possible pour pouvoir me tirer, trouver une meilleure place ailleurs, et après une autre, jusqu'au moment où je serais moi-même le patron. C'est ce que j'ai fait. J'y ai mis de l'énergie. Je me suis accroché. »

À côté de Damian, Nikolaï secoua la tête. « Une bien belle histoire, dit-il. C'est à ça que servent les histoires, à remettre de l'ordre dans le chaos de nos vies.

— Ah oui ? fit Gabriel. Et un commis, hein, ça sert à quoi ? À couper des légumes, point final ! » Il ne supportait pas cette façon qu'avait Nikolaï de s'attribuer le rôle du roi philosophe en haillons, de l'intellectuel dans le goulag. Chacun était libre de partir. Personne ne l'obligeait à rester. Il avait refusé une promotion pour mieux se sentir opprimé plutôt que de gravir les échelons comme n'importe quel homme honnête.

Victor sourit en battant un jeu de cartes imaginaire. « Du coup, *man*, c'est vous le salaud aujourd'hui.

— Victor, mon ami, rétorqua Gabriel d'un ton assez calme, je ne vais pas vous lâcher de la journée. Vous ne vous débarrasserez pas plus de moi que de ce furoncle entre vos yeux ou des hémorroïdes qui vous collent au cul. C'est clair ? C'EST CLAIR ? » Gabe ramena vivement à lui sa main égarée au sommet de son crâne, puis il serra et desserra les poings. Il se força à respirer lentement, en prenant de profondes inspirations. « Bien. D'autres problèmes à signaler ? »

Ivan écarta de son passage un plongeur et deux commis. « Ouais, j'ai un problème, lança-t-il. Quel est le con qui m'a fauché mon couteau ? » À en juger par le regard noir qu'il dardait sur Victor, la question était de pure forme.

Le Moldave frémit. « J'ai pas touché à ton couteau dégueulasse, mon frère. »

Ivan remonta ses testicules en un geste étrangement menaçant, comme s'il se fiait à eux plutôt qu'à son cerveau pour décider de la suite des opérations. Son oreille en chou-fleur était désormais du même rouge que son bandana. « Un Henckels, gronda-t-il. Fabrication allemande. Tu vas me le rendre vite fait.

— Écoute, mon chou, c'est pas moi qui l'ai pris.

— Comment ça, mon chou ? s'écria Ivan. Vas-y, penche-toi et écarte les fesses, je vais te montrer… » Il fit un geste obscène avec son poing. « Je vais te montrer qui c'est, la pédale. »

Quoique gagné par la lassitude, Gabe avait envie de rire. Tout le monde tendait le cou pour voir ce qui allait se passer. Même Damian s'était plus ou moins redressé.

« J'ai vu un couteau près des lave-vaisselle, intervint soudain Benny. Peut-être que c'est le tien, Ivan. » Il fila le chercher. « Alors ? » demanda-t-il en revenant.

Le grillardin marmonna une réponse inintelligible qui, manifestement, n'exprimait guère de gratitude. Il retroussa sa manche pour éprouver le tranchant de la lame sur son avant-bras, rasant du même coup quelques poils.

« Je t'en prie, tout le plaisir est pour moi », déclara Benny. Il ne se départait jamais de ses bonnes manières. S'il se faisait agresser un jour, songea Gabriel, il était encore bien capable de dire à ses assaillants : « Je vous en prie, tout le plaisir est pour moi. »

« Bon, le spectacle est terminé, décréta-t-il en tapant dans ses mains. Chacun retourne à son poste. Allez, remuez-vous. »

Quelques-uns murmurèrent « Oui, chef » en se détournant.

« Je n'ai pas entendu, lança Gabriel. Qu'est-ce que vous avez dit ?

— Oui, chef ! » crièrent-ils à l'unisson, d'une voix cette fois forte et claire.

Gabe rejoignit Oona au moment où elle commençait à s'éloigner de sa démarche traînante. Il l'entraîna à part. « Je peux vous dire un mot ?

— Je vais nous pwépa'er une bonne tasse de thé, d'acco' ?

— Non, Oona, pas de thé. Je n'en ai pas pour longtemps. C'est à cause de cette histoire de gâteaux. Non, en fait, il n'y a pas que ça, c'est la goutte d'eau qui... » Gabe décida de tout reprendre de zéro. « Je vous donne un avertissement, Oona. Je vais le signaler aux ressources humaines. Vous nous avez fait perdre du temps et de l'argent, encore une fois.

— Mais, twéso', c'était pas...

— Non, Oona, je vous ai déjà donné votre chance. À partir de maintenant, je ne tolérerai plus aucune entorse au règlement. »

De retour dans son bureau, Gabriel parcourut sa liste de choses à faire. Il raya un élément puis en ajouta trois autres. Alors qu'il fouillait dans son tiroir à la recherche d'un stylo à bille neuf, il tomba sur une deuxième liste. Il y en avait une troisième dans le calepin rangé au fond de son sac et une quatrième chez lui, sans compter celle qu'il avait commencé à taper sur son ordinateur. Et selon toute probabilité, il y en avait encore bien d'autres, tapies sous les piles de documents, abandonnées dans des poches de veste, piégées au milieu de dossiers. S'il voulait s'organiser un peu mieux, il faudrait peut-être qu'il établisse la liste suprême, sur laquelle figurerait absolument tout, ou alors qu'il dresse des listes bien distinctes, à classer en fonction de... À vrai dire, il aurait tout intérêt à commencer par faire une liste des listes dont il avait besoin. Il s'y attellerait dès qu'il aurait consulté ses e-mails. Mais d'abord, il allait appeler Lena.

La veille, en rentrant chez lui, il l'avait trouvée pelotonnée sur le canapé. Elle avait allumé la télévision et éteint toutes les lumières. Elle regardait une émission de téléréalité.

« Salut, avait dit Gabe en s'asseyant sur le canapé. Tu m'as manqué. » Une affirmation ridicule s'il en était.

Lena avait posé une jambe sur ses genoux. Il lui avait massé le pied.

« Pourquoi tu regardes ça ?

— C'est en direct, avait répondu Lena. Il peut se passer n'importe quoi.

— Parce qu'il se passe quelque chose ? » Sur l'écran, quelqu'un nettoyait un plan de travail dans une cuisine. L'image suivante montra deux jeunes femmes, dont l'une coiffait l'autre.

« Non, avait répondu Lena. Rien du tout.

— Alors pourquoi tu regardes ? avait-il insisté.

— Y a pas raison. C'est juste pour… » Elle avait soupiré comme s'il était décidément trop bête. « Juste parce que moi j'aime. »

Gabe avait observé son profil éclairé par les lueurs changeantes du poste. À certains moments, elle n'était que cheveux gras, joues creuses et os saillants ; l'instant d'après, sa chevelure paraissait lustrée et ses traits finement ciselés. Elle lui faisait penser à ces dessins d'Escher où chacun voit quelque chose de différent selon le regard qu'il porte sur eux.

« Je t'ai laissé des messages sur ton portable, dit-il. Au moins deux ou trois. Tu ne les as pas écoutés ?

— Si, je crois. » À l'entendre, le sujet ne présentait pas le moindre intérêt pour elle.

« Tu ne m'as pas rappelé. Tu étais là ?

— Chut. »

Elle ressemblait à une adolescente renfrognée. Elle ne possédait aucun charme. Elle ne pensait qu'à elle-même. « Lena ? Au sujet de ton frère… »

Aussitôt, elle se redressa. « J'ai photo. » Elle fourragea dans son sac, qu'elle avait posé par terre. « Pasha », révéla-t-elle en lui agitant le tirage sous le nez. Elle se leva pour allumer la lumière. « Très beau, oui. »

Son frère ne lui ressemblait pas du tout. Il était brun, il avait le regard chargé de mépris et les lèvres nuancées de violet. « Raconte-moi encore ce qui s'est passé, avait dit Gabriel. Comment vous êtes-vous perdus de vue ?

— Quand je vivais avec cette fille de Bulgarie, j'ai parlé à Pasha et il a dit lui viendrait bientôt à Londres. Après... j'ai déjà raconté à toi, Boris est venu à mon travail et j'ai enfui.

— De Bulgarie ? s'était étonné Gabe. Je croyais que tu avais parlé de l'Ukraine. »

Lena avait porté la main à ses boucles d'oreilles et achevé son mouvement en esquissant un geste dédaigneux. « D'abord la fille d'Ukraine, plus tard l'autre de Bulgarie. Pourquoi ? Ça change quoi pour toi ?

— Rien. Tes parents doivent savoir où se trouve Pasha, non ? Tu ne peux pas leur téléphoner pour leur demander ?

— Leur téléphone il marche pas. » Elle s'exprimait avec lassitude, comme au terme d'un interrogatoire de plusieurs heures.

« Peut-être qu'il est réparé, maintenant.

— Il marche pas, s'était-elle obstinée. Peut-être ils sont partis ailleurs.

— Ton frère n'a pas ton numéro de portable ?

— Pourquoi tu poses question ?

— J'essaie de t'aider, Lena.

— Pourquoi tu veux savoir si Pasha a numéro ? Yuri a acheté téléphone pour moi. Après j'ai enfui, Pasha peut pas me trouver. Tu crois mon frère répondrait pas si moi je l'appelais ? »

Quelque chose ne collait pas dans le récit de Lena, Gabe le sentait. Mais s'il pouvait l'aider, la pauvre, il le ferait. « D'accord, Lena. D'accord. Qu'est-ce que tu attends de moi ? »

Elle avait tenté d'adoucir son expression mais n'avait réussi qu'à se donner un air timoré. Les yeux mi-clos, elle avait expliqué : « Peut-être Pasha est dans école de langues. Tu le trouves là. Peut-être tu peux chercher aussi dans les endroits où les Russes vont pour parler et boire. Ou à la gare routière – tu sais où c'est ? Victoria. Pour travail. Beaucoup de gens vont là-bas pour travail. »

Sa requête était ridicule. Combien d'écoles de langues y avait-il rien qu'à Londres ? Et même si Pasha s'était inscrit dans l'une d'elles, ne serait-ce que pour obtenir un visa étudiant, rien ne garantissait qu'il y ait jamais mis les pieds. Au contraire, il avait dû disparaître dans l'économie souterraine en prenant soin d'effacer toute trace derrière lui. « Je vais essayer, avait dit Gabe, mais je ne te promets rien. »

Elle l'avait récompensé d'une tape sur la poitrine. « Toi tu es bon. » Sur ces mots, elle s'était replongée dans la contemplation de l'écran.

Il ne lui serait jamais venu à l'esprit de demander des nouvelles de Ted, avait songé Gabe. Sauf si elle avait voulu en retirer un bénéfice quelconque, l'amener à faire autre chose pour elle. Heureusement, elle n'avait pas reparlé de l'argent. Mais tôt ou tard elle aborderait de nouveau le sujet, il n'en doutait pas. Et c'était tout aussi bien. Ainsi, il n'y avait pas d'ambiguïté. Plus il y pensait, plus la situation lui paraissait claire. S'il devait avoir une liaison – une « aventure » plutôt, parce que « liaison » lui semblait trop pompeux –, autant que ce soit avec Lena. Quelqu'un d'autre, comme cette femme sur le balcon, par exemple, aurait pu lui compliquer singulièrement l'existence en projetant sur leur relation des émotions et des attentes difficiles à comprendre. Avec Lena, au moins, l'échange restait simple.

Il n'y avait rien entre eux. Aucune affinité. Ils étaient à des années-lumière l'un de l'autre. Quand il avait rencontré Charlie, il avait tout de suite su que leur couple avait des chances de fonctionner. Ils possédaient le même sens de l'humour, la différence d'âge leur convenait, ils aimaient tous les deux la musique et la gastronomie, ils vivaient plus ou moins sur le même rythme. C'était un peu comme la cuisine, supposait-il : du moment qu'on choisit bien les produits, on a toutes les chances de réussir le plat.

Mais Lena... Il suffisait de la regarder, vautrée devant l'écran dans un état semi-comateux ! Il pouvait l'observer sans retenue, elle avait à peine conscience de sa présence. Elle était tellement dépourvue de charme que c'en était comique. Et presque charmant, en un sens.

En revenant de la salle de bains, il l'avait trouvée allongée nue sur le lit. Il était toujours troublé par cette façon qu'elle avait de s'étendre, toute raide, comme si elle n'attendait plus que le linceul. Il aurait voulu la couvrir en lui disant : « Non, ne fais pas ça, ce n'est pas bien. » Au lieu de quoi il s'était assis au bord du matelas et il avait posé les mains sur ses pieds. Il avait embrassé les pouces l'un après l'autre avant d'examiner chacun des orteils. Il lui avait ensuite massé la voûte plantaire puis, lui tenant les chevilles dans une main, il avait éprouvé du bout des doigts la dureté de ses tibias. S'il pouvait la posséder encore une fois, il serait définitivement guéri. Ce serait comme une saignée, un traitement destiné à le purifier, à expulser Lena de son organisme.

Après, il l'avait serrée contre son torse et elle s'était assoupie. Il n'avait pas envie de dormir, non, il se sentait bien. Mais au bout de quelques instants, il avait sombré dans un sommeil d'où il avait émergé en sursaut. Mieux valait rester éveillé qu'avoir de nouveau ce rêve.

Lena avait roulé de l'autre côté du lit. Gabriel avait fini par se lever pour se rendre à la cuisine. Il avait avalé un verre d'eau. Ce n'était qu'un cauchemar, et les cauchemars n'ont jamais tué personne. Quelqu'un, récemment, le lui avait dit.

Gabe s'apprêtait à appeler Lena lorsque Ernie franchit d'un pas lourd le seuil du bureau, un carton à dessin serré contre la poitrine, le bas de son pantalon trop court flottant autour de ses tibias.

« Chef ? lança-t-il. J'fais une promo spéciale sur les cartes de Noël. Vous voulez jeter un p'tit coup d'œil ?

— Je vais en prendre un paquet, répondit Gabriel. Combien je vous dois ?

— Ach, dit Ernie en rentrant la tête. C'est que j'y ai pas encore réfléchi.

— Il faut établir un tarif, Ernie. Je croyais que vous auriez déjà intégré toutes les prévisions dans votre business plan.

— Ah, zut... » Le manutentionnaire laissa son regard mélancolique se perdre quelque part à gauche de l'oreille de Gabriel. « J'ai pas pensé aux paquets.

— J'en prends dix, d'accord ? » Bon sang, comme s'il n'avait pas assez à faire. Dans son message, Rolly avait dit autre chose : « Il y a un nouveau bistrot branché qui s'ouvre à chaque coin de rue. » Gabe n'avait jamais rien mentionné de tel. Ce n'était pas du tout ainsi qu'il concevait le Lightfoot. « Vous m'en donnez dix ou douze. Douze, tiens. »

Après avoir posé le carton à dessin sur le bureau, Ernie en sortit ses cartes. « Vous voyez ? Elles sont toutes pareilles à l'extérieur, avec le sapin de Noël sur le timbre. Vous avez qu'à choisir le vers que vous voulez. Le prix est différent selon la longueur.

— Génial », marmonna Gabriel. Cuisine française traditionnelle exécutée avec toute la rigueur qu'il serait capable d'apporter ; au fond, il ne serait pas autrement surpris si son restaurant décrochait une étoile. Les inspecteurs viendraient manger incognito, et pour peu que l'établissement leur plaise… eh bien, il leur plairait, et ce serait l'occasion d'augmenter les prix.

« Voilà le tarif, dit Ernie, et voilà la liste des premiers vers, ils sont classés par ordre alphabétique. J'ai aussi gardé la liste des cartes que j'ai d'jà vendues. Comme ça, j'sais lesquelles ont le plus de succès et je peux faire des prévisions pour l'année prochaine. »

Gabriel ouvrit une carte. *Ding-dong !* lut-il, *Sonnez les cloches sonnez, ding-dong ! Pour souhaiter la bonne année…* Il retira de son portefeuille un billet de vingt livres. « Donnez-moi ce que je peux avoir pour ça. » Il rechignait à jouer les assistantes sociales, mais il se sentait touché par les efforts d'Ernie, auxquels il trouvait un petit côté héroïque, comme toutes les entreprises vouées à l'échec.

« Ah, ne serait-ce pas notre poète du film plastique, notre barde de l'aire de livraison ? » La silhouette massive de M. Maddox venait de s'encadrer sur le seuil, assombrissant le bureau. En costume noir, chemise foncée et cravate assortie, les mains jointes au niveau du bas-ventre, il ressemblait à un ordonnateur des pompes funèbres attendant le cercueil du jour.

« Ernie a fabriqué des cartes », expliqua Gabe en fourrant le billet dans la poche de poitrine du manutentionnaire.

Le directeur général toisa l'intéressé. « Comment ça va, Ernie ? Toujours à taquiner la muse ? »

Si Ernie avait porté une casquette, il l'aurait ôtée. « Très bien, monsieur Maddox, merci, très bien. » Il se redressa pour se mettre au garde-à-vous, raidissant les épaules et faisant claquer ses talons.

Quand M. Maddox passait en revue les troupes, on avait l'impression que les hommes s'attendaient à rencontrer la reine en personne. Même les éléments les plus hardis parmi les républicains d'en bas donnaient des signes de malaise évidents, mélange de déférence et d'embarras.

« Parfait ! tonna-t-il. Rompez. »

Il s'assit sur le bureau. « Entrez, Gareth, venez donc vous asseoir. Qu'est-ce que vous attendez, un putain de télégramme ? »

M. James, qui se trémoussait sur le seuil pour essayer d'apercevoir quelque chose derrière son patron, se glissa aussitôt sur la chaise libre.

« Je reviens de vos cuisines, où j'ai distribué quelques bourrades dans le dos, déclara M. Maddox. Mais attention, il faut toujours évaluer la quantité de récompenses : si vous n'en donnez pas assez, les indigènes deviennent nerveux ; si vous en donnez trop, ils espèrent une putain d'augmentation. Débarrassez-vous d'Ernie, à propos. Signifiez-lui son renvoi. » Il se gratta l'intérieur du poignet, à l'emplacement du tatouage fantôme.

« Ernie ? s'étonna Gabe. Il ne fait aucun mal. Et il est là depuis je ne sais combien de temps.

— Alors offrez-lui une montre si vous y tenez, mais flanquez-le à la porte ! » Le directeur général saisit une perforeuse et l'ouvrit, envoyant de minuscules ronds de papier blanc partout sur le sol.

« Bon, on a une date pour l'audience au tribunal, poursuivit-il. Vous savez, au sujet de ce plongeur... Son nom, Gareth, son nom ! Vous vous raclez la gorge ou c'est comme ça qu'il s'appelait ? Oui, d'accord, j'ai compris : Yuri. Notez ça dans votre agenda, chef. Votre présence sera requise aussi, j'imagine.

— Sa famille va venir ? » demanda Gabriel.

L'air moqueur, M. Maddox posa un doigt sur ses lèvres. « Oh, mon Dieu, je n'ai pas pensé à demander...

— Il avait deux filles, expliqua Gabe. Une qui fait des études d'économie, l'autre en deuxième année de médecine.

— Le rapport de toxicologie est arrivé. Notre homme était plein comme une outre, évidemment. Indiquez-lui la date, Gareth. Cela dit, elle changera sûrement. Allez-y, chef, notez-la.

— En fait, poursuivit Gabriel, Yuri était ingénieur diplômé.

— Oh, vous étiez marié avec lui ? Dans cinq minutes, vous allez aussi me parler de la couleur de sa brosse à dents ? Bon, on a perdu un bon élément. C'est ce que je dirai dans mon témoignage. Un brave soldat est tombé. » Il marqua une pause comme pour mieux évaluer la réplique, déterminer si elle sonnerait bien dans un tribunal. « Voilà, c'était la nouvelle du jour, chef. Et de votre côté, qu'est-ce que vous pouvez nous apprendre ?

— Oui, renchérit M. James. Qu'est-ce que vous pouvez nous apprendre ? »

M. Maddox porta une main à son oreille. « Quelqu'un d'autre entend un écho ? Il y a un écho par ici ? »

Gabriel vit le directeur adjoint serrer et desserrer les fesses, une expression de supplicié sur le visage. « Qu'est-ce que vous voulez savoir exactement, Gareth ? »

Celui-ci consulta son bloc-notes. « Les chiffres d'hier soir et d'avant-hier soir. Les prévisions trimestrielles du salon de thé. Le budget final concernant le room service de nuit.

— On n'est pas en pleine réunion d'organisation, bordel ! » tonna M. Maddox qui, en voulant changer de position, renversa un mug et inonda de café la liste de Gabriel.

« À ce propos, le chef a manqué celle de cette semaine, déclara M. James, comme s'il dénonçait un crime capital.

— Gareth...

— Oui, monsieur Maddox ?

— Fermez-la. »

Gabe se tourna vers le directeur adjoint. « Je monterai vous apporter les chiffres tout à l'heure. On les examinera ensemble. »

M. Maddox se renversa dans le fauteuil, faisant tomber une pile de plaquettes fournisseurs. Il renifla ostensiblement l'air autour de lui. « Vous ne sentez pas quelque chose ?

— On est en plein service, répondit Gabe. Alors...

— Dans ce métier, l'interrompit le directeur général d'une voix forte, vous développez un flair particulier : une aptitude à repérer l'odeur des emmerdes, de tout ce qui pue, de tout ce qui est louche. Vous ne savez pas ce que c'est, vous ne savez pas non plus où c'est, mais vous finissez par le découvrir en suivant votre flair.

— Je ne suis pas sûr de...

— Je voulais juste dire que – vous vous rappelez cette conversation qu'on a eue l'autre jour, chef, n'est-ce pas ? Vous n'avez rien à m'apprendre ? N'oubliez pas que j'ai placé ma confiance en vous.

— Non, rien de spécial. Mais je reste à l'affût, bien sûr.

— Bien sûr, bien sûr, répéta M. Maddox. Vous êtes l'un des nôtres, pas vrai ? Hein, Gareth, qu'il est dans l'équipe ? Vous êtes heureux parmi nous, chef ? Vous avez tout ce qu'il vous faut ? Vous n'auriez pas l'intention de nous faire faux bond, j'imagine...

— Moi ? Non... » Sa réponse avait sonné tellement faux à ses oreilles que Gabriel paniqua. Il devait trouver une diversion. « Stanley Gleeson, lâcha-t-il. Je suis certain qu'il magouille.

— Continuez, l'encouragea le directeur général.

— Je n'en sais pas plus pour le moment, mais je garde un œil sur lui. Et puis, il y a Pierre, au bar... » Gabe se leva pour aller tripoter le climatiseur. Il sentait la sueur dégouliner dans son dos. Au pire, si M. Maddox découvrait qu'il préparait son départ, il serait viré six mois avant la date prévue. Bon, et alors ? *Et alors ?* Il ne pouvait pas se le permettre. Il avait investi presque toutes ses économies dans l'affaire, il y avait déjà des frais, l'architecte avait envoyé sa facture... Non, impossible de tenir six mois sans salaire. Sans compter que Rolly et Fairweather risquaient d'invoquer ce prétexte pour se retirer du projet. « Restez un an à l'Imperial, avaient-ils dit. Faites vos preuves. » Ils avaient bien parlé d'un an, pas de six mois. Maddox était décidément un beau salaud. « N'oubliez pas que j'ai placé ma confiance en vous. » Quel coup bas !

Gabe régla le thermostat. « Voilà, il arrive que Pierre nous fasse parvenir des commandes rédigées à la main qui ne passent jamais en caisse. Alors soit il empoche l'argent, soit il régale ses copains à l'œil.

— Sans déconner, Sherlock ! répliqua M. Maddox. Le barman régale ses copains à l'œil ? Bientôt, vous allez me dire qu'il sert des doubles au prix des simples ! » Il éclata de son rire dépourvu de gaieté – un son évoquant la chute d'une série d'objets lourds, peut-être des balles de plomb, et qui donnait envie de s'écarter au plus vite.

« Je joue franc-jeu avec vous, c'est tout », déclara Gabriel.

Le directeur général se pencha et, durant quelques instants, balaya de son regard semblable à une boule de démolition le visage de son chef de cuisine. Enfin, il parut satisfait. « Et j'apprécie, croyez-moi. Bon, continuez à surveiller Gleeson. Il y a quelque chose de louche chez lui. Je ne sais pas ce que c'est, mais je le sens. Il prépare un mauvais coup, aussi sûr que j'ai un trou du cul. » Il se redressa et examina le réduit. « Vous devriez peut-être remettre un peu d'ordre, chef. Je me demande comment vous faites pour vous y retrouver dans tout ce bazar. »

À la suite d'une accumulation de bourdes, le personnel de salle transforma le service de midi en un carnage inattendu. Des assiettes furent retournées froides alors que Gabe les avait vues partir chaudes. La serveuse suédoise s'emmêlait dans les commandes, ne les apportait pas aux bonnes tables et revenait en cuisine annoncer avec désinvolture que « ce n'était pas le bon plat ».

« Allez lui dire deux mots avant que je le fasse moi-même, lança Gabriel au directeur de la restauration.

— On serait un peu stressé, chef ? » Plus raide et guindé que jamais, sans un seul cheveu de travers, Gleeson avait l'air d'un mannequin de cire.

« Qu'est-ce qu'elle a ? insista Gabe. Elle est shootée ?

— Oh, oh, chantonna Gleeson. Attention, c'est une grave accusation…

— À quoi elle est accro, alors ? À votre bite ? Merde, Stanley, cette fille est complètement à côté de la plaque ! Ah, la voilà, justement. Quoi, la neuf ? Qui a préparé la commande de la neuf ? Stanley, sortez-la de ma foutue cuisine ou je la flanque dans un congélo jusqu'à la fin du service de ce soir !

— Et venant de vous, la menace pèse son poids, rétorqua le directeur de la restauration, une lueur mauvaise dans le regard. Après tout, on a déjà découvert un mort en bas… » Sur ces mots, il fila vers la Suédoise et lui passa un bras indulgent dans le dos pour l'entraîner à l'écart.

« Espèce de fumier ! s'écria Gabriel, ne recouvrant l'usage de sa voix qu'au moment où Gleeson atteignait les portes battantes. Sale con ! Pauvre merde ! »

Gleeson se retourna, les mains sur les oreilles, et leva les yeux au ciel. « Ah, les nerfs, les nerfs, articula-t-il. Un de ces jours, ça vous jouera des tours. »

Oona rejoignit Gabriel devant le passe-plat en marmonnant des incantations : « "Venez à moi, vous tous qui peinez et ployez sous le fa'deau, et moi je vous soulagewai." Matthieu, chapit' onze, ve'set vingt-huit.

— C'est qu'un putain de pantin, cracha Gabriel. Un…

— "Que se'viwa-t-il donc à l'homme de gagner le monde entier, s'il wuine sa vie ?"

— Fait chier. » Gabe s'essuya le front.

« Mmm…

— Vous pouvez me remplacer ? J'ai besoin d'un break. »

La sous-chef salua cette remarque d'une série de petits claquements de langue. « C'est bien ce que je viens de di', twéso'. Faut vous weposer. »

Il faisait aussi chaud dans son réduit que dans les cuisines elles-mêmes. Gabe baissa le thermostat de cinq degrés. Il appela Charlie sur son portable, et à peine avait-il eu le temps de prononcer son prénom qu'elle disait : « T'as l'air vanné, mon cher fiancé. Tu peux t'accorder une pause ?

— Non, répondit-il en consultant ses e-mails. Pas vraiment, mais je vais me l'accorder quand même. T'es où ?

— En route pour le British Museum. Viens me retrouver, j'apporterai des sels pour te ranimer. »

Chez le marchand de journaux où Gabriel s'arrêta pour acheter des cigarettes, il y avait sur le comptoir une boîte de bagues ornées de cœurs, destinées aux petites filles qui venaient s'offrir une barre chocolatée Curly Wurly ou un exemplaire du magazine *Sugar*. Il en acheta une qu'il glissa dans sa poche puis se dirigea vers le nord jusqu'à Charing Cross Road. La marche lui éclaircit les idées. Finalement, autant essayer d'avoir un bébé tout de suite, dès qu'ils seraient mariés. Après tout, Charlie n'avait pas de temps à perdre… Les premières années seraient rudes, il ne compterait pas ses heures au restaurant mais, telle qu'il connaissait Charlie, elle amènerait sûrement le petit presque tous les jours. Il grandirait dans les cuisines ; pour lui, ce serait comme un second foyer. Risquait-il d'en souffrir ? Bah, papa m'emmenait bien à la Rileys, pensa Gabe, et ça ne m'a jamais fait de mal. Le cliché lui arracha un sourire. Non, ça ne lui avait pas fait de mal. Et l'enfant apprendrait le métier à ses côtés.

Que lui enseignerait-il, au juste ? se demanda Gabe. Qu'aurait appris le petit aujourd'hui s'il avait été là ? Il n'y avait rien à tirer de bon d'une journée pareille. Sauf que... en quoi était-elle différente des autres, au fond ? Gabe poussa un soupir. Une génération plus tôt, on pouvait sans problème emmener son fils sur son lieu de travail, comme l'avait fait son propre père, et lui montrer comment se comporter en homme. Les valeurs que Ted prêchait à la maison, il les mettait en pratique dans son métier. Mais le monde avait changé. Gabe n'était pas fier de la façon dont se passaient les choses ; en même temps, il n'en avait pas honte non plus. Il n'avait pas joué franc-jeu avec M. Maddox ce jour-là parce qu'il n'avait pas le choix : le directeur général commençait par prôner la loyauté, et sans même reprendre son souffle il annonçait son intention de renvoyer Ernie au bout de trente ans de bons services. « Confiance », « loyauté », « implication » – ce n'étaient que des termes empruntés au jargon du management. Il fallait développer une stratégie, se mettre dans l'esprit des réunions, afficher sa volonté de coopérer. Aujourd'hui, la façon dont un homme se comportait au travail n'était en rien révélatrice de son caractère.

On ne peut se montrer sous son vrai jour qu'en famille, songea Gabriel. Et il aurait la sienne sous peu. Il s'élança sur les marches du musée à la rencontre de Charlie, qu'il enlaça avec fougue.

Elle l'embrassa trois fois sur les lèvres. « Tu devais être un boa constricteur dans une vie antérieure. C'est un manteau tout neuf que tu es en train de froisser, je te signale !

— Désolé, s'excusa-t-il en la libérant. Tiens, j'ai un cadeau pour toi.

— Un bijou de chez Tiffany ? Oh, tu n'aurais pas dû… Maintenant, on est officiellement fiancés.

— On ira en choisir une vraie ensemble, d'accord ? En attendant, je n'ai pas pu résister à la tentation de te glisser une bague au doigt dès cet après-midi. »

Charlie éclata de rire et lui tendit sa main. « Tu vas trouver ça idiot mais elle me plaît bien, celle-là.

— T'as raison, l'orange met tes yeux en valeur. Tu sais, Charlie, je me disais qu'on ne devrait pas attendre trop longtemps, il faut penser à papa et… On pourrait prendre rendez-vous à la mairie et organiser une petite cérémonie sans chichis, juste histoire de régler ça au plus vite. »

Ils venaient de pénétrer dans la grande cour dont l'immense dôme de verre semblait emprisonner les êtres et le décor comme l'une de ces boules à neige qu'on pose sur son bureau.

Charlie le prit par le bras pour le guider vers l'escalier. « Quel incorrigible romantique ! ironisa-t-elle. Tu ne veux pas que j'arrive dans un carrosse tiré par des chevaux blancs ? Tu n'as pas envie de me voir déguisée en meringue ?

— On fera ce que tu voudras », déclara Gabe en se demandant comment la convaincre de ressortir au plus vite. L'atmosphère du musée était étouffante. Il y avait trop d'écoliers partout. Eux-mêmes allaient finir une fois de plus en contemplation devant des fragments de vieilles poteries.

« Bon, parle-moi un peu de Nana Higson, dit Charlie. Et parle-moi de ton père. » Ils déambulèrent au gré des allées magnifiquement éclairées en chuchotant tels des fidèles dans une église. De temps à autre, ils s'arrêtaient pour regarder les anciennes pièces de monnaie exposées dans les vitrines.

« Si on allait faire un tour dans la section "Âge du bronze" ? suggéra Charlie. Il y a une partie sur les festins qui t'intéressera sûrement. »

Ils admirèrent moult louches et ustensiles, dont des « crochets à viande » faits de pièces de bronze reliées par des pointes de chêne effritées. *Les festins étaient des événements importants pour les hommes de l'âge du bronze,* lut Gabriel, *sur le plan social comme sur le plan politique. Ils permettaient de renforcer la loyauté des invités et de les mettre en position d'obligés. Pour l'hôte, c'était l'occasion d'affirmer son statut et d'exhiber ses richesses.*

« Tu ne trouves pas ça un peu… enfin, tu vois ce que je veux dire, commença Gabe.

— Quoi ?

— Assommant.

— Mon cher Gabriel Lightfoot… » Charlie croisa les bras et rejeta en arrière sa chevelure flamboyante. « Vous n'allez pas m'annoncer maintenant, juste avant le mariage, que vous êtes un philistin ?

— Sûrement pas, répliqua-t-il. Personne n'est aussi cultivé que moi. Mais là, j'ai vraiment envie d'un café. On passe à la cafétéria ? »

Gabe ayant ajouté qu'il avait également besoin d'air frais, ils emportèrent leurs gobelets dehors. Installés sur le muret bordant la pelouse, ils regardèrent les cars qui déversaient leurs cargaisons de touristes devant le musée, le va-et-vient tranquille des passants dans Great Russell Street, les réverbères mal réveillés qui semblaient bâiller en cette fin d'après-midi. Gabriel alluma une

Marlboro Light. « Je comprends mieux pourquoi tu voulais sortir, observa Charlie. Depuis quand tu fumes ?

— J'ai arrêté depuis des années, bien avant de te rencontrer. Mais… je n'ai pas repris. »

Saisie d'un frisson, Charlie glissa les mains dans les poches de son manteau. Celui-ci, en lainage crème bordé de fourrure sombre, semblait fait pour héler un taxi afin d'aller dîner au Savoy, pas pour rentrer à Edgware Road en bus. « J'ai l'impression d'halluciner, dit-elle.

— J'en ai toujours fumé une ou deux au boulot. » Pourquoi lui mentait-il ? Dans quel but ? « Quand je sors dans la cour prendre l'air, faire une pause. Y a pas de mal à ça, hein ? »

Elle le regarda. « Non, je suppose que non. » Elle posa la tête sur son épaule. « Je vais chez toi, ce soir, ou tu viens chez moi ? »

Gabriel tira longuement sur sa cigarette comme pour emplir ses poumons de courage autant que de nicotine. Il ne pouvait plus reculer. Il devait lui expliquer maintenant. « Charlie, ça va te paraître… Bon, laisse-moi commencer par le début. Tu te rappelles quand je t'ai parlé de ce plongeur, celui qui vivait au sous-sol ? »

Charlie s'écarta. Gabe croyait déjà déceler de la suspicion dans sa façon de raidir les épaules et d'incliner la tête, alors qu'il ne lui avait encore rien dit. « Yuri, fit-elle. Celui qui est mort. »

Il allait tout déballer d'un trait pour ne surtout pas lui donner l'impression qu'il tournait autour du pot. « En fait, il y avait une fille qui vivait en bas avec lui, elle était aussi employée à la plonge et au début personne ne savait qu'elle était là. Je suis tombé sur elle un jour où elle était revenue chercher de l'argent caché dans un mur, mais on le lui avait volé et elle n'avait nulle part où aller. Elle n'avait plus rien et elle était terrifiée. Si tu l'avais vue ! Elle avait tellement peur d'être accusée de quelque chose, d'avoir des ennuis… Alors j'ai décidé de l'aider. Je n'ai pas réfléchi, je lui ai juste offert un endroit où loger. » Il termina sa cigarette et jeta le mégot. Bon, il ne s'en était pas trop mal tiré, estima-t-il.

« Tu veux dire que… que cette fille habite chez toi ?

— C'est ça, confirma Gabriel. Tu auras l'occasion de la rencontrer, elle est toute maigrichonne, toute dépenaillée, avec des cheveux dans un état…

— Elle s'appelle comment ?

— Lena. Merde, qu'est-ce que ça caille ! Je ne fais que ça à longueur de journée, passer de la fournaise des cuisines à ce froid sibérien – chaud, froid, chaud, froid –, c'est un vrai miracle que je ne sois pas tombé malade. Lena. Le problème, c'est qu'elle m'a raconté tous ces trucs horribles qui lui sont arrivés. Je t'assure, tu ne vas pas le croire, ce n'est qu'une gamine.

— Essaie toujours, répliqua Charlie en le gratifiant d'un petit sourire de guingois.

— En fait, si elle se cachait à la cave avec Yuri, c'était pour échapper à son souteneur.

— Oh, Seigneur ! Il vient d'Europe de l'Est, c'est ça ?

— Le souteneur ? Je ne sais pas. Sûrement, il s'appelle Boris. Lena est russe. Biélorusse. De Mazyr, précisa-t-il, conscient de l'inutilité de ces détails – une manie de menteur qu'il semblait avoir acquise sans difficulté.

— Elle a été enlevée, déclara Charlie comme pour lui expliquer la situation.

— Oui. » Il consulta sa montre. Il allait bientôt devoir retourner à l'Imperial.

« Il faut qu'on l'aide », affirma-t-elle. Elle prenait les choses en main, ainsi qu'il l'avait prévu. « On va l'emmener au poste de police pour qu'elle puisse porter plainte, on lui trouvera un avocat…

— Non, elle refuse de s'adresser à la police. Elle a trop peur de Boris. Elle est convaincue qu'il se vengera. »

Charlie lui pressa le bras. « Gabe, tous ces hommes, ses clients, ils l'ont violée. Il n'y a pas d'autre mot pour ça.

— Je savais que tu ne la laisserais pas tomber. » Gabriel la serra contre lui et jeta un coup d'œil par-dessus son épaule à l'entrée du musée, puisant dans la vue des sages colonnades grecques l'assurance que tout se passerait bien, dans le plus grand calme.

« Quand l'as-tu rencontrée, au fait ? demanda Charlie. Aujourd'hui ?

— Euh, non, ça doit faire deux ou trois jours. Bon, on se retrouve chez moi dans la soirée, d'accord ? Je finis à dix heures.

— Tu veux dire, avant que tu ailles à Blantwistle ? Elle est chez toi depuis tout ce temps ?

— Je crois, oui. Mais tu trembles. Tes pauvres petites mains sont toutes gelées. Si on marchait ?

— Tu *crois* ? répéta-t-elle. Tu es venu chez moi la veille de partir, et tu *crois* qu'elle était chez toi à ce moment-là ? Je vois. Ou peut-être que non, je ne vois pas. On a passé la soirée et même la nuit ensemble mais apparemment cette fille t'était sortie de l'esprit parce que tu ne l'as pas mentionnée.

— Évidemment qu'elle ne m'était pas sortie de l'esprit, Charlie, je… je t'en prie, ne réagis pas comme ça. Quand tu la verras, tu comprendras tout de suite. Elle est tellement paumée ! Et elle m'a fait promettre de ne parler d'elle à personne. Peut-être que j'aurais dû te mettre au courant, mais je lui avais donné ma parole, et maintenant que j'ai gagné sa confiance, au moins un peu, elle a accepté notre… notre aide. »

Charlie se laissa glisser du mur puis se campa devant lui, soufflant dans l'air des filets de vapeur glacés. Tout en arpentant l'allée d'un pas saccadé, elle tourna la tête vers le flot des passants qui allaient et venaient. « Je suis obligée de te poser la question. Je ne te la poserai qu'une fois et ce sera fait. » Sans le regarder, elle ajouta : « Tu as couché avec elle ? »

S'il avouait, ils surmonteraient l'épreuve ensemble ; elle était suffisamment solide pour y parvenir. Mais il ne pouvait pas lui imposer ça. Il lui glissa une main sous le menton pour attirer son visage vers lui. « Non. »

Elle esquissa un sourire hésitant, comme quelqu'un qui, après une anesthésie chez le dentiste, redoute le réveil de la douleur. « Il fallait que je te le demande.

— Pas de problème. » Il l'embrassa sur le front.

« Donc, tu es tombé sur elle au sous-sol, et après elle est venue chez toi. Tu as proposé de l'héberger, sur une impulsion. Il n'y a pas beaucoup de gens qui… En général, ils ont trop peur de s'impliquer. Désolée de t'avoir posé cette question. Tu as le cœur sur la main, Gabe. Vraiment. »

Il alluma une cigarette. « Bah, tu me connais… »

Charlie l'observait. Elle ne disait plus rien. Elle baissa les yeux lorsqu'il fit tomber la cendre, les releva lorsqu'il rejeta la fumée, suivit du regard la progression de la cigarette, l'arc qu'elle décrivait chaque fois que Gabe levait ou descendait le bras. « Non, justement je n'en suis plus si sûre, murmura-t-elle enfin. Je ne savais même pas que tu fumais.

— Je te le répète, j'en grille une ou deux de temps en temps. Qu'est-ce que ça change, franchement ? » Elle semblait furieuse ; il avait intérêt à se montrer prudent. Et elle tremblait – de froid ou de rage ?

Soudain, elle secoua la tête et se détourna comme pour partir, puis elle fit volte-face et se rua sur lui. La cigarette qu'il avait entre les doigts s'envola. « T'as baisé avec elle, hein ? Espèce de lâche ! Tu restes là à fumer comme si de rien n'était. Tu t'imaginais que je ne devinerais pas ? »

Gabriel écarta les mains, paumes vers le ciel. Il regarda autour de lui pour en appeler à la compréhension du juge et du jury. « Quoi ? Parce que je fume, ça voudrait dire que je me suis envoyé une nana ?

— Oui ! s'écria-t-elle d'une voix sifflante. Oui. »

Il était calme. Il lui suffisait de nier, et dans une minute elle lui présenterait de nouveau des excuses. « Regarde-moi, Charlie. » Il marqua une pause. « OK. C'est vrai, j'ai couché avec elle. Tu as raison. »

Elle croisa frileusement les bras. Le vent qui s'était levé lui plaqua les cheveux sur le visage. Quand elle les écarta, Gabe put mesurer l'étendue des ravages qu'il avait causés ; pourtant, il avait du mal à y croire. « Combien de fois ?

— Charlie…

— Combien de fois, hein ? Une ? Deux ?

— Je n'en sais rien. Ce n'est pas ce que tu crois. Elle avait besoin…

— … que tu la baises ? T'es cinglé ou quoi ? » Charlie hurlait, à présent, l'empêchant de se faire entendre. « Une pauvre fille dont tu dis toi-même qu'elle a été abusée !

— Arrête de crier, s'il te plaît. D'accord, c'est moche. Mais j'aurais pu te mentir. Au moins, j'ai été franc avec toi.

— Tu m'as menti, Gabe ! Tu m'as menti et moi je t'ai cru… » Des larmes brillaient dans ses yeux animés d'une lueur farouche.

« Pas longtemps », répliqua-t-il dans un souffle. Il tendit la main vers elle. « Tu ne peux même pas imaginer comme je regrette, mon cœur… Franchement, je me demande encore comment j'ai pu me fourrer dans un tel pétrin. Mais on va s'en sortir, d'accord ? Et on va aussi l'aider. »

Elle appuya le front contre son épaule en reniflant doucement. Puis elle releva la tête et le regarda bien en face. « Tu crois connaître quelqu'un, commença-t-elle, avant que sa voix ne se brise. Tu crois connaître quelqu'un… » Elle lui prit la main, plaça quelque chose dans sa paume et lui referma les doigts. « J'espère vraiment que tu la soutiendras. Elle a l'air d'en avoir besoin. Tâche de ne pas aggraver son cas. »

Elle s'écarta de lui, les mains dans les poches, et elle lui parut magnifique dans la lumière des réverbères qui l'éclairaient par-derrière, la taille marquée par la ceinture de son manteau, les cheveux parcourus de reflets acajou. Gabriel serra la bague. Il lui semblait crucial de ne pas la perdre, de ne pas renoncer. « Attends ! appela-t-il. Il faut qu'on parle. Il y a des choses que tu ne comprends pas.

— J'en ai compris pas mal, Gabriel. La question, c'est : est-ce qu'on peut en dire autant de toi ? » Sur ces mots, elle s'éloigna sans un regard en arrière, et elle n'avait pas encore disparu qu'il allumait une cigarette en réfléchissant au moyen de la reconquérir.

14

GABE REGARDAIT OONA ET ERNIE CONVERGER VERS LA GUÉRITE au milieu de l'aire de livraison ; ils arrivaient chacun d'un côté, l'un trottinant, l'autre traînant les pieds. La sous-chef avait un centre de gravité situé bas ; s'il descendait encore, elle serait définitivement ancrée au sol. Quant au manutentionnaire, il paraissait déprimé et distrait, comme chaque fois qu'il devait se déplacer. Il lui fallait toujours un pilier auprès duquel rôder, un rocher derrière lequel se réfugier, une ombre où se reposer. Le risque faisait partie intégrante de sa fonction : à peine avait-il atteint un endroit offrant une certaine sécurité qu'il était obligé de ressortir à découvert. Peut-être serait-il plus charitable d'abréger ses souffrances, de mettre en œuvre la mesure de « restructuration et de lutte contre la redondance » mentionnée dans le petit mémo écœurant envoyé par M. James la veille...

En quelques rapides enjambées, Gabe dépassa sa sous-chef.

« Dieu tout-puissant ! s'exclama-t-elle comme s'il avait déployé ses ailes et pris son essor.

— B'jour ! » lança-t-il avant de sauter par-dessus une caisse. Il grimpa à l'arrière de la camionnette du fromager.

« E'nie a besoin d'un petit coup de main ! » chantonna Oona.

En la voyant rejoindre le manutentionnaire devant la guérite, Gabe songea qu'il lui devait des excuses. C'était lui qui s'était trompé en lisant le bon de réservation pour cette fête d'anniversaire, et pourtant il lui avait donné un avertissement. Ernie et elle voulurent franchir le seuil en même temps et se retrouvèrent momentanément coincés dans l'encadrement.

Gabe se détourna en riant. « Ah, les champions, murmura-t-il. Quelle équipe de choc ! »

Il sélectionna un vacherin du terroir dont il souleva le couvercle. Il passa ensuite en revue les roqueforts sans leur trouver le moindre attrait. Une semaine s'était écoulée depuis sa dispute avec Charlie et il ne l'avait pas encore rappelée. Il avait prévu de le faire aujourd'hui même. D'abord lui accorder huit jours pour se calmer, et ensuite téléphoner alors qu'elle n'attendrait sans doute plus son coup de fil. Peut-être serait-elle toujours en colère. Peut-être aurait-il dû la rattraper tout de suite.

À l'aide son canif, il coupa un petit morceau de pont-l'évêque et le huma. Pourquoi lui avait-il tout avoué ? C'était une question à laquelle il n'avait pas de réponse. Au départ, pourtant, il avait décidé de ne rien lui dire. Et là-dessus, il avait tout déballé. Comme ça, sans réfléchir. Mais bon, ce n'était qu'une expression, une façon de parler. *J'ai agi sans réfléchir.* On esquive un coup de poing sans réfléchir. On contourne une ornière sans réfléchir. On respire sans réfléchir. Mais on ne dit pas à sa petite amie comme ça, sans réfléchir, qu'on a couché avec une autre. Il avait considéré la question, pesé le pour et le contre, et finalement rejeté cette option. Ensuite, il avait ouvert la bouche et tout était sorti.

Il devait avoir dans l'idée de le faire, de lui révéler la vérité. On n'énonce pas des mots dans le vide. La pensée les précède et eux lui donnent forme. Ils suivent le mouvement avec un petit temps de retard, un délai de l'ordre de l'infinitésimal. Donc, il avait décidé de lui dire. Pourquoi ? Il avait eu cette pensée : Dis-lui. Oui, c'est bien moi qui l'ai eue. Mais d'où venait-elle ? Jamais je n'aurais cru sortir une telle connerie.

Il tournait en rond. De toute façon, quelle importance ? C'était fait, il ne pouvait pas revenir en arrière. En attendant, il ne parvenait pas à passer à autre chose. Un point particulier l'obsédait : était-il à l'origine de la pensée ou la pensée s'était-elle imposée à lui ? *Ça m'a traversé l'esprit.* L'expression était courante, non ? Mais s'il n'était pas responsable de ses pensées, alors qui était ce « il » ? Existait-il un « il » distinct de la tête pensante en lui ? Non, c'était peu probable. Comment pourrait-il le savoir ? Et à quoi rimaient toutes ces questions ? Elles ne faisaient que s'entortiller sur elles-mêmes, emmêlant un peu plus l'écheveau.

J'ai parlé sans réfléchir. Peut-être était-ce plus compréhensible ainsi. La pensée avait suivi les mots. Oui, c'était l'œuvre de son inconscient. Au plus profond de lui, il avait voulu rompre avec Charlie, détruire leur relation… Cet éclair de lucidité lui arracha un grognement. Mais pourquoi aurait-il voulu tout gâcher ? C'était absurde. Tout se brouillait. À peine parvenait-il à distinguer une pensée d'une autre.

Il sauta hors de la camionnette et lança au fromager qui attendait toujours : « Désolé, je ne prendrai rien aujourd'hui. »

Un crapaud géant en smoking avait été positionné stratégiquement devant l'entrée du Dusty. Il s'écarta d'un pas pour permettre à deux filles vêtues de tout juste trois paillettes de descendre telles des gazelles l'escalier menant à la salle. Gabe jeta un coup d'œil à Nikolaï. « Il n'y avait pas de videur, avant... »

Un autre groupe de filles les dépassa, et le videur déboucla la corde de velours rouge pour les laisser entrer. Gabe contempla leurs jambes – de vraies brindilles d'aspect fragile, dont le genou constituait la partie la plus large. Rien à voir avec la clientèle habituelle du Dusty.

« Vous êtes membres ? » demanda le videur, fixant tour à tour les deux hommes de ses yeux aux paupières lourdes. Sans attendre la réponse, il indiqua une pancarte. « "Club privé", lut-il à voix haute.

— Le Ruby in the Dust, dit Gabriel. Où est Dusty ? Qu'est-ce qu'il a fait de cet endroit ?

— Qui ? Jamais entendu parler, répondit le videur. Une chose est sûre : vous n'entrerez pas. »

Nikolaï posa une main sur le bras de Gabriel. « Allez, on s'en va.

— Écoutez, insista Gabe, je viens boire un coup ici depuis...

— Plus maintenant, vieux.

— Putain mais c'est pas vrai ! Vous croyez que j'ai envie d'entrer là-dedans ?

— Je sais pas de quoi vous avez envie, vieux. Tout ce que je sais, c'est que vous êtes toujours là. Et que vous resterez dehors. »

Déjà, Gabriel s'élançait vers la corde de velours rouge. Il se retrouva nez à nez avec le videur, tellement près qu'il pouvait presque percevoir la pulsation dans son cou épais. « Vous n'êtes pas très poli. Je vous ai demandé où était Dusty. C'était lui le patron, avant.

— Chef ? intervint Nikolaï. Ce monsieur n'est pas d'humeur à faire la conversation. On part, d'accord ? »

Cette fois, Gabe se laissa entraîner par le commis.

« Je ne peux pas le croire, dit-il – même si, les prix de l'immobilier étant ce qu'ils étaient, la situation ne l'étonnait pas outre mesure. Le Dusty a toujours été là. »

Ils tentèrent leur chance dans deux pubs où il n'y avait pas une seule chaise libre, dans un premier bar où ils furent (poliment) éconduits à l'entrée, puis dans un second où le niveau de la musique était intolérable et la clientèle insupportable de jeunesse et d'excitation.

« J'ai une bouteille de vodka dans mon vestiaire », révéla Nikolaï.

Gabriel n'avait aucune envie de retourner à l'Imperial boire de la vodka avec Nikolaï. Il n'avait aucune envie non plus de rester dans ce bar. Ni de traîner dans le quartier ou de rentrer chez lui retrouver Lena. La seule chose qu'il aurait voulu faire, c'était téléphoner à Charlie, mais il ne pouvait s'y résoudre pour le moment. « OK, on y va », dit-il.

Bien que ce soit formellement interdit par le règlement, ils fumèrent dans les vestiaires tout en buvant la vodka bon marché de Nikolaï dans des gobelets en plastique pris au distributeur d'eau. Peu à peu, de petites taches roses apparaissaient sur les joues livides du commis. Avec ses cils et ses sourcils blancs, il aurait vraiment pu passer pour un albinos, d'autant qu'il avait aussi des yeux de souris. Sauf qu'il y avait cette tignasse carotte et noix de muscade – une énigme, comme le personnage lui-même.

« On boit à quoi ? » demanda Gabriel en refaisant les niveaux.

Nikolaï sourit sans répondre.

« À Yuri ? suggéra Gabe.

— Si vous voulez.

— Il y a ce rêve que je fais tout le temps… »

Le Russe hocha la tête.

Gabriel s'assit sur sa main droite pour l'empêcher de s'égarer au sommet de son crâne. Le gobelet serré dans la gauche, il avala la vodka cul sec.

« Pourquoi est-ce que tout le monde vous appelle Doc ? » Nikolaï parlait un anglais parfait, tout juste teinté d'un léger accent. De toute évidence, il était instruit. Que faisait-il ici, à émincer des oignons toute la journée ?

« Ah…, répondit le commis.

— Vous ne parlez pas beaucoup.

— J'ai perdu l'habitude.

— Ne m'obligez pas à employer la force. »

Nikolaï sourit. Le décor se prêtait on ne peut mieux à ce moment partagé avec lui, songea Gabe en examinant le vestiaire. Il s'accordait parfaitement à l'austérité du commis. De fait, il émanait des ampoules nues et des rangées de casiers métalliques – dont deux étaient ouverts, révélant leur intérieur vide – une impression de dépouillement quasi soviétique. Même si, bien sûr, la Russie avait complètement changé. À Moscou aujourd'hui, avait-il lu dans les suppléments des journaux, c'était le règne des paillettes, des gangsters et des poupées de luxe – le Far West passé à l'Est. Mais cette image ne correspondait pas à Nikolaï. En le voyant, on pensait plutôt mauvaise vodka, files d'attente pour le pain, étagères dégarnies.

De toute évidence, il aimait entretenir le mystère. Bon, décida Gabe, il n'entrerait pas dans son jeu. Il ne lui demanderait rien. Ils resteraient assis là, dans les entrailles de l'Imperial, à écouter les conduites gronder et gargouiller à l'intérieur des murs. Après tout, autant boire de la vodka en silence avec Nikolaï plutôt que faire une chose dont il n'avait pas envie.

« Je lève mon verre à l'année à venir, déclara le commis. Qu'elle soit pleine de joie ! » Il porta un toast.

« Ma petite amie m'a plaqué, lui confia Gabe. On était fiancés.

— Une vraie beauté, observa Nikolaï, comme si ça expliquait tout.

— Oh, c'est vrai que vous l'avez vue… Ce soir-là, au club. »

Nikolaï alluma une cigarette et l'offrit à Gabe, qui dégagea sa main de sous ses fesses. Quand il fumait, au moins, son bras ne s'agitait pas à tort et à travers.

« C'est une bombe, confirma-t-il, tels ces clients désillusionnés qui admiraient Charlie. J'ai foiré.

— Vous étiez ensemble depuis longtemps ?

— Trois ans. Trois ans et des poussières.

— Et avant ? Vous étiez marié ? »

Gabe secoua la tête. « Non, je… j'attendais le bon moment. »

Nikolaï croisa les jambes puis vida un autre gobelet. Le blanc de ses yeux s'était coloré de rose.

Gabe se resservit à son tour. Il avait besoin de boire, ce soir. Tout ce stress… Il avait besoin de se détendre. « Le problème avec Charlie, c'est qu'elle est très indépendante. Elle aime se sentir libre, n'en faire qu'à sa tête… »

De nouveau, Nikolaï remplit les gobelets.

« En même temps, elle demande beaucoup, poursuivit Gabe. Il y a cette histoire d'horloge biologique et tout le reste… Bah, vous connaissez les femmes. »

En signe d'assentiment, Nikolaï le gratifia d'un clin d'œil paresseux.

« Quand elle se regarde dans la glace, elle se trouve toutes sortes de défauts. Elle sait bien que c'est stupide, pourtant.

— Ah… »

Ils burent.

« C'est loin d'être une idiote, je vous assure, reprit Gabe. Elle ne se laisse pas abuser par tout ce que racontent les magazines. Botox, implants... elle n'irait jamais jusque-là. Du moins, je ne crois pas. »

Il écrasa son mégot sous son talon. « Ce n'est pas quelqu'un de superficiel, elle s'intéresse à la politique, à la culture... et avant tout à la musique. Ça, ça lui tient à cœur, même s'il lui arrive de prétendre le contraire. » À la façon dont il la décrivait, Charlie pouvait paraître instable, et pourtant il n'inventait rien. Elle était changeante, sans aucun doute. Imprévisible. Toujours à se contredire. Ne lui avait-elle pas affirmé : « Je ne te poserai la question qu'une fois » avant de la reposer presque aussitôt ? Elle l'avait obligé à avouer : « Oui, j'ai couché avec elle », comme si c'était exactement ce qu'elle voulait entendre.

« Quand j'étais gosse... », commença Nikolaï. Il s'interrompit pour récupérer la bouteille.

Gabe renversa un peu de vodka sur son menton. Merde, je suis bourré. Mais pas suffisamment pour ignorer à quel point je suis bourré. Bien résolu à y remédier, il éclusa le reste du gobelet. Il voulait juste se soûler, ne plus penser à rien – et surtout pas aux différents stades de l'ivresse.

« Quand j'étais gosse, en Union soviétique, reprit le commis, la féminité était quelque chose de simple. Une femme, c'était une ouvrière, une mère, une épouse. Ma mère travaillait à l'usine, où elle portait un bleu de chauffe, comme tous les ouvriers. Le soir, à la maison, elle mettait un tablier, comme toutes les mères. Une fois par mois elle sortait avec mon père écouter de la musique et boire un peu de vodka, et elle mettait du rouge à lèvres. Rouge vif. » Quand Nikolaï se décidait à prendre la parole, il ne la lâchait plus. Il s'exprimait toujours avec la même modestie, la même économie de mots, mais le rythme de son discours avait un effet captivant.

Son autorité était semblable à un courant sous-marin capable d'entraîner son auditoire loin de la grève.

En proie à une agréable impression de flottement, Gabriel ferma les yeux.

« Ces soirs-là, ils faisaient beaucoup de bruit quand ils rentraient. Il n'y avait qu'un rideau accroché au milieu de la pièce. On dormait d'un côté et mes parents de l'autre. Même avec la tête sous l'oreiller j'entendais tout. »

Gabe rouvrit les yeux. Il y avait certaines choses chez Charlie qui l'agaçaient. Sa façon de se mettre au lit, par exemple : sur le côté, une jambe repliée sous elle, l'autre tendue. Il n'y avait aucun mal à ça, bien sûr. Sauf qu'elle adoptait toujours la même position. S'ils se mariaient, il la verrait faire exactement la même chose tous les soirs pendant les trente ou quarante années à venir.

Nikolaï lui offrit de nouveau une cigarette. Sa main était aussi blanche qu'un gant chirurgical.

« Mais aujourd'hui, reprit-il, qu'est-ce que la féminité ?

— Bonne question », répondit Gabriel, qui recula plus vite qu'il ne l'aurait voulu et se cogna la tête contre la porte d'un casier. Le problème avec Charlie, c'était… non, il avait oublié.

« Ma mère n'avait qu'un rouge à lèvres, dit Nikolaï. Quand elle en mettait, on savait tous ce que ça signifiait. Combien de tubes possède votre petite amie ?

— Charlie ? Oh, des dizaines. Je ne sais pas. Toutes les couleurs possibles. » Elle ne fermait jamais la porte quand elle allait faire pipi. Ça, c'était sacrément agaçant. Pourtant, il n'en avait jamais parlé.

« Ça pourrait être la métaphore des femmes, aujourd'hui », déclara Nikolaï. Il semblait remarquablement sobre, constata Gabe. À moins que lui-même ne soit remarquablement ivre ?

« Les femmes, répéta Gabe. Le rouge à lèvres.

— Ma mère n'en avait qu'un. Rouge vif. Quand elle en mettait, on savait tous ce que ça signifiait. » Nikolaï l'avait déjà dit. Peut-être qu'il était lui aussi rond comme une queue de pelle. « Mais aujourd'hui, une femme en a des quantités. Elle peut en changer je ne sais combien de fois par jour. Tout dépend de son humeur. Comment voulez-vous que les hommes s'y retrouvent ? »

Gabe tendit la main vers la bouteille. Elle était vide. « On va en emprunter une au bar, d'accord ?

— Et on boira à la santé de Yuri.

— À Yuri, répéta Gabe en partant d'un rire incontrôlable.

— Un brave homme. » Nikolaï ponctua ces mots d'un rot sonore, comme pour rendre hommage au défunt. « Il avait économisé pour ses filles. Tous les deux mois, il leur expédiait de l'argent. Heureusement, je savais où il le gardait. Il en restait dans la cachette et j'ai tout envoyé chez lui. Le bureau du coroner m'a donné l'adresse. Une chance, sinon les billets seraient en train de pourrir dans ce mur. »

Au cours des deux semaines qui avaient suivi son retour de Blantwistle, Lena et lui avaient établi une sorte de routine. Le soir, quand il rentrait de l'Imperial, ils se faisaient livrer des plats asiatiques ou une pizza, ou se contentaient de grignoter du pain et du fromage devant la télé. Parfois, ils ne prenaient même pas la peine de dîner. L'indifférence monumentale de Lena envers tout ce qui l'entourait s'étendait aussi à la nourriture. Parfois, Gabe lui-même ne supportait pas l'idée de manger après une journée passée en cuisine, ou il n'avait pas faim, tout simplement, ou il avait faim mais se sentait trop las pour y remédier. Ce jour-là, cependant, Lena avait dérogé à leurs habitudes et préparé un vrai repas.

Ils s'installèrent à la cuisine. Lena avait étalé un drap blanc en guise de nappe, plié deux torchons en triangle pour en faire des serviettes et déniché deux bouts de chandelle qu'elle avait disposés sur des couvercles de pots de confiture. La table croulait sous les *dumplings*, les beignets, les pancakes et les roulés, les pickles, les salades et les pains.

« Mange », dit-elle. Ses cheveux, lavés de frais, flottaient librement sur ses épaules. Elle entreprit de lui expliquer la composition de tous les plats, en commençant par les *varenyky*[1]. L'Ukrainienne lui avait montré comment préparer les beignets fourrés au *cottage cheese* et aux raisins secs. Les feuilles de chou farcies de riz et de viande hachée, c'était une spécialité familiale.

« Délicieux, prétendit Gabe en mordant dans une galette de pommes de terre. T'es un vrai cordon-bleu.

— Pfff ! »

Elle-même ne mangeait presque rien, se contentant de le regarder tout en picorant des champignons et des cubes de betterave rouge.

« Alors dis-moi, pourquoi ce festin ? demanda-t-il.

— Toi aimes ?

— Oui.

— OK.

— Parce que tu pensais que ça allait me plaire ?

— Pourquoi pas ?

— OK. » Il ne la quittait pas des yeux. Il devait se forcer pour avaler la nourriture. « Tu as trouvé la robe. »

Gabe la lui avait achetée quinze jours plus tôt parce qu'il voulait la voir habillée autrement que d'une jupe et d'un haut noirs, mais il l'avait laissée dans un sac en plastique au fond de la penderie. Ce soir-là, Lena la

1. Plat ukrainien traditionnel, sorte de raviolis farcis de pommes de terre ou de divers ingrédients.

portait quand il était rentré du travail : une robe d'été à manches courtes, ornée de coquelicots – une tenue de gamine à la fois complètement déplacée et parfaitement adaptée. « Quel âge as-tu, Lena ? » avait-il balbutié. Elle s'était bornée à hausser les épaules.

« Oui », répondit-elle. Elle avait l'art et la manière de tuer la conversation dans l'œuf. Quand il pensait avoir trouvé une ouverture, elle s'arrangeait pour lui claquer la porte au nez.

Il fit une nouvelle tentative. « Tu as dû y passer un temps fou.

— Oui. »

Pourquoi avait-elle fait tous ces préparatifs ? Il ne lui avait pas relaté sa discussion avec Nikolaï. Ni reproché d'avoir voulu s'approprier l'argent d'un autre. S'il s'était agi de ses propres économies, elle ne serait jamais partie sans. Elle s'était sans doute souvenue après coup de la cachette de Yuri, et elle avait dû se dire que personne d'autre n'était au courant. En tout cas, elle n'en avait pas reparlé depuis qu'il était revenu de Blantwistle, ce qui ne laissait pas de l'étonner. Peut-être avait-elle deviné, d'une manière ou d'autre, qu'il avait tout découvert. Mais elle comptait sans doute toujours sur un geste de sa part. Peut-être était-ce une nouvelle stratégie.

« Alors, c'est Valentina qui t'a donné la recette, quand vous étiez dans cet appartement à Edmonton ?

— Possible. Peut-être Edmonton. Peut-être Golders Green. » Elle souleva à deux mains son verre de vin. Elle avait plus que jamais l'air d'une enfant.

Parfois, il essayait de la piéger. Ce n'était pas difficile, son histoire changeait tout le temps.

Il se força à avaler les derniers *dumplings* puis tenta de soutenir son regard. « Délicieux, répéta-t-il. Succulent. Un régal. »

Elle leva les yeux au ciel.

« Tu te souviens de Victor ? » demanda-t-il. Ivan et Victor s'étaient de nouveau querellés. Il n'était pas exclu que Lena sache quelque chose sur ces deux-là – une information échangée entre Européens de l'Est à la cave. Nikolaï en avait peut-être parlé à Yuri, qui en avait peut-être parlé à Lena, qui lui en parlerait peut-être.

Elle tripota une de ses boucles d'oreilles. « Non.

— Et Ivan ? » Il n'avait pas encore eu le temps d'aller jeter un coup d'œil à cette chambre – celle où Ivan était entré avec Gleeson. Cela dit, il ne pensait pas découvrir quoi que ce soit ; les deux hommes avaient certainement pris soin de couvrir leurs traces.

« Je souviens pas.

— Yuri devait les connaître, insista Gabe.

— Possible », répondit-elle, laissant mourir le mot sur sa langue.

Il renonça. De toute façon, il n'avait pas envie de parler. En cet instant, il n'aspirait qu'à une chose : la regarder. Ensuite, il se lèverait pour débarrasser, puis ils iraient s'asseoir dans la pénombre devant la télé, et il pourrait l'observer tout à loisir tandis qu'elle ferait semblant de ne rien remarquer, jusqu'au moment où, la jugeant suffisamment captivée par les images, il se laisserait glisser par terre et lui caresserait les pieds.

À l'en croire, elle passait l'essentiel de ses journées devant le poste. Gabe lui donnait un peu d'argent le matin avant de partir – pas de quoi lui permettre de fuir. Elle le dépensait à l'épicerie du coin. Une fois, il s'était caché sous un porche pendant deux bonnes heures pour la guetter. Il tendait le cou de temps à autre pour apercevoir son immeuble, et quand elle en était enfin sortie il l'avait vue filer droit chez l'épicier et revenir aussitôt.

Les voisins n'avaient posé aucune question. Gabe avait déjà préparé ses réponses, au sujet de Charlie aussi bien que de Lena, mais il comprenait désormais que c'était inutile. C'était ce qu'il y avait de formidable à Londres : personne ne se mêlait des affaires d'autrui.

Un matin, au moment où il allait partir, Lena avait éclaté en sanglots. Quand il avait voulu la prendre dans ses bras, elle lui avait littéralement glissé entre les doigts jusqu'à s'effondrer sur le sol. Elle hurlait tellement qu'il pensait voir arriver les voisins accompagnés par la police. Ça ne peut plus durer, avait-il décidé. Le lendemain, cependant, elle s'était levée tôt, et lorsqu'il était entré dans la cuisine, il l'avait trouvée en train de fredonner d'une voix de fausset tout en faisant la vaisselle.

Une fois de plus, il avait l'impression qu'il pourrait lui passer la main au travers.

« Lena ? Merci pour le dîner. »

Elle laissa son regard se perdre dans le vague, comme si elle ne le voyait pas, comme si c'était lui qui n'existait pas.

S'ils allaient s'installer au salon, ils pourraient flotter tous les deux dans l'ombre, aucun d'eux n'étant ni réellement là ni tout à fait ailleurs.

Gabe repoussa sa chaise puis porta la main à sa tonsure. Elle au moins était réelle ; de fait, elle s'était même élargie. Avec Lena, la situation allait devenir absurde. Il était temps de regarder les choses en face et de prendre des mesures. Il ne pouvait pas accepter indéfiniment de vivre comme ça. Pourquoi retenait-il son souffle en sa présence ? Il avait l'impression que s'il disait un seul mot de travers, elle disparaîtrait dans un nuage de fumée.

« Tu sais, je crois qu'on devrait peut-être prévenir la police. Il faut arrêter ce Boris. D'autres filles risquent de souffrir à cause de lui.

— Tu veux moi je pars.

— Écoute, Lena, il doit être puni.

— C'est à cause de ta petite amie ? répliqua-t-elle, les tendons de son cou saillant fièrement.

— Tu n'as rien à craindre, je te promets. » Il allait enclencher le processus, et ensuite les événements s'enchaîneraient tout seuls. Lorsqu'il repenserait à cette parenthèse avec Lena, il s'émerveillerait de la vitesse à laquelle les choses avaient évolué avant de rentrer dans l'ordre.

« Ta petite amie a…

— Oublie-la, l'interrompit-il. Elle n'a rien à voir avec ça. »

Sans se lever, Lena commença à débarrasser les assiettes. Elle expédia une cuillère par terre. « Je connais une fille, elle vient de Chisinau. Tu sais où c'est ? Moldavie, d'accord, tu sais peut-être. Elle est pute comme moi.

— Lena…

— Pute comme moi, répéta-t-elle en frottant plus fort, comme pour faire disparaître le motif sur la vaisselle. Elle a enfui, elle a été voir la police et elle a raconté tout. Les flics ont dit à elle : "Où sont vos papiers ?" Ils ont dit : "Vous êtes immigrante clandestine, vous rentrez chez vous." Ils ont mis elle dans un avion. Les autres hommes, ils sont allés chercher elle à l'aéroport pour la ramener.

— Je ne pense pas… »

Lena lâcha son assiette, qui tomba sur la table. « Ils ont ramené elle à son mac. » Elle parlait vite, avec une certaine fougue, et pourtant sa voix était dénuée d'inflexions ; elle ne se serait pas exprimée autrement si elle avait lu une liste. « La police est venue, elle arrêté le mac et posé beaucoup, beaucoup de questions, et après elle a relâché lui. Il a dit à la fille : "Tu vois, sale garce, tu peux rien contre moi." Et après il a tapé comme jamais. Et encore après, il a vendu elle à Boris. Alors, ça aide Irina, tu trouves, d'aller à la police ? »

Il n'était pas sûr de la croire. Il la savait capable de mentir au besoin, mais avait-elle la capacité d'inventer aussi vite une histoire pareille ? Difficile à dire. « Les autorités ne font plus ça, lui assura-t-il. La loi a changé, les filles ne sont plus expulsées. On les laisse s'établir sur le territoire. » Vrai ou faux, il l'ignorait. En attendant, s'il ne connaissait rien aux lois, il ne doutait pas de l'existence de la justice ; or, pour avoir une chance de l'obtenir, il fallait passer par un tribunal.

Lena tordit ses doigts menus. La robe, il s'en apercevait seulement maintenant, était bien trop grande pour elle. Les épaules étaient trop larges, la taille lui tombait sur les hanches. Elle avait l'air d'une petite fille déguisée en adulte. Il ne la toucherait plus. Jamais.

« Toi tu peux avoir papiers pour moi ? demanda-t-elle.

— Non, je ne peux pas. Il faut qu'on s'adresse aux autorités. »

Lena prit une fourchette, tendit le bras, ouvrit les doigts et la lâcha. Elle renouvela la manœuvre avec un couteau, puis avec un plat blanc et bleu qui, en se fracassant, projeta du jus de betterave sur sa jambe.

« Ça suffit, Lena. »

Elle fit subir le même sort à une assiette et à une cuillère.

« D'accord, dit-il. Arrête. »

Elle continua de briser la vaisselle jusqu'au moment où Gabe se leva et lui emprisonna les bras.

« Il connaît ma grand-mère. Mes parents ils ont déménagé mais ma grand-mère est restée au village tout près. Il enverra quelqu'un. »

Sans la lâcher, Gabriel se baissa tout doucement et s'agenouilla parmi les débris de betterave et de chou farci. « Là, calme-toi », murmura-t-il. Comment avait-il pu être aussi bête ? Il savait pourtant bien que ce Boris la terrifiait. « On laisse tomber la police.

— Grand-mère, elle s'est très bien occupée de moi. »

Gabe desserra la pression sur ses bras. « Lena, pourquoi ne rentres-tu pas chez toi ? Tu pourrais essayer de tout oublier. Repartir de zéro. »

Lena ramena ses genoux contre elle, posa ses pieds nus sur le bord de la chaise et renversa la tête. « Chez moi, répéta-t-elle. Non, pour les gens comme moi, ça existe pas.

— Bien sûr que si. Fais-moi confiance. Tout va s'arranger. »

Elle baissa la tête, amenant ses yeux au même niveau que ceux de Gabriel, le mettant mal à l'aise. Il avait l'impression de regarder un aveugle.

« S'arranger ? Non, moi je crois pas. J'ai entendu tellement d'histoires... Tu veux en entendre une ?

— Je t'achèterai un billet d'avion.

— Cette fille, seize ans, de Roumanie, c'est l'histoire que j'ai entendue. »

Gabe porta un doigt à ses lèvres. « Chut...

— Son mac, il vient d'Albanie, et il a emmené elle d'abord en Italie, après en Hollande et après... je sais pas. Ils ont passé du temps en Angleterre et je pense ils sont repartis en Italie. Et un jour elle a été sauvée par la police, il y a eu la descente, la porte enfoncée à coups de pied, et elle a été conduite dans refuge avec des dames de la charité et de la soupe chaude.

— Tais-toi, mon cœur.

— Pendant six mois elle a pas parlé. » Lena se retrancha quelques instants dans son mutisme habituel. Toujours agenouillé, Gabe se rapprocha encore. « Les mots, ils sont revenus très lentement. Elle a plus les dents de devant, le mac il les a cassées pour tailler plus facilement les pipes.

— Chut...

— J'ai pas encore raconté à toi le meilleur… Pourquoi tu dis chut à moi ? » Elle se rongea un ongle. « Ils ont ramené cette fille chez elle, reprit-elle au bout d'un moment. Sa famille pensait qu'elle avait travail dans restaurant. Après, ils ont su la vérité. Alors le père a pris son fusil pour se tuer. »

Gabe contempla la pagaille autour d'eux. « Tu n'es pas obligée d'y retourner. Reste. Reste ici aussi longtemps que tu voudras. »

Elle garda le silence.

« Tu veux rester à Londres ? »

Lena posa la tête sur ses genoux.

« Je t'aiderai », lui assura Gabriel. Il l'avait dit si souvent… Sauf que cette fois il était sincère. Il ferait n'importe quoi pour elle. « Je chercherai Pasha pour toi. Je vous aiderai tous les deux à trouver du boulot. »

Lena ne disait toujours rien. Elle se balançait doucement d'avant en arrière, les genoux serrés contre sa poitrine.

Les propres genoux de Gabriel l'élançaient. Il transféra son poids sur ses talons. « Hé, ça va aller, tu vas t'en sortir.

— Toi tu sais comment ils préparent les nouvelles pour le travail ? Tu devines pas ? » Elle lui effleura la joue. « Le premier soir, Boris a amené six hommes dans ma chambre. Pour eux, c'était la fête. »

Gabe se leva. « Viens. » Il la prit par la main. « Viens regarder la télé. Je nettoierai demain matin. »

Elle se laissa entraîner hors de la cuisine. Dans le couloir, cependant, elle résista. « J'ai battu avec eux.

— Je sais. » Il lui pressa légèrement les doigts pour la convaincre de le suivre vers le salon, persuadé qu'ils seraient en territoire plus sûr lorsque le téléviseur serait allumé.

« J'ai donné des coups de pied à eux, j'ai crié. J'ai mordu. Je me disais ils vont pas continuer de faire ce qu'ils font quand ils verront que moi je suis pas pute.

— S'il te plaît, mon cœur… »

Elle affronta son regard, cette fois, et il lut dans ses yeux tout le mépris qu'il méritait. « Pourquoi ? Mon histoire elle est pas assez jolie pour toi ?

— Je ne veux pas que tu sois bouleversée. »

Mais déjà elle se retranchait en elle-même, la vie se retirait de ses prunelles. Elle reprit la parole d'une voix douce, mélancolique, qui traduisait son étonnement devant les mystères de l'univers.

« Ils riaient, ces hommes, quand moi je donnais des coups et je pleurais. Alors moi je me suis dit, ils sont fous, ils ont perdu leur tête. Mais le lendemain, c'est encore arrivé, et le jour après aussi, et j'ai commencé à me dire, non, c'est normal. C'est moi la folle, c'est pour ça eux ils rient. Et je… je… j'ai arrêté de pleurer. De me battre. Et puis Boris il est venu, et il a dit : "Bien, toi tu es prête maintenant." Et moi… » Elle sourit. « Moi je voulais tellement voir le monde… »

Ils s'installèrent devant la télé et gardèrent le silence pendant un moment. Gabe observait le visage de Lena à la dérobée. Dans la lumière changeante du poste, ses sourcils étaient à peine visibles, ils ressemblaient à deux fines cicatrices en travers de son front. Elle tirait sur ses boucles d'oreilles. « Lena ? Ces hommes étaient le mal incarné. Tu le sais, n'est-ce pas ? »

Elle haussa les épaules.

« Des psychopathes. Des dingues. Pas toi, eux. »

Elle ne parut pas l'entendre.

« Et tous ceux qui venaient dans les appartements où tu… où tu travaillais, ils étaient mauvais aussi. Mais la plupart des hommes ne sont pas comme ça. »

Lena se concentrait toujours sur l'écran.

« Tu ne vas peut-être pas me croire, mais la plupart des hommes sont fondamentalement bons. »

Sans tourner la tête, elle répliqua : « Comme toi, Gabriel ? Toi tu es bon ?

— J'espère, répondit-il. Je ne suis pas comme ces hommes qui…

— Ils étaient OK. Presque tous.

— Non.

— Si. » Elle bâilla. « Ils sont OK.

— Mais ce qu'ils ont…

— Il y en avait un il voulait je porte des talons hauts et je marche sur lui. Il était bon. Il m'a jamais touchée. Jamais. »

Un pervers, plutôt, songea Gabe, qui garda cette pensée pour lui.

« Un seul était très mauvais. » Lena se leva pour aller éteindre le poste puis s'approcha de la fenêtre à laquelle elle s'appuya, ne révélant plus d'elle qu'une silhouette sombre.

Derrière, la nuit londonienne semblait défiler dans un tourbillon de phares, de réverbères, de néons et de fenêtres éclairées.

« Si je vois cet homme…, reprit-elle. Si moi je le vois, je le tue. C'est la promesse j'ai fait à moi. »

En temps normal, Gabriel avait toujours envie qu'elle lui parle. Il voulait des informations, des petits morceaux d'elle à assembler comme les pièces d'un puzzle. Mais maintenant qu'elle parlait enfin, il aurait aimé qu'elle s'arrête. Plus elle se livrait, plus elle semblait s'éloigner de lui. Il ne voulait rien entendre d'autre.

« Il est… oui, je crois, dit Lena – une simple ombre contre la vitre. Je crois c'est le mal, cet homme.

— Tu ne le reverras jamais. N'y pense plus.

— Quand je ferme les yeux, je le vois. Lui il est très laid. Il s'assoit sur mon lit et il fait tourner son alliance autour de son doigt. »

Il contemplait le mobilier anonyme de la chambre, cherchant un point d'ancrage, un indice prouvant l'existence de son occupant, l'homme qui s'était promis de ne plus toucher cette fille. Un coffre en pin, une aquarelle, une table de nuit, un livre attendant d'être lu... Il tremblait. Lena avait fermé les yeux. Proche des larmes, il s'assit au bord du lit et lui caressa les pieds. Il examina tous les orteils les uns après les autres, les ongles nacrés, les petites phalanges délicates, fit glisser ses doigts entre les articulations puis laissa courir ses mains sur la cambrure et le talon en s'étonnant une fois de plus de sa fragilité – Lena, son fantôme, sa créature immatérielle. Pourtant, les os de ses chevilles étaient bien réels, de même que ses tibias et ses genoux, et elle souleva légèrement les hanches pour lui permettre de remonter sa robe. Il prit lentement possession de son corps, désireux de réunir toutes les parties d'elle, de lui rendre son intégrité.

Il s'accorda une cigarette au lit, à côté de Lena qui, allongée à plat ventre, laissait traîner sa main par terre. Une fois, au début, elle avait fait tout un cirque – on ne se débarrasse pas comme ça des vieilles habitudes – pour essayer de le convaincre qu'elle prenait du plaisir, mais aujourd'hui elle se contentait de se soumettre à ses exigences. Si elle avait été surprise par l'examen nocturne auquel il l'avait soumise, cette palpation complexe entamée au niveau des pieds, elle n'en avait rien montré. Peut-être parce qu'elle était habituée à pire ; encore un fétichiste, avait-elle dû se dire, plus inoffensif que d'autres dont elle avait été obligée de subir les perversions... De son côté, passé un certain stade il ne pouvait plus s'arrêter. Son désir était pareil à une créature malfaisante accrochée à son dos qui lui aurait passé ses longs bras autour du cou. Que voulait donc ce démon ? Il l'aurait mis en cage s'il avait pu. Un jour, il aurait la force de le tuer, parce qu'il lui était totalement étranger.

Il écrasa la cigarette dans une soucoupe. Lena s'assit et s'étira, faisant saillir ses côtes.

« J'ai trouvé cadre pour photo de Pavel. Tu es pas fâché, dis ?

— Qui est Pavel ?

— Pavel. Pasha. Mon frère. » Elle ouvrit le tiroir à côté du lit et en sortit un cadre incrusté de perles en verre coloré. « Je peux le mettre sur la table, tu veux, oui ?

— Oui, bien sûr. »

Après avoir placé le cadre sur son genou, Lena en effleura le verre. Gabe lui glissa un bras autour des épaules et examina à son tour le portrait. S'il existait un air de famille entre elle et cet inconnu, il ne le voyait pas. Pasha avait la tête presque carrée et des yeux aussi noirs que ses cheveux.

Lena posa deux doigts sur ses lèvres, les embrassa puis transféra le baiser sur le verre. Quand une étincelle de chaleur réchauffa ses yeux d'un bleu glacé, Gabriel comprit soudain ce qu'il aurait dû saisir tout de suite : celui à qui elle destinait ce geste tendre n'était pas son frère. Lena avait un amant – l'homme qu'il avait promis de retrouver.

15

ALORS QU'IL MARCHAIT DANS REGENT STREET pour aller retrouver Rolly et Fairweather, longeant des restaurants japonais, des bars à hamburgers, des sandwicheries et des cafés bio, Gabriel éprouva un tiraillement à l'estomac même si, pour une fois, il avait avalé un déjeuner consistant. Londres n'était pas le cerveau du pays, comme on le disait souvent ; ce n'en était certainement pas le cœur non plus. La ville n'était qu'un ventre gigantesque dont les rues sinueuses pareilles à des intestins travaillaient sans relâche à digérer, absorber, excréter – fournissant inlassablement l'énergie nécessaire à modeler ses formes.

Au croisement avec Pall Mall, Gabriel s'arrêta pour contempler le mémorial de la guerre de Crimée, coulé dans le bronze des canons saisis au siège de Sébastopol. C'était Charlie qui lui avait appris ce détail un jour où, bras dessus bras dessous, ils se promenaient dans le parc. La plupart des gens (Gabe s'incluait dans le lot) ne prêtaient pas attention aux traces de l'histoire autour d'eux. Il traversa ensuite Waterloo Place, flanquée de part et d'autre par les majestueuses façades de pierre blanche du Londres mondain. Combien de fois était-il passé à cet endroit sans même accorder un coup d'œil aux monuments ? Il consulta sa montre. John Franklin, le grand navigateur, et ses braves compagnons avaient perdu la vie dans l'Arctique en voulant poursuivre l'exploration du passage du Nord-Ouest en 1847. Le monument avait été érigé sur décision unanime du Parlement, et il en émanait un sentiment de fierté presque palpable. Gabe circula entre les statues des maréchaux de l'ère victorienne, notant leur maintien conquérant, le mouvement énergique de leurs manteaux, la façon dont ils tenaient leur épée. Ils incarnaient la confiance absolue, ces hommes qui avaient modifié le cours de l'histoire et pour qui il n'y avait pas de retour en arrière possible. Ils levaient haut la tête, le regard braqué vers l'avenir et les pieds pointés vers l'Empire. Là, il y avait John Fox Burgoyne, maréchal de campagne, et là John, le premier lord Lawrence, vice-roi des Indes. Quant à lord Clyde, il dominait Britannia elle-même assise sur un lion – deux symboles jumeaux de la nation que l'on ne pouvait considérer aujourd'hui sans un sourire ironique. Quand Gabe survola une dernière fois du regard la place, la haute silhouette dorée de Britannia surplombant l'entrée de l'Athenaeum parut lui adresser un clin d'œil.

Il dévala les marches sous la colonne du duc d'York, les pieds touchant à peine le sol, puis longea les Horse Guards, la garde à cheval. En cet après-midi plutôt doux de la mi-décembre, plusieurs petits groupes de touristes foulaient l'allée de gravier qui menait au musée de la Cavalerie de la Maison royale. Ils semblaient pressés, et Gabe, qui n'avait jamais vu la relève de la garde, décida de prendre par Whitehall. Il coupa au plus court et arriva dans les lieux au moment où deux gardes s'avançaient pour l'inspection. En veste rouge et gants blancs, bottes à éperons et casque pointu, mentonnière en dessous de la bouche et visière sur les yeux, ils ressemblaient à des soldats de pacotille, des participants à une reconstitution historique ou à un bal costumé. Les touristes, sourire aux lèvres et appareil photo numérique à la main, ne perdaient pas une miette du spectacle. C'était l'image de l'Angleterre qui leur plaisait.

Gabe pressa le pas en suivant la courbe rassurante de Whitehall – une large paire d'épaules sur laquelle le pays pouvait s'appuyer. Le long de l'avenue, les platanes au tronc couleur camouflage se dépouillaient de leurs akènes hérissés de piquants. Il regarda l'entrée de Downing Street, fermée par des barreaux, puis leva les yeux vers la face pierreuse et lunaire de Big Ben avant de s'engager dans le passage souterrain qui débouchait devant les chambres du Parlement. La surveillance était à son niveau d'alerte maximum. Gabe vit des grilles noires, des postes de contrôle, des hommes équipés de miroirs télescopiques permettant d'inspecter le dessous des voitures, des panneaux de danger, des policiers armés de mitraillettes. Tout ce déploiement de moyens avait beau répondre à des exigences de sécurité, il n'était pas rassurant, loin de là ; on avait au contraire l'impression d'assister à un siège, avec la démocratie pour otage.

Une fois franchi le portique à l'entrée de Saint-Stephen, Gabe s'attarda près d'une statue en marbre de Walpole en attendant le sous-fifre chargé de le conduire à son rendez-vous. Or ce fut Fairweather en personne, porte-documents en cuir fourré sous le bras, qui s'avança à sa rencontre.

« Ah, vous êtes venu ! » Il se répandit en compliments comme si Gabe venait d'effectuer une traversée de l'Atlantique en solitaire. « Vous étiez en train d'admirer notre premier Premier ministre, à ce que je vois… Une bien belle pièce, n'est-ce pas ? Je me demande, ajouta-t-il en baissant d'un ton, quel genre d'hommage sera rendu au Premier ministre actuel quand il nous quittera. Quelque chose d'un peu plus moderne, peut-être, histoire de réconcilier la forme et le fond. Pourquoi pas une installation vidéo ? »

Il laissa échapper un petit rire en repoussant sa longue mèche blonde.

« Je n'avais encore jamais mis les pieds ici, lui confia Gabe.

— Bienvenue à l'asile, alors ! Vous voulez visiter ? Jeter un coup d'œil à la Chambre ? Je vous préviens, ce n'est pas très excitant. Franchement, ça rend mieux à la télé. Évidemment, on ne montre que les grands moments, du coup le spectacle paraît beaucoup plus impressionnant. En général, les visiteurs sont un peu déçus quand ils découvrent cette salle publique plutôt modeste. J'ai souvent eu l'occasion de les voir assis dans la galerie, et vous savez ce qu'ils finissent par faire, la plupart du temps ? Ils regardent les écrans. Oh, je les comprends, ça semble moins terne à l'image, plus vrai que nature. »

En même temps qu'il parlait, Fairweather filait le long des couloirs lambrissés, suintant de cordialité par tous les pores, hochant la tête à droite et à gauche. Gabriel essaya bien de placer qu'il aimerait voir la Chambre des communes, mais toutes ses tentatives furent étouffées sous un déferlement d'amabilités politiques. Il lui vint alors à l'esprit qu'il avait sous-estimé son associé en le réduisant à sa façade avenante – un aspect de sa personnalité dont Fairweather usait avec une redoutable efficacité.

« C'est là, annonça Fairweather. La salle Pugin. Strictement parlant, nous sommes dans le domaine des lords – vous remarquerez que la moquette est rouge, ici, et non plus verte –, mais nous avons échangé cette pièce contre une autre il y a quelques années et ils ne la récupéreront jamais. Vous voulez un café ? Ou peut-être quelque chose de plus fort pour célébrer l'événement ? Rolly ne devrait plus tarder. Quelqu'un va le conduire jusqu'à nous.

» Vous voyez cet homme, là-bas ? reprit-il après avoir commandé du café. C'est le président de la sous-commission de la restauration. Plus connu sous le titre de ministre des Intérieurs.

— C'est par l'intermédiaire de cette commission que vous avez rencontré Rolly ?

— Tout est fait sur place, vous savez. La cuisine, j'entends. Rolly avait été chargé d'une mission de consultation. Que voulez-vous, de nos jours on ne peut plus vendre ne serait-ce qu'un friand à la saucisse sans prendre d'abord l'avis d'un consultant.

— Et c'est bon ?

— Quoi ? Ce qu'on nous sert ? » Fairweather se fendit d'un grand sourire. « Oh, qu'est-ce que je donnerais pour une des tourtes au veau de Bellamy[1] !

— Dois-je en déduire que la réponse est non ? »

L'honorable membre du Parlement se pencha vers Gabriel comme pour fomenter avec lui un complot. « Ce devrait être l'endroit où l'on sert la meilleure cuisine de Londres. Quel chef n'aimerait pas faire ses armes ici ? Je crois… » Il baissa encore d'un ton. « Je crois qu'on devrait assister à un changement d'ici peu, et on parle d'un chiffre d'affaires d'au moins quatre ou cinq millions rien qu'au début. » Il s'écarta. « Bref, maintenant il va falloir se faire connaître, enchaîna-t-il en recouvrant tout son entrain. Développer la marque, en somme.

— Vous avez le bail ?

1. Dernières paroles attribuées à William Pitt le Jeune, homme politique anglais (1759-1806), qui faisaient référence à la cantine établie à Westminster par John Bellamy.

— Lucinda a signé pour moi. » Fairweather ouvrit son porte-documents. « Tenez, posez votre patte… juste là.

— Lucinda ? » Gabe n'avait jamais rencontré la femme de Fairweather, mais de toute évidence il allait devoir aussi traiter avec elle.

« Bah, ce n'est qu'une formalité, ajouta Fairweather. Nous autres parlementaires avons tout à fait le droit d'avoir des participations dans des entreprises, à condition évidemment que celles-ci soient déclarées ; en attendant, ça nous a paru plus simple de procéder ainsi. »

Gabe considéra les joues roses de son interlocuteur, son costume coûteux et négligemment froissé, cette aura de confiance en lui qui l'enveloppait comme une senteur d'eau de Cologne.

« Dites plutôt que, dans votre position, ça pourrait vous jouer des tours », répliqua-t-il.

Fairweather soupira. « Entre nous, je ne suis qu'à un pas d'un poste de secrétaire parlementaire. Et je reçois pas mal d'offres – toutes ces propositions faites par les médias dont je vous ai déjà parlé – que je suis obligé de décliner. J'ai à mon actif deux ou trois petites choses qui ont donné d'assez bons résultats… » Il prit un air modeste pour jouer avec son alliance. « Aujourd'hui, mes interventions se limitent essentiellement à des émissions de la BBC comme *Today* et *Question Time*. *Entre nous**[1], j'ai demandé à être démis de mes fonctions.

— Vous voulez quitter le Parlement ?

— Quand le Premier ministre réorganisera son cabinet, oui. Ce n'est pas un manque de loyauté, c'est… Eh bien, j'ai décidé que ce serait mon dernier mandat. Si je dois me consacrer à d'autres activités…

1. Tous les mots en italique suivis d'un astérisque sont en français dans le texte.

— Du côté des médias ?

— Oh, je ne sais pas trop. Pour le moment, j'en suis à évaluer les différentes options. Il y aura le restaurant, bien sûr, et ça ne peut pas faire de mal de fréquenter un peu plus assidûment les journalistes. Mais il y aura aussi d'autres opportunités dans le domaine des affaires. Durant toutes ces années, j'ai réussi à me constituer un réseau. »

La serveuse qui apporta les cafés, une blonde pleine de vivacité aux yeux charbonneux, fit tout un cinéma pour disposer devant eux tasses, soucoupes, sucre et crème. Fairweather se frottait presque les mains, comme s'il voyait en elle un avantage en nature lié à sa fonction. En retour, la jeune femme hasardait vers lui quelques coups d'œil furtifs. Lucinda, se rappela Gabe, passait presque tout son temps à la campagne, dans la circonscription électorale de son mari.

« Ah, monsieur Rawlins ! » s'exclama Fairweather en se levant d'un bond.

Rolly déboutonna son manteau puis dénoua son écharpe. « Cette fille qui m'a amené ici m'a raconté qu'elle était diplômée d'Oxford. Tant qu'à courir partout, elle ferait mieux de bosser comme chasseur dans un hôtel... Au moins, elle toucherait des pourboires !

— Voilà la version finale, l'exemplaire définitif, déclara Fairweather. Lucinda a signé, et Gabe... » Il tira un stylo d'une poche de son costume. « ... Gabe allait justement me l'emprunter.

— Oh, c'est vrai ? » Gabe l'imaginait sans peine dirigeant une réunion de commission, énonçant les sujets à l'ordre du jour, ôtant les mots de la bouche des participants ou au contraire leur attribuant d'autorité certains propos, étouffant tranquillement toute contestation sous les assauts de son charme aussi direct qu'impitoyable.

« Bon, voyons ça », dit Rolly, qui s'absorba dans la lecture du document. Manifestement, songea Gabe, Fairweather étaient de ceux qui préfèrent dissimuler leur intelligence ; il avait l'esprit aussi affûté qu'une lame, et les lames les plus tranchantes ne sont-elles pas toujours protégées par un fourreau ? Rolly évoquait plus une râpe à fromage capable d'écorcher quelques phalanges mais pas d'infliger une blessure mortelle. *Moi, j'étais le troisième fils débile,* avait-il confié un jour à Gabe. *Nul à l'école. Les deux premiers sont devenus médecin et avocat, et moi je me suis orienté vers le commerce. Un jour où je devais sûrement porter une de mes chemises favorites, quelqu'un m'a qualifié de flamboyant… Et voilà, le tour était joué ! J'étais devenu un homme d'affaires flamboyant. Je n'ai pas discuté. J'ai gagné plus d'argent que le médecin et l'avocat réunis. Preuve que le débile ne l'était pas tant que ça.*

« Tout me semble en ordre », déclara-t-il. Après avoir signé, il poussa le porte-documents vers Gabe, qui ajouta son nom.

« On s'offre un petit verre ? proposa Fairweather, rayonnant. Il faut qu'on porte un toast. » Aucun doute, songea Gabe, il amènerait de la clientèle au restaurant.

« Donc, l'argent sortira de mon compte… quand, jeudi, vendredi ? répliqua Rolly. Si t'avais une idée du montant de mes liquidités, tu ne me demanderais pas de fêter ça. » Il avait enlevé son manteau, révélant une autre de ses chemises hawaïennes flamboyantes.

« Un remontant, alors, rectifia Fairweather.

— Pas le temps, décréta son ami. Je ne suis venu que pour signer et… Ah oui, j'ai reçu le devis d'un décorateur d'intérieur. » Il tendit une enveloppe à Gabe.

« Oh, *très bien**, dit Fairweather. D'ailleurs, Lucinda a aussi eu quelques idées dans ce domaine. J'ai dans mon porte-documents…

— Tu te fous de nous ?

— Oh, elle n'a rien d'une pro, évidemment. Mais elle est douée, même si elle n'exerce ses talents qu'en amateur.

— Désolé, je ne travaille pas avec des amateurs, rétorqua Rolly. Tiens, regarde notre jeune Gabriel, là, qui se gratte la tête d'un air perplexe. Et franchement, il y a de quoi ! »

Gabe glissa sa main sous sa cuisse pour la piéger.

« D'accord, d'accord. Jette quand même un coup d'œil aux croquis, c'est tout ce que je te demande.

— Dans ce cas, on pourrait aussi charger ma femme de concevoir les menus, pourquoi pas ? rétorqua Rolly. Et que dirais-tu d'engager un Elvis chinois les lundis soir, pour essayer d'attirer les foules ?

— OK, on se calme, déclara Fairweather, un sourire aux lèvres. Il se trouve que Lucinda voue une véritable passion à la décoration d'intérieur.

— Et alors ? J'ai vu des tas de crétins passionnés ouvrir des restaurants, assena Rolly. Dans cette opération, il est question d'argent, pas de rêves. » Gabe approuva d'un hochement de tête tandis que l'homme d'affaires refermait le porte-documents et le poussait sur la table. « Remarque, enchaîna-t-il, de quoi rêve-t-on le plus souvent ? D'argent. De devenir riche.

— Très juste, approuva Fairweather. Tout le monde voudrait avoir le train de vie d'un roi. » Il ne semblait pas le moins du monde contrarié par la rebuffade que lui avait opposée son ami ; sans doute devait-il se dire qu'il finirait par avoir gain de cause.

« Pas d'un roi, non. D'une star. » Rolly, semblait-il, ne ratait jamais une occasion de le contredire, même quand la divergence d'opinions était des plus minimes.

« Hé oui ! lança Fairweather. Parce qu'on le vaut bien, comme dit la pub. »

La chemise tropicale de son comparse, remarqua Gabe, suscitait une certaine curiosité parmi les costumes couleur cendre et anthracite. « Mon fils a dix-sept ans, révéla Rolly, apparemment indifférent à l'intérêt qu'il éveillait. Devinez un peu quel genre de voiture il aimerait… Et il compte sur moi pour la payer, pardi ! Ah, les adolescents… Vous en avez approché un, récemment ? Vous les avez entendus s'exprimer ? Bref, je n'arrête pas de lui dire : "Steven, on n'habite pas Kingston, Jamaïque, mais Kingston KT1, banlieue de Londres."

— Bah, nous vivons dans une société de femmes de footballeurs, dit Fairweather. Ça ne fait qu'encourager la convoitise, je le crains.

— Des conneries, marmonna Rolly en levant ses grosses paluches roses. La convoitise est une composante fondamentale de la nature humaine. Elle est inscrite en nous. » À sa manière, il paraissait aussi désireux qu'Oona de priver l'homme de la maîtrise de son existence. Entre Dieu et la génétique, il n'y avait plus guère de marge de manœuvre pour une destinée à soi.

« Absolument, mon cher. Et elle est si facile à manipuler par nos publicitaires…

— Vous, les politiques, vous vous imaginez que vous pouvez changer les choses en intervenant. Or la biologie détermine la destinée, mais ça, vous ne voulez pas l'accepter.

— Il m'aide à garder les pieds sur terre, confia Fairweather à Gabe.

— Vous saviez qu'il existe un gène de la générosité ? continua Rolly. Qu'est-ce que tu en dis, toi, l'expert en ingénierie sociale ? Oui, c'est la dernière découverte d'un groupe de chercheurs en Israël. Nous sommes presque tous cupides, sauf quelques-uns qui possèdent une variante rare du gène AVPR1. C'est une mutation, une anomalie, comme un pied bot, onze doigts ou trois mamelons... Autrement dit, on n'y est pour rien.

— Fascinant, ironisa Fairweather. Pour autant, nous ne serons jamais capables de comprendre nos impulsions, n'est-ce pas ? »

Ils poursuivirent leur échange durant un bon moment sans penser un seul instant à y inclure Gabriel. Cantonné à un poste d'observateur, celui-ci put constater une nouvelle fois à quel point ils formaient un duo étrange. C'était touchant, d'une certaine façon.

« Désolé de vous interrompre, intervint-il. Je crois qu'on devrait se rendre à Alderney Street pour faire le point sur place des besoins en matière de décoration intérieure. »

Rolly entreprit d'endosser son manteau. « Je dois filer, dit-il – ce qui, étant donné sa taille et sa démarche habituelle, semblait peu probable. Un conseil quand même : allez-y mollo sur les frais. Ma fille va entrer à l'université, elle compte sur moi pour lui acheter un appartement. Geraldine a commandé une nouvelle cuisine, et à mon avis, vu le prix, c'est de l'or massif. Bah, si... » Il secoua la tête avant d'adresser un clin d'œil aux deux autres. « Si encore elle savait cuisiner, ça ne me dérangerait pas tant que ça... »

Fairweather et Gabriel traversèrent Victoria Gardens tandis que, de l'autre côté du fleuve, la lumière du jour diminuait jusqu'à ne plus former à l'horizon qu'un ruban chatoyant, rose et gris argent, puis expirait promptement. Ils poursuivirent leur chemin dans la pénombre le long de Millbank, passant devant les imposants bâtiments aux façades de granit qui se dressaient sur le trajet de Westminster à Pimlico.

Gabe alluma une Marlboro Light.

« Ah, je ne savais pas que vous...

— C'est depuis mon voyage à Blantwistle, expliqua Gabe. Le fait de retourner au pub avec ma sœur, de retrouver les vieilles habitudes… Mais bon, je ne vais tarder à arrêter.

— L'herbe du mal, murmura Fairweather, énigmatique. Blantwistle, Blantwistle… Est-ce que je n'ai pas vu passer un dossier sur mon bureau, récemment ? Le nom me dit quelque chose.

— En fait, pourquoi reporter à demain ce qu'on peut faire aujourd'hui ? » Gabe expédia la cigarette vers le caniveau avant de flanquer le paquet dans une poubelle.

« Oui, c'est ça ! Il était question d'une liquidation, je crois. La dernière filature encore en activité, qui est obligée de fermer ses portes. J'imagine que la nouvelle ne fera pas les gros titres, alors que ç'aurait été le cas il y a encore quelques années.

— Mon père a travaillé dans une filature. Il y est resté toute sa vie.

— Ah oui ? » Les joues rosies de Fairweather semblaient rayonner de contentement, comme il seyait en cette froide soirée d'hiver à l'heureux propriétaire d'un pardessus en cachemire et d'un esprit relativement épargné par le doute. « C'est merveilleux.

— Ce doit être la Hortons qui ferme…

— On aime bien se tenir au courant de ce genre de choses au ministère. Même si on ne peut rien y faire, bien sûr. »

Gabe regretta d'avoir jeté ses Marlboro ; il avait agi sous le coup d'une impulsion, sans réfléchir. Il fourra les mains dans ses poches. « Mon père est persuadé que l'économie part à vau-l'eau. » Il éclata de rire. « C'est vrai qu'il a vu s'effondrer l'industrie du tissage. Et il ne comprend rien à tous ces nouveaux emplois qui se créent. S'il ne voit pas l'usine elle-même, les briques et le ciment, il n'y croit pas.

— Nous avons un taux d'emploi record, observa Fairweather de sa plus belle voix médiatique.

— Quand on écoute mon père, le pays est en pleine récession.

— Dieu le bénisse, le cher homme, répliqua Fairweather. Notre économie est très, très forte, le ministre des Finances nous le répète assez souvent. »

Croyant détecter une pointe d'ironie dans ses propos, Gabriel lui coula un regard de biais. Fairweather repoussa sa mèche sans se rendre compte que le vent la faisait déjà voltiger.

« Il prétend que c'est un château de cartes, reprit Gabriel. Papa, je veux dire.

— Dans sa position, c'est sans doute difficile de voir les choses autrement.

— Et vous, qu'en pensez-vous ? » demanda Gabe. Ce n'était pas tous les jours qu'il pouvait obtenir la confirmation officielle, de la bouche même d'un membre du gouvernement de sa Majesté, que son père avait tort.

« Nous avons tous notre propre position, quelle qu'elle soit, observa Fairweather d'un air songeur.

Gabriel s'esclaffa. « Est-ce qu'on naît politique ou est-ce qu'on le devient ? »

Son compagnon salua la question d'un petit rire. « Bah, tout est déjà joué dans le ventre maternel !

— Et vous n'avez pas répondu à ma question.

— C'est inscrit dans nos gènes, ajouta Fairweather. Oh, c'est là qu'on tourne, je crois. » Ils s'engagèrent dans une rue résidentielle. « Je dois passer trop de temps à parler aux journalistes, poursuivit-il, abandonnant le mode médiatique. Bon, voilà ce que je pense, reprit-il en accélérant le débit. Il existe deux discours possibles sur l'économie. Vous n'avez qu'à parcourir les journaux, lire l'avis des experts – ils s'imaginent tous défendre des positions originales mais au fond tout se résume à deux versions présentées de manières légèrement différentes. La première plairait à votre père : l'économie a perdu ses fondements, nous n'avons plus de manufactures et les nouvelles industries ne compensent pas le manque à gagner, comme en témoigne notre énorme déficit commercial. Dans ce scénario, vous faites intervenir les Allemands. Vous dites : "Regardez-les, avec leur *Vorsprung durch Technik*[1], toutes leurs voitures, leurs machines à laver et leur excédent commercial record." Et aussi : "Le Japon ? Mon Dieu ! Et nous, où sont nos Sony et nos Panasonic, nos Mitsubishi ? Vous avez une idée du montant de leurs transactions avec la Chine ?" C'est à peu près la même histoire partout. Prenez un pays scandinave, mentionnez les téléphones mobiles. Les États-Unis ? Ils ont les ordinateurs, les avions, les films… Bon, vous saisissez l'idée. » Il parlait de plus en plus vite, comme pour suivre le rythme de sa pensée. Maintenant qu'il avait baissé sa garde, il ne se préoccupait plus de paraître avenant ; il n'avait plus l'air d'un enfant de chœur. « Ensuite, vous affirmez que l'économie britannique est vidée de sa substance, qu'elle ressemble à un roseau auquel le vent arrache un sifflement, une jolie petite mélodie. Ce n'est plus qu'une marionnette de bois, et quand elle partira en flammes elle brûlera vite parce qu'il n'y a rien de solide en elle. Enfoncez le clou en parlant de la City, du marché de l'immobilier qui génère une économie bancale, de la spéculation foncière qui alimente l'endettement des consommateurs. Soulignez le caractère hautement inflammable du système. Débrouillez-vous pour laisser entendre que le pays tout entier est devenu un marché dérivé, avec plus d'un milliard de transactions par jour dont aucune n'est réelle.

1. Littéralement, « le progrès par la technologie », slogan de la marque Audi apparu dans les années soixante-dix.

Terminez en nous comparant à un gigantesque casino où les spéculateurs font tourner leur argent à la roulette pendant que les vautours avides d'actifs déchiquettent les fonds de pension et transforment les dernières usines encore debout en appartements de luxe ou centres commerciaux.

» Mais il y a une autre histoire, ou si vous préférez une approche différente de la réalité. Laissez-moi vous expliquer comment la raconter. Dites que l'économie est en plein boom, qu'elle se porte on ne peut mieux ; ceux qui prétendent le contraire sont des masochistes, des idiots ou juste des envieux. Dites que nous sommes dans l'ère des industries émergentes. Utilisez des expressions comme "économie du savoir" et "économie créative". Parlez de la comptabilité, des assurances, de la publicité, des banques – de tous ces secteurs qui s'appuient sur des cerveaux, pas sur des muscles. À ce propos, n'oubliez pas d'ajouter que nous produisons plus de diplômés que jamais. Ensuite, insinuez que les nouveaux dieux du commerce prennent facilement la mouche, et que s'ils ne reçoivent pas leurs offrandes quotidiennes ils risquent de s'évanouir dans la nature. Et pour finir, assenez un fait acquis : nous sommes plus riches qu'avant.

— D'accord, j'ai compris, on peut donner deux interprétations différentes. Et je ne le conteste pas. Mais à laquelle croyez-vous ?

— Vous ne me posez pas la bonne question, Gabriel. La réponse n'apporte rien si la question n'est pas pertinente.

— Quelle serait la bonne, alors ?

— Comment en profiter ? Comment profiter du système, quel qu'il soit ? Voilà ce que vous devriez me demander. Et vous demander aussi.

— Gagner de l'argent, vous voulez dire ? C'est ce que vous avez l'intention de faire quand vous abandonnerez la politique ? »

Fairweather ne parut pas l'entendre. Ils cheminèrent quelques minutes en silence dans les rues désertes. Chaque fois qu'il traversait Pimlico le soir, Gabriel se posait la même question : où sont-ils tous ? C'était un quartier résidentiel sans résidents. Y avait-il un couvre-feu ? Les habitants étaient-ils tous morts ? Et s'il restait des survivants, viendraient-ils manger dans leur restaurant, quand il ouvrirait enfin ?

« Je pense m'orienter vers l'investissement privé, déclara soudain Fairweather.

— Ah oui ? C'est drôle, je suis prêt à parier qu'au moment où vous avez rejoint le parti travailliste, vous n'imaginiez pas un seul instant finir… à l'autre extrémité du spectre, en somme.

— Ah, le bon vieux clivage droite-gauche ! Entre nous, c'est complètement dépassé. On peut être soi-disant de gauche et riche comme Crésus, ou du moins aussi riche qu'on peut le devenir. Rien n'empêche d'avoir tous ces livres politiquement corrects chez soi, ceux sur la pauvreté ou la mondialisation, et de s'habiller chez Prada – c'est juste une question de style. Tenez, prenez le train de vie des pop stars ; on ne considère même plus que c'est de l'hypocrisie. Non, je ne crois pas qu'il y ait le moindre problème sur ce point. Nous sommes tous fascinés par l'argent, voilà la vérité. Éblouis, si vous préférez. » Plus il parlait, plus il accélérait la cadence, et plus il accélérait la cadence, plus il détachait les mots, comme s'il les détaillait en petits dés.

« Bien sûr, enchaîna-t-il, les pop stars ne sont que du menu fretin. Elles s'imaginent diriger le monde alors que les vrais dirigeants, eux, préfèrent éviter la publicité. Laissez-moi vous expliquer… » Il s'interrompit juste le temps de lire un texto. « Laissez-moi vous expliquer ce qui est le plus difficile à vivre quand on est un élu. Vous êtes là, au milieu de tous ces turbo-capitalistes, tous ces Gengis Khan des marchés financiers, et vous vous dites : je suis censé faire partie de ceux qui ont le pouvoir, et combien je gagne ? Pas plus de quatre-vingt-dix mille livres par an.

» Alors, je l'ai bien vu, certains de mes collègues commencent à s'interroger, à se demander s'ils ne pourraient pas gratter dix mille livres par-ci, dix mille livres par-là... Des cacahouètes, en comparaison des revenus de tous ces requins de la finance, pas vrai ? Et ils se font prendre la main dans le sac, comme... » Il nomma un ministre. « Bah, ils se disent qu'il suffit de gonfler les factures liées à l'usage professionnel de leur domicile, de passer quelques notes de frais supplémentaires, d'inscrire un membre de la famille sur la liste des salariés alors qu'il n'a jamais mis les pieds à la Chambre... Pas de quoi fouetter un chat. » Fairweather éclata d'un rire bref et sec, bien différent de son braiment habituel. « C'est là qu'ils se trompent. C'est justement parce qu'il n'y a pas de quoi fouetter un chat qu'ils s'attirent des ennuis. Ces sommes-là sont parlantes pour les électeurs, et ils sont révoltés parce qu'ils savent bien à quoi eux-mêmes emploieraient ces dix mille livres de plus par an. C'est un montant qui leur paraît presque accessible. Presque.

» Mais les Gengis Khan, c'est une autre affaire. Personne ne comprend ce qu'ils font. Moi non plus, d'ailleurs. Allez-y, tentez l'expérience, dites "fonds spéculatifs" et regardez vos interlocuteurs tomber aussitôt dans le coma... Surtout, les sommes en jeu dépassent l'entendement. Quand les chiffres sont trop importants, ils perdent tout leur sens ; tenez, vous n'avez qu'à penser au nombre de cellules dans le corps humain ou à la distance entre une galaxie et une autre.

— Autrement dit, tout le monde s'en fiche ?

— C'est une autre dimension, une autre planète. Ça pourrait tout aussi bien se passer sur Mars.

— En attendant, ces Gengis Khan, pour reprendre votre expression, ils créent des richesses, non ? Pour l'économie, l'emploi, ce genre de choses...

— Oh, au gouvernement, nous avons une position extrêmement souple sur le sujet, dit Fairweather en recouvrant ses inflexions nonchalantes. Extrêmement souple, croyez-moi. » Il pila net. « On n'aurait pas oublié de tourner, par hasard ? »

Les deux hommes bifurquèrent en même temps, l'un vers la gauche, l'autre vers la droite, de sorte qu'ils se retrouvèrent brusquement face à face au milieu de la rue. Ils demeurèrent quelques secondes silencieux et figés comme deux missiles programmés pour détruire leur cible, jusqu'au moment où Fairweather enclencha la désactivation manuelle. « Non, je crois que c'est la prochaine », dit-il en reculant.

De son côté, Gabriel ne pouvait pas bouger. À cet instant, il était submergé par un tel sentiment de terreur qu'il se sentait à la fois paralysé et près de s'évanouir. Il entendait toujours la voix de Fairweather mais elle lui semblait étrangement assourdie, lointaine. Or il avait désespérément besoin de se raccrocher à quelque chose, quelque chose de dur et de réel, pour que cette vague de panique ne le balaie pas. Elle lui avait déjà déchiré l'estomac, laissant s'engouffrer un vent glacé à travers son corps, et il aurait bien essayé de recouvrir le trou mais sa main refusait de lui obéir. Que se passait-il ? Qu'est-ce qui n'allait pas chez lui ? S'il le savait, s'il pouvait identifier le problème, tout s'arrangerait. Était-il en train de rêver ? Sûrement, oui. Sinon, rien ne l'aurait empêché de remuer, de parler, de rire, de pleurer

– n'importe quoi pour briser ce carcan. Oui, il dormait, il rêvait, il n'avait aucune raison de s'inquiéter.

Il rêvait en noir et blanc, nota-t-il machinalement, en nuances de gris éclaboussées de rouge par-ci par-là. La brique des maisons de style géorgien de l'autre côté de la rue était grise, les rebords de fenêtre peints en blanc et les grilles en noir brillant. Une femme en manteau rouge vif ouvrit une porte noire. Deux pies s'envolèrent au-dessus la rue, effrayées par une voiture noire. Une voiture rouge suivrait, prédit-il, et une seconde plus tard elle se matérialisait. Un chat noir qui tenait une proie dans sa gueule se glissa entre les barreaux d'une grille. Il grimpa les marches d'un perron puis entra par une chatière après avoir bataillé pour pousser le merle à l'intérieur. Les pieds de sauge plantés dans les jardinières frissonnaient sous la brise, et quand le parfum de leurs feuilles gris argent flotta jusqu'à lui, Gabe se dit que c'était décidément une plante extraordinaire, bien trop sous-estimée, qu'il avait lui-même négligée à tort.

« Chef ? appelait Fairweather. Chef ?

— J'étais juste… j'étais…

— Vous avez vu un fantôme ?

— Je… je réfléchissais. » Le sang qui s'était brusquement figé dans ses veines se remit à circuler.

Fairweather lui effleura le bras. « Oh, moi aussi. J'étais en train de me dire que j'avais enfin réussi à pétrifier quelqu'un d'ennui. Je vous ai assommé avec mes discours jusqu'à ce que vous deveniez raide comme un bout de bois.

— Non, non, ce n'est pas ça. Ça m'intéressait, ça m'intéresse, c'est bien de… j'aime… il m'arrive juste parfois d'avoir un taux de sucre trop bas et si je… si je vous donnais l'impression de ne pas écouter… non, oh non, ce n'est pas souvent que j'ai l'occasion… avec le boulot, et tout. Non, j'aime… » Ils s'étaient remis en marche côte à côte. Gabe marqua une pause pour tenter de construire une phrase. Ils étaient en train de parler de l'économie, du marché du travail, avant que son cerveau ne déconnecte ses circuits pendant une minute ou deux.

« Je comprends », déclara Fairweather – une affirmation dont Gabriel, même s'il se sentait toujours secoué, put percevoir toute la fausseté.

Il prit une profonde inspiration en se répétant qu'il allait parfaitement bien. La méthode parut fonctionner. « Nous en étions à la création de richesses, à tous ces nouveaux emplois qui sont apparus…

— Nous, les élus, nous avons tendance à beaucoup aimer le son de notre propre voix, j'en ai bien peur, enchaîna Fairweather en recouvrant ses intonations habituelles, mélange parfaitement dosé d'humilité et de conviction absolue.

— Je voulais connaître votre opinion.

— Eh bien, nous avons nous-mêmes un projet de création d'emplois, n'est-ce pas ? Huit salariés pour commencer. »

Gabriel le regarda, stupéfait par l'aisance avec laquelle il passait d'un registre à l'autre. Il avait de nouveau endossé le rôle de l'orateur politique, et le changement n'affectait pas seulement sa voix, il influençait aussi son maintien, l'expression de son regard, la modulation de ses inflexions – tout pour présenter une belle façade lisse, un peu comme une sauce qu'on lie avec du beurre et de la crème pour la rendre plus onctueuse.

« Sans compter que c'est un désert gastronomique, ici, poursuivit Fairweather. Où voulez-vous aller dîner ? Il n'y a strictement rien. C'est toute une frange de la population qui n'est pas servie, raison pour laquelle les rues sont si tranquilles. Et puis, nous aurons toujours la clientèle de Westminster… »

Mais au fond, n'en allait-il pas de même pour tout le monde ? se demanda Gabe. N'était-il pas quelqu'un de différent quand il se trouvait en cuisine avec Oona et Victor, quand il sortait avec Charlie (surtout, ne pas penser à elle), ou quand il était à Blantwistle avec son père ? Gleeson faisait ressortir ce qu'il y avait de pire en lui, et quant à Lena, eh bien… comment pourrait-il ne serait-ce qu'essayer d'expliquer son comportement en sa présence ?

« Vous savez, commença-t-il d'un ton plus agressif qu'il ne l'avait voulu, je suis tout à fait capable de discuter de choses sérieuses, de sortir la tête de mes casseroles de temps en temps.

— Oh, je n'en doute pas » Fairweather l'examina avec attention puis parut aboutir à une sorte de conclusion. « Bon, qu'aimeriez-vous entendre, Gabriel ? Tout n'est qu'une question d'interprétation. Entre nous, personne ne détient la vérité absolue. Oui, le taux de chômage a baissé depuis que nous avons été élus, c'est incontestable. Le reste, vous en faites ce que vous voulez.

— Comment ça ?

— Tout dépend de ce que vous souhaitez démontrer. Je pourrais affirmer que le marché financier est florissant ou qu'il y a environ un million de petites abeilles ouvrières qui saisissent des données et répondent au téléphone. Bien sûr, l'opposition en profiterait aussitôt pour me renvoyer à la figure le nombre croissant d'étrangers embauchés dans le bâtiment, l'agriculture ou la restauration, et l'existence d'une catégorie de citoyens britanniques condamnés au chômage à perpétuité.

— Le sentiment de xénophobie ne cesse de grandir…, observa Gabe.

— Aucun doute. Dites-moi, qu'est-ce qui est arrivé à votre employé, à propos ? Celui qui est mort ? Vous avez appris quelque chose ? Est-ce qu'il s'agissait d'un de ces immigrants en situation de travail forcé qui vivent dans les sous-sols et tentent désespérément de rembourser leurs dettes ? »

Ils avançaient d'un bon pas dans Alderney Street. Gabe apercevait désormais la vitrine de l'ancienne boutique de fleurs qui accueillerait bientôt le restaurant. « L'audience n'a pas encore eu lieu, répondit-il. Je suppose qu'on en saura plus à ce moment-là... Mais pour en revenir à cette histoire de travail forcé, qu'est-ce que vous entendez au juste par là ?

— Une forme d'esclavage propre au XXIe siècle, qui passe par la confiscation des passeports, le racket, les menaces de violences... Bref, toutes les méthodes employées par les "gangmasters", les pourvoyeurs de main-d'œuvre, comme disent les journaux. Les groupes de pression aiment parler d'esclavage, c'est plus impressionnant, et puis, la mise en place d'un tel système chez nous n'est-elle pas d'autant plus facile que nous sommes les champions toutes catégories de la déréglementation ?

— Mais il y a eu de nouvelles lois, non ? Après le scandale provoqué par la noyade de ces Chinois qui ramassaient des coques...

— Le Gangmaster Licensing Act[1], en effet. » Fairweather s'arrêta devant le site, plaça une main sur la vitre et jeta un coup d'œil à l'intérieur. « Franchement, je trouve les idées de Lucinda assez intéressantes, en particulier pour l'enseigne ; je suis sûr que ça pourrait donner de bons résultats... Vous avez une foi touchante en notre gouvernement, à propos. Cette loi, le GLA, a bel et bien

1. Loi sur la certification des gangmasters, votée en 2004 pour réglementer le travail temporaire, en particulier dans le domaine agricole, après le drame de la baie de Morecambe, où plus de vingt Chinois surpris par la marée montante ont trouvé la mort.

permis la création d'un minuscule organisme autofinancé, mais celui-ci n'a pratiquement aucune influence ; de toute façon, tant que nous n'aurons pas de nouvelles affaires de noyades en masse ou d'autres drames tout aussi spectaculaires, personne ne se préoccupera de la question. Parce que personne n'est en faveur de l'augmentation du prix des denrées.

— Je ne sais rien sur Yuri. Il nous avait été envoyé par l'agence de travail temporaire. »

Les deux hommes se tenaient l'un à côté de l'autre sur le trottoir. La vitrine renvoyait le reflet de leurs silhouettes environnées d'ombre, semblables à deux âmes perdues dans le brouillard. « On entre ? » suggéra Fairweather en avançant vers la porte. Gabriel ne le suivit pas tout de suite ; au lieu de quoi, il examina son image, celle d'un homme en jean et blouson passe-partout, et il fut frappé de constater à quel point il avait l'air insipide, banal, pareil à un mannequin sans visage dépouillé de toute singularité. Il se penchait en avant pour tenter de se voir sous un angle différent, de faire apparaître ses traits, quand les lumières s'allumèrent à l'intérieur. Son double s'évanouit aussitôt, cédant la place à Fairweather qui l'invitait à le rejoindre.

Ce soir-là, en plein service, Gabriel dut renvoyer Damian chez lui pour avoir uriné dans une poubelle débordant d'épluchures avant de se vautrer dans l'avant-cuisine, braguette ouverte et calot en travers de la figure. Il renifla le verre que l'adolescent avait siroté toute la soirée, en goûta le contenu – de la vodka – et recracha. Quelques instants plus tard, Suleiman et Benny, qui s'étaient chargés de hisser le jeune commis dans un taxi noir, revinrent de leur mission.

« Chef ? lança Suleiman en regardant Gabriel d'un air grave. Je crois vraiment que ce garçon a besoin d'aide.

— Je sais. Je vais arranger ça. »

Suleiman hocha la tête, inclinant presque le buste sur sa lancée. Il affichait un tel sérieux ! À croire qu'il avait toute confiance dans les propos de Gabe.

Victor tituba vers eux, la braguette ouverte, un poireau se balançant hors de son pantalon. « Suleiman ! Benny ! appela-t-il. Aidez-moi, s'il vous plaît !

— Pourquoi ? Ce légume te pose problème ? » s'enquit Suleiman.

Benny tenta d'entraîner Victor à l'écart de Gabe en disant : « Viens, il faut qu'on se remette au boulot.

— Allez, les gars, grogna le Moldave. Soyez sympas, filez-moi un coup de main… »

L'air mal à l'aise, Suleiman se dandinait sur place. « Il aime beaucoup plaisanter. »

Postée près du passe, Oona fit marcher une commande. Ce jour-là, plusieurs hottes étaient tombées en panne et la cuisine avait tout d'un hammam. À l'aide d'un couteau, Ivan avait pratiqué des trous d'aération dans son pantalon et le devant de sa veste. Le travail s'effectuait à un rythme effréné, tous les cuisiniers enchaînés à leurs postes trimaient sans parler ni lever la tête – tous sauf ces trois-là, le petit malin et ses protecteurs qui, en cet instant, se tordaient les mains en signe d'impuissance.

Quand Gabe esquissa un pas vers Victor, celui-ci s'écarta d'un bond avant de disparaître dans le couloir. Il le laissa partir.

« Il est farceur, observa Benny. Bah, il faut bien que jeunesse se passe…

— Suis-je déraisonnable ? demanda Gabriel. Suis-je un homme déraisonnable ? »

Il fit le tour des cuisines sans admonester ni encourager quiconque, sans même goûter les préparations, se contentant d'observer la brigade. Nikolaï, devant le four à vapeur, avait le dos trempé de sueur et le visage aussi rouge que ses cheveux. Une cloque claire grossissait sur le pouce d'Ivan. Sous le petit autel qu'il avait érigé en l'honneur de Ganesh, Suleiman s'activait avec ferveur, et un peu plus loin, Benny, qui avait assumé le fardeau supplémentaire des tâches de Damian, se concentrait sur sa besogne en fredonnant.

Gabe circula rapidement entre les différents postes de travail, traversant et retraversant la cuisine, s'attardant quelques instants derrière chaque employé, parvenant par sa seule présence à optimiser le rendement, à faire accélérer le rythme des coudes et des poignets. Satisfait, ou du moins apaisé, il rejoignit Oona au moment où une serveuse rapportait du restaurant une pile d'assiettes dont le contenu paraissait presque intact. Elle passa devant lui pour aller déposer son chargement dans la zone de lavage, où un plongeur entreprit aussitôt de les récurer.

« Une minute, dit Gabe en l'interceptant. Quelqu'un s'est plaint ? »

La serveuse s'essuya les mains sur ses reins. « Non.

— Ils n'ont pas renvoyé leurs plats ? Ils avaient terminé ? »

Elle regarda autour d'elle comme pour solliciter de l'aide. « Peut-être qu'ils n'avaient pas faim. Je ne sais pas. Vous voulez que j'aille leur demander ?

— Non. »

Il entreprit d'examiner les assiettes et les plats retournés en cuisine pour tenter d'évaluer la quantité de nourriture gaspillée. Enfin, il abandonna Oona, s'approcha du plongeur et souleva le couvercle de la poubelle la plus proche de lui. Cette initiative terrifia le malheureux, qui lâcha ce qu'il avait en main.

Gabe se rendit ensuite dans le restaurant – un autre univers tout de rires cristallins, d'effets de lumière, de reflets fumés dans les miroirs à cadre doré. Il prit un siège au bar, ignorant les têtes qui se tournaient vers lui, concentrant toute son attention sur le jeu de l'eau dans la fontaine de l'autre côté de la pièce.

« Je vous sers quelque chose, chef ? »

Il déclina l'offre du barman. Reporta son attention sur les convives. Regarda les assiettes que l'on apportait et celles que l'on débarrassait. Quand il leva les yeux vers le plafond, il vit un semis d'étoiles dans l'un des caissons.

Alors qu'il retournait vers les cuisines, Gabe croisa Gleeson et Ivan qui traînaient dans le couloir. À voix basse, Ivan marmonna quelque chose à son acolyte, appuya son pied contre le mur pour s'en écarter puis se détourna comme s'il n'avait pas vu le chef de cuisine.

« Vous avez terminé votre inspection du restaurant, chef ? lança Gleeson d'un ton tellement léger qu'il en était presque chantant. Vous avez sans doute pu constater que mon bateau ne prend pas l'eau. »

Tout en lui insupportait Gabriel : la ligne nette de sa raie, le lustre de ses cheveux, la coupe trop étroite de son pantalon, l'aspect soyeux de sa cravate, le brillant de ses chaussures, sa langue acérée, l'expression perfide de son regard… Il haïssait cet homme.

Sans répondre, il s'éloigna et se rendit dans son bureau. Il y faisait encore plus chaud qu'en cuisine. Il tourna la commande du thermostat vers le bas mais elle semblait bloquée. Il assena ensuite un bon coup de poing sur le flanc du coffret. Puis il tourna la commande vers le haut pour voir si la machine réagissait ou si elle était morte. Un bip résonna, suivi par un afflux d'air chaud. Gabe s'essuya la nuque. La sueur lui dégoulinait le long du torse. Il se dirigea vers l'aire de livraison pour fumer une cigarette prise dans le paquet qu'il avait acheté en rentrant à l'Imperial.

Adossé à un mur dans la nuit froide et claire, Gabe frissonna. Il arrêterait de fumer quand il l'aurait décidé, quand il estimerait le moment venu. Merde, il faisait un froid de canard ! Il allait finir sa cigarette dans la guérite d'Ernie.

Lorsqu'il ouvrit la porte, il vit l'Écossais – aisément reconnaissable même s'il n'en distinguait que la silhouette maigre et tordue – assis dans le noir.

« Ça va, Ernie ?

— Oh, sûr. Ça roule.

— Super.

— Et vous, ça va ?

— Super, répéta Gabriel. Ça roule. Qu'est-ce que vous faites ? Pourquoi n'êtes-vous pas rentré chez vous ?

— Je compose, répondit Ernie. Dans ma tête. Pour ça, rien de tel qu'un endroit sombre et tranquille. Parce que je dois composer dans ma tête avant d'écrire. »

Gabe tira une dernière bouffée de sa cigarette puis l'éteignit dans le mug posé sur le bureau.

« Je ne vais pas vous déranger, alors. » Il s'apprêtait à fermer la porte derrière lui lorsqu'il se ravisa : « Ernie ? Passez me voir demain matin à la première heure, d'accord ? Il faut qu'on parle. »

Gabe n'avait pas eu le temps d'inspecter les réserves avant le service. Il décida de s'en occuper sans plus tarder. Parvenu dans l'économat, au sous-sol, et alors qu'il laissait sa main courir le long de l'étagère des légumes secs, il se rappela la première apparition de Lena – la façon dont elle se tenait sur le seuil, la lumière de l'ampoule nue dégoulinant autour d'elle, l'expression de son regard en cet instant. C'était elle qui était venue à lui. Elle.

Surtout, ne pas l'oublier. Il ne la gardait pas enfermée dans l'appartement. Il ne lui avait pas volé son identité. Elle ne lui devait rien. Il n'y avait pas de servitude pour dettes entre eux. Et quoi qu'il en soit, il l'aimait. Pourquoi pas, après tout ? Y avait-il une loi pour le lui interdire ?

Il aimait Lena. Il l'aimait, cette idiote. Quelque chose, un son ténu, éclata au bord de ses lèvres. Il s'essuya les yeux.

Il fallait que son père la rencontre. Et Jenny aussi. Il fallait qu'elle rencontre papa avant que… Alors il lui expliquerait tout, songea Gabe, il ne dissimulerait rien parce qu'il n'avait pas honte d'elle. *Comporte-toi en homme et dis la vérité. Sors les mains de tes poches. Redresse-toi. Comporte-toi en homme. Et dis les choses telles qu'elles sont.*

Il avait dix ans et, adossé à un casier dans la salle des chefs d'atelier, les mains profondément enfoncées dans les poches de son pantalon pattes d'ef Bedford, il suçotait un bonbon Spangle quand son père avait fait irruption dans la pièce, lui mettant aussitôt les joues en feu.

« Qu'est-ce que tu fabriques ?

— Moi ? Quoi ?

— Sors les mains de tes poches. »

Gabriel s'exécuta.

« T'as coupé les fils.

— C'est pas moi ! » s'écria Gabriel. Sur une impulsion, il ajouta : « Quels fils ?

— Tu mériterais une bonne correction pour m'avoir fait perdre mon temps comme ça. »

Les oreilles paternelles avaient pris une teinte menaçante, ses lèvres retroussées lui donnaient l'air d'un loup. Les autres chefs d'atelier assis sur les bancs avaient délaissé leurs journaux et leurs cigarettes. M. Howarth toussa.

« Qu'est-ce qu'il a fabriqué, ce gosse ?

— Il a fauché une foutue de paire de ciseaux et il a coupé la trame sur la vingt-cinq », répondit Ted.

Tout le monde s'esclaffa. Pourquoi ? Qu'y avait-il de si drôle ? se demanda Gabe. Ils se moquaient de lui, le prenaient pour un bébé. Ils se moquaient de son père qui se ridiculisait. Ce n'était pas drôle. Pourquoi ne se taisaient-ils pas ? Pourquoi s'en mêlaient-ils ?

« C'est pas moi ! » hurla-t-il.

On le rendait toujours responsable de tout. Son père n'aurait pas dû l'amener s'il n'avait pas de temps à lui consacrer. Il avait disparu pendant des siècles et l'avait laissé seul près d'un métier. Gabe n'avait rien fait pendant une éternité. Le métier n'était même pas en marche. Il n'y avait strictement rien à faire. Quelqu'un (une personne qui, elle, n'aurait pas d'ennuis) avait laissé traîner des ciseaux. Il n'avait pas eu l'intention de s'en servir et n'avait coupé qu'un tout petit peu.

« Je sais que c'est toi », affirma papa. Il riait à présent, sans doute pour mieux liguer tout le monde contre le fauteur de troubles. « Je viens de passer presque une heure à les renouer, je sais que ces fils ont pas cassé, qu'ils ont été coupés. Dis-moi la vérité et on n'en parlera plus. Comporte-toi en homme. Pas de jérémiades. Dis les choses telles qu'elles sont. »

Gabe voulait prendre le bus pour rentrer. Son père refusa, avant de lui demander de serrer la main des chefs d'atelier. Gabe refusa à son tour. Papa agissait comme si tout était redevenu normal (ce qui n'était même pas envisageable) et Gabe aurait voulu qu'il soit mort. Il n'avait qu'une envie : rentrer voir maman.

Tout en le suivant dans l'atelier de tissage, il lui jetait des regards meurtriers. Exterminer. Exterminer. Son père ne s'était même pas excusé. Il s'était contenté de rire. Ah oui ? Et comment aurait-il réagi s'il avait été à sa place, hein ?

« Regarde, fils, déclara Ted l'air de rien, en se baissant et en lui envoyant son souffle à la figure. Ça, c'est un métier à ratière, un vieux modèle, tu vois la navette en bois et le fouet ? Il y a un moteur électrique ici qui l'alimente. »

Gabe mit dans son hochement de tête toute l'ironie dont il était capable – une initiative qui demeura sans effet sur son père.

« Je vais te montrer les Northrop. Tu viens ? »

Comme s'il avait le choix.

« Les nouveaux modèles, ils sont à jet d'air et à lance. Tu sais ce que c'est ? »

Gabe s'en fichait comme d'une guigne.

« Northrop était un inventeur de génie. Là, ce sont toutes ses machines. Celle-ci peut atteindre les deux cent soixante coups par minute, ce qui veut dire que la lance fait autant de fois l'aller-retour. Tu te rappelles ce que je t'ai expliqué ? Ça prend la trame comme dans le métier à ratière. C'est tout l'art du tissage, mon grand. »

Assommant. Assommant. Exterminer. Exterminer.

« Y a encore dix ans, t'aurais eu sous les yeux une simple batterie, là, sur le côté de la machine. »

Et alors ? Il croyait peut-être que ça l'intéressait ? Quand ils rentreraient, papa dirait qu'il était trop tard pour aller jouer dehors. Ce n'était pas juste. Pourquoi ne traînait-il jamais Jenny à la Rileys ?

Son père caressait le flanc du métier comme si c'était un cheval sauvage, comme s'il se prenait pour une espèce de cow-boy se préparant à dompter la bête. « C'est là que ce petit bijou entre en scène. L'Unifill… Tu vois, il y a une sorte de barillet, ici, c'est le magasin à canettes. »

Gabe aurait donné n'importe quoi pour que son père tombe raide mort. Sa voix continuait de résonner, aussi monotone que le claquement des métiers.

« … tissage spécialisé, des techniques complexes qu'ils seront jamais capables de reproduire à l'étranger… l'isolation des câbles électriques qui vont sous la mer…

— Papa ? Papa ! Je peux rentrer, maintenant ? Je me sens pas bien. J'ai mal au ventre. »

Son père se tut. Ses lèvres ne formaient plus qu'une fine ligne. Il se pencha. « On n'est pas encore arrivés à la partie la plus intéressante. Tu ne veux pas jeter un coup d'œil à la Dacty ? Je te laisserai perforer quelques cartons. »

Gabe survola du regard l'océan de métal et fibres jusqu'à l'horizon du mur. Il n'y avait pas d'issue. « D'accord.

— Bien. Reste bien près de moi, on va d'abord voir les métiers jacquard. »

Gabriel avait mal au cou à force de lever la tête vers les harnais jaunes, mais il restait dans cette position comme s'il était réellement émerveillé et incapable de détacher son regard des machines. Pendant ce temps-là, papa continuait de parler des lisses, du peigne et de la trame. Gabe était prêt à parier que le père de Michael ne l'obligeait jamais à aller au travail avec lui. Le père de Michael ne l'obligeait jamais à rien. D'ailleurs, le père de Michael n'avait même pas de travail. Michael avait bien de la chance. Chez lui, le téléviseur était toujours allumé.

« Gabe ? Retourne m'attendre dans la salle des chefs d'atelier.

— Hein ? Pourquoi ? Où tu vas ? Je peux rentrer ?

— Là-haut, répondit son père en montrant la charpente. Il faut que je grimpe là-haut.

— Pourquoi ? »

Papa éclata de rire. « Je dois voir quelque chose sur le jacquard.

— Comment tu vas monter ?

— Avec une échelle, andouille. Après, j'avancerai sur la poutrelle comme un fichu funambule. »

De la pointe du pied, Gabe rassembla des bourres pour former un tas qu'il poussa sur le sol. Ça roulait presque aussi bien qu'une balle. Quand il atteignit la salle des chefs d'atelier, l'amas duveteux avait la taille, sinon la forme, d'un ballon de foot. Il n'y avait personne dans la pièce. Il lança la boule en l'air, encore et encore, la rattrapant chaque fois jusqu'au moment où presque toutes les bourres se retrouvèrent collées à son T-shirt et à son pantalon, où il ne lui resta pratiquement plus rien dans la main. Il tenta de s'épousseter. Il fit le poirier contre le mur. Puis il s'assit sur le banc, s'allongea sur le ventre, toussa et s'endormit.

À son réveil, il supposa que son père était parti en l'oubliant parce qu'il faisait sombre et que personne n'avait allumé. Tout le monde avait dû rentrer, les portes étaient sûrement fermées et il allait devoir passer toute la nuit là. La plupart des garçons de son âge auraient sans doute pleuré, mais pas lui. Il n'avait même pas peur, il n'aurait même pas eu peur si toutes les ampoules avaient grillé, le plongeant dans le noir.

Il se leva, traversa la salle et chercha à tâtons l'interrupteur. Il le pressa, et à son grand soulagement la pièce s'éclaira. Quand il poussa la porte en se frottant les yeux, il eut la surprise d'entendre le vacarme des métiers. Il longea le petit couloir qui menait à l'atelier de tissage où il avait laissé son père. Il avait oublié que la filature ne s'arrêtait jamais, même la nuit.

« Quelle heure est-il ? demanda-t-il à la première personne qu'il croisa.

— Presque cinq heures. »

Pas plus tard ? Il avait pourtant dormi pendant des heures !

En s'engouffrant dans l'atelier, il découvrit son père allongé par terre sous la poutre, comme s'il était tombé. M. Howarth était accroupi près de lui. Papa ne bougeait pas, et lorsque M. Howarth leva les yeux, Gabriel vit la panique sur ses traits. Il en conclut que son père – le salaud ! – avait exaucé son souhait et était mort.

M. Howarth fit un geste vers lui, mais déjà Gabe s'élançait hors de l'atelier, traversait la cour pavée et franchissait les grilles de fer forgé pour rentrer chez lui.

La main toujours posée sur l'étagère des légumes secs, il se retourna en sentant une pression sur son épaule.

Le visage empressé de Suleiman s'inclina avec déférence. « Chef ? Désolé de vous déranger, mais il vaut peut-être mieux que vous le sachiez : il y a une bagarre.

— Qui ? demanda Gabe, qui connaissait déjà la réponse.

— Mon champ de vision avait beau être limité, répondit Suleiman, il me semble que c'est Victor et Ivan. »

16

LE CRÂNE DE VICTOR coincé entre son torse et son biceps saillant, Ivan piétinait sur place, accomplissant une sorte de rituel de la victoire. Gabriel se fraya un passage au milieu des cuisiniers. Le grillardin tituba sous l'effort lorsqu'il hissa Victor, dont les bras et les jambes battaient l'air, de derrière un plan de travail. Gabe en vint à redouter le moment où Ivan allait empoigner le Moldave par les cheveux et brandir sa tête à bout de bras.

Les autres avaient formé un cercle autour des combattants en prenant néanmoins soin de garder leurs distances. Des billets de cinq livres changeaient de mains. Benny, qui n'avait pas quitté son poste situé tout près du centre de l'action, pliait des torchons blancs et les empilait méthodiquement comme s'il préparait des fournitures médicales d'urgence. Suleiman, l'air plus concentré que jamais, observait la scène avec attention ; il semblait en mémoriser chaque détail au cas où le sujet sortirait lors d'un examen. De son côté, Oona parlait dans sa barbe, récitant sans doute des prières qu'elle ponctuait de claquements de langue réprobateurs. Il était temps de mettre un terme à cette comédie.

Gabriel rechignait pourtant à intervenir car une partie de lui, un fond de méchanceté qu'en d'autres circonstances il aurait juré ne pas posséder, se délectait de la situation, prenait plaisir à la vue du visage convulsé de Victor. Au moment où il allait enfin ouvrir la bouche, le Moldave se dégagea. Gabe décida d'attendre la suite des événements. S'il ne disait rien, peut-être apprendrait-il quelque chose sur la querelle qui opposait les deux hommes.

La figure toujours empourprée, Victor chargea son adversaire en beuglant, tête baissée tel un taureau. Ivan n'eut qu'à faire un pas de côté pour l'éviter, et son adversaire alla s'écraser contre le présentoir réfrigéré à entremets. Un sifflet s'éleva dans l'assistance, suivi par une salve d'applaudissements. Victor retourna dans l'arène, les poings levés cette fois. Ivan lui expédia un direct à la joue, le Moldave répondit d'un coup de pied dans les parties. L'expression d'Ivan incita les spectateurs à reculer d'un pas ou deux.

« Fumier ! gronda Victor, hors d'haleine, le front baigné de sueur. Fils de pute. T'es mort. T'es mort, t'entends ? T'es qu'un putain de cadavre en sursis ! »

Ivan soupesa ses testicules. « Tu te bats comme une femmelette.

— Si tu t'avises de dire encore un truc sur elle... » Victor, tout tremblant de passion juvénile, se penchait en avant pour donner plus de poids à ses propos. « Un seul mot... et je te préviens, *man*, je te fais la peau. Pigé ? »

Avec son bandana et sa veste déchirée, Ivan ressemblait à un mutin. Ne lui manquait plus qu'un coutelas. Il inclina la tête vers Victor en mettant une main en coupe derrière son oreille déformée, qui avait viré au rouge labial. « Hein ? lança-t-il. Comment ? »

Le Moldave siffla entre ses dents.

« Une copine ? reprit Ivan. J'ai rien dit sur elle, moi. Rien du tout. » Il se fendit d'une grimace obscène. « Pourquoi, elle t'a plaqué ? »

Victor se retourna et attrapa sur le plan de travail de Benny un couteau dont la large lame scintilla à la lumière. Brandissant son arme, il poussa un cri à glacer le sang qui, enfin, incita Gabe à bouger. Il rejoignit le Moldave d'un bond, lui épargnant ainsi la peine d'aller jusqu'au bout d'une entreprise pénible. Victor lâcha le couteau.

« Je devrais vous virer tous les deux, déclara Gabriel, fulminant. Vous flanquer dehors à coups de pied au cul ! Considérez que c'est le dernier avertissement, compris ?

— C'est lui qui..., protesta Victor.

— "C'est lui qui a commencé", l'imita Gabriel. On croirait entendre un gosse ! Ça suffit, maintenant. » Ce n'était pas la première bagarre entre cuisiniers à laquelle il assistait et ce ne serait sans doute pas la dernière. Ce n'était certainement pas la plus violente. Il se rappelait encore ce commis du Brighton, qui, ne supportant plus qu'on lui mette la main aux fesses, avait un jour planté un long couteau à filet Excalibur dans le cul du sous-chef. Si les problèmes entre Ivan et Victor tournaient autour d'une fille, alors il préférait ne pas s'en mêler ; ils finiraient bien par se calmer d'eux-mêmes.

Le service était terminé, la brigade rangeait tout. Gleeson tenta bien d'imposer un groupe de dix quelques minutes seulement avant la fermeture des cuisines, mais Gabe devait toujours fonctionner à l'adrénaline, car il lui suffit d'un regard pour le dissuader d'insister. « Vous n'êtes pas d'accord, apparemment », conclut le directeur de la restauration en le gratifiant de ce sourire dont il usait d'ordinaire envers les clients endimanchés qui venaient dîner à dix-huit heures trente le samedi.

À peine entré dans le sauna qui lui servait de bureau, Gabe ôta sa veste, puis, en T-shirt et pantalon à carreaux, s'assit devant son ordinateur pour consulter les prévisions du service Banquets. Les chiffres semblaient fondre sous la chaleur. Impossible de se concentrer. Bon, il allait plutôt s'attaquer à l'organisation du planning pour la période de Noël, ce serait plus facile. Il jeta un coup d'œil en cuisine. Il ne restait pratiquement plus personne. Pour les fêtes, il se rendrait à Blantwistle, où il prolongerait son séjour le plus longtemps possible ; donc, Oona serait obligée de venir travailler tous les jours. Tant pis pour elle... Après tout, il n'y pouvait rien, sinon ressasser son sentiment de culpabilité – un bon moyen de se réconforter quand on n'a pas de prise sur quelque chose. Lorsqu'on est en mesure de changer le cours des événements, d'apporter une solution au problème, la culpabilité devient inutile ; ce n'est qu'un lot de consolation.

Son esprit se mit de nouveau à vagabonder. Il ne se rappelait pas être retourné à la filature à la suite de cette fameuse journée. Ce qu'il avait pu en vouloir à son père avant l'accident ! Et aussi après, quand il s'était cassé des côtes en tombant... Papa était jusque-là invincible, et tout d'un coup il ne l'était plus. Ça, c'était peut-être le plus difficile à pardonner. Mais bon, c'était de l'histoire ancienne, se dit Gabe. Il n'y avait pas repensé depuis des années. S'il continuait ainsi, il allait finir comme Nana : la filature et le passé deviendraient plus réels pour lui que ce qu'il avait sous les yeux.

« Je peux y aller, chef ? » lança Oona en pénétrant dans le bureau de son pas traînant. Sans attendre la réponse, elle se logea tant bien que mal sur la chaise libre.

« Oui, oui, allez-y. J'ai presque fini.

— J'ai moi-même fini, twéso'. » Elle se débarrassa de ses chaussures puis frotta ses pieds l'un contre l'autre, produisant un son semblable à celui d'une dizaine d'allumettes craquées en même temps. Quand elle s'appuya contre la table, Gabe songea qu'elle allait inévitablement lui proposer une bonne tasse de thé.

« Je suis en train de boucler le planning des congés de Noël, s'empressa-t-il d'expliquer. Je passerai les fêtes à Blantwistle – vous savez, avec mon père. Il faudra que vous gardiez le fort en mon absence. »

Oona attrapa un bloc-notes avec lequel elle s'éventa. « Bien sû' que vous devez y aller. Vot' pauv' papa, Dieu le bénisse et le pwotège… Comment il va ?

— Toujours mourant, répliqua-t-il d'un ton un peu trop léger.

— Pwenez tout le temps qu'il faut, déclara Oona, la tête penchée en une attitude empreinte de sentimentalité. Je suis contente de pouvoi' vous êt' utile. »

Gabe acquiesça d'un signe, reporta son attention sur son écran et fit cliqueter les touches du clavier. Au bout de quelques instants, Oona se redressa en émettant moult craquements.

« J'ai rompu avec Charlie, ma petite amie, lâcha-t-il sans quitter l'ordinateur des yeux. Ou plutôt, elle a rompu avec moi. »

Il entendit Oona se réinstaller sur la chaise. Il devinait déjà ce qu'elle lui sortirait : « Bah, ça va aller. » Ou encore : « Des fois, c'était dit que ce sewait comme ça. »

« Cette jolie fille ?

— Celle-là même.

— Et vous voulez qu'elle wevienne, c'est ça ? »

Gabe laissa son regard s'attarder sur le petit sourire triste de la sous-chef, sur ses joues rebondies, comme prêtes à exploser sous la pression de l'inquiétude. « Bien sûr », répondit-il sans savoir s'il le pensait ni même s'il s'en souciait, se contentant d'enchaîner les platitudes comme chaque fois qu'il avait une conversation avec Oona.

« Alo' vous avez un pwoblème. » Un jugement d'une incroyable perspicacité, généreusement offert pour rien.

« Je crois, oui.

— Mmm…, marmonna Oona, la paume plaquée sur son giron. Si y a un pwoblème, va falloir twouver une solution.

— Bah, ce qui est fait est fait.

— Comme je vous connais, chef…

— Merci, Oona. » Gabe se leva d'un bond et lui tint la porte ouverte. « Merci, mais il est tard. Prenez un taxi si vous voulez, on le mettra sur ma note de frais. À demain matin. Bonne nuit. Vous avez pensé à signaler la panne des hottes à la maintenance ? Oh, parfait. Et le climatiseur recommence à faire des siennes, il va falloir distribuer quelques coups de pied au cul dans l'équipe d'entretien. Non, non, ne vous en occupez pas maintenant. Allez-y, oui, allez-y, c'est ça, bonsoir. »

Gabe ouvrit le dernier tiroir de l'armoire de classement pour en sortir un uniforme propre. Tout en nouant son tablier, il se rendit en cuisine. En le voyant, le plongeur effectua une retraite aussi discrète que rapide. Gabe s'attela aussitôt à la tâche. Il éminça des oignons, des carottes et du céleri. À l'Imperial, la mirepoix n'était jamais préparée correctement. Lui savait comment procéder. Il fit chauffer de l'huile à température modérée. Le fond de veau lié avait souvent un arrière-goût de brûlé parce que les commis ajoutaient trop tôt les légumes de la garniture aromatique. Ils faisaient toujours tout dans la précipitation. Il versa la mirepoix dans la sauteuse puis régla la flamme.

Depuis combien de temps ne s'était-il pas mis aux fourneaux pour concocter un plat à partir de trois fois rien, sur une impulsion ? S'il parvenait à élaborer une nouvelle recette par semaine avant l'ouverture du restaurant, à la tester ici même, en salle, et à sélectionner les cinq ou six meilleures…

Il remua le contenu de la sauteuse.

Suleiman, remonté du vestiaire en tenue civile, s'apprêtait à traverser les cuisines lorsqu'il l'aperçut.

« Chef ? Vous avez besoin d'aide ?

— Non, je me faisais la main, c'est tout. Rentrez donc chez vous. »

Suleiman hocha la tête. Il se détourna pour partir.

« Oh, attendez ! lança Gabe. Je voulais vous demander quelque chose. Est-ce que vous .. C'est ce que vous avez toujours voulu faire ? La cuisine, je veux dire.

— Pardon ?

— Vous savez, quand vous étiez gosse… Est-ce que vous avez décidé un jour de vous engager dans cette voie, ou est-ce que vous vous êtes retrouvé là plus ou moins… bah, je ne sais pas. »

Vêtu de son pardessus bon marché impeccable, son écharpe de laine soigneusement nouée autour du cou, Suleiman se tenait tout raide, comme au garde-à-vous. Ses cheveux noirs lustrés formaient un casque sur sa tête. « Oh, c'est le résultat d'une décision. Cela ne fait aucun doute. Bien sûr.

— Vous avez pris une décision, d'accord. Mais quand ? Comment avez-vous su ?

— Ça ne va pas, chef ?

— Pourquoi ça n'irait pas ? Si, si, je vais bien. Je suis curieux, c'est tout.

— C'était au lycée de Padma Seshadri Bala Bhavan, énonça Suleiman en se redressant de toute sa hauteur. Dans ma ville natale de Chennaï. Quand j'étais en terminale. La décision a été prise après discussion avec mon père. Il possède trois salons de thé, et il se préoccupe beaucoup de l'avenir du tourisme au Tamil Nadu. Après avoir passé l'équivalent du baccalauréat dans mon pays, j'ai suivi l'enseignement de l'école hôtelière de Sri Balaji, à Trichy, où j'ai obtenu un diplôme de gestion. C'était un cursus de trois ans, comme une licence. Ensuite, j'ai séjourné un an en Suisse dans le but d'acquérir une expérience internationale ainsi que des compétences culinaires de premier ordre. Je compte rester entre dix-huit mois et deux ans en Grande-Bretagne afin de me familiariser avec les établissements de grande envergure et l'organisation des banquets, et aussi d'améliorer mon anglais. Dès mon retour à Chennaï, j'aurai l'occasion de mettre mes connaissances en pratique par le biais d'un poste à responsabilité dans une importante chaîne hôtelière. Ensuite, mon père et ses associés feront des investissements significatifs dans un projet de complexe hôtelier destiné au marché des touristes occidentaux ; l'emplacement exact n'est pas encore déterminé mais il se situera très vraisemblablement dans la région de Kanchipuram, de Kanniyakumari ou de Coimbatore. » Suleiman scruta le visage de Gabe en plissant les yeux d'un air inquiet ; peut-être essayait-il de savoir s'il avait réussi son oral. Son écharpe avait gonflé sous l'effet de la chaleur, lui dissimulant le menton et la lèvre inférieure. Il tenta de l'aplatir.

Gabe, qui venait d'ajouter de la purée de tomates dans la sauteuse, se pencha pour en humer la riche odeur sucrée. « Vous avez lu le *Grand Larousse de la gastronomie* ? » demanda-t-il. Il y avait beaucoup de choses qu'il pouvait apprendre à ce garçon. « Et Elizabeth David ? Son style est tellement vivant ! Lisez aussi Brillat-Savarin, je vous le conseille. Je ne sais pas trop pourquoi, d'ailleurs. Zola a écrit sur les Halles, je l'ai découvert quand je travaillais à Paris mais je ne me souviens plus exactement de… bref, Zola mérite le détour.

En attendant, n'hésitez pas à vous adresser à moi si vous avez besoin d'une recommandation. Vous êtes quelqu'un de sérieux, c'est évident, et c'est ce que j'apprécie chez vous. » Il parlait pour ne rien dire, il en avait bien conscience, mais c'était plus fort que lui. « Quant aux passages sur la gastronomie chez Balzac... Oh oui, à votre âge j'étais sérieux moi aussi, et j'étais toujours plongé dans un bouquin. Ça donne des idées, vous voyez, c'est une bonne source d'inspiration, même si en fin de compte la clé de ce métier, ça reste le travail, et encore le travail. J'ai aussi lu ce qu'a écrit Hemingway sur le poisson grillé au bord de la Seine... » Il avait voulu lui faire passer un message, mais lequel ? Où voulait-il en venir ? Le fil conducteur était là, dans sa tête, il le sentait à sa portée, et pourtant il ne parvenait pas à le saisir ; chaque fois qu'il ouvrait la bouche, il se retrouvait débordé par ce flot de paroles sans suite. « Bon, je ne voudrais pas vous retarder. » Il se tut et remua sans nécessité le contenu de la sauteuse.

« J'essaierai de me procurer ces livres, déclara Suleiman. Je devrais commencer par lequel, d'après vous ?

— Oh, vous vous en sortirez très bien », décréta Gabe. Il ajouta le bouillon de veau. Il utiliserait le jus pour une sauce au chardonnay et aux poireaux, à laquelle il ajouterait peut-être un peu de fenouil frais au lieu des habituelles graines de moutarde.

Il se pencha pour inspecter l'intérieur du frigo, bien résolu à se servir des trois premiers ingrédients qu'il trouverait sur la clayette du haut pour élaborer une recette fraîche et originale. À l'époque où il travaillait à Lyon, le chef leur donnait souvent trois produits à inclure dans un plat et trente minutes pour le réaliser. Le plus réussi, quand il était jugé suffisamment goûteux, figurait au menu du jour. C'était à la fois amusant et motivant pour l'équipe ; peut-être devrait-il mettre l'idée en pratique dès le lendemain, à l'arrivée de la brigade.

Une figue, un avocat, un piment. Gabe les aligna sur une planche à découper puis se frotta les mains.

Suleiman s'éclaircit la gorge.

« Ah, vous êtes encore là ? fit Gabe. Je vous croyais déjà parti.

— Je peux m'en aller ?

— Oui, oui. Bonsoir. »

Bon, où en était-il ? Il imaginait déjà une préparation quand Suleiman l'avait interrompu.

Quoi qu'il en soit, il devrait lire plus. Il n'avait jamais le temps. Auparavant, lorsqu'il travaillait à l'étranger, il allait se reposer entre les services avec un livre, à défaut d'une fille. Des livres de cuisine, bien sûr, mais aussi toutes sortes d'ouvrages. Il aimait tout particulièrement ceux sur la Seconde Guerre mondiale qu'il dénichait chez des bouquinistes de Blantwistle. Et les guides gastronomiques. Dans sa phase intellectuelle, Anton – Seigneur, il n'avait pas repensé à lui depuis des années ! – lui avait prêté divers volumes élégamment réduits en lambeaux, où il avait écrit au feutre violet « ex-libris Anton Durlacher » sur la page de titre. Gabe dévorait également des romans – tout ce que les clients laissaient dans les chambres : histoires de fantômes ou d'amour, récits de guerre ou d'aventures sur le Nil… S'il les lisait avec plaisir pour la plupart, même les histoires d'amour, il les oubliait dans les huit jours, si bien qu'il avait l'impression d'un gâchis, d'une perte de temps.

Charlie, elle, avait toujours le nez dans un bouquin. Quand ils partaient en vacances, lui s'asseyait sur la plage avec un ouvrage de vulgarisation scientifique traitant des quarks ou des atomes, et elle s'allongeait sur une serviette pleine de sable, toute d'insouciance et de courbes gracieuses, en disant : « Pourquoi tu ne choisis pas un roman, plutôt ? Il y a plus d'authenticité dans la fiction que dans les faits. »

À Lanzarote, elle l'avait encouragé à lire un livre dont il ne se rappelait pas grand-chose, même pas le titre, juste qu'il parlait d'un escroc qui travaillait comme liftier dans un hôtel parisien. « Alors, qu'est-ce que tu en penses ? lui demandait-elle sans arrêt. C'est drôlement bien, hein ? » Il répondait toujours que ça lui plaisait, mais elle ne s'en contentait pas. « Il ne s'agit pas seulement d'une comédie gentillette à propos d'un arnaqueur », avait-elle affirmé. Il était tombé des nues. De quoi s'agissait-il, alors ? « Oh, tu n'as pas compris ? » avait-elle rétorqué. Il avait décelé une accusation dans sa voix.

Gabriel épépina puis émin ça le piment. Il en goûta un tout petit bout qu'il accompagna d'un morceau de figue. Oui, l'association fonctionnait.

Il écuma le bouillon.

Qu'est-ce qu'il lui prenait ? Pourquoi s'était-il lancé là-dedans ? Avait-il oublié le concept du nouveau restaurant ? Cuisine française traditionnelle, exécutée avec précision. Rognons de veau à la moutarde, coquelet en cocotte lutée, tripes à la mode de Caen… Rien à voir avec des recettes improvisées comme dans ces émissions de télé où un chef célèbre relève un défi, une compétition entre apprentis ou n'importe quelle école de cuisine prônant le « tout ce qui peut aller avec du piment et du vinaigre balsamique ».

Merde. Bordel de merde ! Il s'était frotté l'œil. Il ne s'était pas lavé les mains après avoir coupé le piment. Oh, Seigneur !

Il agrippa le rebord du plan de travail.

Comment avait-il pu commettre une telle erreur, digne d'un débutant ?

Peut-être, au fond, n'était-il pas fait pour ce métier.

Il aurait pu choisir n'importe quelle voie. Devenir ce qu'il voulait. Papa répétait toujours : « T'es intelligent, fils. Gâche pas tout. » Il aurait dû poursuivre ses études, aller au lycée et après à l'université au lieu de toujours tout faire en réaction à son père.

Oh, nom de Dieu... Il tenta de se nettoyer l'œil, pour ne réussir qu'à aviver la brûlure parce qu'il ne s'était toujours pas lavé les mains. Tes mains. Lave-toi les mains !

Il les savonna minutieusement. Il avait l'impression que son œil allait jaillir de son orbite, que la douleur lui perforait le cerveau.

De toute façon, ce n'était pas vrai. Il adorait cuisiner. Quand on aime quelque chose...

Rien ne se résume à une seule journée, à un seul moment. La vie n'est pas suspendue à un fil.

Il avait pris le parti de sa mère. C'était normal, vu la façon dont papa la traitait.

Il s'essuya les mains.

La douleur était lancinante. Oh, Seigneur... Il avait reçu un éclat de porcelaine dans l'œil, un jour, quand une assiette s'était brisée près de lui, et il avait eu moins mal. À choisir, entre la porcelaine et le piment, il préférait encore la porcelaine.

Maman était merveilleuse. Papa ne l'avait jamais appréciée à sa juste valeur. Même si elle était malade, il n'avait pas de raisons d'agir ainsi, pas d'excuses. Pour Gabe, évoluer dans le monde maternel, c'était comme se lancer à l'aventure. Lorsqu'il rentrait de l'école en courant, il ne savait jamais ce qu'il allait découvrir derrière la porte de la maison, il avait parfois l'impression de pénétrer dans une autre dimension. Une fois, il avait trouvé sa mère dans sa chambre, vêtue d'une crinoline, les cheveux en bataille. Il lui avait offert une pelote à épingles, il se doutait bien qu'elle serait ravie parce qu'il y avait une marguerite au milieu, sa fleur préférée. Ils avaient dansé dans la cuisine au son des chansons diffusées à la radio – Val Doonican, les Beatles, les Stones. Elle l'avait fait tournoyer encore et encore, jusqu'à l'étourdir. Il lui arrivait d'être excessive, parfois. Avec elle, on ne pouvait jamais prédire le cours des événements. Il devait se sentir soulagé quand papa et Jen rentraient.

Il avait fait son chemin.

Ce qui le mettait hors de lui, vraiment hors de lui, c'était l'idée que d'autres, moins doués, aient pu aller encore plus loin.

Il avait quarante-deux ans.

Certains avaient la chance de leur côté, épousaient de bons partis, vendaient leur âme à la télévision, fréquentaient des footballeurs, savaient mettre à profit les tendances et les modes.

Oh, merde ! La brûlure devenait intolérable. Il se consumait littéralement. À moitié aveuglé, Gabe tituba jusqu'à son bureau et s'écroula dans son fauteuil. Renversé en arrière, les jambes tendues, il agrippa les accoudoirs, le cou raidi, la bouche ouverte sur un hurlement silencieux.

Tout ce qu'il voulait, tout ce qu'il avait toujours voulu, c'était diriger son propre restaurant – oh, rien de luxueux, rien de tape-à-l'œil... Pourquoi était-ce si difficile ? Il aurait dû s'établir plus tôt, bien plus tôt. Au Guy Savoy déjà, il se distinguait des autres apprentis : c'était lui le plus rapide, le plus malin, le meilleur. Lui qui arrivait toujours le premier, partait le dernier, venait travailler le jour où il était en congé. Il charmait les chefs de partie, se régalait sur les marchés, dévorait un million d'ouvrages.

À vingt-quatre ans, il s'était retrouvé dans un deux étoiles en plein Paris, et il avait gardé la tête froide.

Encore que… Que faisait-il de sa tentative avec Le Chevalier ? Il n'était pas franchement lucide, à l'époque. Anton l'avait appelé de Londres. *Hé, quoi de neuf, vieux gredin ? Ça te dirait de faire un tour de manège sur la roue de la fortune avec ton ancien frère d'armes ?* Gabe était au Guy Savoy depuis trois mois ; l'expérience lui avait paru amplement suffisante. *Ils m'ont nommé général et je te nommerai colonel. Apporte ta plus belle ceinture, ton tricorne et ton épée d'apparat.* Il avait vingt-quatre ans à l'époque et Anton vingt-cinq. Ils acceptaient tous ceux qui se présentaient, essayaient toutes sortes de drogues. Anton en avait terminé avec sa phase intellectuelle, il avait opté pour l'action. Ils écoutaient Jesus and Mary Chain en cuisine, sniffaient de la coke sur des planches à découper, s'envoyaient les serveuses les plus dociles à même les sacs de farine. La formule proposée, dans le style nouvelle cuisine prétentieuse, s'était rapidement dégradée. Personne n'avait paru le remarquer. L'établissement avait été considéré comme branché pendant un certain temps puis avait connu une fin aussi pitoyable que prévisible. Anton, ayant relégué aux oubliettes son sens de l'honneur et de la bravoure, s'était volatilisé dans la nature, laissant son associé aux prises avec une prodigieuse gueule de bois que n'expliquait pas seulement le brusque sevrage de sa cocaïne du soir.

Autant affronter la vérité, puisqu'il n'y avait hélas pas moyen de la contourner : il était faible, irrésolu, velléitaire. Incapable de s'engager. Ce n'était pas la seule fois où il avait laissé la situation lui échapper.

Il ne maîtrisait plus rien. Il n'y avait qu'à voir où il en était aujourd'hui ! Il avait tout gâché avec Charlie, fumait et buvait en douce dans les vestiaires comme un adolescent, prenait son pied avec…

Gabriel se redressa d'un coup. D'accord, sa vie privée était un peu chaotique ; pour autant, ses problèmes personnels ne l'avaient pas détourné de son objectif. Il n'était pas du genre à se laisser déstabiliser.

Ah oui ? Il venait de se dire exactement le contraire cinq minutes plus tôt. Au fond, il était… quoi ? Il ne parvenait plus à raisonner, trop de choses se bousculaient dans sa tête, trop d'idées, un déferlement de pensées éclectiques qui lui faisait l'effet d'une brusque overdose de sucre.

On pouvait réaliser des formes extraordinaires avec du sucre ; de fait, il avait même remporté un concours, un jour. Pour le façonner, lui donner l'apparence voulue, tout était dans le mouvement du poignet.

Gabriel se pencha vers son bureau et posa la tête sur ses bras. Il dormait mal, depuis quelque temps. S'il faisait glisser son front le long de sa manche en exerçant une légère pression, la douleur dans son œil refluait. Il se concentra sur la manœuvre et, quelques minutes plus tard, il s'enfonçait dans le sommeil comme dans un bain de caramel.

Il se réveilla vers quatre heures et demie, la gorge sèche et la nuque raide. Après avoir avalé un peu d'eau, il sortit des cuisines pour se rendre à l'étage. Depuis qu'il avait été témoin du rendez-vous secret entre Gleeson et Ivan dans l'une des chambres vides, il avait eu l'intention d'y jeter un coup d'œil. C'était le moment ou jamais, au moins il ne risquait pas d'être dérangé.

La porte était entrouverte. Les travaux de réaménagement n'avaient pas encore commencé, la pièce se présentait toujours comme une chambre double tout ce qu'il y avait de standard. Il y flottait un léger parfum de cire en boîte et une lampe était restée allumée. Gabe inspecta la penderie puis ouvrit un tiroir. Rien, aucun signe de vie.

Le lit était fait, les stores baissés, la corbeille vide, le ruban sanitaire tendu au-dessus du siège des toilettes, l'extrémité du rouleau de papier hygiénique soigneusement repliée. Devait-il aller jusqu'à jeter un coup d'œil sous le lit ? Et pourquoi pas s'y cacher pendant un jour ou deux, tant qu'il y était, histoire de pouvoir espionner les allées et venues ? Qu'avait-il pensé découvrir ? Des marchandises de contrebande planquées dans la cabine de douche ? Un cadavre dans le placard ?

Il s'apprêtait à sortir lorsqu'il remarqua une enveloppe posée sur le bureau. Elle n'avait aucune caractéristique particulière, elle accompagnait le papier à lettres à en-tête de l'Imperial que l'on trouvait dans toutes les chambres. Sauf qu'elle semblait déplacée, ainsi abandonnée en plein milieu du meuble. Gabe continua jusqu'à la porte, mais au moment de l'atteindre il fit demi-tour. *Vas-y, Sherlock, mène l'enquête.* Il saisit l'enveloppe d'un geste désinvolte, trop désinvolte, et une cascade de photos se répandit sur le sol.

Alors qu'il les rassemblait en hâte, son cœur s'emballa brusquement. Il venait de reconnaître Charlie debout derrière le micro dans sa robe argentée style Années folles. Et là Maggie, la serveuse du Penguin Club, tournant vers l'objectif son visage couleur de pâte à pain. Il y avait des vues de tables, de clients, de têtes. Une autre, prise de l'extérieur, montrait la porte de l'établissement. Et lui-même était là, sur un cliché, en compagnie d'Ivan et de Victor, avec Suleiman en arrière-plan. C'était le soir où il les avait tous invités au club ; quelqu'un avait dû apporter un appareil photo, il ne se rappelait plus qui. Quoi qu'il en soit, il s'agissait de tirages complètement innocents, anodins, et certainement pas des preuves d'un crime. Les mains moites, il les rangea dans l'enveloppe, qu'il alla replacer sur le bureau. Puis il se dirigea de nouveau vers la porte, sur la pointe des pieds cette fois.

« Chef ? lança Gleeson du seuil. Quelle agréable surprise ! »

Gabe sentit son bras se propulser à l'arrière de son crâne. « Oh, bonjour, Stanley. J'ai vu de la lumière en passant, alors…

— Je comprends. Moi aussi, j'ai vu de la lumière, et je me suis dit, ce n'est pas bien, ça, c'est du gaspillage, il faut vite que j'aille éteindre. »

Gabriel consulta sa montre.

« Bon…

— Me ferez-vous l'honneur ou préférez-vous que je m'en charge ?

— Pardon ?

— La lampe, chef. La lampe…

— Il est cinq heures du matin, je crois que nous savons tous les deux… »

Le directeur de la restauration ajusta les poignets de sa veste puis inclina la tête. « Oui, quoi ?

— … que… que… » Merde, qu'est-ce qu'il était censé savoir ? « C'est le meilleur moment de la journée pour rattraper le temps perdu. Quand il n'y a personne.

— Ah, nous sommes bien pareils, vous et moi », commenta Gleeson. Il assortit sa remarque d'un sourire mielleux tandis que son regard filait vers le bureau.

Au même instant, Branka, la gouvernante, passa la tête dans l'entrebâillement de la porte. « Elle est prête. »

La gouvernante avait toutes les qualités requises pour faire régner la discipline parmi ses filles. Quand elle s'engageait dans un couloir pour entamer sa tournée d'inspection, elle se déplaçait toujours comme si elle voulait éviter le feu de tireurs embusqués. Cette femme-là devait pouvoir arrêter les balles avec ses dents.

« Elle est prête, répéta-t-elle. Je la fais entrer ? »

17

GABRIEL OUVRIT À LA VOLÉE LA PORTE DE SON BUREAU, heurtant Ernie qui se tenait juste derrière, dans le noir total ; son collègue de nuit avait éteint la lumière et l'équipe du petit déjeuner n'était pas encore arrivée.

« Ernie ? Oh, désolé... Je ne me doutais pas qu'il y avait quelqu'un à l'intérieur, sinon j'y serais allé plus doucement. »

Ernie recula pour le laisser entrer.

« Je vous ai fait mal ? » s'enquit Gabe. Il s'assit tandis que le manutentionnaire restait debout.

« Non, ça va », répondit Ernie. Il s'était donné un coup de peigne, sa salopette semblait pour une fois avoir été en contact avec un fer à repasser et ses chaussettes ne lui tombaient pas sur les chevilles. Il serrait à deux mains une liasse de bons de livraison qu'il triturait comme une casquette dont il se serait découvert.

« Bien », reprit Gabriel avant de bâiller. Il patienta. « Vous vouliez quelque chose ? J'allais rentrer chez moi.

— Vous m'avez demandé de venir vous voir, répondit Ernie. Même que vous avez dit "à la première heure".

— Ah oui, c'est vrai. » Sauf qu'il situait la « première heure » vers neuf ou dix heures du matin, quand la journée d'Ernie commençait à l'aube.

« Pour discuter de quelque chose, vous avez dit aussi. » Comme d'habitude, l'Écossais avait les yeux fixés sur un point à côté de l'oreille droite de Gabe. Au départ, ce dernier avait pensé à une déficience, peut-être un léger strabisme, mais alors qu'il l'observait en se demandant s'il aurait le courage de passer à l'acte, il comprit son erreur. Ernie ne cherchait pas non plus à éviter son regard. À vrai dire, il semblait contempler une autre personne, un autre chef de cuisine debout près de lui, une sorte de double de lui-même.

Bon sang, il était tellement fatigué qu'il commençait à délirer, songea Gabe. Il ne se sentait pas du tout en état d'annoncer la nouvelle à Ernie. Le contenu réel des stocks et l'inventaire informatisé ne correspondaient jamais, et tôt ou tard il serait probablement obligé de se séparer de lui mais là, ce n'était pas le bon jour ; la discussion devrait attendre.

« Le problème, commença-t-il. Le problème, c'est que… j'ai complètement oublié de quoi je voulais vous parler. Navré. »

Ernie tendit le cou. « Bah, c'est que c'était pas important. Vous allez dire que je suis bête, hein, chef : pendant un moment, j'ai bien cru que j'étais bon pour la porte. »

Après le départ du manutentionnaire, Gabe décida d'appeler Charlie. Il devait la prévenir. Il souleva le combiné. Mais la prévenir de quoi au juste ? Il reposa le téléphone. Gleeson, brandissant sa courtoisie comme une arme mortelle, l'avait pratiquement poussé hors de la pièce. « Si vous le permettez, je vais prendre les mesures qui s'imposent. » Gabe ne lui avait pas opposé de résistance.

Quant à Branka, devinant sans doute qu'elle risquait de poser le pied sur une mine, elle avait préféré battre promptement en retraite. Résultat, il n'avait rien à dire à Charlie. Sauf qu'il avait trouvé des photos. Et qu'il avait eu les jetons.

Qui était « prête » ? Pourquoi Branka aurait-elle emmené une fille voir le directeur de la restauration ? Cela dit, les histoires entre Gleeson, Ivan et la gouvernante ne le concernaient pas. Pourquoi devrait-il s'en mêler ? Ce n'étaient pas ses affaires. Que M. Maddox désigne un autre espion.

À moins qu'il n'y ait un rapport quelconque avec Charlie. Mais lequel ? Peut-être que s'il lui en parlait, tout s'éclaircirait. Quoi qu'il en soit, il avait envie de lui parler, n'est-ce pas ? Alors autant l'appeler maintenant sinon il risquait de laisser traîner les choses – il y aurait toujours une autre tâche à faire, une corvée dont il ne s'était pas encore acquitté. Il écrivit « Téléphoner à Charlie » sur la liste établie dans son bloc-notes. Puis il décrocha de la main gauche en même temps que de la droite il cochait l'annotation.

Elle répondit à la troisième sonnerie, d'une voix rendue pâteuse par le sommeil.

« Charlie ? C'est Gabe. Oui, je sais qu'il est tôt, mais je dois absolument te prévenir d'un truc. »

Il l'entendit respirer.

« Ce n'est peut-être rien..., ajouta-t-il. Écoute, il vaudrait peut-être mieux que je passe chez toi

— Gabriel ?

— Oui ? murmura-t-il, avec l'impression qu'un gouffre immense s'ouvrait en lui.

— Ne m'appelle plus. »

La journée se réveillait dans son manteau de grisaille. Gabe, assis à l'arrière d'un taxi, les paupières mi-closes, regardait défiler les bâtiments. La ville à cette heure matinale ressemblait au décor d'un vieux film de guerre. Quand il ouvrit complètement les yeux, il distingua dans le ciel quelques traînées jaunes semblables à du gaz moutarde.

En rentrant, il trouva Lena dans son bain. Elle ne dit pas un mot, ne bougea pas non plus. Depuis un certain temps déjà, il avait renoncé à espérer une quelconque marque d'attention de sa part lorsqu'il arrivait.

« Désolé pour hier soir, dit-il. J'aurais dû te passer un coup de fil. » À un certain moment avant le lever du jour, il avait été frappé par une malédiction – condamné à devoir s'excuser pour tout auprès de tous.

Lena haussa les épaules en un mouvement à peine plus prononcé qu'un tressaillement.

« Je vais essayer de dormir quelques heures », reprit-il. Il abaissa le couvercle des toilettes puis s'assit dessus. « Après, il faudra que j'y retourne.

— J'ai fait drôle de rêve. Ma ville, Mazyr. Et moi je marchais nue dehors et tout le monde regardait moi.

— Parle-moi de ta maison, de l'endroit où tu as grandi.

— Après le rêve, pas possible dormir. »

Sa peau était presque aussi transparente que l'eau. S'il agitait la main dans la baignoire, songea-t-il, Lena risquait de se dissoudre.

« Il y avait un jardin ? Combien de chambres ? Et la cuisine, elle était comment ? » Parfois, elle lui jetait quelques détails en pâture. Une phrase ou deux au sujet d'une école, d'une amie, d'un animal familier. Il avait ainsi l'impression de se rapprocher d'elle, même s'il devait lui arracher les mots, et de la distraire de ses pensées quand elle paraissait bouleversée.

« Combien de chambres chez les parents à toi ? » demanda-elle. Il lui arrivait souvent de répéter les questions qu'il lui posait, de les lui renvoyer à la figure telles des insultes.

« Il y en avait deux dans la maison où on habitait dans le temps, répondit Gabe. La plupart des maisons de ce genre, avec deux pièces en haut et deux en bas, ont été démolies. Elles n'étaient pas si mal conçues, en fait. Mais bon, quand t'es gosse, ça te passe largement au-dessus de la tête. » Il palpa ses poches à la recherche d'une cigarette. « Je vais aller fumer près de la fenêtre », dit-il, sans quitter l'abattant des toilettes. Si seulement ils pouvaient dialoguer, si seulement elle voulait bien se confier à lui... L'interroger ne l'avançait à rien ; c'était comme essayer de traire un chat.

« Il y avait des cabinets au fond du jardin, reprit-il. On en avait d'autres à l'intérieur, bien sûr, mais on se servait parfois de ceux-là, et avec Jen on se faisait des blagues. » Il lui parla de la fois où sa sœur avait attrapé une grenouille et l'avait flanquée dans la cuvette des toilettes, de la possibilité de grimper sur le toit de la cahute et de se pencher pour montrer sa figure ou (en faisant très attention) ses fesses à la petite fenêtre sans carreau, et du jour où il avait enfermé Jenny à l'intérieur jusqu'à la tombée de la nuit. Dans la baignoire, Lena se savonnait méthodiquement le bras. « Jenny, c'est quelqu'un de formidable, ajouta-t-il. Il faudrait vraiment que tu la rencontres, elle te plairait. Et Pavel ? Tu crois qu'on s'entendrait bien, lui et moi ? »

Gabe franchit la courte distance qui les séparait puis s'assit sur le rebord de la baignoire. « Il est plus vieux que toi, non ? Qu'est-ce qu'il fait dans la vie ? Je veux dire, il avait un métier ? »

Elle lui coula un regard de biais avant de baisser les yeux. Elle avait manifestement envie de parler de cet homme – son frère, son amant... peu importe – mais en même temps Gabe la sentait effrayée. Peut-être redoutait-elle de trop en révéler.

« Dis-moi quelque chose, Lena. Pas sur lui, sur toi. Quelque chose que tu as fait à l'école, une aventure qui t'est arrivé, n'importe quoi, quels posters tu avais affichés sur le mur de ta chambre… »

Elle posa la joue sur ses genoux et le regarda sans le voir. « Je sais pas.

— S'il te plaît », supplia-t-il en écartant une mèche qui lui retombait devant les yeux. Sa main s'attarda au-dessus d'elle. Il la ramena à lui.

« C'est idiot. Toi… tu es idiot.

— Possible. »

Il souhaitait ardemment la connaître. Mais il aurait beau recueillir des informations sur elle, il ne parviendrait jamais à la cerner ; il ne pouvait pas la réduire à des données qu'on entre dans un foutu tableur.

« Tu as fait quoi pour trouver Pasha ? » demanda Lena. Dans la foulée, elle répondit elle-même : « Rien.

— C'est là que tu te trompes. À ton avis, où je suis allé cette nuit ? »

Cette fois, elle réagit. Elle recroquevilla les orteils.

« Je suis passé à Victoria, à la gare routière, à ce club que tu as mentionné… »

Elle alla jusqu'à le regarder droit dans les yeux.

Il secoua la tête. C'était horrible, ce qu'elle lui faisait subir. Un jour qu'il rentrait de l'école avec Michael Harrison, ils avaient sauvé un moineau des griffes du vieux chat de Michael ; il n'avait perdu que quelques plumes, il n'y avait pas de sang ni rien. Gabriel l'avait tenu dans ses mains, et lorsqu'il avait senti les battements affolés du cœur minuscule, il avait paniqué. Il voulait lui porter secours et en même temps il voulait qu'il meure. Ils l'avaient mis dans un carton au fond du placard à linge et quand ils l'avaient ouvert le lendemain, l'oiseau était mort. Ça leur avait causé un choc. D'autant que même dans la mort il paraissait bien vivant, parfaitement intact.

« Non, dit Lena. Je crois pas toi.

— Ça ne sert à rien. J'ai essayé, mais on n'est pas dans un village où tu peux interroger le premier venu pour avoir des renseignements sur quelqu'un. C'est Londres, bon sang ! »

Elle tourna son visage vers le mur.

« Lena... » Du bout des doigts, il lui effleura l'épaule. « Lena, j'ai une idée. On va engager quelqu'un pour le retrouver, un détective privé. D'accord ?

— Non.

— Comment ça, non ? Je vais le faire, je t'assure. Un détective privé, tu sais ce que c'est ?

— Non.

— Un peu comme un policier... non, non, ne t'inquiète pas, ce n'est pas un policier. Et il ne dira rien à la police, ce n'est pas pour ça qu'on le paie. Les détectives sont capables de retrouver les personnes disparues. Ils savent comment s'y prendre. »

Elle fit couler de l'eau chaude. « Mon Pasha, lui il veut voir... » Elle s'interrompit pour mieux s'appliquer à prononcer les mots. « ... le stade de Wembley. Il dit c'est maison du football.

— Bien. Parfait. Ce sera peut-être utile. Tiens, tu n'as qu'à mettre ça par écrit, tout ce qui pourrait nous donner un indice. Les endroits où il voulait aller, ses centres d'intérêt... Commence par le plus évident, et ensuite note toutes les informations qui te reviennent. » Au moins, ça l'occuperait. Elle avait besoin d'une activité. « Pendant ce temps-là, je vais poursuivre mes recherches, et quand tu auras fini de tout consigner j'engagerai un privé, un bon, le meilleur. Il pourra commencer après

Noël, au début de la nouvelle année, on n'en est plus très loin, et tu verras, on y arrivera, on réussira. »

Elle prit son souffle puis se laissa glisser sous l'eau, les remous à la surface donnant brièvement l'impression que ses membres se détachaient de son corps. Gabe retint sa respiration lui aussi. S'il parvenait à la garder jusqu'à Noël, cela leur laisserait un peu de temps. D'ici là, elle finirait peut-être par éprouver quelque chose pour lui. Puisqu'il était tombé amoureux d'elle, il n'y avait pas de raison pour qu'elle ne puisse pas tomber amoureuse de lui.

« OK », dit-elle en émergeant. L'eau chaude avait rougi sa poitrine. « Toi tu veux sexe. Je viens. » Elle fit mine de se redresser.

— Non, répliqua Gabe en lui appuyant sur l'épaule. Non, ce n'est pas ce que je veux. » Il tremblait d'épuisement. « Ce n'est pas bien. Je ne veux pas. J'ai besoin de quelques heures de sommeil. »

Quand il lui sourit, Lena faillit lui sourire en retour. Gabriel saisit la savonnette puis, tout doucement, il lui souleva un pied, le savonna, le massa, passa ses doigts entre les orteils. Ensuite il s'agenouilla pour pouvoir mieux assurer sa prise sur l'autre pied. Il procédait par mouvements circulaires, à demi hypnotisé par le glissement de son pouce sur la peau mouillée, jusqu'au moment où il récupéra l'éponge. Après avoir posé le pied de Lena près du robinet, il entama le voyage le long de son tibia.

Au lit, il l'interrogea sur le client qu'elle affirmait vouloir tuer. Ce qu'il aurait surtout voulu savoir, c'était pourquoi elle ne détestait pas les autres. Mais il ne pouvait pas lui poser la question.

« Qu'est-ce qu'il t'a fait ? »

Lena se rongeait un ongle. La cuticule déjà fragilisée se mit à saigner.

« Il te frappait, Lena ?

— Oh, dit-elle en essuyant le sang sur son bras. Toi tu aimes cette histoire, c'est ça ? Ça plaît à toi ?

— Non, bien sûr que non. » À certains moments, elle l'obligeait à écouter des récits épouvantables, et maintenant elle l'accusait d'y prendre plaisir. Jamais il n'aurait le dernier mot avec elle. « Je pensais que ça pourrait te faire du bien de parler de ce qui t'est arrivé. Mais si tu n'en as pas envie… Écoute, je suis là si tu as besoin de te confier, je tenais juste à ce que tu le saches…

— Je veux pas parler », siffla-t-elle entre ses dents, avant de rouler sur le côté.

Il s'approcha d'elle si lentement qu'il n'eut pas l'impression de bouger mais plutôt d'allonger ses membres vers elle, comme s'il lui poussait des racines qui s'enroulaient autour d'elle, la liant à lui. Il était déjà à moitié endormi lorsqu'elle prit la parole : « Un jour, lui est venu, et quand il est entré dans ma chambre j'ai vu il jouait avec son alliance. Alors j'ai demandé à lui : "Oh, tu es marié ? Tu as femme ?" Comme ça, j'ai dit, parce que je croyais si lui pense à sa femme, peut-être il sera plus gentil, peut-être il fera pas toutes ces choses à moi. Tu vois comment je suis bête ? Hein, tu vois ? »

En rêve, il arpente les catacombes baignées par une lumière violette visqueuse. Il est persuadé qu'il ne trouvera jamais l'endroit. Ce n'est pas la peine de continuer.

En découvrant enfin le corps, il se sent tellement éperdu de gratitude qu'il tombe à genoux. La nourriture commence à s'amonceler tout autour de lui. Il détache un petit morceau de gâteau, et il l'a déjà porté à ses lèvres quand la puanteur qui s'en dégage le frappe de plein fouet. Il referme la main sur une des pâtisseries au sommet d'un gigantesque empilement luisant. Un gros asticot blanc se tortille devant lui. Mais là, tout près, il y a son poulet rôti, et il est grillé à point, odorant, parfait. Il arrache un pilon et l'examine attentivement : la peau est bien gonflée, il en émane un agréable parfum d'ail et d'herbes aromatiques. Il mord dans la chair tendre, pour recracher aussitôt. Lorsqu'il reporte son attention sur le poulet, celui-ci est noir de mouches. Il se traîne de nouveau vers le cadavre, dont il saisit les pieds. Un orteil se brise entre ses doigts et il l'envoie rejoindre le pilon sur le sol.

Depuis qu'il avait trouvé les photos, deux jours plus tôt, Gabriel avait déjà téléphoné cinq fois à Charlie : une fois chez elle et quatre fois sur son mobile – des appels qu'elle ne lui avait pas retournés, des messages auxquels elle n'avait pas répondu. Il allait essayer de nouveau en allant au travail, et ensuite il en resterait là. Alors qu'il attendait de traverser au niveau de Lollard Street, une Mercedes s'engagea dans Kennington Road et heurta un cycliste qui s'envola par-dessus le capot, le vélo toujours entre les jambes. Il décrivit un cercle complet dans les airs avant de s'écraser sur le bitume.

« Allô ? » dit Charlie.

Le monde entier s'était figé, semblait-il, pour applaudir ce ballet aérien.

J'ai vu quelqu'un se faire tuer, songea Gabriel. En allant au boulot, j'ai vu quelqu'un se faire tuer.

« Gabriel ? »

Les passants se précipitèrent vers le cycliste. Le conducteur sortit de la Mercedes. Derrière, dans la file de voitures qui s'était formée en quelques secondes, d'autres conducteurs se mirent à klaxonner.

Le cycliste se releva. Trois personnes le soutinrent jusqu'au trottoir puis l'aidèrent à s'asseoir.

« Charlie ? Charlie, t'es toujours là ? »

Il tenta de la joindre à deux reprises pendant qu'il patientait à l'arrêt de bus. Elle ne décrocha pas.

Quand il arriva au bureau, Gabe ressortit son portable, afficha la liste des contacts, fit défiler les noms jusqu'à celui de Charlie et pressa le bouton d'appel. Encore la messagerie. Il recommença. Répéta la manœuvre une troisième puis une quatrième fois. Il s'entêta, pressant les touches de plus en plus vite, coupant la communication juste avant d'entendre l'annonce et rappelant aussitôt. Pour finir, il se leva d'un bond, ouvrit l'armoire de classement, jeta le mobile à l'intérieur et verrouilla le tiroir. Il gratta sa tonsure. La frotta. La gratta de nouveau. Fourra la clé du placard dans la poche arrière de son jean. Bien. Bon débarras. Au moment où il se détournait, son regard fut attiré par le téléphone posé sur sa table de travail.

Attrapant un dossier au hasard dans sa corbeille à courrier, il décida d'aller travailler dans un petit coin tranquille du restaurant. L'air était décidément trop étouffant dans son réduit. Qui sait s'il ne risquait pas un coup de chaleur ?

Le matin, le Jacques servait le petit déjeuner jusqu'à onze heures. Ensuite, les tables étaient dressées en prévision du déjeuner. En l'occurrence, il était environ dix heures et la salle était presque déserte ; seuls quelques hommes d'affaires s'attardaient encore devant des cafés et des agendas électroniques, parmi lesquels Gabe repéra tout de suite Fairweather qui repoussait sa mèche à la façon d'une écolière en se penchant vers son compagnon comme pour flirter avec lui. Manifestement doué d'une excellente vision périphérique, il s'interrompit brusquement pour lancer : « Ah, chef !

— Je ne vous dérangerai pas, dit Gabe.

— Oh, nous avions terminé, je crois, déclara Fairweather. Je ne me trompe pas, nous avions terminé ? » ajouta-t-il en se levant. Son interlocuteur, un homme à l'air avide qui portait un pull par-dessus sa chemise et sa cravate, n'eut d'autre solution que d'acquiescer.

« Je n'avais plus assez de *bons mots** » en réserve pour lui, observa Fairweather alors que son compagnon se retirait. Mais asseyez-vous, chef, asseyez-vous.

— J'avais oublié qu'on devait se voir, avoua Gabe.

— Oh, nous n'avions pas rendez-vous. Je devais retrouver ce monsieur pour le petit déjeuner, alors je me suis dit, pourquoi pas à l'Imperial ? Ça me changera de Westminster, pour une fois.

— C'est un de vos collègues ? » Gabe balaya la salle du regard. Aucun signe de Gleeson.

« Le problème, c'est que vous acceptez de rencontrer un journaliste pour un petit entretien décontracté, et là-dessus la presse fait ses choux gras d'un scandale quelconque, d'une fuite d'informations ou autre... Du coup, le doigt du soupçon se pointe vers vous.

— Et ce n'est jamais bon pour une carrière, j'imagine », répliqua Gabe. Le simple fait d'avoir pensé à Gleeson le mettait hors de lui. Comme s'il n'avait pas le droit d'agir à sa guise, de parler avec qui il voulait. Comme s'il redoutait d'être surpris.

« Le doigt du soupçon, répéta Fairweather d'un ton pensif. C'est bien la formule consacrée ? »

C'était Gleeson qui aurait dû s'inquiéter. C'était lui qui avait quelque chose à cacher.

« Bref, reprit Fairweather en riant, le problème, c'est qu'il y a décidément trop de politique en politique.

— Et donc vous allez abandonner.

— Bah, on verra bien ce qui se passera au cours du prochain remaniement. Pour paraphraser le dicton, tel démissionne à la hâte qui s'en repent à loisir, n'est-ce pas ? »

Gabriel souleva le vase de gerberas. Enfin des fleurs fraîches, comme convenu. Il frotta un pétale puis examina la tige. Du faux, il aurait dû s'en douter.

« Vous n'allez pas demander à être démis de vos fonctions, finalement ?

— Pour le moment, je n'en sais encore rien. Peut-être. Tout dépend de ce qu'on m'offre. Les discussions vont bon train. Certaines propositions sont extrêmement difficiles à décliner.

— Et vous ne voulez pas vous engager trop vite.

— Une attitude propre à nos compatriotes, n'est-ce pas ? La quintessence même de l'esprit britannique. »

Avant, être britannique, tout le monde savait ce que c'était. Non, ce n'était que l'opinion de son père, songea Gabe. « La prudence, vous voulez dire ?

— Exactement ! s'écria Fairweather. Une des valeurs fondamentales du tempérament britannique. Au même titre que la liberté, la justice, la tolérance, la pluralité... À votre avis, faut-il redemander du café ou est-ce qu'on va nous en rapporter d'office ? »

Du menton, Gabe fit signe à une serveuse. Il commanda un double espresso pour lui. À la seule perspective de la caféine, il se sentit pris d'un étourdissement. « Vous n'êtes pas en campagne...

— Oh, vous croyez que je vous ressors l'idéologie du parti ? » Fairweather sourit. « Non, non, je le pense vraiment. Notre identité britannique est pareille à notre économie, Gabriel, déréglementée à l'extrême. C'est un vaste marché d'idées, de valeurs et de cultures, dont aucune ne l'emporte sur les autres. Chacun peut y trouver son compte en fonction de l'offre et la demande. » Cette fois, il était passé en mode mitraillette. « Tout le monde aime parler de "modèle multiculturel" quand il ne s'agit en réalité que d'un grand laissez-faire. Cela me paraît assez unique en son genre. Notre identité nationale est, à ce titre, tout à fait singulière.

— N'est-ce pas le propre des identités nationales, justement ? souligna Gabe. D'être toutes différentes les unes des autres ? »

Fairweather haussa un sourcil interrogateur. Il s'accorda quelques instants de réflexion avant de répondre ; peut-être se demandait-il si son interlocuteur était digne de recevoir une partie du butin intellectuel qu'il pouvait distribuer à sa guise. « Bien sûr, le sentiment d'appartenance à une nation se fonde en partie sur le constat : "Nous sommes différents d'eux." Mais voyez-vous, Gabriel, ce qui est intéressant, c'est la façon dont l'idée de citoyenneté britannique est devenue aujourd'hui synonyme d'identité neutre, dénuée de valeurs – une non-identité, si vous préférez. Un vide.

— Je ne la conçois pas ainsi. Ce n'est pas l'impression que j'ai, en tout cas.

— J'en suis heureux. » Fairweather sortit son portefeuille alors que le café n'était même pas encore arrivé. « Bien, ce fut un plaisir, comme toujours. Mais il faut que je file.

— Est-ce que... vous trouvez ça inquiétant ? »

D'un geste ample, Fairweather traça une signature dans l'air, et la serveuse alla aussitôt chercher l'addition. « Sincèrement, non. Tenez, on pourrait dire que les Français sont assurément plus... français dans le choix de leurs valeurs. Pour autant, est-ce forcément mieux ? Nous avons les Beatles, ils ont Johnny Hallyday.

— Et nous avons le poulet tikka masala, ils ont une cuisine digne de ce nom. »

« Papa ? Je ne t'appelle pas trop tard ?

— Non, j'étais monté au grenier, c'est tout. Il m'a fallu un peu de temps pour descendre.

— Ce n'est pas très prudent… Et si tu tombais ?

— Je tomberai pas. Mais évite d'en parler à ta sœur, d'accord ? Elle me donne suffisamment de fil à retordre comme ça.

— Qu'est-ce que tu faisais ?

— Du tri. Ce sera toujours du travail en moins pour Jen et toi.

— Papa…

— Oh, c'est avant tout à moi que je pense. Y a les souvenirs de toute une vie, là-haut.

— Un vrai musée.

— Sûr.

— Je monterai avec toi quand je viendrai. J'arriverai à la maison avant Noël, je resterai quelques jours.

— Surtout, va pas dépenser ton argent pour moi, fils.

— Ne t'inquiète pas.

— Mon plus beau cadeau, ce sera de t'avoir à la maison.

— OK.

— Et moi, qu'est-ce que je vais t'offrir ?

— Rien.

— Ah non, il est pas question que t'aies rien. Je suis pas encore mort, je te signale.

— Non, c'est… tiens, il me faudrait des chaussettes. Et un nouveau portefeuille. En fait, j'ai besoin de pas mal de choses.

— Et ce mariage, où ça en est ? Vous avez fixé une date ?

— Pour tout te dire, p'pa, il y aura peut-être un peu de retard. On a décidé de… on s'est mis d'accord pour prendre le temps de réfléchir.

— T'as changé d'avis, quoi.

— Plus ou moins. C'est compliqué. Je t'en parlerai lorsque je viendrai.

— Attention à pas trop réfléchir, Gabriel. Pendant ce temps là, la vie passe tout doucement.

— Je n'arrête pas de repenser à la Rileys. Tu te rappelles toutes les fois où tu m'y emmenais ? J'ai souvent fait l'école buissonnière.

— Oh, sûr, je me rappelle.

— J'adorais la salle des Benninger. Tu sais, quand il y avait un motif complexe à réaliser, avec tous ces fils de couleur…

— Sûr.

— Tu m'as fait une remarque sur le tissage, un jour, je m'en souviens encore. Tu m'as dit que c'était un peu comme la vie : la trame va dans une direction, elle donne le dessin et la couleur ; et la chaîne, elle, est constante. Papa ? Je… des fois, j'ai l'impression…

— C'est à cause de cette fille ? Lena ? Non, j'ai pas oublié. Écoute, mon grand, y a une chose que tu dois savoir : les fils cassent tout le temps. Un bon tisseur attend pas l'intervention du chef d'atelier ; il répare lui-même et il va de l'avant. »

18

GABRIEL, CATAPULTÉ HORS DU SOMMEIL, se réveilla dans son lit les fesses en l'air. Il demeura un moment allongé, la tête pendant à côté du matelas et le cœur près d'exploser. Il avait tellement lutté pour émerger... Il y était allé en force, comme pour enfoncer une porte fermée qui se serait ouverte à la volée, l'expédiant à plat ventre sur le sol. Pourtant, ce retour à la conscience le soulageait. Le rêve ne faisait qu'empirer. Les cauchemars n'ont jamais tué personne. D'accord, mais celui-là finirait peut-être quand même par avoir sa peau, pensa-t-il. Ses nuits trop brèves auraient raison de lui. Il mourrait d'une crise cardiaque.

L'audience avait lieu ce matin-là, et Gabriel enfila un costume avant de prendre la direction du tribunal de Westminster. Assis dans la salle lambrissée, il écouta les quelques rares témoins qui venaient déposer à la barre. Lui-même fut appelé, ainsi que M. Maddox. Après une brève suspension d'audience, le coroner rendit son verdict : mort accidentelle. Cause du décès : fracture cervicale. Aucun membre de la famille n'avait fait le déplacement, alors que la convocation avait été repoussée à deux reprises pour leur permettre d'y assister. Leur situation financière ne leur avait pas permis de se payer le voyage, expliqua le coroner. Un représentant des services sociaux allait se charger de lire une déposition en leur nom.

Celle-ci n'avait rien que de très banal – mari aimant, père dévoué –, le condensé d'une vie en quelques cases à cocher sur un formulaire. Gabriel jeta un coup d'œil aux quelques personnes présentes : l'ambulancier, le policier... Il avait tellement de mal à se concentrer ! Peut-être aurait-il ressenti quelque chose, éprouvé une certaine émotion s'il n'avait pas été aussi éreinté.

Dehors, dans Horseferry Road, M. Maddox le gratifia d'une bourrade à l'épaule. « Ça y est, on a enfin les résultats, dit-il, comme s'il parlait d'un match de foot. Venez, je vais vous raccompagner. Gareth n'aura qu'à s'asseoir à l'arrière. »

Avec ses joues ombrées en permanence par une barbe naissante et son grand manteau noir au col relevé, le directeur général ressemblait au patriarche d'une famille du crime organisé – un rôle qui lui conviendrait à merveille, Gabe n'en doutait pas.

« Alors, c'est fini pour Yuri. Terminé. » Saisi d'une rage soudaine, Gabe tira frénétiquement sur sa cigarette.

« On dirait que vous avez passé la nuit dans le fossé, chef. Vous avez brûlé la chandelle proverbiale par les deux bouts ?

— Ça vous est égal qu'un homme soit mort ?

— Ah, écoutez tous Mère Teresa. Elle va réciter une prière. »

M. James gloussa docilement. « Si on se dépêche, monsieur, vous pourrez arriver à temps pour votre rendez-vous de quatorze heures trente. On y va ? »

La façon dont le directeur général le regardait fit à Gabriel l'effet d'un direct en pleine figure. Malgré lui, il recula d'un pas.

« Quoi ? gronda M. Maddox. Qu'est-ce que vous attendez de moi ? Que je fasse la quête ? »

Gabe haussa les épaules. « Pourquoi pas ? Vous pourriez en discuter à la prochaine réunion du conseil d'administration. Envisager de verser une indemnité à…

— Pas question ! tonna M. Maddox. Il n'en est pas question une seule seconde. Vous n'avez pas entendu ce qui s'est dit dans ce tribunal ? Il n'y a aucune accusation de négligence dans cette affaire. S'il en avait été autrement, on se serait battus comme des lions pour ne pas lâcher un seul foutu penny.

— Par charité, alors, s'obstina Gabe.

— Oh, j'ai même mieux à vous proposer : pourquoi ne pas consacrer les catacombes, hein ? Les transformer en un putain d'autel ? Hé, Gareth, vous êtes encore là ? Qu'est-ce que vous attendez pour aller chercher la voiture ? Le chef a décidé de rentrer à pied. Il a besoin de s'éclaircir les idées. »

Le service de midi, le lendemain, fut sinistre. Fallait-il y voir une conséquence des alertes à la bombe dans deux stations de métro, du temps maussade, du « moral des ménages » en baisse, comme il l'avait entendu à la radio ? Gabe n'aurait su dire dans quelle mesure l'un ou l'autre de ces facteurs expliquait l'absence de clients. De fait, il y avait déjà eu plusieurs annulations pour le dîner et il était prêt à parier qu'il y aurait pas mal de défections et peu de passage. La soirée s'annonçait tendue.

Entre deux services, il alla prendre un verre avec Nikolaï dans un pub près de Shaftesbury Avenue. Porté par l'optimisme malgré la déprime générale, il voulait lui parler de son rêve – ce rêve qui, tel un pillard déchaîné, lui volait toutes ses nuits.

Il avala une gorgée de sa pinte amere, manifestement tirée d'un fond de cuve. « Je n'arrête pas de faire ce rêve à propos de Yuri… »

Nikolaï buvait une bière à la bouteille. Il ferma les yeux durant quelques instants. Pourquoi ? En signe de compréhension ? En hommage au défunt ? Était-ce une marque de respect ?

« Regardez-moi cette table, marmonna Gabe. Dégueulasse. Et vous avez quoi, un, deux, trois employés derrière le bar ! » L'établissement était un de ces pièges à touristes qui n'escomptent pas revoir le client et s'en fichent royalement. En guise de « plats traditionnels », on y servait des tourtes réchauffées au micro-ondes baignant dans un océan de haricots à la tomate premier prix – une mixture immangeable, comme les deux Américains à une table voisine semblaient prêts à l'attester.

« C'est une honte », approuva Nikolaï en affichant une solennité superflue.

L'exaspération de Gabe atteignit son comble. Nikolaï, avec ses longs doigts blancs et ses cheveux carotte, son silence prétentieux, son nez hideux, ses remarques moralisatrices, ses épaules tombantes, son regard du style « j'attends mon heure »... Nikolaï ! Qu'est-ce qu'il lui avait pris de vouloir lui parler ?

Sa colère s'évanouit aussi vite qu'elle était apparue. Il fit une nouvelle tentative : « Le problème avec ce rêve, c'est qu'il est toujours pareil. Du moins, il commence toujours de la même façon. » Il entreprit de le raconter au commis, alignant tous les détails tels des intrus à expulser de son territoire.

« Je vois, dit Nikolaï.

— Ah bon ? À votre avis, qu'est-ce que ça signifie ? »

Le Russe lui offrit une cigarette – un remède à tous ses maux. Il haussa les épaules. « Un rêve n'est qu'un rêve.

— Je sais. Mais il revient tout le temps. Ça doit bien vouloir dire quelque chose, non ? » En entrant dans ce pub miteux, Gabe s'était dit qu'il l'avait choisi pour sa tranquillité et sa situation proche de l'Imperial. De fait, il ne savait plus où aller maintenant que le Dusty était fermé et que le Penguin l'était peut-être aussi. Avant, il connaissait une bonne dizaine de bars. Avant, il avait ses repères dans cette ville.

« Un analyste freudien pourrait sûrement vous l'expliquer, déclara Nikolaï. Mais vous auriez sans doute du mal à le croire.

— Je n'ai pas besoin d'un psy », rétorqua Gabe. Londres lui échappait. Plus il y vivait, moins elle lui semblait familière.

« Non. Bien sûr que non.

— Qu'est-ce qu'ils font, à part vous écouter sans dire un mot ? Un peu comme vous, finalement. Vous ne seriez pas psy, par hasard ? Nikolaï, le psy des fourneaux, ha, ha ! »

Le commis daigna se fendre d'un petit rire.

« Allez, Nikolaï, répondez-moi : pourquoi ce surnom, Doc ? Vous êtes médecin ou quoi ?

— Je l'ai été.

— Et ? Qu'est-ce qui s'est passé ?

— Des choses. Ma vie a changé.

— Si vous n'avez pas envie d'en parler…

— Je n'ai rien à cacher. J'étais médecin en Union soviétique. Ensuite, on m'a accusé d'espionnage et… » La cigarette entre les doigts, il esquissa un geste résigné. « J'ai été obligé de partir.

— Une minute… C'était quand ?

— Sous Gorbatchev. La belle époque de la glasnost ! De la perestroïka ! » Il s'exprimait soudain comme un orateur à la tribune, arborant un sourire démagogue. « La fin de la guerre froide ! La fin de l'Histoire !

— Et vous n'aviez rien fait ? De mal, s'entend ?

— Bien sûr que si.

— Oh. Je vois.

— J'étais obstétricien, et dans le cadre de mon activité j'ai été amené à effectuer des recherches sur les malformations des nouveau-nés. Il y en avait beaucoup dans notre ville, d'un genre bien particulier. J'ai procédé à des analyses, prélevé des échantillons dans la rivière, dans les réserves d'eau, et j'ai découvert des choses intéressantes sur les produits chimiques déversés par l'usine Ces informations, je les ai rendues publiques, ce qui m'a valu d'être accusé d'espionnage. L'usine fabriquait du matériel militaire, j'avais donc révélé des secrets militaires. C'est ce qui a été dit au procès. Je l'ai su par la télévision, ayant préféré – pour des raisons que vous comprendrez certainement – rester caché à l'époque. J'ai été condamné par contumace à quatorze ans de prison.

— Sous Gorbatchev ?

— L'Histoire ne s'est pas achevée. Elle s'est répétée, comme toujours.

— Et pourquoi… » Gabriel se demanda comment formuler la question.

« Pourquoi un couteau de cuisine, vous voulez dire ? Je n'ai pas touché à un scalpel depuis des années.

— Pourquoi ne pas avoir continué à exercer ? Quitte à repasser des examens ?

— Quand je suis arrivé ici, j'ai cru… » Nikolaï secoua la tête. « Je me suis engagé dans… j'ai consacré trop de temps à… » Il sourit et agita un doigt en direction de Gabriel comme s'il avait failli se démasquer. « Mettons que j'y ai été contraint par la force des choses, à défaut d'une meilleure formule. Mais ce n'est pas si terrible. J'ai accepté la situation. On pourrait dire que c'était ma destinée, en quelque sorte. »

Gabriel déplaça son coude englué dans une flaque poisseuse. La destinée. C'était tellement grandiloquent, tellement pompeux, tellement… typique de Nikolaï. Il fallait avoir une haute opinion de soi-même pour s'imaginer destiné à quoi que ce soit.

« Mais vous n'y croyez pas, hein ? demanda-t-il.

— À quoi ?

— À la destinée, au destin, à la prédestination… peu importe le terme. Un grand dessein conçu par le Très-Haut. Tout ça, c'est des conneries, pas vrai ? Sinon, qu'est-ce qu'on fait de la possibilité de choisir, du libre arbitre ?

— Il n'y a pas de grand dessein », affirma Nikolaï. Il s'interrompit le temps de croiser ses doigts fuselés, pensant certainement que cette pause ajouterait du poids à ses propos lorsqu'il les énoncerait. « Je suis d'accord avec vous sur ce point. Mais en homme de raison et de science, je me dois de réfuter votre idée du libre arbitre. Je ne peux décemment pas la soutenir.

— Vous plaisantez, je suppose. » Nikolaï n'avait pas les mains d'un cuisinier. Elles n'étaient pas couvertes d'égratignures et de brûlures. Il travaillait en cuisine avec une précision chirurgicale. Et alors ? Pourquoi faudrait-il s'enorgueillir de ses blessures ?

« Ou peut-être que j'ai passé trop de temps à lire Schopenhauer, ajouta le commis.

— Qui ?

— Non, plus sérieusement, laissez-moi vous poser la question, essayer de savoir quelles sont vos convictions. Vous croyez vraiment que nous sommes libres de décider des aspects les plus importants de notre vie ? Naître en Occident aujourd'hui est sans doute le coup de chance le plus inouï qui soit. Ensuite vient se greffer un autre facteur déterminant, sur lequel nous n'avons aucune prise : nos parents. À votre avis, les événements les plus marquants de notre existence ne sont-ils pas ceux qui surviennent sans aucune intervention de notre part ? Et qu'en est-il du présent, de notre comportement quotidien ? Exerçons-nous le moindre contrôle sur nos fonctions les plus élémentaires ? Êtes-vous capable de vous réveiller quand vous le souhaitez ? De dormir quand vous en avez envie ? D'oublier vos rêves ? De choisir à quel moment vous avez envie de penser et à quoi, ou même d'arrêter de penser ? »

Il sortit de sa poche une flasque, la porta à ses lèvres puis la tendit à Gabe.

« Non merci, il est un peu tôt pour moi », déclara ce dernier. La vodka lui rappela Damian. Il devrait prendre des mesures pour l'aider. S'il avait le temps, bien sûr. De toute façon, l'adolescent était comme un accident de voiture prévisible ; on ne pouvait sans doute pas faire grand-chose pour lui. Gabe rendit la flasque au commis. « OK, je comprends ce que vous voulez dire. Mais ce n'est pas le propos. Vous êtes passé à côté du sujet.

— Qui est… ?

— C'est évident : je ne suis peut-être pas capable de m'endormir quand j'en ai envie, mais une fois réveillé j'ai la possibilité de choisir ce que je veux faire, quand et comment. C'est le libre arbitre, on l'exerce tout le temps. Notre comportement est fonction de nos décisions, il me semble. Face à une situation donnée, je peux très bien réagir de façon décente – charitable, en d'autres termes – ou au contraire faire preuve d'égoïsme.

— Ah, notre comportement…, répéta Nikolaï en allongeant le mot, sans doute pour mieux faire semblant de réfléchir alors qu'il avait manifestement préparé son discours depuis longtemps. On pourrait dire aussi qu'il est déterminé par nos origines, notre enfance et ce qui nous arrive en cours de route. Quelques-uns parmi nous se retrouvent privés très tôt de certains choix, orientés d'autorité dans certaines directions. »

L'image de Michael Harrison, son ami d'enfance, s'imposa à l'esprit de Gabriel. Il n'était pas très difficile de voir à l'époque quelle direction allait prendre sa vie, songea-t-il avec une certaine réticence. Mais non, Michael était intelligent, il avait dû faire son chemin.

« Un psychanalyste, enchaîna Nikolaï – bon sang, une fois lancé, il ne s'arrêtait plus –, contesterait probablement vos affirmations. Freud nous a appris qu'il fallait examiner le passé d'une personne afin de mieux comprendre son comportement d'adulte. Si elle n'agit pas bien, ou même si elle présente des tendances sadiques, à quoi est-ce dû ? Un autre individu est incapable de nouer des liens durables. Pourquoi ? Si on le veut vraiment, on peut toujours trouver des raisons.

— Oh, Freud a été beaucoup critiqué », affirma Gabriel. Il n'en savait rien, mais l'hypothèse lui paraissait des plus probables.

Nikolaï plissa ses petits yeux de souris en allumant une cigarette. « Considérons la question sous un autre angle, d'accord ? Vous préféreriez une approche plus rationnelle ?

— Oui.

— Une approche fondée sur l'expérimentation scientifique contrôlée, les résultats quantifiables – les preuves, en d'autres termes ?

— C'est ça.

— Les philosophes et les thérapeutes n'apportent jamais de preuves. En attendant, quand on voit leurs résultats concrets, on ne peut que se rendre à l'évidence, n'est-ce pas ?

— On n'a pas toute la journée », grommela Gabriel. Il n'était pas idiot. Il comprenait parfaitement en quoi consistait la méthode de Nikolaï : guider son interlocuteur dans un couloir en fermant sur son passage toutes les portes de l'objection. La spécialité des représentants de commerce.

« Je serai bref, répliqua le commis. Je pense à une expérience classique menée par l'université Harvard au début des années quatre-vingt-dix. Des psychologues se sont intéressés à la façon dont les étudiants évaluaient leurs professeurs. Ils ont demandé à un groupe de noter les cours en se basant sur un vidéoclip muet de trente secondes. Ces étudiants n'ont eu aucun mal à se mettre d'accord pour dire quels professeurs étaient les plus compétents et les plus consciencieux, lesquels possédaient les plus grandes qualités de pédagogue. Tout ça après avoir regardé de parfaits inconnus pendant trente secondes. » Il avala une nouvelle rasade de vodka puis humecta ses lèvres exsangues.

« Et ? le pressa Gabe. Que s'est-il passé ?

— Non seulement ils ont réussi à se mettre d'accord, mais leurs notes préfiguraient celles que les professeurs ont reçues de leurs vrais étudiants à la fin du semestre. Le premier groupe avait agi d'instinct, bien sûr ; les autres étaient persuadés qu'ils avaient fondé leur décision sur la raison, procédé à des choix logiques. En attendant, ils sont arrivés au même point.

— Si c'est tout ce que vous avez à m'opposer comme argument, ça ne prouve rien !

— D'après de nombreux scientifiques cognitifs, nous pensons agir consciemment parce que notre voix intérieure est très douée pour trouver des explications à un comportement qui, en fait, est généré inconsciemment. »

Gabriel s'étira puis se gratta l'arrière de la tête sans retenue, pour une fois, en appréciant pleinement la sensation. Si Nikolaï voulait gaspiller son intelligence ou justifier son inertie, son obstination à ne rien faire pour améliorer sa condition, libre à lui de s'enferrer.

« À propos de psychologie, combien de psychologues faut-il pour changer une ampoule électrique ? plaisanta-t-il.

— Je pourrais aussi vous parler des neurosciences, répliqua Nikolaï. De cette demi-seconde qui s'écoule entre le début de l'action et la décision consciente d'agir, et aussi de tout le reste, mais ce serait sans doute trop... perturbant. »

Gabe l'imaginait sans peine en orateur dans un meeting politique, manipulant la foule, jouant avec les émotions, usant de toutes les astuces de la rhétorique. Oui, il le voyait bien en agitateur. Pour autant, lui-même ne se laissait pas abuser.

« On est tous responsables, décréta-t-il.

— De quoi ?

— De nous-mêmes, des autres... On ne peut pas se retrancher derrière ce genre de... ce genre de... jeu avec les mots. »

Un sourire étira les lèvres pâles de Nikolaï.

« Un jeu, hein ? D'accord, d'accord. C'est peut-être pour ça que vous rêvez de Yuri. Vous vous sentez responsable de ce qui lui est arrivé.

— Mais pas du tout ! protesta Gabe. Comment ça ? Pourquoi ce serait ma faute ? Jamais je ne l'ai autorisé à loger dans la cave !

— Je n'ai pas parlé de "faute". J'ai juste formulé une hypothèse concernant votre sentiment de responsabilité – de culpabilité envers le monde dans lequel on vit, ce monde où il y aura toujours plus de Yuri qui doivent se battre pour exister.

— Eh bien, je ne l'ai pas créé, ce monde, déclara Gabe en saisissant la flasque. Je me contente d'y vivre. Tout comme vous. »

Alors qu'il retournait en cuisine, Gabe s'arrêta devant la guérite d'Ernie. À l'intérieur, Oona et le manutentionnaire se serraient l'un contre l'autre devant l'ordinateur.

En le voyant, ils s'écartèrent vivement avant de poser sur lui un regard interrogateur.

« Non, rien, déclara Gabriel en ressortant. Ne vous occupez pas de moi, continuez. »

Par la fenêtre, il vit Oona se remettre à sucer frénétiquement l'extrémité de son crayon.

Gleeson allait et venait dans le couloir, son portable collé à l'oreille. « À Victoria, comme d'habitude, disait-il, mais on viendra les chercher plus tard... Eh bien, ils attendront, c'est tout. » Apercevant Gabe, il dirigea son index et son majeur vers ses yeux avant de les pointer vers le nouveau venu, une façon de lui signifier : *Je vous ai à l'œil.* Qu'il aille se faire foutre.

Gabriel le dépassa rapidement et entra dans le labo pâtisserie pour s'entretenir avec le chef Albert. Une pagaille indescriptible régnait à l'intérieur, les poubelles débordaient, le mixeur Hobart trempait dans une préparation visqueuse, la Carpigiani était maculée de crème glacée. Quelque chose brûlait dans le four, une langue de pâte pendait du laminoir Rondo, et il y avait des éclaboussures de jaune d'œuf sur un mur. L'assistant du chef pâtissier, occupé à coucher des meringues, était couvert de farine, et tout autour de lui le sol avait disparu sous une fine pellicule neigeuse.

Albert lui-même, penché sur un plan de travail, examinait une paire de seins. « Chef ? s'écria-t-il. Regardez ! N'est-ce pas une véritable œuvre d'art ?

— Qu'est-ce qui s'est passé, ici ? »

Le chef Albert referma son journal, plaça ses mains sur ses hanches larges et rejeta la tête en arrière, de sorte que sa toque s'inclina dangereusement. « C'est le résultat de la spontanéité, répondit-il. De la créativité. On ne peut pas faire d'omelette sans casser des œufs.

— Oh... Pendant un moment, j'ai cru qu'il y avait eu une bataille à coups de bombes de farine.

— Ha, ha, ha ! » Hilare, le chef pâtissier se claqua la cuisse. Sa toque lui glissa sur un œil. Une fois la crise terminée, il se redressa et remit la coiffe d'aplomb. « C'est vrai, chef, vous avez raison.

— Bon, eh bien, je suis sûr que vous ne tarderez pas à tout nettoyer. Je voulais vous parler de...

— Pssst... Venez, il faut que je vous montre quelque chose. » Le chef Albert fila vers un coin de la pièce en faisant signe à Gabe de le suivre.

« Vous ne devriez pas plutôt jeter un coup d'œil à ce qu'il y a dans ce four ? suggéra ce dernier.

— Plus tard, plus tard, l'interrompit le chef pâtissier. Excusez-moi, mais j'ai appris pour... pour votre jolie petite amie qui vous a... » Il l'attrapa par les épaules, le plaqua contre son torse et l'embrassa sur les joues. « Vous souffrez ?

— Pas vraiment », répondit Gabe. Il vit l'assistant presser la poche à douille pour en faire tomber le contenu directement dans sa bouche.

« Oui, reprit Albert, la moustache frémissante. Ah, la souffrance ! » Il retira de sa poche de poitrine une boîte de comprimés. « Ah non, pas ceux-là. Remarquez, pourquoi pas ceux-là aussi ? Vous êtes en dépression, n'est-ce pas ?

— Non. *Non.* » Gabe se tourna vers l'assistant. « Occupez-vous de ce qu'il y a dans ce four. »

Le chef Albert lui agitait désormais sous le nez un petit flacon brun. « La-la-la, la-la-la, chantonna-t-il, comme s'il essayait de calmer un bébé avec un hochet. Bon, vous décidez de... de prendre du bon temps, d'accord ? » Il se servit de son poing et de son avant-bras pour représenter un symbole phallique. « Alors vous sortez le grand jeu à votre petite copine... et bingo ! Elle vous supplie de rester.

— Merci, mais non merci.

— Chef ? J'ai cinquante-deux ans et mon érection dure au moins deux ou trois heures. Une vraie bénédiction ! Vous devriez essayer, pour vous rendre compte par vous-même.

— J'apprécie l'offre. »

Le chef Albert tenta de fourrer d'autorité le flacon dans la poche du pantalon de Gabriel. Au même moment, l'assistant ouvrit la porte du four, libérant une épaisse fumée noire. Le flacon tomba par terre, soulevant un nuage de farine.

« De l'authentique Viagra ! » lança le chef pâtissier. Dans son enthousiasme, il envoya par mégarde le flacon rouler sous un plan de travail. Aussitôt, il se mit à quatre pattes.

Gabriel sortit sans demander son reste tandis que le chef pâtissier continuait de ramper sur le sol en susurrant des mots doux à l'adresse de ses comprimés et que son assistant, armé d'un extincteur, inondait la pièce de neige carbonique.

Trempé de sueur dans son bureau, Gabe ne parvenait pas à se mettre au travail. Trop de pensées se bousculaient dans sa tête, il fallait d'abord qu'il tire certaines choses au clair. Par exemple : sa rupture avec Charlie lui avait-elle brisé le cœur ? Il avait parfois envie de répondre oui, et parfois non ; autrement dit, il n'était pas plus avancé. Autant laisser le sujet de côté pour le moment. Et Lena ? Était-il son chevalier en armure ou le dernier d'une longue liste d'hommes qui avaient abusé d'elle ? Là encore, et même si ce constat lui était pénible, il devait bien admettre qu'il n'en savait rien. Ou peut-être, pour être honnête, qu'il y avait un peu des deux. Même sa carrière – la voie qu'il avait suivie, la ligne droite qu'il pensait avoir parcourue – lui paraissait avec le recul pleine de méandres et de sinuosités, à moitié enfouie sous les broussailles.

Il se rendit en cuisine juste avant le début du service du soir. Benny farinait des côtelettes de veau qu'il trempait ensuite dans du jaune d'œuf et saupoudrait de chapelure. Il en avait déjà préparé un plateau entier.

« Tout va bien, Benny ?

— Oui, chef.

— Est-ce que… vous avez besoin d'aide ?

— Non, chef. Merci.

— Je vous en pane quelques-unes, d'accord ?

— Oui, chef.

— Benny ? »

Celui-ci s'écarta pour lui laisser de la place devant le plan de travail. Puis, inclinant sa grosse tête, il se remit à l'ouvrage. Gabriel laissa son regard s'attarder sur la cicatrice qui lui barrait la joue.

« Benny ? Vous vous rappelez cette fois où vous avez mentionné votre ami, le petit général ?

— Kono, oui. » Le prénom parut résonner au fond de la gorge du chef de partie.

« C'est ça, Kono. Où est-il, maintenant ?

— Je ne sais pas.

— Quand… » Gabe ne savait plus ce qu'il avait voulu demander. « Quand on est allés prendre un verre ce soir-là et que vous m'avez parlé de lui, de vos amis, et un peu de votre vie…

— Je me souviens. L'alcool me rend bavard. » En cet instant, il s'exprimait avec un accent tellement épais qu'on aurait pu planter une cuillère dedans. « En principe, je n'y touche pas.

— Mais la façon dont vous avez décrit… » Les récits de Benny lui paraissaient tellement solides, tellement structurés – compacts, à l'image de Benny lui-même. « Je veux dire, vous racontez bien les histoires.

— Merci, chef, répondit Benny en se redressant comme si Gabe lui avait épinglé une médaille sur la poitrine. Mais un réfugié sait toujours comment raconter son histoire. Pour lui, vous comprenez, c'est un trésor. En vérité, c'est même ce qu'il a de plus précieux. »

Gabe quitta son travail de bonne heure, emportant deux côtelettes de veau qu'une fois rentré il fit cuire pour Lena et lui. Après le dîner, elle resta assise à la table de la cuisine pour rédiger le « récapitulatif » à l'intention du détective privé, tripotant tour à tour le capuchon du stylo et ses boucles d'oreilles. Elle écrivait en russe, mais n'en masquait pas moins la feuille avec son bras chaque fois que Gabe s'approchait. Il l'embrassa sur le front puis se prépara à aller se coucher. S'il allait au lit plus tôt, s'était-il dit, il aurait peut-être plus de chances de récupérer. C'était l'épuisement qui lui gâchait ses nuits.

Le dos calé contre l'oreiller, il prit son livre. Il songea à son père, à sa mère, à l'école hôtelière. Pourquoi avait-il laissé tomber le lycée ? Parce qu'il avait voulu se concentrer sur ce qui lui plaisait, mettre en pratique son intérêt pour la science. Logique.

Quel intérêt pour la science ? Un exposé en chimie quand il était en troisième. Un cahier rédigé au Jarvis de Manchester lorsqu'il était encore apprenti, où il avait noté ses « expériences » avec les steaks grillés, indiquant les temps de cuisson, les températures, les résultats, ses observations minutieuses au sujet des réactions chimiques de Maillard, de la dénaturation et de la coagulation des protéines musculaires. De fait, il commençait lui-même à sentir son sang se coaguler, épaissir dans ses veines.

Il rouvrit son livre. *L'Univers dans une coquille de noix.* Il en parcourut quelques lignes. Pourquoi se torturer, de toute façon, puisqu'il n'était qu'un grain de poussière

– et même moins que ça, beaucoup moins que ça – sur une planète qui tournait en orbite autour d'une étoile perdue au fin fond de la Voie lactée, une galaxie parmi des milliards et des milliards de galaxies, dans un univers en expansion constante, sans aucune limite d'espace ni de temps ?

Un élancement semblable à une brûlure lui traversa la poitrine. Il l'ignora, tourna la page et attaqua le passage sur les trous noirs.

Il ne pouvait plus respirer. Le seul trou noir dont il parvenait à appréhender la réalité était celui qui béait devant lui. Il déplaça doucement ses jambes, posa les pieds par terre puis tira les épaules en arrière pour tenter de dilater au maximum ses poumons. De l'oxygène, il leur fallait plus d'oxygène. Picotements dans les mains et les pieds. Pas assez d'oxygène. Son sang était trop épais, son cœur ne parvenait plus à le faire circuler et se jetait éperdument contre ses côtes. Il finirait par avoir une crise cardiaque. Ah, le con ! Il tenta d'appeler Lena mais aucun son ne franchit ses lèvres. Son mobile était sur la table de chevet. En voulant l'attraper, il le fit tomber et tomba lui aussi.

La douleur dans son torse et son épaule devenait insoutenable. Il parvint néanmoins à composer le numéro. C'est peut-être la dernière chose que je ferai, songea-t-il.

« Police secours, j'écoute ?

— Aidez-moi, supplia Gabriel. Aidez-moi. »

19

COMME S'IL AVAIT DISSÉMINÉ DU SUCRE PAR POIGNÉES sur la lande, le soleil matinal faisait briller les touches de givre blanc qui se détachaient sur une palette de verts et de bruns. Gabriel plissa les yeux pour contempler le paysage. La vue de ces reliefs tout en douceur moutonnant à l'infini l'emplissait d'une vague nostalgie. Le sol tourbeux s'enfonçait sous ses bottes. Les fougères roussies par l'hiver tenaient tête au vent.

C'était le soir du réveillon de Noël. Autrefois, ce même soir, ils allaient en famille jusqu'au phare où toute la population de Blantwistle, semblait-il, se donnait rendez-vous pour faire prendre l'air aux enfants, aux grands-parents, au chien de la maison.

« Où sont-ils tous ? » demanda Gabe.

Son père s'appuya à deux mains sur sa canne. « Dans les magasins, je parie. En train d'acheter des tas de trucs.

— On n'est pas obligés d'aller plus loin… »

Pour venir, Gabriel avait pris le volant de la vieille Rover paternelle qu'il avait ressuscitée de sous son linceul. Ils avaient parcouru moins de cinq cents mètres depuis l'aire de stationnement où il l'avait garée.

« Arrête d'en faire tout un plat », répliqua Ted. Il ne bougea cependant pas.

Gabriel s'éloigna du sentier pour s'avancer sur une étendue rocheuse. « Je reviens tout de suite », lança-t-il, espérant que le vent n'emporterait pas ses paroles.

Autour de lui, il ne voyait que des fougères. Où était la bruyère ? Quand il était petit, il y avait de la bruyère cendrée par ici, de la bruyère des marais et, bien sûr, de la callune – la bruyère commune – partout. En été, elle formait d'épais tapis violets. Après qu'ils avaient emménagé à Plodder Lane, Jenny et lui sortaient souvent du jardin pour traverser les pâturages, longer Marsh End jusqu'à la ferme Sleepwater et s'aventurer sur la lande. De toute façon, personne ne s'inquiétait de leur absence avant le retour de leur père. Gabe s'armait d'un bâton pour faire voler les têtes cotonneuses des linaigrettes. Jenny cueillait des myrtilles, des petites mûres blanches aigrelettes ou encore les fruits de l'empetrum, de minuscules drupes dures et noires qu'elle ne mangeait pas mais faisait éclater sur une pierre. Il y avait aussi des sphaignes couleur citron vert qui se remettaient en place tels des ressorts quand on appuyait dessus, quelques narthécies des marais aux fleurs jaunes étoilées et aussi des droséras dévoreuses d'insectes ; parfois, avec un peu de chance, il suffisait de s'allonger à plat ventre sur le sol spongieux pour voir un papillon se dissoudre lentement dans la bouche poilue, jaune et rouge, de la plante carnivore.

Aujourd'hui, il n'y avait plus que des fougères ponctuées de grosses touffes d'herbe épaisse. Pas de quoi retenir l'attention d'un petit garçon. Dans le temps, l'été, Jenny et lui pouvaient passer une journée entière sur la lande. S'il revenait en juillet ou en août, se dit Gabe, peut-être trouverait-il des baies et des fleurs ?

À l'époque, sa sœur et lui ne perdaient jamais de vue le phare de Twistle, qui leur servait de repère pour rentrer à la maison. Ils savaient tous les deux qu'on s'égare facilement sur la lande. Le phare avait un autre nom, songea Gabe, mais il ne s'en souvenait pas. Il se rappelait juste qu'il s'amusait à comparer à une fusée cette tour de vingt-cinq mètres de haut surmontée d'un cockpit en verre. Du sommet, on distinguait la baie de Morecambe, la tour de Blackpool et même l'île de Man – du moins, les rares fois où il n'y avait pas de brouillard. Gabe avait fumé sa première cigarette dans l'escalier humide et froid, embrassé Catherine Dyer contre le mur de soixante centimètres d'épaisseur, compté si souvent les huit côtés, seize fenêtres, quatre-vingt-douze marches et cent quinze rivets de la plateforme d'observation qu'il emporterait sans doute les chiffres avec lui dans la tombe.

Parfois, maman oubliait qu'ils étaient partis jouer dehors, et elle s'en allait en fermant toutes les portes à clé derrière elle. Heureusement, ils avaient toujours la possibilité de se réfugier dans le phare de Twistle quand il pleuvait, même si un mois entier passé à l'intérieur ne leur aurait pas permis de se sécher. Lorsqu'il y pensait Gabe emportait ses jumelles pour observer les oiseaux. En été, ils étaient nombreux : courlis, alouettes, vanneaux… Mais ceux-là ne l'intéressaient guère. Il préférait les faucons émerillons, les buses et les faucons pèlerins. Et quel frisson de plaisir le saisissait quand il repérait un busard Saint-Martin ou un épervier ! Un jour, il avait même reconnu un aigle royal

Or aujourd'hui il n'avait même pas vu l'ombre d'un pipit ni entendu l'appel si particulier du lagopède d'Écosse. À Londres, c'était à peine s'il apercevait un moineau ou un merle de temps en temps. Il n'y avait cependant pas moyen d'échapper aux pigeons.

Gabriel se dit qu'il devrait faire demi-tour pour rejoindre son père, mais la lande l'attirait toujours plus loin. Il repéra enfin de la bruyère parmi les fougères ; elle était encore plus abondante au loin. Maintenant qu'il avait arrêté de tout détailler, il se rendait compte que les lieux étaient moins dépouillés qu'il ne l'avait cru de prime abord. Un cornouiller nain au feuillage hivernal violet courait sous ses pieds, ici poussait un buisson d'andromède, là un genévrier… Il atteignit un sentier d'où il contempla le creux d'une vallée peu profonde ; de part et d'autre, les versants s'élevaient telles des ailes mordorées sous un soleil presque blanc qui illuminait aussi les nuages bas et sombres en train de s'amonceler à l'horizon.

Il prit une profonde inspiration en savourant une seule pensée : *Oui, je suis vivant.*

Ces mots l'obsédaient depuis qu'il avait appelé l'ambulance, une semaine plus tôt. Lorsque les urgentistes s'étaient présentés, il avait déjà récupéré, il était juste épuisé par la frayeur et l'embarras, mais ils avaient tout de même insisté pour l'emmener à l'hôpital. Le médecin lui avait fait passer un électrocardiogramme. « C'est plus fréquent qu'on ne le pense, avait-il dit. Croyez-moi, vous seriez surpris. Les gens s'imaginent toujours qu'ils sont les premiers à confondre une artère bouchée avec une crise de panique. »

S'il n'avait pas lui-même été victime d'une attaque, l'incident lui avait cependant donné à réfléchir. *Je suis vivant.* Il n'était pas à l'abri d'une crise cardiaque. Certains tombaient d'un coup, foudroyés. Ça arrivait bien à d'autres, alors pourquoi pas à lui ? L'idée qu'il pouvait mourir d'un instant à l'autre avait avivé sa conscience d'être en vie.

Il ferma les yeux pour mieux savourer la caresse du vent sur son visage.

Lena ne l'avait pas accompagné à l'hôpital, mais il avait eu beau affirmer en rentrant que tout allait bien, elle lui avait posé une main sur la poitrine en le dévisageant intensément. Les jours suivants, elle avait passé son temps à le regarder lui plutôt que le téléviseur, et elle était même allée jusqu'à laisser échapper un petit rire chaque fois qu'il faisait une plaisanterie.

Gabe rejoignit son père devant le muret de pierre. Près d'eux, un mouton isolé arrachait les touffes d'herbe. Ted promena l'extrémité de sa canne dans les broussailles brun-rouge.

« C'est là, quelque part…

— T'as perdu quelque chose ? » demanda Gabe.

Ted s'agenouilla tant bien que mal ; seul le léger pincement de ses lèvres trahissait l'effort requis par la manœuvre. « Tiens, elle est là, dit-il en écartant la végétation. La dalle du souvenir. »

Gabe se pencha pour lire l'inscription : *Herbert Haydock, William Railton, Roger Wolstenholme.*

« C'est quoi, ces noms ? s'étonna-t-il. Ils ne sont tout de même pas enterrés là…

— Non, ils reposent près de Kitty Fields. Au cimetière. T'as jamais entendu l'histoire ?

— Je ne crois pas. »

Prenant appui sur sa canne et sur Gabe, Ted se releva. Les deux hommes s'adossèrent au muret.

« J'avais toujours dans l'idée te la raconter, pourtant, expliqua Ted. Mais à l'époque où on venait se promener dans le coin le dimanche, je me disais que t'étais trop jeune. Après, t'as grandi et… Bah, c'est comme ça.

— Y a des fantômes dans ton récit ?

Son père secoua la tête. « De nos jours, quand tu lis les journaux ou quand tu regardes la télé – tu sais, tous ces reportages –, on te montre toujours ce qu'il y a de plus mauvais chez les gens. » Il pinça ses lèvres.

« Hé, tu me racontes, oui ou non ?

— Ben, ils étaient trois, trois jeunes gars qui sont partis un samedi après-midi de Sleepwater, où l'un d'eux habitait. On pense qu'ils voulaient aller à Duckworth Fold, mais d'autres affirment qu'ils se rendaient à la ferme de Higher Croft, et ce serait logique parce que l'oncle de William y vivait. Bref, c'était pendant l'hiver, et y a eu cette tempête de neige, de mémoire d'homme, y en avait pas eu comme ça depuis des lustres – d'ailleurs, certains qui sont pas morts depuis longtemps auraient pu te dire que la neige montait jusqu'aux fenêtres des chambres. Et encore, ça, c'était en pleine ville. Alors, ici, t'imagines, c'était la banquise…

— Ça remonte à quand ?

— En 1921. Trois gars. Herbert Haydock, William Railton, seize ans chacun, les meilleurs amis du monde, à ce qu'on prétend. Roger Wolstenholme, c'était le cousin de Herbert. Un petit gosse, dix ans à peine.

— C'est ici qu'ils sont morts ?

— On a retrouvé William à proximité de Rough Hall. Il était parti chercher du secours et il avait presque réussi à atteindre la propriété, même s'il neigeait tellement que t'aurais pas vu ta main devant ta figure. Les autres ont été découverts quelques jours plus tard, quand le dégel a commencé. Les congères faisaient au moins trois mètres de haut, tu te rends compte ? C'est facile de perdre ses repères quand on n'aperçoit plus le phare. Herbert Haydock était par là, si je me souviens bien… » Ted montra un point avec sa canne. « À une centaine de mètres de son cousin. Mort de froid. Il avait essayé d'aller chercher du secours lui aussi. Mais il a pas pu aller loin, évidemment, il avait qu'une veste sur sa chemise.

— Pour sortir sous la neige ? Ça ne paraît pas très raisonnable…

— C'est venu d'un coup, il neigeait pas quand ils sont partis. Et Herbert, en plus, il avait enfilé ce gros pardessus, mais il l'a donné au p'tiot, il l'a enveloppé dedans avant de le caler contre ce mur pour qu'il soit mieux. C'était drôlement courageux de sa part, tu trouves pas ?

— Sûr. » Gabriel regarda son père, notant ses joues creusées et le mouvement de sa pomme d'Adam quand il avalait. « Drôlement courageux, oui.

— Bon, on aurait intérêt à se dépêcher, reprit Ted en s'écartant. La pluie va pas tarder.

— Il devait y avoir un monde fou à l'enterrement…

— C'est ce qu'on raconte, en tout cas. » Ted le dévisagea un instant puis détourna les yeux. « T'es un bon p'tit gars, Gabriel. Ces choses-là, c'est important de les dire quand il en est encore temps. » Il ponctua ces mots d'un hochement de tête puis s'éloigna.

Resté un peu en retrait, Gabriel se demanda ce qu'il pourrait bien répondre. *T'es un bon père*, tout simplement, conclut-il. Mais il aurait mieux valu qu'il le fasse tout de suite ; maintenant, les mots risquaient de sonner faux, comme s'il lui avait fallu du temps pour réfléchir, comme s'il avait dû se forcer pour les énoncer. Il se mit à bruiner.

« Papa ? appela-t-il. Pour demain, le pudding, c'est Jenny qui l'apporte ou on s'arrête au magasin ? »

Dans l'après-midi, Ted et Nana somnolèrent dans leurs fauteuils tandis que Gabriel, avachi sur le canapé, abruti par la télévision, la chaleur du radiateur à gaz, l'impossibilité d'exister réellement dans une pièce encombrée de guirlandes, de vieillards et de caoutchoucs en pot, songeait à faire un saut en ville pour acheter quelques cadeaux de dernière minute. Il était toujours vivant, pas vrai ? Rien ne l'empêchait d'extirper sa carcasse des coussins en velours. Son pouls battait. Du moins le croyait-il. Pourtant, il lui semblait que quelqu'un, ou quelque chose, avait aspiré toute sa substance vitale.

Son père, qui ronflait bruyamment, se redressa soudain en sursaut, à moitié réveillé, pour se rendormir aussitôt. Quand il avait ouvert la porte, la veille, Gabriel avait bien failli pousser un cri de stupeur à la vue de ce crâne planté sur un bout de bois. Au bout d'une heure environ, ses yeux s'étaient accoutumés à l'image, l'horreur avait disparu, et un nouveau Ted avait émergé. Il ressemblait beaucoup à l'ancien, finalement, sauf qu'il était plus anguleux, plus sec, et que les poches sous ses yeux, plus lâches, tremblotaient quand il marchait. Mais il avait mangé au dîner et aussi au petit déjeuner, et s'il recouvrait l'appétit, songea Gabe, il reprendrait des kilos, forcément. Ce matin-là, il était même sorti faire une promenade. Peut-être était-il entré en rémission ? N'ayant pas encore trouvé le moyen d'aborder le sujet jusque-là, Gabe se promit de demander des précisions à Jenny quand elle viendrait le lendemain.

Nana, les pieds sur un tabouret recouvert de tapisserie, portait de grosses chaussettes et un vêtement à fleurs – une robe, peut-être, ou une chemise de nuit – évoquant lui-même un tissu d'ameublement. Sur son visage au repos, tous les orifices suintaient. Gabriel se déplaça jusqu'à l'extrémité du canapé pour attraper la boîte de mouchoirs en papier posée sur la tablette, et il hésitait, ne sachant trop s'il devait commencer par les yeux, le nez ou la bouche, quand Nana se réveilla et retira elle-même un mouchoir de son giron. Elle s'essuya le nez.

« C'est jour de lessive ? » demanda-t-elle. Ses lèvres continuèrent de remuer pendant quelques secondes sans qu'aucun son en sorte.

« Je crois, oui, répondit Gabe.

— C'est au tour de Nancy d'étendre le linge. N'oublie pas que je l'ai fait la semaine dernière.

— Exact.

— Remarque, ça ne me dérange pas. » Elle sombra de nouveau dans un sommeil lourd.

Gabriel changea de chaîne et tomba sur une rétrospective des principaux événements de l'année. Des hommes d'affaires étaient interviewés. « Pour moi, ces douze mois ont été une période de vaches maigres », révéla l'un d'eux.

Il sentit son estomac se contracter. Et si son père avait raison au sujet de l'économie ? *Les gens vivent dans un monde de rêves,* avait-il dit. *Combien de temps ça peut encore durer ?* S'il devait y avoir une récession, la restauration en prendrait un sacré coup ! Et toutes ses économies... Bon, inutile de se tourmenter, il ne pouvait plus rien y changer.

« Non mais tu l'as entendu ? » marmonna Nana, qui venait de se réveiller. Elle plissa ses traits, réussissant du même coup à démultiplier ses rides - un véritable exploit. « Maigres ? Comme s'il savait de quoi il parle, celui-là ! »

Elle batailla pour s'asseoir, penchant dangereusement d'un côté et se raccrochant aux accoudoirs comme si elle était ballottée sur une mer démontée. « Tu ne trouves pas ça choquant ? s'écria-t-elle. Quel gâchis ! C'est bien notre Gabriel ? Hein, c'est bien lui ? Bah, on ne sait plus élever les enfants, de nos jours. » Elle remua ses lèvres dans tous les sens. « Avec deux shillings par semaine, on nourrissait une famille entière ! Maman était un vrai cordon-bleu, tu te rappelles, Gabe ? Une pâtissière hors pair. On n'en aurait pas perdu une miette, toi, moi et Nancy. Elle achetait une tête de mouton par semaine, attention, ce n'était pas un morceau cher. La cervelle, c'était pour papa, servie avec une belle tranche de pain beurrée. Avec la langue, on préparait des petits sandwichs. Et la tête, on l'accompagnait de légumes et d'orge, et, oh, ça faisait une soupe délicieuse. Délicieuse, oui... Au fait, je ne devrais pas aller quelque part ?

— Non, Nana, ne t'inquiète pas. Tu as tout le temps. »

Mais bon, qu'est-ce que papa connaissait à l'économie ? Fairweather, lui, était bien informé, et il avait affirmé que la City se portait mieux que jamais. Or la City avait toujours donné le ton.

« C'est mon petit-fils, déclara Nana, les yeux brillants. Il va épouser une fille charmante.

— Oui, dit Gabe en lui couvrant les mains de la sienne. Mais pas avant un moment. »

Nana effleura les délicates boucles bleu-gris sur ses tempes puis se tassa dans son fauteuil.

Ils reportèrent leur attention sur le téléviseur. Une manifestation contre la guerre à Londres. RAPPELEZ LES TROUPES, disait une pancarte. LES ANGLAIS HORS D'IRAK, disait une autre.

« NOTRE SANG SUR VOS MAINS, lut Nana. Ces gens-là, tu sais, les musulmans... Comment tu veux les comprendre ? Mince, on les a accueillis, on leur a donné un foyer... »

Gabe jeta un coup d'œil à son père, qui dormait toujours.

Photos d'identité judiciaire, complots terroristes, camps d'entraînement, images à gros grain.

Nana s'essuya le coin de l'œil. « Qu'est-ce qu'on leur a fait, hein ? C'en est au point qu'on est obligés de regarder sous le lit tous les soirs. On n'est plus en sécurité nulle part. Même pas dans son propre lit. »

La seule chose qu'il devait y avoir sous son lit, c'était un pot de chambre. Peut-être aussi un bonbon à la menthe. On est soi-même son pire ennemi, avait affirmé

Charlie. Ce qu'elle voulait dire, c'est qu'on passe son temps à se tourmenter pour rien. Quelque chose comme ça.

À la rétrospective succéda un magazine people. LES TOPS, LES FLOPS. QUI A ÉPOUSÉ QUI, QUI A QUITTÉ QUI. LES FAVORIS, LES OUTSIDERS. Toutes les cinq secondes, un gros titre racoleur apparaissait en tournoyant sur l'écran.

« Faut que je sorte », annonça Gabe. Il avait besoin de fumer une cigarette et de faire ses courses. « Ça va aller ?

— Évidemment que ça va aller ! Je ne suis pas encore gaga, tu sais. Allons bon, qu'est-ce que c'est encore que ça ? Pourquoi on ne les arrête pas, ces musulmans ? Ils sont tout le temps en train de manifester...

— Non, c'est un défilé, Nana. Pour la fête de l'aïd, il y a quelque temps, ici même à Blantwistle. Ils ont dû passer aux infos régionales.

— Regarde-moi ça, ils ont bloqué la route ! Comment veux-tu que les voitures circulent ? C'est révoltant, tu ne trouves pas ? » Comme pour mieux exprimer son indignation, elle croqua son bonbon d'un coup sec. « Tiens, tout à l'heure encore je bavardais avec Gladys, et je lui ai dit : "Gladys, comment se fait-il que les Pakistanais aient acheté toutes ces maisons ? Bientôt, la rue entière leur appartiendra ! Évidemment, ils n'ont pas besoin d'emprunter, ils se groupent, sauf que personne ne sait d'où ils sortent l'argent..." Alors, Gladys – je la connais depuis toujours, tu vois – elle m'a répondu : "Phyllis..." » Le visage de Nana était parcouru de tremblements, ses lèvres s'entrouvrirent et se refermèrent. « "Phyllis..." » Peut-être venait-elle de se rappeler que Gladys était morte, qu'elles n'avaient pas pu se parler ce jour-là. « Oooh ! s'exclama-t-elle, trouvant refuge du côté de la télévision. Oooh, tu as vu tous ces enfants ? C'est incroyable ce qu'ils sont nombreux ! » Elle scruta d'un air inquiet le visage de son petit-fils, cherchant manifestement à découvrir si ses propos avaient un sens.

Gabe hésita. Elle levait les yeux vers lui comme si elle se raccrochait désespérément à la bordure d'un précipice. Allait-il lui écraser les doigts ou lui tendre une main secourable ? « Oui, Nana, tu as raison. »

Elle poussa un soupir d'aise, soulagée d'être revenue sur un terrain solide. « On ne peut pas me reprocher d'être raciste. Non, je ne suis pas d'accord avec toutes ces idées. N'empêche, j'ai remarqué une chose chez les femmes. Quand elles vont au marché, tu sais ce qu'elles font ? Elles tâtent tous les fruits et les légumes. Et après, on est obligés d'acheter ce qu'elles ont touché et laissé. »

La rue principale était ornée de lumignons et enguirlandée de décorations qui projetaient des reflets multicolores sur les trottoirs mouillés. Les piétons titubaient sous le poids de leurs sacs ou l'influence de l'alcool. Gabe aperçut deux voitures de patrouille stationnées un peu plus loin.

Notre propre fête religieuse, songea-t-il.

« Joyeux Noël, vieux. » Un homme arborant un survêtement et une chaîne en or lui adressa un grand sourire. Sans raison, juste pour le plaisir. À force de vivre à Londres, on perdait l'habitude de ces échanges spontanés.

« Joyeux Noël », répondit Gabe. Il sourit à son tour.

« Joyeux Noël », répéta l'inconnu à l'adresse d'une femme presque entièrement recouverte d'un drap noir – jusqu'à sa tête qui disparaissait sous un voile sombre.

En guise de réponse, elle baissa les yeux et pressa le pas.

« Et bonne année, tant qu'on y est ! » lança l'inconnu, toujours affable.

La femme ne parut pas l'entendre. Elle tourna dans une petite rue transversale, et Gabriel la regarda s'éloigner en hâte, silhouette emprisonnée dans une coquille noire, une carapace solide. Seul le claquement de ses semelles venait en rompre l'uniformité.

Va te faire foutre, songea-t-il.

Non, il ne le pensait pas. Pas littéralement, du moins. C'était plutôt une sorte de réflexe, comme quand on donne un coup de pied parce que le médecin tapote un endroit bien précis du genou. Oh, d'autres le pensaient, évidemment. Ce n'était pas bien, d'accord ; en même temps, on pouvait les comprendre.

Le problème, c'était que pour cette femme – pour toutes ces femmes-là –, il n'existait qu'une approche possible. Noir et blanc. *Voilà qui je suis. Voilà ce que je suis.* C'était trop facile. Rien que des réponses toutes faites. Fairweather avait peut-être raison, finalement.

Va te faire foutre, toi qui as ce que je n'ai pas.

Il n'y avait plus de processions pour la Pentecôte, plus de défilés de la Mothers' Union. Des gamins en souliers vernis et habits neufs, on en voyait toujours, mais seulement pour la fête de l'aïd. Familles nombreuses qui restaient groupées, liens de parenté et esprit de communauté… Tout ce dont Nana avait la nostalgie, en somme.

Quand Gabriel rentra à Plodder Lane, il trouva son père dans la cuisine, occupé à préparer un *shepherd's pie.* Les pommes de terre cuisaient dans l'eau. Ted vidait une barquette de viande hachée dans une poêle à frire où il avait déjà versé des oignons émincés. Gabe lui aurait conseillé de faire revenir les oignons et la viande à part.

« Je peux t'aider ? demanda-t-il.

— Je dirais pas non à une bonne tasse de thé. »

Alors qu'il remplissait la bouilloire, Gabe remarqua sur le rebord de la fenêtre un petit renne qu'il avait fabriqué à l'école primaire avec un rouleau de papier-toilette, des cure-pipes, des bâtonnets de sucette et des boules de coton. Il l'avait offert à son père pour Noël, et depuis celui-ci le ressortait tous les ans.

Ted dissémina de gros granules dans la poêle puis remua vigoureusement le mélange. « Tiens, fils, verse donc un peu d'eau chaude là-dedans. »

Gabe inclina docilement la bouilloire.

« Nana aime bien que je rajoute aussi un filet de ketchup. » Ted fit tomber une goutte de sauce rouge, referma le flacon, le rouvrit et en fit tomber une autre goutte. « Qu'est-ce que t'en penses ?

— Ah, ça me paraît une bonne idée, prétendit Gabe.

— Faut aussi que j'émiette les boulettes. Sinon, elles se coincent entre ses dents. » Penché sur la gazinière, il s'y employa méthodiquement.

Au fond, c'était peut-être ça la clé de l'engouement pour la cuisine. Toutes les émissions, les revues sur papier glacé, le porno de la bouffe... D'accord, il n'était pas question de mettre en scène quelqu'un comme Ted Lightfoot préparant à manger pour quelqu'un comme Nana, à grands coups de ketchup et de sauce en granules. En attendant, le phénomène répondait bel et bien à un besoin vital : non pas combler un vide dans l'estomac mais combler un vide dans une vie.

« Tu sais, p'pa, je regrette de ne pas être venu plus souvent.

— Bah, on se débrouille. On s'en sort pas si mal.

— Je ne parle pas seulement de maintenant. Je voulais dire...

— ... quand ta mère était encore là. »

Gabe se gratta la tête. « Oui. Enfin, non. Depuis toujours, quoi. P'pa ? »

Ted sourit en s'essuyant les mains sur son tablier de boucher. « Si t'as des questions à poser, fils, vaudrait mieux pas trop tarder.

— Est-ce que… J'ai cette image en tête… maman avec le chiffonnier. Il l'avait ramenée à la maison. Je ne sais pas. Tu t'en souviens ? Tu vois de quel moment je parle ? »

Son père tendit la main vers le placard. Sa maigreur faisait peine à voir, il semblait esquissé à la va-vite, en quelques coups de pinceau. « Voilà, c'est la farine que je cherchais. Une cuillère pour épaissir le mélange, c'est Nana qui me l'a appris. »

Il allait devoir se contenter de cette réponse, songea Gabe. « Quand maman était sous traitement… » Fallait-il vraiment qu'il aille plus loin ? Quel intérêt de ressasser le passé ? « Elle avait tellement changé, c'était comme si elle avait perdu sa personnalité. Comme si ce n'était plus elle. »

Ted s'empara d'une fourchette pour piquer une pomme de terre. Le test s'étant révélé concluant, il vida la casserole dans l'égouttoir, et durant quelques secondes la vapeur lui dissimula le visage.

Il va esquiver, encore une fois, se dit Gabe.

« Je suis d'accord avec toi, déclara Ted. Dans une certaine mesure. C'est elle qui a voulu se soigner. Elle se sentait à bout de forces. Être tout le temps soi-même, dans son cas, c'était épuisant. »

Quand son père eut placé la poêle dans l'évier, Gabe prit le relais et mixa les pommes de terre. La pluie tapait contre la vitre. Le lino grinçait sous leurs pieds.

Autrefois, c'étaient sa mère et sa grand-mère qui préparaient le dîner dans cette même cuisine. Tout en bavardant à bâtons rompus, comme si elles avaient toujours quelque chose à se dire. Ce devait être un truc de femme, ça, un secret que son père et lui n'avaient pas encore découvert.

« Demain, je referai les joints entre les carreaux derrière le robinet, déclara-t-il.

— Demain, c'est Noël, souligna son père.

— Ah oui. »

À petits pas, Ted alla chercher la vaisselle pour mettre la table puis sortit du frigo une tête de brocoli. Son pantalon marron flottait tellement qu'il était difficile d'imaginer des jambes à l'intérieur. Il semblait avoir rapetissé.

« J'ai entendu dire que la Hortons fermait, annonça Gabe.

— Oui, c'est vrai.

— C'est triste. La dernière filature.

— Sûr, la dernière. »

Quand Gabe voulut ouvrir le placard au-dessus de sa tête pour y prendre du sel, la poignée lui resta dans la main.

« P'pa ? C'est inquiétant, non ? Ce qui se passe à la Hortons.

— Bah, ça coûte moins cher de faire fabriquer les produits ailleurs, Gabriel, on en revient toujours là. C'est l'économie qui veut ça

— Mais toutes ces filatures, elles créaient beaucoup d'emplois. La région en a besoin.

— Les filatures, c'est sale et bruyant », marmonna Ted, les mains dans la bassine d'eau savonneuse.

Pourquoi ne les retirait-il pas ? se demanda Gabe. Son père les passait toujours sur la surface solide la plus proche lorsqu'il voulait donner plus de poids à ses propos.

« Mais elles permettaient d'avoir un travail stable, pas vrai ? insista Gabe. Pas comme ce petit boulot qu'a décroché Harley.

— Ça marche par cycles. L'industrie du coton… j'ai vu pas mal d'usines prospérer et faire faillite… Y a eu des fois… » Sa voix s'éteignit peu à peu.

Gabe avait un chat dans la gorge. Il toussa, mais sans parvenir à attenuer la sensation de picotement. « Je me rappelle encore les sorties organisées par la Rileys, quand on allait au théâtre, tout ça… Au moins, à cette époque, il faut bien reconnaître que les gens organisaient des choses ensemble. »

Son père se sécha les mains sur son tablier. La couronne de cheveux blancs autour de sa tête était plus longue et ébouriffée que dans le souvenir de Gabe, lui donnant l'impression que même la taille du crâne paternel avait diminué.

« Le sens de la communauté, oui, reprit Ted. Ça voulait dire quelque chose, je crois. Y avait…

— Oui ?

— Bah, chaque médaille a son revers, déclara Ted d'un ton posé. La communauté, c'est très bien pour ceux qui en font partie, mais pas pour les autres, ceux qui en sont exclus. Je pense à ta mère. Ma Sally Anne. »

Gabriel alla se coucher tôt. Le rideau semblait bouger, mais ce n'était qu'une illusion d'optique créée par la clarté de la lune derrière le fin voilage. Allongé sur le dos, les mains derrière la nuque, il se sentait gagné par une agréable somnolence. Il ne s'en sortait pas trop mal, au fond. Il recommanderait volontiers la crise cardiaque (bon, d'accord, peut-être pas une vraie) à tout le monde. L'effet était galvanisant, il avait abattu des montagnes la semaine précédente. Ici, évidemment, en compagnie de papa et de Nana, il avait tendance à sombrer dans la léthargie. Mais comment aurait-il pu en être autrement ? Dès qu'il entrait dans le salon, il se sentait assommé par le tic-tac de la pendulette, étourdi par l'odeur de cire, de sherry et de bonbons à la menthe. Au moins, il avait réussi à parler avec son père, ils avaient eu deux ou trois discussions prolongées. Sauf que Ted n'était plus comme avant. Il hésitait sans cesse. Gabe aurait donné cher pour revenir à l'époque où son père avait des avis tranchés sur tout, même s'il n'avait jamais aimé cet aspect de sa personnalité.

Il éteignit la lampe, s'étendit sur le flanc et retourna l'oreiller pour pouvoir appuyer sa joue sur un tissu plus frais. Michael Harrison… Qu'avait-il bien pu devenir ? C'était tout à fait le genre de gamin qu'on pouvait étiqueter, montrer du doigt en disant : « Celui-là, il finira mal. » Mais la décision appartenait à Michael lui-même, non ? Jenny devait se renseigner, quelqu'un saurait sûrement lui répondre. Demain matin, se dit Gabe, il devrait penser à deux choses : prendre des nouvelles de son ancien copain et mettre la dinde au four à dix heures et quart.

20

ILS TERMINÈRENT REPUS, COMME D'HABITUDE. Personne ne pouvait plus bouger. Assis avec les autres à la table de la salle à manger, Gabe avait l'impression d'être gavé et rouge pivoine. À force de baigner ainsi dans le potage familial, il avait trop chaud, il se sentait las, exaspéré, content et déconcerté. Il y avait du gui et du houx en plastique sur le buffet, un molleton et une nappe sur la table pour protéger l'acajou, deux rangées de cartes de Noël alignées sur le manteau de la cheminée. Rien n'avait changé.

Nana avait troqué son amontillado Harvey's contre sa bouteille d'advocaat spéciale fêtes, qu'elle serrait contre elle tout en somnolant. Sur son imposante poitrine s'étaient déposés des fragments de pommes de terre rôties, de carottes, de petits pois, de panais et de pudding – pratiquement de quoi faire un autre repas. En face d'elle, Ted, coiffé d'une couronne en papier, sirotait une cannette de bière Boddingtons, le seul aliment qu'il avait affirmé pouvoir avaler ce jour-là. On lui avait quand même rempli son assiette qui, toujours intacte, semblait narguer son corps squelettique. Jenny était assise à côté de lui, toute de bras grassouillets et de cheveux agressifs. Ils ressemblaient à une illustration dans un livre pour enfants, ces deux-là, aux personnages d'une fable ou d'un conte moral. La place voisine de Jenny était occupée par Harley – ah non, par Bailey. Il n'était pas facile de les distinguer l'un de l'autre : le frère et la sœur avaient teint leurs cheveux en noir corbeau, ils arboraient une longue frange aux pointes irrégulières, un jean ultramoulant, une ceinture à clous, un anneau dans la lèvre et un épais trait d'eye-liner. Ainsi qu'une espèce d'écharpe autour du cou rappelant furieusement un torchon de cuisine. Tous les deux tenaient d'une main une bouteille de premix tandis que de l'autre ils rédigeaient des textos sous la table. Peut-être s'envoyaient-ils réciproquement des messages ; peut-être ne connaissaient-ils plus que ce moyen pour communiquer.

Pendant le déjeuner, Gabriel avait tenté en vain d'engager la conversation avec son neveu et sa nièce même si, il devait bien l'admettre, sa curiosité relevait plus de l'anthropologie que d'une sincère préoccupation d'ordre familial. Soudain, Bailey leva les yeux et, l'espace d'un dixième de seconde, établit avec lui un contact visuel tout en jouant avec sa frange.

« J'ai eu une phase gothique moi aussi, commença Gabriel. Je devais avoir votre âge. »

Bailey haussa ses épaules étroites. « Ah non, plutôt crever que de donner dans le gothique. Non, sérieux, je préférerais encore me foutre en l'air.

— Baaay-ley », la sermonna Jenny.

Gabe sourit à sa sœur pour lui montrer qu'il n'était pas choqué. Ils n'avaient pas mal mangé, estimait-il. La qualité des produits laissait à désirer, la dinde était desséchée (elle avait été décongelée), les légumes étaient trop cuits (par égard pour le dentier de Nana), la sauce trop salée (par Jenny), les pommes de terre rôties trop grasses (contribution de Ted), mais la farce aux marrons qu'il avait confectionnée lui-même s'était révélée délicieuse, de même que la sauce à la mie de pain, et l'un dans l'autre il avait pris plaisir à cuisiner pour le clan Lightfoot.

Harley posa son téléphone sur la table. « Peuh, si elle est devenue emo, c'est juste pour nous copier.

— Tu rigoles ou quoi ? répliqua sa sœur. Toi, t'es même pas un vrai emo, t'es qu'un sale poseur ! » Elle risqua un coup d'œil en direction de Gabe. « Il le fait juste pour les fringues et tout.

— Baaay-ley », intervint Jenny.

Ted se leva puis quitta la pièce d'un pas traînant.

« Quoi ? protesta Bailey. C'est vrai ce que je dis ! Moi, j'écris des poèmes depuis que j'ai, quoi, douze ans. J'ai toujours été une pure emo. » Elle croisa ses bras maigrichons sur sa poitrine. « Suffit pas de porter telles ou telles fringues, c'est ce qu'on a en soi qui compte, dans son cœur.

— Des poèmes ? Quel genre de poèmes, Bailey ? s'enquit Gabe.

— Oh, des trucs tristes, tu vois, sur la souffrance, le fait que personne est capable de nous comprendre, tout ça… » Elle se balança légèrement sur sa chaise, souffrant sans doute d'avoir à répondre aux questions de ce vieux.

« Oh, fit Gabe. Waouh, impressionnant ! »

Harley ricana sous sa frange.

« Ta gueule, ordonna Bailey. Tagueuletagueuletagueuletagueule.

— Bailey ! » s'exclama Jenny.

Un tremblement agita la lèvre supérieure de sa fille. Ses yeux de marsupial lançaient des éclairs. « Harley est devenu emo juste parce qu'il aime bien sortir avec des mecs. »

Son frère saisit le couteau posé sur son assiette et le pointa vers sa sœur. « Depuis quand les emos sont homophobes ?

— Je suis pas homophobe, je disais juste que t'es gay. Point barre. » D'une voix de martyre, elle ajouta aussitôt : « Arrête de me reprocher tout le temps des trucs que j'ai jamais dits, merde !

— Une minute, intervint Gabriel. C'est quoi le rapport entre être emo et sortir avec des garçons ? »

Ses neveu et nièce haussèrent les épaules. Autant leur demander pourquoi la Terre était ronde.

« Désolé, insista-t-il, mais tout ça ne me paraît pas très clair. Ce n'est pas un mouvement qui tourne autour de la musique, d'une façon de s'habiller ?

— C'est une question d'attitude, répondit Harley. C'est...

— Les filles emos trouvent ça trop cool quand un mec en embrasse un autre, l'interrompit sa sœur. Eux, ils cherchent juste à attirer l'attention.

— Et à explorer leur sexualité, peut-être ? » suggéra Gabe.

Bailey soupira. « Nan, ils veulent juste se faire des nanas. »

Gabriel regarda Jenny, qui éclata de rire. Toujours hilare, elle leva haut les bras, déclenchant toute une série de vibrations au niveau de son menton et jusqu'à son ventre. « Embrasser un garçon, ça vaut mieux que lui taper dessus, j'imagine, dit-elle quand elle eut recouvré son souffle. Avec toi, Harley, on passe toujours d'un extrême à l'autre. La prochaine fois, qu'est-ce que tu vas nous inventer ? »

« Je vais laver les assiettes », annonça Nana en se réveillant. Gabe saisit la bouteille d'advocaat restée sur ses genoux avant qu'elle ne tente de se lever. Jenny alla chercher le chariot à liqueurs puis aida leur grand-mère à s'y accrocher, précipitant ainsi la chute des débris de nourriture accrochés à sa robe.

« Où est papa ? demanda Jenny. J'espère qu'il n'est pas en train de faire la vaisselle.

— Laisse-le vivre, m'man, dit Harley.

— Ben oui, renchérit Bailey, il peut bien faire la vaisselle s'il en a envie. »

Jenny semblait sur le point d'exploser. « Vous deux, débarrassez la table. Après, vous ferez la vaisselle et vous l'essuierez. Et si je surprends votre grand-père en train de vous aider, je vous hache menu. Compris ? »

Ils se tortillèrent comme deux vipères noires, mais finirent par obtempérer et empilèrent les assiettes.

Gabriel guidait Nana vers le salon quand, à peine le seuil franchi, elle ôta une main du chariot pour lui presser le bras.

« Ohhhh ! s'exclama-t-elle d'un air ravi en regardant le sapin illuminé, les décorations sur le rebord de fenêtre et les guirlandes au-dessus de l'âtre. On se croirait à Noël…

— Oui, c'est vrai, Nana. Bon, si on t'installait dans ton fauteuil ? »

Il venait de l'asseoir et de lui placer les pieds sur le tabouret quand M. Howarth entra dans la pièce, une branche de gui à la main, et alla embrasser Nana sur les lèvres.

« Ah, ma chère Phyllis, me voilà tout revigoré ! dit-il.

— Sauvez-vous vite, répliqua Nana alors que deux fleurs roses s'épanouissaient sur ses joues blanches. Sauvez-vous donc avant que mon Albert ne vous voie. Sinon, il risque de faire une jarretière avec vos tripes ! »

Pendant que les autres regardaient la télé, Gabriel et Jenny se retrouvèrent dans la salle à manger.

« Oh là là, dit-elle en massant ses gros genoux ronds, je me suis littéralement goinfrée. » Elle desserra la large ceinture blanche qui établissait une sorte de frontière toute théorique au milieu de son corps. « Remarque, maintenant que j'ai un nouveau copain, je peux me permettre de me laisser un peu aller… » Elle se tapa sur la cuisse.

« Tant mieux pour toi », répliqua Gabe. Ce serait bientôt l'heure du discours de la reine. La lumière du jour déclinait, tous les éléments de la pièce s'assombrissaient sauf les cheveux de Jenny, qui paraissaient encore plus clairs. Il avait l'impression de revoir les images du vieux téléviseur noir et blanc Grundig qu'ils avaient à Astley Street, quand le contraste était réglé au maximum.

« Il s'appelle Des, précisa Jenny. Il va sur ses cinquante ans, il a deux grands enfants et il est divorcé. Voilà, tu veux savoir autre chose ?

— L'autre, celui d'avant, il ne s'appelait pas aussi Des ?

— Non, Den. Je suis restée trois ans avec lui, quand même, je pensais que tu te souviendrais au moins de son prénom… Bah, c'est pas grave. Celui-là, c'est Des. Il bosse dans les égouts, et non, décidément, je n'arrive pas à le dire en restant sérieuse. En fait, il n'y a pas de mauvaises odeurs, il a un poste de directeur dans les bureaux, il va travailler en costume-cravate. Bon sang, voilà que je me mets à parler comme Nana, moi : *Mon Des, il va travailler en chemise et en cravate, je ne pourrais pas en dire autant de certains*… Bon, c'est pas le type le plus sexy du monde, mais il est… »

Elle parlait sans discontinuer, créant un bruit de fond aussi monotone que celui de la pluie. Gabe sirota son café, attendant la fin de l'ondée.

« … il ne boit pas beaucoup non plus, il est plutôt du genre solide, tu vois. Lui et moi, je dirais qu'on est compatibles, et c'est quand même bien agréable d'avoir quelqu'un avec qui regarder *Countdown*[1] le soir à la télé,

1. Équivalent britannique de l'émission *Des chiffres et des lettres*.

un homme qui est prêt à te masser les pieds et à préparer le thé quand c'est son tour. Tu comprends, aujourd'hui je sais ce que j'attends du couple, à nos âges il n'est plus question de toutes ces bêtises... »

Il n'est plus question de toutes ces bêtises, songea Gabe. À l'entendre, c'était tellement facile. Alors pourquoi n'arrivait-il pas à savoir ce qu'il voulait ? Pourquoi ne pouvait-il pas se contenter d'une tasse de thé devant *Countdown* ? Pourquoi préférait-il choisir Lena plutôt que la compatibilité ?

« Au fait, papa m'a dit que le mariage était annulé, déclara Jenny. Vas-y, je t'écoute.

— Qu'est-ce qu'il t'a raconté ?

— Il n'est pas entré dans les détails sanglants. Si j'ai bien compris, il y a une autre fille.

— C'est ça. J'ai merdé. Charlie a tout annulé.

— Oh non, mon cher, ne compte pas t'en tirer comme ça. Qui c'est, cette nana ? Tu la vois toujours ? OK, inutile de me répondre, c'est écrit sur ta figure. En attendant, je veux tout savoir, et surtout si tu as renoncé à Charlie. Tu n'as pas renoncé à elle, hein ? T'es censé l'épouser, bon sang ! »

Gabe se gratta l'arrière du crâne puis baissa le bras et coinça sa main sous son aisselle.

« Il faut d'abord que tu te débarrasses de l'autre, évidemment, reprit Jenny. Sinon, tu n'as pas l'ombre d'une chance avec Charlie. T'en es conscient, Gabe ? T'en es conscient, au moins ?

— C'est compliqué.

— Je m'en doute. Alors, c'est qui ? Une fille qui bosse avec toi ? C'est pour ça que tu ne peux pas la plaquer ?

— Je l'ai connue par le boulot, oui.

— Quel idiot ! T'as craqué pour une jolie serveuse ? Une petite jeune bien pulpeuse ? Ne t'avise pas de nier,

Gabriel Lightfoot, je lis en toi comme dans un livre ouvert.

— Elle n'est pas serveuse. Mais elle est plus jeune que moi, c'est vrai.

— Beaucoup plus jeune ? Quel âge elle a ? »

Il revit Lena en train de bouder près de la fenêtre, tirant sur ses boucles d'oreilles, tordant ses doigts, haussant ses épaules maigres. Il la revit assise sur le canapé le premier soir, anguleuse et gauche, les pieds ramenés contre elle et un pull tendu sur les genoux. Quel âge pouvait-elle avoir ? À peine quelques années de plus que Harley et Bailey. Ce n'était quand même pas une adolescente, si ?

Il marmonna une réponse inaudible.

« Hein ? lança Jenny. Oh zut, je me suis cassé un ongle.

— Elle a... je ne sais pas.

— Allez, crache le morceau, espèce de vieux dégoûtant !

— Vingt-quatre ans. »

Jenny éclata de rire. « Ouf ! Pendant un moment, j'ai bien cru que t'allais dire dix-huit ! »

Gabriel secoua la tête. « Enfin, bon... » Il tripota sa tasse de café, planta une petite cuillère dans le sucrier, la remua, fit tomber un peu de sucre sur la table, le repoussa avec sa main. Puis il regarda Jenny, fasciné par ses beaux yeux et l'ovale ravissant de son visage qui semblait flotter si légèrement au-dessus de la masse de son cou. Elle paraissait emprisonnée dans son corps comme dans une cellule capitonnée d'où elle criait : « Au secours ! Libérez-moi ! »

Elle plissa les paupières. « Arrête ça tout de suite.

— Quoi ?

— Rien qu'à voir ta tête, je sais déjà ce que tu vas dire.

— Quoi ?

— Tu vas me faire le coup du : "Où est passée cette bonne vieille Jenny ?" et du : "Tu te rappelles comment on était, avant ?" Désolée, mais je ne suis plus une ado. Je suis ce que je suis, Gabe. Je suis moi.

— Hé, je n'ai même pas ouvert la bouche ! »

Elle aspira une bouffée de son inhalateur. « Fichues allergies... T'entends ce sifflement quand je respire ? Hein, t'entends ?

— Tu devrais arrêter de fumer.

— Je sais. J'aimerais bien, remarque. Si je n'étais pas aussi accro... » Elle relâcha son souffle en regardant l'inhalateur. « T'as arrêté, toi ?

— J'en prends une de temps en temps. Quand j'en ai envie.

— Ben tiens ! C'est juste une question de volonté, pas vrai, Gabe ? Bon sang, ma poitrine ne devrait pas faire un bruit pareil... Non, je vais arrêter, c'est sûr. D'ailleurs le docteur me l'a conseillé.

— Il ne faudrait pas que tu tombes malade.

— Attends, j'aurais peut-être intérêt à allumer, tu ne crois pas ? Voilà, c'est quand même mieux que de rester assis dans le noir... Si je tombais malade, qui s'occuperait de papa et de Nana, c'est ça ?

— Il a bien mangé, hier. Sur le coup, j'ai pensé qu'il était peut-être en rémission, mais aujourd'hui...

— Je sais. Je sais.

— Devine ce que m'a dit Nana quand je l'ai emmenée au salon, tout à l'heure. Elle m'a dit : "Regarde, on se croirait à Noël" ! »

Jenny éclata de rire. « La pauvre ! Au fait, je lui ai trouvé une belle maison de retraite Elle pourra y entrer à partir de la mi-janvier.

— Il n'y a vraiment pas d'autre solution ?

— Oh si, répondit Jenny en tapotant son paquet de Silk Cut pour en sortir une. Elle ne sera pas obligée d'y aller si tu l'accueilles chez toi. »

Ils ouvrirent la fenêtre de la salle à manger pour fumer. « Non mais tu nous as vus, tous les deux ? plaisanta Jen. Moi je vais arrêter et toi tu n'es absolument pas accro… Tu parles ! »

Ils pouffèrent. Jenny tira une longue bouffée, prit un air extasié puis se tourna vers son frère. « Bon, dis-moi comment tu vas. Entre Charlie et le reste…

— Oh, ça va. Enfin, je crois. Pas trop mal, quoi. Il y a des hauts…

— … et des bas.

— Ça arrive, oui.

— J'imagine. Et puis, il y a papa, bien sûr.

— En fait, Jen, je ne sais pas trop où j'en suis. Certains jours, j'ai l'impression de ne pas m'en sortir, c'est tellement de stress… Des fois aussi, tout s'accélère, je passe mes nuits à bosser et après je me sens plus ou moins…

— … déprimé.

— … déprimé, oui, et c'est dur de faire quelque chose quand t'es…

— … dans cet état.

— … mais ça va, globalement je vais…

— … bien.

— Il m'est arrivé un truc, Jenny. Une…

— Oh, c'est vrai ?

— Oui. Une crise de panique.

— Ah.

— Et certains jours, je me sens vraiment, vraiment au fond du trou. »

Gabe expédia son mégot sur le gravier.

« Mais ça va quand même, reprit Jenny.

— Oui, ça va. » Du moins en était-il persuadé avant d'aborder le sujet avec sa sœur. La veille encore il allait bien, non ?

« Aujourd'hui, on comprend mieux tout ça, déclara-t-elle.

— Quoi ? Qu'est-ce qu'on comprend mieux ? »

Jenny ferma la fenêtre. « Et ce n'est plus une tare. Ça touche toutes sortes de gens, y compris des esprits créatifs. D'ailleurs tu les vois souvent à la télé, ils vont en parler sur les plateaux presque comme s'ils en étaient fiers.

— Je n'ai jamais cru… je ne suis pas…

— On dit que c'est de famille.

— Je ne suis pas bipolaire, Jenny. Juste…

— … un peu déprimé.

— Tu vas arrêter, nom d'un chien ?

— Quoi ?

— De toujours terminer mes…

— … phrases. Oh, désolée, voilà que je recommence, c'est plus fort que moi.

— Ce n'est pas pareil que maman, Jen. Pas du tout.

— OK. D'accord. »

Ils restèrent assis encore un moment sur le rebord de la fenêtre. Appuyés ainsi contre la vitre, ils avaient encore plus froid que lorsqu'ils avaient ouvert.

Jenny se passa une main dans les cheveux. « Tu as vu un médecin ?

— Non.

— Je n'ai jamais été en faveur des médicaments mais…

— Je n'en ai pas besoin, Jen !

— Tu sais quoi ? Tu me rappelles tous ces gosses de l'école, ceux qui répétaient : "Ta mère est chez les dingues." Comme si je t'accusais d'un crime grave.

— Qui disait ça ? Je ne les ai jamais entendus…

— Toi, peut-être pas, mais moi, si, affirma Jenny. Et t'avais le coup de poing facile, à l'époque.

— Je ne serais pas contre une autre cigarette.

— Un peu de plaisir de temps en temps…

— … ne peut pas faire de mal.

— Eh bien, je vois que tu t'y mets, toi aussi, à finir les phrases des autres. »

Ils rouvrirent la fenêtre.

Quand il regardait Jenny fumer sa Silk Cut, Gabe avait l'impression de revoir leur mère.

« Et toi, Jen ? Tu es heureuse ? Ta vie te convient ?

— Bah, je ne peux pas me plaindre. Remarque, si, je pourrais. Comme tout le monde, non ? » Elle éclata de rire.

« Je me souviens que t'avais des projets, reprit-il, tu voulais faire des tas de trucs, et puis... d'autres trucs t'en ont empêchée.

– Tu veux parler de Harley, c'est ça ? Ce n'est pas un truc, je te signale, c'est mon fils et ton neveu, et il ne m'a pas empêchée de vivre !

– Tu sais très bien ce que je veux dire.

– Au fait, je ne t'ai pas mis au courant, pour ma promotion : j'ai été nommée superviseur.

– Super. Toutes mes félicitations. C'est formidable. »

Elle grimaça. « Nan, ça n'a rien de formidable, je bosse toujours dans un poulailler. Mais bon, c'est pas si terrible. Tu vois, Gabe, quand tu dis qu'il y a des choses que je n'ai jamais faites... Eh bien, je voulais surtout une maison, une voiture, de l'argent à moi, des enfants... OK, peut-être pas si tôt. Toi, contrairement à moi, t'as toujours eu une idée bien précise de ce que tu voulais faire. Mais nous, pour la plupart, on se contente de ce qu'on a, on prend ce qui vient.

– Je les voulais vraiment, ces étoiles Michelin ?

– Tu parles ! Ta voie était toute tracée, pour toi c'était clair.

– Je ne sais pas. Je ne sais plus.

— Eh bien, je te le dis.

— J'ai beaucoup réfléchi, ces derniers temps, et quand je regarde en arrière je me rends compte à quel point j'ai déformé certaines choses dans ma tête. Comme cette histoire d'étoiles, par exemple : j'ai réussi à me convaincre que ça ne m'avait jamais intéressé. Et puis, lorsque je repense à ma décision de devenir chef de cuisine… Des fois, j'ai l'impression que c'était juste pour emmerder papa.

— Pfff, n'importe quoi ! Au fait, j'ai apporté un beau jambon pour le dîner, mais je l'ai oublié dans la voiture. Il vaudrait mieux que j'aille le récupérer.

— Et pourquoi je cherchais à l'emmerder ? Parce que je ne comprenais pas ce qui se passait avec maman, je le croyais juste méchant avec elle. Je ne comprenais rien à rien, du coup tout ce que j'ai fait par la suite s'est fondé sur des malentendus ; je veux dire, comment peux-tu affirmer que tu veux vraiment quelque chose quand tous tes choix sont motivés par de mauvaises raisons ? Bon sang, je préfère ne pas y songer ! C'est comme si j'avais tiré un fil et que tout le putain de pull-over se détricotait… »

Jenny le dévisagea. « Gabriel ? Tu peux arrêter un peu de penser à toi ?

— D'accord, d'accord.

— On a déjà assez de soucis en ce moment avec papa et Nana, tu ne trouves pas ? C'est vraiment important de savoir pourquoi tu as voulu devenir chef de cuisine ?

— Non, tu as raison.

— Bien. Allez, je file chercher mon jambon. »

Sur le seuil, elle se retourna. « Au fait, je me suis renseigné pour Michael Harrison. Personne ne l'a revu depuis dix ans, mais aux dernières nouvelles il avait monté son affaire du côté d'Ormskirk, il était marié et papa de deux enfants. »

Gabe sourit. « Merci, Jenny. Merci d'avoir demandé. Quel genre d'affaire, à propos ?

— Un salon de tatouage. Je suis sûre qu'il te fera un prix ! »

À peine était-il couché qu'il commença à dresser des listes dans sa tête.

Après s'être agité pendant deux ou trois heures entre les draps, il finit par se lever.

Penché sur la table de la cuisine, son père ne l'entendit pas approcher. La pièce était plongée dans l'obscurité, à l'exception du cercueil de lumière formé par la lampe qui les éclairait, ses maquettes et lui. Ted, concentré, semblait faire ses dévotions. Gabe retint son souffle, intimidé pour une raison qu'il n'aurait su expliquer.

Son père, si semblable à un moine avec sa couronne de cheveux blancs, son visage d'ascète et sa robe de chambre marron fermée par une cordelette, se consacrait entièrement à sa tâche. Gabriel, dans l'ombre, regretta l'absence de lumière. Mais de toute façon quel réconfort aurait-il pu y puiser ? Jamais, pas une seule fois en quarante-deux ans, il n'avait éprouvé le sentiment du sacré, ni même l'ébauche d'une émotion de cet ordre. Oh, il se serait tourné vers la spiritualité s'il l'avait pu. Mon Dieu, sauvez-nous. Ce talent-là, il ne l'avait jamais possédé.

Sans lever les yeux, Ted demanda : « T'arrives pas à dormir, fils ? »

Gabe secoua la tête puis s'approcha de la table et s'assit.

« On dirait que tu viens de voir un fantôme.

— Non, ça va, prétendit Gabe. En fait, si, j'ai un problème. Un truc que je ne sais pas comment régler.

— Je t'écoute. »

Gabriel lui confia ses soupçons au sujet de Gleeson et d'Ivan. Il fit une digression sur les bagarres entre Ivan et Victor, puis lui parla de Yuri et de Nikolaï. Alors qu'il commençait à lui raconter des anecdotes sur Oona et Ernie, son père lâcha un petit rire, aussi Gabe en rapporta-t-il une autre sur le chef Albert. Avant de revenir à Gleeson et de mentionner les photos ainsi que l'étrange remarque de Branka, la gouvernante. Pourquoi devait-elle emmener une des femmes de chambre voir le directeur de la restauration, qui n'était pas responsable d'elles ? Plus il y pensait, plus il était convaincu que les photos avaient leur importance. C'était Gleeson qui les avait placées là, forcément. Pourquoi ? À qui voulait-il les montrer ?

« À ton avis, p'pa, je devrais faire quoi ? » Gabe jouait avec une allumette qui se brisa entre ses doigts.

Ted sourit. « Je pensais jamais entendre ça un jour.

— Tu me diras, ce n'est peut-être rien.

— Mon propre fils qui me demande un conseil…

— Il est possible que je ne le suive pas.

— Sûr, c'est possible.

— Gleeson comptait bien s'en servir, non ? Elles étaient là, posées en plein milieu du bureau, près de la lampe allumée, comme s'il avait tout préparé en prévision d'une espèce de réunion. Qu'est-ce qu'il trafique ? »

À l'aide d'une pince à épiler, Ted recolla un bastingage. « J'aurais aimé devenir vieux et sage, Gabriel, au lieu de devenir juste vieux. Mais s'il y a bien une chose dont je suis sûr, quand j'y repense, c'est que je me suis jamais inquiété pour les bonnes raisons. Prends ta mère : je vivais en permanence avec la peur de la perdre – que son esprit s'égare ou qu'elle me quitte pour un autre homme. Jusqu'au jour où elle s'est écroulée, foudroyée. Ça, ça m'était pas venu à l'esprit. Oh non, pas une seule fois.

— Je devrais arrêter de me poser des questions, c'est ça ?

— Certains d'entre nous sont nés pour se ronger les sangs, Gabe. » Ted essuya la pince. « Si je pouvais revenir en arrière... Non, y a des choses qui changent jamais. Tiens, encore tout à l'heure, avant que t'arrives, j'étais là à me tracasser pour des bêtises : je me demandais qui allait prendre mes maquettes, qui en voudrait. Jenny répète toujours que ce sont des nids à poussière, et avec ses allergies... Quant à Harley et Bailey, ça les intéresse pas.

— Je les prendrai, p'pa.

— Bref, tout ce que je voulais dire, c'est qu'on a beau tout tourner et retourner dans sa tête, ça fait aucune différence. Qu'est-ce que j'ai pu perdre comme temps à me tourmenter ! De toute façon, ce qui nous attend arrive quand même. Et nous, on voit jamais rien venir, parce qu'on regarde pas dans la bonne direction. »

21

EN FÉVRIER, LA CHAUDIÈRE TOMBA EN PANNE. L'eau gela dans les canalisations. Gabriel appela un plombier et resta chez lui avec Lena. Ils installèrent leur campement sous la couette.

S'ils pouvaient trouver une petite planète de cette taille quelque part, pas plus grande, ils seraient tous les deux parfaitement heureux.

Mais au-delà des limites de la couette, et malgré les progrès qu'ils avaient pu faire, Lena continuait de lui échapper. Parfois elle gardait le silence, se bornant à se ronger les ongles et à se consumer intérieurement. S'il lui disait qu'il l'aimait, elle se contorsionnait comme si c'était la chose la plus horrible qu'elle ait jamais entendue. Parfois aussi elle lui donnait de l'espoir. Souriait. Semblait l'apprécier. Lui répétait qu'il était bon.

Il ne pouvait pas la retenir, c'était tout le problème. Elle lui glissait entre les doigts. Même sa présence physique lui paraissait incertaine ; pour lui, elle tenait plus du feu follet que de l'enfant abandonnée. Quand il la regardait marcher dans une pièce, il avait l'impression de rêver tout éveillé. Il n'aurait pas été autrement surpris de la voir disparaître à travers le mur.

Oh, il avait bien tenté de l'ancrer plus fermement dans la réalité, pourtant. « Combien de temps as-tu passé dans l'appartement d'Edmonton ? » interrogeait-il. Ce à quoi elle répliquait : « Pourquoi ? Ça change quoi pour toi ? »

Si elle ne s'évanouissait pas dans un nuage de fumée, elle pourrait aussi sortir par la porte et ne jamais revenir, tout simplement. Cette seule idée le mettait au supplice. Il mourait un peu chaque fois qu'il y pensait.

Chaque soir, il la reconstituait fébrilement du bout des doigts, rassemblait les différentes parties d'elle en commençant par les orteils. Il récapitulait tout ce qu'il savait à son sujet, tentait de découvrir tout ce qu'il lui restait encore à apprendre en explorant minutieusement les pieds de Lena, ses mollets, son ventre et ses bras – comme si son corps recelait des indices.

« Qu'est-ce qu'il t'a fait ? » lui avait-il demandé au cours d'une longue nuit sans sommeil, en parlant du « client » qui l'avait maltraitée.

Elle n'avait jamais répondu. Elle avait juste dit qu'il fumait, et Gabriel avait cherché sur ses membres des traces de brûlure. En vain. Il avait imaginé le pire. Il pensait à cet homme en train de la dominer, de lui infliger des sévices inconcevables. Un homme marié. Père de famille, vraisemblablement. Jouissant d'un certain prestige, sans aucun doute. Gabriel rêvait de le tuer, de réduire en bouillie sa face ignoble. Il alimentait lui-même sa rage. « Bordel, dis-moi ce qu'il t'a fait ! » grondait-il en lui serrant le bras. Toutes sortes d'images lui traversaient l'esprit jusqu'à la nausée. Mais Lena s'obstinait dans son refus de collaborer. Elle roulait de l'autre côté du lit. « Lena ? Je suis désolé. C'est juste que ça te soulagerait de déverser tout ce que tu as sur le cœur. »

Oh, comme il se haïssait ! Il ne la toucherait plus jamais. Les yeux fixés sur le dos de la jeune femme, il s'en faisait le serment. Il tuerait cet homme. Il ne toucherait plus Lena, plus jamais – après cette dernière fois. S'il pouvait lui baiser les orteils encore une fois, essayer encore une fois de réparer… Immanquablement il tombait à genoux pour commencer à lui palper la jambe, et alors le démon sur son dos se déchaînait et il ne pouvait pas lui résister, même s'il savait qu'il n'était pas la pièce manquante, qu'il aurait beau s'enfouir le plus profondément possible, il ne comblerait jamais le vide en elle.

Il y avait des phases de régression, bien sûr, mais dans l'ensemble il avait l'impression qu'ils gagnaient du terrain.

Gabe avait décidé qu'il aimait Lena et qu'il n'attendait pas grand-chose en retour. Lorsqu'il éprouvait de la culpabilité à propos de leur relation, il se répétait qu'il l'avait accueillie, qu'il lui avait offert un toit. Elle était venue à lui. S'il éprouvait de la colère envers elle, il se réfugiait dans les souvenirs de leur première soirée, quand elle s'était montrée si grossière. S'il regrettait parfois de l'effrayer en lui parlant du monde extérieur, il se disait qu'après tout le danger avait été bien réel pour elle. Entre eux, tout n'était que transactions. Il jouait son rôle, Lena jouait le sien. Oh, évidemment, il avait des scrupules à lui mentir ainsi au sujet du détective privé. Mais ne lui avait-elle pas menti elle aussi ?

« Pourquoi ton frère n'a-t-il pas le même nom de famille ? » avait-il demandé un jour où elle revoyait ses notes avec lui pour qu'il puisse les traduire en anglais.

Elle s'était mordillé la lèvre.

« Lena ? C'est vraiment ton frère ?

— Il est frère, oui, avait-elle répondu en se tortillant sur sa chaise.

— Alors pourquoi n'a-t-il pas le même nom que toi ? »

Elle avait haussé les épaules. « Lui il a pas le même père, avait-elle fini par expliquer. Pasha est demi-frère à moi, OK ? »

Gabriel avait souri. « Pourquoi ne l'as-tu pas dit plus tôt ? » Il avait achevé de transcrire les notes et, à peine arrivé dans son bureau le lendemain, il les avait jetées à la poubelle.

Pasha, ce soi-disant frère au nom d'amant, l'emmènerait loin de lui. Il n'était pas question de le retrouver.

Il arriva en retard à sa réunion de fin de mois sur le site d'Alderney Street. Rolly et Fairweather étaient déjà là, en pleine discussion avec l'entrepreneur. Les plâtres venaient d'être refaits et un décorateur peignait en blanc le mur du fond. Il ne restait plus rien de l'ancienne boutique de fleurs ; le bâtiment mis à nu attendait d'endosser sa nouvelle personnalité. Gabriel frissonna en se répétant qu'il était prêt pour l'aventure.

Il se dirigea vers les cuisines. Les pianos de cuisson Rosinox avaient été installés. Il les effleura en essayant d'imaginer la pièce achevée.

« C'est gentil à vous d'être venu, chef.

— Désolé, j'ai été retenu », répliqua Gabe.

Rolly glissa ses pouces sous ses bretelles, qu'il écarta de ses épaules. « Ouf, ces trucs-là sont foutrement trop serrés… Ils ont dû rétrécir au lavage. J'espère que vous n'êtes pas en train de vous transformer en prima donna, chef. J'ai en ai déjà croisé trop dans mon métier !

— Je vous le répète, je m'excuse pour mon retard.

— Personne n'est indispensable, vous savez.

— Il faut vraiment qu'on en fasse tout un plat ? »

Rolly cilla à plusieurs reprises – une façon pour lui de transmettre le message en morse : *Ne me prenez pas pour un imbécile juste parce que je m'habille comme ça.*

« Ça ne se reproduira pas, lui assura Gabe.

— Au moins, vous avez réussi à éviter Lucinda, observa Rolly. Cette bonne femme me flanque une de ces frousses... »

C'était bien l'épouse de Fairweather qui allait se charger de la décoration intérieure finalement. Il avait le chic pour imposer ses idées tout en donnant l'impression de céder du terrain.

« À moi aussi, déclara l'heureux époux en les rejoignant. Par chance, elle terrifie également les ouvriers. À mon avis, ils finiront dans les temps.

— Il reste moins de trois mois avant l'ouverture », précisa Rolly. Il ponctua ces mots d'un rot sonore. « Le stress et les ballonnements, en général c'est lié. Bon, il serait temps de commander la vaisselle, il y a au moins six semaines de délai.

— Je m'en occupe, déclara Gabriel.

— Le mois prochain, on commence à recruter du personnel.

— Entendu.

— Et il va falloir qu'on se décide pour un nom. Ça fait un moment qu'on n'en a pas reparlé.

— Je pensais à quelque chose de simple, répondit Gabriel. Quelque chose comme le Lightfoot, par exemple...

— Oui, bravo ! s'exclama Fairweather, frétillant d'enthousiasme. Ça sonne bien. J'aime beaucoup. *Magnifique** ! C'est toujours un plus quand on peut associer le nom du chef au restaurant ; ce qu'on y sert – la cuisine, quoi – y gagne en importance, si vous voyez ce que je veux dire.

— Pour moi, c'est le plus important, souligna Gabe.

— Formidable ! poursuivit Fairweather. Tout est dans la communication, je suis d'accord. Dans la manière d'apposer votre empreinte sur ce bel établissement, de le modeler selon votre personnalité.

— Parfait, renchérit Rolly. Va pour le Lightfoot. Je propose de recourir aux services de mon agence de relations publiques, ces gars-là font du bon boulot – non, à vrai dire ce sont de vrais crétins, mais ni plus ni moins que les autres.

— Comme c'est excitant ! reprit Fairweather. Et comment vont-ils s'y prendre ? Ils vont pondre un communiqué de presse ? Aligner les interviews ? Oh, je vois déjà ça d'ici : notre chef en Heathcliff des pianos dans les suppléments du dimanche... »

Rolly ricana. « Ou dans les revues professionnelles... Bon, à toi de voir quelles ficelles tu peux tirer du côté des médias. » Il se tourna vers Gabriel. « Je vais vous organiser un rendez-vous avec Fleur, la directrice de l'agence de com', elle passera en revue avec vous toutes les questions que les journalistes vous poseront. Vous savez, sur votre passion pour la cuisine, vos débuts, les raisons qui vous ont poussé à devenir chef... Inventez au besoin, mais concoctez-leur une belle histoire, d'accord ? »

Gabe gratta sa tonsure. Elle lui semblait deux fois plus large. Commençait-il à ressembler à un moine ? « Oh, dit-il, ça ne devrait pas poser de problème.

— Oui, excellent, c'est exactement ce qu'il faut faire ! s'exclama Fairweather. Les journaux raffolent des anecdotes, ils sont toujours à la recherche de nouvelles personnalités. Servez-leur tout ce que vous pourrez.

— C'est la cuisine qui compte avant tout, insista Gabriel. Pas moi.

— Vous allez devenir une star », lui assura Fairweather. Son portable sonna. « Excusez-moi une minute », ajouta-t-il avant de s'éclipser.

« Je dois y aller, dit Rolly. J'ai des réunions. » Pourtant, il ne semblait pas décidé à bouger. Il s'appuya contre le plan de travail et enfonça les poings dans ses poches, peut-être en signe de résistance ou peut-être juste pour empêcher son pantalon de tomber maintenant qu'il avait enlevé ses bretelles. « Je me demande bien pourquoi je continue, marmonna-t-il. Si encore j'y trouvais un peu de plaisir…

— On est trop engagés pour reculer, souligna Gabriel.

— Personne n'essaie de se défiler ; de toute façon, il est trop tard. Non, ce n'est pas ce que je voulais dire. Je pensais à ma vie. »

L'air songeur, il fit circuler sa salive entre ses dents.

Gabe contempla les grosses joues de l'homme d'affaires, ses petits yeux, sa chemise à motifs de couleur vive. Il émanait de lui cette impression de tristesse infinie propre aux clowns.

« Je fais ce métier depuis longtemps, reprit Rolly, et je suis parti de rien ou presque. On n'avait pas grand-chose quand on a commencé, Geraldine et moi. Le plus drôle, c'est que je crois bien que j'étais plus heureux à l'époque.

— Vous avez peut-être besoin de nouveaux défis, suggéra Gabe. Comme cette affaire, par exemple.

— J'ai deux maisons – forcément, qui n'a pas sa résidence secondaire aujourd'hui ? J'ai une Jaguar et une Mercedes. J'ai inscrit mes deux gosses dans des écoles privées. J'ai un conseiller patrimonial et des placements. » Il regarda Gabe puis haussa les épaules, l'air de ne pas trop savoir lui-même quelle conclusion en tirer. « Les travaux ne sont jamais finis parce que Geraldine a toujours besoin de ceci ou de cela. La baraque à la campagne me coûte les yeux de la tête en frais d'entretien. La Jaguar a été vandalisée, un crétin m'a rayé toute l'aile de la Mercedes avec une clé. Y a jamais un moment de tranquillité. Les gosses sont toujours là à tendre la main. Rien que la semaine dernière, j'ai passé une nuit blanche parce que mon compte d'actions avait perdu vingt mille livres. Ça m'en laissait quand même cinq mille de plus que l'année dernière, alors j'ai décidé de vendre, de m'en débarrasser une bonne fois pour toute. Là-dessus, impossible de dormir, évidemment ! Et si j'avais vendu trop tôt, hein, si j'avais raté une bonne occasion de me refaire ?

— Vous vous en sortez bien », observa Gabriel. Les nuits d'insomnie de Rolly lui paraissaient nettement mieux employées et plus productives que les siennes.

« Au début, on habitait ce petit cottage à Twickenham, enchaîna l'homme d'affaires. Et franchement, on vivait mieux. On n'avait pas la moindre idée de... non, on ne se rendait pas compte de tout ce qui nous manquait. C'est sans limites. Imaginez : vous êtes sur un manège et vous aimeriez descendre, sauf que le tour n'en finit pas. Vous pourriez sauter, mais vous ne voulez pas prendre le risque et c'est toujours le même air qui résonne dans votre tête.

— Vous devriez plutôt penser à tout le chemin que vous avez parcouru...

Rolly se massa les bajoues. « Encore ce matin, j'ai demandé à Geraldine : "Est-ce que tu es plus heureuse aujourd'hui qu'il y avait vingt ans ?"

— Et elle a répondu quoi ?

— Que sa psy lui avait conseillé de prendre ses distances avec mon attitude négative. Je lui ai dit que sa psy aurait intérêt à prendre ses distances avec mon argent si elle ne voulait pas attraper une cochonnerie. »

Gabriel éclata de rire. « Sûr, ça craint.

— C'est génétique, évidemment, conclut Rolly en se préparant à partir. Sur le terrain du bonheur, certaines personnes sont naturellement plus avantagées. Et j'envie les gens comme vous, chef, parce que moi je ne sais pas pourquoi je fais ce que je fais, je me contente de le faire.

Si vous êtes capable de dire que vous le faites par passion, alors vous êtes un sacré petit veinard. »

Fairweather, toujours au téléphone, allait et venait d'un pas déterminé le long de la baie vitrée. Il leva un doigt à l'adresse de Gabriel pour indiquer qu'il n'en avait plus pour longtemps. Quand une blonde passa dehors, il repoussa sa mèche. La blonde lui jeta un regard par-dessus son épaule.

Il avait l'œil baladeur, et les femmes semblaient le trouver à leur goût. Gabe le supposait séduisant – un peu petit, peut-être, mais non dénué de charme dans le genre bonnes joues roses.

« Parfait, déclara Fairweather en glissant le téléphone dans sa poche. Absolument merveilleux, ajouta-t-il d'un ton à la fois emphatique et vague. Dieu ce que vous avez l'air fatigué. »

Gabriel ficha une cigarette entre ses lèvres.

« Vous n'avez pas arrêté, finalement ? s'étonna Fairweather. Pour ma part, je n'ai jamais été tenté. Cela dit, on ne peut jurer de rien tant qu'on n'a pas essayé, j'imagine.

— Ça ne vous dérange pas ? demanda Gabe en cherchant son briquet.

— Non, non. On a tous nos petits vices, n'est-ce pas ?

— Le vôtre, c'est quoi ?

— Ah, ça… Vous vouliez me voir pour une raison particulière, chef ?

— Vous vous rappelez, l'autre jour, quand vous m'avez parlé de Yuri ? Le plongeur qui est mort, je veux dire. Eh bien, je… j'ai réfléchi à… » C'était à cause du rêve, mais Gabe ne pouvait pas lui présenter les choses ainsi. Si ces images revenaient le hanter la nuit, c'était forcément pour une raison, et il lui suffirait de la découvrir pour en être débarrassé. La dernière fois, il s'était retrouvé enseveli sous la nourriture, il avait failli étouffer et il s'était réveillé en suffoquant. « Eh bien, Yuri était effectivement un clandestin, même s'il avait un numéro de Sécurité sociale, ne me demandez pas comment c'est possible parce que je n'en ai aucune idée. Vous croyez qu'il aurait pu être... – quelle expression avez-vous employée, déjà ? –... réduit au travail forcé, en servitude pour dettes ?

— L'audience s'est bien passée ? s'enquit Fairweather d'un ton encourageant.

— Oui. Aucun problème. Ils ont conclu à une mort accidentelle.

— Le malheureux.

— Mais vous croyez qu'il aurait pu...

— Bah, je ne vois guère l'utilité de se perdre en conjectures maintenant, l'interrompit Fairweather. À qui voulez-vous que ça serve ?

— Je ne sais pas. Peut-être qu'il faudrait intenter des poursuites contre l'agence qui nous l'a envoyé. Si elle utilise des méthodes pareilles... »

Fairweather consulta sa montre. « Franchement, pourquoi vous engageriez-vous dans cette voie ?

— Vous avez dit vous-même l'autre jour que dans des cas semblables...

— Vous ne pouvez pas tout mettre sur le même plan », l'interrompit Fairweather d'un ton vif. Il semblait moins détendu, tout d'un coup. « Certains étrangers arrivent illégalement chez nous et trouvent du travail sans jamais avoir à vivre ce genre de situation. C'est la majorité. À l'inverse, la plupart des personnes identifiées comme faisant l'objet d'un trafic sont entrées dans le pays de façon tout à fait légale.

— Allez-y, expliquez-moi.

— Si vous y tenez... Les passeurs les orientent vers les voies de migration habituelles et leur fournissent des permis de travail, mais les immigrés doivent verser une somme exorbitante contre l'assurance d'être embauchés à leur arrivée, ce qui les place en situation d'endettement avant même d'avoir posé le pied sur le territoire britannique. Parfois, leurs papiers leur sont confisqués, ils sont entassés dans des taudis pour lesquels on leur réclame une fortune, on les oblige à payer le transport entre leur logement et leur lieu de travail, etc. Ils subissent des menaces, des mauvais traitements, toutes sortes d'abus. N'oubliez pas que ces gens ne connaissent presque pas l'anglais et qu'ils n'ont pas conscience de leurs droits. En ce sens votre plongeur était peut-être une victime du système. Ou peut-être pas. Le simple fait d'être un clandestin ne prouve rien.

— En attendant, s'il était…

— Vous devez comprendre une chose, enchaîna aussitôt Fairweather en pressant le rythme, comme s'il disposait de trente secondes au total pour boucler son discours. En supposant que votre homme ait été exploité par les pourvoyeurs de main-d'œuvre, vous ne changerez pas le monde en remuant la boue. Le phénomène est trop largement répandu. Il s'agit d'un problème structurel, endémique. Un article a beau paraître dans la presse de temps en temps, ce n'est que la partie visible de l'iceberg.

— Alors pourquoi ne faites-vous rien ?

— Vous voulez parler du gouvernement ? Et plus particulièrement du gouvernement travailliste ? Oh, nous essayons bien d'intervenir, mais ce n'est pas aussi simple. Il est effectivement question d'un projet de loi sur l'égalité des droits pour tous les travailleurs saisonniers, sauf que nous ne pouvons pas le soutenir, et ce pour des raisons très complexes.

— Lesquelles ?

– Entre autres, nous sommes obligés de prendre en considération les demandes des entreprises et des consommateurs. De toute façon, même si cette loi était votée un jour, ce ne serait pas la panacée.

— Ce serait tout de même mieux que rien, non ? »

Fairweather esquissa un geste dédaigneux. « Vous voulez savoir quel est le fond du problème ? Nous sommes soumis à une pression constante pour diminuer les coûts. Le vieux modèle du travail est mort et enterré. La chaîne des sous-traitants et des intervenants extérieurs est de plus en plus longue, et les employeurs voudraient acheter la main-d'œuvre comme ils achètent d'autres commodités – ouvrir et fermer le robinet en fonction des besoins, sans pour autant voir augmenter le prix unitaire. Alors si vous voulez absolument vous lancer dans une croisade, bon courage, vous avez du pain sur la planche. À votre place, je laisserais tomber.

– Oh, je vais laisser tomber », confirma Gabriel. En cet instant, il se sentait tellement fatigué que pour un peu il aurait dormi debout, comme les chevaux. « Je ne veux même pas y penser.

– Vous m'avez dit que vous aviez la conscience tranquille. C'est ce qui importe en fin de compte.

– Je n'ai jamais dit ça ! » Gabe savait qu'il n'avait rien à se reprocher, bien sûr, mais libre à lui de le révéler s'il en avait envie, au moment où il le déciderait.

« Vous êtes sûr ? » répliqua Fairweather, dont l'attitude changea soudain du tout au tout. Il avait désormais l'air d'un homme qui vient de desserrer sa cravate en sortant du bureau.

Était-ce son meilleur atout en politique, cette capacité à entretenir le flou artistique sous des dehors aimables ? Au fond, n'était-ce pas une arme plus efficace que le mordant dissimulé à l'intérieur ? Elle lui permettait de présenter une façade relativement impénétrable mais dépourvue de tout caractère menaçant, à laquelle il était impossible de résister.

« Vous êtes sûr, chef ? insista-t-il. J'étais certain de vous avoir entendu le dire, pourtant. Bah, vous devriez peut-être, vous savez. Vous avez entendu parler de la programmation neurolinguistique ? À force de se répéter quelque chose suffisamment souvent, on finit par y croire, et hop, le tour est joué ! Supposons que vous vous sentiez coupable pour une raison ou pour une autre ; eh bien, tâchez de vous persuader du contraire et tout ira mieux, vous verrez.

— Ce n'est pas typique du... je ne sais pas, d'un comportement psychotique ? Quand on arrive à se convaincre de choses qui n'ont pas de réalité ? »

Le rire de Fairweather résonna dans la pièce vide. Il passa un bras autour des épaules de Gabriel tout en l'entraînant vers la porte. « Des psychopathes, il y en a beaucoup à Westminster. Ha, ha ! C'est lié à la fonction, je dirais. »

En nage à l'intérieur de sa cellule étouffante, les jambes coincées sous son bureau, Gabriel se disait qu'il ne souffrirait sans doute pas plus s'il était placé à l'isolement dans une prison de Bangkok ; et il se disait aussi qu'il ferait mieux de se concentrer sur ses tâches plutôt que de laisser ses pensées s'égarer quand Oona, tout affairée, s'installa sur la chaise dans un concert de craquements d'os. Elle serrait contre elle un objet emmailloté dans une serviette.

Gabriel aurait voulu qu'elle s'en aille. Il n'y avait pas assez d'oxygène pour deux dans ce minuscule réduit. « Qu'est-ce que vous avez là, Oona ? Une tête coupée ?

— Hooo ! s'écria-t-elle, s'abandonnant corps et âme à son rire.

— C'est que... je suis occupé. »

La sous-chef fit claquer sa langue et secoua la tête. « Vous êtes toujou' occupé, twéso'. »

Elle emplissait trop d'espace. Quand elle s'asseyait quelque part, on avait l'impression qu'elle allait prendre racine, qu'elle resterait sur place jusqu'à ce que ses enfants et même ses petits-enfants aient atteint l'âge adulte. On s'attendait presque à trébucher sur son tricot ou sur les bébés qui risquaient de débouler de sous ses jupes.

« Tout juste, confirma-t-il.

— Tenez, je vous appo'té un petit quèqu' chose. » Elle plissa ses yeux en amande. « Vous êtes devenu tout maig', twéso' ! »

Gabe hocha la tête. Pourquoi ne s'en allait-elle pas ? Il ferma les yeux en souhaitant de toutes ses forces qu'elle disparaisse.

« Et vous m'avez l'ai' bien fatigué, mmm... »

Où se croyait-elle, à la fin ? Et pour qui le prenait-elle ? Une ménagère débordée par ses gosses et qui s'accordait quelques minutes pour bavarder avec sa voisine au-dessus de la clôture ?

« Voilà, un bon petit wagoût avec des *dumplings*, dans une belle petite tewine, expliqua Oona. Une demi-heu' au fou' à cent quatwe-vingts, twéso'. Bah, je sais ce que c'est quand on cuisine que pou' soi : c'est facile de sauter un wepas. »

Gabriel souleva les paupières. Il lui semblait que ses yeux allaient lui sortir de la tête. Oona venait de poser son chargement sur le bureau. Sur ses papiers, sur ses listes, sur tous ses documents importants !

« Oona, je... », bredouilla-t-il en s'étranglant d'indignation.

Elle était toujours là, debout devant lui, à glousser comme une poule.

« Je... je...

— Oh, pas la peine de me di' me'ci. » Elle croisa les mains devant elle puis se mit à bouger les lèvres en silence.

Qu'est-ce qu'elle fabriquait encore, nom d'un chien ? Récitait-elle une prière ? Gabe saisit quelques mots avant qu'elle ne s'éloigne enfin en traînant ses pieds de plomb : « Dieu nous bénisse » et « Amen ».

Gabe monta directement aux ressources humaines pour dire qu'elle devait partir ; il ne pouvait plus travailler avec elle. « En cas de faute professionnelle lourde, dit la dame des RH, c'est ce formulaire-là que vous devez remplir. » Il s'assit et mâchonna son stylo. Quel motif allait-il invoquer ? Récite des prières pendant le service ? Offre des ragoûts non désirés ? Il lui avait déjà donné un avertissement ; peut-être suffisait-il de lui en coller un autre, en prenant le prétexte d'un retard, quelque chose comme ça, pour en finir ? La dame des RH consulta ses dossiers. « Il n'y a pas de précédent, dit-elle. S'il n'y a pas de précédent, ça ne compte pas. » Gabe protesta. Supplia. La dame des RH tapota son stylo sur son bureau en signe d'impatience. Gabe, qui ne voulait pas s'avouer vaincu, suggéra le licenciement économique. La dame des RH répondit non. Sauf s'il entrait dans le cadre de la « mesure de restructuration » prônée par M. James. Gabriel la remercia pour son aide. Elle lui sourit en disant : « À votre service, oh, et pour le manutentionnaire, n'oubliez pas de régler le problème. »

Pendant le service du soir, il passa son temps à rôder en cuisine. Il observa le plongeur occupé à empiler les assiettes et à récurer les casseroles. Celui-là venait de Somalie, l'autre du Soudan. À moins que ce ne soit l'inverse ? L'homme s'essuya les mains sur sa salopette avant de nettoyer l'évier au jet. Puis il souleva une énorme marmite, la remplit d'eau et commença à gratter les parois, les bras plongés dans le liquide presque jusqu'aux aisselles, la tête baissée comme s'il faisait de son mieux pour se cacher. Un plongeur avait tout intérêt à ne pas attirer l'attention ; les seules fois où les regards se braquaient sur lui, c'était pour lui reprocher quelque chose – un plateau de verres qui se brisait ou des restes de crasse oubliés au fond d'une sauteuse.

Gabriel s'enfonça plus loin vers le cœur des cuisines.

« Oh, putain ! s'exclama Victor en se retournant. Je vous avais pas entendu arriver. Z'êtes pire qu'un fantôme, *man.* »

Gabe jeta un coup d'œil à Benny et à Suleiman qui s'activaient à leurs postes de travail. Nikolaï, trop vieux pour ce métier, pressait une main sur ses reins. Ivan alimentait ses feux.

Une serveuse vint annoncer qu'un client s'était plaint et exigeait de voir le chef.

« Le plat ne lui convient pas ? » demanda Gabriel.

Elle n'en savait pas plus. Elle le conduisit à la table puis tourna les talons.

« Bonsoir, déclara Gabriel. En quoi puis-je vous aider ?

— J'ai une réclamation à faire, répondit l'homme. Je suis au regret de vous le dire. » Il présentait plutôt bien dans son uniforme style chemise et pantalon de toile ; c'était sûrement un avocat d'affaires en tenue décontractée du vendredi, mais il ne semblait pas trop imbu de lui-même.

« J'en suis désolé, répliqua Gabriel. J'espère sincèrement pouvoir vous satisfaire.

— Regardez mon assiette.

— Le steak n'est pas à votre goût ? Il est trop cuit, peut-être ?

— Non, je n'ai rien à reprocher au steak. Vous avez vu l'assiette ? »

Sa petite amie porta les doigts à ses lèvres.

Gabriel se pencha pour examiner l'objet du délit. « Vous en voulez une autre ?

— Tenez, là. » De sa fourchette, l'homme indiqua une trace sur le pourtour. « Ça n'a pas été nettoyé correctement. Il reste un peu de vieux caca, juste ici. »

Sa petite amie sourit, ce qui parut le stimuler.

« Quand on est prêt à débourser largement plus de dix livres pour un plat principal, reprit-il, on s'attend à mieux que de la merde en garniture ! »

La petite amie pouffa. L'homme s'adossa à sa chaise en bombant le torse et en écartant les jambes comme si ses couilles avaient soudain doublé de volume.

« Je vais changer votre assiette, lui assura Gabriel. Et vous remplacer le steak.

— Je veux dire, reprit l'homme, qui manifestement s'amusait trop pour s'arrêter en si bon chemin, vous prétendez soigner la présentation et vous servez du dégueulis en guise de décoration. Vous pourriez peut-être en toucher un mot au responsable ? Hein, qu'est-ce que vous en pensez ?

— C'est bon, David », intervint la petite amie. Les yeux fixés sur Gabriel, elle s'était raidie.

Mais le dénommé David semblait se délecter du son de sa propre voix. « Une assiette propre, bien astiquée, c'est trop demander ? Franchement, vous trouvez que c'est trop demander ?

— Non, vous avez raison, répondit Gabriel. D'ailleurs, je vais y remédier moi-même, et pas plus tard que maintenant. » D'un geste ample, il saisit l'assiette, l'approcha de sa bouche et cracha sur le pourtour. Puis il l'essuya vigoureusement avec sa manche. « Voilà, monsieur, elle est assez astiquée pour vous ? »

Le temps de reposer le plat sur la table, et il gratifia le client d'une petite courbette. « *Bon appétit**, monsieur. »

« Vous avez définitivement perdu la raison, cette fois ? » lança Gleeson. Il ferma la porte du cagibi de Gabriel puis s'y adossa comme pour empêcher son occupant de s'échapper.

Gabe haussa les épaules. « Qu'est-ce que ça peut vous faire ?

— Vous êtes devenu fou ? Vous n'avez plus toute votre tête ? Il faut qu'on sorte la camisole ? »

Gabe se rongea un ongle.

Le directeur de la restauration prit le temps d'ajuster les poignets de sa veste. « Vous vous rendez compte, au moins, que toute la salle vous a vu ? Que tout le monde vous regardait ?

— Et ? »

Un frémissement parcourut Gleeson, dont les yeux brillaient d'une vertueuse indignation. « J'ai dû intervenir moi-même pour réparer les dégâts que vous aviez causés. J'ai mis un bon moment à calmer ce client.

— Je ne vous avais rien demandé. »

Gleeson joua les offusqués encore un moment puis laissa brusquement tomber le masque et se fendit d'un sourire complice, les lèvres dégoulinantes d'obséquiosité. « Eh bien, dans ce cas, disons simplement que je vous ai fait une faveur. Nous sommes entre gentlemen, je vous ai rendu un petit service, c'est une bonne action qui en appelle une autre en retour au moment où vous le jugerez opportun.

— Je ne crois pas, non.

— J'ai tout arrangé, siffla Gleeson entre ses dents. J'aurais pu vous faire virer.

— Et vous regrettez d'avoir laissé passer cette chance ? »

Il émanait de Gleeson une impression d'hostilité palpable, semblable à un halo d'électricité statique. « Vous êtes dingue. Complètement cinglé. »

Gabriel se leva d'un bond au moment où le directeur de la restauration se glissait dans l'entrebâillement de la porte. « Je vois clair dans votre jeu ! cria-t-il. Vous n'êtes pas un gentleman, vous n'êtes qu'un... » Les mots se bousculaient dans sa bouche. « ... un putain d'imposteur ! »

Gleeson plaça ses mains sur ses hanches prises dans un pantalon à la coupe parfaite puis pointa vers l'extérieur une de ses chaussures cirées. « Moi, je suis un imposteur ? répliqua-t-il en affectant son accent le plus traînant. Et vous, alors, qu'est-ce que vous êtes ? Un authentique quoi ? Je serais curieux de le savoir. »

Le lendemain matin, Gabriel monta voir M. Maddox sans rendez-vous. Il frappa une fois et pénétra dans la pièce sans attendre la réponse.

« Allez-y, chef, entrez ! lança le directeur général. Pas de cérémonies entre nous. Ne vous gênez pas, surtout, faites comme chez vous !

— Il faut que je vous parle. »

M. Maddox lui indiqua le canapé dans le coin de la pièce puis se tourna vers M. James qui attendait près du bureau comme un écolier craignant de recevoir un coup de baguette sur les doigts.

« Gareth ? Expliquez-moi donc encore une fois pourquoi je devrais m'en mêler.

— Eh bien..., commença le directeur adjoint.

— Des problèmes, toujours des problèmes, l'interrompit M. Maddox en se frottant la mâchoire. Vous ne pourriez pas venir me trouver avec une solution, de temps en temps ?

— Si je pouvais juste vous donner les grandes lignes.

— Je m'en fous, de vos grandes lignes ! le coupa le directeur général. Qu'est-ce que vous voulez que j'en fasse ? Que j'aille à la pêche avec ? »

M. James sourit sans répondre puis baissa la tête.

« Pourquoi je vous emploie, déjà ? » lança M. Maddox.

M. James continua de sourire.

« Allez-y, Gareth, rafraîchissez-moi donc la mémoire. Parce que la réponse ne me paraît pas du tout évidente. »

Gabriel feignait de regarder un magazine sur la table basse, mais du coin de l'œil il observait M. James. Son sourire faisait peine à voir. C'était celui qu'il arborait en permanence – une réaction nerveuse, involontaire, pareille au tressaillement qui agitait la paupière droite de Damian.

M. Maddox passa ses doigts velus sur son visage. De toute évidence, il se désintéressait déjà de sa proie. Il ne lui porterait pas le coup de grâce ce jour-là.

« Retournez au service marketing, Gareth. Dites-leur que vous m'avez mis au courant et tâchez de régler ça. »

M. James sortit en s'efforçant de se cramponner à son bloc-notes autant qu'à sa dignité.

Le directeur général délaissa son bureau pour aller s'asseoir dans le fauteuil de cuir en face de Gabe. Une fois installé, il parut se ratatiner sur lui-même.

« J'essaie de me modérer, vous comprenez, marmonna-t-il.

— Pardon ? »

M. Maddox inclina la tête d'un côté puis de l'autre avant de la saisir à deux mains pour la faire rouler dans tous les sens, jusqu'au moment où sa nuque craqua. « Voyez-vous, je me suis hissé à la force du poignet. Les vieilles habitudes ont la vie dure.

— Euh, oui », dit Gabe. Il était venu parler de Gleeson et d'Ivan qui continuaient d'utiliser – il le savait pour les avoir espionnés à plusieurs reprises – une des chambres de l'hôtel sans autorisation.

« De mon temps… » Le regard de M. Maddox se perdit dans le vague. Un instant plus tard, il recouvrait toute sa vivacité. « Le respect, ça se méritait ; en général à coups de poing dans la gueule. »

Gabriel contempla le front de son interlocuteur, qui lui parut suffisamment solide pour y enfoncer des clous. Oui, dans sa jeunesse, Maddox avait dû s'en servir pour enfoncer quelques crânes… À la réflexion, songea Gabe, il était peut-être préférable de ne rien dire sur Gleeson et Ivan pour le moment ; mieux valait attendre d'avoir trouvé une solution, ou du moins d'avoir identifié le problème.

« Bref, je crois que j'y suis allé un peu fort avec Gareth, tout à l'heure. Bah, je ne sais pas… »

Gabe se demanda quelle raison il pourrait invoquer pour justifier son entrée en fanfare.

Mais M. Maddox ne semblait pas pressé. Il alla même jusqu'à lui offrir un cigare. « Mon grand-père était domestique, et mon arrière-grand-père et son père avant lui. Oh, ça remonte à loin. Tous des serviteurs… » Il marqua une pause. « Que pensez-vous de ce cigare, à propos ?

— L'arôme est agréable. Un mélange de viande rouge, de fruits secs grillés…

— Des fois, je me dis que je suis leurs traces, que je n'ai pas mis suffisamment de distance… Tenez, il n'y a pas deux heures, j'étais en train d'inspecter les draps dans la suite penthouse. Si c'est pas malheureux, ça !

— C'était assez courant, à l'époque, d'être domestique, déclara Gabe. Toute ma famille a travaillé dans une filature.

— Intéressant. Vous saviez qu'il y a autant de personnes employées aujourd'hui aux tâches courantes – ménage, cuisine, garde d'enfants, jardinage – qu'au XIXe siècle ? Quel progrès, hein ? »

Le cigare donnait le tournis à Gabriel. Il avait beau se répéter de ne pas avaler la fumée, il le faisait quand même. Il hocha la tête.

« Ma petite-fille a dix ans, reprit M. Maddox. Elle m'a dit l'autre jour : "Papy, pourquoi t'es tout le temps en colère ?" » Il remua les pieds et tira sur son pantalon. « Qu'est-ce que j'aurais pu répondre ? Je lui ai dit : "Je ne suis pas en colère, ma puce. Je n'ai jamais été en colère contre toi."

— Et elle vous a cru ?

— Elle est brillante, vous savez. Première de sa classe.

— Tant mieux pour vous. Et pour elle !

— Elle a fabriqué une boîte à gros mots. pour la famille. Elle tient les comptes. Elle s'en met plein les poches ! » Il partit d'un rire sans joie. « Alors, de quoi vouliez-vous me parler ?

— Oh, j'étais juste venu vous dire que le room service de nuit serait mis en place cette semaine. Benny va assurer les débuts. »

Il réglerait lui-même le problème Gleeson, songea Gabe. Il n'avait pas besoin d'y mêler M. Maddox. Avant tout, il devait agir, provoquer une confrontation, arrêter de se cacher la tête dans le sable.

22

LE PRINTEMPS SERAIT BIENTÔT LÀ. On le devinait aux échappées de ciel bleu entre les immeubles, au doux frémissement de l'air, à la façon dont les piétons levaient vers le soleil un visage plein d'espoir. Comme toujours, le changement de saison rappelait à Gabriel l'hiver qu'il avait passé à travailler dans une station de ski tyrolienne où toutes les maisons étaient en bois. En se réveillant un matin, il avait entendu de l'eau goutter régulièrement ; la neige sur le toit venait d'entamer le compte à rebours qui la séparait de sa glissade finale sur le sol. Quand il avait regardé par la fenêtre, il avait vu dans le jardin d'un blanc étincelant un premier petit rectangle vert miraculeux.

Ah, les brioches à la cannelle, songea-t-il en s'engageant d'un pas léger dans la rue où donnait l'entrée de service de l'Imperial. Il avait dû en faire un bon millier à l'époque ; jamais il n'en oublierait l'odeur. Il s'immobilisa brusquement sur le trottoir, submergé par une vague de nostalgie pour des cuisines et des collègues dont il ne gardait pratiquement aucun souvenir.

De l'autre côté de la chaussée, sur un chantier de démolition, des ouvriers en gilet fluorescent faisaient signe au grutier que la voie était dégagée. En les apercevant, une jeune femme dont les talons claquaient sur l'asphalte prit un air méfiant et croisa les bras. Les ouvriers ne lui prêtèrent aucune attention. Elle leur jeta des coups d'œil furtifs.

Les palissades tremblèrent quand la grue avança. Un son ténu s'éleva. Les bâtisses éventrées, plus laides les unes que les autres, exposaient leurs entrailles et leurs bouches édentées où pendaient encore quelques portes. Gabriel vit le bras de la grue pivoter, la boule de démolition partir en arrière, donner l'impression de s'accorder un instant de réflexion puis effectuer à travers les airs un long périple langoureux, sans obstacles, dont seuls se souviendraient les nuages blancs fantomatiques.

Gabriel sentait dans son dos le poids rassurant du sac qu'il avait rempli de provisions prises dans les frigos et le garde-manger de l'Imperial. Il rentrait chez lui après le service de midi pour passer l'après-midi avec Lena et lui préparer un repas digne de ce nom. Il y avait toujours tant de choses à faire... Il convenait de commencer par les plus importantes – poser les fondations, en somme, choisir les pierres angulaires. La veille, il s'était convulsé de rage à la seule pensée de Gleeson, comme si la camisole n'avait pas été qu'une simple menace, comme s'il était réellement ligoté par la fureur. Il avait dû lutter pour s'en dégager. Gleeson était sur sa liste. Sur chacune de ses listes. Il allait devoir les structurer, les comparer, essayer de déterminer comment les emboîter, les réunir. S'en faire une image, la garder en tête, bien visualiser l'ensemble. Certaines tâches en soutenaient d'autres, servaient de fondations, quelques-unes se rassemblaient pour former une voûte. Au fond, il appliquerait des principes semblables à ceux de la construction – laisser entrer la lumière, conserver la chaleur, se protéger de la pluie. C'était une question d'architecture, et en cela la cuisine n'était pas différente : il fallait des talents de maître d'œuvre pour agencer les structures moléculaires de même que la composition des assiettes, et quand on organisait une brigade, quand on constituait une équipe, il fallait se représenter l'ouvrage terminé, avoir des plans solides et s'y tenir.

Avant de tourner au coin de la rue, Gabriel jeta un coup d'œil au chantier. Un mur s'effondra au ralenti en laissant échapper un léger soupir de protestation.

Il n'y avait personne dans l'appartement quand il rentra ; Lena avait dû partir chez l'épicier. Il patienta un quart d'heure puis tenta de la joindre sur son portable. Il lui laissa un message et se prépara du thé. Descendit jeter un coup dehors. Rappela Lena.

Posté devant la longue fenêtre du salon, il scruta la rue, pensant voir sa silhouette familière apparaître d'un instant à l'autre. Gagné peu à peu par la superstition, il se dit qu'elle ne reviendrait pas tant qu'il resterait là. Alors il s'installa sur le canapé et se frotta les genoux en guettant le bruit de la clé dans la serrure.

Elle arriverait pile au moment où il cesserait de penser à elle. Ça se passait toujours comme ça. Elle était peut-être allée au cinéma ; elle l'avait déjà fait une ou deux fois, et quand elle lui en avait parlé, il l'avait encouragée à y retourner.

Il se leva d'un bond, alla dans la chambre et ouvrit à la volée les portes de la penderie. Toutes les robes qu'il avait achetées s'y trouvaient encore. Pour se rassurer, il inspecta aussi les tiroirs.

De retour dans le salon, il commença à tourner en rond. Plus il regardait le mobilier, moins il lui semblait familier. Le canapé vert inconfortable paraissait sorti tout droit d'une salle d'attente, la chaise longue était hideuse, les étagères laquées ne contenaient rien et la table basse en forme de cube blanc était d'une prétention sans bornes. Qui aurait envie de vivre ici, d'appeler cet endroit un chez-soi ?

Un bruit dans le couloir à l'extérieur attira soudain son attention. Il se précipita. Devant l'appartement d'en face, son voisin cherchait sa clé.

« Oh, excusez-moi, dit Gabriel. J'attendais quelqu'un.

— Bonjour », lança l'homme avec un sourire absent. Et de rentrer chez lui.

Typique, songea Gabriel. Les gens étaient d'un égoïsme, aujourd'hui ! Impossible d'échanger quelques mots avec eux, de leur demander ne serait-ce que l'heure. Ces deux-là, quand il les croisait, ne ralentissaient même pas l'allure. C'était à peine s'ils se fendaient d'un bonjour. Gabe n'avait guère fait mieux, il voulait bien l'admettre, mais au moins il avait envisagé de les inviter à dîner au moment où il s'était installé.

Il reprit ses allées et venues dans le salon. La vérité, c'était que tout se dégradait. Dans sa jeunesse, c'était différent : les gens s'intéressaient les uns aux autres, ils se soutenaient mutuellement. Au moins, ils se connaissaient par leur nom. Aujourd'hui, plus personne n'avait le temps. Plus personne ne se souciait de ce qui pouvait arriver chez le voisin. S'il allait frapper maintenant à l'appartement d'en face en demandant : « Est-ce que vous l'avez vue ? », le couple se contenterait de répliquer avec un sourire poli : « Qui ? »

Gabriel se rongea un ongle. Fuma une cigarette. Jeta un coup d'œil par la fenêtre, ce qui eut pour effet de lui remettre les nerfs à vif. Il ne devait plus s'en approcher.

Il se retrouva dans la cuisine, à ouvrir et fermer le robinet. Le sac à dos était posé sur le plan de travail. Il ne l'avait pas vidé.

Quand il aurait un fils, il lui dirait : « Ah, dans ma jeunesse… » et le gamin penserait : *C'était il y a un siècle, un millénaire, même.* Il l'emmènerait au travail, quelquefois, si le petit voulait bien venir.

Où était Lena ? Inutile de s'inquiéter. Sans argent, elle ne pouvait pas aller bien loin.

S'il emmenait le gosse au travail, que lui montrerait-il ? Son fils aurait-il été fier de lui, la veille ? Bah, il subissait des pressions trop complexes pour un enfant.

Il était presque dix-neuf heures. Où était-elle ? Si elle n'était pas rentrée à dix-neuf heures, alors elle ne reviendrait plus. C'était clair.

Lorsqu'il accompagnait son père à la Rileys, c'était différent. Ted prêchait la loyauté, l'honnêteté et le respect comme si ces valeurs constituaient la trame de son métier. Aujourd'hui, ce n'était plus pareil. Le monde avait complètement changé.

Il était dix-neuf heures. Ça ne pouvait plus durer. Il attrapa un couteau à la lame impressionnante – l'arme du diable – et le planta de toutes ses forces dans le plan de travail en hêtre. Le manche noir trembla quand il retira sa main en formulant une supplique silencieuse. *Si vous êtes là, si vous m'entendez, faites que je ne devienne pas fou.*

Il ouvrit une bouteille de vin puis s'obligea à s'asseoir sur le canapé devant le poste de télévision allumé. Il se sentait bien, se répéta-t-il. Il était lucide. Lena avait dû aller au cinéma. En général, elle ne l'attendait pas avant dix heures du soir. Peut-être avait-elle décidé de voir un deuxième film, pourquoi pas ? Deux séances d'affilée, tout simplement. Il était à cran, et alors ? Il était comme tout le monde, il lui arrivait d'avoir les nerfs en pelote ; pour autant, ça ne faisait pas de lui un fou. Gleeson… bon sang, pourquoi se soucierait-il de l'avis de cette vipère ? Quant à Jenny… eh bien, elle avait beau être animée des meilleures intentions du monde, elle n'avait pas abordé le problème sous le bon angle. Elle avait dit : « C'est de famille. » Mais en aucun cas il n'agissait comme leur mère, songea Gabe. Il n'avait pas de crises de fièvre acheteuse, ne fuguait pas avec le laitier. Non, sa vie lui appartenait toujours.

Il tenta de trouver une position plus confortable, cala un coussin derrière sa tête, l'ôta, plaça ses pieds sur la table basse, les reposa par terre. Pour finir, il ramena ses jambes sur le canapé et s'absorba dans la contemplation du plafond.

Et s'il avait passé toute sa vie à prendre des décisions fondées sur des malentendus, des méprises, des erreurs de jugement dignes d'un enfant ? S'il avait fait des choix sans rien comprendre à rien, quelles conclusions en tirer sur sa capacité de raisonnement ? Il ne serait pas différent d'un fou se prenant pour le roi d'Espagne, qui se demanderait s'il devait déclencher une guerre contre la France ou contre le Brésil – réfléchissant à toutes les possibilités dans sa cellule capitonnée, pesant le pour et le contre, délibérant avec lui-même, pataugeant dans sa merde.

Quand il regardait en arrière, il lui semblait… Non, il valait mieux ne pas s'engager dans cette voie. Ses souvenirs lui semblaient préférables tels qu'ils étaient avant.

S'il avait écouté son père, il serait allé à l'université. Une chose en avait suivi une autre. On ne fait pas son chemin, on monte à bord d'un train qui dessert des gares peu nombreuses et espacées les unes des autres.

Qu'est-ce qui s'est passé entre papa et toi ? Comme s'il avait pu indiquer du doigt un point précis de son enfance en disant : « Voilà, c'est ça, c'est là. » Il y avait trop de raisons, trop de façons de considérer les événements, de les évoquer. Ah oui ! *Peu importe ce qui s'est réellement passé ; le plus important, c'est le souvenir qu'on en garde*. C'était son père qui lui avait dit ça. C'est tellement juste, p'pa ! Sais-tu seulement à quel point c'est vrai ?

Gabriel abandonna le canapé pour se remettre à arpenter la pièce. Donc, il ne lui restait plus qu'à reconsidérer son histoire sous le bon angle. Tout dépendait de lui, c'était évident. Sauf que ce n'était pas si facile d'écarter certaines pensées de son esprit. Ce dont il avait besoin, c'était d'un arbitre, quelqu'un qui le connaissait, qui savait ce qu'il était vraiment. Un ami, capable de dire en toute objectivité : « Oh, tu as toujours été destiné à, tu as toujours été fait pour, il n'y avait aucun moyen de t'arrêter. » Quelqu'un qui avait foi en lui.

Il avait des amis. Il n'avait qu'à en appeler un, là, tout de suite. Bien sûr qu'il avait des amis, non ? Ce qu'il lui fallait, c'était un témoin. Une personne qui lisait en lui comme dans un livre ouvert. Prête à se lever pour déclarer : « Oui, je me porte garant de cet homme. »

Quand Jenny décrocha, elle parlait en même temps à quelqu'un.

« Jen ? C'est moi.

— Oh, Gabe. Juste une seconde… »

Gabriel entendit des éclats de voix, suivis par un choc sonore.

« C'est la Troisième Guerre mondiale, ici, enchaîna sa sœur. Bailey n'a pas le droit de sortir, mais elle vient de partir quand même, et je l'ai prévenue, je lui ai dit : "Bailey, si tu passes cette porte, tu vas le regretter, crois-moi", et elle m'a regardée comme si… bref, comme si elle s'en fichait complètement, et elle est partie. Quant à Harley… ah non, surtout ne m'en parle pas… »

Gabe sourit. « Allons bon, qu'est-ce qu'il a encore fait ?

— Il a… Non, non, ne m'entraîne pas là-dedans. Je te raconterai quand tu viendras parce que j'ai du repassage à faire ce soir. Tu viens toujours, hein ? Papa n'est pas trop en forme, tu sais.

— Oui, lui assura Gabe. Bientôt.

— Ne laisse pas s'écouler trop de temps.

— Jenny ? J'étais en train de penser à nous, quand on était gosses…

— Tu me trouves trop dure avec les miens ?

— Non, je… Tu te rappelles lorsqu'on allait jouer près de la voie ferrée ?

— Ce qui était strictement interdit. »

Comment lui expliquer ce qu'il ressentait ? Jenny avait ses propres soucis. « Ces jours d'été, on avait l'impression qu'ils n'auraient jamais de fin, reprit-il. Tu te souviens à quel point ils étaient longs ?

— Oh, je vois ce que tu veux dire. On n'était pas des anges, on ne rentrait jamais à l'heure. Le problème avec Harley et Bailey, c'est qu'ils se prennent pour des adultes, ils s'imaginent qu'ils peuvent agir à leur guise, et peut-être qu'ils ont raison, mais pas sous mon toit. Il y a des limites à ne pas franchir, tu comprends, c'est ce que je leur dis tout le temps… Gabe ? Quand est-ce que tu comptes venir ?

— Bientôt. La semaine prochaine ou celle d'après. Dès que je pourrai me libérer.

— Parfait. Bon, il faut que je te laisse, dit-elle d'un ton distrait. Ça m'a fait plaisir de t'entendre.

— Oui, moi aussi », répondit Gabe en s'efforçant de refouler la note de désespoir dans sa voix. Un gouffre béant s'était ouvert en lui, un immense abîme de ténèbres qui aspirait tout ce à quoi il tentait de se raccrocher, le vidait de sa substance.

« Sur ce…, reprit Jenny.

— Attends ! Le salon de tatouage de Michael Harrison, tu connais le nom ? Je me disais que ce serait sympa d'essayer d'aller le voir, de boire une ou deux bières avec lui en souvenir du bon vieux temps.

— Oh, tu ne devrais pas avoir trop de mal à le retrouver, mais tu seras peut-être obligé de te contenter d'un thé. Bev le tient de Mme Tisdale qui l'a appris par Sandra Sharples qui sort avec…

— Jenny !

— Du calme, Gabe. Rien ne presse, il n'ira nulle part. Il est à Warrington, il a pris huit ans pour agression d'un policier, coups et blessures et je ne sais trop quoi.

— Pourtant, tu m'avais dit que….

— Je sais, sauf que ça remontait à une éternité. Bref, je crois que tu peux faire une croix sur la bière.

— Qu'est-ce qui s'est passé ? Qu'est-ce qui a…

— … mal tourné ? Aucune idée. En attendant, ça ne me surprend pas. C'est vrai, j'ai été choquée, c'est terrible, mais tu te rappelles comment était son père ? C'est probablement l'alcool qui les a perdus l'un et l'autre. Des alcooliques, tous les deux.

— Quel…

— Quel gâchis, oui. Il était si mignon, gamin… » Elle soupira comme s'il s'agissait de l'aspect le plus consternant de toute l'histoire. « De toute façon, même s'il n'était pas derrière les barreaux, vous n'auriez sans doute pas grand-chose à partager, après tout ce temps.

— Possible.

— Bon, alors à bientôt ?

— Oui, à bientôt. » Gabe chercha désespérément un moyen de relancer la conversation. Rien ne lui venait à l'esprit, il avait l'impression de pêcher dans un puits asséché. Ah si, il y avait eu cette fois, Jenny allait bien rire, où ils avaient grimpé au sommet du phare de Twistle avec Bev… Ou était-ce Jackie ? Ça lui reviendrait sûrement s'il fermait les yeux.

« Je vais dire à papa qu'on s'est parlé, ajouta Jenny, mais tu ferais bien de lui téléphoner. Allez, au revoir, Gabe. Bye. À la prochaine. »

Quand elle le vit à la table de la cuisine, Lena sursauta et porta une main à sa poitrine. « Oh, c'est toi... » Elle sourit.

« Évidemment ! répliqua Gabriel. Qui veux-tu que ce soit d'autre ?

— Je prépare du thé à nous, d'accord ?

— Je veux dire, tu n'attends personne, n'est-ce pas ? Pas de visiteurs ? »

Elle remplissait la bouilloire tout en chantonnant de sa voix de fausset. « J'ai entendu quelque chose de drôle aujourd'hui », lança-t-elle en riant, le dos cambré.

Alors qu'il l'écoutait, Gabe songea qu'il avait déjà assisté à cette scène : il n'était pas en train de la vivre en direct, c'était un souvenir, tout s'était déroulé exactement de la même façon. Il y avait de la musique, en effet, Lena avait allumé la radio et elle oscillait en pouffant, elle allait même jusqu'à esquisser quelques jolis pas de danse. Des petits bonheurs tout simples. Elle lui disait qu'un homme s'était retrouvé enfermé dans les toilettes publiques pendant deux jours. Il riait parce qu'elle riait, ses cheveux qu'elle avait tressés se balançaient derrière ses épaules et elle avait mis une robe de couleur vive.

Et ensuite, que s'était-il passé ? S'était-il approché d'elle ? L'avait-il prise dans ses bras ?

« Où as-tu entendu cette histoire ? » demanda-t-il.

Lena jeta un coup d'œil à la corbeille de pain. « Je fais toasts.

— Qui te l'a racontée ? Qui, Lena ?

— C'est aux informations. »

Il se leva pour la rejoindre. Son ombre la recouvrit entièrement.

« Tu ne regardes pas les informations, Lena. Tu ne lis pas les journaux. Où es-tu allée aujourd'hui ? »

Elle se détourna. « J'ai sorti.

— D'accord. Où ? Où es-tu allée ? Regarde-moi, Lena. Je t'ai posé une question. »

Elle fit volte-face. « Pourquoi tu demandes comme ça ? »

À partir de là, la situation telle qu'il s'en souvenait avait dégénéré. Que pouvait-il faire ? Il se sentait écœuré. En nage. Il lui suffisait de ne plus ouvrir la bouche.

« Ma question n'a rien de déraisonnable, Lena.

— Tu gardes moi ici comme dans… comme dans prison. Comme si j'étais animal dans cage. »

Il voyait bien qu'il s'y prenait mal. Il se considérait avec un mélange de pitié et de dégoût. Quel crétin ! Quel idiot ! N'apprendrait-il donc jamais ?

« Est-ce que je t'ai empêchée de sortir ? Est-ce que je te frappe ? »

Il n'aurait pas dû crier, il le savait. Mais c'était plus fort que lui.

« Est-ce que je ne t'ai pas donné tout ce que tu voulais et même plus ?

— Toi tu promets, répliqua Lena en s'attaquant à un ongle. Mais tu donnes pas.

— Quoi ? insista-t-il, empêtré dans sa bêtise. Qu'est-ce que je ne t'ai pas donné ?

— Tu as dit tu cherches Pasha. Tu as dit tu paies quelqu'un. Mais je crois pas toi. »

L'idiot avait placé ses mains sur ses hanches en essayant de prendre un air offensé. Or personne n'était dupe. Réveille-toi, vieux, rends-toi à l'évidence.

« Je peux te prouver…

— Tu as dit tu me donnes l'argent. Combien de temps moi je dois encore attendre ? »

Il la regarda entortiller l'extrémité de sa tresse autour de son doigt. Il sonda ses yeux bleus vitreux pour essayer de les forcer à se concentrer sur lui. Des milliers de pensées se bousculaient dans la tête de Gabe sans qu'aucune ne lui soit de la moindre utilité.

« Je n'ai pas trouvé l'argent, Lena. Nikolaï l'a pris et l'a envoyé à la famille de Yuri. Parce que c'était celui de Yuri, n'est-ce pas ? Ça n'a jamais été le tien. »

Oh, non, non. Arrête de regarder. N'écoute plus.

« Moi j'ai gagné cet argent. Je l'ai gagné, tu entends ? Ici, avec toi, c'est pas gratuit. Pourquoi tu paies pas moi ? Paie ce que tu dois. »

Il demanda à Nikolaï de faire l'inventaire des stocks avec lui. Les étagères s'alignaient le long des murs, croulant sous les bouteilles et les boîtes, les bocaux et les paquets, les conserves et les contenants divers – partout des étiquettes criardes, des caractères minuscules, du verre brillant, du fer-blanc agressif. Gabe avait l'impression que le sol, un vrai parcours d'obstacles constitués de sacs et de cartons, voulait le piéger, le faire tomber. C'était l'antre d'un fou, là-dedans. Pourtant, ils allaient en commander encore plus.

« Fèves, haricots blancs, énuméra Gabriel. Riz arborio... » Il regarda le Russe écrire sur son ordonnancier « Dites-moi, Nikolaï, est-ce que vous êtes heureux ? Vous aviez sûrement une autre ambition dans la vie que de devenir commis... »

Nikolaï balaya la question d'un geste indifférent.

« Remarquez, reprit Gabe, j'imagine que beaucoup de gens ne sont pas heureux. »

Son interlocuteur hocha la tête sans souffler mot ; peut-être en était-il toujours à évaluer l'état du patient.

« Je veux dire, ils ont beau avoir l'argent, la réussite et tout, ils se sentent malheureux, ils dépriment. » La veille, il avait fumé cigarette sur cigarette en faisant le tour du quartier. Lena ne ressentait rien, elle n'était pas capable d'éprouver la moindre émotion. C'était ce client monstrueux qui l'avait rendue comme ça, avait conclu Gabe. S'il rencontrait un jour cet homme, il le tuerait à mains nues.

« C'est normal, déclara Nikolaï.

— Oh, je ne parlais pas de moi. Je vais bien. Dans l'ensemble. » Gabe contemplait un gros sac de jute en regrettant de ne pas pouvoir s'y vautrer pour piquer un somme. Mais s'il s'endormait, il risquait de faire ce rêve qu'il aurait voulu oublier.

« Quand j'étais petit, dans ma ville natale, reprit Nikolaï en caressant son stylo de ses longs doigts blancs, il y avait un défilé pour le jour du Bonheur. Tout le monde devait y aller. On le tournait en dérision, bien sûr. On nous ordonnait d'être heureux, et nous, pour manifester notre esprit subversif, on se débrouillait pour être malheureux. Rien n'aurait pu nous rendre plus heureux que cette détresse interdite.

— Vous deviez traverser la ville ?

— Avec des banderoles, oui. » Nikolaï marqua une pause. Il se préparait à donner son diagnostic, Gabe le voyait à l'expression de son visage. « C'était une idéologie grossière, facile à ridiculiser. La vôtre est beaucoup plus sophistiquée et tellement dominante qu'elle a été intériorisée ; ainsi, elle fonctionne mieux. Le malheur est normal, mais quand on est malheureux on se considère en situation d'échec. Ici, dans ce pays, c'est le défilé du Bonheur tous les jours, sauf que les participants ne marchent pas épaule contre épaule, ils vont seuls. »

Gabe s'assit sur une caisse. « Vous savez, il me suffirait d'une bonne nuit de sommeil pour être le plus heureux des hommes. Je serais même béat. Tout ça, c'est à cause de ce foutu rêve.

— Ah oui, le rêve. Vous m'en avez déjà parlé. »

Pourquoi Nikolaï n'ajoutait-il rien ? Pourquoi prenait-il cet air pénétré, comme s'il en savait plus long qu'il ne voulait l'avouer ? « Qu'est-ce qu'il veut dire ? s'écria Gabriel. Il doit bien avoir une signification, non ? Ça commence à sérieusement me taper sur les nerfs...

— L'interprétation des rêves, c'était un sujet particulièrement cher au cœur de Freud. Personnellement, je trouve cette partie de son travail moins convaincante, et d'après ce que j'ai compris vous n'êtes pas non plus un de ses plus grands fans. Il y a des gens qui prétendent déchiffrer les rêves, bien sûr, ainsi que d'autres prétendent lire l'avenir dans les feuilles de thé ou les lignes de la main.

— Mais pourquoi le mien revient-il tout le temps ? Peut-être parce qu'il contient un sens caché, quelque chose d'important au sujet de la mort de Yuri, enchaîna Gabe, se laissant emporter. Et si ce n'était pas un accident ? Peut-être que le songe se répétera tant que l'assassin ne sera pas arrêté. »

Nikolaï posa sur lui ses petits yeux de rongeur. « Vous êtes en train de me dire que le fantôme de Yuri vous hante ? demanda-t-il à sa manière habituelle, modeste et concise.

— Non, bien sûr que non. Bon sang... C'est toujours pareil, nuit après nuit. Je suis quelque part dans les catacombes, il y a cette lumière horrible qui... qui palpite un peu comme un cœur, et elle m'attire irrésistiblement. Des fois aussi, elle me poursuit et j'ai l'impression qu'elle va finir par – je sais, c'est idiot – par me noyer. Dans tous les cas, je me retrouve toujours au même endroit, à côté du corps de Yuri et – est-ce que je vous l'ai raconté, ça aussi ? Oui, il me semble. Bref, je suis obligé de ramper autour de lui, de l'examiner, et il y a toute cette nourriture...

— Oh. Et vous mangez ?

— Oui. Enfin, non. Au début, je goûtais certaines choses mais maintenant elles grouillent d'asticots et de bestioles. Ou peut-être qu'elles ne sont plus pourries, je l'ignore parce que je n'y touche pas, j'essaie juste de ne pas me laisser ensevelir.

— Donc, le rêve n'est pas toujours le même, il change.

— Plus ou moins. Fondamentalement, il reste pareil.

— Je vois. Et cette lumière que vous mentionnez, que devient-elle lorsque vous vous arrêtez près de Yuri ? Elle vous rattrape ? »

Gabe se gratta le crâne à deux mains en écartant largement les coudes. « Non, il n'y a plus de lumière.

— Alors comment pouvez-vous distinguer le corps ? Et l'examiner ?

— Ce n'est pas le noir complet, vous comprenez, il y a une sorte de luminosité normale... Bah, je ne sais pas, de toute façon rien n'a de sens, c'est un rêve.

— Mais vous, vous voulez quand même trouver un sens à ce qui n'en a pas ? »

Gabriel éclata de rire. « Je crois que je perds la tête. J'ai du mal à me ressaisir. Bref, peu importe. Allez, on s'y remet. Qu'est-ce qu'il y a, là-haut ? Je n'arrive pas à voir. C'est de la farine ? »

Nikolaï, perché sur un bidon de vingt litres d'huile Frymax, se haussa sur la pointe des pieds. « Fruits secs, sucre, noix... » Il se retourna. « Quand vous dites que vous perdez la tête, vous pensez à quoi au juste ? À votre âme ? »

Pourquoi s'obstinait-il à avoir ce genre de conversation avec Nikolaï ? se demanda Gabe. Il ne se laisserait pas entraîner sur ce terrain. « Non, je reprenais juste une expression que les gens emploient souvent quand ils parlent d'eux-mêmes.

— Ah ! Mais ça revient à tourner en rond. »

Gabriel leva une main comme pour l'empêcher de poursuivre. « C'est assez évident pour tout le monde, en fait. Sauf pour vous.

— Sur un plan scientifique…

— Oh, la barbe avec votre jargon scientifique ! » aboya Gabe. Nikolaï lui avait raconté qu'il était médecin. Des craques, oui. Heureusement, on ne croit pas tout ce qu'on entend.

« D'accord, je comprends, déclara le commis avec douceur. Après tout, il semblerait que nous soyons biologiquement programmés pour avoir ce qu'on pourrait appeler un certain sens de notre individualité. »

Non mais regardez-le, songea Gabe, debout sur son bidon d'huile comme sur une caisse à savon devant une assemblée. Ce n'était pas un scientifique, c'était un politique, toujours prêt à essayer de faire de nouveaux convertis. Il avait bien l'air d'un homme qui vit dans une cave et ne voit jamais la lumière du jour – un petit révolutionnaire albinos agissant dans l'ombre. « On s'en fiche. »

Ils continuèrent l'inventaire. Gabe ne cessait d'observer le commis. Ils comptèrent bouteilles et boîtes de conserve. Nikolaï découvrit des crottes de souris derrière un rayonnage.

« Non, dit Gabe. Non, elles sont vieilles. La question est réglée depuis longtemps, OK ?

— OK. »

Ils reprirent leur tâche.

« Vous voulez savoir quel est votre problème ? » demanda Gabriel.

Nikolaï patienta.

« Non, je ne vois pas pourquoi je vous le dirais. »

Ils travaillèrent encore un moment, citant les noms et les références des produits, faisant glisser des cartons et soulevant des sacs.

« Bon, je vais vous le dire quand même. Votre problème, Nikolaï, c'est que vous êtes intarissable sur la science, vous croyez tout savoir sur tout mais au fond vous ne connaissez pas les gens.

— Mon ex-femme serait d'accord avec vous.

— La science nous dit ceci, la science nous dit cela, nous sommes tous des machines, nous n'avons pas de libre arbitre…, poursuivit Gabe, dont la voix enflait. En attendant, toute cette foutue science ne me dit rien sur ce que je ressens, bordel ! » Et c'était bien là son problème, conclut-il. Dans son métier comme dans tous les autres domaines. Ah, sa merveilleuse approche scientifique… Il avait même donné à Oona un cours sur la structure moléculaire de la crème anglaise, nom de Dieu ! Quel intérêt de savoir ça ? Le plus important, quand on était en train de remuer sa cuillère, c'était de déterminer à quel moment la préparation allait épaissir.

« C'est peut-être vrai, répliqua Nikolaï sans se départir de son fichu calme.

— Allez-y, expliquez-moi, le pressa Gabe. Ne me prenez pas pour un idiot.

— Eh bien, il serait peut-être intéressant de considérer les choses sous un autre angle. Laissons de côté la science. Imaginons que vous lisiez un roman, et que ce roman raconte la vie d'un homme. Il s'ouvre sur son enfance et retrace les différentes étapes de sa vie jusqu'à, mettons, une crise aux environs de la quarantaine. »

Quand il s'interrompit, Gabriel s'emporta aussitôt : « Allez-y, continuez ! Vous n'êtes pas en train de faire un discours, nom d'un chien ! Parlez, c'est tout.

— D'accord. Ce roman, il est plutôt bon, le personnage vous paraît crédible, vous commencez même à le comprendre. Au fur et à mesure de votre lecture, vous découvrez qu'il doit toujours prendre des décisions, faire des choix concernant sa vie, alors il réfléchit, il hésite, il se demande dans quelle direction aller.

— Oui ! C'est ça ! C'est exactement ça. Voilà comment sont les gens. »

Nikolaï l'observait de sous sa tignasse flamboyante. « Mais puisqu'on le connaît à ce stade, puisqu'on connaît son caractère, les circonstances qui l'ont forgé, alors forcément on sait comment il va réagir. Les romans de ce genre finissent toujours par faire autorité parce que nous voyons en eux une représentation fidèle de l'existence. Le protagoniste ne peut pas être autrement, il ne peut pas agir différemment, et pourtant – ce qui est le cas aussi pour chacun de nous – il est condamné à se comporter comme s'il était libre.

— N'importe quoi ! rétorqua Gabe avec fougue. Où allez-vous chercher des trucs aussi assommants ? Quel intérêt de lire un livre sans rebondissements ni coups de théâtre ? Et que faites-vous des personnages qui agissent sur une impulsion, sans raison, sans avoir la moindre idée de leurs motivations ?

— Ça existe, bien sûr, répondit Nikolaï d'un ton apaisant. En attendant, s'ils sont dominés par leurs impulsions, s'ils agissent sans raison, à mon avis cela ne plaide pas en faveur de l'existence du libre arbitre.

— Ce n'est que… » Nikolaï se croyait tellement supérieur ! Mais il n'y avait qu'à voir où sa prétendue intelligence l'avait mené : un commis, ni plus ni moins. Gabe avait bien l'intention de lui expliquer à quel point son argument était fallacieux. « Ce que vous ne… » Il hésita. Son esprit s'activait pour rien, tel un fouet électrique battant l'air dans un récipient vide. Il devait parler. « C'est vous qui tournez en rond : vous déformez tout pour soutenir une idée. Vous pensez démontrer quelque chose, mais vous vous contentez d'exposer votre opinion, votre conviction. Bon sang, vous êtes comme un croyant convaincu ! ajouta-t-il, tremblant de colère. Chez vous, ça tient de la religion. »

Quand il eut terminé l'inventaire, Gabriel demanda à Suleiman de l'accompagner dehors. Il avait besoin d'une cigarette.

De toute évidence chagriné par cette irrégularité, le jeune Indien plissait nerveusement les yeux.

« Détendez-vous, dit Gabriel. Vous n'êtes pas au tribunal. »

Suleiman tordit son calot entre ses mains. « Oh non, chef, c'est une activité des plus plaisantes que d'avoir une conversation avec vous.

— Je voulais juste, euh… savoir si tout allait bien. Vous avez l'impression de progresser ? Tout est en ordre ?

— C'est pour l'entretien d'évaluation ? » s'enquit Suleiman. En cet instant, il ressemblait à un homme qui vient d'oublier sa valise dans le train.

« Plus ou moins, répondit Gabe. Franchement, permettez-moi de vous dire que je suis très impressionné, oui, très impressionné par votre attitude, par votre implication. Je vais ouvrir mon propre restaurant – je vous demanderais d'ailleurs de bien vouloir garder le secret pour le moment – et j'aurai certainement un poste à vous proposer. Ce serait une promotion. Qu'en pensez-vous ? »

Suleiman se dandina sur ses jambes arquées. « Merci pour ces paroles aimables. Pourrais-je avoir un peu de temps pour réfléchir à votre offre, s'il vous plaît ?

— Oui, bien sûr », déclara Gabriel avec chaleur. Il se tenait le dos appuyé contre le mur froid de la cour, le visage levé vers le soleil. « Réfléchissez, nous en reparlerons. Voyez si mon offre peut s'intégrer dans vos projets.

Je n'ai pas oublié, je sais que vous avez déjà tout planifié.

— C'est grâce à mon père », déclara Suleiman en souriant. Quand il souriait, il y mettait tout son cœur, comme s'il s'agissait d'un exercice destiné à entretenir sa forme.

« Excellent. Et pour... je veux dire, est-ce juste votre carrière que vous avez planifiée, ou est-ce que vous avez aussi le même genre de projets pour... une femme, des enfants et tout le reste ?

— Oh, très certainement. Ce serait faire preuve d'une extrême négligence que de laisser le hasard en décider. »

Gabriel hocha la tête. Il savourait sa cigarette.

« Mes parents s'occupent en ce moment même de sélectionner un certain nombre de jeunes filles, expliqua Suleiman. Toutes de bonnes familles, bien entendu.

— Et ensuite, vous choisirez celle qui vous plaît le plus ?

— Seulement une fois le test de compatibilité effectué.

— Mais vous ne pouvez pas savoir si vous serez compatibles tant que vous n'aurez pas passé du temps ensemble... Votre présence sera requise.

— À la fin seulement. Pas dans la première phase. D'abord, il faut faire concorder nos thèmes.

— Oh. Ça marche comment ?

— Il faut consulter les thèmes astraux. C'est de la plus haute importance, sinon il est impossible de prendre une décision sensée.

— Ah bon ? Une sorte d'horoscope du mariage, vous voulez dire ?

— Basé sur la position des étoiles au moment de la naissance du garçon et de la fille. C'est une science ancienne, très complexe, qui est aussi très riche d'enseignements. Par exemple, la présence d'un certain alignement, l'accord Dina Koota, garantit que le mari et la femme resteront en bonne santé, épargnés par les maladies. Le Ganam ainsi que les Yoni Kootas permettent de déterminer la compatibilité sexuelle, et si Raju se trouve également dans cette configuration, c'est l'assurance pour la fille de connaître le bonheur avec son mari pendant longtemps. »

Gabriel alluma une autre cigarette. Elle le fit tousser et la fumée lui piqua les yeux. « Vous… vous y croyez vraiment ? demanda-t-il entre deux quintes.

— Personne dans ma famille n'a jamais divorcé, répondit Suleiman d'un air solennel. Peut-être qu'en hommes modernes nous ne devrions pas croire ce qui est écrit dans les étoiles, mais pour ce qui est de choisir une fiancée, cette technique semble donner d'aussi bons résultats que celles employées dans votre pays. »

Le métro venait de s'arrêter à Russel Square quand Gabe se rendit compte de son erreur. Il s'était trompé de ligne. Bon sang ! Comment avait-il pu prendre la mauvaise direction alors qu'il avait fait ce trajet un nombre incalculable de fois ? Il s'élança vers les portes qui se refermèrent juste devant lui. Descendu à King's Cross, il étudia le plan du métro comme s'il ne l'avait jamais vu. Inutile de repartir en sens inverse, il valait mieux opter pour Hammersmith et la City, ou pour la Circle jusqu'à Edgeware Road. Songeur, il regarda la carte des différentes lignes et correspondances ; on pouvait très bien en mémoriser tous les détails sans pour autant savoir à quoi ressemblaient les rues de Londres ni avoir de repères dans le monde réel. Au début, lui-même ne se déplaçait qu'en métro entre Covent Garden et Leicester Square.

Alors qu'il se tournait de nouveau vers le quai, il aperçut une petite souris noire qui courait sur les rails, à la fois audacieuse et apeurée. Il vit aussi un vieillard chinois à la barbe tressée, un couple en train de s'embrasser, une fille au genou bandé, un homme chargé d'une cage à oiseaux argentée. Le train grondait au loin, les passagers s'avancèrent, et un puissant souffle d'air s'échappa de l'entrée du tunnel comme si Dieu lui-même s'apprêtait à prendre la parole.

Gabe s'assit dans la rame, le regard à la fois solennel et vide, et ce fut seulement en arrivant dans la rue de Charlie qu'il hésita, pour finalement décider de presser la touche d'appel. Quand la voix s'éleva de l'interphone, il faillit détaler.

« Oui ?

— C'est Gabriel. Je peux monter ? »

Elle le laissa entrer. Lorsqu'il arriva devant l'appartement la porte était ouverte. Il plissa les yeux en essayant de faire fonctionner son cerveau. Enfin, il avança.

Charlie se tenait dans le salon, une main sur la hanche, aussi belle qu'une journée d'été.

« Je..., commença-t-il. Je t'avais apporté des fleurs mais je les ai oubliées dans le métro.

— Bonjour, étranger. Tu veux t'asseoir ?

— Je sais que tu n'as pas envie de me voir. Et je ne peux pas te le reprocher.

— Devine ce que j'ai fait aujourd'hui... J'ai passé toute la matinée dans une école. » Elle tira sa chaise de bureau et s'y assit à califourchon, les bras croisés devant le dossier.

« Ah oui ? Super ! Tu vas te lancer dans l'enseignement, finalement ?

— Si t'avais entendu ce chahut... J'en ai encore plein les oreilles ! »

Gabriel éclata de rire. Il jeta un coup d'œil à la fenêtre ronde, au plafond mansardé, aux affiches de films, au vase de tulipes, au plaid en patchwork drapé sur le canapé – au merveilleux fouillis qui encombrait la pièce. « Tu permets que j'enlève mon manteau ? »

Charlie posa sur lui ses yeux couleur de jade. « T'es marrant, quand même. Tu crois vraiment que j'allais te demander de garder ton manteau après t'avoir invité à t'asseoir ?

— Tu m'as manqué. »

Elle détourna la tête, prit son souffle, le regarda de nouveau. « Pareil.

— Charlie... » Il lui semblait que son cœur pleurait et chantait.

« Je veux dire, reprit-elle en hâte, rien ne nous empêche de rester amis, pas vrai ? Après tout ce temps... ce serait dommage de ne pas sauver une amitié.

— Je ne pensais pas que tu accepterais de me voir. Tu ne m'as jamais rappelé. »

Elle ramena ses cheveux sur son épaule en un geste si gracieux, si familier, que Gabe en eut presque les larmes aux yeux.

« Ça remonte à une éternité, Gabe. Tu ne m'as pas téléphoné depuis des lustres. J'espérais toujours que tu appellerais ou que tu passerais ici... » Elle sourit. « Tu sais, pour me présenter des excuses, ramper devant moi...

— Le nombre de fois où j'ai pensé... »

Charlie s'approcha du canapé puis s'assit sur l'accoudoir et posa les pieds sur le coussin à côté de Gabe. Elle portait un gilet en cachemire foncé sur une jupe crème à la taille marquée, et elle était sublime. Elle ressemblait à la fille qu'il avait passé la moitié de sa vie à chercher.

« Bon, l'interrompit-elle. Si tu me permets cette audace, qu'est-ce qui t'amène ?

— Dieu ce que tu m'as manqué ! Bon sang, si tu savais ce que je regrette, oh oui, je regrette tellement, et si on pouvait être amis ce serait... ce serait merveilleux, et je suis désolé, tellement désolé pour… tu n'imagines même pas à quel point je suis désolé.

— Vas-y, continue… » En riant, Charlie lui taquinait la jambe avec son pied. « Continue, rampe encore… »

Il la regarda, submergé par l'émotion qui lui desséchait la bouche et la langue « Dis-moi comment tu vas, Charlie. Comment vas-tu ? »

Elle pressa les mains sur ses cuisses en haussant les épaules. « Oh, comme d'habitude, je m'inquiète pour le Darfour, la calotte glaciaire, les rides autour de mes yeux…

— Tous les sujets d'actualité brûlants, quoi. Regarde, moi je perds mes cheveux. » Il tourna la tête.

« On ne rajeunit pas, hein ? »

Gabriel écarta les mains. « Je suis venu chercher de l'aide, et qu'est-ce que je trouve ? Tu étais censée me répondre : "Non, je t'assure, ta calvitie n'est pas encore visible à l'œil nu." »

Charlie recouvra son sérieux. « Pourquoi maintenant, Gabriel ? Pourquoi es-tu là ? En quoi voudrais-tu que je t'aide ?

— Il y a quelque chose… » Il lui parla de Gleeson, d'Ivan et de la gouvernante, et des photos trouvées sur le bureau dans la chambre. « J'ignore ce qui se passe au juste mais ce n'est pas clair, et ils continuent, ils utilisent toujours cette pièce. Tu es la seule à qui je peux me confier, Charlie, et comme il s'agit de toi et du Penguin Club sur ces photos, j'ai pensé que tu avais le droit de savoir. »

Elle demeura songeuse pendant quelques secondes. « C'était quand ?

— Avant Noël.

— Tu as pensé que j'avais le droit de savoir mais tu ne m'as pas prévenue plus tôt ?

— Je t'ai appelée. Je t'ai laissé des messages.

— OK, admettons. Et ça s'est reproduit ? Tu as revu ces hommes, la même mise en scène ?

— Eh bien, ils sont plus prudents maintenant, mais je suis sûr qu'ils se servent encore de cette chambre.

— Mmm…

— Charlie ?

— Gabe ? Tu ne t'es jamais dit que tu te faisais peut-être un film ? Je n'ai pas l'impression que ce soit bien grave. Tu n'as jamais aimé Gleeson, pas vrai ? Alors tu veux absolument le mêler à quelque chose de glauque.

— Si tu ne me crois pas… J'étais persuadé que toi au moins tu comprendrais.

— Arrête de te ronger les ongles, lança-t-elle, soudain irritée. Tu dors, en ce moment ? T'as l'air crevé. »

Gabe se prit la tête entre les mains en poussant un gémissement sourd. « Pour être franc, ça n'a pas été facile, ces derniers temps.

— Oh, Gabe, ton père… Je ne t'ai même pas demandé comment…

— Il a perdu beaucoup de poids, il ne mange presque rien mais il continue à se battre, comme on dit. On est allés faire une promenade tous les deux à Noël. Mais je t'assure, Charlie, ça n'a pas été facile, j'en ai vraiment bavé.

— Mon pauvre Gabriel », répliqua-t-elle d'un ton qui le laissa perplexe. Quand la pendule sonna, Charlie se leva et s'en approcha. C'était un objet kitsch qu'elle avait déniché aux puces de Camden Town. « L'homme et la femme ne sortent plus. J'ai l'impression qu'ils sont coincés à l'intérieur. » Elle ouvrit une petite porte, palpa le mécanisme puis déplaça les aiguilles jusqu'à l'heure suivante. La pendule sonna de nouveau. « Elle est bel et bien fichue.

— Pour tout te dire, ça fait des semaines que je ne dors plus.

— Je ne sais pas pourquoi on évite le sujet. Ou pourquoi moi je l'évite.

— Je pourrais jeter un coup d'œil à cette pendule, si tu veux.

— Je suppose que je vais devoir te poser la question directement.

— Je me rappelle encore quand tu l'as achetée…

— Qu'est-ce qu'elle est devenue ? Cette fille, Lena, c'est ça ? Qu'est-ce qu'elle est devenue ?

— C'est tellement bien de pouvoir te parler, Charlie, de pouvoir rester ami avec toi. Écoute, quoi qu'il arrive, tu pourras toujours compter sur moi.

— Il s'est passé quelque chose, Gabriel ? Gabriel ? Qu'est-ce que t'as fait ?

— Rien. Je n'ai rien fait, elle va bien, je m'occupe… je m'en occupe toujours. »

Charlie prit le temps de digérer l'information. Elle plaça ses mains sur ses hanches. « Tu t'occupes d'elle ?

— Tu as vraiment cru que je m'en étais pris à Lena ? Voyons, Charlie, tu me connais mieux que ça.

— Donc, elle est toujours chez toi. »

Si quelqu'un pouvait comprendre, c'était bien Charlie. Il n'avait qu'à lui expliquer. « Hier soir, Lena m'a dit quelque chose de vraiment terrible. Bon, c'est vrai, on était en plein milieu d'une belle engueulade… » Il lâcha un petit rire. « Elle est peut-être jeune mais elle a du répondant ! »

Charlie ouvrit la bouche et laissa échapper un son perçant à même de faire voler du cristal en éclats.

« Quoi ? s'écria Gabe en se levant d'un bond. Qu'est-ce que tu as ?

— Du répondant, hein ? » Elle saisit un magazine au sommet d'une pile et le lui lança à la tête.

Gabe se baissa vivement. « Désolé, je… je croyais que tout était terminé entre nous. Je ne pensais pas que tu voudrais encore de moi.

— Moi, vouloir de toi ? T'es dingue ? » Elle rejeta la tête en arrière.

« Sérieux, si j'avais pu deviner que tu te mettrais dans un état pareil… » Il s'humecta les lèvres. Il se retrouvait soudain à court de mots. Une minute plus tôt, le flot lui paraissait intarissable, et maintenant c'était la sécheresse, l'aridité totale.

« Et tu es venu ici quémander de la compassion ? Tu voudrais que je te plaigne ? »

Un vent du désert soufflait en lui, chassant la poussière, les boules d'herbes desséchées. En tremblant, il tendit la main. « Mais tu as dit tout à l'heure que… qu'on pouvait sauver l'amitié entre nous. Tu l'as dit toi-même, Charlie, tu l'as dit. »

Elle se voûta puis posa sur lui un regard empreint de douceur, et le vent brûlant dans le ventre de Gabe se calma. Quand elle reprit la parole, sa voix était chargée de tristesse: « Va-t'en, Gabriel. Va-t'en immédiatement. Débrouille-toi tout seul. »

23

ALORS QU'IL S'ÉLOIGNAIT DANS LA RUE DE CHARLIE sans trop savoir où il allait, Gabriel fit défiler les noms sur son portable pour essayer de ressusciter son ancienne vie. Il tomba sur trois boîtes vocales, deux numéros non attribués et une épouse qui affirma n'avoir aucune nouvelle de « l'autre connard » depuis six mois. Nathan Tyler décrocha à la seconde sonnerie.

« Gabriel Lightfoot ? Ben mon salaud ! C'est pas trop tôt…

— Nathan, je… », croassa Gabe. Il s'éclaircit la gorge. « Salut, vieux. Ça te dirait d'aller prendre un verre ?

— Toujours.

— Super. T'es où ?

— Sur une plage en Thaïlande, en train de me faire masser par deux putes prépubères. Franchement, merde, où tu veux que je sois ?

— Au boulot, je suppose.

— On t'a déjà dit que t'étais un putain de génie ? Bon, écoute, il faut que je repasse chez moi après le service ou Lisa va m'en chier une pendule. Depuis que le bébé est là…

— Ah, c'est… Fille ou garçon ?

— Un garçon. Il s'appelle Sam. Il a le nez de Lisa et la plus grosse bite de bébé que t'aies jamais vue, affirma-t-il avec une fierté indéniable.

— Félicitations », murmura Gabriel. Le mot avait paru rendre un son étranglé, peu sincère. Il renouvela sa tentative. « C'est... génial.

— Je sais. Bon, qu'est-ce que t'as prévu jeudi prochain ? C'est mon soir de congé, je peux faire le mur.

— OK, je t'appellerai.

— Oh non, mon salaud, répéta Nathan avec affection. Tu dis ça, mais je sais que tu le feras pas. »

Il était aux alentours de dix-sept heures trente quand Gabriel retourna à l'Imperial. Pendant un moment, il prépara la mise en place aux côtés de Benny et de Suleiman. Pour le service du soir, il posta Oona près du passe et cuisina avec sa brigade – tous ses gars. Il parvint à maintenir le cap toute la soirée et ne chercha pas à esquiver la corvée du rangement. Après, il s'enferma dans son bureau pour y remuer des papiers. Il ne rentrerait pas ce soir, il allait faire le guet près de la chambre où Gleeson et Ivan se retrouvaient. La perspective des heures d'attente à venir lui faisait l'effet d'un collier de crânes miniatures enroulé autour de sa gorge. Il ne verrait pas Lena, ce soir. Il ne l'appellerait pas. La veille, quand elle... Bah, quelle importance ?

Dans l'ascenseur qui montait au dernier étage, il contempla son image réfléchie par le miroir fumé sur la paroi du fond. Les mains refermées sur la rambarde de cuivre, il appuya son front contre la glace, qui s'embua, effaçant son visage. Les portes coulissèrent discrètement. Gabriel erra dans le couloir couleur vanille qui desservait les suites. Il y régnait un silence presque malsain et l'air lui-même semblait trembler, comme si l'édifice tout entier était tombé en pâmoison, victime d'un trop-plein de luxe. Il ne croisa pas âme qui vive. Il descendit d'un étage puis parcourut toute la longueur et la largeur de l'hôtel en jetant un coup d'œil à chaque chambre pour voir si un rai de lumière filtrait sous la porte. Une femme passa près de lui, pieds nus, le manteau posé sur les épaules, en tenant par leur lanière une paire de sandales à talons hauts. Gabriel frissonna. Ce n'était qu'une sensation de déjà-vu, mais il détestait cette impression d'une vie qui se rejouait sous ses yeux. Il poursuivit ses déambulations, montant et descendant inlassablement, avançant à pas feutrés dans le vide engourdissant, inclinant courtoisement la tête quand les portes de l'ascenseur s'effaçaient devant lui.

Lorsqu'il déboucha enfin dans les cuisines, il vit Benny plongé dans un livre près d'un plan d'un travail.

« Benny ? Il est quatre heures du matin !

— Oui, chef. C'est très calme maintenant. La plupart des commandes sont arrivées entre une heure et deux heures.

— Oh, bien sûr.

— Ça ne vous dérange pas, chef, si j'en profite pour étudier pendant que j'attends ?

— Non, pas de problème. Je n'étais pas venu vous espionner, vous savez.

— J'apprécie votre soutien en cette première nuit du room service, déclara Benny, dont l'accent semblait multiplier le nombre de syllabes.

— Je voulais juste, euh... m'assurer que tout allait bien.

— Merci, chef. »

Benny manifestait tant de bonne volonté que Gabriel se sentit honteux d'avoir oublié. Il saisit le livre. « Qu'est-ce que vous étudiez ? La comptabilité ?

— Oui, j'espère pouvoir obtenir mon diplôme un jour. Mais ça va me prendre des années.

— Comment trouverez-vous le temps de tout faire ? Vous allez devoir arrêter le double service.

— Impossible, sinon je n'arriverai plus à me payer les cours… » Le rire de Benny parut remonter des profondeurs de son ventre.

Allait-il étudier et travailler jour et nuit ? Gabriel contempla la petite silhouette soignée de Benny. Comment pouvait-elle contenir autant d'énergie ?

Il fut soudain frappé par une révélation : il s'était trompé du tout au tout à propos du Libérien. Benny n'était pas une simple victime de la guerre, de la pauvreté et du destin. S'il avait réussi à aller aussi loin, à traverser les continents, ce n'était certainement pas dû au hasard. Voilà un homme qui avait lui-même taillé sa vie dans le matériau le plus résistant qui soit – le granit –, avec pour seul outil un canif émoussé.

« Chef ? Ça va ?

— Hein ? Euh, oui, ça va. Je vais vous laisser vous remettre à étudier. »

Benny attendit poliment. Au bout d'un moment, il risqua : « Excusez-moi, mais me serait-il possible d'avoir mon livre ? »

Gabriel lui tendit l'ouvrage, qu'il avait machinalement plaqué contre son cœur. Benny fit courir son doigt sur la page à la recherche du passage où il s'était arrêté.

En le regardant, Gabe repensa à sa conversation avec lui, à l'histoire qu'il refusait de raconter. *Il y a eu des émeutes, je me suis enfui.* Il songea à Kono, le petit général qu'il fallait motiver à coups de couteau. Il contempla la cicatrice de douze centimètres de long qui barrait la joue du Libérien.

Le téléphone du room service se mit à sonner.

« Kono ? » dit Gabriel.

Benny posa sur lui ses yeux jaunes à l'expression triste. Il décrocha. « Bonsoir, ici le room service. Benny à l'appareil, que puis-je faire pour vous ? »

Coincé dans l'alcôve du premier étage, Gabriel avait dû s'assoupir quelques instants pendant qu'il faisait le guet. Branka, qui semblait prête à planter ses dents dans la femme de chambre à côté d'elle, frappa à la porte et, de sa langue fourchue de serpent, Gleeson répondit : « Oui, oui. »

D'une poussée sur les reins, Branka incita sa compagne à avancer. En les voyant entrer ensemble, Gabriel sentit s'accélérer les battements de son cœur. Il résolut de faire irruption dans la pièce et de mettre les pieds dans le plat. Mais, au moment où il s'écartait du mur, il aperçut Ivan qui approchait, son oreille en chou-fleur dissimulée sous son bandana, ses bras se balançant d'une façon menaçante, et il se plaqua de nouveau contre le mur. Quand la porte se fut refermée derrière le grillardin, Gabe traversa le couloir sur la pointe des pieds. Il colla son oreille contre le battant mais n'entendit que l'écho de son propre souffle. Ce serait stupide d'entrer maintenant, conclut-il, de les affronter à trois contre un. Mieux valait attendre un moment où Gleeson serait seul et ne se tiendrait pas sur ses gardes.

Durant les trois heures suivantes, il écuma la paperasse dans son bureau jusqu'au moment où, vers huit heures et demie, Ernie se faufila à l'intérieur en rentrant la tête.

« Ah, justement je pensais à vous ! s'exclama Gabe. Parfait. » S'il signifiait son renvoi à Ernie ce matin même, ce serait une chose de moins à faire.

« J'voulais vous dire, chef, j'ai élargi mes compétences.

— Bien, bien, il est toujours bon d'avoir une valeur ajoutée sur le marché du travail. Vous voulez vous asseoir ?

— C'est Oona », révéla l'Écossais, toujours debout. Il se tenait les pieds en dedans, ses cheveux se dressaient dans tous les sens et son pantalon découvrait le haut de ses chaussettes. Il ressemblait moins à un employé qu'à un patient d'un hôpital de jour.

« Quoi, Oona ? demanda Gabe.

— Elle m'a appris à me servir de l'ordinateur. Maintenant, j'ai plus de problèmes.

— L'ennui, Ernie... » Après tout, c'était peut-être vrai. Quand il avait fait l'inventaire avec Nikolaï, Gabe avait pu constater que toutes les données correspondaient. « Je veux dire, vous vous sentez capable de tout assumer seul ? Passer les commandes, assurer le suivi, enregistrer les livraisons ? »

La tête d'Ernie ballotta mollement. « Chef ? Vous me le diriez si j'étais... enfin, si j'étais bon pour la porte ? »

Gabe s'aperçut que le manutentionnaire avait croisé les doigts comme un gosse. « Tant que je suis là pour y veiller, vous ne risquez rien.

— Ach, fit Ernie. Merci, chef.

— Où en sont les poèmes ? Et les cartes ? Vous arrivez à tenir vos objectifs ? »

Ernie adressa un sourire serein à l'armoire de classement. « Ben en fait, ça allait pas trop bien, je remplissais aucun de mes objectifs, voyez. Mais je me suis débrouillé pour que tout rentre dans l'ordre.

— C'est vrai ? Comment avez-vous redressé la barre ?

— Oh, facile. J'ai arrangé les chiffres pour qu'ils correspondent. J'ai changé les prévisions pour les faire correspondre à ce que j'avais vendu, quoi. De la révision, ça s'appelle. *Ré-vision*, comme voir encore une fois.

— Fantastique ! s'enthousiasma Gabriel. Vous avez modifié les données – le projet initial – en fonction de ce que vous vouliez, vous les avez adaptées à ce qui s'est réellement passé.

— Ach, dit Ernie avec modestie. Ben oui, tout juste. »

Quelques minutes plus tard, M. Maddox entra à sa manière habituelle, comme s'il dirigeait une descente de police.

« C'est bien Ernie que j'ai vu sortir de votre bureau, chef ? Je croyais que vous étiez censé mettre un terme à ses souffrances.

— J'ai eu un entretien avec lui, répondit Gabriel. Il s'en sort bien. Il a suivi une formation et ça va beaucoup mieux.

— Je ne vous avais pas demandé de... » Le directeur général parut soudain renoncer à la charge à la matraque. Il écarta une pile de documents pour dégager un coin de table et s'y assit précautionneusement. « Bah, aucune importance.

— Je sais qu'il a déjà eu des cours, mais à mon avis ils ne lui convenaient pas. Cette fois, je me suis arrangé pour qu'il reçoive un enseignement individuel. »

M. Maddox balaya le sujet d'un geste de la main. « Voyez-vous, chef, énonça-t-il lentement, je me dis que je ne rajeunis pas. Or il n'y a rien de plus ridicule dans notre société qu'un vieil homme en colère.

— Je tiens vraiment à garder Ernie.

— La colère, c'est le privilège de la jeunesse. Un bon conseil, chef : pestez et tempêtez tout votre soûl tant que vous êtes encore jeune.

— Vous voulez que je...

— Je ne tiens pas à me retrouver sur mon lit de mort au milieu de toute la famille réunie – moi, leur papa, leur papy, leur grand-oncle Brian –, en train de traiter le docteur d'abruti et le prêtre de sale con.

— C'est entendu, alors ?

— Quoi ? Oh, pour Ernie ? Oui, oui... » M. Maddox changea de position. « Bon, je vous explique pourquoi je suis descendu ? » Il s'empara de l'agrafeuse et bombarda d'agrafes le sol autour de lui. « Désolé, je devrais arrêter de faire ça... Bref, pour le raout de samedi soir, vous savez que la moitié du PanCont sera là, n'est-ce pas ? Il faut qu'on passe tout en revue. »

Une discussion s'ensuivit, au cours de laquelle M. Maddox lui donna ses instructions avec une courtoisie surprenante. Gabriel en conçut un certain désarroi : il avait l'impression de nager dans des eaux tièdes près du bord, conscient que le fond pouvait se dérober brusquement sous ses pieds et l'entraîner vers des courants glacés. De plus, il était tellement fatigué qu'il avait du mal à se concentrer. Il aurait voulu que le directeur général s'en aille. S'il pouvait faire une petite sieste, il se sentirait mieux. Il n'avait pas fermé l'œil depuis deux jours.

Resté seul, Gabriel baissa le store de son réduit et ferma la porte. Puis il s'enfonça dans son fauteuil, les jambes tendues sous son bureau. Tout son corps soupira de gratitude tandis qu'il se perdait dans le sommeil.

L'oubli tant désiré ne dura pas suffisamment longtemps. Le rêve ne tarda pas à lancer l'offensive et, alors qu'il tendait une main vers le cadavre, Gabe se réveilla dans un sanglot, la nuque douloureuse.

Il s'élança aussitôt dans les cuisines en criant : « Où est-il ? Pourquoi n'est-il pas là ? »

Victor, qui organisait son poste de travail, exécuta un petit roulement de tambour avec deux cuillères en bois. « Qui, chef ? Qui ?

— Nikolaï, répondit Gabriel en essayant de se calmer Où est-il ?

— Dans les vestiaires, en train de se changer. Pourquoi vous… »

Mais Gabriel avait déjà atteint la porte de la cave. Il dévala l'escalier.

Nikolaï, assis sur un banc, boutonnait sa veste.

« Vous devez m'expliquer », ordonna Gabriel. Il poussa la porte d'un casier, qui claqua et se rouvrit. « Je ne peux pas dormir. J'ai besoin de dormir, bon sang !

— Qu'attendez-vous au juste de moi ? Je ne suis plus médecin, je n'ai pas le droit de prescrire des médicaments. »

Gabriel tournait entre le lavabo en émail ébréché et la poubelle en plastique noir. « Ce rêve, vous êtes au courant, je vous l'ai raconté mais vous ne m'avez toujours rien dit. Quel est le sens de tout ça, bordel ? Il faut que ça s'arrête, je vous préviens, parce que j'en ai vraiment marre.

— Ah ! Vous croyez toujours qu'il a une… signification. » Nikolaï avait manipulé le mot aussi délicatement qu'une sonde rectale.

« Mais bon Dieu de bon Dieu ! hurla Gabe en s'agitant de plus belle. Je ne sais pas, vous connaissiez Yuri, vous ! C'était votre ami. Ça vous est égal qu'il soit mort ? Vous devez savoir quelque chose, vous avez certainement une idée, une intuition, des soupçons… »

Nikolaï délaça ses chaussures puis enfila ses sabots. « Quel genre de soupçons ? »

Gabriel se rapprocha de lui. « Peut-être qu'il a été tué. » La bouche largement ouverte, il haletait. « Peut-être que… et s'il y avait un indice dans ce rêve ? Vous voyez, quelque part dans mon inconscient je détiens une clé, elle est enfouie profondément et je ne peux la retrouver qu'en… creusant, justement. Elle est sous la nourriture ou… » Il leva un index tremblant. « Ou sur le corps, et c'est pour ça que je dois le regarder très très attentivement, mon Dieu, c'est tellement dégoûtant, je distingue tous les poils sur ses orteils et... Mais dans ce cas, non, comment pourrait-on... où est enterré Yuri ? Même si je... vous croyez qu'on peut le déterrer ? » Il s'interrompit et s'affala contre un casier en poussant un grognement. « Oh non, non, pas question, c'est trop répugnant. Et puis, il est possible qu'il y ait eu... quelqu'un d'autre, quelqu'un qui vivait dans la cave avec Yuri, je n'ai aucune certitude, je n'affirme rien, vous devez comprendre... » Il se perdait dans ses élucubrations sans avoir la moindre idée de ce qu'il essayait de dire.

« Chef ? » Nikolaï plaça ses chaussures dans un casier, le verrouilla et glissa la clé dans sa poche. Lui au moins savait ce qu'il avait à faire, songea Gabe. Pour le commis, tout était clair, facile. « Chef, il y a eu une enquête, une autopsie. Ils n'ont rien trouvé de suspect. La mort de Yuri était un accident.

— Je sais ! s'écria Gabriel. Mais le rêve, alors ? »

Nikolaï haussa les épaules. « Ces choses-là, ça ne se contrôle pas. » Il se coiffa de son calot et se dirigea vers la porte.

Gabriel ne voulait pas en démordre : il était persuadé que Nikolaï était capable d'élucider le mystère, et sa conviction allait bien au-delà de la raison, de la rationalité, de la logique. Elle s'inscrivait au plus profond de lui, au niveau le plus instinctif. Il aurait voulu saisir le commis par les épaules et le secouer pour l'obliger à lui donner des explications. Au lieu de quoi, lui-même secoué de tremblements, Gabe lui posa une main sur le bras en disant dans un souffle : « Répondez-moi, bonté divine ! »

Nikolaï esquissa un sourire plein de douceur. « D'accord, je vais vous répondre. »

Ces mots résonnèrent dans tout le corps de Gabriel

« Vous croyez que votre rêve a un sens et vous voudriez savoir lequel. C'est bien cela ?

— Oui, murmura Gabriel. Oui.

— La clé de la mort de Yuri, c'est qu'elle n'a aucun sens. C'est pour ça qu'elle est si troublante. C'est pour ça que vous en rêvez. » Nikolaï dégagea son bras. « Mais ce n'est que mon interprétation, et bien sûr le songe vous appartient. Libre à vous, naturellement, de l'interpréter à votre guise. »

La dernière personne qu'il avait envie de voir ce matin-là, c'était Oona, mais comme un fait exprès elle se matérialisa devant lui avec ses bras potelés, son allure de mère poule et son regard évoquant irrésistiblement la chaleur du foyer.

« Quoi ? Qu'est-ce qu'il y a encore ? grommela-t-il comme si elle l'avait harcelé toute la matinée.

— Je vous ai che'ché pa'tout, vous savez ! répondit-elle en riant.

— Eh bien, vous n'avez pas dû vous donner beaucoup de mal. J'étais dans le vestiaire. » Pourquoi ne pouvait-elle pas rire comme tout le monde ? Pourquoi fallait-il qu'elle s'esclaffe ainsi ? De toute façon, qu'est-ce qu'il y avait de si drôle à le trouver en cuisine ? C'était bien là qu'était la place d'un chef, non ?

« Pou' samedi, reprit-elle. J'ai eu quelques idées, twéso'. Et elles me semblent assez bonnes, avec ça, hoo-hoo. »

Son rire mettait Gabriel hors de lui. Il était disproportionné. Quand on voulait se féliciter soi-même, autant le faire d'une manière convenable, en esquissant un sourire entendu… Le rire énorme d'Oona était toujours inapproprié, elle ne l'utilisait jamais à bon escient. « Laissez moi me charger de la réception de samedi, Oona » déclara-t-il d'un ton brusque. L'enjeu était trop important pour qu'il prenne le risque d'y mêler la sous-chef.

« On n'en a que pou' une petite minute, insista-t-elle en se léchant l'index avant de tourner les pages de son dossier. On peut s'en occuper tout de suite, si vous voulez. » Elle recula vers le gros sac de linge sale juste derrière elle et s'y appuya comme pour pondre un œuf.

Gabriel jeta un coup d'œil à la brigade. Le service de midi allait commencer. Il n'avait pas de temps à perdre. « Non, décréta-t-il. On ne peut pas. »

Oona s'esclaffa de plus belle. « M'obligez pas à me welever, chef ! Je suis bien installée, là, c'est confo'table…

— D'accord, vous l'aurez voulu ! s'écria Gabriel. Un autre avertissement ! Le deuxième pour vous. »

La sous-chef pressa une main sur sa poitrine. « Un ave'tissement ? Mais pou'quoi, twéso' ? Pou'quoi ? »

Gabriel se tira les cheveux. « Pour avoir eu un rire déplacé, répondit-il en entamant une série d'allées et venues devant elle. C'est ça, pour hilarité inconvenante. Ce coup-ci, je vais le signaler aux ressources humaines. Vous êtes sur ma liste. Vous êtes sur ma liste, Oona, vous ne m'échapperez pas ! » Il s'agitait toujours.

Elle se redressa en se tapotant la poitrine comme pour l'inviter à s'y nicher. « Venez, je vais vous emmener jusqu'à vot' buweau et je vous appo'tewai un bon petit thé.

— Regardez-moi ça ! lança Gabriel au moment où elle le prenait par le bras. Vous avez vu Damian ? Quelle heure est-il ? Pas encore midi, et le voilà déjà en train de boire ! » Il libéra son bras toujours retenu par Oona puis s'élança entre les plans de travail. « Pas dans mes cuisines ! brailla-t-il. Personne ne se soûle dans mes cuisines. Pas ici, pas en ma présence. »

Damian recula à son approche, parcouru de tressaillements, mâchonnant sa langue tel un veau qui vient de naître. « C'est juste de… de l'eau, bafouilla-t-il.

— De l'eau ? rugit Gabriel. Tiens donc ! » Il s'empara du verre. « Ça, ce serait de l'eau ? »

En se dandinant, Oona alla se placer devant l'adolescent. « Oh, Dieu le bénisse, le pauv' ga'çon, il boit plus du tout. »

Gabriel vit Damian l'observer de son air hébété par-dessus l'épaule de la sous-chef. Il porta le verre à ses lèvres, l'écarta puis se tourna vers les autres. « Tout le monde regarde ? » La brigade tout entière avait cessé le travail. Suleiman, Ivan, Victor, Nikolaï et les autres le dévisageaient. « Tout le monde regarde ? répéta Gabriel. Oona, vous avez pris ce gamin sous votre aile, c'est bien ça ? Il ne boit plus ? Ceci n'est pas de la vodka ? Je ne sais rien de rien ? »

Personne ne pipait mot. Une hotte s'essoufflait en émettant un sifflement. Une grande lampée de vodka, c'était exactement ce qu'il lui fallait, se dit Gabe. Bon sang, il l'avait bien méritée. Il avala une gorgée de liquide. De l'eau. Il fourra le verre dans la main d'Oona.

« Ce ga'çon, il a eu des pwoblèmes, reconnut-elle. Chez lui, à la maison Alo' je lui ai conseillé de voi' quelqu'un et… »

Mais Gabe ne l'écoutait pas. Il n'avait d'yeux que pour Ivan qui contemplait Victor en faisant le geste de l'égorger.

« Venez avec moi », ordonna-t-il au Moldave. Il lui adressa un signe. « Oui, vous, c'est votre jour de chance. Allez, dépêchez-vous, vous n'allez pas rater ça ! »

Il suivit Victor de si près qu'il manqua le faire tomber dans l'escalier. « Entrez là-dedans. Non, non, là. Et, oui, je ferme la porte. »

Ils étaient de nouveau dans la chambre froide, où la tête de Victor se retrouva cette fois positionnée entre les deux moitiés d'un cochon de lait.

« Ce coup-ci, gronda Gabriel en attrapant un jarret de bœuf qu'il balança au bout de son bras comme une matraque, j'exige des réponses. Et vous allez me les donner.

— Vous voulez jouer les durs, c'est ça ? répliqua Victor, dont la jambe droite tressautait nerveusement. Vous croyez que j'ai la trouille ?

— On verra bien. » Victor allait lui expliquer ce qui se passait entre Ivan et Gleeson. Il était au courant, Gabriel n'en doutait pas une seconde. Le Moldave ne s'était pas brouillé avec Ivan juste à cause d'une fille.

« Vous déconnez complètement, *man*.

— C'est quoi le problème entre Ivan et vous ? Il vous a tenu à l'écart d'une combine ? Un sale petit arrangement entre vous et Gleeson ? » Gabriel savait à quel moment un steak était cuit. Il n'avait pas besoin d'y réfléchir ni de minuter la cuisson ; il le savait, point final.

« Vous allez me taper dessus avec cet os ? ricana Victor.

— Possible », répondit Gabriel, qui abattit le jarret sur une surface métallique.

Victor piailla quelque chose au sujet du harcèlement et des poursuites judiciaires.

« Vous êtes toujours fan des films policiers, pas vrai ? » Gabe s'avança vers Victor, pour s'immobiliser si près de lui qu'il distingua les boutons nichés entre ses sourcils.

« *Man*... »

C'était lui le maillon faible, songea Gabe. Lui qui parlerait. Voilà pourquoi Ivan le menaçait continuellement. Gabriel jeta le jarret de bœuf. « Vous pensez qu'Ivan est votre pire cauchemar ? Je peux vous protéger de lui. Mais qui va vous protéger de moi ?

— En Moldavie...

— On l'emmerde, la Moldavie ! » Le moment était venu de découper le steak. « Ici, vous êtes à Londres. » Gabe saisit les deux parties du cochon pour prendre le crâne de Victor en étau. Il serra de toute la force de ses avant-bras, écrasant la viande gelée contre les pommettes du Moldave, ne laissant émerger que son nez, qui vira peu à peu au rouge, puis au violet moucheté de blanc. Victor donnait sa propre version des derniers sons pitoyables de l'animal.

« Vous allez parler, oui ? » À force de maintenir la pression, Gabriel était saisi de vertige Il n'avait plus de souffle.

Un « oui » étouffé s'échappa de la carcasse. Gabriel libéra Victor, qui tomba d'un coup. « Je vous écoute », dit Gabriel en s'accroupissant près de lui.

Victor se frotta le visage avec ses manches. Il cracha puis s'essuya la bouche. « Ça schlingue, merde.

— Vous avez besoin d'un autre encouragement ? »

En guise de réponse, Victor se cala le dos contre un rayonnage sur lequel s'entassaient des magrets de canard sous vide. « Ivan, ce fils de pute... » Il plongea la main dans sa poche, d'où il retira un petit flacon d'eau de Cologne. Il le renifla comme s'il respirait des sels.

« Qu'est-ce qu'il a fait ?

— Il choisit des filles de l'hôtel. Il les choisit et après il les vend.

— D'accord. Des filles de l'hôtel.

— Des femmes de ménage. Des femmes de chambre. Surtout les nouvelles, personne les connaît, personne s'inquiète de leur disparition. » Victor porta les mains à ses joues. « Vous m'avez fait des marques sur la figure ? Ça se voit ? »

Gabriel secoua la tête.

« Le directeur de la restauration, il montre des photos aux filles. Il leur dit : "Vous pouvez gagner plus d'argent là-bas, à travailler dans ce bar comme serveuse ou danseuse", un truc dans ce goût-là. Si elles veulent danser, il leur montre des photos de danseuses. Si elles veulent chanter, il leur dit : "Regardez, vous pouvez chanter vous aussi. C'est moi qui ai fait engager cette fille." »

Oui, songea Gabriel, c'était bien dans le genre de Gleeson de se servir ainsi de la photo de Charlie. Il devait prendre son pied. Quand avait-il commencé à utiliser le cliché ? Juste après le soir où toute l'équipe s'était retrouvée au club ? Ou plus tard, quand tous deux s'étaient lancés dans une guerre larvée ?

« Et alors ? demanda-t-il. Qu'est-ce qui se passe ? » Il se doutait déjà de la tournure que prendrait le récit, mais il voulait l'entendre de la bouche de Victor.

« Il est là dans son beau costard, à leur raconter des craques…

— Oui, je vois bien Gleeson dans le rôle de l'entremetteur, il est sûrement très convaincant. Les filles auraient trop peur d'Ivan. Et ensuite ?

— Ensuite, cette femme, la gouvernante, je sais pas comment elle s'appelle…

— Branka.

— Elle fait peur, celle-là ! Si on la voyait dans un film, ce serait dans la scène où les clients arrivent à l'hôtel, et au même moment la réceptionniste traverse le mur armée d'une tronçonneuse. Elle jouerait la réceptionniste, c'est sûr.

— Sûr, oui. Continuez.

— C'est elle qui amène les filles. Elle choisit les plus jeunes, les plus fraîches. Elle sait lesquelles ont des papiers ou pas, lesquelles ont désespérément besoin de fric, lesquelles ont des copains qui risquent de s'inquiéter si elles sont plus là. Vous me suivez ?

— Oui, oui. Et après ? Qu'est-ce qui se passe après ?

— J'ai pas peur de ce fils de pute, affirma Victor en avançant le menton. Je suis prêt à le dire au monde entier.

— Commencez donc par moi.

— C'est Ivan qui doit conduire les filles au club, au bar ou ailleurs. Grosso modo, c'est l'idée. Sauf qu'en fait, il les vend comme de la bidoche, *man*, deux dollars le kilo.

— Il les met lui-même dans la rue ou il les négocie avec un souteneur ? »

Victor ramassa son calot, se redressa et rajusta sa tenue. Il se passa la main dans les cheveux pour les redresser de façon insolente. « Aucune idée. Je vous ai raconté tout ce que je savais.

— Et vous avez l'air d'en savoir long... Vous étiez dans la combine ? Hein, c'est ça ? » Gabriel se releva d'un bond et expédia un coup de poing dans un quartier de bœuf suspendu à un crochet.

« Allez vous faire foutre, *man*.

— Qu'est-ce qui vous rend si sûr de vous ?

— Ils se sont gourés de nana. Ils ont choisi ma copine, une fille qui vient de mon pays, elle avait dit à personne qu'elle me connaissait. Deux jours avant, une des femmes de chambre lui avait raconté qu'elle avait décroché un nouveau boulot comme serveuse, qu'Ivan avait tout arrangé et que ça payait vraiment bien. Un matin de bonne heure, ils sont allés chercher ma copine pour lui parler, ils lui ont expliqué que c'était une occasion en or, mais qu'elle devait quitter son job à l'hôtel tout de suite, le jour même.

— Pour ne surtout pas lui laisser le temps de réfléchir.

— Ouais, c'est ça, sauf que ma copine est venue aussitôt tout me balancer. Alors je lui ai dit : "Non, je vais d'abord me renseigner." Je suis allé là-bas, dans ce club, et devinez quoi ? Non seulement ils embauchaient pas, mais ils avaient jamais entendu parler d'Ivan et de Gleeson.

— Et l'autre fille ? Celle qui avait accepté la place de serveuse ? »

Victor fit claquer ses doigts. « Disparue. Comme ça.

— Votre copine, elle est toujours ici ? Je peux la voir ? Elle accepterait de me parler ?

— Vous croyez vraiment qu'elle est restée dans le coin ? Alors là, ça risquait pas. » Victor avait recouvré son assurance. Il jaugea son reflet dans une vitre et parut se trouver à son goût.

« Tout ça, ce ne sont que des spéculations, marmonna Gabriel en circulant entre les carcasses. On n'a aucune certitude.

— Réfléchissez, *man*. C'est le système parfait : les filles sont déjà là, y a plus qu'à se servir. C'est pas comme s'il fallait s'emmerder à les enlever dans leur pays, à leur faire passer la frontière en douce et tout le bazar… Ouais, c'est moins d'emmerdes, moins de frais, suffit d'alimenter la chaîne et de toucher le magot. Ces nanas, tout le monde s'en fout.

— Mais on n'a aucune preuve », s'obstina Gabriel en frissonnant. Jusque-là, il n'avait pas pris conscience de la température glaciale.

Victor ouvrit la porte de la chambre froide. « Je vous l'ai déjà dit la première fois où vous m'avez amené ici pour un interrogatoire.

— Quoi ?

— Des fois, vaut mieux rien savoir. Alors pourquoi vous m'avez demandé quand même ? »

Il se lança aussitôt sur la piste de Gleeson, qu'il finit par débusquer dans une salle de réunion du service marketing. Il ordonna aux autres de sortir.

« Mon Dieu, mon Dieu ! lança le directeur de la restauration d'un air suffisant. Eh bien, chef, on a oublié de prendre ses médicaments, aujourd'hui ? »

Gabriel expédia un coup de pied dans la chaise occupée par Pierre. « Allez, dégagez. » Le responsable du bar se leva en serrant les poings.

Les cadres du service marketing retinrent ostensiblement leur souffle

Un sourire crispé aux lèvres, Gleeson déclara : « Ce que le chef essaie de nous dire, je crois, c'est : "Pourriez-vous nous excuser un moment, s'il vous plaît ?" »

Quand ils se retrouvèrent seuls, Gabriel longea la table dans un sens, puis dans l'autre.

« Bon, reprit Gleeson en tirant sur les poignets de sa veste, je ne voudrais surtout pas me montrer indiscret, mais à quoi rime cette entrée fracassante ?

— Je sais tout. »

Gleeson inclina la tête. « Tout ?

— Tout, affirma Gabriel avec conviction avant de tendre les doigts vers le plafond.

— Et serait-il possible de connaître la nature de cette révélation ? Sommes-nous sur le chemin de Damas ?

— Je suis au courant pour les photos. J'ai compris à quoi elles servaient. »

Le directeur de la restauration entreprit de rassembler les documents posés devant lui. « En d'autres circonstances, ce petit jeu m'amuserait peut-être… »

Il se redressait déjà lorsque Gabriel le rejoignit d'un bond et le repoussa sur sa chaise à roulettes. Sans laisser à Gleeson le loisir de protester, il la fit pivoter et serra fermement les accoudoirs, piégeant son adversaire dont il scruta les prunelles bleu clair.

« Vous niez ? gronda-t-il. Vous osez nier ?

— Je ne confirme ni ne nie rien. Je n'ai pas la moindre idée de ce dont vous parlez. Et à mon avis, vous non plus. »

Dans les yeux de Gleeson, Gabriel distinguait seulement cette indignation vertueuse qui, tel un détergent, éliminait tout le reste.

« Je suis au courant pour les filles. Je vous ai vu. Branka les amène. Je vous ai vu, nom de Dieu !

— Je vous signale que vous envahissez mon espace vital. »

Quand Gabriel se pencha, il reconnut l'odeur d'un adoucissant, d'une teinture pour cheveux et de la peur. « Je sais ce qu'Ivan fait d'elles. Et je sais où vous allez passer les dix prochaines années. »

Gleeson lui envoya un coup de pied dans le genou qui fit reculer la chaise à roulettes. Il s'en extirpa. « Ça suffit, j'en ai assez entendu.

— Mais c'est vous, espèce de salaud, qui les persuadez de le suivre.

— Si jamais vous... » Gleeson avait craché les mots comme du venin. Il s'interrompit, retroussa la lèvre supérieure en un rictus moqueur puis secoua la tête. « Vous êtes fou à lier, c'est évident. » Il éclata de rire. « Mon Dieu, mon Dieu...

— Je vais...

— Oui ? Vous allez quoi ? »

Gabriel sentit sa mâchoire se bloquer.

« Vous ne savez rien, déclara Gleeson d'un ton glacial. À mon avis, vous devez souffrir d'hallucinations.

— Je vais... je vais... » Gabriel avait le bras parcouru de tressaillements. Il frappa la table encore et encore. Son autre bras n'arrêtait pas de se porter vers l'arrière de son crâne. Tout son corps tremblait et se tendait sous l'effort requis pour essayer de maîtriser ses membres rebelles.

« Comme je le disais, reprit le directeur de la restauration en chassant d'un souffle un grain de poussière sur sa manche, j'en ai plus qu'assez de vos insinuations délirantes. Et si le contenu de vos allégations demeure pour le moins flou, je tiens à le souligner, leur caractère diffamatoire me paraît flagrant. Par conséquent, s'il vous prenait l'envie de les répéter, je me trouverais dans l'obligation d'aller faire part à la direction de ma plus vive indignation, en invoquant toutefois des circonstances atténuantes, naturellement, compte tenu de votre santé mentale défaillante. »

Dans l'intervalle, Gabriel avait plus ou moins réussi à immobiliser ses bras, sauf qu'il se servait de l'un pour cramponner l'autre, donnant ainsi l'impression de vouloir se ceinturer lui-même.

Gleeson se passa la langue sur les lèvres. « Puisque vous ne semblez pas très bien savoir ce que vous voulez, chef, permettez-moi de vous faire une suggestion : prenez un congé, offrez-vous une pause, entrez dans une clinique. Vous ne l'avez peut-être pas remarqué, mais vous manifestez tous les signes d'une grave dépression nerveuse. »

24

DE RETOUR DANS SON BUREAU, porte fermée et store toujours baissé, Gabriel eut l'impression de se cogner dans tous les coins sans parvenir à trouver de prise nulle part.

Gleeson se croyait tellement intelligent ! Pour qui se prenait-il à essayer de renverser la situation, à le menacer de… de quelque chose qui n'était plus du tout clair dans l'esprit de Gabriel et par conséquent n'en paraissait que plus terrible. Il fulminait en silence.

Oh oui, il était furieux. Quelle personne sensée ne le serait pas ? C'était tout simplement scandaleux d'avoir laissé le climatiseur dans cet état ! Pourquoi ne l'avait-on pas réparé ? Il subissait déjà suffisamment de stress comme ça, nom d'un chien ! Ce n'était pas la faute de Lena, bien sûr, malgré ses… Il ôta sa veste de cuisine et la drapa sur la chaise. Charlie lui manquait beaucoup, leur histoire était terminée et il n'avait même pas eu le temps de faire son deuil. Non, attention, concentre-toi sur Gleeson, ce salaud, ne te laisse pas distraire, c'est Gleeson la cible à abattre. Il n'aurait que ce qu'il méritait. Dieu ce qu'il faisait chaud… Gabe se débarrassa de son T-shirt. Oh, Gleeson pourrait bien le menacer tant qu'il voudrait, il s'en foutait. Il était bien au-dessus de ça, de toute façon il serait bientôt parti

Il avait promis à Rolly un business plan révisé maintenant qu'ils avaient une estimation plus précise du coût des travaux. Il avait encore un tas de trucs à faire, et d'ailleurs il allait s'y mettre tout de suite. On était bien mercredi, non ? Le gala de charité du PanCont aurait lieu le samedi soir et il n'avait encore presque rien organisé. Il enleva son pantalon puis s'assit.

Voilà, il était prêt à travailler. Il ouvrit le tableur. Quand son portable sonna, il vit le nom de Jenny affiché sur l'écran. Bon, il la rappellerait plus tard, sinon il n'avancerait pas.

Le Lightfoot allait devenir *le* restaurant incontournable, songea Gabe. Il aurait enfin sa propre affaire. *L'essentiel, chef, c'est de s'approprier l'endroit, d'y apposer l'empreinte de votre personnalité...* C'était bien ce que lui avait dit Fairweather, non ?

Il diminua un peu les chiffres. Oui, c'était plus réaliste. Ou peut-être pas. Comment savoir ? Qui pouvait le dire ? Et puis, quelle était au juste sa personnalité ? se demanda Gabe. S'il l'ignorait, comment pourrait-il en apposer l'empreinte quelque part ?

Il perdait du temps... Il se leva d'un bond et s'écarta du bureau, manquant s'étaler dans sa précipitation. Il fallait absolument qu'il aille au labo pâtisserie, là, tout de suite, pour briefer le chef Albert au sujet du gala.

« *Bienvenue* * ! lança le chef Albert en lui passant un bras autour des épaules. Pas de formalités entre nous, vous avez raison, *bravo* * ! On est entre amis, *n'est-ce pas* * ?

— Écoutez, je... » L'endroit ressemblait à une maison de fous, constata Gabe. Peut-être ferait-il mieux de remettre lui-même un peu d'ordre. Aussitôt, il saisit un plateau de petits choux qu'il inclina vers la poubelle.

« Pourquoi ne pas vous asseoir ? suggéra le chef Albert en approchant un tabouret avant de forcer Gabriel à y prendre place. Asseyez-vous donc, mon ami. Vous êtes fatigué, non ? »

Gabriel l'admit d'un soupir.

« Une petite boisson énergisante, dit le chef pâtissier en lui tendant une cannette. » Il en ouvrit une autre pour lui. « Ça vous donne des ailes – comme ça... » Il commença à décrire un cercle en battant des coudes. « Hé, hé, faut pas en boire plus de trois. Quatre maximum. Bon, si vous avez vraiment très envie de dormir, ajoutez-en une ou deux. »

L'assistant gloussa derrière sa main.

Le chef Albert le menaça de son rouleau à pâtisserie. « Dans l'anus ! » promit-il d'un ton enjoué.

Le jeune homme battit en retraite derrière une barricade de pains ciabatta et de baguettes au levain.

Albert tira un autre tabouret et s'assit à côté de Gabriel devant le plan de travail en marbre. « Moi aussi, je ressens cet épuisement, déclara-t-il. Ma nouvelle petite amie n'a que trente ans. *Mon Dieu* ! »

Constatant que Gabriel avait terminé sa cannette, il lui en tendit une deuxième. De près, la peau du chef pâtissier avait la couleur et la texture d'un biscuit, son nez paraissait couvert d'un glaçage rose, et ses yeux, dont l'expression avait toujours semblé à Gabe profonde et mélancolique, évoquaient deux raisins de Corinthe.

« Je veux bien le croire, dit Gabriel. Mais je ne suis pas là pour parler de ça. Je suis là pour parler de cuisine.

— Notre premier amour ! s'exclama le chef Albert. D'accord, on ne parlera de rien d'autre. Ma chère *maman** paix à son âme, était originaire de Dordogne et elle m'a appris tout ce qui lui tenait à cœur : confit, truffes, foie gras... Et mon cher *papa** paix à son âme, était breton, il m'a transmis ses connaissances sur les fruits de mer.

Un jour, on est partis se promener près de la rivière et – oh, vous allez rire... » Il partit lui-même d'un rire incontrôlable en assenant une grande claque sur le comptoir.

« Il faut qu'on..., commença Gabriel.

— Oui, c'est ça ! rugit le chef Albert. Il faut qu'on se détende, qu'on rigole un peu... Vous êtes toujours le bienvenu dans mon domaine. Un jour, on est partis se promener au bord de la rivière... » Il s'interrompit lorsque son assistant s'approcha, une question au bord des lèvres. « Recule ! lui cria Albert en agitant les bras. On cause entre hommes. Allez, ouste, fiche le camp.

« J'avais vingt-trois et vingt-quatre ans quand j'ai fait mon service militaire en Afrique. Deux ans en Côte d'Ivoire et au Sénégal. J'ai découvert tellement de choses... Au Sénégal, ils ont un plat avec du riz, des légumes et du poisson frit qu'ils servent dans une grosse marmite posée par terre. Pour manger, vous retroussez vos manches, comme ça, et quand la graisse coule jusqu'à vos coudes, c'est... » Il fit claquer ses lèvres. « ... la perfection. Une fois aussi – oh, ça c'est très drôle –, ils m'ont donné une sauce au piment, j'y ai trempé une crevette et – incroyable – c'était comme du feu sur ma langue, et cette mama est arrivée... » Il marqua de nouveau une pause le temps d'expédier un petit pain aux céréales à la tête de l'assistant qui s'était encore aventuré trop près d'eux. « Elle m'a dit : "Je vais vous aider", et on est allés ensemble jusqu'au cocotier où... oh, attendez, vous n'avez plus rien à boire. » Il se leva d'un bond. Une fois réinstallé sur son tabouret, il se lança dans une autre anecdote sur la Corse, qu'il fit suivre d'une troisième avant même d'avoir terminé la précédente.

L'assistant, désormais retranché à une distance prudente, les observait. Chaque fois que Gabriel jetait un coup d'œil vers lui, il le surprenait en train de le dévisager. Il fronça les sourcils.

Pendant une bonne vingtaine de minutes, il resta assis à écouter d'une oreille distraite les récits inachevés du chef Albert. Il avala encore deux cannettes. Tout au fond de son esprit subsistait l'idée de plus en plus vague qu'il était venu pour discuter d'un point spécifique. Quand ses jambes se réveillèrent enfin, il se leva et fit une ultime tentative pour se remémorer ce qui avait bien pu l'amener dans le labo pâtisserie. Il ne parvenait pas à s'en souvenir, mais il ne se sentait pas abattu pour autant. Au contraire, il lui semblait que son fardeau s'était allégé, comme s'il avait accompli quelque chose. Si quelqu'un était cinglé, ici, ce n'était pas lui ; c'était le chef Albert

« Nous sommes des esprits libres, n'est-ce pas ? » s'écria ce dernier en l'attrapant par le bras.

La moiteur de cette main sur sa peau amena Gabriel à baisser les yeux.

« *Liberté, égalité, nudité* !* » s'exclama Albert. Il ôta sa veste alors que Gabriel, en caleçon et chaussettes, battait prestement en retraite.

Entre les services, les cuisines étaient désertes, et Gabriel réussit à se faufiler jusqu'à son cagibi sans être vu. Il se rhabilla. Au moins, il ne transpirait plus, il n'était plus oppressé. Finalement, il avait bien fait d'aller prendre le frais un moment dans le labo pâtisserie. Et puis, avait-il jamais été du genre à s'embarrasser de conventions sociales mesquines ? Non, il avait toujours suivi son propre chemin. Il se gratta l'arrière du crâne à deux mains jusqu'à avoir mal. Il regarda ses ongles. Ils étaient ensanglantés.

Merde, pourquoi fallait-il que tout se retourne contre lui ? Pourquoi ? Qu'avait-il fait pour mériter ça ? Rien,

rien du tout. Il avait toujours agi au mieux. Au plus profond de son cœur, là où ça comptait, il se savait bon. Durant toute sa vie, il n'avait rien fait d'autre que travailler dur, rester dans le droit chemin, essayer d'être quelqu'un de bien. Ah oui ? Putain, quelle connerie ! Gabriel s'appuya contre le mur de façon à pouvoir piéger son bras. Il avait conscience du sang qui dégoulinait dans sa nuque.

Il se glissa dans l'espace entre la cloison et l'armoire de classement. Voilà, c'était l'endroit idéal pour réfléchir. Ah, c'est qu'il avait de la ressource ! Il était résistant. Discipliné aussi. Il allait leur montrer, à tous.

Pour ça, il fallait de la force de caractère. Et alors ? Il en avait à revendre. Il contempla le plâtre fendillé dans l'angle. Sensation de picotement le long de ses bras.

Était-il vraiment discipliné ? Plein de ressource ? En avait-il la preuve ?

Il pesa de tout son poids sur l'armoire jusqu'à la déplacer d'un millimètre ou deux.

S'il devait se décrire en un mot, un seul, il opterait pour « avisé ». Il ne fonçait jamais tête baissée.

Quoique, avec Lena, il devait bien admettre qu'il s'était laissé déborder par les événements.

Un mouvement de flux et de reflux se produisit en lui, semblable à celui de la marée. Il fallait absolument qu'il sache ce qu'il était, comment il était, maintenant, de toute urgence. Il tenta de se raccrocher à des mots. Équitable. Il était équitable, oui, tout le monde le disait, tout le monde le savait. Équitable et raisonnable : c'était tout lui. La description parfaite. Plus raisonnable qu'autre chose, d'ailleurs. Bon, peut-être pas ce matin même avec Oona, d'accord ; ce genre de réaction ne lui ressemblait pas. Il n'était pas réellement comme ça.

Non, il était… mais c'était tellement difficile de réfléchir alors qu'il y avait cette douleur dans son bras et cette douleur dans sa tête… il était… pour ses proches…

et il incluait… sa principale qualité… loyal… oh, bon sang… drôle, marrant… il savait bien comment il était, bordel !

Il était vide. La mer s'était retirée loin de la grève.

Durant quelques minutes il demeura tête basse. Il avait les jambes en coton, et s'il tenait encore debout c'était uniquement parce qu'il était coincé entre l'armoire et le mur.

Comment je suis ? pensa-t-il. Comment je suis ? La question semblait résonner plaintivement tout autour de lui, rebondissant de plus en plus vite sur les cloisons jusqu'à prendre soudain une tournure plus brutale. Qu'est-ce que je suis ? Qu'est-ce que je suis ? Un rien du tout ? Un zéro ? Un homme vide ? Il était furieux. Enragé. Il s'extirpa du trou dans lequel il s'était immiscé, puis se frotta les bras pour réactiver la circulation sanguine.

Il se mit à arpenter son bureau. Qui était-il ? Un homme sans qualité ? Un homme dont on ne pouvait rien dire ? Non, il était quelqu'un. Il savait bien qui il était.

Il avait fait la cuisine dans un deux étoiles à Paris. À vingt-quatre ans seulement il avait dirigé un restaurant à Londres avec un ami. Il avait travaillé en Autriche, en Suisse, à Brighton et à Lyon. Il avait travaillé au Savoy. Il était quelqu'un. Il remonta le store et s'assit à son bureau pour contempler son domaine. Il était quelqu'un. Il ne lui manquait que les qualificatifs justes. D'une main tremblante, il pressa la touche du répondeur sur son téléphone. Il écouta une première fois l'annonce, puis une deuxième et une troisième : « Vous êtes bien au poste de Gabriel Lightfoot, chef de cuisine à l'hôtel Imperial de Londres. »

« C'est moi, dit-il à voix haute. C'est mon téléphone, c'est mon bureau et c'est moi. »

Un instant plus tard, une nouvelle idée s'imposa à lui prenant possession de son corps plutôt que de son esprit, l'amenant à se précipiter hors de son bureau.

Il ne savait pas comment il était. Il ne voyait pas son propre visage. Il allait devoir solliciter l'avis de quelqu'un.

« Suleiman ! lança-t-il, le souffle haché par l'excitation. Suleiman, si vous deviez me décrire en trois mots, vous diriez quoi ? »

Le jeune Indien le regarda d'un air inquiet par-dessus ses lunettes imaginaires. « Vous pourriez répéter la question, chef ?

— Trois mots. Pour me décrire. Les trois premières choses qui vous viennent à l'esprit. »

Suleiman paraissait atterré. « C'est que, sans préparation… », commença-t-il.

Gabriel s'était déjà approché de Benny. « Bon, écoutez, ce n'est pas une question piège, vous pouvez répondre ce que vous voulez. Comment me décririez-vous en seulement trois mots ?

— Rien que trois ? »

Gabriel hocha vigoureusement la tête. « Oui, c'est ça ! Vous avez saisi l'idée. Vous êtes formidable.

— Je dirais : grand. » Benny le détailla lentement des pieds à la tête. « Grand. Blanc. Masculin.

— Non.. , gémit Gabriel, qui s'affala sur le plan de travail.

— Chef ? »

Gabriel revint à la vie. « Laissez tomber. » Déjà, il se ruait vers la porte. Seule Charlie pouvait l'aider. Il fallait qu'il la voie maintenant.

À deux reprises, par l'interphone, elle lui ordonna de s'en aller. « Je t'en prie, la supplia-t-il. Je n'en ai que pour deux minutes. Si tu m'as aimé un jour... je t'en prie.

— Oh, t'es vraiment impossible ! » Elle le laissa finalement entrer.

Il essaya de l'enlacer sur le seuil de l'appartement, mais Charlie se déroba. Elle recula en hâte et alla se réfugier dans un fauteuil.

« Merci d'avoir accepté de me voir », dit-il en essayant de se calmer. Il s'immobilisa sur le tapis.

« J'espère tu es là pour une bonne raison.

— Il faut que je te parle, Charlie, il faut que tu me répondes, je n'ai personne d'autre à qui... » Il dut se mordre la lèvre pour stopper le flot de paroles. Il avait besoin de s'ancrer à quelque chose. Il se précipita vers la table, dont il agrippa deux coins. S'il la lâchait, il s'envolerait jusqu'au plafond comme un ballon gonflé à l'hélium.

« C'est quoi, sur ton col ? demanda Charlie en se redressant. Tu saignes ? Et pourquoi tu as gardé ta tenue de cuisine ?

— Ce n'est rien, rien du tout Juste une égratignure. » Il jeta un coup d'œil aux traînées noirâtres sur ses doigts, au sang séché sous ses ongles

Charlie croisa les jambes. Elle avait adopté une posture tellement rigide que son dos paraissait creusé. « Alors ? Vas-y, je t'écoute, dis ce que tu as à dire.

— Chérie...

— Si tu penses que...

— Non, non, je vais t'expliquer. Tu es la seule qui me connaisse vraiment, tu comprends ? C'est pour ça que je suis venu. Je sais bien que tu ne... qu'on ne peut pas... Tout ce que je te demande, c'est ton avis. Remarque, je suis aussi le seul à te connaître vraiment... » Il avait conscience de tenir des propos décousus, mais il n'en continua pas moins sur sa lancée : « On a passé des bons moments, tu te rappelles ? Moi, je me rappelle. Je n'ai rien oublié. Tiens, quand ton talon a cassé, le soir de notre premier rendez-vous, j'ai été obligé de…

— Gabe ! Je dois bientôt sortir. Qu'est-ce que tu veux ? Qu'est-ce que tu cherches à me faire dire ? Que c'est fini ? D'accord, c'est fini.

— Je sais, grogna-t-il. Ça, c'était pas la peine de le préciser. » Il lâcha la table pour déambuler dans la pièce. « Oh, merde, Charlie, tu n'imagines même pas à quel point c'est le bordel. Un bordel intégral. Comment j'en suis arrivé là ? »

Elle ramena ses bras contre elle. Les jambes toujours croisées, elle glissa un pied sous son autre cheville. Plus il parlait, plus elle se repliait sur elle-même, loin de lui.

Pourtant, il ne pouvait pas s'arrêter. « Tu m'as demandé un jour pourquoi j'avais choisi la cuisine. Tu t'en souviens ? Oui, je le lis dans tes yeux – tu vois, je te connais, je suis capable de déchiffrer la moindre de tes réactions. Chacun de tes regards. Celui-là aussi, tiens… Qu'est-ce que je disais, déjà ? Ah oui. Oh, tu trouves que je parle trop, peut-être ? D'accord, je ne parlerai plus. Je vais m'asseoir et après je te demanderai… c'est uniquement pour cette raison que je suis venu et ça ne te prendra que deux minutes, je te le promets. Pourquoi la cuisine ? Non, je ne peux pas m'asseoir. Ça te dérange si je marche ? » Emporté par son monologue, il s'était mis à arpenter le salon.

Soudain, il cessa ses allées et venues pour se tourner vers Charlie. Elle avait attrapé un coussin qu'elle plaquait sur sa poitrine. Sa voix tremblait légèrement quand elle prit la parole : « Tu veux bien te calmer, s'il te plaît, Gabriel ? Assieds-toi et respire lentement, à fond.

— Charlie ! s'écria-t-il en la rejoignant. Ne t'inquiète pas, je vais bien. Désolé, je dois faire peur. Tu préfères que je me lave les mains ? J'ai du sang sur la figure ? Non ? OK, je ne te toucherai pas. Hé, regarde-moi ! » Il inspira plusieurs fois. « Je suis calme, maintenant. Normal. Je vais bien. »

Charlie logea le coussin dans son dos et parut se décrisper un peu. « Ton père... C'est de lui que tu parlais ? Tu allais tellement vite que je n'ai pas... Comment il va ?

— Oh, il va bien, déclara Gabe d'un ton rassurant. Très très bien. Mis à part son cancer, évidemment. Bon, j'en étais où ? » Il reprit ses allées et venues. Ses doigts s'activaient de nouveau à l'arrière de sa tête et la douleur l'empêchait de raisonner correctement. Il tapota ses poches. « Je sais, je vais allumer une cigarette. Ça ne te dérange pas ? Sinon, je n'arrête pas de me gratter. C'est un petit truc que j'ai découvert. » Il fuma tout en circulant parmi les meubles. Brusquement, tout lui parut limpide. Oui, il se sentait capable d'affronter la situation. « J'ai été à la dérive toute ma vie, Charlie. Voilà, c'est ça mon problème. J'avoue. » Sa voix s'enfla comme s'il approchait de l'extase. « À la dérive – de ville en ville, de boulot en boulot. Oui, de fille en fille aussi. Non, ne... ne me regarde pas comme ça. Tu ne comprends pas ? Ma mère m'effrayait – c'est vrai, je t'assure. Un garçon ne peut pas s'en remettre. Tout est... tu n'échappes jamais à...

— Stop ! » s'écria Charlie en se levant. Elle se campa devant lui, l'air farouche, les mains sur les hanches. « J'en ai assez entendu. Tu débarques chez moi pour me sortir un tas d'excuses – et quelles excuses ! C'est pitoyable de rejeter ainsi la faute sur ta mère –, et tu penses que tu vas t'en sortir comme ça ? Tu me trompes, tu as une... je ne sais pas quoi... avec une... une pauvre fille qui... et tu viens ici m'expliquer que tout est la faute de ta mère, et moi je suis censée réagir comment, hein ?

"J'avais peur de ma mère", à croire que… C'est des conneries, Gabriel, jamais tu ne m'en avais parlé avant.

— Je n'avais pas peur d'elle, rectifia-t-il en faisant tomber sa cendre dans un vase. Elle m'effrayait. Tu ne saisis pas la nuance ? Non, tu n'as pas le droit de me jeter dehors ! Ferme la porte, s'il te plaît. Allez… D'accord, je vais la fermer moi-même. Merde, désolé, attention à ma cigarette. Ça va ? » Il la suivit comme son ombre tandis qu'elle virevoltait dans la pièce. Son bras gauche s'était remis à tressauter. Gabe parvint à se dominer le temps d'allumer une deuxième cigarette. Il la tint de la main gauche et tira tour à tour sur les deux. « Je vais en venir au fait, Charlie. J'y arrive. » Dieu qu'elle était jolie. Il adorait cette façon qu'elle avait de rejeter ses cheveux en arrière. Il aurait dû s'agenouiller devant elle, lui baiser les pieds.

« Qu'est-ce que tu fabriques ? demanda-t-elle. Pourquoi est-ce que tu fumes, d'abord ? Tu mets de la cendre partout. Écoute, Gabe, je voudrais que tu t'en ailles.

— D'accord, répondit-il avec fougue. Je ferai tout ce que tu me demanderas.

— Tu ne devrais pas fumer.

— On est dans un pays libre, non ? C'est un choix.

— Une dépendance, plutôt. Tu parles d'un choix ! De toute façon, je n'ai même pas envie de discuter avec toi, je veux juste que tu t'en ailles.

— Je ne suis pas dépendant.

— T'es en train de fumer deux cigarettes à la fois.

— Parce que j'en ai envie, répliqua-t-il, avant d'en allumer une troisième au mégot de la première. Bon, tu n'as qu'à me répondre – et ensuite je partirai, pour toujours si tu le souhaites. Tu ne veux pas que je m'en aille pour toujours, hein, Charlie ? Ce n'est pas ce que tu voulais dire…

— Te répondre à quel sujet ? » Elle se tenait derrière le canapé et lui devant, les genoux pressés contre l'assise. Sous son regard, Gabe avait l'impression de serrer dans ses mains deux pistolets fumants.

« Dis-moi comment je suis, Charlie. Décris-moi. Tu peux utiliser autant de mots que tu le désires. »

Elle ouvrit la bouche. Secoua la tête. Prononça une parole qu'il n'entendit pas.

« Plus fort ! l'encouragea-t-il, tremblant d'impatience. Je n'ai pas compris.

— T'es pas croyable, déclara-t-elle d'une voix sonore et claire. Foutrement pas croyable.

— Ah bon ? Tu trouves ? Dans quel sens ?

— Tu veux que je te parle de toi ? s'écria-t-elle. C'est tout ce qui t'intéresse ? Et tu veux que je te dise comment tu es ?

— Tu es la seule à me connaître. » Il pouvait à peine respirer mais il tira quand même une bouffée de chacune de ses cigarettes. Charlie allait lui répondre. Personne ne le connaissait mieux qu'elle.

« Non ! hurla-t-elle. Pas question. Je ne vais pas rester là à parler de toi. Moi, ça ne m'intéresse pas. Je m'en fous !

— S'il te plaît, la pressa Gabe. Après, je ne te demanderai plus jamais rien. Je t'en prie, juste quelques mots.

— D'accord, alors je vais te répondre. T'es égoïste, Gabe. T'es l'individu le plus égoïste que j'aie jamais rencontré.

— Oh, merci… » Pour un peu, il en aurait pleuré de soulagement. « Égoïste, je vois, je suis sûr que tu as raison, ce n'est pas le trait de caractère le plus flatteur mais bon… quoi d'autre ? Il n'y a rien qui te vient à l'esprit ? Rien du tout ?

— Égocentrique, borné… » Elle se mit à compter sur ses doigts. Les yeux étincelant de colère, les narines palpitantes, elle avait un peu l'air d'une folle ; pour autant, Gabe ne lui en voulait pas. « … insensible, indifférent, bouché, stupide et tellement, tellement égoïste ! »

Gabriel se laissa tomber à genoux sur le canapé. Quand il essaya de la prendre dans ses bras, elle lui échappa. « Merci pour… pour ton honnêteté, dit-il d'une voix entrecoupée. Merci de m'avoir parlé aussi librement. Et merci de… de si bien me connaître. »

Charlie se tassa dans un fauteuil. Ses vêtements semblaient soudain trop grands pour elle. « Oh non, Gabriel, je ne te connais pas. Je ne te connais plus. »

Il se retrouva dans la rue sans trop savoir comment, à avancer sous l'action de quelque force mystérieuse puisque ses pieds ne semblaient pas toucher le sol. Peut-être était-il poussé par le vent tel un sac en papier ? Il ignorait où il était. Immeubles, trottoir, chaussée, et encore des immeubles. Quelle importance s'il continuait toujours dans cette direction ? Était-ce lui ou la rue qui se déplaçait ? Elle paraissait s'écouler autour de lui. Le traverser, même.

Il avait désormais la certitude de s'être arrêté. Il frissonna. Il faisait sombre et froid. Pendant un moment il demeura immobile, émerveillé par la nature miraculeuse de son corps, tellement fidèle à lui-même, tellement absorbé par ses frissons. Un instant plus tard, il eut l'impression de recevoir une énorme secousse, comme une décharge électrique. Il se mit à courir. Ses pieds frappaient le goudron si fort que l'impact de chaque foulée ébranlait ses dents.

Il courut, et courut encore, tous ses muscles, tendons et terminaisons nerveuses en alerte rouge. Il ressentait tout ce qui passait en lui, même la moelle bouillonnant dans ses os. Quelques minutes plus tôt il n'était rien, juste une coquille vide, et maintenant il débordait d'énergie. Un million de choses se produisaient en lui, son organisme s'était lancé dans un tourbillon d'activité : dilatations, contractions, liaisons établies et rompues – tout un système intérieur s'activait pour pomper, faire circuler, absorber, excréter, réagir et insuffler la vie à chacune de ses cellules, de la pulpe de ses doigts au plus profond de ses entrailles.

Et ce n'était pas tout. Une multitude de fragments se bousculaient dans son cerveau – souvenirs, images, bribes de chansons, une réminiscence de sa mère en train de chanter, l'intuition qu'il allait pleuvoir, un slogan publicitaire : « une équipée inoubliable », un extrait de conversation en boucle, Jenny sur un vélo, les fausses dents de Nana qui claquaient… Gabe courait toujours. Peu à peu, il se réchauffait. Il leva les yeux vers les fenêtres éclairées, les réverbères, les enseignes au néon. Les lumières déferlaient en lui et lui en elles. Les voitures se fondaient pour ne plus former qu'un long ruban, les bâtiments perdaient leurs contours, des silhouettes floues le croisaient. Il n'était pas une entité à part, il faisait partie du tout, ou peut-être que le tout faisait partie de lui. Il circulait dans le système sanguin de cette ville qu'il avait dans le sang. Et il avait chaud, maintenant, bien trop chaud, il n'était qu'une molécule, une protéine au cœur de la cité, dont les liaisons commençaient à céder. À une certaine température, la protéine globulaire se décompose. Le b. a.-ba de la cuisine. Il courait toujours malgré les tremblements dans ses jambes. Chauffez une molécule et elle se met à vibrer de plus en plus, jusqu'au moment où sa structure interne se rompt. Oh, il n'avait pas oublié. C'est ce qu'on appelle la dénaturation.

La tête entre les genoux, il jeta un coup d'œil derrière lui en essayant de reprendre son souffle. « Holloway Road », lut-il sur une plaque de rue. Oona habitait par là, tout près, dans ce quartier. Il allait peut-être la voir, qui sait si elle n'était pas dans ce bus qui ralentissait... Gabe se redressa puis trottina jusqu'à l'arrêt. Les personnes dans la file d'attente eurent beau s'écarter gentiment à son approche, il ne l'aperçut nulle part. Les passagers qui descendaient prirent soin de le contourner. Quelle prévenance ! Bon, il allait attendre ici, décida Gabe, s'asseoir sous l'abribus et se reposer un peu. Oona n'allait plus tarder. Ce n'était pas un hasard s'il avait lu « Holloway Road » ; c'était un signe. Comment aurait-il pu s'agir d'une simple coïncidence ? Il n'avait jamais eu l'intention de venir ici et pourtant il était là. Comme si une main l'avait guidé jusqu'à cet endroit précis. Oona était exactement la personne qu'il lui fallait. Elle le remettrait sur les rails. Chère, très chère Oona... Elle l'emmènerait chez elle. Elle lui préparerait une tasse de thé. Il sentit ses yeux s'embuer et commença à se balancer d'avant en arrière.

Il se poussa pour faire de la place à une femme encombrée de gros sacs de courses, mais elle ne parut pas le remarquer. Elle alla se poster un peu plus loin au bord du trottoir et posa son chargement à côté d'elle.

De l'autre côté de la rue, derrière la vitre d'une pizzeria, un mot clignotait : LIVRAISON. Gabe regarda les bus arriver puis repartir. Il y avait des inscriptions partout : dans les vitrines, au-dessus des portes, sur les murs... Certaines étaient collées sur les flancs des bus, d'autres peintes à l'arrière des taxis. Elles remplissaient les prospectus et les journaux qui fleurissaient le trottoir. Elles se détachaient en toutes lettres sur les poubelles. Surgissaient aux carrefours, éclaboussaient les palissades, jaillissaient des panneaux d'affichage. OUVERT, FERMÉ, INTERDIT DE FAIRE DEMI-TOUR, TROIS BONNES RAISONS DE CHOISIR, PAS DE CENDRES CHAUDES DANS LES BACS, REMISES EXCEPTIONNELLES, BEAUTÉ, MEILLEUR RAPPORT QUALITÉ-PRIX,

POULET FRIT, GRATUIT… Gabriel ferma les yeux. Que fabriquait donc Oona ? Pourquoi n'arrivait-elle pas ?

Il perçut les relents âcres de l'urine déjà ancienne, l'odeur de caoutchouc brûlé sur le bitume. Coups de frein, éclats de voix, vacarme d'un autoradio poussé à fond. Gabriel se résolut à agir. Il devait s'en aller avant que l'endroit ne parte en flammes.

Durant un long moment, il erra et se perdit d'une rue à l'autre. La circulation se faisait moins dense, les murs aspiraient les passants à l'intérieur. Les lumières s'éteignaient, les volets se fermaient. Comme mû par une force inconnue, Gabriel continuait d'avancer. Il vit un homme en blouse hospitalière secoué de spasmes devant une porte. Un clochard le croisa, une cannette de bière Special Brew dans une main, un téléphone portable dans l'autre. Une femme circulait à vélo sur le trottoir, un livre calé contre ses reins, glissé dans la ceinture de sa jupe. Gabriel tenta de s'orienter. Il regarda autour de lui. Il y avait une gare tout près. Où étaient les inscriptions quand on avait besoin d'elles ?

Un homme s'approcha. Il avait le visage rond et le teint cireux, couleur de cierge. « Vous êtes dans la rue depuis longtemps ?

— Oh, je l'ignore, j'ai perdu la notion du temps. »

L'inconnu lui adressa un sourire d'une gentillesse infinie. « C'est difficile, n'est-ce pas ?

— Je ne sais pas où je suis.

— Ni si vous arrivez ou si vous partez, je suppose. Vous avez mangé, ce soir ?

— Non. »

L'homme hocha la tête. Il semblait en mesure de tout comprendre. « Vous voulez bien venir avec moi ? Pour qu'on vous aide ? »

Enfin, songea Gabriel. Il se mit à trembler. « Oui. Où allons-nous ?

— On va commencer par vous nourrir. Après, on avisera. »

Au moment où l'inconnu tendait la main vers lui, Gabe trébucha. Il faillit tomber sur son sauveur. « Où aimeriez-vous aller ? Je connais des tas d'endroits, vous savez. Je suis chef de cuisine, je...

— Oh, c'est vrai ? Vous étiez chef ? répliqua l'homme en reculant légèrement. Vous allez me raconter ça pendant qu'on marche, d'accord ? Le camion de la soupe populaire est garé juste au coin de la rue. Hé, où allez-vous ? Hé ! Vous ne voulez pas venir avec moi ? On vous trouvera un lit pour la nuit ! »

Immobile sur le pont, Gabriel contemplait la surface lisse des eaux noires. La ville tentaculaire scintillait tout autour de lui. Il ouvrit la bouche et laissa échapper une plainte sourde. Il leva les yeux vers le ciel qui semblait receler non pas des étoiles, mais le spectre des lumières d'une terre sans fin. Si Oona était là, elle prierait pour lui. Il prierait pour lui-même s'il savait comment faire. Il tomba à genoux puis baissa la tête et appuya son front contre les barreaux du parapet. Il avait beau chercher profondément en lui, creuser et fouiller, tordre et presser, il n'y arrivait pas, il ne pouvait pas, il n'avait pas ce qu'il fallait, il n'avait pas le don, ça n'avait jamais été en lui, et il ne réussit à produire que des larmes. Oh, c'était tellement lamentable... Il redressa la tête, la renversa, mon Dieu ayez pitié, soyez clément, prions. *Et aujourd'hui il ne reste plus que ces trois choses : la foi, l'espoir et l'amour. Et la plus grande des trois est l'amour.* Oh, Seigneur, pourquoi ne m'entends-tu pas ? Pourquoi ne m'aides-tu pas ? Pourquoi n'existes-tu pas ?

25

IL ERRE DANS LES CATACOMBES, et lorsqu'il arrive à l'endroit habituel le corps n'est pas là. Tout en flottant le long des couloirs, il jette un coup d'œil aux autres salles, jusqu'au moment où il n'en reste qu'une. Quand il pousse la porte, il découvre l'intérieur inondé par une clarté blanche aveuglante.

« Ohé ! appelle-t-il. Il y a quelqu'un ?

— Ah, te voilà enfin », dit sa mère, à l'autre bout de la pièce. Elle tend la main puis fait un pas vers lui, le col relevé de son ample manteau blanc accrochant ses boucles d'oreilles. « Te voilà. Je t'ai cherché partout.

— Maman ? » Ébloui, il plisse les yeux. « Je suis désolé, m'man.

— Ce n'est pas pour ça que je suis venue.

— Est-ce que… est-ce qu'on est… » Il ne voit pas bien « Ce sont des ailes, dans ton dos ?

— Ne sois pas ridicule, Gabriel Lightfoot ! réplique-t-elle en riant. Et va te préparer. Enfile ton peignoir. » Elle se détourne et lance, avant d'être engloutie par la lumière : « Tu as déjà vu une étoile filante ? Dépêche-toi, Gabe ! Il ne faut pas la manquer. Vite ! Surtout, ne la manque pas, cette fois. »

Il se réveilla sur le canapé et s'assit. Le soleil éclairait une large bande de plancher dans le salon, de la fenêtre à vantaux jusqu'à la porte. Durant quelques secondes, Gabe batailla pour tenter de se rappeler ce qui s'était produit et pourquoi il s'était couché tout habillé. La lumière jaune primevère le fit ciller et il se frotta les yeux en émergeant peu à peu du sommeil. Il avait finalement réussi à retrouver le chemin de son appartement après une nuit entière passée à marcher ; les confins sombres du ciel commençaient déjà à s'éclaircir lorsqu'il avait gravi l'escalier. Au mieux, il avait dû dormir deux heures. Une sorte d'instinct l'avait sauvé, une force profondément ancrée en lui qui l'avait ramené sain et sauf à bon port. Malgré la fatigue accumulée, il la sentait rayonner à l'intérieur de lui.

À pas de loup, il se rendit dans la chambre, où il regarda Lena dormir. D'habitude, il avait l'impression d'être un voleur chaque fois qu'il l'observait, même si elle était consciente. Mais à partir de maintenant, il le savait, il ne lui prendrait plus jamais rien. Il ne ferait plus que donner. Elle ne l'avait pas cru lorsqu'il avait affirmé l'aimer ; eh bien, elle ne s'était pas trompée. Aujourd'hui, pourtant, il l'aimait bel et bien, d'un amour sincère et pur. S'il avait jamais aimé un jour, ça n'avait été qu'un embrasement tout d'étincelles bleues et de crépitements rouges – rien à voir avec cette chaleur blanche stagnant au cœur de la flamme. Quand la jeune femme s'allongea sur le dos, une bouffée de tendresse lui gonfla la poitrine. Il aimait Lena ainsi qu'il le devait. Il avait cette capacité en lui. Il aimait Charlie depuis toujours. Il aimait son père et aussi Nana, Jenny, Harley et Bailey ; ses réserves d'amour étaient inépuisables, inextinguibles. Il jeta un coup d'œil à la chambre au mobilier tellement neutre, et soudain il en décela tout le potentiel : ne manquaient que des photos, des fleurs, quelques touches ici et là pour lui donner de la vie. Même une chambre avait besoin d'amour.

Il se rendit à la cuisine, où il jeta un coup d'œil à l'horloge. Presque huit heures. Il remplit la cafetière.

Toute la nuit, il avait marché et réfléchi. Il avait fini par éclaircir les choses, par s'apercevoir que... par comprendre... Non, il n'avait fait que souffrir. Cette lumière qui brillait désormais en lui, il ne l'avait pas allumée lui-même, c'était celle de la souffrance. Elle l'avait métamorphosé, et à son réveil – en quoi était-ce étonnant, au fond ? – il était quelqu'un d'autre, quelqu'un de meilleur.

Il s'en réjouissait. Il ne regretterait pas l'ancien Gabe, ce radin qui comptait l'amour comme l'argent, thésaurisait et rationnait, cherchait en permanence à négocier. Avec Lena, il était toujours en train de calculer qui faisait quoi pour qui lors de transactions totalement dénuées d'équité ou de liberté. Or, toute cette comptabilité scrupuleuse ne répondait qu'à un objectif : s'assurer qu'il recevait bien sa part, qu'il n'était pas lésé. Qu'attendait-il d'elle, de toute façon ? Que méritait-il ?

Un sentiment de honte s'empara de lui au souvenir des nombreuses fois où il l'avait brusquée pour lui soutirer des informations, où il avait épluché minutieusement son histoire à la recherche de failles ou d'incohérences qu'il taxait de mensonges et inscrivait dans la colonne « Débits ». Il n'avait rien compris.

« Pourquoi ? répliquait-elle lorsqu'il lui demandait si c'était avec la Bulgare ou l'Ukrainienne qu'elle avait vécu en premier, si elles avaient habité ensemble trois ou six mois. Pourquoi ? Ça change quoi pour toi ? »

Il voulait croire son histoire. Il fallait donc lui donner une structure, une cohérence. Il fallait la rendre crédible.

Sauf que la vie ne s'était guère montrée raisonnable avec Lena. La jeune femme n'en avait connu que le caractère aléatoire et cruel, songea-t-il. Alors pourquoi devrait-elle essayer d'y trouver un sens, juste pour lui faire plaisir ?

Il se demanda si les changements opérés en lui se refléteraient sur son visage. L'amour était-il visible ? Il alla se laver dans la salle de bains et s'adressa un sourire serein. Il voulait voir ce que les autres verraient.

Pour un peu, il serait parti à la renverse, mais il se raccrocha au lavabo et se concentra sur la bonde. Ce n'était pas possible ; il y avait une erreur, forcément... De nouveau, il risqua un regard vers la glace. Et de nouveau, il dut affronter la même image : un fou aux yeux rougis le regardait fixement. Il avait le teint gris, la peau sèche, les joues envahies par une barbe de plusieurs jours. Une entaille lui barrait le front et une ecchymose violette s'étalait sur sa joue. Il avait l'air effrayant avec ses cheveux dressés en touffes hirsutes, comme s'il avait voulu se les arracher. Sa veste de chef était tachée de sang et d'autres substances indéterminées. Il ressemblait à un fugitif en cavale, un échappé de l'asile qui aurait volé une blouse blanche dans une tentative pitoyable pour se déguiser.

Gabriel prit une profonde inspiration. C'est ce qui est à l'intérieur qui compte, tout le monde le sait. Néanmoins, il fit couler de l'eau chaude, se dévêtit en prévision du baptême, se rasa et se brossa les dents. Puis il arrangea ses cheveux du mieux qu'il le pouvait. Enfin, il entra dans la chambre sur la pointe des pieds et s'attribua une nouvelle identité par l'intermédiaire d'un sweat-shirt rouge et d'un jean propre.

Lena avait repoussé les couvertures et gisait en travers du lit telle la victime d'un meurtre. Une vague de tendresse submergea Gabriel en même temps que naissait dans son cœur un autre sentiment inédit : sa rencontre avec Lena constituait un événement d'une importance capitale. Il était dit que leurs chemins se croiseraient. Le sentiment prenait peu à peu racine, grandissait, s'épanouissait. Oui, leur rencontre était cruciale. Elle avait changé leurs vies. Il ne s'agissait pas d'un malencontreux accident de parcours. Oh non, il y veillerait. Gabe porta les doigts à ses lèvres.

Même si, à peine quelques minutes plus tôt, il était certain du caractère aléatoire et incontrôlable de l'existence, il ne doutait plus à présent que rien ne se produisait sans raison. Il était censé aider Lena et il allait le faire, enfin. Elle n'était pas insignifiante. Il ne permettrait pas que leur histoire n'ait aucun sens.

Il allait commencer par vider ses comptes bancaires. Il ne lui restait plus grand-chose depuis qu'il avait prélevé les soixante mille livres pour… Bah, aucune importance. L'essentiel, c'était d'enclencher le processus. Il fit le tour de l'appartement à la recherche de son portefeuille, de sa montre, de ses clés et de ses carnets de chèques puis, sous le coup d'une inspiration subite, il récupéra un livret de la Poste qui végétait depuis des lustres. Il se sentait galvanisé par le sentiment d'une mission à accomplir. Il y avait tant à faire quand on acceptait d'ouvrir son cœur… Et pas seulement pour Lena, oh non ! Il saisirait toutes les occasions quand elles se présenteraient.

Toutes ces limites qu'il s'était fixées, tous ces murs qu'il avait érigés autour de lui ! Eh bien, il les anéantirait. Il ne se couperait plus des autres. Il allait s'impliquer. Il allait vivre. Comment ? Par tous les moyens ! Il allait sortir, là, maintenant, et concrétiser ses projets. Il était prêt, il allait se consacrer sans plus tarder aux bonnes actions impromptues et aux actes d'amour gratuits. Étaient-ce les paroles d'une chanson ? Il lui semblait les avoir entendues un jour, ou du moins avait-il entendu quelque chose d'approchant, et c'était magnifique. La beauté existe. La beauté existe quand on prend le temps de regarder autour de soi. Mais justement, du temps il en perdait ; il lui fallait au plus vite aller à la rencontre du monde pour voir ce qu'il pouvait faire.

Une première occasion se présenta aussitôt. La porte de l'appartement d'en face était ouverte, ça n'aurait pas pu être plus évident.

« Ohé ! » appela-t-il. Il passa la tête dans l'entrebâillement. « Ohé ! répéta-t-il, chaleureux en diable, au moment de pénétrer dans le salon. Belle journée, n'est-ce pas ? »

C'était un excellent début. Il parvenait à garder son calme alors qu'il débordait d'énergie et de bonne volonté. Il ne voulait pas effrayer ses voisins en les surprenant à l'improviste. Il allait engager la conversation pour les mettre à l'aise.

« Qu'est-ce que..., dit la femme. Oh, bonjour. » Elle s'immobilisa net en plein milieu de la pièce.

« Je suis Gabe, votre voisin. C'est idiot, mais je ne connais même pas votre nom.

— Sarah. Comme vous pouvez le voir...

— Sarah ? C'est ravissant. Et votre mari, ou votre petit ami, s'appelle... ?

— Il est descendu charger le camion. » Elle semblait un peu nerveuse. Elle repoussa ses cheveux derrière ses oreilles. « Mais il ne va pas tarder à remonter. Je... je peux vous aider ? »

Gabriel l'observait avec attention. Jusque-là, il n'avait rien remarqué de particulier chez elle ; la trentaine, les cheveux brun foncé, il n'aurait rien pu dire de plus. À présent il distinguait tous les détails : épaules athlétiques, mains solides, un semis de taches de rousseur, une incisive de travers, une ride entre les sourcils qui lui donnait l'air d'une myope essayant de lire un texte en petits caractères...

« Je peux vous aider ? répéta-t-elle.

— Non, non. Je suis juste venu... Et si on commençait par bavarder un peu ? Histoire d'apprendre à se connaître, quoi. Qu'est-ce que vous faites dans la vie ? Vous êtes dans la pub, non ? Vous ressemblez à... Ou dans les médias ? Ah ! Je chauffe, j'en suis sûr. La télé, c'est ça ? »

Elle recula d'un pas. « Désolée, mais comme vous pouvez le constater, nous sommes assez occupés. Nous déménageons aujourd'hui. »

Gabriel regarda autour de lui. À sa grande surprise, la pièce qui, quelques instants plus tôt, lui paraissait parfaitement normale, avait en réalité tout d'un terrain vague : il ne restait que deux chaises et quelques cartons. Il se gratta la tête. Non, impossible. Il se sentait tellement vivant, tellement... ah, il y avait deux étagères, là-bas, qui n'avaient pas été débarrassées. Il allait les vider pour elle, et ensuite il porterait les cartons jusqu'au camion. « Oh, regardez-moi ça ! s'écria-t-il en se précipitant vers les rayonnages. Attendez, je vais vous donner un coup de main. » Il attrapa une poignée de livres qu'il fourra dans un carton ouvert avant d'y ajouter pêle-mêle des documents et des dossiers.

« Hé ! intervint Sarah. Qu'est-ce qui vous prend ?

— Ce n'est rien, je vous assure, haleta Gabe tout en s'activant fébrilement. Content de pouvoir vous rendre service.

— N'y touchez pas ! Je vous en prie, arrêtez ! Vous avez mélangé mes papiers. Je les gardais pour... Et voilà, ça y est, vous l'avez cassée ! Non, laissez. Laissez, je vous dis ! Je vais la ramasser. » Elle se baissa pour récupérer la boîte à bijoux dont le couvercle s'était fendillé. Au moment où elle se relevait, le bras de Gabriel se détendit de son propre chef et lui heurta le crâne.

« C'est pas vrai, mais c'est pas vrai ! » hurla-t-elle d'une voix si haut perchée que Gabe fut de nouveau parcouru de frissons et de tressaillements nerveux.

Il pencha la tête vers elle. « Je suis sûr que si on parle plus doucement, comme ça, en chuchotant, tout ira bien. Je vais regarder s'il y a une bosse, d'accord ? Vous avez de la glace ?

— Fichez le camp !

— C'est tellement dommage que vous partiez, reprit-il, débordant d'amour pour ses voisins. Où allez-vous ? Pas trop loin, j'espère... Je veux dire, on pourra quand même se voir ? »

Sarah voulut répondre, mais sa bouche ne forma qu'une goutte de salive mousseuse.

« Ça fait toujours mal ? Oh, ma pauvre... Vous ne voulez pas que je regarde, vous en êtes sûre ? »

Elle devait être timide. Dès qu'il était entré, il avait remarqué combien elle peinait à communiquer. Pas étonnant qu'ils ne se soient jamais fréquentés jusque-là. La faute lui en incombait, à lui et à lui seul.

Sarah, qui avait sorti son portable, recouvra enfin l'usage de sa voix. « Je vais appeler la police, l'avertit-elle d'un ton où perçait une note d'hystérie. Si vous ne sortez pas immédiatement, je vous fais arrêter. »

L'entreprise se révéla nettement plus difficile qu'il ne l'avait imaginé. En milieu d'après-midi, il avait déjà essuyé moult rebuffades, insultes, crachats, coups de pied et autres mauvais traitements. Pis, une petite fille avait fondu en larmes. Pourtant, il se sentait bien. La lumière ne s'était pas éteinte. Pour la première fois de sa vie, il pouvait affirmer sans mentir qu'à aucun moment de la journée il ne s'était détourné de sa voie.

Il s'était rendu à la banque puis à la poste, et l'argent gonflait ses poches : huit mille cinq cent soixante-dix livres et des poussières. Il gravit l'escalier quatre à quatre jusqu'à l'appartement, ses tennis effleurant à peine les marches en bois.

Lena, en tenue de deuil, était assise au bord du lit, les mains sous les cuisses.

Quand il se campa devant elle, il ne tremblait presque plus. « Hé, dit-il d'une voix douce. Devine où je suis allé. Devine ce que j'ai fait. »

Elle leva la tête et le regarda sans le voir. « C'est égal.

— Je sais. Pourquoi t'en soucierais-tu ? Mais regarde ce que je t'ai apporté. » Il retira de son jean et de son sweat-shirt trois enveloppes qu'il lui posa sur les genoux.

« C'est quoi ? demanda-t-elle sans bouger.

— Jette un coup d'œil à l'intérieur, la supplia-t-il. Vas-y, ouvre-les. »

Lena dégagea ses mains, saisit la première enveloppe, la palpa et glissa un doigt sous le rabat. Elle répéta la manœuvre avec la deuxième et la troisième. Puis elle les plaça toutes les trois sur le lit, récupéra la première et en sortit les billets. Elle les compta. Quelques secondes plus tard, elle rompit le silence : « De l'argent pour moi. »

Il confirma.

Elle continua de compter, passa à la deuxième enveloppe et la compara à la première. « Combien ? Combien d'argent pour moi ?

— Tout », répondit Gabriel. Il tira la chaise et s'assit en face d'elle.

« Tsss !

— Huit mille cinq cent soixante-dix livres, précisa-t-il. Toutes mes économies. Moins les sept livres et quelques que j'ai dans ma poche. »

Lena jouait avec ses boucles d'oreilles. Elle paraissait furieuse et les tendons de son cou saillaient.

« Lena ? la pressa-t-il. Ça n'a rien d'une blague. Je suis très sérieux. Je tiens à ce que tu prennes cet argent. Je regrette seulement qu'il n'y en ait pas plus. » Le téléphone sonna dans la cuisine. Gabriel laissa le répondeur s'enclencher.

« Qu'est-ce que… je dois faire quoi ?

— Rien. Rien du tout. Cette somme est à toi, tu peux en disposer à ta guise. Je t'aiderai à trouver un appart, du travail…

— Tsss ! » siffla-t-elle de nouveau tandis que le sang affluait à ses joues.

En cet instant, elle lui paraissait si réelle qu'il ne se lassait pas de la regarder ; il avait eu si souvent l'impression qu'elle n'était qu'une création issue des recoins les plus sombres de son imagination…

« Je t'ai laissée tomber, reprit-il. Pardonne-moi. Mais tu peux me faire confiance, maintenant, crois-moi. » Quelque part dans le salon, son portable poussait des cris d'alarme.

« Toi, tu trouves à moi un appart et un travail ? demanda Lena. Comme tu as trouvé Pasha, c'est ça ?

— Je suis désolé. Sincèrement désolé. »

Elle resta silencieuse, cette fois, aussi finit-il par lever les yeux vers elle. Devant cette jeune femme aux joues rougies et aux phalanges blanchies par la méfiance, il se sentit complètement anéanti. Mon Dieu, qu'avait-il fait ? Comment osait-il implorer son pardon alors que c'était la dernière chose dont il était digne ?

Comment, mais comment avait-il pu en arriver là ? Pourquoi ne s'était-il pas ressaisi plus tôt, puisqu'il se savait dans l'erreur dès le départ ? Il avait donné libre cours à ses impulsions, laissé ses désirs se muer en manques et ses manques en obsessions, le tout pour satisfaire – quoi, au juste ? Lui-même, bien sûr. Je, moi et moi-même. Il lui semblait qu'un monstre rôdait à l'intérieur de lui, une bête sauvage gigantesque et avide que rien ne pouvait rassasier, un animal à moitié aveugle rendu fou furieux par une ancienne blessure, un troll sous un pont, une créature imaginaire à la fois limitée et tout en démesure – son ego répugnant.

Dire qu'il croyait s'être réveillé différent, changé en mieux ! Qui essayait-il d'abuser ? Non, il n'avait pas tué la bête, il avait seulement pansé ses plaies. Et il était en train de demander à Lena – *pardonne-moi* – de faire de même.

Il se prit la tête entre les mains. Submergé par la honte, il sanglotait.

« C'est OK, déclara Lena. Pas la peine toi pleurer. »

Mais il ne pouvait plus s'arrêter. Il sentit la main de la jeune femme se poser sur son épaule comme si elle voulait le consoler. Il tenta de sécher ses larmes de façon à pouvoir la regarder droit dans les yeux en lui disant qu'il comprenait : elle avait toutes les raisons de le mépriser, elle n'était pas obligée de faire semblant.

« Lena ? dit-il d'une voix étranglée. Je sais bien que tu… »

Il contempla ces prunelles qu'il avait sondées si souvent pour se heurter à un rempart infranchissable pareil au voile laiteux de la cataracte. En cet instant elles étaient d'un bleu lumineux, limpide. Et emplies de pitié. De compassion. N'était-ce pas une forme d'amour ? Auquel cas, c'était encore plus effrayant que la haine. Malgré tout ce qui… en dépit de tout… il leur restait l'amour. Incapable de parler, il baissa la tête.

« Gabriel… » Lena le gratifia d'un chaste baiser sur les cheveux. « Comme l'ange. »

Il l'entendit rassembler les enveloppes puis sortir de la chambre.

Un peu plus tard, Gabriel appela Oona pour lui expliquer qu'il était rentré chez lui la veille avec une bonne migraine dont les effets venaient seulement de se dissiper, et qu'il allait bientôt arriver. À peine sorti de l'immeuble, cependant, il fit demi-tour et remonta dans l'appartement. Il avait oublié quelque chose, mais quoi ? Machinalement, il vérifia que les brûleurs de la cuisinière étaient bien éteints. Cette initiative l'apaisa, même si elle ne rimait à rien. Lena, assise à table, entourait des annonces dans *Loot*, le journal de petites annonces qu'elle venait d'acheter.

« Ces offres de colocation, dit Gabriel, ce serait quand même mieux si je venais avec toi. On ne sait jamais ce qui… » Il ne put terminer sa phrase. L'hypocrisie le rendait malade.

Elle leva à peine les yeux. « Oui, mieux. »

Il passa chez le marchand de journaux s'offrir un paquet de cigarettes qui ne lui laissa même pas les deux livres nécessaires à l'achat d'un ticket de bus. Il avait dû égarer sa carte d'abonnement au cours de la nuit… Il songea brièvement à emprunter un peu de liquide à Lena. « Fais-moi confiance, l'argent est à toi », lui avait-il dit. Bon, il marcherait.

Il traversa Westminster Bridge à contre-courant du flot des employés ayant entamé leur exode quotidien. Pour se rendre à l'Imperial, il devait longer Whitehall vers le nord puis remonter Haymarket. Au lieu de quoi, il descendit Victoria Street en direction du sud-ouest puis tourna à gauche dans Buckingham Palace Road. Parvenu devant la gare routière, il s'arrêta au carrefour et contempla le bâtiment blanc Art déco, le chantier de construction voisin, la rangée de préfabriqués Portakabin turquoise, les colonnes de pierre à l'entrée du centre commercial. Qu'est-ce qu'il fichait là ?

Il pénétra dans le bâtiment, où il déambula pendant un moment, scrutant les panneaux au-dessus de sa tête comme s'ils pouvaient lui fournir des indications utiles.

ARRIVÉES, PORTES 2-20, TOILETTES, BUREAU DE CHANGE, DÉPARTS POUR LE CONTINENT, OBJETS TROUVÉS, BARS-RESTAURANTS. Il finit par s'asseoir près de la porte 12, d'où partaient les cars à destination de Harrogate. Les nombreux membres d'une famille africaine qui transportaient leurs affaires dans des sacs de blanchisserie se chamaillaient en français, un couple d'Arabes se disputait avec un contrôleur au sujet des billets, deux bagagistes indo-pakistanais profitaient de leur pause pour manger le riz qu'ils avaient apporté dans un Tupperware. Gabriel avait déjà sorti ses cigarettes lorsqu'il remarqua l'affiche : INTERDIT DE FUMER, ZGODNIE Z PRAWEM.

Alors qu'il se mettait en quête d'un endroit où il pourrait en griller une, il s'arrêta près des horaires affichés au mur. Qui pouvait bien vouloir prendre le National Express de quinze heures trente-cinq pour Port Talbot ? Ou le Megabus de seize heures cinq pour Sheffield, voire celui de quinze heures vingt pour Bridgend ?

Ayant repéré un café, il dépensa une livre pour un thé puis fuma une première cigarette suivie d'une deuxième. Quand un clochard lui demanda de la monnaie, il lui donna tout ce qu'il lui restait dans sa poche. Il fallait qu'il rappelle Jenny. C'était sûrement elle qui avait téléphoné un peu plus tôt. Il fouilla dans son sac à dos, pour ne trouver qu'un caleçon propre ; il avait dû oublier son portable chez lui. Sitôt arrivé à l'Imperial, il essayerait de joindre sa sœur.

Au bout d'environ une heure, le serveur fit une tentative pour lui enlever son mug mais Gabriel s'y cramponna de toutes ses forces. Le serveur suivant le laissa tranquille. Gabe s'absorba dans la contemplation des allées et venues autour de lui. En ce début de soirée, les voyageurs n'étaient plus les mêmes : il y avait moins de familles et plus d'hommes jeunes, dont beaucoup en tenue de travail crasseuse.

En fin de compte, Gabriel se leva et alla s'asseoir sur l'un des sièges métalliques gris situés à l'entrée des portes. À l'hôtel, le service du soir battait son plein et lui-même aurait dû se tenir près du passe. Mais il commençait seulement maintenant à ressentir les effets de sa longue nuit de marche : tous ses muscles étaient douloureux et il avait les jambes raides. Bon, il allait rester assis encore un moment. Un employé en uniforme, coiffé d'une casquette, avançait en agitant des clés attachées à une chaîne. Sur le banc d'en face, un monsieur âgé arborant richelieus et lunettes feuilletait le catalogue d'une exposition sur les cartes anciennes. À côté de lui, plusieurs ouvriers originaires d'Europe de l'Est se passaient solennellement une revue porno. La gare s'animait de plus en plus à mesure que le crépuscule cédait la place à la nuit. Certaines personnes devaient s'asseoir sur leurs sacs et l'atmosphère devenait humide.

Pourtant, Gabriel ne pouvait toujours pas bouger. Pourquoi s'était-il échoué là ? Un jour, il avait raconté à Lena qu'il avait exploré la gare routière à la recherche de son frère. Était-ce pour cette raison qu'il était venu aujourd'hui ? Une partie de lui en était convaincue, une autre n'y croyait pas et une autre encore refusait obstinément de réfléchir à la question. De fait, il avait l'impression que trois personnalités distinctes s'affrontaient en lui : la première aurait voulu remonter le temps afin de pouvoir rectifier certaines choses, la deuxième se moquait de l'absurdité d'une telle idée et la troisième brûlait du désir d'être débarrassée des deux trouble-fêtes.

Enfin, quand il estima sa peau saturée d'odeurs de graillon et de bière en cannette, quand il jugea ses oreilles suffisamment agacées par le vrombissement et les crissements des cars emprutant la bretelle d'accès, quand il décela sur sa langue le goût non seulement de sa propre fatigue, mais aussi de celle des autres voyageurs, il se résolut à sortir. Dehors, il laissa son regard s'attarder sur une procession de bus blancs, orange, verts et bleus, puis il tourna la tête vers la rue transversale. La première chose qu'il vit fut un minibus de l'hôtel Imperial arrêté au niveau d'un passage piéton. Le sigle et la couleur avaient disparu, effacés par le temps ou à dessein, mais les contours des lettres demeuraient lisibles. Le véhicule redémarra, prit la première à droite et se gara devant un restaurant. Gabriel s'approcha.

Une vingtaine de personnes chargées de maigres bagages, pour la plupart des hommes jeunes à l'expression circonspecte, attendaient au bord du trottoir en traînant les pieds. Il était peu probable que ce soient des clients de l'hôtel… Intrigué, Gabriel releva sa capuche, s'adossa à un mur et observa la scène. Le chauffeur descendit de la navette et dit quelques mots dans une langue slave avant de se mettre à compter les voyageurs. Sans doute était-il venu chercher des plongeurs qu'il emmènerait à l'Imperial prendre leur service, en conclut Gabe, même s'il ne s'expliquait pas la présence des bagages.

Le chauffeur paraissait contrarié, à présent. Il remonta dans le minibus, d'où il ressortit un instant plus tard muni d'une feuille de papier – peut-être une liste. Gabriel s'écarta du mur et se mêla au groupe hétéroclite. L'un des hommes les plus âgés fut saisi d'une quinte de toux si violente qu'on l'aurait cru sur le point de cracher un poumon. Une femme jeta un coup d'œil à Gabe pardessus son épaule, mais lorsqu'il lui sourit elle tressaillit et se détourna vivement. Il observa les autres à la dérobée. Il venait de se retourner, l'air de rien, quand il le repéra au milieu de la foule : lui, le frère ou l'amant de Lena. Pavel. Pasha.

Gabe leva la tête vers le ciel violet comme pour le remercier d'avoir exaucé une de ses prières. Il n'éprouvait aucune jalousie, et ce constat l'emplissait de gratitude. Il coula de nouveau un regard vers Pasha afin de s'assurer qu'il ne se trompait pas. Tête carrée, lèvres bleuâtres... C'était lui, forcément. Entre-temps, le chauffeur avait recommencé à compter les passagers. Gabriel resta dans la file. Il allait se faire conduire jusqu'à l'Imperial, où il s'arrangerait pour parler à Pasha en privé. S'il essayait de lui expliquer la situation maintenant, il risquait de déclencher une belle pagaille.

Le groupe montait dans la navette. Gabe suivit le mouvement et alla s'installer au fond. Pendant quelques minutes, il regarda les lumières de la ville foncer vers lui tandis que le murmure des conversations résonnait autour de lui, aussi régulier et monotone que le crépitement de la pluie. Enfin, succombant au ronronnement du moteur, à la moiteur ambiante et au balancement de son siège, il ferma les yeux.

26

LA LUMIÈRE DES PHARES TREMBLOTAIT AU-DESSUS DES HAIES et Gabriel frissonna à l'arrière du minibus. Plus il essayait de distinguer le monde extérieur à travers la vitre, plus son reflet le gênait. Il passa sa main sur le verre puis jeta un coup d'œil autour de lui. Parmi les trois sièges du fond, lui-même en occupait un, des sacs s'entassaient sur le deuxième et sur le troisième se trouvait l'homme qui s'était mis à tousser avant le départ. Il portait un anorak noir et rouge fermé jusqu'en haut ; il avait le visage en partie dissimulé et ses mains semblaient avoir été avalées par les manches. À en juger par sa position penchée, il devait dormir. Si d'autres passagers étaient avachis sur leur siège, la plupart paraissaient déterminés à scruter les ténèbres, à prendre silencieusement congé de chaque nouvelle portion de route.

Une chose était sûre, ils avaient quitté Londres, mais Gabriel n'aurait su dire depuis combien de temps ni dans quelle direction ils allaient. D'où il était assis, il apercevait la tête de Pasha, enveloppée d'un bonnet noir, à l'avant du véhicule ; il n'y avait personne à côté, constata-t-il à son grand soulagement. Il lui parlerait, bien sûr, mais pas tout de suite. Il devait d'abord réfléchir. Pasha lui poserait certainement une foule de questions, et il ne voulait pas être pris au dépourvu.

SWAFFHAM, 8 KM, lut-il sur un panneau indicateur. Qu'est-ce qu'une navette de l'Imperial pouvait bien aller faire dans le Norfolk ? Gabriel sentit son estomac se contracter. Il n'aurait jamais dû monter dans ce véhicule, il n'avait pas sa place parmi tous ces gens, il n'appartenait pas à leur groupe. Il aurait voulu crier au chauffeur de s'arrêter pour le laisser descendre ; au lieu de quoi, il se mit à fredonner un air dans sa tête, une berceuse qui peu à peu le calma. Tout allait bien, personne ne l'avait kidnappé, et il avait beau ne pas savoir où ils allaient, si ce bus les emmenait quelque part c'était forcément pour une bonne raison. De toute façon, il ne pouvait pas débarquer comme ça en pleine nuit au milieu de nulle part, sans argent ni téléphone. Alors autant en prendre son parti, attendre de découvrir ce qui se passait ; au matin, il n'aurait qu'à décliner son identité et tout rentrerait dans l'ordre. Il regarda encore un moment l'arrière de la tête de Pasha puis finit par s'assoupir.

Gabriel fut réveillé par l'odeur de crottin, peut-être, ou par les soubresauts du moteur alors que le minibus peinait sur la piste de terre battue. Dans l'obscurité pâlissante, il vit un chien poursuivre un rayon de lune parmi les chaumes. Enfin, ils s'arrêtèrent dans une cour, devant une longue rangée d'abris pour animaux. Laissant les phares allumés et le moteur tourner au ralenti, le chauffeur descendit puis ferma les portes derrière lui. À l'intérieur du véhicule, des silhouettes s'animaient et changeaient de position, les non-dits résonnaient dans le silence. Quand il colla son visage contre la vitre, Gabriel distingua mieux les abris : avec leur toit plat, leurs volets métalliques, leur aspect aussi utilitaire qu'inconfortable, ils ressemblaient à des baraquements militaires. Sur une corde tendue entre un des bâtiments et un arbre proche, le linge vaincu pendait telle une mise en garde lancée aux nouveaux arrivants, un avertissement inscrit aussi dans les fissures des façades – un destin écrit dans la forme des choses mortes.

Un autre homme surgi de la pénombre rejoignit le chauffeur, et tous deux entrèrent dans la longue bâtisse par l'une des trois portes. De la lumière filtrait à travers les volets, il y eut des éclats de voix suivis par la chute d'un objet lourd. Gabriel agrippa son sac à dos comme s'il contenait toute sa vie. Quelques instants plus tard, plusieurs hommes émergèrent des baraquements et, l'air hésitant, se mirent plus ou moins en rang dans la cour. Ils étaient tous bruns, mal rasés, grands, noueux et typés – sans doute des Afghans ou des Kurdes, songea Gabriel. Des affaires dépassaient de leurs sacs visiblement faits à la va-vite. Personne ne parlait. Soudain, l'un d'eux s'élança vers la corde à linge et commença à fourrer les vêtements dans un sac en plastique. Les autres demeurèrent face à la lumière des phares comme s'ils affrontaient un peloton d'exécution.

Gabe tenta d'échanger quelques coups d'œil avec les autres passagers mais aucun, semblait-il, ne voulait croiser le regard de ses voisins, de peur d'obtenir la confirmation de ce qu'il voyait. Les maigres stocks de résistance afghane étaient épuisés, les hommes semblaient désormais résignés. Ce sentiment, Gabriel le comprenait d'autant mieux qu'il l'éprouvait aussi : il n'y avait rien d'autre à faire qu'attendre de voir ce qui allait se passer. Même s'il prenait la parole maintenant, les inconnus assis autour de lui le comprendraient-ils ? Et s'ils le comprenaient, l'écouteraient-ils ? Et même s'ils l'écoutaient, accorderaient-ils la moindre importance à ce qu'il disait ? Quand il s'exprimait en cuisine, sa brigade obéissait ; ici, quelle autorité avait-il ?

Le chauffeur revint ouvrir les portes du minibus et crier des instructions au groupe à l'intérieur. Gabriel descendit à la suite de ses compagnons de voyage. Quand le comparse du chauffeur aboya des ordres, il l'écouta attentivement comme s'il était en mesure d'interpréter ses intonations, de donner un sens à ces propos énoncés dans une langue étrangère. De nouveau, il fut obligé d'emboîter le pas aux autres lorsqu'ils s'alignèrent pour être comptés encore une fois. Il lui semblait évoluer dans une dimension inconnue : il avait suffi d'un court voyage en bus pour laisser derrière lui son univers familier.

De toute façon, il avait du mal à réfléchir, il était trop las. Après le lever du jour, quand il aurait parlé à Pasha, il s'en irait.

Tous les passagers se dirigèrent vers les baraquements puis s'entassèrent dans ce qui semblait être une sorte de cuisine, sauf qu'il y avait aussi un matelas par terre. Au moment d'y entrer à son tour, Gabriel jeta un coup d'œil par-dessus son épaule. Malgré la faible luminosité, il vit les Afghans disparaître à l'intérieur de la navette.

La cuisine sentait si fort l'oignon, le graillon et les odeurs corporelles qu'il en eut rapidement les yeux irrités. Il distingua une plaque de cuisson, un four à micro-ondes dont la porte était noircie, un évier débordant de casseroles et de poêles, des assiettes sales et des paquets de céréales ouverts partout, un petit congélateur piqueté de rouille logé sous la fenêtre. Gabriel regarda les deux seules femmes présentes, notant leur expression crispée et leurs grosses mains rougies ; elles se tenaient tout près l'une de l'autre, peut-être pour se protéger mutuellement. L'homme qui avait voyagé avec Gabe à l'arrière du minibus dut prendre appui sur une table branlante lorsqu'il fut saisi d'une terrible quinte de toux ; des bruits affreux montaient de sa gorge, comme si les spasmes faisaient s'entrechoquer ses os. Des cernes profonds se dessinaient sous ses yeux, deux traits épais et sombres – des tatouages de fatigue. Enfin, le contremaître prit la parole. Personne n'avait encore rien dit, pourtant il paraissait furieux et son crâne chauve virait au rouge vif. Soudain, il tapa dans ses mains.

À ce signal, un homme se laissa choir sur le matelas et les autres s'avancèrent vers le couloir, où ils commencèrent à se répartir dans les chambres. Ne voyant aucun signe de Pasha nulle part, Gabriel accompagna le poitrinaire.

Une seule ampoule nue éclairait la pièce où ils pénétrèrent mais il aurait mieux valu qu'elle reste dans l'ombre. Il y régnait une odeur fétide. Gabe avisa deux matelas à une place disposés côte à côte – l'un posé sur un simple cadre en pin brut, l'autre sur un lit de camp – et un troisième appuyé contre le mur. Un grand placard à la porte partiellement sortie de ses gonds se dressait dans un coin, et un minifrigo faisait office de table de chevet. Malgré les signes évidents d'une occupation récente, il était difficile d'imaginer qu'un tel habitat puisse favoriser l'épanouissement d'une forme de vie quelconque, à l'exception peut-être du salpêtre fleurissant sur les murs.

Pour finir, Gabriel se retrouva sur le lit de camp, heureux de ne pas avoir hérité du troisième matelas qui occupait désormais le peu d'espace libre sur le sol et qu'il faudrait déplacer si jamais quelqu'un voulait ouvrir la porte. Il ôta seulement son sweat-shirt, préférant rester en jean, chaussettes et T-shirt pour se glisser entre les draps encore tièdes. Allongé à plat ventre, il regarda un poisson d'argent filer sur la moquette élimée. La lumière s'éteignit.

Durant un moment, il tenta d'organiser un récit cohérent à l'intention de Pasha, mais il ne voyait pas trop comment le raconter ni ce qu'il devait dire au juste. Il passa deux ou trois heures agitées, ne sachant pas s'il était éveillé ou endormi, incapable de faire la différence entre le rêve et la réalité : un aboiement de chien, un sanglot, le cri d'une chouette, une silhouette humaine intimidante, un poids écrasant sur ses jambes, de minuscules créatures lui griffant le visage… Quand la lumière revint, il se leva avec soulagement. Il patienta dans la file devant les toilettes puis, un peu plus tard dans la cuisine, il retira une fine tranche de pain blanc du sachet qui circulait à la ronde. Quelqu'un lui tendit un mug de thé noir. D'ici à une demi-heure, estima-t-il, il serait en route pour Londres pendant que ces pauvres bougres arracheraient des pommes de terre ou transpireraient à grosses gouttes sous des serres pour cueillir les laitues destinées aux rayons d'un supermarché.

Dans la cour, les hommes s'alignèrent de nouveau. Le contremaître circula entre eux pour cocher des noms et noter des informations. Gabriel n'avait toujours pas vu Pasha, mais il devait bien être quelque part, forcément. Dès qu'il le repérerait, il irait lui parler, et ensuite il quitterait cet endroit pour de bon en emmenant le frère ou l'amant de Lena si celui-ci était d'accord. Maintenant qu'il faisait jour, Gabriel recouvrait ses esprits. C'était vraiment stupide d'avoir attendu toute la nuit pour aborder Pasha. L'entreprise lui paraissait désormais on ne peut plus facile : il lui suffirait de donner à cet homme le numéro du portable de Lena ; ensuite, libre à elle de lui dire ce qu'elle voulait. Après tout, songea Gabe, pourquoi se mêlerait-il de raconter toute l'histoire à sa place ? À elle de choisir la façon de présenter les choses.

Alors qu'il balayait de nouveau le groupe du regard, Gabriel reconnut cette fois la silhouette aperçue la veille.

Enfin…, pensa-t-il. Enfin, j'ai réussi à faire quelque chose pour Lena. Son cœur s'emballa. Il se glissa auprès de Pasha, qui prit aussitôt un air furieux comme pour lui intimer l'ordre de s'écarter. Espérant pouvoir l'attirer discrètement à l'écart, Gabriel lui posa une main sur le bras. D'un geste brusque, presque menaçant, l'autre ôta son bonnet.

Était-ce bien lui ? Brusquement, Gabriel fut saisi d'un doute. « Lena, commença-t-il. Elle vous cherche. Je peux vous conduire jusqu'à elle. »

L'homme l'insulta du regard. Avait-il seulement compris ce qu'il lui disait ? se demanda Gabe.

« Lena. Vous la connaissez ? Lena. C'est une amie. »

La mention du prénom resta sans effet. L'homme cracha par terre. Gabriel s'éloigna de lui pour aller se poster en bout de file.

Il se concentra sur une rangée de bouleaux en feignant d'ignorer que tout le monde le regardait. Il avait beau se tenir bien droit, en lui tout s'effondrait. Il en avait plus qu'assez. Il ne ferait jamais rien de bien. Chaque fois qu'il essayait, les choses se retournaient contre lui. Il avait tenté d'aider Lena mais c'était perdu d'avance. Il passait son temps à prendre les mauvaises décisions, du moment où il se réveillait à celui où il se couchait. Encore et encore il s'adressa des reproches, jusqu'au moment où les mots se vidèrent de leur sens, ne lui laissant pas la moindre pensée cohérente à laquelle se raccrocher ; il ne comprenait plus rien, il se retrouvait désormais privé de toutes ses certitudes et le monde entier lui apparaissait comme une vaste supercherie.

Enfin, le contremaître s'arrêta devant Gabriel. « *Im'ia ?* »

Gabe secoua la tête.

« *Im'ia !* répéta le contremaître, péremptoire. *Nazwisko ?* »

Gabe regarda un groupe d'hommes sortir du dernier des baraquements – six travailleurs qui avaient manifestement échappé à la procédure d'expulsion lancée la veille. En les voyant grimper résolument à l'arrière d'un camion découvert, il leur envia leur détermination.

De la pointe de son stylo, le contremaître lui tapota la poitrine. Gabriel haussa les épaules. Puisqu'il faisait tout de travers, autant ne plus rien faire. L'autre grommela quelque chose, puis il traversa la cour et revint accompagné d'un individu arborant une parka verte, une raie impeccable sur le côté et une expression de mépris étincelant dans le regard. Si Gabe l'avait aperçu quelques minutes plus tôt, il aurait juré l'avoir déjà vu quelque part, mais dans l'intervalle il avait renoncé à porter des jugements aussi catégoriques.

« C'est lui ? demanda le nouveau venu tandis que le contremaître multipliait les signes de déférence à son égard.

— Oui, répondit ce dernier avec un accent si appuyé que le mot parut s'écraser lourdement sur les pavés. Il veut rien dire. »

Le « patron » – malgré son désir de ne plus se prononcer sur rien, Gabriel ne pouvait s'empêcher de tirer certaines conclusions – tendit la main pour réclamer la liste de noms. « Alors comme ça, cet homme ne sait pas qui il est. » Il consulta brièvement la feuille avant d'esquisser un petit sourire guindé, suffisant. « Il ne reste qu'un nom, Tymon, mon ami. Je vous paie pour quoi, hein ? »

Le dénommé Tymon tenta de consumer Gabriel du regard.

« Danilo Hetman ? » lança le patron en se détournant.

Gabriel ne répondit pas.

Tymon divisa les travailleurs en groupes de trois ou quatre. Gabriel se retrouva avec le poitrinaire, qui se présenta sous le nom d'Olek, et les deux femmes qui n'avaient toujours pas desserré les lèvres. Tous se dirigèrent vers les bouleaux, passèrent devant un panneau indiquant FERME DU NOYER puis devant une maisonnette en ruine envahie par les ronces qui s'échappaient à travers les fenêtres béantes, et franchirent ensuite un ruisseau à moitié dissimulé par les fougères. Autour d'eux, les champs semblaient s'étendre jusqu'aux confins de l'horizon. Après avoir distribué des fourches à tout le monde, Tymon en prit une pour dégager une touffe de ciboule puis secoua l'outil afin de faire tomber la terre accrochée aux dents ; il procédait par petits mouvements rapides, presque dédaigneux, comme s'il s'agissait de la tâche la plus facile au monde. Lorsqu'il reporta son attention sur le groupe, le message dans ses yeux était clair : « Qu'est-ce que vous attendez ? »

Les femmes allèrent aussitôt se poster de part et d'autre d'une rangée interminable de plants et, le temps de s'accroupir, elles se mirent à creuser. Gabriel parvint enfin à ouvrir la bouche. Au même instant, Olek lui donna un léger coup de coude dans les côtes puis se pencha sur sa fourche. Tymon se détournait déjà pour partir quand Gabriel, estimant que la comédie avait assez duré, fit lui aussi mine d'avancer. Olek l'en dissuada d'une simple tape sur la cheville avec son outil.

Docilement, Gabriel retourna une grosse motte de terre noire et grasse dont il dégagea quelques bulbes. Quand il regarda de nouveau Olek qui s'activait un peu plus loin, Gabe fut frappé de voir à quel point ce dernier avait les paupières lourdes et les yeux marqués. Il se sentait touché par le geste de cet homme, un parfait inconnu, qui avait essayé de l'aider, de lui éviter des ennuis.

Il passa sa main sur les feuilles fuselées d'un beau vert émeraude, les vit ployer sous sa paume puis se redresser aussitôt après tels des ressorts. Il respira à pleins poumons l'odeur minérale du sol et le parfum piquant des bulbes. Un souffle de vent lui taquinait la nuque. Un soleil pâle brillait dans un ciel presque dégagé. Les champs verdoyants ondoyaient doucement jusqu'à l'horizon. Gabriel se remit au travail.

Tymon reparut au volant d'un vieux camion blanc. Il en déchargea une pile de caisses en plastique bleu qu'Olek distribua aux uns et aux autres. Gabriel s'agenouilla pour rassembler ses touffes de ciboule avant de les disposer soigneusement dans la première caisse. Il resta dans cette position pour creuser en se disant qu'il parviendrait peut-être ainsi à soulager les tensions concentrées dans son dos et ses épaules. L'humidité imprégna rapidement son jean, dessinant de larges auréoles sombres jusqu'à ses cuisses. Il planta la fourche, lui imprima un mouvement de torsion et dégagea la touffe de ciboule suivante. Il la frotta pour en enlever la terre, admirant l'éclat nacré des bulbes et les fines racines torses. Peu à peu, il trouva son rythme – pousser, tirer, tourner, brosser –, le corps donnant l'exemple, l'esprit se contentant de suivre. À un certain moment, il leva les yeux et aperçut un courlis – aisément reconnaissable à son long corps brun et aux stries blanches sur ses ailes – qui volait en cercle au-dessus d'eux, mais sinon il demeura complètement absorbé par sa tâche, les genoux enfoncés dans la terre comme s'il avait lui aussi pris racine. La première caisse remplie, il en approcha une deuxième. Tout en travaillant, il guettait le bruit mat du métal s'enfonçant dans le sol, encore amorti par le silence ambiant. Il regarda un mille-pattes onduler sur le manche de sa fourche – un impressionnant petit défilé militaire à lui tout seul – et le déposa délicatement près de lui avant de se remettre à l'ouvrage.

Quand Olek lui tapa sur l'épaule et lui signifia par gestes que c'était l'heure de la pause, Gabriel constata à sa grande surprise que les femmes avaient déjà rempli quatre caisses chacune et Olek presque cinq alors que lui-même n'en était encore qu'à la deuxième. Ses articulations protestèrent lorsqu'il se redressa. Ses compagnons et lui s'assirent sur des caisses retournées et frottèrent leurs mains pour en faire tomber la terre. Les autres avaient apporté des sacs à dos contenant du pain, du fromage et de l'eau. Gabe sentit la salive lui emplir la bouche. Son estomac criait famine. Craignant d'embarrasser ses voisins en affichant une expression affamée, il alla se mettre un peu à l'écart pour fumer.

La cigarette avait un goût âcre. Il l'éteignit. Il n'en avait pas envie.

« *Ukrayinets ?* » lança Olek en le rejoignant.

Gabriel secoua la tête.

« *Polyak ?* » Olek toussa et sortit de sa poche un paquet de tabac. Il avait le bout des doigts épais et légèrement aplati. « *Serb ? Rosiyanyn ?* » Il commença à se rouler une cigarette.

Gabriel esquissa un sourire contraint. « Anglais. »

Son compagnon tressaillit. « Anglais ?

— Oui. »

Olek haussa les épaules et laissa son regard se perdre au loin comme s'ils s'étaient éloignés tous les deux pour mieux admirer la vue. « OK. » Quelques instants plus tard, il plongea la main dans la poche intérieure de son anorak, d'où il retira deux biscuits secs. Sans un mot, il les offrit à Gabe.

« Merci. » Gabriel s'efforça de les grignoter le plus lentement possible pour ne pas montrer combien il avait faim. « Tenez, dit-il en tendant son paquet de cigarettes à Olek. Je n'en veux pas. Vous pouvez les prendre si vous en avez envie. »

Sur un hochement de tête reconnaissant, Olek accepta le paquet. « Faut travailler », dit-il au moment où Tymon passait tout près au volant de son camion, vitre baissée, et tournait vers eux son visage furieux.

Au début, Gabriel crut qu'il ne pourrait pas se pencher pour recommencer à creuser. Il parvint à s'agenouiller mais aussitôt des élancements terribles le paralysèrent. La douleur était telle qu'il dut se mordre la langue pour ne pas crier. Il laboura le sol à mains nues, mettant dans ses efforts pour arracher une touffe de ciboule toute l'énergie qu'il lui restait, allant puiser dans ses dernières ressources, et lorsqu'il y parvint il éprouva le sentiment grisant d'avoir accompli un véritable exploit. Il tenta d'ignorer sa souffrance en se concentrant sur la sensation du manche en bois sous ses paumes, sur l'éclat métallique des dents quand il les dégageait des mottes, sur la vigueur des feuilles vertes et le lustre délicat des bulbes. Il travaillait sans même lever les yeux ; il y avait tellement de choses à voir devant lui ! Rien que le sol lui-même déclinait au moins une centaine de nuances de noir. Il lui semblait n'avoir eu jusque-là du monde qu'une vision floue, une représentation tracée à grands coups de pinceau sans prendre en compte les détails. Gabe regarda un scarabée s'aventurer hardiment sur le dos de sa main, effrita un peu de terre entre ses doigts, observa avec attention la progression d'un lombric le long d'un sillon, fasciné par la façon dont son corps se contractait puis s'étirait. Il avait une conscience aiguë de la fraîcheur du vent sur son visage, il en percevait le souffle à travers tout son être, il se sentait vivant.

Il poursuivit sa tâche en prêtant attention à tout et sans se poser de questions, conscient seulement de l'écoulement fluide du temps. Il lui vint à l'esprit que c'était une expérience inédite. Toute sa vie il n'avait fait que planifier, s'interroger sur ce qui allait arriver ou sur ce qui était révolu, de sorte que le présent – ce laps de temps infinitésimal entre un avenir insaisissable et un passé inaccessible – se réduisait toujours à une vague possibilité, comme si la vie ne pouvait jamais être vécue pleinement. Gabe considéra cette pensée durant quelques secondes puis, au lieu de laisser les voix envahir son esprit, de développer des arguments pour ou contre, il écrasa une feuille entre ses doigts afin d'en extraire la sève et respira à pleins poumons.

Cette nuit-là, épargné par les rêves, il dormit tel un roi dans un lit à baldaquin. À son réveil, il eut beau percevoir l'odeur âcre de sa sueur et la crasse sous ses ongles lorsqu'il se frotta les yeux, il se sentait frais et dispos. Au lieu d'aller faire la queue pour accéder aux toilettes sordides, il sortit uriner dans les champs en écoutant les chants d'oiseau. Il avait la tête agréablement vide. Il lui semblait être un enfant trop heureux d'avoir fui par la porte de derrière pour ne plus entendre ses parents se quereller. À un moment ou à un autre, il faudrait bien penser à rentrer, il le savait, mais pour le moment il allait s'attarder encore un peu.

Certains des hommes les plus jeunes jouaient au foot dans la cour, remarqua-t-il. Un autre se lavait près d'un seau d'eau. Olek, assis sur un banc dans son anorak trop grand, jetait en l'air une pièce de monnaie. Gabe s'installa près de lui.

Son compagnon fit tournoyer la pièce, la rattrapa et la plaqua sur le dos de sa main en la couvrant de ses doigts. Il adressa un signe de tête à Gabe.

« Pile », dit ce dernier.

Olek ôta sa main puis sourit, révélant ses dents brunes. Il lança de nouveau la pièce.

« Pile », répéta Gabriel.

Olek lui montra la pièce et renouvela la manœuvre.

« Pile. »

Ils éclatèrent de rire.

Cette fois, quand Olek eut expédié la pièce, il la posa sur le banc sans la dévoiler. « Quelle chance d'avoir pile ? » demanda-t-il.

Gabriel réfléchit. « La chance va tourner, forcément. J'ai vu juste trois fois de suite, alors je dirais que la probabilité est de… une sur dix, ou sur cent, je ne sais pas. »

Son voisin secoua la tête. « Non, la chance est une sur deux. Cinquante-cinquante. Il y a juste deux possibilités. Chaque fois, la probabilité est pareille. »

Une camionnette s'engagea dans la cour et Olek récupéra sa pièce. Il se leva. « Les provisions », dit-il.

Le chauffeur avait ouvert les portes à l'arrière du véhicule, et un groupe se pressait déjà autour de lui pour acheter du pain, du jambon sous vide, des céréales, du lait.

« On sera payés quand ? » s'enquit Gabe.

Il vit son compagnon tousser en allumant une des cigarettes qu'il lui avait offertes la veille, puis lever deux doigts.

« Au bout de deux jours ? Ce soir, alors ? »

Olek fit non de la tête.

« Deux semaines ?

— Si tout est OK, oui.

— Ah, merde. Et combien ? Combien on touche ? »

Une grimace tordit les traits d'Olek. « Combien de caisses remplies ?

— Pourquoi ? Combien on gagne par caisse ?

— Il y a beaucoup de frais, expliqua Olek. Pour transport, logement, taxes… Désolé pour mon anglais.

— Comment ça, le transport ? Il faut payer le voyage dans ce vieux minibus ?

— Oui.

— Et ils demandent combien pour le logement ? »

Olek haussa les épaules. Les cernes sous ses yeux paraissaient plus sombres que jamais. « Ils disent trente, mais plus cher, c'est possible aussi.

— Je n'ai qu'un lit de camp.

— Oui. Le camion va bientôt partir. Il faut acheter maintenant. Plus tard, demain, on ira au magasin, c'est mieux, moins cher.

— Merci, je n'ai besoin de rien. »

Son compagnon se pencha comme pour renouer son lacet. Il sortit un billet de cinq livres d'une de ses chaussettes et le fourra dans la main de Gabriel. « Tu rendras quand tu auras la paie. »

Les deux hommes se dirigèrent vers la camionnette, où Gabe choisit un paquet de pains ronds, des crackers, du fromage et du dentifrice. Après le petit déjeuner, ils se rendirent ensemble dans le champ de ciboule, suivis par les deux femmes. Gabriel posa quelques questions à Olek qui, dans un anglais approximatif, lui parla un peu de lui : il venait d'Ukraine, il était employé au service comptabilité d'une compagnie de téléphone qui avait fini par le licencier ; alors il avait décidé de tenter sa chance en Angleterre dans l'espoir de gagner suffisamment d'argent pour pouvoir monter son affaire quand il rentrerait. Sa première promesse d'embauche ne s'était jamais concrétisée. Il avait trouvé du travail sur un chantier, mais lorsqu'il était revenu après un arrêt de travail à cause d'une blessure, quelqu'un d'autre l'avait remplacé. Ensuite il avait décroché une place dans une usine de conditionnement de viande dans le nord du pays, et le jour où il avait reçu sa paie pour deux semaines de soixante-cinq heures, il n'y avait que quarante-quatre livres. Il n'avait pas été averti de la taxe de cent cinquante livres perçue au titre d'« arrangement ». Il avait fait un scandale, le patron l'avait renvoyé, et pendant un temps il avait dormi dans un parc. Aujourd'hui, sa seule ambition était de rassembler les fonds nécessaires à son voyage de retour.

« Bon sang, ça n'a pas été facile pour toi, observa Gabe.

— Pareil pour tout le monde, répliqua Olek. Personne choisit ce boulot.

— C'est vrai. Moi-même, je me retrouve là plus ou moins par hasard. »

Ils reprirent leur travail à l'endroit où ils s'étaient arrêtés l'après-midi précédent et s'activèrent dans un silence troublé seulement par les quintes de toux d'Olek, plus fréquentes que la veille, semblait-il. Quand il toussait, il se recroquevillait à l'intérieur de son anorak comme si le vêtement le grignotait peu à peu. Une fois la crise calmée, il se redressait, s'éclaircissait la gorge et indiquait à Gabriel d'un simple mouvement de tête que tout allait bien. Durant les quelques premières minutes, une voix persistante dans l'esprit de Gabe lui souffla qu'il ne devrait pas être là. Il s'efforçait de ne pas l'écouter et se concentrait sur les ciboules qu'il tentait d'arracher le plus proprement possible. Les minutes se muèrent en heures et, bien qu'enchaîné à ce champ par sa fourche, Gabe se sentait extraordinairement libre, affranchi de tous ses soucis.

Dire que deux jours plus tôt seulement, il se torturait pour essayer de définir qui il croyait être... Comment était-il au juste ? Plutôt comme ci, plutôt comme ça ? Que pensaient les autres de lui ? Le souvenir de ses interrogations le fit sourire. Quelle importance ? Il n'était pas Danilo Hetman. Ni même Gabriel Lightfoot. Il n'était personne, juste un homme qui retournait la terre. Et maintenant qu'il lâchait enfin prise, il se sentait envahi par un grand calme. Elles lui semblaient étrangement lointaines, toutes ces journées passées à tourner en rond, à essayer d'organiser, de prévoir, d'intriguer, à sauter inlassablement d'un problème à un autre, à tenter de se justifier, de raisonner, de débattre avec lui-même... Et toute cette tension, toutes ces contradictions nées de cette quête sans fin pour obtenir ce qu'il voulait, sans même savoir ce qu'il voulait vraiment... Gabe poussa un profond soupir comme pour mieux se vider de l'intérieur. Tout ça, il n'en avait plus besoin.

Quand il leva les yeux, il vit un lapin, poil brillant et membres déliés, filer dans le sillon voisin. L'animal lui jeta un bref coup d'œil, agita sa queue cotonneuse puis détala. Les nuages moutonnaient dans le ciel. Dans les champs, le vert succédait au vert à perte de vue, et un frêne pleureur solitaire à l'horizon laissait pendre ses longues tresses presque jusqu'au sol. Gabriel creusait toujours. Il arracha une mauvaise herbe et, en examinant la minuscule fleur jaune à l'extrémité, il se rappela les paroles de sa mère. Quand elle sortait dans le jardin envahi par une végétation exubérante, elle disait toujours : « Les mauvaises herbes, plus tu en enlèves, plus elles repoussent nombreuses. »

Il se remit au travail, pour s'apercevoir à sa grande surprise qu'une nouvelle personnalité émergeait peu à peu dans l'espace qu'il avait débarrassé en lui ; elle n'avait ni voix ni pensée propre, il la percevait à travers ses sens plus qu'il n'avait conscience de sa présence, elle ne le harcelait pas, ne le divisait pas. Au contraire, elle lui donnait pour la première fois de sa vie le sentiment d'être entièrement lui-même, et pour la première fois aussi celui d'entretenir un lien avec la terre, les arbres et le ciel – le sentiment qu'une prière existait en lui, pas sous forme de mots, plutôt d'une vie à remplir. Ça ne peut pas être vrai, songea-t-il. Je me fais des idées, c'est tout.

Et aussi : Demain, quand je me réveillerai, tout sera pareil qu'avant. Mais ce n'était que le produit d'un esprit occupé à ressasser, comme tous les esprits, décida Gabe. Les pensées, tels les bus, continueraient d'aller et venir, et lui les regarderait du trottoir, à bonne distance.

Tymon avait donné ses instructions à Olek : les travailleurs devaient regagner les baraquements à l'heure du déjeuner car en début d'après-midi ils étaient attendus dans un champ à l'autre bout de la propriété. Alors qu'il cheminait à côté de son compagnon, Gabe se faisait toutes sortes de réflexions décousues : il se souvint d'un costume qu'il avait porté au pressing en janvier et se demanda s'il y serait encore ; il se dit qu'il devrait s'inscrire à un club de gym et faire de l'exercice régulièrement : il avait arrêté de se gratter la tête, lui semblait-il, mais allait-il recommencer maintenant qu'il l'avait remarqué ? Un bébé lapin, c'était bien un lapereau, non ? Une image d'Oona lui traversa l'esprit : elle riait à gorge déployée, révélant sa dent en or, et pourtant il ne ressentait aucune irritation. Il songea à Charlie. Il avait tout gâché avec elle, il n'y avait aucun moyen de rattraper la situation, mais cette pensée ne le bouleversait pas, il l'acceptait, de sorte qu'au lieu de s'attarder dans son cerveau comme si souvent auparavant, elle disparut promptement.

« Combien de temps ça va te prendre pour économiser ? » demanda-t-il à Olek alors que tous deux franchissaient d'un bond le petit ruisseau.

Son compagnon s'apprêtait à répondre quand une nouvelle quinte de toux l'en empêcha. Le temps de recouvrer son souffle, il paraissait avoir oublié la question. Il alluma une cigarette.

« Ce n'est peut-être pas bon pour toi de fumer, observa Gabriel. Je veux dire, avec une toux pareille.

— Non », répondit Olek avant de tirer une nouvelle bouffée.

Il parla à Gabriel d'une femme qu'il avait rencontrée à Londres quand il travaillait sur le chantier. Sa blessure à la jambe l'ayant contraint à garder le lit, il l'avait perdue de vue, mais avant de rentrer chez lui il voulait retourner dans la capitale pour essayer de la retrouver.

« C'est grand, Londres, fit remarquer Gabriel. Si tu n'as pas son adresse ni rien, tu n'as pas beaucoup de chances de tomber sur elle... Ce serait une sacrée coïncidence.

— Pas beaucoup de chances, c'est vrai. Mais faut que j'essaie quand même. Excuse mon anglais.

— Non... écoute, merci pour l'argent.

— Vingt-deux personnes arrivent par le bus avec toi, dit Olek en le dévisageant de ses yeux de cocker afin de s'assurer qu'il suivait. Quelle probabilité pour deux de ces personnes d'avoir la même date d'anniversaire ?

— Deux passagers sur vingt-deux, c'est ça ? Je ne sais pas trop comment on fait le calcul mais ça me paraît assez improbable. Il y a trois cent soixante-cinq jours par an, donc ça ne devrait pas être élevé. Je dirais, de l'ordre de cinq, voire six ou sept pour cent.

— Plus de cinquante pour cent. Sur cinquante-sept personnes ou plus, la probabilité monte à quatre-vingt-dix-neuf pour cent. C'est certain presque.

— Ah bon ? T'en es sûr ?

— Oui, je sais. Licence de maths, université de Donetsk

— C'est stupéfiant.

— La chance, déclara Olek d'un air grave, c'est souvent pas ce que tu crois. »

Ils s'assirent sur le banc devant les baraquements pour manger des biscuits salés et des morceaux de fromage au goût de plastique. Le contremaître, dans la cour, répartissait les travailleurs à l'arrière de deux camions.

Gabe songea à son père en train de préparer un *shepherd's pie* pour Nana. Il se souvint de la dernière fois où il était allé à la Rileys, revit Ted dans l'atelier de tissage, les mains posées sur un métier arrêté. *Rappelle-toi, mon garçon, l'essentiel...*

Un jeune homme courait vers Tymon, criant et agitant une enveloppe.

En retour, Tymon aboya quelque chose.

Le jeune homme retira de l'enveloppe une feuille qu'il agita sous le nez du contremaître. D'une chiquenaude, celui-ci expédia le papier par terre.

« Qu'est-ce qui se passe ? » demanda Gabriel.

Olek haussa les épaules. « Il dit quelque chose va pas avec la paie, juste cent livres pour deux semaines. »

Le nouveau venu ressemblait plus à un adolescent qu'à un homme, constata Gabriel en l'examinant attentivement. À son âge, il devait encore être assez naïf pour croire qu'il suffisait d'avoir raison pour l'emporter.

Les cris ne s'arrêtaient pas. Tymon gesticulait comme pour chasser un chien errant.

« Qu'est-ce qu'ils disent ? s'enquit Gabriel.

— Tymon lui dit, il a qu'à partir si ça lui plaît pas, et l'autre dit, ils ont pris son passeport.

— Pourquoi...

— Chut. J'écoute. »

Gabriel se tut en essayant de puiser un peu de calme en lui.

« OK, reprit Olek, Tymon dit, le garçon est illégal maintenant, il peut plus travailler nulle part.

— Pourquoi lui ont-ils pris son passeport ?

— Pour le déclarer à l'administration.

— Mais ils ne l'ont pas fait ?

— Non. Maintenant, trop de temps est passé.

— Les salauds.

— Oui. »

Ceux qui avaient confisqué les papiers du jeune garçon pensaient sûrement s'en tirer à bon compte, songea Gabriel, ils devaient miser sur le fait qu'aucun des hommes présents n'oserait le défendre. Il tenta d'ignorer cette pensée, de la laisser lui échapper. La dernière chose dont il avait envie, c'était de perdre la paix qu'il venait de trouver.

Les vociférations s'amplifiaient. Olek lui proposa un morceau de pain.

« Ce n'est pas bien, déclara Gabriel. Quelqu'un devrait intervenir.

— Oui. »

Sauf qu'on risquait de devenir fou en refusant le monde tel qu'il était.

« Il faudrait que quelqu'un aille coller un bon coup de pied dans le cul de Tymon.

— Sûr, approuva Olek. Qui ? »

Moi, forcément, pensa Gabriel. Il n'y avait pas d'autre candidat. Il se sentait obligé d'agir et en même temps il avait bien conscience de subir l'influence de son ego. Qui était-il ? Personne. Il n'avait aucun pouvoir.

Le jeune garçon s'en prit violemment à Tymon qui, soudain, lui saisit le bras et le lui tordit dans le dos. Gabriel s'élança.

« Lâchez-le ! ordonna-t-il. Lâchez ce garçon tout de suite ! »

Les deux adversaires sursautèrent, et une expression intriguée se peignit sur leurs traits, comme si Gabe s'était exprimé en japonais.

Tymon relâcha l'adolescent. Durant quelques secondes, il dévisagea Gabe d'un air perplexe. « Anglais ? demanda-t-il enfin.

— Ce que vous faites est illégal, déclara Gabriel. Vous portez atteinte aux droits de ce garçon et... » Il fouilla dans sa mémoire pour essayer de se rappeler les explications données par Fairweather au sujet de ce genre de pratique et le nom d'au moins une loi susceptible d'intimider son interlocuteur. Pour finir, il ajouta : « Autant vous prévenir, je compte un membre du gouvernement parmi mes amis. Il sera sans doute curieux d'apprendre ce qui se passe ici. »

Le contremaître laissa ses yeux s'attarder sur les joues de Gabe, assombries par une barbe de deux jours, puis sur son jean et ses tennis maculés de boue. « Attendez là, ordonna-t-il, la voix et le regard chargés de mépris. Je vais chercher M. Gleeson. »

Un signal d'alarme se déclencha dans la tête de Gabe – une sonnerie assourdissante qui noya presque ses pensées. À son arrivée à l'Imperial, quand il était allé boire un verre avec Stanley Gleeson, celui-ci lui avait parlé de sa jeunesse dans une ferme du Norfolk. Et la veille, quand il avait cru reconnaître l'homme en parka verte – pourquoi ne s'était-il pas fié à son instinct, bon sang ? –, il avait vu juste. C'était sûrement le père de Stanley... non, réfléchis, concentre-toi... son frère, plutôt. Et... et... il y avait autre chose, mais quoi ? Le minibus. N'avait-il pas entendu le directeur de la restauration mentionner un jour au téléphone la gare de Victoria, où il fallait passer chercher quelqu'un ?

Et alors ? Ce n'étaient pas ses affaires, se dit Gabe. Oh, pourquoi avait-il fallu qu'il la ramène, alors qu'il venait enfin de trouver un refuge, un peu de paix et de tranquillité ? D'accord, il allait renoncer, il ne se mêlerait plus de rien. Il n'avait qu'à penser à autre chose. Ne pas oublier de rappeler Jenny, tiens. Ah, et papa avec ses grandes mains, *Rappelle-toi, mon garçon, l'essentiel...*

Tymon déboucha à l'angle des baraquements, le patron dans son sillage.

« Comment vous appelez-vous ? » lança M. Gleeson en se dirigeant droit vers Gabe. À son attitude, ce dernier comprit que le patron était partagé entre la colère et la crainte, et manifestement prêt à combiner les deux.

Gabe hésita. S'il le voulait, il pouvait encore faire marche arrière et jouer les idiots. Mais ce n'était pas son genre, si... ?

Il se redressa. « Je m'appelle Gabriel Lightfoot et j'exige que vous versiez son salaire à cet homme. Combien lui devez-vous ? »

M. Gleeson regarda tour à tour Tymon, le jeune garçon et Gabe. L'indignation enflammait ses yeux. « Qui êtes-vous ? gronda-t-il. Qui vous envoie ? Qu'est-ce que vous fichez sur ma propriété ?

— Et rendez-lui aussi son passeport, ajouta Gabriel. Tout de suite. »

Son interlocuteur balaya la cour du regard comme s'il était cerné de toutes parts. « Vous travaillez pour qui ?

— En ce moment, pour vous. »

Les paupières mi-closes, M. Gleeson avait tout l'air d'un reptile se chauffant au soleil. D'un pas nonchalant, il s'écarta de Gabriel pour se diriger vers le contremaître, à qui il donna rapidement quelques instructions. Un instant plus tard, Tymon et un acolyte dont Gabe n'avait pas remarqué la présence l'attrapaient par les bras.

« Fouillez-le, ordonna M. Gleeson. Prenez-lui son calepin et son magnéto, à ce fumier ! »

Gabriel demeura impassible tandis que les deux hommes lui faisaient les poches. Ils ne trouvèrent rien.

« Je ne suis pas journaliste, déclara-t-il.

— Et moi, je commence à perdre patience, rétorqua M. Gleeson. J'ai une entreprise, une entreprise tout à fait légale, à faire tourner. Alors je vais vous poser la question encore une fois : qui êtes-vous ?

— Et moi, je vais vous le dire encore une fois : payez ce garçon. »

M. Gleeson s'approcha de Gabriel, qu'il toisa de toute sa hauteur. Il dégageait la même odeur que son frère, mélange d'après-rasage et de vertu.

« Ah non, vous n'êtes pas journaliste ? » Sans laisser à Gabe le loisir de répondre, il lui saisit les mains et examina attentivement la crasse sous les ongles, les brûlures, les cicatrices et les cals, le morceau de peau abîmé entre deux des doigts. « Non, je m'en rends compte. On a affaire à un putain de cinglé.

— Écoutez, je connais beaucoup de monde, vous pourriez avoir de gros ennuis. Un de mes amis est parlementaire, et si je lui parle de ce que j'ai vu… »

M. Gleeson éclata de rire puis lui assena une claque sur l'épaule comme s'ils venaient de se raconter une bonne blague. L'acolyte s'esclaffa à son tour, allant même jusqu'à gratifier Gabe d'une bourrade amicale.

Tymon, qui s'était éclipsé dans l'intervalle, revint d'un baraquement en tenant le sac à dos de Gabriel. Il l'ouvrit et, sans même jeter un coup d'œil à l'intérieur, en répandit le contenu – le caleçon et le reste – sur le sol.

Les mains sur ses hanches gainées de velours côtelé, M. Gleeson tapa une de ses bottes en caoutchouc sur sa terre verdoyante. « Tymon ? On a besoin de quelqu'un en cuisine ? Non ? C'est bien ce que je pensais. Bon, vous, foutez le camp. Vous avez intérêt à filer avant que je lâche les chiens. Allez, magnez-vous ! »

Il fallut à Gabe le reste de la journée pour regagner Londres, moitié à pied, moitié en stop. En atteignant la périphérie, il s'engouffra dans une station de métro et sauta par-dessus les barrières. À vingt heures trente tapantes il pénétrait dans les cuisines de l'Imperial ; c'était le coup de feu, il y avait des plateaux sur tous les plans de travail, jusque dans l'avant-cuisine. Lorsqu'il vit Gabriel, Victor donna un coup de coude à Suleiman ;

quelques secondes plus tard, la brigade entière avait cessé le travail et tous les regards convergeaient vers le chef.

Un silence irréel s'abattit sur les lieux.

« D'acco', OK, roucoula Oona en s'affairant autour de Gabe. On fewait mieux de se dépêcher un peu. » Elle conduisit Gabriel dans le bureau, dont elle ferma la porte.

« Oona, il se passe quelque chose, ce soir ? Une réception ?

— Oui, oui, oui... » Dans sa bouche, les mots sonnaient comme une berceuse. « Le gala de chawité du PanCont. Mais vous inquiétez pas, tout est sous cont'ôle.

— Oh, Seigneur ! Maddox a dû piquer une de ces crises...

— Non. Je lui ai dit que vous aviez téléphoné pour nous pwéveni' que vous étiez malade. Benny, Suleiman et Nikolaï ont fait des heu' sup.

— Je suis désolé, Oona. »

Elle plissa ses yeux en amande. « Et si vous vous weposiez un peu ? Vous avez l'ai' d'en avoi' besoin. Pou'quoi vous ne...

— Il faut que je parle à Gleeson le plus vite possible. Vous savez où il est ?

— Je l'ai vu en bas dans les vestiai' mais...

— Je ne peux rien vous expliquer maintenant, le temps presse. Bon, vous pouvez vous assurer que les *petits-fours** ne sortent du labo pâtisserie qu'au moment de les servir ? Sinon, ils commencent à ramollir, la dernière fois une bonne moitié est restée collée aux plateaux. D'accord, je descends voir Gleeson et après je monterai vérifier que... Oh, il vaudrait mieux que je me change d'abord, n'est-ce pas ? Vous savez s'il y a des tenues propres dans les vestiaires ? À propos, je ne suis pas très content du service blanchisserie. On devrait peut-être penser à...

— Chef ? Les ga'çons et moi on a veillé à tout. Allez donc chez vous. »

Gabriel regarda les petites oreilles délicates de la sous-chef, son giron imposant, la façon dont sa silhouette rassurante emplissait l'espace, pareille à celle d'une infirmière au chevet d'un malade. Une boule se forma dans sa gorge. « Oona ? Je ne sais pas ce que je ferais sans vous. »

Il trouva Gleeson dans les vestiaires, en train de changer de cravate. Sans quitter le miroir des yeux, le directeur de la restauration lâcha de sa voix traînante : « Hé, regardez un peu ce que le chat nous a ramenés. Où étiez-vous donc ? »

Gabriel se frotta le menton. « La Ferme du Noyer, ça vous dit quelque chose ? »

Gleeson commença par se raidir, pour se détendre presque aussitôt. Il ajusta le nœud de sa cravate. « D'accord, écoutons un peu cette nouvelle fable. Et que faisiez-vous là-bas ?

— J'ai arraché de la ciboule. Pendant deux jours. »

Gleeson pivota d'un mouvement si brusque que ses talons claquèrent. « Comme c'est amusant, commenta-t-il, un sourcil arqué.

— J'ai rencontré votre frère. Il vous ressemble beaucoup.

— Mon Dieu, mon Dieu, dans quel état vous êtes ! Vous savez qu'en cuisine il existe des normes d'hygiène à respecter ?

— Je suis désolé d'offrir une telle apparence, mais les sanitaires à la Ferme du Noyer sont plutôt rudimentaires. »

Gleeson le gratifia d'une petite courbette. « Bon, eh bien, une fois de plus j'ai trouvé fascinante cette conversation avec vous. Vous avez tellement de... d'imagination ! » Il se dirigea vers la porte. « À propos, vous avez consulté un psychiatre ?

— Vous ne voulez pas savoir ce qui s'est passé ? À mon avis, ça devrait vous intéresser. »

Immobile près du seuil, Gleeson fit courir sa langue sur ses lèvres. « Parlez si vous en avez envie, je vous écouterai. Mettons que ce sera une forme de thérapie.

— Votre frère m'a jeté dehors.

— Oh, vous m'étonnez. Je me demande bien pourquoi.

— Je me suis élevé contre la façon dont un de ses employés était traité – un Européen de l'Est, je crois, j'ignore de quel pays il venait. »

Gleeson laissa échapper un son exaspéré. « Si vous devez inventer une histoire, faites au moins un effort pour la rendre crédible. Ajoutez des détails, soignez le côté réaliste...

— Encore toutes mes excuses pour cette présentation négligée, répliqua Gabriel d'un ton aimable. Bref, où en étais-je ? Ah oui, non seulement votre frère et ses sbires refusaient de payer à ce pauvre garçon ce qu'ils lui devaient, mais il lui avaient aussi pris son passeport, soi-disant pour le déclarer officiellement. Je les ai entendus avouer qu'ils n'avaient jamais fait la démarche et... » Il s'exprimait d'un ton dénué de rancœur, se bornant à exposer le caractère inéluctable de la situation. « ... et le malheureux est depuis trop longtemps sur le territoire pour pouvoir s'adresser aux autorités maintenant. Résultat, il se retrouve à la merci de votre frère, dont la compassion ne m'a pas semblé être la qualité première.

— C'est tout à fait passionnant, commenta Gleeson en lustrant de son pouce le poignet de sa veste, mais au cas où vous ne l'auriez pas remarqué, nous sommes en plein milieu d'une des soirées les plus chargées de l'année. Je ne suis descendu que pour changer de cravate, il y avait une petite tache sur l'autre. Quoi qu'il en soit, même en supposant que vos racontars aient un quelconque rapport avec la réalité, pourquoi venir m'en parler ? »

Gabriel haussa les épaules puis jeta un coup d'œil à ses chaussures et à ses vêtements couverts de boue séchée. Comment en était-il arrivé là ? Tout avait commencé avec la mort de Yuri : si le plongeur n'avait pas bu ce soir-là, s'il s'était essuyé les pieds après sa douche, s'il était tombé quelques centimètres plus en avant ou sur le côté et s'était réveillé avec juste un bon mal de crâne, alors lui-même n'aurait jamais vu Lena dans la cave, elle ne l'aurait jamais regardé de cette façon, et une chose n'en aurait pas entraîné une autre. Il serait parti dans une direction différente. Mais voilà, Yuri était le premier maillon d'une chaîne soigneusement enroulée qu'on avait soudain jetée par-dessus bord, et il n'y avait pas eu moyen d'en arrêter le déroulement. Yuri aurait pu s'essuyer les pieds, sauf qu'il ne l'avait pas fait. C'était à la fois complètement aléatoire et totalement inévitable. Gabriel avait conscience des deux approches possibles de l'événement, entre lesquelles il ne percevait pas la moindre contradiction.

« Je l'ignore, répondit-il. Pour vous mettre en garde, je suppose. Ces manœuvres d'intimidation relèvent du travail forcé, d'une forme d'esclavage moderne. Votre frère risque de finir en prison.

— Oh, bonté divine ! Ce n'est qu'un tissu de mensonges et d'histoires à dormir debout.

— Faux, répliqua Gabe d'une voix plus animée. Je sais ce que j'ai vu. Et je suis au courant aussi pour les filles. »

Cette fois, Gleeson éclata de rire. « Comprenne qui voudra... Auquel cas, qu'est-ce que vous attendez pour prévenir la police ? J'imagine que de nombreux témoins sont prêts à corroborer vos petits délires. »

Qui pourrait bien accepter de témoigner ? se demanda Gabe. Quand il avait quitté la Ferme du Noyer, seul le jeune garçon avait l'air effrayé par son intervention. Peut-être Olek accepterait-il de parler. Mais rien n'était moins sûr : la précédente tentative de l'Ukrainien pour défendre ses droits ne lui avait pas porté chance, loin de là.

« Je ne lâcherai pas le morceau, décréta-t-il. Et pour le minibus de l'hôtel, alors ? C'est du détournement de bien, ni plus ni moins.

— De quel... Oh, le vieux bus ! Nous l'avons acheté, pauvre imbécile. Pourquoi ne vérifiez-vous pas ? Vous savez, je commence vraiment à vous plaindre. »

Gabriel passa devant le directeur de la restauration qui, pendant leur échange, s'était agité dans la pièce comme s'il disputait une compétition d'escrime.

« J'ai dit ce que j'avais à dire. Maintenant, je m'en vais. »

Gleeson fila se planter devant la porte. « Espèce de sale petit connard moralisateur, siffla-t-il entre ses dents. De quel droit vous vous permettez de juger les autres ? Les gens veulent du travail et nous on leur en donne ; ça s'appelle répondre à la demande. Les transactions se font au prix du marché, ça s'appelle le commerce. Qu'est-ce qui vous choque ? Bienvenue dans le monde réel, chef. Il serait temps d'accepter les choses telles qu'elles sont.

— Et si ça ne me plaît pas ?

— Oh, grandissez un peu ! s'écria Gleeson dans son dos. Pauvre con ! Tous ces travailleurs nous sont envoyés par une agence. Et vous, hein ? Et vos cuisines ? D'où viennent les plongeurs ? Vous avez les mains propres, vous en êtes bien sûr ? »

À l'étage, dans la salle de bal, au milieu d'un tourbillon de robes extravagantes et de costumes de pingouin, la vente de charité battait son plein. La pièce avait beau être bondée, Gabriel parvint facilement à fendre la foule. Les gens s'écartaient rapidement devant lui. Il repéra M. Maddox en pleine conversation avec un homme qui n'arrêtait pas de passer deux doigts dans son impressionnante barbe comme pour y glaner un peu de sagesse.

« Allons, mesdames et messieurs, disait le commissaire-priseur, je sais que vous pouvez faire mieux. N'oubliez pas qu'il s'agit de défendre une cause des plus louables ! L'œuvre de bienfaisance que nous soutenons ce soir, je vous le rappelle encore une fois, n'est autre que la fondation Les Mains secourables, et tous les fonds collectés serviront à aider les fermiers pauvres en Afrique. Oui ? Ai-je bien entendu mille cinq cents ? Mille cinq cents, une fois. Qui dit mieux ? Mille six cents, peut-être ? Là, oui, merci monsieur. Mille huit cents livres ? »

L'objet de la vente, brandi par une blonde aux mensurations improbables, était un caleçon signé, et précédemment porté, par une pop star d'envergure planétaire.

Gabriel s'attarda dans une alcôve en attendant l'occasion d'approcher le directeur général. Il regarda les hommes de l'assistance, tous vêtus de noir et blanc – un symbole collectif de certitude, sans aucune place pour les nuances de gris. Les femmes, cheveux brillants et poitrine pigeonnante, tripotaient des bijoux qui miroitaient sous les lumières. Le groupe le plus proche de lui s'écartait peu à peu, nota Gabe. Discrètement, il renifla son sweat-shirt. Bon, il ne sentait pas trop mauvais.

Son horizon s'était dégagé, lui permettant de mieux voir M. Maddox. Juste derrière le directeur général, il aperçut Rolly et Fairweather. Ce dernier riait et bavardait avec une jeune femme en robe dos nu dont il effleura brièvement la colonne vertébrale.

« Deux mille trois cents, annonça le commissaire-priseur. Qui dit mieux ? Deux mille cinq cents ? »

M. Maddox venait de repérer Gabriel. Il lui lança un regard aussi percutant qu'un crochet du gauche. « Restez où vous êtes », articula-t-il en silence.

En retour, Gabriel hocha la tête. Il comprenait que le directeur général n'ait pas envie de le présenter comme chef de cuisine à un membre du conseil d'administration du PanCont.

Fairweather, arborant son petit sourire modeste soigneusement étudié, repoussa sa longue mèche blonde.

Gabriel, qui commençait à se sentir un peu étourdi, s'appuya contre l'une des cloisons de l'alcôve. Autant il avait la tête légère, autant son estomac lui semblait pesant. Autour de lui, la salle devenait de plus en plus floue. Il observait toujours Fairweather.

Le moment se rapprochait inexorablement. Si rien ne s'était encore passé, c'était presque comme si c'était fait.

« Un caleçon noir et rouge, porté pendant la tournée mondiale de Sugar Daddy et signé par le légendaire chanteur lui-même, adjugé pour trois mille cent... ah, j'ai trois mille deux cents par ici. »

Comme enfermé au fond d'un tunnel obscur, Gabriel vit Fairweather au loin éclater de rire et jouer avec son alliance.

Fairweather, tellement à l'aise avec les dames, tellement doué pour les faire rougir ! Comment arrivait-il à se supporter ?

Cela dit, ne lui avait-il pas expliqué comment affronter la culpabilité ? se rappela Gabe. *À force de se répéter quelque chose suffisamment souvent, on finit par y croire... Supposons que vous vous sentiez coupable pour une raison ou pour une autre ; eh bien, tâchez de vous persuader du contraire et tout ira mieux, vous verrez.*

Gabriel chercha du regard une issue, mais toutes les portes claquaient les unes après les autres.

« Une cause louable, mesdames et messieurs, une cause remarquable. Trois mille sept cent cinquante ? »

Des psychopathes, il y en a beaucoup à Westminster. Ha, ha !

Gabriel eut l'impression de flotter en direction de Fairweather ; il ne sentait pas ses pieds sur le sol, il ne sentait plus rien sauf le plomb au fond de son ventre et le poids dans ses poings.

« Quatre mille livres pour les fermiers pauvres d'Afrique, mesdames et messieurs ? Quatre mille livres pour ce caleçon ultrasexy, signé et porté par une authentique superstar ? »

À la périphérie de son champ de vision, Gabe distinguait M. Maddox, il voyait Rolly grignoter un amuse-bouche planté sur une pique, mais tous deux avaient l'air de fantômes. Seul Fairweather, qui le saluait déjà en souriant, lui apparaissait nettement – un être de chair et de sang, empourpré et incarné.

« Une fois... »

Gabriel leva une main, le poing toujours serré. « Qu'est-ce que vous lui avez fait ? Comment avez-vous osé la toucher ? » Il ramena son poing à lui.

« Deux fois... »

Il propulsa son bras.

« Vendu à ce gentleman au... »

Un concert d'exclamations interloquées résonna dans la salle. Fairweather ne tomba pas dès le premier coup, il se borna à tanguer, l'air abasourdi, des flots de sang coulant de son nez. « De qui... ? » demanda-t-il, et Gabriel le frappa de nouveau, l'expédiant au sol. Puis, l'attrapant par les oreilles, il lui cogna la tête sur le plancher, tenta de lui envoyer son genou dans le bas-ventre et lui enfonça ses pouces dans la gorge en se demandant bien comment il pourrait s'arrêter – avant de se soumettre sans résistance aux mains qui le tiraient à l'écart

M. Maddox et Rolly avaient beau hurler juste devant lui, Gabriel ne distinguait pas leurs paroles dans le vacarme général. Tous ces coups l'avaient vidé de ses forces, et un membre du personnel de sécurité le ceinturait par-derrière. Le calme revint progressivement dans la salle, les invités prenant conscience tardivement qu'il serait peut-être plus convenable de refréner leur excitation.

« Qu'est-ce que... ? Qu'est-ce que... ? » bafouilla M. Maddox, étouffé par la colère.

Rolly s'agenouilla auprès de Fairweather. Celui-ci faisait rouler sa tête d'un côté à l'autre en laissant échapper une plainte sourde.

« Appelez une ambulance ! » hurla Rolly qui, donnant libre cours à son émotion, postillonna abondamment sur son ami.

Fairweather tenta de s'asseoir. « Oh, Seigneur..., gémit-il. Non, ça va, pas d'ambulance, je n'ai rien de cassé. Il vaut mieux éviter d'alerter la presse », ajouta-t-il avant de s'affaler de nouveau.

« Annulez l'ambulance ! lança Rolly avant de lever vers Gabriel ses yeux rougis. Vous êtes fini, c'est terminé. Je ne veux même plus entendre... Vous avez intérêt à prendre un avocat, parce que si vous imaginez un seul instant que je vais vous rendre votre fric... » Trop bouleversé pour achever sa phrase, il sortit son mouchoir afin d'essuyer le front du blessé.

M. Maddox, qui ne pouvait pas se permettre d'exploser devant témoins, virait au vert et au violet, évoquant une tête de brocoli.

« Je ne veux plus jamais – j'ai bien dit jamais – vous revoir, dit-il à Gabriel. Sortez par la porte de service, ne vous arrêtez même pas pour prendre vos affaires et ne vous avisez pas de revenir. »

Il se détourna puis fit volte-face, de nouveau submergé par l'indignation.

« Si vous croyez que vous retrouverez une place dans la restauration, si vous pensez retravailler un jour… »

Gabriel tenta de l'ignorer pour se concentrer sur Fairweather. Tout le monde s'empressait autour du blessé qui, assis par terre, buvait un verre d'eau.

Il avait été obligé de le frapper, songea Gabe. Pour Lena. Il l'avait fait pour elle. *Si je vois cet homme, je le tue.* Eh bien, au moins, il aurait essayé.

Une coterie de cinq bonnes âmes aida Fairweather à se relever. Il avait un œil fermé et son nez saignait toujours, ce qui ne l'empêcha pas de repousser sa mèche avec un certain panache. Il regarda Gabriel presque timidement ; le mélange de souffrance et d'étonnement dans son expression était encore accentué par le gonflement qui déformait déjà une partie de son visage.

Gabriel sentit grandir son malaise. Quelque chose clochait. Le doute se répandait en lui tel un poison. Il eut beau ouvrir la bouche, les mots ne lui venaient pas. Par où commencer ?

« Non ! brailla M. Maddox. Surtout, ne dites rien. Fichez le camp. »

Il fut entraîné d'autorité dans l'escalier de service puis à travers les cuisines jusqu'à la sortie de derrière. Il avait conscience des regards de tous ses gars posés sur lui, mais à aucun moment il ne tourna la tête vers eux. Machinalement, il compta les commandes accrochées au-dessus du passe.

Oona, solide comme un roc, vint se camper devant la porte, interrompant la procédure d'expulsion.

« Oona ? dit Gabriel. C'est... hum...

— Les nouvelles vont vite, chef. Je suis déjà au cou'ant.

— Ce n'est pas mon heure de gloire. Ni la plus belle journée de ma vie.

— Ça va aller, j'en suis sû'.

— Bon, eh bien, au revoir alors.

— Si vous avez besoin de quelque chose, appelez-moi.

— Merci, euh... Oona, il faut que je vous le dise, parce que vous avez le droit de savoir... Voilà, j'ai tenté de vous faire renvoyer.

— Je sais. Les nouvelles vont vite.

— Je regrette, chuchota-t-il.

— Bah, c'est pas gwave, chuchota-t-elle en retour. Vous étiez plus vous-même, ces de'niers temps. » Elle lui sourit, ses yeux et sa dent en or brillant d'un même éclat. « Que le Seigneu' vous bénisse et vous ga'de. »

Gabriel déglutit avec peine. Il manifesta le désir de dégager un de ses bras et l'agent de la sécurité eut la bonté de l'exaucer. Avec des gestes lents, empreints d'une tendresse infinie, il décrocha les barrettes fixées à la veste d'Oona et les lui glissa dans les cheveux.

« Merci », dit-il.

Alors que son escorte le poussait vers la porte, il jeta un coup d'œil par-dessus son épaule et vit que la brigade s'était rassemblée devant le poste de travail le plus proche. Ils étaient tous là, Victor, Nikolaï, Suleiman, Benny, Albert et son assistant, Damian et les autres. Seul Ivan manquait à l'appel.

« Six commandes, ça nous fait six tables qui attendent, lança-t-il. Au boulot, les gars !

— Oui, chef ! » crièrent-ils comme un seul homme.

Elle était partie, bien sûr, sans laisser de mot, en vidant tous les tiroirs qu'elle avait investis Gabriel entra dans la cuisine mais n'alluma pas. Il contempla le voyant rouge du répondeur qui clignotait. Pour finir, il pressa la touche de lecture des messages.

« Allô, Gabe ? Il vaudrait mieux que tu rentres, dit Jenny. Papa ne va pas bien. Bon, rappelle-moi, je vais essayer de te joindre sur ton portable. »

« Allô, Gabe ? Tu peux me rappeler ? C'est Jenny. »

« Où es-tu, Gabe ? Papa été hospitalisé, il... »

Gabriel fit défiler les messages jusqu'au dernier.

« C'est Jennifer Lightfoot à l'appareil, on est samedi, il est dix heures du matin. Papa est mort à neuf heures et quart, et si quelqu'un entend ce message, qu'il ou elle veuille bien demander à Gabriel Lightfoot de rentrer tout de suite. »

27

GABRIEL ARRIVA AVEC QUELQUES MINUTES D'AVANCE au rendez-vous fixé par la directrice de la maison de retraite Greenglades. Il fut introduit dans une petite pièce de réception qui donnait sur le parc paysager. Juste derrière la fenêtre s'étendait le « carré d'aromathérapie » décrit dans la brochure : un espace sillonné par des allées de gravier où poussaient quelques touffes de lavande desséchées, ainsi que des buissons de romarin et de thym ornemental rabougris. Au-delà, les camélias en pleine floraison disposés en un long ruban incurvé sur la pelouse en pente douce offraient un spectacle plus revigorant. Ensuite, la pelouse elle-même cédait la place à un jardin fleuri bordé par un bois, de sorte que les pensionnaires avaient au moins la consolation de bénéficier d'une vue plutôt agréable.

Posté devant la cheminée, Gabe examina le tableau accroché au-dessus du manteau. Il s'agissait d'une nature morte montrant deux pommes et une plume marron striée de blanc posées sur une table recouverte de velours et éclairée par une fenêtre. Sans être d'une remarquable qualité artistique – et certainement pas d'une grande valeur marchande, ce qui expliquait sans doute sa présence à Greenglades – ni même d'un réalisme saisissant, elle intriguait Gabe au point qu'il ne pouvait en détacher les yeux. Il lui semblait percevoir le moelleux du velours et la fermeté des pommes. Quant à la plume, elle possédait un relief qu'il n'avait jamais observé dans la réalité, tout comme la fenêtre peinte présentait des caractéristiques qu'il n'avait pas remarquées en jetant un coup d'œil par la vitre : une texture particulière, des nuances spécifiques, la façon dont la lumière s'y reflétait, la matérialité même du verre...

« Monsieur Lightfoot ? » La nouvelle venue avait les manières à la fois chaleureuses et brusques d'une surveillante-chef, et un gros trousseau de clés se balançait sur sa hanche. « Je suis Mme Givens, se présenta-t-elle, la main tendue. La directrice, en rémission de mes péchés. Souhaitez-vous commencer par voir la maison ?

— Ah, dit Gabe.

— Vous admiriez notre tableau, n'est-ce pas ? Il est aussi très apprécié de nos hôtes, ajouta-t-elle en l'escortant dans le couloir. Il nous arrive de les installer ici quand ils sont un peu... agités. Cette toile les calme, apparemment. Ça m'étonne toujours, à vrai dire, parce que si je les faisais asseoir devant deux vrais fruits et une authentique plume... eh bien, je ne crois pas que ça aurait le même effet. Bon, voilà : ici, sur votre gauche, vous avez les bureaux, la cuisine se trouve juste à votre droite, et en bas nous avons les vestiaires et la salle de rééducation. Nous irons y jeter un coup d'œil tout à l'heure. » Elle marchait d'un bon pas. Gabriel, qui était déjà venu voir Nana deux ou trois fois, ne tenait pas spécialement à visiter les lieux, mais il avait voulu rencontrer Mme Givens pour savoir quel genre de personne dirigeait l'établissement. Il la laissa néanmoins le guider.

« La salle de loisirs », annonça-t-elle. Malgré la présence de deux tables de bridge et d'un placard sur lequel s'entassaient des jeux de société, le seul loisir auquel semblaient s'adonner les pensionnaires était la contemplation du téléviseur sans doute allumé en permanence et qui, en l'occurrence, diffusait une émission de cuisine. La pièce elle-même, à l'image de la maison de retraite tout entière, était propre, aérée et ne sentait pas, contrairement à ce que Gabriel avait craint lors de sa première visite, la pisse de chat ou la pâtée pour animaux.

« Très joli, commenta-t-il.

— Bingo à onze heures et demie, aquarelle à quinze heures », expliqua Mme Givens.

Ils se rendirent ensuite dans le salon, où la plupart des résidents étaient réunis devant un autre poste de télévision – un soutien et un compagnon de tous les instants. Certains d'entre eux ne pouvaient cependant pas la regarder, en raison d'une voussure prononcée ; ils semblaient piégés dans la recherche permanente d'un objet de grande importance et de taille minuscule perdu dans les plis du tissu sur leurs genoux. Deux vieilles dames parmi les plus alertes adressèrent à Gabriel un sourire engageant ; si elles n'étaient pas sûres de le reconnaître, elles ne s'en tenaient pas moins prêtes (sinon physiquement, du moins par l'esprit) à se porter à sa rencontre au cas où il se révélerait être un petit-fils ou même un époux.

« Bonjour, madame Dawson, comment allez-vous aujourd'hui ? Prête pour une autre partie de whist en fin d'après-midi ? Elle m'a battue de quatre-vingt-dix allumettes l'autre jour. Vous avez des questions, monsieur Lightfoot ? Je vous montre la salle à manger ? »

Mme Givens se déplaçait remarquablement vite sur ses petites jambes grassouillettes, et Gabriel dut allonger sa foulée. Elle ne tenait pas en place, manifestement, et au fond il la comprenait : un séjour prolongé dans n'importe quelle partie de cette bâtisse rappelait forcément que chacune des pièces, quelle que soit sa fonction, était en réalité une antichambre.

« Qu'est-ce qu'il y a pour le déjeuner ? s'enquit-il.

— Curry de poulet et pudding avec crème anglaise ou glace.

— Je ne sais pas si Nana aime le curry.

— Il y a aussi le poulet de la reine servi avec du riz, pour ceux qui préfèrent. » Mme Givens lui sourit.

« Ah, très bien. À propos, le poulet de la reine, ce n'est pas un curry auquel on ajoute des raisins secs ?

— Vous n'êtes pas né d'hier, vous, répondit Mme Givens. Mais croyez-moi, ça change tout. Bon, elle est dans sa chambre, elle sait que vous devez venir, nous l'avons prévenue, continua-t-elle en frappant à la porte et en l'ouvrant dans un même mouvement. Madame Higson ? C'est votre Gabriel qui est là. N'hésitez pas à venir me trouver si vous avez le moindre souci, monsieur Lightfoot. Il y a eu quelques grincements de dents au début, c'est assez courant chez nos pensionnaires, mais globalement je dirais qu'elle s'est bien habituée. »

Nana, vêtue de son élégant tailleur en tricot bleu marine assorti de son plus beau chemisier blanc, était assise près de la fenêtre, les yeux perdus dans le vague. Éclairés par le soleil derrière elle, ses cheveux formaient une sorte de halo autour de sa tête. Ses mains agrippaient les accoudoirs de son fauteuil comme s'il pouvait la transporter ailleurs, comme s'il s'agissait d'un siège magique, de l'endroit idéal pour se reposer et rêver.

Au prix d'un effort visible, elle fixa son attention sur Gabriel. « Oh, bonjour ! s'écria-t-elle d'une voix trop gaie, trahissant son inquiétude. Tu me ramènes à la maison ? »

Il s'avança pour embrasser la joue parcheminée de sa grand-mère. « Bonjour, Nana. Regarde, je t'ai apporté des magazines. » Il s'assit sur le lit et posa la pile à côté de lui.

« Je dois rentrer aujourd'hui, expliqua-t-elle avant de pincer les lèvres comme si elle avait divulgué le secret malgré elle. Je suis là depuis déjà trois semaines – ou quatre, peut-être – et le docteur m'a dit que j'étais en pleine forme, que je pouvais partir. Tout s'est passé au mieux. Pourquoi j'ai été admise, déjà ? À cause de ma hanche, c'est ça ? Oh, c'est une grosse opération, mais je ne m'en suis pas trop mal remise, n'est-ce pas ?

— Tu t'en es très bien remise, Nana, lui assura Gabe.

— Ted va me ramener à la maison. Mais ce serait gentil de nous donner un coup de main pour les bagages, jeune homme.

— Quel magnifique jardin, Nana. Tu ne veux pas qu'on aille se promener un peu ?

— Oh ! s'exclama-t-elle en arrondissant les épaules. Oui, il est magnifique. Magnifique. Et la journée aussi est magnifique. »

Elle le gratifia d'un sourire tremblant, en y mettant tout son cœur.

Gabriel lui prit les mains.

Elle soupira. « Mais c'est triste, hein ?

— Ça va aller. Tout va bien.

— D'accord. »

Nana se mit à sangloter en silence. En voyant de grosses larmes lui sillonner les joues, Gabriel glissa ses doigts sous la paume de sa grand-mère. Son chagrin était à la fois trop général et trop profond pour être consolé, aussi préféra-t-il se taire ; après tout, il ne lui semblait pas déraisonnable qu'elle pleure ainsi. Il lui pressa doucement la main. À la sensation de chaleur qui se répandait dans son propre corps, il se savait lui-même proche des larmes. Alors, pour la première fois depuis qu'à six ans il s'était fait gronder puis pardonner pour avoir cassé une pièce de son service de porcelaine, il pleura avec elle. Et pour la première fois de sa vie d'adulte, il se laissa aller librement, sans éprouver la moindre honte.

« Vous allez me faire craquer, tous les deux ! » lança Jenny. Chaussée de bottes à talons hauts, elle manqua trébucher en les rejoignant.

Elle s'assit de l'autre côté de Nana, dont elle caressa la main libre.

« Quelle bande de pleurnicheurs, marmonna leur grand-mère en recupérant ses deux mains. Comme s'il n'y en avait pas assez comme ça ici... »

Jenny parvint a rire malgré ses yeux embués. « Tiens, je t'ai encore apporté des albums photo, Nana. Il y en a une superbe qui te montre avec Mme Haddock sur la jetée de Blackpool – elle n'était pas encore mariée à l'époque, évidemment, elle ne devait pas avoir plus de seize ans... Tu as vu ? Vous avez la même robe. Ah, les deux inséparables, on dirait des jumelles, tu ne trouves pas ? »

L'album posé sur les genoux, Nana fit courir son doigt en travers du tirage comme si elle lisait un texte invisible. « Là, c'est moi, et là c'est Gladys, expliqua-t-elle. La photo a été prise à Blackpool, on aperçoit la tour derrière nous. Oh, ce que j'ai l'air contrarié ! Regardez, jeune homme, c'est elle, Gladys. Oh, la vilaine, elle a copié ma robe ! »

Ils passèrent une heure avec Nana, à contempler de vieilles photos, et lorsque leur grand-mère s'endormit dans son fauteuil, Jenny lui glissa un oreiller derrière la tête puis sortit prendre l'air avec son frère. Ils s'installèrent sur un banc dans une partie abritée du jardin fleuri au milieu des hortensias bleu porcelaine et des roses blanches en boutons. Jenny alluma une cigarette. « C'est vraiment bien que t'aies arrêté, dit-elle. Je compte le faire aussi, mais ce n'est pas trop le moment…

— Non. Attends encore un peu. »

Ils gardèrent le silence pendant quelques minutes, se bornant à écouter les chants d'oiseaux et la rumeur de la circulation sur la route proche, heureusement invisible. Depuis qu'il était revenu à Blantwistle, six jours plus tôt, Gabe avait longuement raconté à sa sœur ce qui lui était arrivé, d'une voix teintée d'hystérie au début puis de plus en plus posée à mesure que le temps passait et qu'il répétait son histoire. Il lui avait parlé d'Ivan, de Gleeson et de leur sale petit secret. Il lui avait parlé d'Oona et de la manière dont il l'avait traitée. Il avait fait de son mieux pour lui relater son aventure avec Lena et son naufrage avec Charlie sans pour autant transformer ses explications en excuses. Ce n'était pas facile, et pourtant il avait essayé de composer un récit cohérent en incluant tous les détails, y compris sa dépression et la façon dont il avait sabordé à la fois son travail et son projet de restaurant en même temps qu'il expédiait son poing dans la figure de Fairweather ce fameux samedi soir.

À ce stade, Jenny s'était écriée : « Oh, Gabriel, t'étais défoncé ou quoi ? Tu t'es grillé en beauté.

— Oh ça, j'ai fait du bon boulot. »

Jenny avait pouffé. « Aucun doute. Du grand art ! Si je comprends bien, ce gars tripote son alliance et toi tu lui colles une raclée ? Ce n'est pas le seul mec à avoir cette manie, pourtant.

— Sur le moment… » Il s'était interrompu avant d'éclater de rire. « Je me sentais obligé de lui casser la gueule. C'était débile, je sais. Mais spectaculaire.

— Mmm, tu t'es encore distingué, comme dirait Nana. »

C'était le seul moment où ils avaient blagué. Sinon, il lui avait parlé sérieusement et elle l'avait écouté sans donner l'impression de le juger, acceptant ses excuses, se contentant de demander de temps à autre : « Et ça va mieux, maintenant ? T'es sûr ? »

Enfin, il se décida à rompre le silence. « Y a quand même un truc qui me dépasse : où est Nana ? D'accord, physiquement elle est dans son fauteuil. Mais où est la personne qu'on connaissait ?

— Oh, je ne t'ai pas raconté ? Tu sais qu'elle a un déambulateur maintenant, et elle n'aime pas s'en servir - eh bien, l'autre jour, dans le couloir, elle a heurté le chariot des plateaux-repas. Quand l'une des aides-soignantes lui a dit : "Allons, Phyllis, vous devriez regarder où vous allez", Nana lui a répondu de son accent le plus snob : "J'ai un petit-fils deux fois plus vieux que vous, je vous signale, alors je vous remercierais de m'appeler Mme Higson, pas Phyllis !" Et elle a continué à pousser le chariot, renversant du thé partout, envoyant valdinguer les biscuits ! »

Gabriel sourit et secoua la tête. « Du Nana tout craché ! À propos, j'ai rencontré Mme Givens aujourd'hui, elle m'a dit qu'il y avait eu quelques... comment elle a tourné ça ? Quelques grincements de dents. Tu crois qu'elle faisait allusion à cet épisode ?

— Possible C'est vrai, Nana a eu un peu de mal à s'habituer, au début. Et oui, il y a eu quelques accrochages. Pendant un moment, je me suis même demandé s'ils n'allaient pas la renvoyer. Apparemment, elle a fait pleurer des pensionnaires. Oh, elle n'est pas toujours tendre... Et c'est qu'elle avance vite avec ce fichu déambulateur ! Elle a même failli renverser une autre vieille dame qui en avait un aussi.

— Pour le coup, je la reconnais bien.

— Je sais. Nana est toujours là, quelque part. »

C'était une belle journée d'avril, ensoleillée et aussi vivifiante qu'une coupe pleine de citrons. Jenny enleva son manteau et le posa sur le banc. Elle paraissait plus mince, même si elle avait assuré à Gabriel qu'elle n'avait pas perdu un gramme. Ce jour-là, comme depuis le début de la semaine, elle était habillée tout en noir, la couleur du deuil, qui avait aussi le mérite d'avantager la silhouette. Avec ses hautes bottes pointues et les quelques centimètres de racines plus sombres apparus dans sa chevelure décolorée, elle évoquait à la fois une rescapée du mouvement punk et une dominatrice SM. Gabriel préférait de loin cette tenue aux chemisiers dans les tons pastel qu'elle mettait pour aller travailler.

« Tu es bien silencieuse, aujourd'hui, observa-t-il. Tu l'as été toute la semaine, en fait.

— Tu me reproches toujours de trop parler.

— Je n'ai jamais dit ça... »

Comme Jenny le regardait en plissant les yeux, il ajouta : « Non, sérieux », mais avec un tel manque de conviction qu'ils pouffèrent tous les deux.

« En fait, je n'ai pas vraiment eu l'occasion d'en placer une, reprit Jenny.

— Désolé pour... enfin, tu sais

— Ne sois pas bête.

— Oh, je ne t'ai pas raconté la dernière ! Oona m'a appelé, ce matin.

— C'est qui, déjà ? Ah oui, je me rappelle, continue.

— Ivan, mon grillardin, a été arrêté et accusé de trafic d'êtres humains.

— Waouh. Donc, tout ce que t'avait dit Machin-chose était vrai ?

— Victor. Il semblerait, oui. On verra bien.

— Et le directeur de la restauration – Gleeson, c'est ça ? Qu'est-ce qu'il est devenu ?

— Envolé. Tout comme Branka, la gouvernante. La police les recherche. »

Jenny émit un petit sifflement. « Ben dis donc ! Elle a dû être longue, cette conversation que tu as eue ce matin !

— Non, on n'a pas beaucoup discuté de ça. Oona savait déjà pratiquement tout par Victor.

— Elle va s'en sortir, tu crois ? Oona, je veux dire. Vous n'êtes plus là, ni toi ni Gleeson, et il faut quand même gérer le restaurant, pas vrai ?

— Bah, Oona fera ce qu'elle a toujours fait : elle assurera.

— Les flics vont vouloir t'interroger, j'imagine.

— Sûrement, oui. À mon avis, ils ne devraient pas tarder à me contacter. Jenny... tu penses que je devrais leur parler de ce qui se passe à la ferme ? »

Sa sœur avait croisé les jambes. De la pointe de sa botte, elle lui donna un petit coup affectueux dans le tibia. « Bien sûr ! Pourquoi ? Tu préférerais ne pas t'impliquer ?

— Ce n'est pas ça. Qu'est ce qui va arriver à tous ces travailleurs s'ils perdent leur place ? En plus, ils risquent d'être expulsés...

— Il faut dénoncer ça, tu le sais. »

Gabriel soupira.

« De toute façon, reprit Jenny, il est bien possible que la piste de Gleeson mène la police jusqu'à cette ferme. Tu n'auras peut-être pas à t'en mêler.

— J'espère. Bon, on marche un peu ? »

Ils déambulèrent dans le jardin, admirant au passage des ancolies blanches, des digitales et un massif de lys semblables à ceux qu'ils avaient déposés la veille sur le cercueil de leur père.

« Je ne comprends pas pourquoi tu renonces aussi facilement à ton projet de restaurant, Gabe. Qu'est-ce qui t'empêche de tout expliquer à ce gars, de lui dire tout ce que tu m'as dit ? D'accord, ce sera embarrassant...

— Oh, Fairweather acceptera peut-être de me serrer la main et de passer l'éponge. Mais Rolly, jamais. Déjà qu'il piquait sa crise et me traitait de boulet quand je manquais une réunion ! Alors maintenant, tu penses bien...

— Dans ce cas, récupère tes billes, Gabe. Tu ne peux pas abandonner soixante mille livres comme ça ! Cet argent t'appartient.

— Je ne sais pas. Il faudrait que je prenne un avocat. Rolly a déjà traîné certains de ses associés devant les tribunaux, et il a toujours eu gain de cause.

— C'est du vol !

— Je n'ai même pas de quoi payer un avocat.

— Quand on aura vendu la maison de papa...

— Il y a la pension de Nana à payer, Jen.

— Exact, admit-elle. Ce n'est pas donné. Et même si Nana est officiellement malade depuis 1972, il est bien possible qu'elle nous enterre tous. »

Ils longeaient la pelouse, à présent. Deux merles s'y posèrent, leurs petits yeux cerclés de jaune et leur bec orange se détachant sur leur plumage de jais. Ils se saluèrent avec courtoisie avant d'entamer leur duel : ils se jetèrent l'un sur l'autre, se livrèrent un bref combat puis, alors que l'issue pouvait paraître incertaine à un observateur non initié, la question parut réglée. Le vainqueur alla se percher au sommet d'un buisson d'épineux d'où il fit entendre un chant mélodieux tandis que le vaincu abaissait sa queue puis prenait son essor.

« Et toi ? demanda Gabriel. Ton travail ? Tu penses y retourner la semaine prochaine ?

— Je n'ai pas le choix, je ne peux pas me permettre de perdre ce boulot. Tu me diras, à en croire les bruits de couloir, je risque bien de le perdre quand même.

— Tu me fais marcher, j'espère.

— Non, hélas. Et il n'y a pas que moi : c'est tout le centre qui risque de fermer. Apparemment, il serait question de traiter avec un centre d'appels indien.

— Dans ce cas, on va ouvrir un *fish and chips*, d'accord ? Les gens aiment toujours le poisson et les frites, pas vrai ?

— Sûr. Mais il faudra peut-être qu'on propose aussi des kebabs. » Jenny s'arrêta et gonfla les joues en relâchant son souffle. « Dis, tu veux bien ralentir un peu ? Ces bottes sont une vraie torture. Sans compter que j'ai vraiment besoin de maigrir, je fais des trous dans cette fichue pelouse. Comment est-ce que j'ai pu me laisser aller à ce point, Gabe ? Je n'ai même pas remarqué que les kilos s'accumulaient, c'est tellement insidieux... Tu te rappelles comme j'étais maigrichonne à dix-sept ans ? Et maintenant, regarde-moi ça !

— T'as bonne mine. Je m'en suis fait la réflexion quand on était assis, tout à l'heure.

— Pfff, tu déconnes.

— Non, je suis sincère, Jen. Je t'aime bien en noir, j'aime beaucoup tes bottes et surtout ces racines plus foncées sur ta tête. »

Jenny lui donna une bourrade dans l'épaule. « Attention, tu n'es pas le seul Lightfoot à savoir manier le coup de poing ! » Elle semblait néanmoins ravie. « Tu n'es pas trop mal non plus.

— Je perds mes cheveux.

— Où ? »

Gabe effleura sa tonsure.

« Ah bon ? s'étonna-t-elle. Attends, je ne vois rien avec toutes ces boucles. » Elle se haussa sur la pointe des pieds pour lui palper le crâne. « Quoi, ça ? Oh, je t'en prie… Quoi qu'il en soit, si le centre d'appels ferme et qu'on n'a pas les moyens de monter un *fish and chips*, j'ai encore un atout dans ma manche.

— Oh, je me demandais bien ce que tu cachais là-dedans, répliqua-t-il en lui chatouillant le bras.

— M'man ! Gabriel m'embête !

— Alors ? Vas-y, dis-moi tout… »

— Bon, tu connais la Rileys ? » Jenny sourit, admettant ainsi que la question était superflue, puis se lança : « Eh bien, ils vont ouvrir un nouvel espace, ça s'appellera "La Machine à remonter le temps". Ce sera une sorte de musée, un centre de conservation du patrimoine comme ils disent, qui donnera des explications sur l'histoire du tissage, à partir de la mule-jenny et des premiers métiers jusqu'aux années quatre-vingt-dix, je crois. Bref, ils ont besoin de personnel, entre autres de guides pour faire les visites, et j'ai pensé que ça pourrait me plaire, tu vois. Au moins, ça me donnerait un bon prétexte pour parler…

— Super, c'est super. » Durant une seconde, Gabe se demanda comment allait réagir leur père, avant de se rendre compte de son erreur.

« En attendant, j'ai besoin de vacances, ajouta Jenny. Avec Des, on aimerait partir juste quelques jours, mais je ne suis pas trop chaude pour laisser les enfants tout seuls, même si Harley est majeur – et Dieu sait qu'il me le répète assez souvent ! – et si Bailey n'est plus une gamine. Je ne serais pas tranquille, tu comprends.

— Une petite escapade avec Des, ça me paraît une bonne idée. Qu'est-ce que tu dirais si un tonton de toute confiance, conscient de ses responsabilités, décidait de passer enfin un peu de temps avec ses neveu et nièce ? »

Jenny lui tapota le dos et pressa une main entre ses omoplates.

« Bah, je n'ai plus de travail et je ne suis pas sûr de mériter tes petites caresses d'encouragement, mais merci, c'est toujours agréable de se sentir apprécié.

— Je voulais vérifier quelque chose, déclara Jenny

— Quoi ?

— Pendant une minute, Gabe, j'ai cru qu'il te poussait des ailes. »

Jenny le raccompagna à Plodder Lane en disant qu'elle entrerait juste un petit moment. Dans la véranda, Gabriel remonta le store qui, pour des raisons oubliées depuis longtemps, était toujours baissé quand les occupants s'absentaient et relevé quand quelqu'un rentrait. Il ramassa le courrier sur le paillasson, le plaça dans le bac à légumes faisant office d'étagère puis, à l'intérieur du vestibule, suspendit la clé à son crochet. Sa sœur lui avait bien proposé de le loger mais il avait préféré passer la semaine dans la maison familiale, où il avait surtout dormi – quand il ne parlait pas avec Jenny –, même s'il lui était arrivé aussi d'attraper un chiffon à poussière pour entreprendre un nettoyage méthodique des pièces. Le pavillon, qui lui avait toujours paru si éteint lorsque son père et sa grand-mère l'occupaient, semblait bien déterminé à vivre maintenant qu'ils étaient partis. Et cette volonté d'exister tranquillement, Gabe en percevait toute la force quand il époussetait le chariot à liqueurs de Nana ou soulevait la pendulette de Ted, cadeau de ses collègues pour son départ à la retraite. Il y jeta un coup d'œil en s'installant sur le canapé puis se tourna vers le fauteuil paternel, notant le creux permanent dans l'assise et l'usure du tissu aux endroits où Ted plaçait toujours ses mains.

Jenny se laissa choir dans la bergère de Nana, devenue sa place attitrée chaque fois qu'elle venait. « Bon, eh bien, je vais y aller », dit-elle en même temps qu'elle posait les pieds sur le tabouret. De toute évidence, elle n'irait nulle part pour le moment.

« Tu ne veux pas t'installer chez nous, Gabe, tu es sûr ? Ce n'est pas un problème, je t'assure, il y a toute la place qu'il faut... Euh, en fait, non, mais on s'arrangera.

— Merci. Je me sens bien ici. J'ai mes repères. »

Sa sœur avait les yeux brillants. Elle renifla et se frotta le nez. « Oh, ça me fend le cœur de laisser Nana là-bas. Chaque fois que je la quitte, j'en suis malade.

— Elle a besoin d'être prise en charge, Jenny, et avec ton travail...

— Je sais.

— Mme Givens m'a fait bonne impression. Elle est gentille avec les pensionnaires, et au moins elle n'appellera pas Nana "Phyllis".

— Oui, et franchement, c'est de loin le meilleur établissement, j'en ai visité quelques-uns et... C'est juste que... j'ai l'impression de l'abandonner. »

De nouveau, Gabriel jeta un coup d'œil au manteau de la cheminée. Lors de son précédent séjour, des cartes de Noël s'y alignaient ; aujourd'hui, elles avaient été remplacées par d'autres, disant pour la plupart « Sincères condoléances ». « Tu as fait ce qu'il fallait, Jen, affirma-t-il. Tu as toujours fait ce qu'il fallait avec tout le monde. »

Elle sourit, luttant visiblement pour se ressaisir. « Qu'est-ce que tu vas devenir, Gabe ? Tous tes projets...

— Bah... » Il haussa les épaules avant d'éclater de rire. « J'en aurai d'autres. Je m'en sortirai. »

Jenny l'observa avec attention. « Tu me le dirais si ça n'allait pas ?

— Bien sûr.

— Promets-moi d'aller voir un médecin si...

— Promis. » Il n'aurait pu lui reprocher son scepticisme. Lui-même n'était qu'à moitié convaincu.

« Il y a des tas de cartons dans le grenier, Gabe, il faudrait y jeter un coup d'œil. Papa avait commencé à faire du tri et je m'y suis mise aussi, mais... ça prend un temps fou, tu t'arrêtes sans arrêt pour regarder certaines choses et du coup tu te plonges dans les souvenirs... Oh, à propos, j'ai retrouvé une pelote à épingles – tu sais, un petit coussin en forme de marguerite, brodé au point de croix –, je l'avais fabriquée à l'école primaire pour l'offrir à maman, ce devait être pour la fête des Mères. Tu vois ce que je que je veux dire ? Tu tombes tout à coup sur un truc de ce genre et te voilà parti à rêvasser...

— Non, cette pelote..., commença Gabe.

— Quoi ?

— Rien. Non, rien. C'est bien que m'man l'ait...

— ... gardée, oui. J'étais toute contente. »

Ils demeurèrent silencieux pendant un moment.

« Je ne sais pas quoi faire de tout ce bric-à-brac, c'est bien le problème, reprit Jenny. Je ne veux pas tout garder, mais je ne peux rien jeter. C'est comme pour les maquettes de papa, Gabe. Où je vais les mettre ?

— Je les prendrai.

— Il y en a pas mal...

— Je trouverai de la place. Mon appart est plutôt vide...

— ... maintenant que Lena est partie. Tu crois qu'elle te donnera des nouvelles ? »

Gabriel secoua la tête. « Je me demande ce que tu peux penser de moi, Jen, après tout ce que j'ai raconté. »

Elle ôta ses pieds du tabouret, se redressa et lui tapota le genou. « Je te passerais un sacré savon, Gabriel Lightfoot, si tu n'en avais pas autant bavé. Tu t'es déjà puni toi-même, c'est uniquement pour ça que je n'en rajoute pas.

— Tu vois, j'aimerais me dire que Lena appellera si elle a besoin de... Mais non, elle ne le fera pas. »

Jenny lissa les plis noirs de son nouveau costume d'entremetteuse. « Il y a quelqu'un d'autre qui t'appellera peut-être : hier soir, j'ai parlé à Charlie.

— Quoi ? Tu lui as téléphoné ? Comment t'as eu son numéro ? Qu'est-ce qu'elle a dit ?

— Je me souvenais du nom de ce club où elle chantait, tu me l'avais dit, et Harley a regardé sur Internet.

— T'as réussi à la joindre au Penguin ? Qu'est-ce qu'elle a dit ?

— Oh, elle m'a paru charmante. Je lui ai annoncé la mort de papa, bien sûr, je pensais qu'elle avait le droit de savoir.

— Mais qu'est-ce qu'elle a dit, bon sang ? insista Gabriel.

— Qu'elle t'appellerait. Aujourd'hui, sûrement.

— Non, impossible. Pourquoi ferait-elle ça ? Non, je suis sûr qu'elle n'appellera pas. »

Jenny soupira. Elle fit mine de se lever, avant de se laisser retomber dans le fauteuil. « C'était une belle cérémonie, pas vrai ? »

Ils avaient déjà eu cette conversation plusieurs fois dans la journée. C'était devenu une litanie, en quelque sorte.

« Oui, très belle.

— Tout le monde est venu.

— Il y avait beaucoup de gens.

— Ils étaient nombreux, oui. »

Une question taraudait Gabe. « Est-ce que... est-ce que papa voulait que ça se passe à l'église ? Vous... vous en...

— On en a parlé, confirma Jenny. C'est ce qu'il voulait.

— Il n'était pas pratiquant, pourtant. Plus depuis l'époque où il nous traînait au catéchisme, en tout cas. Je ne me souviens même pas quand c'était.

— Non, c'est vrai. Gabe ? T'as prié, toi ?

— Plus ou moins.

— Moi aussi. T'es croyant ?

— Non. Et toi ?

— Moi non plus.

— Je ne suis pas croyant, mais j'ai la foi, si tu vois ce que je veux dire.

— En quoi ?

— Je ne sais pas. La vie. La force qui nous pousse à toujours aller de l'avant, peut-être.

— Oui.

— Jenny, j'ai bien conscience d'avoir été un peu centré sur moi-même, ces derniers temps, mais...

— Oh, je ne dirais pas ça.

— Si, si...

— Pas seulement ces derniers temps. » Jenny lui coula un regard de biais. « Je dirais plutôt depuis une bonne trentaine d'années ! » Elle pouffa, laissa échapper un cri perçant puis, saisie d'un brusque fou rire, elle leva les mains et se tapa sur les cuisses, sans pouvoir s'arrêter. Son hilarité gagna Gabe, et quelques secondes plus tard tous les deux se tordaient de rire comme des gosses, les joues ruisselantes de larmes.

Gabriel agita la main pour dire au revoir à sa sœur qui reculait dans l'allée, puis il retourna dans la cuisine où il ouvrit le frigo. Mis à part les sandwichs enveloppés de cellophane qui restaient de la collation servie la veille après l'enterrement, il n'y avait pas grand-chose : deux blancs de poulet, un peu de salami, un pot de pesto, quelques tomates. Il retira tous les légumes du panier pour les poser sur une planche à découper, sortit les provisions du frigo, ajouta deux ou trois boîtes de conserve dénichées dans le placard et s'absorba dans ses réflexions. Il avait envie de cuisiner, mais il ne savait pas quoi faire.

Pour le moment, les produits qu'il avait réunis devant lui ne l'inspiraient pas. Oh, il allait sûrement trouver une idée... Oui ! Il y était presque, il allait préparer quelque chose de bon.

Son portable sonna. « Charlie ? Ce n'est pas moi qui lui ai dit de t'appeler. Elle a cherché le numéro sur Internet.

— Je suis contente qu'elle ait pris l'initiative. Je suis désolée, Gabriel. Toutes mes condoléances pour ton père.

— Merci. C'était un bel enterrement.

— Je regrette de ne pas l'avoir rencontré.

— Je le regrette aussi. »

Il aurait dû ajouter quelque chose, mais il ne pouvait pas. Il ferma les yeux.

« Gabriel ? Comment tu vas ? Je me suis fait tellement de souci...

— Pour moi ?

— Oui, évidemment, idiot ! Tu t'es conduit comme un dément la dernière fois que tu es passé chez moi. »

Gabriel la voyait aussi nettement que si elle était près de lui ; il voyait la courbe de sa hanche, l'arrondi de son épaule, la façon dont elle le dévisageait de ses grands yeux verts. « Je crois que j'ai pété un plomb, un truc comme ça, avoua-t-il. Désolé.

— J'ai un fusible de rechange dans le tiroir.

— Charlie...

— Quand tu reviendras, on pourrait peut-être déjeuner ensemble ?

— J'en serais vraiment très heureux.

— Déjeuner, Gabriel. Juste déjeuner.

— Je me contenterais d'un bout de pain rassis. »

Il eut l'impression de sentir le souffle de Charlie à travers le combiné.

« Gabriel ? Je voulais juste dire, ne te fais pas trop d'illusions.

— Non, promis. J'essaierai », lui assura-t-il en toute sincérité, le cœur débordant d'espoir.

Remerciements

Tous mes remerciements aux auteurs suivants, dont le travail a donné forme au mien : Peter Barham, *The Science of Cooking*, Springer, 2000 ; Hervé This, *Casseroles et éprouvettes*, 2002, Belin ; Robert L. Wolke, *Ce qu'Einstein aurait pu dire à sa cuisinière : quelques réponses sucrées à des questions salées… avec recettes*, traduit de l'américain par Anne-Marie Frisque-Hebain, 2008, Dunod ; Jo Swinnerton (éd.), *The Cook's Companion*, Robson, 2004 ; Mark Kurlansky, *Choice Cuts*, Jonathan Cape, 2002 ; Anthony Bourdain, *Cuisine et confidences : mémoires toqués d'un chef branché*, traduit de l'anglais par Aline Azoulay, 2003, Nil ; A. Wynne, *Textiles*, Macmillan, 1997 ; J. E. McIntyre et P. N. Daniels (éd.), *Textile Terms and Definitions*, The Textile Institute, 1997 ; Caroline Moorehead, *Cargaison humaine : la tragédie des réfugiés*, traduit de l'anglais par Marie-France Girod, 2006, Albin-Michel ; Rose George, *A Life Removed*, Penguin 2004 ; Larry Elliott et Dan Atkinson, *Fantasy Island*, Constable, 2007 ; Joseph Rowntree Foundation (Gary Craig, Aline Gaus, Mick Wilkinson, Klara Skrivankova, Aidan McQuade), *Contemporary Slavery in the UK : Overview and Key Issues*, 2007 ; Klara Skrivankova, *Trafficking for Forced*

Labour : UK Country Report, Anti-Slavery International, 2006 ; Nalini Ambady et Robert Rosenthal, « Half a Minute : Predicting teacher evaluations from thin slices of nonverbal behaviour and physical attractiveness », *Journal of Personality and Social Psychology*, 1993 ; Eliot Deutsch, *Qu'est-ce que l'Advaita Vedânta ?*, traduit de l'anglais par Sylvie Girard, 1980, Deux Océans ; Galen Strawson, *Freedom and Belief*, OUP, 1987 ; John Gray, *Straw Dogs*, Granta Books, 2002 ; Richard Sennett, *Respect : de la dignité de l'homme dans un monde d'inégalité*, traduit de l'anglais par Pierre-Emmanuel Dauzat, 2003, Albin-Michel ; Allen Lane, 2003, et *The Corrosion of Character*, Norton, 1998 ; et Zygmunt Bauman, *The Individualized Society*, Polity Press, 2001.

Collection « Littérature étrangère »

ADAMS Poppy
Le Temps des métamorphoses

ADDERSON Caroline
La Femme assise

AGUÉEV M.
Roman avec cocaïne

ALI Monica
Sept mers et treize rivières
Café Paraíso

ALLISON Dorothy
Retour à Cayro

ANDERSON Scott
Triage
Moonlight Hotel

ARLT Roberto
Les Sept Fous

ARPINO Giovanni
Une âme perdue

AUSLANDER Shalom
La Lamentation du prépuce
Attention Dieu méchant

BAXTER Charles
Festin d'amour

BENIOFF David
24 heures avant la nuit

BLOOM Amy
Ailleurs, plus loin

BROOKNER Anita
Hôtel du Lac
États seconds
La Vie, quelque part
Une chute très lente
Une trop longue attente
Fêlures
Le Dernier Voyage

BROOKS Geraldine
Le Livre d'Hanna

CABALLERO Antonio
Un mal sans remède

CAÑÓN James
Dans la ville des veuves intrépides

CONROY Pat
Le Prince des marées
Le Grand Santini

COURTENAY Bryce
La Puissance de l'Ange

CUNNINGHAM Michael
La Maison du bout du monde
Les Heures
De chair et de sang
Le Livre des jours

DORRESTEIN Renate
Vices cachés
Un cœur de pierre
Sans merci
Le Champ de fraises
Tant qu'il y a de la vie

DUNANT Sarah
La Courtisane de Venise

DUNMORE Helen
Un été vénéneux
Ils iraient jusqu'à la mer
Malgré la douleur
La Faim
Les Petits Avions de Mandelstam
La Maison des orphelins

EDELMAN Gwen
Dernier refuge avant la nuit

ELTON Ben
Nuit grave

FERRARIS Zoë
La Disparue du désert

FEUCHTWANGER Lion
Le Juif Süss

FLANAGAN Richard
La Fureur et l'Ennui

FREY James
Mille morceaux
Mon ami Leonard

FRY Stephen
L'Hippopotame
Mensonges, mensonges
L'Île du Dr Mallo

GALE Patrick
Chronique d'un été
Une douce obscurité
Tableaux d'une exposition

GARLAND Alex
Le Coma

GEE Maggie
Ma bonne

GEMMELL Nikki
Les Noces sauvages
Love Song

GILBERT David
Les Normaux
Les Marchands de vanité

HAGEN George
La Famille Lament
Les Grandes Espérances du jeune Bedlam

HOMES A. M.
Mauvaise mère

HOSSEINI Khaled
Les Cerfs-volants de Kaboul
Mille soleils splendides

JOHNSTON Jennifer
Petite musique des adieux
Ceci n'est pas un roman
De grâce et de vérité
Un Noël en famille

JONES Kaylie
La fille d'un soldat ne pleure jamais
Dépendances

JORDAN Hillary
Mississippi

KAMINER Wladimir
Musique militaire
Voyage à Trulala

KANON Joseph
L'Ultime Trahison
L'Ami allemand
Alibi

KENNEDY Douglas
La Poursuite du bonheur
Rien ne va plus
Une relation dangereuse
L'homme qui voulait vivre sa vie

Les Désarrois de Ned Allen
Les Charmes discrets de la vie conjugale
Piège nuptial
*La Femme du Ve*
Quitter le monde

KLIMKO Hubert
La Maison de Róża

KNEALE Matthew
Les Passagers anglais
Douce Tamise
Cauchemar nippon
Petits crimes dans un âge d'abondance
Maman, ma sœur, Hermann et moi

LAMB Wally
Le Chant de Dolorès
La Puissance des vaincus
Le Chagrin et la Grâce

LAWSON Mary
Le Choix des Morrison
L'Autre Côté du pont

LEONI Giulio
La Conjuration du Troisième Ciel
La Conspiration des miroirs
La Croisade des ténèbres

LI Yiyun
Un beau jour de printemps

LISCANO Carlos
La Route d'Ithaque
Le Fourgon des fous
Souvenirs de la guerre récente
L'Écrivain et l'Autre

LOTT Tim
Frankie Blue
Lames de fond
Les Secrets amoureux d'un don Juan
L'Affaire Seymour

MADDEN Deirdre
Authenticité

MARCIANO Francesca
L'Africaine
Casa Rossa
La Fin des bonnes manières

MCCANN Colum
Danseur
Les Saisons de la nuit
La Rivière de l'exil
Ailleurs, en ce pays
Le Chant du coyote
Zoli

MCCOURT Frank
Les Cendres d'Angela
C'est comment l'Amérique ?
Teacher Man, un jeune prof à New York

MCGARRY MORRIS Mary
Mélodie du temps ordinaire
Fiona Range
Un abri en ce monde
Une douloureuse absence

MERCURIO Jed
La Vie sexuelle d'un Américain sans reproche

MILLS Jenni
Le Murmure des pierres

MORTON Brian
Une fenêtre sur l'Hudson
Des liens trop fragiles

MURAKAMI Haruki
Au sud de la frontière, à l'ouest du soleil
Les Amants du Spoutnik
Kafka sur le rivage
Le Passage de la nuit
La Ballade de l'impossible
L'éléphant s'évapore
Saules aveugles, femme endormie
Autoportrait de l'auteur en coureur de fond

O'DELL Tawni
Le Temps de la colère
Retour à Coal Run
Le ciel n'attend pas
Animaux fragiles

O'FARRELL Maggie
Quand tu es parti
La Maîtresse de mon amant
La Distance entre nous
L'Étrange Disparition d'Esme Lennox

OWENS Damien
Les Trottoirs de Dublin

PARLAND Henry
Déconstructions

PAYNE David
Le Dragon et le Tigre : confessions d'un taoïste à Wall Street
Le Monde perdu de Joey Madden
Le Phare d'un monde flottant
Wando Passo

PEARS Iain
Le Cercle de la Croix
Le Songe de Scipion
Le Portrait
La Chute de John Stone

PENNEY Stef
La Tendresse des loups

RADULESCU Domnica
Un train pour Trieste

RAVEL Edeet
Dix mille amants
Un mur de lumière

RAYMO Chet
Le Nain astronome
Valentin, une histoire d'amour

ROBERTIS Carolina De
La Montagne invisible

ROSEN Jonathan
La Pomme d'Ève

SANSOM C. J.
Dissolution
Les Larmes du diable
Sang royal
Un hiver à Madrid
Prophétie

SAVAGE Thomas
Le Pouvoir du chien
La Reine de l'Idaho
Rue du Pacifique

SCHWARTZ Leslie
Perdu dans les bois

SEWELL Kitty
Fleur de glace

SHARPE Tom
Fumiers et Cie
Panique à Porterhouse
Wilt 4

Le Gang des mégères inapprivoisées ou Comment kidnapper un mari quand on n'a rien pour plaire

SHREVE Anita
Le Poids de l'eau
Un seul amour
La Femme du pilote
Nostalgie d'amour
Ultime rencontre
La Maison du bord de mer
L'Objet de son désir
Une lumière sur la neige
Un amour volé
Un mariage en décembre
Le Tumulte des vagues

SHRIVER Lionel
Il faut qu'on parle de Kevin
La Double Vie d'Irina

SMITH Tom Rob
Enfant 44

SOLER Jordi
Les Exilés de la mémoire
La Dernière Heure du dernier jour

SWARUP Vikas
Les Fabuleuses Aventures d'un Indien malchanceux qui devint milliardaire
Meurtre dans un jardin indien

TOLTZ Steve
Une partie du tout

ULINICH Anya
La Folle Équipée de Sashenka Goldberg

UNSWORTH Barry
Le Nègre du paradis
La Folie Nelson

VALLEJO Fernando
La Vierge des tueurs
Le Feu secret
La Rambla paralela
Carlitos qui êtes aux cieux

VREELAND Susan
Jeune fille en bleu jacinthe

WATSON Larry
Sonja à la fenêtre

WELLS Rebecca
Fleurs de Ya-Ya

WEST Dorothy
Le Mariage

ZHANG Xianliang
La mort est une habitude
La moitié de l'homme, c'est la femme

ZWEIG Stefan
Le Monde d'hier. Souvenirs d'un Européen

Composé par Nord Compo Multimédia
7, rue de Fives, 59650 Villeneuve d'Ascq

Cet ouvrage a été imprimé en France par

CPI
BUSSIÈRE

à Saint-Amand-Montrond (Cher)
en mai 2010